DEUTSCHLAND
VOR DREI JAHRHUNDERTEN

DEUTSCHLAND
VOR DREI JAHRHUNDERTEN

Seine Städte, Flüsse und Wälder
betrachtet von Willem und Joan Blaeu,
Georg Braun, Franz Hogenberg
und Joris Hoefnagel

Mit einem Nachwort von
C. BROEKEMA

Verlagsgruppe Bertelsmann GmbH / Kartographisches Institut Bertelsmann
Gütersloh, Berlin 1971
ISBN 3 570 08888 X

Alt Teutschlandt.

Des alten Teutschlandts beschaffenheit ist sehr schwer zu erklären / nicht allein wegen der alten Scribenten vnachtsamkeit / sondern auch/weil es sehr spat ist bekant vnnd durchgereiset worden. Nach dem sich auch die alten Teutschen des Kriegs viel mehr als der freyen Künsten vnd wissenschafft haben beflissen / so ist es kein wunder / daß jhrer dapffern Thaten ist vergessen/noch dieselben von den frembden Scribenten trewlich gnug seind beschrieben worden. Die Griechen haben viel Fabeln von Teutschlandt geschrieben. Die Römer / so vberal jhre eigene Ehr gesucht/haben jhre Thaten sehr hoch erhaben / vnd den schaden / welchen sie von den Teutschen empfangen / listiglich verdeckt / also daß man nicht ohne vrsach muthmasset / daß des Plinii Bücher von den Teutschen Kriegen/ wie auch des Taciti vnnd anderer Römischen Scribenten Schrifften / auß lauter Haß vnnd Neyd/ damit der Teutschen Ruhm nicht grosser würde/seind vnterdrücket vnd hinterhalten worden. Vber diß fehlen die Griechen vnnd Latini offtermahl/weil sie das Landt nicht gekant/auch der Sprach vnwissend gewesen: dannenhero die Namen der Völcker / Städt vnd plätze vberal seind depravieret worden. Endlich hat die veränderung der Teutschen Völcker alles in vnordnung gebracht. Vnd ob schon die Scribenten gemeinlich Galliam von Germania durch den Rhein separiren / so ist dannoch bekant / daß die Römer das Landt / so vber dem Rhein ist / das erste vnd andere Teutschland genennet haben. Wollen demnach anfangen von dem Land/ welches vber der Donaw gelegen vnd den Römern vnterworffen war / vnd vns ferner mit vnserer Beschreibung nach dem Rhein vnd Niderlandt wenden / auch endlich das grosse Teutschlandt besehen.

Des alten Teutschlandts Völcker Rhætia.

Rhætia Romana ist abgetheilet gewesen in das erste vnd zweyte Rhætiam. Rhætia prima hat in sich begriffen die Alpes, welche nunmehr die Grawbündner bewohnen / so durch die Lech von den andern vnterschieden wird/von welcher sich Rhætia secunda biß an den Ænum (die Jnn/) welcher Rhætiæ vnd Norici Gräntze ist/ erstrecket.

Vindelici.

Vindelicia gehöret vnter Rhætiam secundam, in welcher die Donaw entspringt/ vnnd gräntzet gegen Auffgang mit dem Fluß Æno gegen Mittag mit den Alpibus, gegen Nidergang mit dem Fluß Lyco, (Lech) vnd gegen Mitternacht mit der Donaw. Heutiges Tags wird das Landt von den Obern vnd Nidern Beyern bewohnt. An der Lech ligt auch ein theil des Schwaben-Landts / in welchem Augspurg zu sehen.

Norici.

Noricum nimpt seinen anfang bey dem Fluß Oeno, vnd erstrecket sich gegen Orient biß an Pannoniam superiorem, gegen Mittag ligt der Berg Carvanea, vnd die Alpes Norici biß an Italiam,gegen Septentrion aber wird das Landt von der Donaw beschlossen / an jetzo wohnen gegen Nidergang die Bavari, gegen Auffgang ligt das Landt von der Ens/oder Ober Oesterreich/so seinen Namen von dem Fluß Anasso hat bekommen / gegen Mittag ist die Steyermarck. Jn den Alpibus wohnen die Carnici vnd Croaci oder Krabaten/ ein Sclavonisches Volck. Die Städte im Norico seind gewesen Pons Oeni, da nunmehr Altenhohenau / Bidajo, Iuvavium, Saltzburg / Aredata vnd Lintz ligt.

Pannonii.

Pannoniam theilet Ptolemæus in das Obere vnd Vntere Pannoniam: in jenem ligt heutiges Tags Oesterreich / Steyermarck / Kärnthen/ Krain / in diesem ligt das Königreich Vngern. Die Städte in jener seind / Iuliobona, Wien vnnd andere. Jn dieser Vimundria, (Agra) Salinum, Ofen / ꝛc.

Helvetii.

Nun müssen wir vns vber den Rhein zu den Helvetiis begeben/vnter welchem Name verstanden werden die Schweitzer vnd Pündte biß an die Rauracos vnd Baßler. Cæsar sagt / daß die Schweitzer in vier theil getheilet seynd: Dieselbigen seind Tigurini, deren Stadt ist Tigurum, Zürich. Tugeni die Zuger/ deren Hauptstadt ist Zug. Vrbigeni von der Stadt vnd Fluß Orba, Antoninus nennet sie Vrba. Ambrones, die den rest in possession haben gehabt. Jm Schweitzer-Landt ist der Lacus Brigantinus oder Costnitzer See (der Bodensee/) Solodurum, Solothurn. Vitodurum, Winterduer / Gannodurum vielleicht Constantz.

Sequani. Hedui.

Die Sequani vnd Hedui haben Burgund vnd Lothringen eingehabt mit den Städten Vesontium Besantzen/ Nasium Nancy.

Rauraci.

Mit den Schweitzern waren benachbart die Rauraci, deren Hauptstadt ist Augusta Rauracorum, Augst/ Basilea, Basel / welche auß den Ruderibus der Stadt Augusta jhren anfang genommen/vnd nicht alt ist.

Mediomatrices.

Die Mediomatrices gehören vnter Galliam Belgicam, deren Hauptstadt ist Metz.

Tribochi.

Die Tribochi haben das Elsaß biß an die Sequanos vnnd Hunnos in jhrem besitz gehabt. Die Hunni aber nenneten alles das jenige / so gegen Auffgang lag/Oesterreich/ vnd das gegen Occident / Westerreich. Es ist noch ein altes Dorff im Elsaß / das den alten Namen hat behalten/ vnd zun dreyen Bucken genennet wird.

LUNA
MERCURIUS
VENUS
P S E P
P L A N
QUATUOR ELEMENTA
IGNIS
AER
AQUA
TERRA
NOVA TOTIUS TERRARUM ORBIS GEOGRAPH
ZONA FRIGIDA
ZONA TEMPERATA
ZONA TORRIDA
ZONA TEMPERATA
ZONA FRIGIDA
AMERICA
Anno Domini 1492 a Christophoro Columbo nomine Regis Castellæ primum detecta, et ab Americo Vespucio nomen sortita 1499
Ulterius Septentrionem Versus America adhuc Incognita est
Circulus Arcticus
Anian Regnum
Quivira Regnum
AMERICA SEPTENTRIONALIS
Nova Francia
Mar Del Nort
Tropicus Cancri
Ilhas de Ladrones
Mar del Zur
Circulus Æquinoctialis
Nova Guinea
Insulæ Salomonis
Tropicus Capricorni
Mare Pacificum
Fretum Magalanicum
Terra del Fuego
Mare Magallanicum
Circulus Antarcticus
Terra Australis
Excudebat Guiljelmus Blaeuw Amsterodami sub signo Solarii deaurati
Cum ob terrestrem sphæram hoc modo in planum redactam situm prope polos animadvertere non possimus, Borealiorem et Australiorem partem a quinquagesimo parallelo duobus circulis hic delineatis: conclusimus, vale et fruere.
MURUS BABYLONIÆ
COLOSSUS
PYRAMIDES
MAUSO
S E P
M IR AB IL

MARS
IUPITER
SATURNUS
QUATUOR ANNI TEM PESTATES
VER
ÆS TAS
AUTUM NUS
HYEMS
AC HY DROGRAPHICA TABULA auct: Guilielmo Blaeuw.
MARE GLACIALE
NOVA ZEMLA
Nova Zemla anno 1596 à Gulielmo Barentsonio Amstelo: damensi detecta est, nomine Illustrissimorum Fœderatarum Belgii Provinciarum Ordinum
Mare Pitzorke
Mare de Sala ol Caspium
MEDITERRANEUM
Mare Arabicum et Indicum
OCEANUS CHINENSIS
OCEANUS ÆTHIOPICUS
MAR DI INDIA
MAGALLANICA
TERRA AUSTRALIS INCOGNITA
Circulus Antarcticus
Psittacorum regio
Amplissimo Prudentissimo viro D. Cornelio Petri F. Hooft inclytæ Reipub. Amsterodamensis Consuli dignissimo mihi multis nominibus Colendo. Hanc universalem geographicam terreni orbis tabulam L.M.Q.D.D.D. Guilj. Blaeuw.
Ja. vanden Ende sculpsit.
Novem Climata borealia
Novem Climata australia
DIANÆ TEMPLUM
IUPITER OLYMPICUS
PHAROS

Jhre Städte seind Mons Brisiacus Breysach/ Argentoratum, Straßburg/ Tabernæ Zabern.

Vangiones. Diesen folgen die Vangiones, nunmehr die Wormbser/ vnnd ist noch heutiges Tags zu Wormbs eine Vberschrifft/ in welcher man außdrücklich lieset Vangionum specula. Borbetomagus ist Wormbs.

Nemeti. Mit diesen waren die Nemeti benachbart/ deren Gräntzen sich biß an die Treviros erstreckten. Darinnen ligt Rufiana Speyer. Neomagum aber halten etliche für die Stadt Worms/ vnd Bauconiam für Oppenheym.

Treviri. An diesen lagen die Treviri gegen Occident/ deren Gräntzen sich vor zeiten sehr weit außbreiteten/ als vom Rhein biß an die Mediomatrices, vnd gleichfals biß an die Menapios vnd die Maaß. Jhre Städte an dem Rhein waren Moguntiacum, Mayntz: Bingium Bingen/ Vosavia Oberwesel/ Confluentia Coblentz. Jm Lande aber waren Augusta Trevirorum Trier/ Pontes Sarvi, Sarbrück.

Vbii. Bey Coblentz fieng sich an der Vbiorum Landschafft/ denen die Romani wegen jhrer Trew die Gräntzen sehr erweitert haben. Diese hat Agrippa mit jhrem guten willen/ nach des Strabonis zeugnuß/ an die andere seyten des Rheins versetzt. Die wahrzeichen dieses Namens siehet man an den verfallenen Mawren der alten Stadt Vlpen. Diese hatten nachfolgende Städte: Antunnacum Andernach/ Bonna Bonn/ Colonia Agrippinensis Cölln/ vnnd im Lande Marcodurum Düren/ Duromagus Durmegen/ Iuliacum Gülich/ Gelduba ist zerstöret worden/ alda ist noch das Dorff Gelb bey dem Bischofflichen Schloß Linen.

Menapii. Die Menapii aber wohnten an den Gräntzen der Vbiorum gegen Occident/ vnd hatten viel Landes jnnen/ dann die Gräntzen giengen biß an die zerstörte Stadt Castellum (Kessel) an der Maaß/ vnd waren jhrem Gebiet vnterworffen Namur, das Hertzogthumb Limburg/ Falckenburg/ vnnd vber der Mase ein theil von Hennegaw/ biß an Picardien vnd die Eburones; sie haben beyde seyten der Mase bewohnet/ wie dann auch an den Geldrischen Gräntzen die Paludes Menapiorum, in der gegend/ so man die Vogtey von Geldern nennet/ bey Venlo vnd Kempen zu sehen. Die Städte seind Tervana Terwanen/ Tornacum Doornyck. Der Menapiorum Nachbaren waren die Morini, deren Meerhafen ist Gessoriacum, Cales. Der Tungrorum Sitz war zwischen der Maaß vnd der Scheld/ jhre Städte waren Tongren/ Namurcum Namur/ Leodium Lüttich/ Atuacutum Mastricht.

Morini.

Tungri.

Batavi. Darauf folgete der Batavorum Landtschafft/ welche nach des Rheins abtheilung das gantze Landt/ das zwischen der Maaß vnd dem Rhein lag/ besassen/ wie auch folgende Städte: Vltrajectum Vtrecht/ Vetera Santen/ Neomagum Nimmegen/ Colonia Trajana Keyserswerth/ Lugdunum Leyden. Ptolemæus setzet nach den Batavis vber dem Rhein die Busacteros parvos,

Busacteri.

Bructeri. sonsten Bructeri genant/ welche die Länder bewohnet/ so nunmehr die Westphalen/ die von Sutphen/ Bentheym/ Salandt/ Twenten vnd Drenten/ welche mit den Cattis, Frisiis vnd Ampsivariis benachbart seyn/ besitzt. Jhres Namens wahrzeichen geben noch zu erkennen die Namen Brück/ Oldenbrück/ Osnabrück/ Quakenbrück. Zwischen den Bructeris vnd Frisiis war der Fluß Vidrus, welcher in das Friesische Meer außlieff; heutiges Tags nennet man jhn Swarte-water.

Sicambri. Vber diesen höher hinauf an dem Rhein hatten die Sicambri jhre auffhaltung/ deren Stadt war Asciburgum Aßburg. Heutiges Tags ist es die Grafschafft Mörs.

Suevi Longobardi. Neben diesen hielten sich auff die Suevi Longobardi, oder viel mehr Lacobardi, da nunmehr die Grafschafft Marck vnd das Hertzogthumb Berg ist. Durch diese Länder lauffen 3 Flüsse: Lupia die Lippe/ Rura die Roer/ Augra die Hanger/ so bey Angerorth in den Rhein laufft. Die Tencteri aber vnd Ingriones hielten das Landt zwischen dem Rhein vnd Berg ein/ da heutiges Tags ein theil von Hessen an den Rhein stösset/ der Hochrück genant. Jtem die Grafschafften von Nassaw vnd Königstein/ Wetteraw/ vnd der Westerwaldt biß an Franckfurt. Die Vnterpfaltz neben Heydelberg vnd der Bergstrassen gehörte den Intuergis zu. Derselben Nachbarn waren die Vangiones in Franconia Orientali, vnd das Bischthumb Würtzburg. Diesen folgten die Charitini in dem Hertzogthumb Würtenberg/ vnd einem theil Schwaben. Nach welchen die Vespi, die Tacitus Vsipetes nennet/ kamen. Heutiges Tags ist es Marchionatus Badensis mit dem Brießgaw. Mit diesen waren die Helvetii benachbart/ da der Schwartzwaldt ist/ mit den beyligenden Landen: ist ein theil von Hercynia Sylva.

Tencteri.

Intuergi.

Vangiones.

Charitini.

Vespi.

Frisii. An dem Meer oberhalb den Bructeris waren die Occidentales vnd Orientales Frisii, ein Volck das sich heutiges Tags sehr weit außgebreitet hat/ nicht allein biß an die Embs/ wie Ptolemæus wil/ sondern auch biß an die Elbe. Vber diesen hatten die Chauci parvi biß an die Weser jhren Sitz/ vnd die Chauci majores hielten sich auff in Sachsen/ dem Hertzogthum Lünenburg/ Bischthumb Bremen vnd Hildesheym: hieher gehöret Phabiranum Bremen.

Chauci.

Saxones. An dem Cimbrica Chersoneso wohnten die Saxones, deren Städte waren Treva, Litimeris, Leuphana. Hinter den Saxonibus von dem Fluß Chaluso an/ den etliche für die Dravennam oder Trave halten/ biß an den Fluß Suevum, jetzund die Spree/ wohnten die Pharobeni. Gemma Frisius hält es für das Landt Meckelnburg. Die Sideni besassen die Oder/ vnd ein theil des Hertzogthumbs Meckelnburg vnd Stettin.

Pharobeni.

Sideni.

Ruticlii. Die Ruticlii wohnten an der Vistula oder Weixel. Weiter in dem Landt hinein sassen die Suevi Angili, ein wenig ferner gegen Orient/ dann die Suevi Longobardi. Vnd neben diesen die Suevi Semnones in der Marck Brandenburg.

Burgundi. Weiter fort waren die Burgundi, so sich darnach in Galliam begaben/ von welchen Burgundia seinen vrsprung hat genommen.

Angrivarii. Tacitus schreibet/ daß hinter den Angrivariis vnd Chamavis wohnten die Dulgibini vnd Casuarii, vnd vor jhnen die Phrisii, da sich nunmehr die Westphaler/ Münsterer vnd Paderborner auffhalten. Die alte Marck vnd das Bischthum *Dulgumnii.* Magdenburg war der Dulgumniorum Sitz. Zwischen den Saxonibus vnd Suevis waren die *Teutomari.* Teutomari vnd Viruni mit jhren Städten Havelburg vnd Welsenach.

Vnd nach diesen die Teutones vnd Avarpi, deren Städte Berlin vnd Brandenburg. Wie auch zwischen den Rutecleis vnd Burgundis die *Ælveones* Ælveones mit den städten Grandnitz vñ Toren. In einem theil der Laußnitz bey den Semnonibus *Lingæ.* wohnten die Lingæ. Die Lutimani vnd Longididuni neben den Burgundis, da nun Stargard in Pommern ist. An beyden seyten der Elbe nach *Calucones.* den Ilignis sassen die Calucones, da nun Hertzberg ist/ vnd ein theil Meissen bey Servesta, oder *Cherusci.* Zerbst. Die Cherusci hatten ein theil von Sachsen vnd Thüringen zwischen der Elb vnd der *Chamavi.* Weser. Vnd die Chamavi besassen Meissen biß an den Berg Melibocum. Gegen dem vrsprung der Elbe vmb Kottowitz vnd Dreßden hatten *Bonochæmæ.* die Bonochæmæ jhre wohnung. Vnd vber diesen *Batini.* die Batini im Hertzogthumb Sagan. Wie *Corconti.* auch neben den Batinis die Corconti, von Görlitz *Luti, Buri.* vnd Bantzen biß an Polen. Die Luti, Buri erstreckten sich biß an die Weixel/ in einem theil *Sidones.* Schlesien vnd Polen. Die Sidones besassen das *Cogni.* Fürstenthumb Oppeln. Die Cogni das Hertzogthumb *Visburgii.* Teschen. Die Visburgii ein theil Mähren vmb Olmütz oberhalb dem Silva Hercynia. *Causari.* Die Causari, Nertereanes, Danduti wohnten in der Grafschafft Hennenberg/ Schmalkalden *Turoni.* vnd Eger. Die Turoni vnd Marovingi vmb Amberg biß an den Böhmischen Waldt.

Widerumb vnterhalb den Chamavis sassen die *Catti.* Catti in Hessen. Auff dem Eyßfeldt vnd Hartz *Tubanti.* wohnten die Tubanti oberhalb den Cattis. Die *Teuriochemæ.* Sudetes Montes bewohnten die Teuriochemæ im Vogtlandt. Vnterhalb diesen Bergen sassen *Varisti.* die Varisti, da nun die Stadt Bamberg ist. Den *Martungi.* Martungis waren benachbart die Curiones, vnd diesen die Chætriori vmb Krembs/ Znaim/ Niclasburg.

Marcomanni. Die Marcomanni seind die Mährer. Die *Quadi.* Quadi waren vnterhalb dem Silva Hercynia, biß an den Berg Lunam, da nun die Städte Cham/ Kalmütz/ Grafenaw ligen. Innerhalb dem wald Luna hielte sich auff das mächtige *Bojohæmi.* Volck die Bojohæmi, so vor zeiten der Maroboduus in den Römischen Kriegen berühmt/ beherrschete; vnd dieser Völcker gedenckt Ptolemæus.

Tacitus aber setzet viel andere/ vnter welche er *Marsi.* auch die Marsos zehlet/ so nicht weit vom Rhein gewohnt haben/ vnd mit den Sicambris erstlich benachbart waren/ hernach aber sich nicht weit vom Silva Teutoburgensi auffhielten. Diese hatten den berühmten Tempel Tanfane, etliche referiren die Otmarsenses dahin/ für welchen vbergebliebenen rest die Dietmarsen gehalten werden. *Bructeri.* Die Bructeros nennet Ptolemæus nicht. Die Busacteros parvos hat Drusus im Schiffstreit *Mattiaci.* auff der Embs vberwunden. Die Mattiaci seind die Marpurger/ vnd ist des Ptolemæi Mattiacum ohn zweiffel des Taciti Mattam: die jrren/ so sie für die Seeländer halten.

Usipii. Die Usipii seind die in der Grafschafft Sutphen. *Hermunduri.* Die Hermunduri seind an der Elbe in einem theil Böhmen. *Agrii.* Die Agrii vnd Helvecones des Taciti seind vielleicht/ die in Holland wohnen.

Peucini. Plinius schreibet/ daß die Peucini vnd Bastarnæ der Dacorum Nachbarn seind gewesen. Die *Rugii.* Rugii seind heutiges Tags die Pommern/ da ist *Suiones.* noch vbrig die Insel Rugia. Des Taciti Suiones *Sitones.* seind vielleicht die Sueci vnd Dani. Die Sitones haben vielleicht in Liefflandt gewohnt. Jenseit der Weixel in Sarmatia Europæa wohnten die *Gothones.* Gothones, Alani, Rugii, Scyri, Vandali, vnd andere Gothische Völcker. Der Sinus Venedicus ist bey Preussen. Samogithia hieng an Lieflandt vnd Preussen. Es scheinet daß Plinius dahin setzt die Galindos, Bodmos, Sudinos, Sevinos, Hamaxobios vnd Carionas.

In Reussen/ Moldaw vnd der Wallachey wohnten vor zeiten die Massagetæ, Iazyges, Roxolani, Chuni, vnd gegen Abend die Peucini, Bastarnæ, Anadoci, Tyrangetæ, Sauromatæ, Gythones, neben andern Gothischen Völckern. Vnd diß ist des rauhen/ wilden/ vngebaweten/ vnd mit schrecklichen Wälden vnd sümpffen erfülleten Teutschlands beschreibung nach der Alten meynung.

Vrsprung des Namens. Den vrsprung des Namens belangende/ ist man vnterschiedlicher meynung. Das Volck hat sich allezeit mit seinem eigenen Namen Teutisci, die Teutische genennet/ von dem Namen Theut, der bey vielen alten Völckern Gott bedeutete/ von dem sie sagten/ daß sie her kamen/ vnd vom ersten Mann/ das ist Adam/ den Gott auß einem Erdenkloß erschaffen. Andere meinen/ daß Germani so viel bedeutet als Garmannen, von dem wort Mannen/ gleich wie auch Alemanni, als wann man sagte alle Mannen.

Gräntzen. Des Teutschlands Gräntzen betreffende/ so jrren die jenigen weit/ so nach des Ptolemæi Geographia das Teutschlandt heutiges Tags für grösser/ ja zwey mahl grösser achten/ dann es vor zeiten ist gewesen/ da andere meynen/ daß es viel kleiner seye/ vnd daß das Elsaß/ Lothringen/ Trier/ Lützelburg/ das halbe theil von Gelderlandt/ Hollandt/ Seelandt/ vnd Flandern zu diesen zeiten seye darzu kommen. Hierzu sagen wir nein/ vnd halten darfür/ daß die gedachte Länder darbey geblieben seynd. Plinius hält die Scheldt für die Gräntzen des Teutschlands/ dessen meynung auch Tacitus beyfält/ da er bezeuget/ daß die Germani von den Sequanis an zu rechnen das gantze Landt disseit dem Rhein bewohnt haben.

AMSTERDAM
PRAGA
CONSTANTINOPOLIS
VENETIA
Angli
Galli
Belgi
Castiliani
Venetiani
GROENLANDIÆ PARS
OCEANVS SEPTENTRIONALIS
ISLANDIA
Fris: land
Circulus Arcticus
OCEANVS DEVCALEDONIVS
HIBERNIA
Noort zee
OCEANVS BRITANNICVS
OCEANVS OCCIDENTALIS
HISPANIA
MARE ATLANTICVM
Estrecho de Gibraltar
BARBARIA
FESSA
MAROCHO
Cautum est Illustr. DD. Ordinum Hollandiæ et Westfrisiæ privilegio ne quis Tabulas istas quatuor Orbis terræ partium citra voluntatem Auctoris imitetur, sub pœna in Diplomate expressa.
AFRI

EVROPA
recens descripta
à
Guilielmo Blaeuw.
PARIS
LONDON
TOLEDO
LISBONA
Germani
Hungari
Bohemi
Poloni
Greci
MYRMANSKOY MORE
ALBVM MARE
RVSSIA
MOSCOVIA
ASIÆ
TARTARIÆ PARS
PARS
PONTVS EVXINVS
ASIA MINOR
NATOLIA
MARE MEDITERRANEVM
MARMARICA
Æ PARS
Cyprus
Candia ol Creta
Malta Ins.

Alt Teutſchlandt.

Bey dem Cæſare geben die Rhæmi ein Belgiſche Nation zu erkennen / daß die Belgæ jhren Vrſprung von den Germanis haben. Tacitus rechnet bey Teutſchlandt die Æſtios, ſo gantz Lieflandt vnd Preuſſen beſaſſen / wie auch Plinius deſſelbigen gleichen die Norweger / Schweden / Finnen / vnd alle Völcker am Septentrionaliſchen Meer für Teutſche Völcker beſchreibet. So ſeind auch die Peucini oder Baſtarnæ, ſo ſich von dem Vrſprung der Weixel biß an den Pontum Euxinum, vnd der Donaw außfluß erſtrecket haben / Teutſche Völcker geweſen.

Man hält demnach billich darfür / daß es mit den Gräntzen des Teutſchlands für alten zeiten dieſe beſchaffenheit habe gehabt: Gegen Occident hat es geendiget der Rhein vnd das groſſe Teutſche Meer: gegen Mitternacht das Eyßmeer (Oceanus Hyperboreus:) gegen Orient der Sinus Granvicus vnd Finnicus, das Schwediſche Meer / oder Sinus Codanus, neben der Weixel biß an jhren vrſprung / vnd von dannen eine gerade linie gerechnet biß an die Sarmatiſche Berge: vnd dann gegen Mittag die Donaw. Darnach ſeind noch etliche theil von Gallia an der lincken ſeyten des Rheins / vnd von Sarmatia bey dem Sinu Codano vnd jenſeit der Weixel / wie auch vber der Donaw darzu kommen. Die gröſte länge von dem Promontorio Scritofinniæ (Nordkyn) biß an die Donaw belaufft ſich auf die 400 Teutſcher Meylen wegs / vnnd die breite vom Rhein bey Baſel biß an den See Amadocam an den Rüſſiſchen / Littawiſchen vnnd Podoliſchen Gräntzen auff die 200 Teutſcher Meylen.

Die berühmteſten vnd ſchiffreichen Flüſſe des Teutſchlandts ſeind geweſen / wie folgt: In das groſſe Meer lauffen der Rhein / ſo durch den Bodenſee (lacum Brigantinum) laufft / vnd den Necker / Mayn / Lippe mit jhm nimpt; dann die Embs vnd Weſer. Die Elbe führt die Saal mit ſich. In den Sinum Codanum ergieſſet ſich Chaluſus oder Traba. Viadrus, vor zeiten Suevus, nunmehr die Oder. Viſtula die Weixel. Der gröſte Fluß die Donaw führt mit ſich die Lech / den Inn / die Nabe / vnnd den March in das ſchwartze Meer. Die flüſſe.

Die Wälde / deren die Römiſchen Hiſtorien gedencken / ſeind dieſe: Hercynia Silva hat ſich ſchier durch gantz Teutſchlandt erſtrecket / eigentlich aber hat man den Böhmerwaldt vmb Bojohæmum alſo genennet. Bacenis oder Semana iſt der Hartz / im Hertzogthumb Braunſchweig: Gabreta iſt der Thüringerwaldt. Luna iſt zwiſchen Mähren / Polen vnd Vngern. Martiana oder Hartiana iſt der Schwartzwaldt. Cæſia iſt an der Rechten ſeyten der Lippe / nicht weit von Weſel. Wälde.

Die Berge ſeind Iugum Hercinium oder Sudeti montes, ſo Böhmen vmbgeben. Abnoba im Hertzogthumb Würtenberg. Taunus gegen Mayntz vber. Rhætica gegen Bonn vber / das Siebengebürge. Melibocus im Hertzogthumb Braunſchweig bey dem Waldt Semana, der Blockberg. Berge.

Teutschlandt.

Vnter dem ersten vnd fürnembsten theil des Teutschlandts seynd begriffen

Die Königreiche. Die Chur Böhmen: Das Königreich Polen / welches / wiewol es ein andere Sprach hat / vnd in der Matricul des Reichs nicht begriffen wird / wollen wir dasselbige / weil es jnnerhalb der Weixel als ein Grentze des alten Teutschlandts gelegen/vnter die Taffeln von Teutschlandt setzen.

Das Königreich Hungern / ausserhalb den Grentzen des alten Teutschlandes gelegen/ weil viel fürtreffliche Keyser darauß fortkommen / es auch vnterschiedene Länder vnter dem Reich gelegen beherrschet / wollen wir dem Teutschlandt auch zufügen.

Die Hertzogthümbe. Die Chur Sachsen / das Ertzhertzogthumb Oesterreich / das Hertzogthumb Holstein / Meckelnburg / Pommern / Lüneburg / Lawenburg / Braunschweig/ Schlesien / Mähren / Cleve/-Berge/ Franckenlandt/ Beyern/ Württenberg/ Schwaben.

Die Graffschafften. Chur Pfaltz am Rhein / Pfaltz Beyern/ Landtgraff von Hessen/ Düringen/ Meissen/ Ober-vnd Nider-Elsaß / Chur Brandenburg / Marckgraff von Baden. Die Grafen von Embden/ Oldenburg/ Benthem/ Lipp/ Diepholt/ Huy/ Mansfeld/ Anholt/ Stolberg/Tyrol.

Es wird wol Liefflandt / weil es den Teutschen vnterworffen / vnter die Provintzen von Teutschlandt gerechnet / weil es aber zu weit in Sarmatien sich außstreckt / wird es auch daselbsten beschrieben.

Vnter dem andern Theil sind der 7 Ertzbischoffen Provintzen/ außgenommen das Liefflandt / in diesem Theil begriffen / als nemblich

Mentz/ welcher zwölff Suffraganeos vnter sich hat/ nemblich den zu Chur/ Costnitz/ Straßburg/ Speyr/ Wormbs/ Würtzburg/ Augspurg/ Aichstadt/Hildesheim/Paderborn/ Halberstadt/ Ferden.

Cölln/welcher fünff Suffraganeos hat/den zu Münster/Vtrecht/ Lüttich/Minden/Osnabrück.

Trier/welcher drey Suffraganeos hat/den zu Metz/Toul in Lothringen/vnd den zu Verdun.

Magdenburg/ das fürnembste in gantz Teutschlandt/ hat vnter sich das zu Mörßpurg/Naumburg oder Mämmiln/Brandenburg vnd Havelberg.

Saltzburg hat vnter sich neun Bischöffe / den zu Trent/ Brixen / Passaw / Freysingen/ Wien/ Seckaw/ Görtz/ Lawenmünd/ Chiemse.

Bremen/ welcher sechs Suffraganeos hat/ den zu Lübeck/ Swerin/Lebus/Schleßwick/Ratzenburg/ Hamburg/vorzeiten ein Ertzbischthumb.

Riga hat vier vnter sich/den zu Revel/ Curien/Oesel/Derpten.

Die gefreyte Bischöffe seynd/der zu Meissen/Bamberg vnd Regenspurg.

Die hohe Schulen in Teutschlandt seynd: Basel/Cölln/Dillingen/Mentz/Marpurg/Leiptzig/Ingolstadt/Heydelberg/ Griepswaldt/ Freyburg in Brißgow/ Franckfurt an der Oder/Erffurt/Prag/Rostock/Königsberg/Trier/Tübingen/Wien in Oesterreich/ Jehna/Wittenberg/Würtzburg/ &c.

DBer Teutschlandt/ welches von Ptolem. Magna, das ist / das grosse genant wird/ ist die gröste Landschafft in gantz Europa, vnnd des Röm. Reichs einige zierde: welches/ damit wir es in gebührlicher ordnung erklären/ wollen wir das jenige/ so in gemein davon zu wissen / am ersten vor die handt nehmen/vnd folgends zu den sonderbaren sachen schreiten.

Vrsprung des Namens.

Auff daß wir aber / wie bißhero bey einem jeden Landt geschehen/ von dem Namen anfangen/ welcher auff viel vnd mancherley weise außgelegt vnd erklärt wird / so sprechen etliche das Wort German Garman auß/ als sey an dem Teutschen Volck durchauß nichts/daß sich von wegen jhrer streitbarkeit vnd Tugend nicht nach einem Mañ artet: Andere entlehnen den Nahmen von der standhafften vnd vnwanckelbaren Trew vnd glauben/ so die Teutschen einander leisten/ vnd dardurch einen vnsterblichen Namen erlangen: vnd zwar so seynd die jenige nicht fast übel daran/ welche solchen Namen von dem gantz löblichen Krieg her deriviren vnd nemen/ als weren solche völcker für Geehrtman Germani genant. Andere aber sagẽ/sie seyen/wie das Wort Germanus, Genuinus oder Gnesius lautet/ solche Leuthe / die wie Germani oder Brüder zusammen halten/ vnd die alte auffrichtigkeit vnd einfalt mehr als jrgend ein ander Volck lieben/vnd vnter jhnen behalten. Derowegen dann auch Strabo bezeuget / es seyen diese Völcker billich von den Römern Germani genennet worden / dieweil sie nemblich im Leben vnd Sitten/vnd dann auch in der länge vnd gestalt des Leibs gleichsam der Frantzosen Brüder gewesen. Ioannes Goropius Becan. deriviret diesen Namen von dem wort Geren/welches so viel ist als bezwingen/ als können die Teutschen die Soldaten am allerbesten bezwingen vnd zu sich ziehen; welcher meynung auch Cornelius Tacitus zu seyn scheinet/da er sagt / es sey das wort Germania noch new/ vnd nit lang im brauch gewesen/ dieweil nemlich die jenige / so zum allerersten über den Rhein kommen/vnd die Frantzosen außgetrieben/jetzund Tungri, bald aber Germani seyn genennet worden/ vnd sey demnach der Nam der Nation/vnd nit des Volcks allgemach auffkommen vnd gemein worden/biß sie allesampt erstlich von dem Vberwinder auß forcht / bald aber hernach den Namen Germani, welchen sie selbst erfunden/bekommen. So mangelt es auch an denen nicht / welche die Teutsche von dem wörtlein Geren/ welches so viel ist als congregare oder samblen/Germanos nennen/ dieweil sie ein frembd vnd zusam̃en-gelesen Volck seyn. Gleich wie sie etliche andere von dem wort Gerra oder Guerra (das dann nichts als Krieg bedeut) ein streitbar vnd kriegliebend Volck nennen. Ein ander gelehrter Mañ auß Sachsen deriviret solches wort Germanus von den Carmanis, welches Asiatische Völcker seynd/ gleich wie das wort Saxones oder Sachsen von den Saxis oder Steinen: vnd wiederumb von dem Hebræischen wort Gerimani, gleich als seyen sie arme vñ dürfftige Ankömlinge oder frembde Gäst. Peucerus nennet die Germanos oder Teutschen Hermänner oder Heermänner/dieweil sie wegen jhrer dapfferkeit sich gern in Kriegsheeren lassen finden. Der fürtreffliche Mann Iunius sucht den vrsprung solches Nahmens am allerweitesten/vnd sagt/es rühre solches noch von der Sündfluß her: Dann als Noe auß der Archen gangen vnd die gantze Welt vnter seine drey Söhne außgetheilt/ sey Europa dem Iaphet zu theil worden; desselbigen Sohn hat / wie auß den Schrifften Mosis zu

18
20
22
24
26
28
Sept
56
54
52
50
48
46
Occidens.
MARE
Zuyder
Funen
Iutlandt.
DANI
Anglen
Slesvvyck.
HOLSATIA
Stormar.
Wagerlant
Femeren
Dit marsia
Emden
Bremen
Oldenborgh
Groninga
Fries lant
Drent
Ferden.
Hoya
Osenbrugh
Over Yssel
Texel
Vlielant
Der Schelling
Ameland
AN GLIÆ PARS
ZELANDT
FLANDREN
BRABANT
Kempen
HENE GOUWE
Gulick
Colen
Munster
Westphalia
Lemgow
Paderborn
Hessen
Berge
Naslou
Wester Walt
Fuld Abb.
Henneberg
LUTZEN BURGH
PICARDIÆ PARS
CAMPANIÆ PARS
Geraw
Francken
Spelhart
Wertheim
Simmeren
Ducat Bar
LORAINE
Wirten berg
Helfenstain com.
Zollern com.
SCHWABEN
Basel
COMITATUS
FRANCE
BURGUN
COM.
DIÆ
PARS.
Milliaria Germanica.
Breße
SABAV DIÆ PARS
SCHWEYTZ
Lepontii
RHETIA
TYROL
Inn
Trente
Wallis
Alpes
22
24
26
28
Me

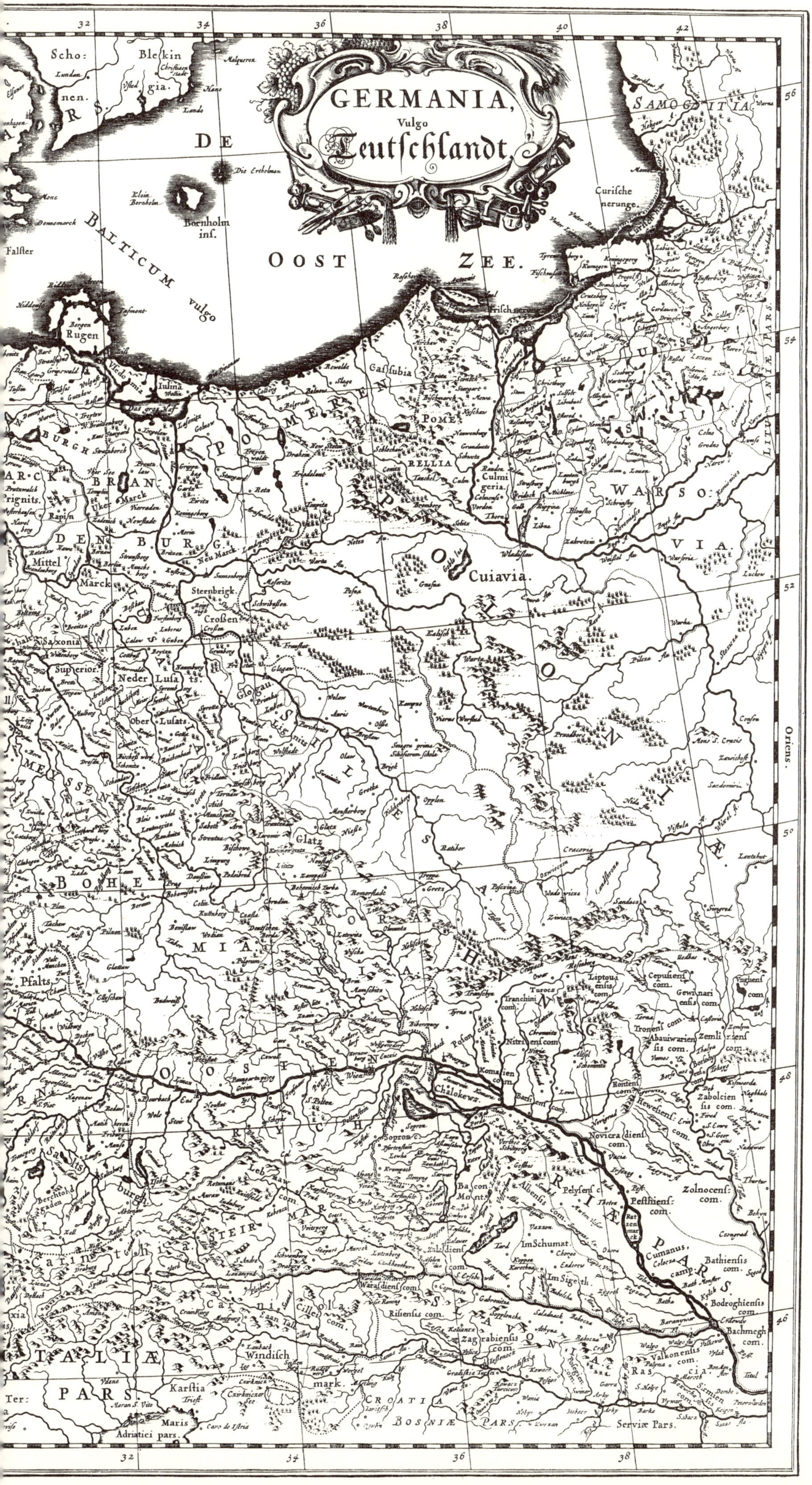
GERMANIA,
Vulgo
Teutschlandt.
OOST ZEE.
BALTICUM vulgo
DE
Bornholm ins.
Rugen
SAMOGITIA
PRUSSIA
POMERELLIA
POMERANIA
Cuiavia.
WARSOVIA.
POLONIAE
SILESIA
BOHEMIA.
MORAVIA
HUNGARIA
OOSTENRYCH
STEIR MARCK
Carinthia
Carniola
SLAVONIA
CROATIA
BOSNIAE PARS.
Serviæ Pars.
ITALIAE PARS.
Maris Adriatici pars.
Meyssen
Saxonia Superior.
Neder Lusats.
Ober Lusats.
Pfaltz
Glogau
Glatz
Crossen
Sternbrigk.
Wien
Sopron
Comaren com.
Cumanus campus
Bathiensis com.
Pesthiensis com.
Zolnocensis com.
Bachmegh com.
Bodroghiensis com.
Zabolciensis com.
Hewesiensis com.
Novicraduiensis com.
Oriens.
Karstia
Windisch mark.
Curische nerunge.
Frisch nerung.
Culmigeria.
Mittel Marck
Prignits.
Falster
Schonen.
Blekingia.

sehen/Gomerus geheissen/welcher wiederumb drey Söhne/ nemlich den Asknaz, Riphat vnd Thogarma, gehabt/auß diesem Thogarma, sagt er Iunius, seyen die Teutschen entsprungē/(wiewol solches die Rabini dem Asknaz zuschreiben) dann in diesem wort Thogarma oder Thegarma läst sich der vrsprung dieses Namens German augenscheinlich sehen/als sey nem̃lich The auff Niderländisch der Artickel Die/ darauff dann Germa oder German folgt / vnd heisse demnach so viel als die Germani oder Teutsche. Geram oder Garam aber bedeutet ein Bein / vnd demnach so viel als stärcke/ als sey dieses Volck gantz Beinern vnd mit einer sonderbaren stärcke begabt. Alemannia aber wird dieses Land genant/weil seine Inwohner gleichsam allesampt Männer / das ist / streitbare Leuth vnd dapffere Helden seynd. Andere sagen/ es habe solchen Namen von Manno seinem besondern Abgott / des Tuisconis Sohn. Vnd ob wol etliche Alemannos vnd Germanos für ein Volck/ nemblich die Teutschen halten / so ist doch auß dem Spartiano leichtlich abzunehmen/ daß sie von einander vnterscheiden gewesen. Den Namen Teutones hat es von dem Teutone, als jhrem gewesenen Führer vnd Kriegsobristen/ welches dann mit dem Wort Teutschen am nächsten übereinstimmet: heissen bey den Italianern Todesci. Das wort Teutschland aber kompt von Thuistone her, welchen etliche Tuisconem nennen / vnd für des Noe Sohn halten. Die Inwohner nennen dieses Landt Teutschland / die Außländische Alemagna, die Sclavones Nimiecha, die Griechen Elamags, vnd die Türcken Alaman. Vnd dieses sey also gnug von dem Vrsprung des Namens.

Grentzen.

Betreffende des Landes Gräntzen / so stimmen die Scribenten in verzeichnuß derselbigen nicht allesampt überein/ dann die alleräelteste fassen Teutschlandt ein zwischen den Rhein/ die Donaw/ das grosse eussere Meer/ die Tanain oder Dohn / vnnd das Euxinische Meer. Die andere aber/ als Strabo, Ptolemæus, Mela, Plinius, vnd fast alle Griechische vnd Lateinische Authores beschliessen es mit dem Rhein vnd der Weixel. Tacitus aber sagt/ es werde Teutschlandt nicht so viel durch die Weixel/ als durch die forcht beyderseits vnnd das Gebürg von Polen vnd der Wallachey vnterscheiden. Heutiges Tags werden alle Länder vnd derselbigen Inwohner zu Teutschlandt gerechnet/ die sich der Teutschen Sprach gebrauchen/ derowegen es dann über den von Ptolemæo gesetzten Grentzen/ vnd jenseit der Donaw auch Churwallen oder das Lintzgow/ Algow/ Oesterreich / vnd einen theil der Windischen Marck biß zu dem ende des Tridentinischen Gebiets in sich begreifft. Also auff jenseit des Rheins haben die Teutschen der Römer Colonias, oder fäste Städte vnd Besatzungen/ nemblich Coblentz / Bonn/ Cölln am Rhein/ vnd andere orth biß an das Meer inne gehabt. Dann wie Ambrosius bezeuget/ so ist der Rhein vorzeiten des Römischen Reichs Gräntze gewesen / vnd wurde den Teutschen von der Römer Præsidenten auff der lincken seyten des Rheins ohn vnterlaß widerstanden / zum theil / damit sie jhre tägliche Einfäll verhüteten/ zum theil / daß sie selbst zu jhnen herauß fiehlen / vnd dann auch die jenige / so sich von den Teutschen zu jhnen begaben/ in dieselbige möchten auff: vnd annehmen; vnd dieses ist also die vrsach/ vmb welcher willen auff der einen seyten des Rheins so viel alte Städte werden gefunden / auff der andern aber gar keine/ welches dann an der Donaw zu sehen ist.

Länder so zu Teutschlandt gehören.

Ferner wird nunmehr auch das Schweitzerlandt zu Teutschlandt gezehlet / wie gleichfals auch Preussen jenseit der Weixel. Vnd erstrecken sich also die Grentzen heutiges Tags viel weiter / als zu den zeiten Ptolemæi geschehen / dann es reicht dieses Landt nunmehr gegen Nidergang auch jenseit des Rheins biß an die Picardey vnd Burgund / welche zwey theil des Königreichs Franckreich seynd: gegen Mittag biß jenseit der Donaw an das Alpen Gebürg: gegen Auffgang biß an das grosse eussere Meer. Vnnd seynd demnach des Teutschlands fürnembste stücke/mit sampt den daran hangenden geringen/ das Königreich vnd Chur Böhmen/ das Königreich Polen/welches/ob es sich wol einer andern vnd besondern Sprach gebraucht/ vnd auch in des Römischen Reichs Matricul nicht begriffen wird / haben wir es doch nichts desto weniger/dieweil es jnnerhalb des altē Teutschlandts Grentzen/ nemblich der Weixel liegt / in der Taffel oder Mappen des Teutschlandts mit eingefast vnd verzeichnet: Item das Hertzogthumb vnd Churfürstenthumb Sachsen / das Ertzhertzogthumb Oesterreich/ die Hertzogthümber Holstein / Pommern / Meckelnburg / Lüneburg/ Lawenburg/Braunschweig/ Schlesien/ Mähren/ Cleven/ Francken/ Beyern/ Würtenberg/ die Graffschafft Schwaben / Pfaltz vnd Churfürstenthumb am Rhein / Pfaltz an Beyerlandt / die Landtgrafschafft Hessen / Düringen/ Meissen/ober- vnd vnter-Elsaß/Marckgrafschafft Baden/ die Grafschafften Embden/ Oldenburg/ Bentheim Lipp/ Diepholt/ Huy / Mansfeld / Anholt/ Stolberg/ Tyrol: vnd dieweil Liefflandt den Teutschen vnterworffen / wird es auch vnter die Teutschen Provintzen gerechnet / vnd jedoch / dieweil es sich nach Reussen erstreckt / in erklärung desselben Landts beschrieben.

Qualität.

Die Qualität dieses Landts belangend / als deren vrsach mehrertheils in dem Climate vnd gelegenheit des Firmaments beruhet/so liegt Teutschlandt in gemein vnter dem 6 / 7 vnd 8 Climate, zwischen dem 47 vnd 55 grad der breite/vnd dem 24 vnd 46 der länge; der längste Tag in dem Parallelo gegen Mittag hat sechszehenthalbe Stunden/ in dem Parallelo aber gegen Mitternacht 17 vnd ein viertheil. Vnd ob wol Cornelius Tacitus dieses Landt beschreibet / als habe es eine rauhe

Lufft.

Lufft/vnd lige nach des Senecæ zeugnuß jmmerdar voller Schnee/ so ist doch seine eusserliche Lufft in der Warheit viel mehr gelind vnd mässig / neiget sich jedoch etwas zu der Kälte/ vnd macht derowegen gesunde vnd starcke Leuthe: Sein gantzer Erdboden ist an Gersten/ Korn/ Weitzen/ Hiersche/ Dinckel oder Speltz/ Habern vnd anderm Getreyd vnnd Hülsen-gemüß über die massen reich/ wie gleichfals auch an allerley Obs vnd Wießwachs: hat hin vnd wieder die allerbeste Bergwerck von Silber/ Goldt/ Kupffer/Eysen/ Bley vnd Kobald/ vnd ist in solchem fast allen andern Ländern überlegen: an vielen vnterschiedlichen orthen mit dem allerbesten Saltz nach allem überfluß versehen: hat vnter andern Edelgesteinen nach des Plinii zeugnuß insonderheit einen reichen Schatz von Onychern oder Chalcedoniern / Crystall / Topaziern / Diamanten/ Ceraunijs, Callais vnd dergleichen; viel heylsame Kräuter/ vnd tausenderley schöne lustige Gärten von Obs vnd allerley schönen frembden vnd einheymischen Gewächsen/ der allerköstlichsten Wein/die jedoch an einem orth als am andern besser zu seyn pflegen/zu geschweigen.

Zahm vnd wild Viehe.

Ja es ziehet dieses Landt auch eine vngläubliche menge Viehe vnnd wilde Thier/ von welchen Cæsar meldet / es sey sonderlich der Schwartzwaldt der wilden Thier hin vnd wieder voll/ vnter welchen besondere Ochsen gesehen werden / welche sich an gestalt einem Hirsch vergleichen/ mitten auff der Stirn vnd zwischen beyden Ohren ein Horn haben / so etwas stärcker als die Hörner der gemeinen Ochsen / vnnd fornen an der eussersten spitzen gleichsamb etliche Federn oder äste von sich ragen haben / vnd ist das Weiblein solcher Thier dem Männlein von Natur / gestalt vnd grösse der Hörner gantz gleich. Ja man findet/ sagt er ferner/in diesem Wald auch viel Eländ / die wie die Geyssen sind formirt/jedoch etwas grösser von statur/haben eine sprenglachte Haut / stumpffe Hörner/ in den Schenckeln keine geländk/legen sich derowegen in dem schlaffen nicht nieder/ vnd können/ wann sie etwan vngefehr vmbfallen / von sich selbst nicht wiederumb auffstehen/sondern lehnen sich wann sie wollen schlaffen wider die Bäume / vnd werden auch also gefangen/ wann nemblich die Bäume entweder in den grundt werden vmbgraben / oder vnten über der Erden so weit nach der quere durchsägt/ daß der Baum noch auffrecht darauff bleibt stehen / dann so bald das Thier nachmahls kompt / vnd sich seiner gewonheit nach zu ruhen/ daran lehnet / fält es mit sampt dem Baum vmb / vnnd wird also von dem Jäger gefangen. Die dritte art der wilden Thier/ so in diesem Wald werden gefunden/ seynd die Beern/ an grösse etwas geringer/ als die Elephanten/ an Farb vnd Gestalt den Ochsen nicht vnähnlich/über die massen starck vnd geschwind/vnd beneben diesem sehr grimmig / daß sie weder der Menschen noch anderer wilden Thier/so sie etwan antreffen/verschonen ; die fängt man in besonderen Gruben;vnd so ferne Cæsar. Die Obrigkeiten der Alten betreffend/so ist der Sitz des Römischen Reichs/ welches in das Orientalische vnd Occidentalische war getheilt/ durch die tägliche Einfäll der mancherley Völcker gewaltig/ wie auch durch jnnerliche Vneinigkeit jämerlich zerrissen vnd vertrennet worden / vnnd were allerdings zu grundt gangen / wo jhme Carolus Magnus der Francken König(welchen es in der noth zu einem Keyser erwehlt/vnd also Italiam hindan gesetzt/sein hülff vnd beystandt bey den Teutschen gesucht)nicht were zu hülff erschienen; von welchem Carolo Magno die Geschichtschreiber melden/ er sey zu Ingelheim / zwo Meylen vnter Meyntz gebohren / vnd habe daselbst ein statlich Palatium gebawet / dessen Rudera vnd alte Mawren annoch zu sehen seynd. Bey der Carolorum Geschlecht blieb die Regierung des Röm. Reichs 100 Jahr/ ward nachmahls/als auß denselbigen niemandt mehr übrig/ auff Conradum den Hertzog in Francken verwendet/ welchem Henricus Auceps succedirt, diesem widerumb die drey Ottones , vnter welchen der letzte / als er vernahme daß die Römer vnter dem Bürgermeister Crescentio wiederumb nach dem Scepter des Röm. Reichs trachteten / eine gewaltige Kriegsmacht ließ beschreiben/ nahm die Stadt Rom ein / bracht vom Bapst Gregorio zu wegen/daß die Wahl des Röm. Reichs beständig blieb/ vnd erlangte auch hiemit/ daß die jenige/ so darzu erwehlet wurden/ erstlich Käyser vnd Röm. Könige / vnd folgends wann sie von dem Bapst die Kron empfiengen/ Imperatores Augusti heissen solten. Der Churfürsten/welche allein den Keyser zu erwehlen macht hatten/wurden 7 verordnet/ als 3 auß den Ertzbischoffen/ vnd 4 auß den Weltlichen Fürsten. Von diesen ward nach des letzten Ottonis Todt Henricus,mit dem Zunamen Sanctus, das ist/der Heilige/ zum Keyser erwehlet / vnd die form solcher Wahl nachmahls vom Keyser Carolo IV in die güldene Bull / die noch auff den heutigen Tag wehret/gebracht. Nach solchen zeiten wurden Teutschlandt zur Vermehrung des Röm. Reichs noch viel ämpter auffgerichtet vnd bestelt / von welchen wir weitläufftiger handeln werden.

Der alten Teutschen Lob.

Der Teutschen dapfferkeit bezeuget Tacitus, als der vnter dem Keyser Vespasiano ein Præsident in Niederland gewesen / mit diesen wenigen Worten : Niemand hat jemahl einigen Krieg wider die Teutschen vngestrafft geführt / welches vorzeiten die drey Legiones vnter dem Augusto , wie auch hernachmahls Carbo, Cassius, Scaurus, Aurelius,Servilius, Cæpio,Manlius, vnd etliche gewaltige Keyser mit jhrem grossen schaden gnugsamb erfahren / in dem sie nemblich von den Teutschen zum theil vmbgebracht / zum theil auch in die Flucht geschlagen worden seynd; dannenhero auch dieser besonderer Reim entstanden:

Welcher im Krieg wil Vnglück han/
Der fang es mit den Teutschen an.

Iosephus nennet diese Völcker fortes, oder die Starcke/ Dionysius die Martialische/Arrius streitbare Kriegsleute/ welchem allen Seneca noch dieses beyfügt / vnd sagt / es sey auff der Welt nichts muhtigers vnd behertzters als die Teutschen/ wie gleichfals nichts frewdigers zum Anlauff/ vnd nichts/das die Waffen mit grösserer Begierde annehme vnd gebrauche. Es ist aber das gantze Teutschlandt/ ins gemein darvon zu reden / zu diesen vnsern zeiten der massen lustig/vnd mit den allerschönsten Städten/Schlössern/ Vestungen/ Flecken vnd Dörffern also gezieret/ daß es nicht allein Franckreich/ sondern auch gantz Hispaniam vnd Italiam in solchem weit übertrifft.

Städte.

Der Reichsstädte so in Teutschlandt liegen/ werden 84 gezehlt / vnter welchen Augspurg / Nürnberg/ Franckfurt an Mäyn/ Cölln am Rhein/ Lübeck/Lüneburg/Hamburg/ Regenspurg/ Straßburg/ Vlm/Nörtlingen/Mülhausen/ Hagenaw/ Wormbs/ Speyer/ Dünckelspiel/ Hailbrunn/ Northausen/ Wetzlar/ &c. die fürnembsten seynd/ von welchen allen an seinem orth weitläufftig vnd sonderbare meldung geschehen sol.

Seiner fliessenden Wässer (der viel vnd mancherley See vnd Teiche / deren die Alten gedencken / zu geschweigen)seynd dermassen viel / daß es auch in solchem die allerbeste vnd fürtrefflichste Länder übertrifft ; welcher vieler Wässer vrsach Seneca der feuchten Lufft / vnd vielfältigen grossen Regen/ deren auch die zeit des Sommers nicht ohne/zu zuschreiben pflegt. Die fürnembsten aber vnter allen solchen Wässern seynd die Donaw/ der Rhein/Mayn/ Ems/ Necker/ Elb/ Sprew/ Weser/ Weixel/ vnd dergleichen. Die Done oder Donaw/hat jhren Namen von dem Dohn der geräusch / welches in jhrem schnellen fliessen gehöret wird: Ist nach des Sallustii zeugnuß nächst dem Nilo vnter allen Wässern/so in das Euxinische Meer hinein fliessen/ das gröste : Hat jhren vrsprung im Schwartzwaldt in dem Dorff Dohn Eschingen genant / vnd quillet mit einem grossen Strudel auß der Erden herauß : Die Alten nenneten den Berg / auß welchem die Donaw entspringt/ Abnobam, wiewol auff eine Stund wegs (wie Munsterus , der es selbst gesehen/ bezeuget) rings herumb kein Berg bey solcher Quellen ist / sondern es dringet das Wasser mit einem grossen vnnd gewaltigen Guß ohne auffhören auß einem kleinen Hügel / so kaum 15 oder 16 Elen hoch/ herauß. So bald solches Wasser auß seiner Quellen herauß kompt / theilt es sich gleichsam in Pfützen auß/ kompt aber bald hernach in seinen Canal oder Fluß zusammen/ wird vnterwegs durch die hinzufliessende Wässer/ deren 60 gezehlt werden / vnnd der halbe theil Schiffreich / je länger je grösser / fleust durch viel vnterschiedliche Länder/als Schwaben/Beyern/Vngarn/Walachey vnd Bulgaria hindurch/ vnd stürtzt sich endlich/ wie Herodotus wil / mit 5 außgängen/ nach des Plinii meynung/ 6 / vnd nach des Ammiani vnd Solini 7 / mit einer solchen Vngestüm vnd menge des Wassers in das Euxinische Meer / daß sie jhren süssen Geschmack auff 70000 Schritt in dem Meer behält / vnd sich auch also süß herauß schöpffen vnd trincken läst. Vnd wie vielen bewust/so eylen die Fische von den eussersten enden dieses Meers solchem Wasser in grosser menge zu / entweder wegen des Leychens / oder / wie Ammianus wil / damit sie jhre jungen durch die lieblichkeit solches Wassers desto besser auffziehen vnd gesundt erhalten / vnd nicht etwan verhindert oder gefangen werden. Vber dieses Wasser hat Trajanus Nerva in dem Landt Sirsy oder Wossen eine künstliche Brücke lassen auffrichten / welche nachmahls von Adriano wiederumb ist abgebrochen worden.

Donaw.

Der Rhein entspringt nach des Cæsaris zeugnuß bey den Lepontiis in dem Berg Adula, so ein Arm der allerhöchsten Alpen ist/ vnnd in seiner Sprach Etzel genennet wird/ wie Claudianus meldet / in dem Lintzgaw oder Curwallen/ vnd wie andere sagen / ein Stund wegs von dem Dorff Spliegen/ beym Spliegenberg. Nach dem er aber nach des Strabonis vnd Ptolemæi zeugnuß seinen allerersten anfang auff den Alpen empfangen / als nemblich in der Gegend nacher Orient / da sich die gemelte Alpen mit dem Berg Adula vereinigen / vnd die Völcker Lepontii jhre Wohnung haben / bekompt er zwo vnterschiedliche Quellen/ von wegen der hohen Güpffel des Gebürgs zum wenigsten eine gantze Tagreyse von einander / als die eine etwas mehr gegen Occident vnd Mitternacht / vnnd wird der forder Rhein genant ; die ander aber / als deren Name der hinter Rhein/ mehr gegen Mittag vnd Orient/ welche beyde Quellen vnd Flüsse endlich zusammen kommen / ein eintzig Wasser machen/vnd nicht weit darvon zween vnterschiedliche See/ nemblich die Bodensee / von welcher im Schweitzerlandt gehandelt wird / vnd den Fischreichen Cellersee/ bey dem Städtlein Cell/ verursachen. Solcher nunmehr vereinbarte Rhein lencket sich nachmahls gegen Occident / laufft an den Städten Rheinfelden vnd Basel hin/ lencket sich hernach gegen Mitternacht / vollführt seinen Lauff gehn Straßburg / durchwandert viel vnnd manche Länder / fleust forter bey Speyer/ Wormbs vnnd

Rhein.

Maynß vorüber / wird durch die darein fliessende Wässer je länger je grösser/streckt sich von dannen/ als gleich vnter Maynß gegen Occident / nimpt seinen weg nach Bingen/ wendet sich von dannen gegen dem Nordwind zum Westen läst Coblentz / Bonn vnd Cölln gleichsamb auff dem Rücken ligē/ theilt sich bey dem anfang des Holländischen Gebiets (so sonsten vnter die Regierung Cleve gehört/vnd wegen des alten Schlosses vnd Zolls berühmt ist) in zween vnterschiedliche Flüsse also ab / daß der eine / welcher den Namen Rhein behält/ seinen Lauff stracks wegs nach Arnheimb/ als der Hauptstadt in Geldern/ vnd nicht fern von dannen ein wenig abwarts mit vielen krummen vmbwegen gehn Vadam eylet/ sich von dannen nach Rinnes/ vnd folgends nach Batavoduro wendende/ nachmahls seinen Namen verliehrt/vnd Lecca genant wird/ bey Culnburg/ Viana vnd Schonhofen vorüber fleust/vnd sich endlich in den Fluß Mervam, ehe er die Maas genant wird/ ergeust. Der ander Fluß des Rheins wendet sich nach der gemelten abtheilung auff die lincke handt / fleust bey der alten Stadt Nimmegen hin / macht derselbigen Gräben fast Schiffreich / wird folgends Vahalis genant / fleust etwas weit hinabwarts bey Tiela hin / läst Bomelen mit seinen krummen Vmbwegen auff der lincken Handt liegen / empfängt vnfern von Worcomio die Maaß in sich / wird nach diesem/als nemblich bey Gorcomio, durch das sanffte vnd stillfliessende Wasser Lingam vermehrt / vnnd von dem Schloß der Merovæorum Merova genant / fleust/ wann es bey solchem Schloß vorüber kommen / bey der fürtrefflichen Insel der Stadt Dortrecht hin / empfängt nach solchen allen die Leck vnd Isel / als Arme des Rheins in sich/ fleust bey Helmonda fürüber/ bekompt vnterhalb der Stadt Rotterdam den Namē die Maas/ wird daselbst etwas breiter / läst mit jhrem grossen Außlauff Scidam vnd Vlärdingen auff der rechten Hand ligen/ wie folgends auch Gervlietum vnd Brielam auff der lincken / vnd vermischt sich daselbst bald hernach mit dem grossen eussern Meer.

Ems.

Die Ems hat jhren vrsprung in Westphalen/ ein wenig vnterhalb der Stadt Paderborn / wendet sich nach dem Nordtwindt zum Westen / fleust durch Varendorff/ Grefen / Rhenam vnd Lingen hin/ nimbt jhren Lauff von dannen naher Meppen vnd Nebuisum, vnnd stürtzt sich bey der Stadt Embden in das Mitternächtische Meer.

Mayn.

Das vierdte fliessende Wasser in Teutschlandt ist der Mayn/hat seinen vrsprung auff dem Fiechtelberg/ fleust an Würtzburg/ Wertheim/ Bamberg/ Aschaffenburg/ Seligenstadt/ Steinheim/ Hanaw/ Ofenbach/ zwischen Franckfurt vnnd Sachsenhausen der Vorstadt / folgendts bey Höchst vnd der Landtgräfischen Vestung Rüsselsheimb hin/ fält endlich bey Custheim gegen Maynß über in den Rhein / vnnd sondert die vnter-Teutschen von den ober-Teutschen disseit des Rheins ab; die Griechische Buchstaben seines Namens machen in der Ziffer so viel als Tag im gantzen Jahr sind/ nemblich 365.

Necker.

Das fünffte ist der Necker/ hat seinen anfang 2 stunden wegs von den Quellen der Donaw / laufft durch das Würtenberger Landt/ wie gleichfals auch einen theil der Churfürstl. Pfaltz bey Heydelberg vorüber / vnnd fält etliche Meyl wegs von dannen bey Manheim in den Rhein.

Elb.

Die Elb ist ein grosser Fluß/ welcher die Schwaben von den Sachsen vnnd Meißnern vnterscheidet / auch nach des Vellcii zeugnuß bey den Grentzen der Semnonum vnd Hermundurorum, vnd bey vielen fürnehmen Städten vorüber fleust/vnd sich zwischen den kleinen Chaucis vnd Cimbris oder Dennemärckern in das grosse eussere Meer begibt; die Böhmen/ bey welchen dieses Wasser entspringt/nennen es Labe; vnd wie Fabricius in den Büchern seiner Meißnischen sachen bezeuget/ so hat es seinen Namen von der zahl seiner feiner Brunnen oder Quellen/ deren 11 werden gezehlt/ oder von der zahl der darein fliessenden wässer. Dann es entspringt/ sagt Fabricius ferner/ in der Gegend des Schwartzwaldes/ welche Gegend von den Riesen jhren Namen hat/vnd der Riesenberg genant wird/ hat/ wie gemelt/ 11 Quellen/ vnnd wird dannenhero auch die Elve oder Elbe genant.

Oder.

Der Suevus oder Viadrus heist bey etlichen die Odera, dieweil er nemblich auff dem Oderberg entspringt / vnd seinen Lauff in die Marck vnnd Mährenlandt erstreckt/ wird durch viel einfliessende Wässer vermehrt / fleust bey Franckfurt / folgendts bey Stettin der Handelstadt am Meer/ vnd endlich bey Camino der Bischofflichen Stadt vorüber / an welchem orth er einen grossen See macht/vnd sich in das Teutsche Meer begibt. Dann welche dieses Wasser für die Sprew halten/ als die auch ein fürnehmer Fluß ist/bey der Stadt Brandenburg hinfleust / vnd nicht fern von Havelberg in die Elbe fält/sind jhres Irthumbs vielfaltig überwiesen.

Weser.

Die Vilurgis oder Weser kompt auß dem Land Hessen her/ fleust bey Minden / Werden/ Göttingen vnd Bremen hin/ vnd stürtzt sich nach solchen allen in das eussere Meer.

Weixel.

Das letzte vnter den vorerzehlten ist die Vistula oder Weixel/des gantzen Teutschlands Grentz/ als welche nach des Ptolemæi meynung dasselbige von dem theil Polen in Europa, vnd wie Iornandes meldet/von den Scythen vnterscheidet / fällt von den Gebürg herab/ fleust an der Königlichen stadt Cracaw hin / wird folgends durch die einfliessende wässer viel vermehrt/ in drey außgänge getheilt/ nimbt jhren Lauff zu der gewaltigen Handelstadt Dantzig / von dannen nacher Elbingen der berühmten hohen Schul in Preussen/ zum dritten gen Lockstadt / vnd ergeust sich endlich mit dreyfachem außgang in das Polnische Meer. Beneben diesen finden sich in Teutschlandt der edlen vnd fliessenden wässer noch viel mehr/ welche sich allesampt in dem Meer oder einem andern grossen Wasser enden/deren wir kürtze halben nicht gedencken können.

Meer.

Das Meer/so von diesem Land das Teutsche wird genant / ist hiebevor bey der allgemeinen beschreibung des Meers / wie gleichfals auch vnlängst in der beschreibung der Niederlanden in gemein nach nothturfft erkläret / vnd demnach allhier mehr nicht übrig/ dann die betrachtung etlicher sonderbaren Eigenschafften/mit welchen dieses Meer vor andern ist begabt. Vnter welchen dieses nicht die geringste ist/ daß/wie männiglichen bewust/die bewegung vnd vngestümme dieses Meers auch der Mond excitirt vnd bewegt / vnd demselbigen zu seiner Reciprocation vrsach gibt: Gleich wie aber der Mond in solcher seiner bewegung viel vnd mancherley vices vnd enderungen außstehet/also werden auch dieses Meers Wellen gantz vngleich bewegt; dann in dem es dem Mond folgt/ fleust es zwischen der zeit seiner beyden Auffgänge zweymahl zu/ vnd zweymahl wiederumb ab/ wird/ wann der Mond über den Horizontem ortivum hinauff steigt/ hoch/ vnnd folgends/ wañ er sich von dem meridiano fastigio gegen dem occasu hinab thut/ wiederumb klein/ steigt/wann er zu der höhe des Himmels/ vnd zu des meridiani gegentheil hinauff kompt/ in die höhe/ vnnd folgends biß er wiederumb auffgehet hinab. Vnd gleich wie der Mond nicht zu jederzeit an einem orth auffgeht / sondern allwegen heut an einem andern/als gestern vnd vorgestern; also koñen auch die Æstus oder Wellen des Meers nicht zu gewissen stunden wiederumb/ sondern allein zur zeit/ wann der Mond durch die cardines cœli passirt. Ferner ist auch dieses wahrzunehmen / daß nemblich der volle Mond das Meer anders bewegt/ als wann derselbe noch in einem viertheil ist/ sintemahl die Gewalt vnd Krafft des völligen Liechts grösser/ als dessen/ so noch schwach vnnd gleichsamb außgelöschet ist: Nennet demnach Agellius das Meer nit vnbillich des Monds Gefehrten/ als welches mit demselben am alter zu vnd abzunehmen pflege. Nicht weniger ist in diesem auch auff die configurationes des Monds zu sehen/dann wann der Mond/zum exempel/ die Venerem in einem tauglichen Aspect ansihet / vnd feuchte mansiones oder wohnungen durchwandert / wird das Meer über seine gewonheit hoch/ gleich wie im gegentheil klein / wann er den Martem in einem tauglichen Aspect anschawet / vnd truckene Häuser durchwandert. Vber das ist in solchem fall auch auff die auffsteigung der Zeichen gute acht zu geben/ dann wann der Mond in den Zeichen der rectarum ascensionum ist/ wehret das zunehmen des Meers allwegen etwas länger/

als wann er per obliquum steigt: Sintemahl dieses von vielen Gelehrten bißhero wargenommen/ daß das zunehmen des Meers dem abnehmen oder ablauffen der länge der zeit nach nimmer gleich sey/es sey dañ der Mond in den signis æquinoctialibus sine latitudine. Beneben welchem dann auch dieses nicht zu verschweigen/ daß ein Wasser von dem gewalt des Liechts vnnd des Monds radiis mehr müsse außstehen vnd leiden / als etwan ein anders / vnd dasselbige je nach gelegenheit der stärcke der radiorum oder Strahl / oder nach dem etwan sonsten ein verborgene Eigenschafft zugegen. Zu geschweigen / daß der Mond seine Strahl auch durch eine andere Krafft in die wässer gelangen läst/ wann er Mitternächtisch/ vnnd wiederumb durch ein andere/ wann er sich gegen Mittag befindet/ sintemahl er allhie das Meer gegen Mittag / dorten aber das ander gegen Mitternacht groß vnd hoch zu machen pflegt. Solches zunehmen aber des Meers wird in einem Land mehr gespürt als im andern/ auch in etlichen gar nicht. Dann damit wir allein vnsers Teutschen Meers gedencken/ so wird es in demselbigen kaum gespürt/ es were dann von den Winden bald in dieses / bald in jenes orth bewegt/ vnd sonderlich wird es in gegenwart des Cori order Nord-Osten windts am allerhöchsten/ vnd spreitet sich auch dermassen weit auß / daß es hin vnd wieder an viel wässer stost. Vnd da in dem Spanischen vnd Atlantischen Meer etwan bey drey oder vier hundert Klafftern kein Grundt wird gefunden/ so ist doch dieses fast an allen orthen nicht über sechtzig tieff/ oder kompt doch selten auff hundert/ohn allein an etlichen Vfern in Norwegen / da man durchauß keinen Grundt vnd Boden finden kan. Vnd ob wol fast alle andere Meer auff das eusserste bitter vnnd versaltzen seynd/ so ist doch das Teutsche mit vielen süssen Wässern/ so wol zu trincken/ vermischt/ vnd dasselbige von wegen der grossen fliessenden wässer / welche sich auß dem Polnischen Gebürg darein begeben : Vnd dann auch/ dieweil die Krafft der Sonnen an diesen orthen viel geringer/ als daß sie das jenige/ so in den wässern am subtilesten/ in die höhe ziehen vnd erheben könne/ das dann etliche für die fürnembste vrsach des versaltzenen Geschmacks in dem Meer halten / welche vrsach/ wann sie gnug gelten solte/ müste auch das Amalchium vnd Mare Chronium alles gesaltzenen Geschmacks gantz ohn seyn / dessen gegentheil doch darinnen gespüret wird. Ist demnach mein meynung/ es komme diesem Meer sein süsser vnnd vnversaltzener Geschmack viel mehr von dem vielfaltigen Schnee vnd den gemelten Wässern / so auß dem Polnischen Gebürg darein fallen ; welches dann auch die vrsach ist/ vmb deren willen dieses Meer kein so grosse Lastschiff als andere tragen kan/ dieweil nemblich die andere/so fast versaltzen/auch desto dicker seynd/vñ derowegen viel schwärer können tragen / da hergegen in diesem die subtilität des Wassers vnter der Last zu weichen pflegt. Vnd ist demnach auch in diesem Meer besser vnd leichter zu schwimmen/ als in allen andern : Jedoch erräget es den jenigen so darauff fahren/ einen grossen Vnwillen vnnd erbrechen/ vnd dasselbige von wegen der grossen bewegung / welche die Schiffe etwan biß gleichsamb an das Firmament erhebt / bald aber biß in die vnterste Höll versencken läst. Endlich bekompt dieses Meer auch nach gelegenheit der vnterschiedlichen orth mancherley Namen : dann dieweil es an Teutschlandt stöst / hat es den Namen des Teutschen/ erstreckt sich von dem Frantzösischen vnd Britannischen/ als welches das Occidentalische ist / gegen Orient vnd biß in Polen / vnd wird ferner auch das Mitternächtische/ das Arctoum, das Dännemärckische/ das Balthicum oder Ostersee/ das Codanum, Schwedische/ Wendische/ Scytische vnd Polnische genant ; so viel von dem

Berge.

Meer. Die fürnembsten vnter den Bergen Teutsches Landts seynd der Rollberg/der Berg Isidis, der Melibocus, der Pinifer, Fichten oder Zyrbelberg/der Hessus, Ostberg/

Wälder.

Senus, Suevus, Pfawenberg/der Rheticus oder Churwaller/der Sprüll/Voccetius oder Bötzberg. Also hat es auch

Schwartzwaldt.

an Wälden keinẽ mangel/vnter welchen doch der Schwartzwaldt der gröste vnd fürnembste ist/ dessen dann viel berühmte Griechische vnnd Lateinische Scribenten gedencken. Vnd ob wol dieser Waldt sich mit seinen Hörnern

Grösse des Schwartzwaldts.

sehr weit erstreckt / vnd in viel Länder außbreitet/ so bleibt er doch mit seinem grösten theil in Teutschland / vnd sonderlich an denen orthen / so gegen Mittag vnd Occident gelegen : Derowegen dann Glareanus den Waldt Ardenne für kein stück desselbigen hält. Nach des Cæsaris zeugnuß erstreckt sich seine länge in Teutschlandt auff sechtzig Tagreyß/die breite aber auff neun. Hat den Namen Schwartzwald von der menge der Fiechten oder Zyrbeln : Von dem Keyser Ottone, als welcher offt darinnen

Namen.

gejagt/der Waldt Ottonis ; vnd von den Völckern/ so etwan nahe darbey wohnen/ andere Nahmen mehr / als daß man jhn etwan den Thüringer oder Böhmerwaldt nennet. In dem Würtenbergerlandt wird er mit seinem gemeinen Nahmen der Schwartzwaldt genant/ gleich wie in Meissen vnnd Sachsen von wegen seines vielen Hartzes der Hartzwaldt. Dieses Waldts gedencket auch Pandulphus Collenutius in der beschreibung Teutschlandts mit diesen Worten : Der Schwartzwaldt hat nach seiner grossen vnd gewaltigen länge der Wallachey vnd Gothländern zu / vielerley Namen / biß er sich gar in die Tartarey erstreckt/ da er den Namen eines finstern Walds bekompt/ so wegen seiner vnbekanten Grentzen gantz vnwegsamb/ vnd der wilden Thier vnd vielen Gespänste halben durchauß nicht zu reysen ist. Wir wollen nun zu den fürnemb-

Gebäwe.

sten allgemeinen vnnd sonderbaren Gebäwen schreiten/ vnter welchen / anderer kürtze halben zugeschweigen / das Münster zu Straßburg sampt seinem Thurn billig den

Münster zu Straßburg.

vorzug hat / vnd für das achte Wunderwerck der Welt gehalten wird : Dann das gantze vnd gewaltige Gebäw der Kirchen / nach dem die Fundamenta gelegt / hat man auffzuführen angefangen im Jahr 1015. Gleich wie etliche hundert Jahr hernach/ nemblich 1277 vnter dem Bischoff Cunrado von Liechtenberg durch den Werckmeister Erkuinum von Steinbach auch den Thurn ; fürwar ein edel vnnd fürtrefflich Werck / dergleichen weder in Teutschland noch auch in Italia/ Franckreich vnnd anderswo gefunden wird / über welchem man von vnten an biß zu dem allerhöchsten Knopff fast 27 Jahr zugebracht hat. Ist durchauß mit schönen Quadersteinen auffgeführt/ allenthalben durchsichtig/ hat biß hinauff zu dem Wachthäußlein vier Steinerne Schnecken/ vnd von dannen an/ als da er anhebt sich außzuspitzen/ biß gar hinauff zu dem Knopff/deren acht. Der gemeldte Knopff/als welcher vnten auff der Erden kaum eines Seschters groß scheinet zu seyn / ist so groß / daß fünff oder sechs Persone darauff können stehen / vnd solcher gantze Thurn ist 555

Höhe des Thurns.

Geometrische Schuch hoch. Vnten in der Kirchen an der Thür gegen des Bischoffs Hoff zu / hat es ein über die massen künstlich Vhrwerck/ welches von den beyden hochgelehrten vnnd weitberühmten Mathematicis vnnd Professoribus der Schulen daselbst / nemlich Herrn M. Cunrado Dasipodio vnnd M. David Wolkensteinio ist auffgerichtet worden / vnd dermassen künstlich angegeben/ daß es niemand ohne verwunderung anschawen kan.

Geistliche Standt.

Den Geistlichen Standt des gantzen Teutschlandts betreffend/ werden der Ertzbischthümbe durch das Römische Reich sieben gezehlet/ vnd derselbigen Provintzen/ das eintzige Liefflandt außgenommen / vnter diesem Titul beschrieben/vñ seynd diese/wie folgt: nemlich das zu Mayntz/

Ertzbischthumb.

welches zwölff Suffraganeos vnter jhm hat/das zu Straßburg / Costnitz / Speyr / Wormbs / Chur / Würtzburg/ Augspurg / Aichstadt / Hildesheim / Paderborn/ Halberstadt/ Verden. Das zu Cölln hat solcher Suffraganeorum fünff / als das zu Münster/ Vtrecht/ Lüttich/Minden/ Osnabrück. Das zu Trier drey / als das zu Metz/ Toul in Lothringen / vnnd Verdun. Das zu Magdenburg/ als das fürnembste in gantz Teutschlandt / vier : nemblich Mörspurg / Naumburg / Brandenburg vnnd Havelberg. Das zu Saltzburg neun : nemblich das zu Trent / Brixen / Passaw / Freysingen / Wien/ Seckaw/

Görtz/Lawenmünd/Chiemse. Das zu Bremen sechs: nemlich das zu Lübeck/ Swerin/ Lebus / Schleßwick / Ratzenburg / Hamburg / welches letzte vorzeiten ein Ertzbischthumb gewesen. Das zu Rigen aber 4 / als das zu Revel/ Curien/ Oesel/Derpten. Die freyen Bischöffe so keinem Ertzbischoff vnterworffen/seynd der zu Meissen/Bamberg vnnd Regenspurg. Die Academiæ in Teutschlandt seynd/ die zu Basel Cölln/Dillingen/Mayntz/Marpurg/ Leiptzig/Ingolstadt/Heydelberg/Griepswaldt/Franckfurt an der Oder/Prag/ Rostock/Königsberg/ Erffurt/Trier/ Tübingen/Wien in Oesterreich/ Jehna/ Breßlaw/ Wittenberg/ Würtzburg / Helmstadt/ Freyburg in Brißgow/ Giessen vnd Straßburg/ so nur ein Gymnasium ist / in welchem alle fürtreffliche Redner in allerley Sprachen/ wolgeübte Disputatores, subtile Rechenmeister/ Astronomi, vnd sonderlich die allerberühmteste Geometræ vnnd Facultisten werden gefunden/ die gantz Teutschlandt nach aller nothturfft mit gelehrten Leuthen versehen.

Sitten.

Die Teutschen in gemein/seynd grosse vnd starcke Leut/ eines grausamen ansehens / haben gemeinlich Himmelblawe Augen/rohte Haar/grosse starcke Leiber; werden von dem Hegesippo vnd Plinio für grausamb vnd grimmig/ vom Sidonio für wild/von dem Pausania vnd Cassiodoro für stoltz/vom Appiano für vnbarmhertzig/ von dem Cæsare für barbarisch/ trewloß vnnd gleißnerisch / als welche nach des Paterculi meynung in aller grausamkeit gelebt/ vnd gleichsamb zum liegen gebohren : von dem Sincerio, der ein geraume zeit vnter jhnen gewohnt / derowegen jhre Natur am besten erkent/ vnd allen jetztgemelten Autoribus für die grösten Lügner erfunden/auch für die allerdapfferste Kriegsleuthe gehalten/bey welchen kein verschlagenheit vnd falschheit zu finden / vnd die jhres Hertzens anliegen vertrawlich entdecken/ auch jhrer Freunde heimlichkeit nicht leichtlich offenbahren. Ja es gibt jhnen auch der Keyser Iulianus selbst das zeugnuß / es sey ein Volck das durchauß nicht schmeicheln könne / sondern sich der auffrichtigkeit gegen einem jeden gebrauche. Endlich seynd sie auch einer mittelmässigen Natur vnd holdseliger Gebärden/vnd dasselbige auß der Eigenschafft des Lands.

Religion.

Die Religion betreffend/ hielten sie vor zeiten Sonn/ Mond vnd Tulcanum für jhre Götter / wie gleichfals hernach/ als vnter dem Keyser Nerva den Mercurium, Martem, Isidem, vnd die Mutter der Götter/Alcim, Velledam vnd Auriniam. Vnd sagt Tacitus sonderlich von den Schwaben / sie haben die Erde für jhren Gott geehrt. Beneben diesen haben sie auch etliche Weiber gehabt/ welche auß dem geräusch vnd würbeln der fliessenden Wässer von künfftigen dingen zu weissagen gepflegt. Vber das haben sie auch auß den Vögeln vnd Eingeweyd der Thier künfftige sachen zu erforschen vnterstanden/ hielten sonderlich den Mercurium oder Teutatem in hohen ehren : hatten ausser dem Krieg keinen besonderen Rhat / sondern pflegten allein/ wann sie etwan zu kriegen in willens/ einen zu erwehlen : hatten all jhren Lust vnd Frewd im kriegen/ vnd wurden in demselbigen gleichsam gebohren vnd aufferzogen; hielten die Mörderey für kein schand vnd Sünde/ vnd wann sie selbst nichts zu kriegen hatten / zogen sie/ den Müssiggang zu meyden / demselbigen in andere Länder nach / führten jhre Mütter / Kinder vnd Weiber mit/ die jhnen die Proviant vnd andere sachen nachtrugen / vnnd sich auch der jhrigen Wunden außzusaugen nicht scheweten. Jhre Stürm vnd Schlachten fiengen sie mit singen / grossem getöß der Waffen vnnd allem frohlocken an: Wer sein Schildt dahinden ließ/ dem war es ein grosse Schand / über welcher Schand vnd Verweiß sich jhrer viel nachmahls selbst entleibt. Ja sie achteten es auch sehr gering mit voller Rüstung über Wasser zu schwimmen/ worzu jhnen dann die leichte Rüstungen vnd länge jhrer Leiber sehr wol dieneten. Vor dem todt hat keiner grossen abschew/ sondern waren samptlich der meynung / sie würden wiederumb lebendig. Jhre Ehe hielten sie sehr streng/ ein jeder blieb bey seinem Weib / ohn allein etliche wenig/ welchen nicht auß Vnzucht / sondern wegen jhres Adels mehr Weiber zu nehmen wurde erlaubt. Wann etwan ein Weib in einem Ehebruch / das doch selten geschahe/ ward ergriffen / die jagte jhr Eheman / nach dem jhr zuvor die Haupthaar abgeschnitten / in gegenwart jhrer gantzen Freundschafft nackend auß dem Hauß / vnud trieb sie mit schlagen durch die Gassen der Stadt. Ein jede Mutter säugete jhr Kinder selbst/vnd brauchte darzu kein frembde hergelauffene Huren / wie leyder jetzt geschicht. Niemand thät seinen frembden ankommenen Gästen etwas zuwider/ sondern beschützten sie vielmehr vor allem übel ; eines jeden Hauß stundt denselbigen offen vnd der Tisch bereit. Keiner erfrewet sich über des andern begangene Fehler / vnd galten die gute Sitten damahls mehr als anderswo / vnd auch jetzundt in Teutschlandt die allerschärffste Gesetz.

Speise.

Jhr meiste Speiß war Milch/Käß vnd Fleisch brauchten keinen andern Brey / als allein auß Habern / waren zur zeit der thewrung mit den rohen Speisen zu frieden / assen auch etwan roh Fleisch : trugen in den Mittags Mahlzeiten Fleisch stückweiß gebraten auff/ vnd brauchten darauff Milch vñ Wein für jhr Getranck: In summa/sie brauchten in zurichtung der Speisen kein grosse mühe / sondern liessen sich mit frischem Wildprät / wilden Holtzäpffeln/ gerunnen Milch / vnd einem schlechten Tranck von Gersten vergnügen : Da doch hergegen jetzund vnter allen Völckern keins gefunden wird/ das in Gastungen vnnd auch sonsten über Tisch besser vnd reicher lebt/als eben sie. Einen Frembden von seinem Hauß abzuweisen vnd die Herberge zu versagen / hielten sie vor eine grosse schand/ wie gleichfals auch (sintemahl niemand ohn mangel) etliche Tag vnd Nacht mit fressen vnd sauffen zu zubringen.

Kleydung.

Sie trugen keine fliegende / sondern solche Kleyder/ die jhnen an dem Leib allenthalben fein anlagen / vnd hatten es die Weiber in solchem mit den Männern gemein : Jhre Röcke waren gefalten / vnd hielten sonderlich die Fell von wilden Thieren in grossem werth. Vnd ob sie wol vor zeiten bey jhrer Leibs stärcke sehr viehisch vnd zu allen Künsten vngeschickt gewesen/so haben sie sich doch nach der zeit in denselbigen gewaltig geübt/ wie gleichfals auch noch/ vnd damit wir aller anderer geschweigen / so thun sie es in dem Ertzschmeltzen / schmieden vnd allen andern Künsten zu dem löblichen Bergwerck gehörig/allen andern vor. Ja die Teutschen seynd allein die jenigen/ welche die Büchsen vnd alles Geschütz zum ersten erfunden/ die erste Buchdruckerey vñ Vhrmacher gewesen/vnd es endlichen so weit gebracht / daß man auch noch auff den heutigen Tag alle künstliche Handwercker allein bey jhnen sucht. Die gröste Kauffmanschafften treibt es mit dem allerbesten Wein/ Goldt/Silber/Kupffer/Zinn/Bley/Quicksilber/Vitriol/ Alaun / viel vnd mancherley Farben/ Blech/ Getreyd/ allerley arbeit von Eysen vnd andern Metallen / allerhande nützlichen Büchern / vnd dergleichen mehr / mit welchen Wahren es fast alle weit vnd nahe gelegene Länder überflüssig zu versehen pflegt.

Künste vnd Handtierung.

Das Ertzhertzogthumb Oesterreich.

Der dritte Kreyß des Römischen Reichs in Oesterreich/ in welchem seynd:

Die Geistliche: als der
- Bischoff von Trent.
- von Brixen.
- von Görtz.
- von Segow.
- von Lawach.
- von Wien.
- Teutsche Ordens Meister.
- Ordens meister im Eischthal.

Die Weltliche Fürsten/ als der
- Ertzhertzog von Oesterreich.
- Grafe von Schaumberg.
- Baron von Wolckenstein.
- Herr von Sentter.
- Herr von Roggendorff.
- Grafe von Hardeck.

Neben den Fürsten des Reichs finden wir auch in Oesterreich genominirt die:
- Grafschafften/ Thurn/ Crentz/ Ortenburg/ Perneck.
- Freyherren/ Landskron/ Wanberg/ Hohen Osterwitz/ Neuberg/ Güttenhag/ Teuffenbach/ Mayrhoven/ Awersperg/ Dorneck/ Saraw/ Hartenstein/ Schwartzenaw/ Thurnstein/ Wachawthal/ Hoffkirchen/ Eytzing.
- Item/ die Herrschafften Aychelberg/ Kaltenbrunn/ Massenberg/ Stubenberg/ Heggenberg/ Stakrenberg/ Lichtenstein/ Losenstein/ Pucheim/ Luetkurt/ Porges/ Schoukirchen/ Schifftenberg/ Altensperg/ Hornstein/ Seibersdorff.

Vrsprung des Namens.

AVstria oder Oesterreich/ welcher newe Name vom Mittagwind Austro, der in diesem Land sehr gemein ist/ her entspringet: oder er kompt von dem Teutschen Wort Oostreich her/ mit welchem die alte Francken die Gräntzen gegen Auffgang beschrieben/ gleich wie mit dem Wort Westreich die Gräntzen gegen Occident. Es lag aber der Francorum Oostreich an dem Rhein/ vnd ward nachmahls Austrasia genant. Die Oesterreicher kommen von den Francken vnd Sachsen her/ vnd haben dieses Landt/ als sich die Vngerer jhnen widersetzten/ mit dem Schwerdt gewonnen:

Grentzen.

haben gegen Orient das Königreich Vngern/ gegen Mittag das Steyermärckische Gebürg/ welches sich von den Alpen biß in Vngern vnd andere fernere Länder erstreckt/ gegen Occident das Hertzogthum Beyern/ vnd gegen Mitternacht den Fluß Teium sampt der Mahre:

Lufft.

gebraucht sich/ dieweil es von den Oostwinden wird durchwehet/ einer sanfften/ lieblichen vnnd gesunden Lufft.

Fruchtbarkeit.

Ist an allem Gewächs der Erden über die massen reich/ wird ohne alle grosse mühe erbawet/ vnd läst sich sonderlich die Gegend jenseit der Donaw auch mit einem geringen Pferdtlein erarbeiten vnd ackern/ vnd dieweil das Feldt dieses Landes für sich selbst so gut/ achten die Inwohner keines Mists oder Tüng/ wissen auch nicht was daßelbige sey/ deren doch andere Länder nicht können entbehren. Der Wein/ so in diesem Landt an allen orthen wächst/ ist über die massen gut vnd köstlich/ vnd dem andern Teutschen an kräfften/ dem Spanischen aber an subtilität überlegen/ vnnd zwar so hat dessen dieses Landt so viel/ daß es auch Mähren/ Böhmen/ Schlesien vnd andere benachbarte Völcker damit versiehet. Bey Haimburg vnnd vnten bey der Wurtzel des Bergs Cæcii bringt es den allerbesten Saffran/ vnd gleichfals auch einen ziemlichen vorrath von Ingber: hat daselbst auch etliche Bergwerck von Silber/ jedoch gar nichts von Gold/ vnd endlich auch etwas von Saltz/ beneben welchem es dan auch einen theil von frembden orthen her bekompt.

Herrschafft.

Die Grafen von Babenberg oder Bamberg haben dieses Landt ein zeitlang beherrschet/ deren erster nemblich Lupoldus von Keyser Ottone II ein Marckgraff in Oesterreich genennet ward: nach welchem Keyser Friderich den Marckgraff Henrich zu einem Hertzog erwehlt/ vnd alß diß Geschlecht gar abgestorben vnd vergangen/ zohe Rudolff von Habsburg/ welcher im Jahr nach Christi Geburt 1280 zu einem Römischen Keyser erwehlet ward/ solches Landt an sich/ vnnd ließ es ein Hertzogthumb nennen/ biß es Fridericus II zu einem Königreich erhub. Dieses Landes Wapen waren vorzeiten 5 güldene Lerchen in einem Himmelblawen Feldt: aber Marckgraff Lupold/ dieses Namens der Fünffte/ erlangte von dem Römischen Reich ein anders/ mit rothen vnd weissen Farben vnterscheiden; dieweil er nemblich in Eroberung der Stadt Ptolemaidos über den gantzen Leib blutrüstig worden/ vnd allein vmb den Gürtel gantz vnd vnversehret blieben war/ welches dann der weisse überzwerch strich in dem blutrohten Schildt bedeut.

Abtheilung.

Dieses Landt wird in das ober: vnnd vnter: Oesterreich getheilt/ vnter welchen dieses jenseit/ jenes aber disseit der Donaw liegt/ hat über das auch das Hertzogthumb Steyermarck/

Steyermarck.

so zwischen der Donaw vnd an den fliessenden Wässern Muer vnd Mietz gelegen/ vnd deren Inwohner zum theil Teutsch/ zum theil aber Sclavonisch reden/ vnd meistentheils grosse Kröpffe an den Hälsen haben hangen. Item es gehört zu diesem Landt auch das Hertzogthumb Kärnthen/ so auch zwischen der Muer vnd Draune liegt/ sampt der Landschafft Krain/ so gegen Mittag gelegen.

Kärnthen. Crain.

Städte. Wien.

Die fürnembste stadt des gantzen Ertzhertzogthumbs Oesterreich ist Wien/ ward vor der Geburt vnsers Erlösers vnd Seligmachers Jesu Christi von den Polen/ Russen vnd Wenden bewohnt/ nach denen die Boji, Senones vnd andere/ welche Keyser Tiberius Nero zu einer Provintz gemacht/ gefolgt: wird in Windischer Sprach Wydme genant/ wie gleichfals bey den Türcken Betz/ ist ein fast berühmte Stadt an der Donaw gelegen/ war vor der zeit der Röm. Keyser auß dem Hauß Oesterreich beständige Wohnung/ ist wegen jhrer gewaltigen Mawren/ tieffen Wassergräben vnd dicken Wall fast vnüberwindlich/ hat nicht allein hohe vnd dicke Mawren/ sondern auch viel starcke Thürn vnd Brustwehren/ so allesampt wider des Feindes anlauff gerichtet/ vnd wird demnach billich für eine Vestung vnd Auffenthalt der gantzen Christenheit wider die Türcken gehalten: Die Vorstädte seynd weit vnd groß/ die Bürgershäuser auff das allerstatlichste erbawet/ mit schönen Gemählden geziert/ vnd sehr hoch geführt/ alle Kirchen auß schönen Quaderstücken erbawet/ vnd mit gewaltigen kunstreichen Seulen gezieret: die Weinkeller in der gantzen stadt dermassen tieff vnnd groß/ daß männiglich darfür hält/ es sey diese Stadt nicht weniger vnter die Erden hinabwarts/ als auch über dieselbige in die höhe gebawet/ die Gassen vnd Strassen seynd mit den allerhärtesten Steinen gepflastert/ also/ daß jhnen leichtlich keine Fuhr der schweren Lastwägen schaden kan. An allem Getreyd/ vnd sonderlich an Wein ist diese stadt in jhrem nechsten Feldt herumb dermassen reich/ daß alle Jahr auff die 1200 Pferdt mit der arbeit des Herbsts haben zu thun. Die Christliche Religion haben jhre Inwohner im Jahr 466 von Doctore Severino, welcher auch die zwo fürnembste Kirchen daselbst erbawet/ bekommen. In summa/ die gantze Historia dieser Stadt wird bey dem

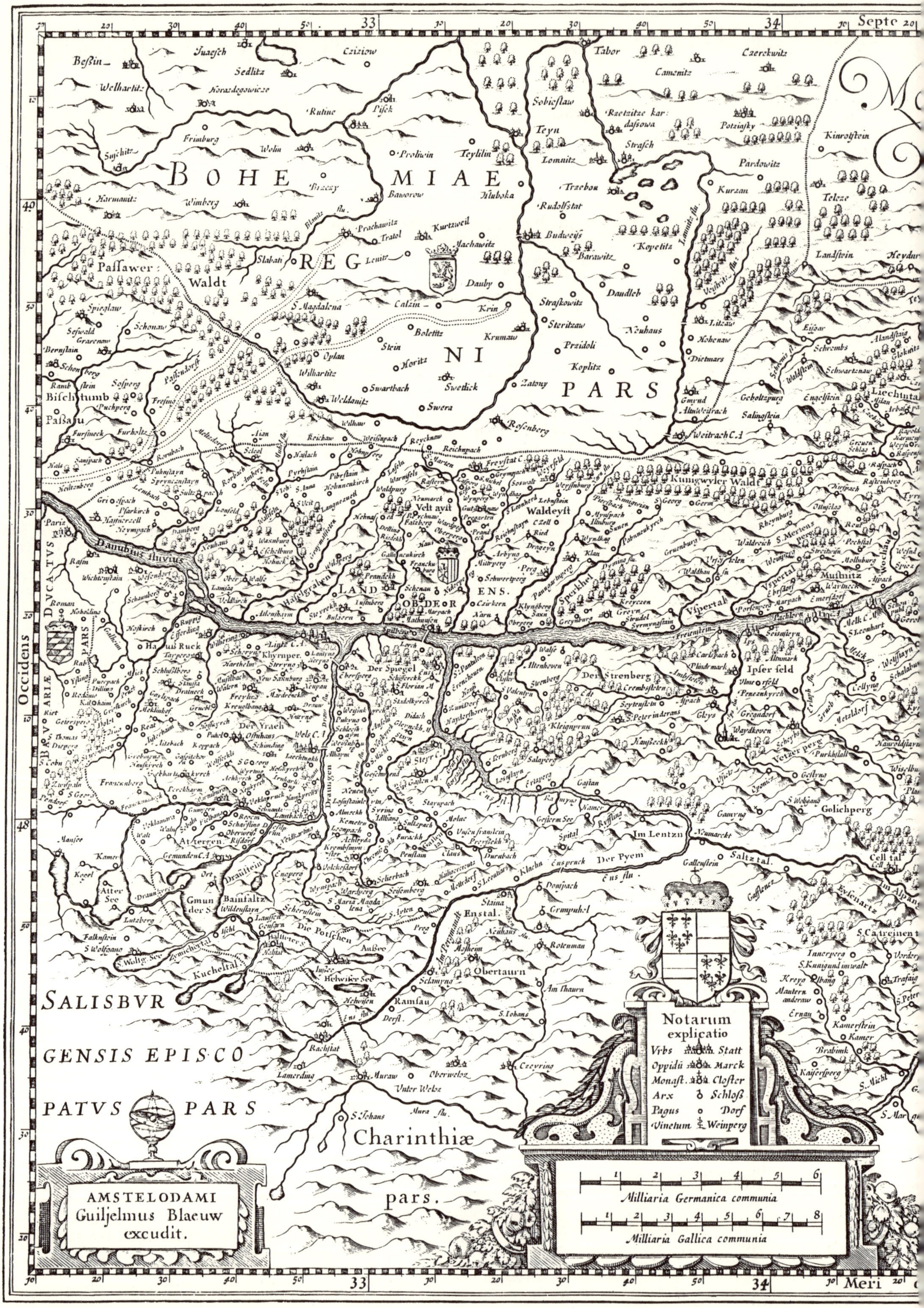
BOHEMIAE REGNI PARS
Passawer Waldt
Danubius fluvius
BAVARIAE DUCATUS PARS
Occidens
SALISBURGENSIS EPISCOPATUS PARS
Charinthiæ pars.
AMSTELODAMI Guiljelmus Blaeuw excudit.
Notarum explicatio
Vrbs Statt
Oppidũ Marck
Monast. Closter
Arx Schloß
Pagus Dorf
Vinetum Weinperg
Milliaria Germanica communia
Milliaria Gallica communia
Septe
Meri

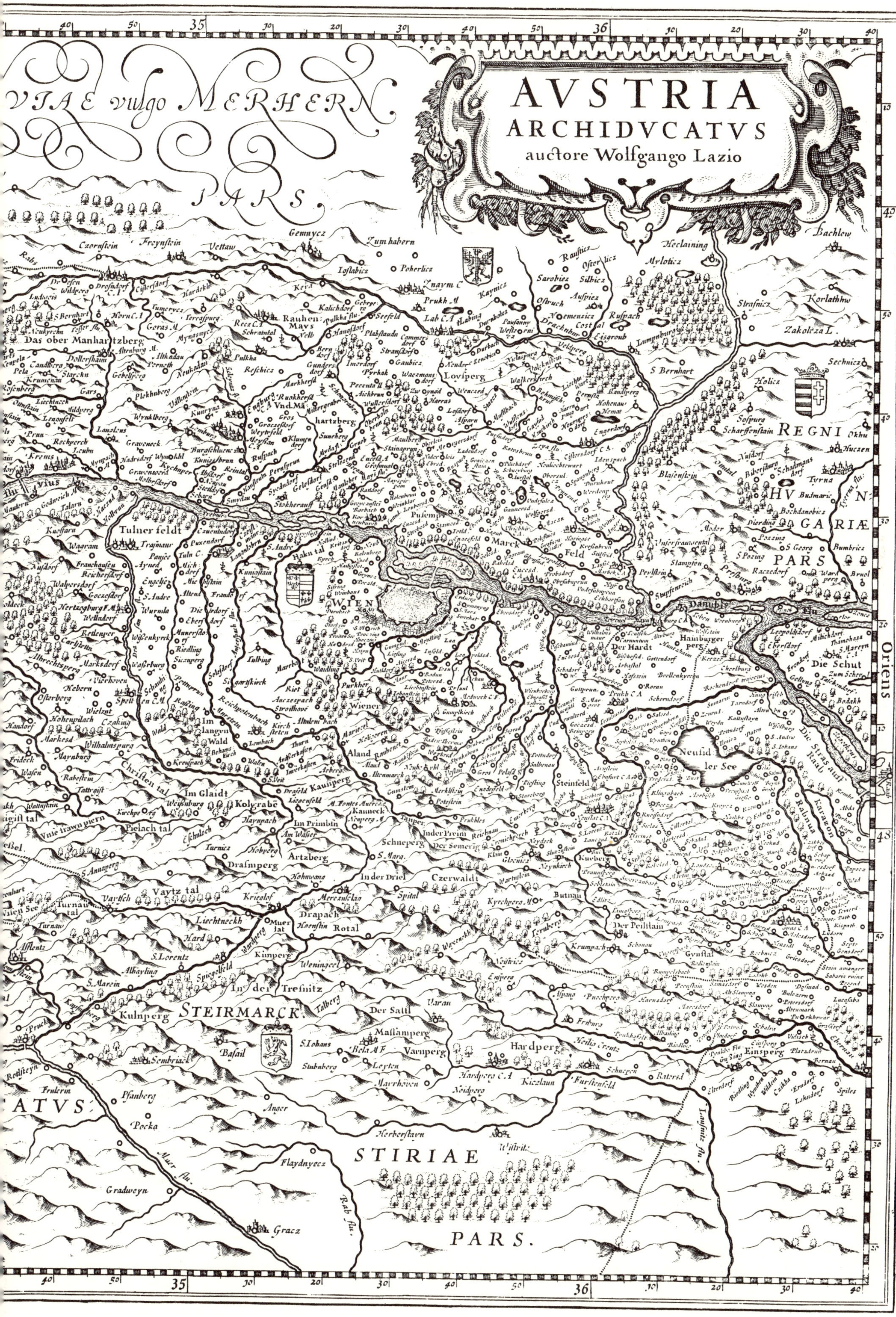
AVSTRIA
ARCHIDVCATVS
auctore Wolfgango Lazio
VIAE vulgo MERHERN
PARS
REGNI
HVNGARIAE
PARS
STEIRMARCK
STIRIAE
PARS
Orienś
Das ober Manhartzberg
Tulner feldt
WIEN
Danubi flu.
Neusidler See
Gracz

Lazio vnd Ottone von Freysing beschrieben. Keyser Fridericus II hat sie am allerersten geziert vnd viel erweitert/ welchem hernach fast alle Oesterreichische Hertzogen gefolgt. Die hohe Schul ward von Keyser Friederichen gestifftet/ was aber Ertzhertzog Albrecht auß Oesterreich im Jahr 1356 dieser Stadt ernewert vnd verbessert/ das ward nachmahls durch die vnter den Studenten entstandene Auffruhr samptlich wiederumb vmbgekehrt vnd verstört. Das aber diese Stadt am allermeisten berühmt gemacht/ war die Türckische Belägerung/ welche die Inwohner im Jahr 1529 mit grosser vnd dapfferer beständigkeit außgestanden/ vnnd der Türcken auff die 80000 erlegt. In diesem obern theil des Ertzhertzogthumbs Oesterreich liegt auch die stadt Gmunda, welche zwar nicht fast groß/ jedoch wegen jhrer schöne sehr gerühmet wird/ liegt an dem See/ welcher von jhr ter Gmündaner See genant wird/ in welchem See das fliessende Wasser Draun seinen vrsprung hat: diese Stadt treibt sonderlich einen grossen vnd gewaltigen Handel mit Saltz/ welches über die massen gut vnd scharff ist/ in den nächsten Bergen darbey gegraben/ in die stadt gebracht/ daselbst in besondere Küblein eingemacht/ auff der Draun in die Donaw verschickt/ vnd von dannen mit grossem nutzen vnd Gewiñ deren von Gmunda in Oesterreich/ Vngern/ Steyrmarck/ Kärnthen/ vnd andere dergleichen orth geführet wird. Beneben diesen beyden jetztgemelten hat dieses Landt der städte noch viel/ vnter welchen Lintz/ Steyer/ Wadenhofen/ Melicum der Claudionum alt Schloß/ Cremß/ das Schloß Cetro, so jetzund Zeisselmawr heist/ zu S. Hippolyto, die beyde Newburg/ deren das eine von dem Kloster/ das ander von dem vielen Getreyd seinen Namen hat: Der Flecken Petronell/ so vorzeiten ein grosse stadt gewesen/ wie solches seine verfallene Mawren gnugsamb bezeugen: die newe stadt Pruck an der Leytha gelegen/ vnd Haimburg/ aller kleinen vnnd geringen kürtze halben zu geschweigen.

Gmunda.

Vnter den Seen/ als deren dieses Landt hin vnd wieder voll ist/ seynd der zu S. Wolffgang/ Vssere, Vrsee/ Fillesee/ vnd Einsiedelersee die fürnembste. Wie gleichsfals vnter den vielen fliessenden Wässern/ beneben der Donaw (als welche vorzeiten des Landts eusserste Gräntze war/ nun aber mitten durch dasselbige hindurch laufft) der Athosinus, Genus, oder Onasus, die Tran, Draun/ Erlaphus, welcher bey Cell aus einem überauß lustigen See entspringt: Item der Traisius, Ypsius, Melicus, Marchia, Teius, welcher das Mährenlandt von Oesterreich vnterscheidet/ der Fischreiche Cambus, die Leytha, so der allerwolgeschmacktesten Krebs gantz voll/ der Suegadus vnd viel andere mehr.

See.

Fliessende Wässer.

Die höchste vnd gröste Berge/ mit welchen es gleichfals auch an allen orthen ist erhoben/ seynd der Cæcius oder Caleberg/ so sich von der Donaw biß an die Draun erstreckt/ vñ dessen stücke der Schneberg/ Semering/ Kemberg/ Hertberg/ Deubsberg/ Heustberg vnnd Plaitz seynd: der Cognamus oder Heimburgerberg aber erstreckt sich von der Donaw biß an den Fluß Arabonem.

Berge.

Mit Wälden ist dieses Landt gleichsamb überzogen/ welche allesampt stück des Hartz: oder Schwartzwaldes vnd Monenwälde seynd/ vnd sonderlich der Freystätter vnd Königwieserwaldt genennet werden.

Wälde.

In der stadt Wien seynd täglich 12 Räht/ die alle sachen verhören vnd nach jhren Rechten vnd Gesetzen schlichten/ deren 4 seynd Geistlich/ als der erst des Bischoffs von Passaw Officialis, der ander des Bischoffs zu Wien Officialis, der 3/ das Capittel der fürnembsten Kirchen/ vnd der 4/ Rector der Vniversität oder hohen Schul: die andere vier seynd der stadt Räht/ vnd dann die vier letzte ausserhalb der stadt: vnter welchen allen der jenige/ so das Regiment genennet wird/ vnd bey welchem sich alle Inwohner des Vntern Oesterreichs Rechtens müssen erholen/ der fürnembste ist: den nechsten vnd fürnembsten nach diesem nennet man den Fiscum oder Camer/ vor welchem alle Rechnungen der Provintzen gelangen: die übrige seynd diesen jetztgemelten vnterworffen/ darff derowegen von denselbigen zu den beyden fürnembsten appelliren, als der Rhat der Provintzen mit seinen Marschalcken/ der Provintzen Ordinati oder verordnete/ der stadt Raht mit seinem Bürgermeister/ das Stadtschultheissen Ampt/ das Zollgericht/ das Prætorium der Kauffleuthe/ so insonderheit der Handgraviat genennet wird/ von welchen allen Wolffgang Lazius weitläufftiger handelt.

Regiment.

Der Oesterreichische Kreyß ist vnter andern des Römischen Reichs in der Ordnung der dritte/ vnd beruhet nur auff zweyen vnterschiedlichen Ständen: als auff den Geistlichen/ zu welchem die Bischöffe von Trent/ Brixen/ Göritz/ Segovia oder Secaw/ Labach vnd Wien/ sampt dem Meister des Teutschen Ordens im Eyschthal gehören. In dem andern aber seynd die Weltliche Fürsten vnd Herren/ als die Ertzhertzogen von Oesterreich/ die Grafen von Schaumberg/ die Grafen von Hardeck/ Freyherrn von Wolckenstein/ vnd die Herrn von Senfter vnnd Roggendorff. Beneben den Fürsten des Reichs werden in Oesterreich auch begrieffen die Graffschafften zum Osterwitz/ Newburg/ Guetenhag/ Teuffenbach/ Mairhofen/ Awersberg/ Dorneck/ Saraw/ Hartenstein/ Schwartzenaw/ Thurnstein/ Wachawthal/ Hoffkirchen/ vnnd Eytzing: sampt den Herrschafften Aichelberg/ Caltenbrunn/ Massenberg/ Stubenberg/ Heggenberg/ Stakrenberg/ Lichtenstein/ Losenstein/ Pucheim/ Luetkurt/ Porges/ Schowkirchen/ Schifftenberg/ Altensberg/ Hornstein vnd Seibersdorff.

Oesterreichische Kreyß.

Wien.

WIEN der Osterrischer Stetten vnd desselben Lands die Häupstatt an der Tonaw gelegen/ Diser fluß zertheilt das Osterrische Land in zwey theil/wirt von 60. Wassern so schier alle schiffreich sein/gemehret/vnnd felt darnach durch 6. gewaltiger flüß inß Meer/stöst an viel namhaffter Stätte/vnder denen ist Wien die reichste vnd aller ältiste. Sol jhrē namen von jhrer alter nennung Flauiana/oder wie ettliche meinen/vō dem flüßlein/das durch die Vorstatt läufft/den namen bekom̄en habē/ ist auch vorzeitten Juliobona vnd Vindobona genant gewesen. Ist jetzt eine gar namhaffte Statt/mit vnüberwindtlichen Mawren/ tieffen Graben/fästen Wällen vnnd Bollwercken vmbzogen. Die Mawren sein lang vnd hoch mit villen thürnen vnnd starcken zwengern verschē/dermassen/ daß allein Wien ein einig gewiß schirm vnd borstwehr der Christen wider dē blutdürstigen Türcken ist. Die Vorstätte sein groß vnd prächtig/der Bürger häwser seind weith: vnd mit gemälts verziert / gar hoch fast vnd herrlich beyein gebawet/ Die kirchen so zu Gottes vnnd seiner lieben Heyligen ehr auffgericht seind: wirt zierlich vnd von hartem gehawen stein durchsichtig/mit wunderbarlichen säwlē auffgebawet/ vnder denē ist S. Steffans kirch die vornembste. Die Weinkeller seind so tieff vñ gerhäumlich / das man sagt/es sol binnen Wien nit weniger gebäw inwendig/als außwendig der Erdē sein. Die strassen sein mit harten steinē dermassen geestricht/daß sie von keinen wagen oder radern verdorben mögen werden. Hat aller künsten ein lobwürdige Vniuersitet/ist von Keyser Friderich des namens dē Andern vmb das Jar Christi 1237. von Rom vñ Pariß hieher gepflantzet/ Jm jar des Herrn 1529. hat der wütender Christen feind Solyman dise Statt mit eim gewaltigen kriegsher angegriffen/ hart belägert/vnd dieselbe viermahl mit gewaltigen Mawrbrechern mit seines Volcks mercklichem verderben/bestürmet. Ist aber den 14. tag nach angefangener belägerung/mit dem Kriegszeug abgezogen.

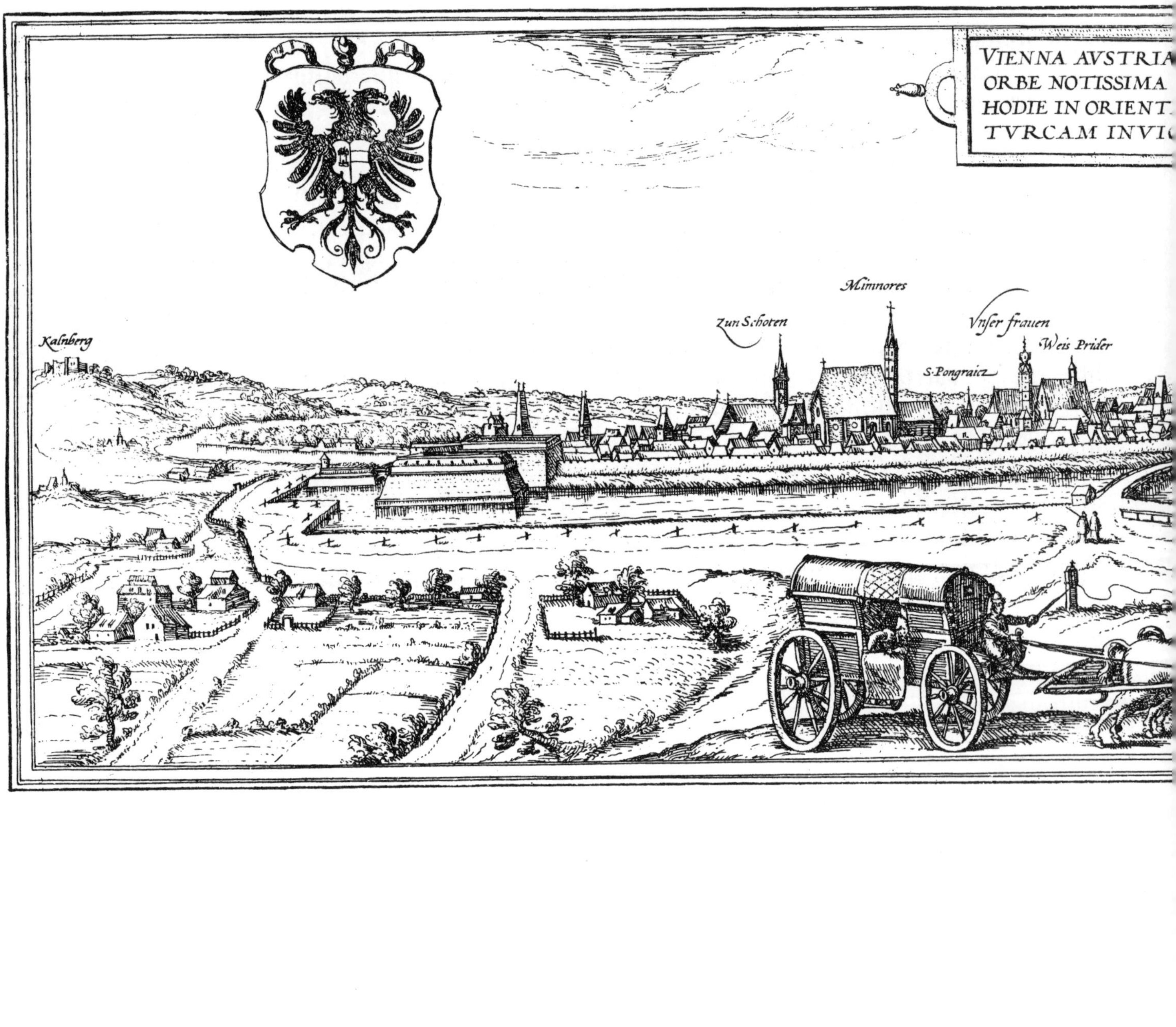
VIENNA AVSTRIA
ORBE NOTISSIMA
HODIE IN ORIENT
TVRCAM INVI
Kalnberg
Zun Schoten
Minnores
Vnser frauen
Weis Prider
S.Pongraicz

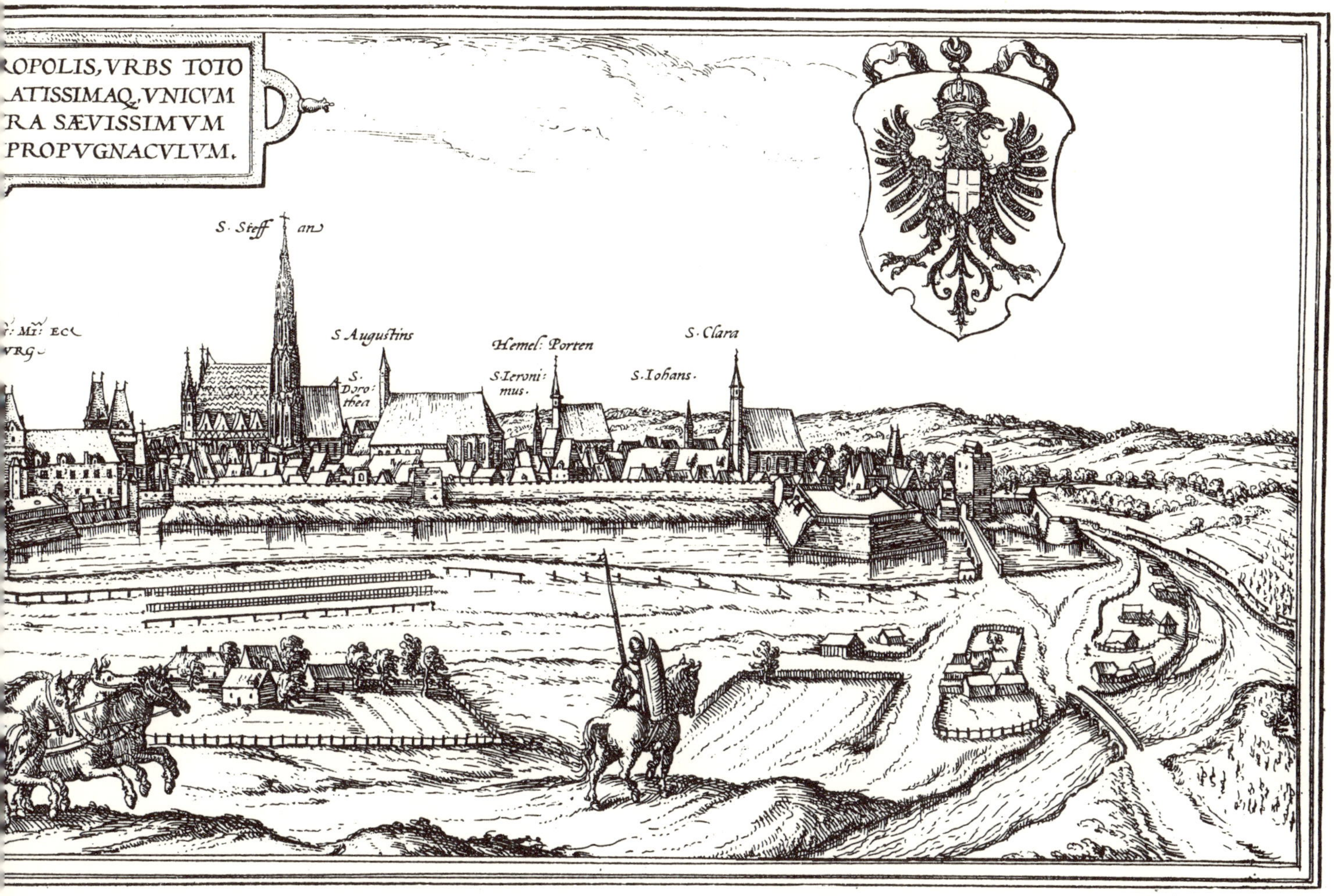

OPOLIS, VRBS TOTO
ATISSIMAQ. VNICVM
RA SÆVISSIMVM
PROPVGNACVLVM.
S. Steffan
S. Augustins
S. Dorothea
Hemel: Porten
S. Ieronimus.
S. Iohans.
S. Clara

Prag.

DJe Landtschafft Böhem/welche mit Teutschlandt vmbgrentzet/ist gegen Mitnacht gelegen / Vngern ist jhr gegen auffgang/Bäiern gegen Mittag/die Nörtgöwer aber gegen Nidergang. Wirt rings vmbher mit dem hartzwalt/gleich wie mit einer natürlicher mawr vmbgeben. Die Elbe fleust mitten durch diß Landt / aber es vbertrifft der fluß Mulda/derselb fleusst durch die vornembste vñ Häupstatt des gantzen Königreichs Prag/welche von Auentino Bubienum vnnd Marobudum/vom Ptolomeo aber Casturgis genant wirt. Ist von Primisileo ij. dem Hertzogen in Böhmen/vnd Libussa seim Gemahl einer Tochter Croci des andern Hertzogen/mit mawren vnd Wällen befestiget/von einer schwell also genant/ Praha auff Böhmisch. Ist jetzt ein ehrlicher Königlicher vnd Bischofflicher Sitz/nicht geringer als Florentz in Etruria. Wirt in drey Stätt getheilet/Nemlich in klein Prag/alt Prag/vnnd new Prag. Klein Prag/begreifft die lincke seidt der Mulda/vnd berürt den berg/auff dem der Königliche Hoff/vnd die Bischoffliche Thumbkirch S. Viti ligt. Alt Prag ligt gantz auff einer ebne/geziert mit herrlichen vnd prächtigen Gebäwen/vnder welcher daß Richthauß/Der Marckt/daß Rahthauß/vnd des K. Carls Collegy höchlich gelobt werden. Ist mit einer steinen Brücken von 24. bogen vber die Mulda an daß kleine Prag gehenckt. Aber die Newe Statt ist von der Alten mit einem tieffen Graben/darein das Wasser leichtlich fallen mag/vnd gerings vmbher mit mawren bewart. Diß ist eine weitte Statt/verstreckt sich biß an die bühel welche zu S. Carl/S. Catharinen/vnd Wissegrad genant werden/ diß ist wie ein Schloß erbawet/hatt ein Collegium/ dessen Probst nennen sie einen Cantzler vnnd Fürsten des gantzen Reichs. Solchs schreibt *AEneas Syluius.* Es ist zu Prag auch eine Vniuersitet / von Carln dem 4. Böhemischen König auffgericht: mit einer köstlicher Byblioteck vnd herrlichen Collegien verzieret/ist durch die vnsinnige wüterey der Hüssiten schier verwüstet vnd verdorben/aber von Ferdinando vnnd Maximiliano *II.* zu vorigem standt bracht/ vnd jetzt guter künsten halben/ so die jugent alda fleissig gelehrt wirt/namhafft.

Eger.

EGer vnder den Böhmischen Stätten nicht die geringste/ ist wol nicht innerhalb dem Böhmischen gebirg oder Wald/sonder an den grentzen desselbigen Gebirgs vnd Wald/in der alten Narcissen Landt/ auff eim fast fruchtbaren vnd lüstigen Boden gelegen. Ist vorzitten ein' Reichsstatt gewesen/ jetzt aber dem Böhmischen König vnderworffen/darumb das sie der Böhmischen Kron versetzt. Die Statt Eger ligt in eim fast lüstigē Thal/an eim (doch nit fast hohen) gebirg/auff welchs geheng der gröste theil der Statt auff eim Felsen ligt. Sie ist rings vmbher mit zweyen starcken mawren/an etlichen vnnd den meisten örtern auch mit dreyen mawren/vnd mit eim fast weitten vnd gefüterten Graben/ auffs herrlichst vmbgebē. Hatt auch ein groß Wasser wie die Statt die Eger genant/ist beynahe schiffreich biß gegē Mittag/gegē demselbigen ort auch daß herrliche Schloß gelegen ist/hatt seine besöndere zwenger/Mawren/Graben vnd Thürn. Alhie ist ein lobwürdige Kirch zu S. Niclaus / mit zweyen hohen Thürnen/ vnd dergleichen viel andere Kirchen vnd Klöster. Ein gantzen vnd grossen Raht machen alhie nach der alten Römer gewonheit/hundert Personen/vnder welchē seind neunzehen von den ältisten Geschlechten der Bürgerschafft/vnd sonst XII. die seind Richter/ vnnd werden Scheffen genant. Auß den XIX. pflegen IIII. Bürgermeister zu sein/die wechseln all quartal vmb/vnd werden järlich vier Churhern/ zween von Raht/ vnd zween von der geschwornen gemeind gewölt/die setzen Rhat/ gericht vnd die geschwornen gemein/ deren an der zal von der geschwonren gemeind seind LXVIII. Personen. Dise obgemelte Rahts vnnd Gerichts Personen sprechen selbst recht/ vnd fellendt Vrtheil nach jhren alten' lang hergebrachten freyheiten vnd gebreuchen. Vor jhnen kan man auch nicht appellirn/den allein für dem Böhmischen König zu Prag in eigner Person/vnnd sonst für niemant. Die Statt hatt auch gewaltige vnd reiche Geteidts Boden oder Kornschütten / darauff allerley früchten geschüttet ligen/Sie hatt auch eine Rüstkamer oder Zeughauß/vnd daß mit allerley gewehr/geschütz/ Kriegs instrumēten vñ rüstungen auffs best versehen. Sie hatt innerhalb der Mawren zwo Müllen/ausserhalb drey/zwey Spital/vier gemein Badtstuben/drey häupthor/vnder welchen daß Brückthor hatt eine hültzerne Brück vber die Eger/vnd ist vngefehr alda ein edler vñ fast berümpter Brun / hatt sawr wasser/wirt derhalb auch der Seyerling genant. Diß Wasser ist sehr gesundt vnd lüstig zu trincken/wirt auch im Sommer von dem jungen Volck taglich hauffen weiß in krüglein in die Statt getragen/ vnnd alda den armen Handtwercks leuthen vnd gemeinem man verkaufft. Sonst seind auch noch zwo grosse Vorstätt/ Die Slatt Eger ist eine reiche Statt/hatt vmb sich ein sonder fruchtbarlich Ländtlein/das man daß Eger Ländlein nennet/ vnd der statt Eger zugehörich ist/Auch zwölff Schlöß/viel schöner Dörffer/vnd daß Stättlein Rewitz/drey steinwürff von der Statt an einem Bächlein gelegen. Es hatt auch dise Statt ein eigene Müntz/welche allein in dem Egerischen Gepieth läuffig ist. Bißher Caspar Bruschen.

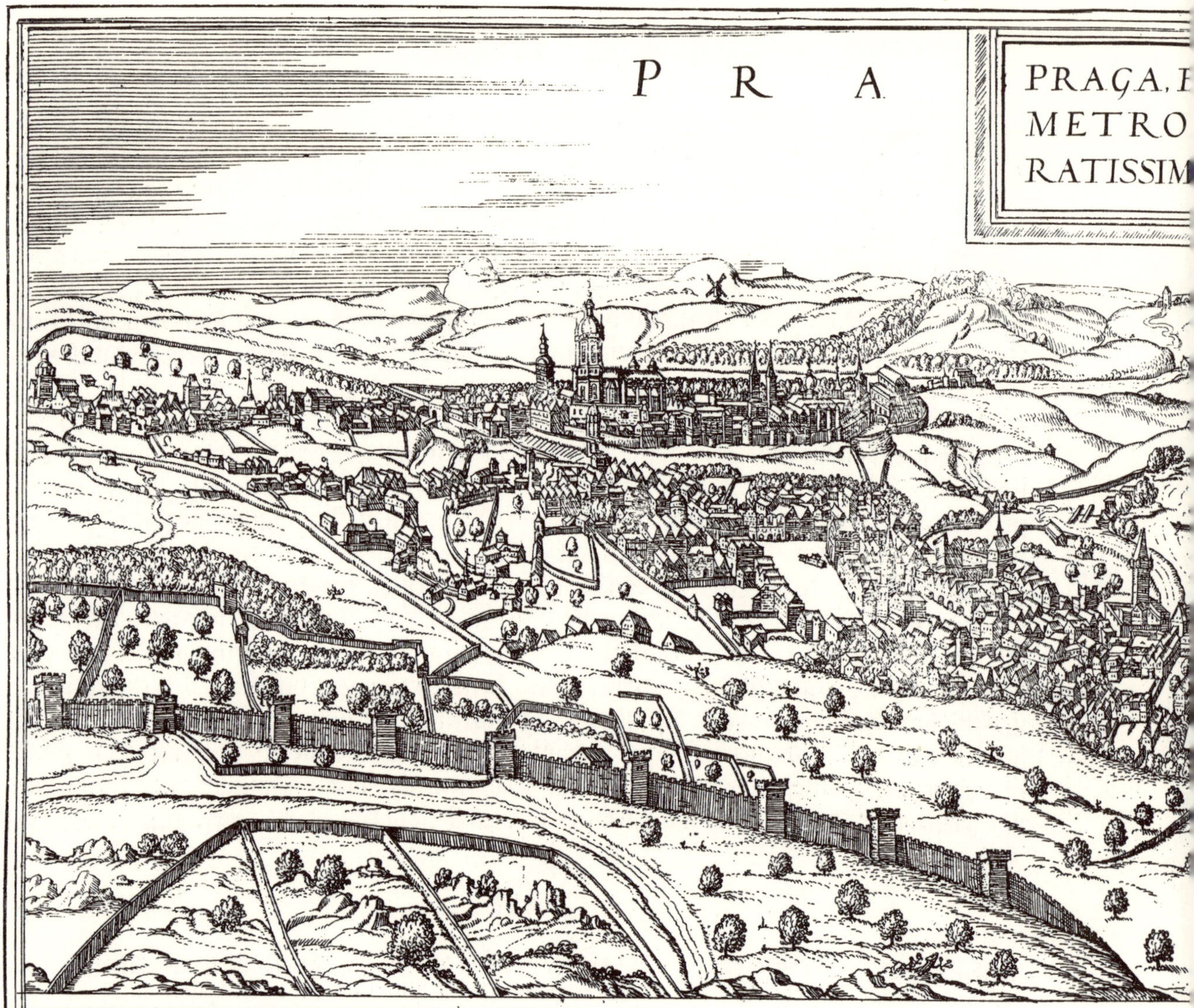
P R A
PRAGA, B
METRO
RATISSIM

E G
EGRA vrbs à fluuio, cui
adiacet, dicta, olim imperio Ro
mano, hodie verò Bohemiæ
regno subiecta: Ptolemæo Ro:
nosgada vocatur

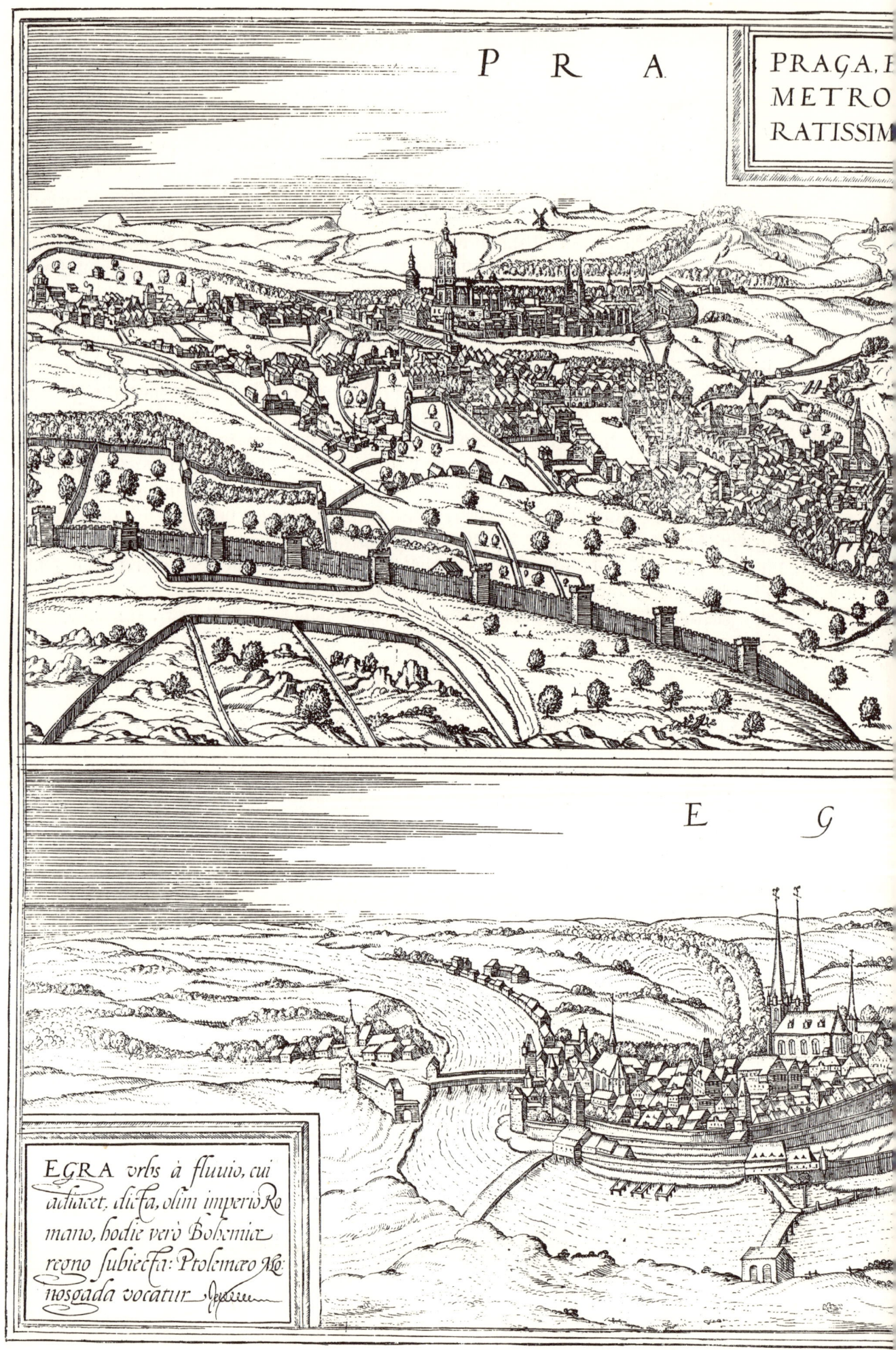

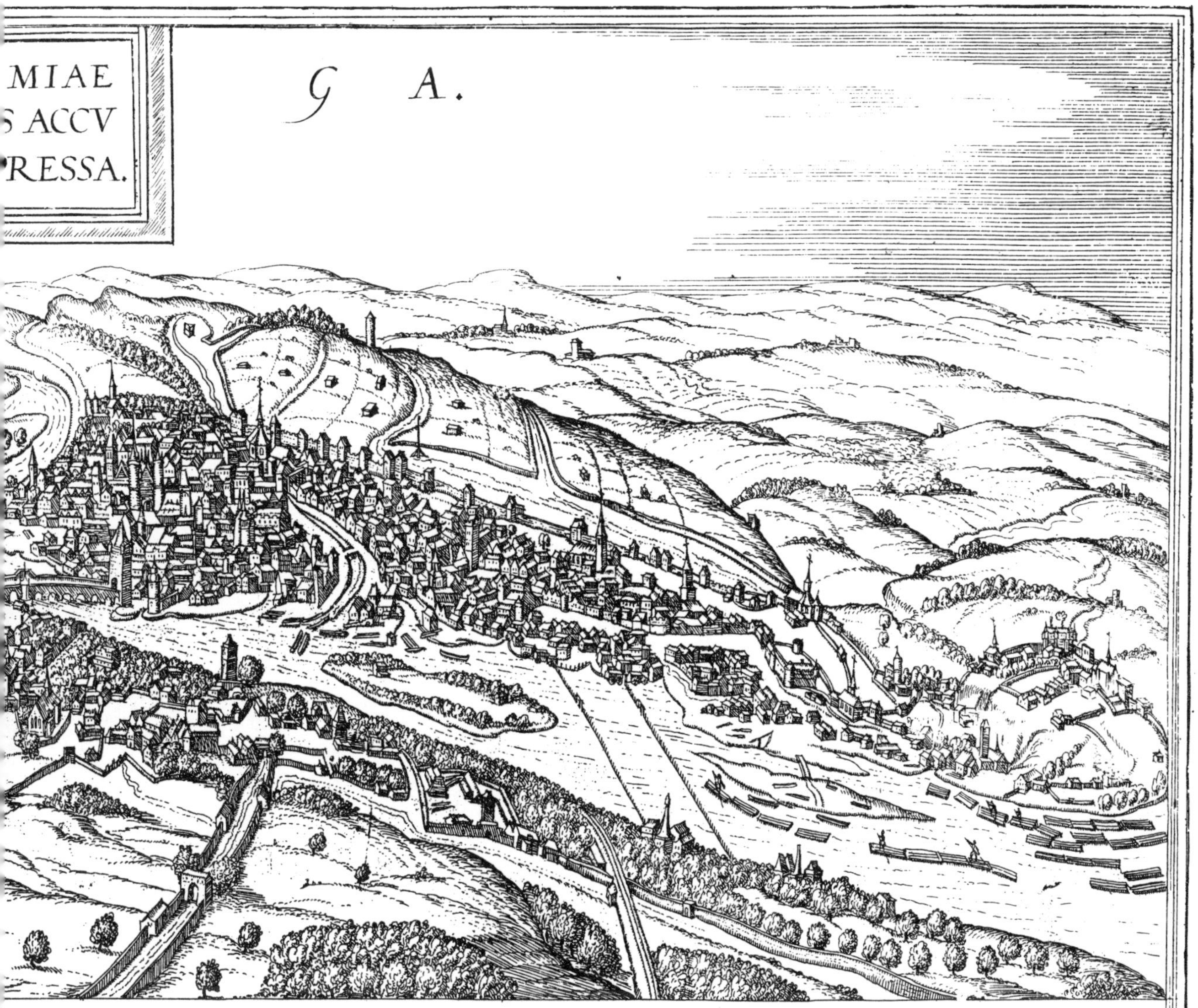
MIAE
S ACCV
RESSA.
G A.

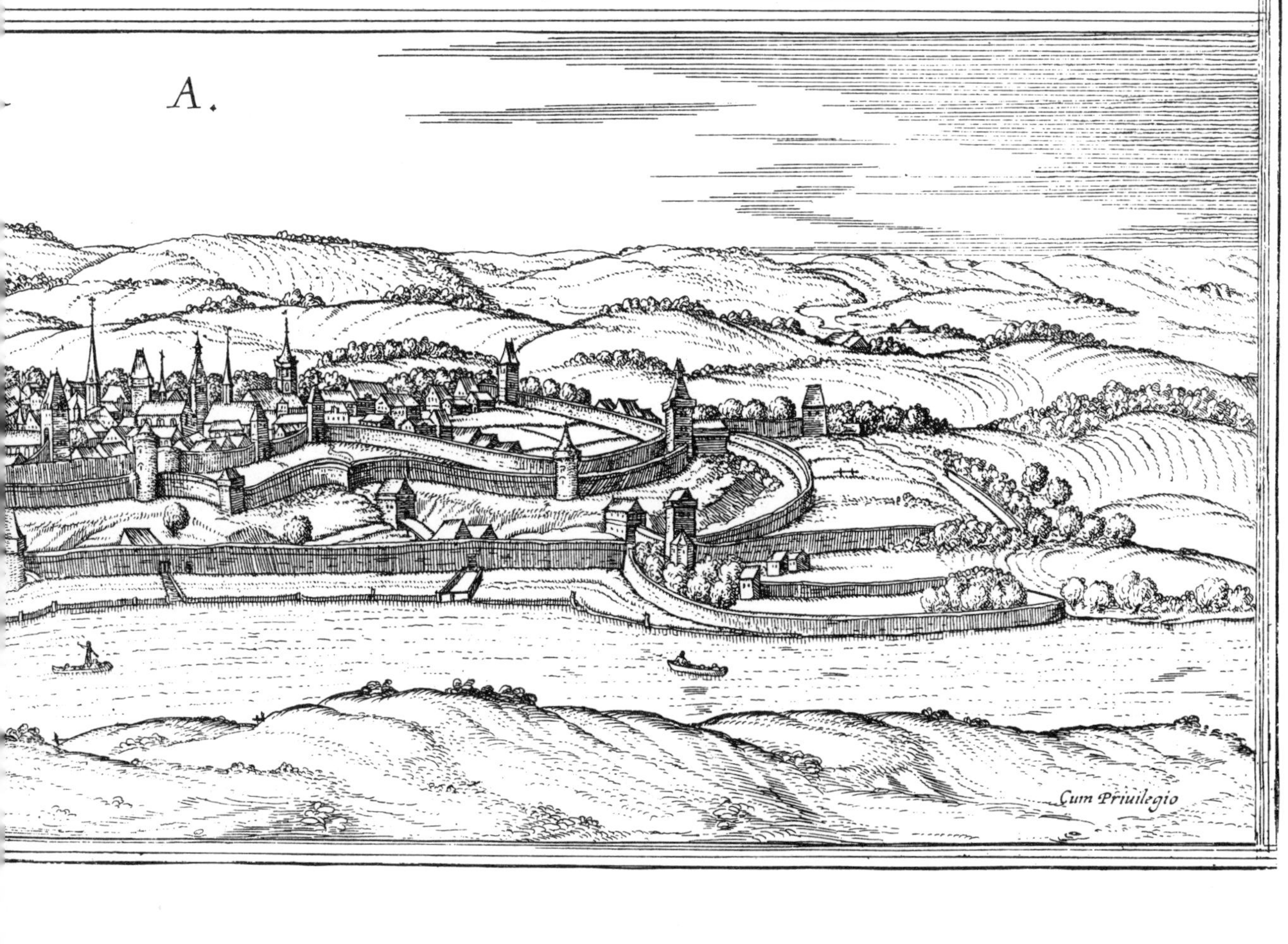
A.
Cum Priuilegio

Die Marckgrafschafft Mähren.

In Mähren finden sich:
- Die Graffschafften Hukenwaldt vnd Schonberg.
- Freyherrschafften/ Lomnitz/ Dubrantitz/ Gemnitz/ Wallstein/ Pietnitz/ Newhauß/ Telesch/ Boskowitz.
- Trebitsch/ Dirnowitz.
- Ragetz.
- Das Bischthumb Olmutz.

Vrsprung des Namens.

AN das Königreich Böhmen stößt/ wie gemelt/ gegen Occident das Landt Moravia oder Mähren: hat seinen Nahmen von dem Fluß Morava oder Marhe, so durch das gantze land hindurch fleust: wurde/ dieweil es die Gräntzen des Teutschen Landes an dem orth/ da man auf der Donaw in Oesterreich kompt/ beschleust vnd endet/ von den Alten Marcomannia genant/ sintemahl das wort Limes bey den Teutschen ein Marckscheid bedeut/ davon dann die jenige/ so darinnen gewohnt/ Marcomanni, das ist/ Inwohner der eussersten Gräntzen oder Marck genant worden seynd. Arrianus aber sagt von jnen also: Die letzte vnd eusserste vnter diesen Völckern seind die Quadi vnd Marcomanni, nach denselbigen die Iazyges, als Sarmatische Völcker/ zum dritten die Getæ, vnd dann zum vierdten ein grosser theil der Sarmaten selbst. Das aber das alte Mährenlandt der Marcomannorum Sitz vnd Wohnung gewesen/ bezeugen die alte Müntzen der Röm. Keyser/ deren die Bawren in den äckern offtmahls viel gefunden/ vnd vnter denselbigen sonderlich des M. Antonini, von welchem die Historien melden/ er habe dieses Volck vberwunden: Vnd war diese Müntz sonderlich ein Raub vnd Beuth von den Feinden mit dieser Vberschrifft: DE MARCOMANNIS. Etliche aber seind der meynung/ es seye diese Teutsche Provintz nachmahls Marcomannia genant worden/ so zuvor die Brandenburger Marck geheissen/ vnd jenseit der Elbe gegen dem eussern Meer zu gelegen/ deren Inwohner den Namen Märcker/ das ist/ Marcomanni oder Marckmänner haben. Wiederumb lassen sich etliche bedüncken/ es haben die Marcomanni solchen Namen von den Pferden/ gleich wie man die Marschälck vber die Pferde/ Stallmeister oder Marställer heisset/ sintemahl Marrha vnd Märe in vnser Teutschen Sprach ein Pferd vnd Mutterpferd bedeut/ daher dann das Mährenlandt ein Landt der Mutterpferde außgelegt werden kan. Vnter allen diesen meynungen aber ist die erste für die beste zu halten/ es stehet doch einem jeden frey/ welche er wil/ zu erwehlen.

Berge.

Dieses Landt/ wie es jetzund ist/ wird an dreyen orthen durch die Güpffel der Berge/ etliche dicke Wälde vnd fliessende Wässer geendet/ vnd durch dieselbige gegen Auffgang von Vngern/ gegen Nidergang von den Böhmen/ vnd gegen Mitternacht von den Schlesingern vnterscheiden: Dann gegen Mittag vnnd nach Oesterreich zu ist es gantz eben/ vnd wird an etlichen orthen durch den Fluß Thaysam, an einem andern aber durch ein kleines Bächlein von demselbigen Landt vnterscheiden.

Lufft.

Der eusserliche Lufft dieses gantzen Landes ist weich/ vnd derowegen zur corruption vnd fäule sehr geneigt. Vnd gleich wie das Landt an Volck vber die massen reich ist/ also hat es auch an Getreyd/ Wein/ vnd andern nothwendigen sachen durchauß keinen mangel/ sondern an allem/ vnd sonderlich an Saffran ein volle genüge.

Fruchtbarkeit.

Das gantze Feldt dieses landes innerhalb ist lindt vnd fett/ vnd derowegen zum Samen sehr bequäm/ gleich wie die Hügel vnd Berge der Weinreben allenthalben voll: Vnd dieweil die Inwohner diese güte vnnd fürtrefflichkeit des Landts vermercken/ gibt es deren so viel/ die dasselbige durchsuchen vnd bawen/ daß nirgend keine Weyd für das Viehe gelassen wird/ ohn allein in etlichen Einöden/ vnd zwischen dem Gesträuch vnd Hecken.

Berg Sudetæ.

Die Berge Sudetæ genant/ nicht fern von der Stadt Igla, seind hin vnd wider voller Ertz/ vnd das am höchsten zu verwundern/ so wird in diesem Landt auch Weyrauch vnd Myrrhen gefunden/ vnd dasselbige zwar nicht an den Bäumen/ auß welchen es in andern Ländern gleichsamb herauß schwitzt/ sondern in der Erden/ vnd darzu allein an einem orth/ Gradiscus genant/ an welchem nicht allein an Weyrauch/ so wegen der gleichheit/ die er mit den Geburtsgeylen hat/ Thus masculum genant wird/ sondern auch ein anderer/ so sich andern Männlichen vnd Weiblichen Gliedmassen vergleicht/ gegraben wird. Vnd als noch vor wenig Jahren Wenceslaus, auß dem Geschlecht der fürnehmen Herrn/ so von den Eychen jhren Zunamen haben/ auff seinem Feldt/ das Sterenberger genant/ einen Fischteich graben ließ/ funden die Arbeiter einen gantzen Cörper/ so einem Menschen ähnlich/ vnd nichts als Myrrhen war.

Obrigkeit.

Wie man liset/ so ist diese Provintz vor zeiten ein Königreich gewesen/ vnd hat seine eigene Könige gehabt/ deren Herrschafft vnd Gewalt sich vber die gantze Länder Polen vnd Böhmen erstreckt. Ja es hatte Zuantocopius vmb das Jahr 900 nicht allein vber Böhmen/ Polen vnd Mähren/ sondern auch vber die gantze Schlesien zu gebieten/ welcher Länder Hertzoge vnd Fürsten jhm musten pariren vnd zu gehorsamb stehen. Als er sich aber solches gewalts vbernamb/ vnd dem Römischen Keyser die Tributen vnd Zinse/ welche er vor der zeit dem Teutschen König Ludovico erlegen müssen/ versagt/ ward er mit einem grossen Krieg vberzogen/ welchem er doch so gewaltig widerstunde/ daß jenem

MORAVIA
MARCHIONATVS
Auctore
I.A. Comenio.
Septentr.
Meridies
Occidens
PARS COMITATVS GLACENSIS.
PARS
BOHEMIAE
AVSTRIAE SEPTENTRI
Amstelodami Guiljelm. Blaeuw Excudit.
Leutomißel
Politsch
Polna
Iglavia
Teltsch
Trebicz
Meseritz
Bytesch
Tisnow
Brinn
Kaunitz
Krumlow
Znaim
Frating
Wettaw
Raps
Laba
Retz
Zlabnitz
Lanodskron
Hanstatt
Muglitz
Gesenck
Gewicz
Triba
Zwitta
Namest
Ewanczitz
Iamnitz
Budkow
Budeze
Blansko
Igla fluvi.
Dya reka
Gross Teya fl.

SILESIAE PARS.
OPPAVIÆ DVCATVS
CARPETII PARS.
HVNGARIAE PARS.
SALESIS MONTIS
NALIA
Ratibor
Lubschütz
B.Hlubcze
Iegerdorf
B.Krnow
Zuckmantel
Troppau
B.Opawa
Oderberg
B.Bohunin
Freistatt
Teschen
Tessin
Freudental
B.Bruntal
Fridek
Wagstatt
Fulnek
Oder
Freiberg
B.Pribor
Newstatt
B.Vnicow
Sternberg
Tribschein
Weiskirch
Lipnik
Olmutz
Prerow
Meserics
Tobitschaw
Kojetin
Holeschow
Fristak
Kremsir
B.Kromeriz
Zlin
Proßnitz
Wiskow
Napagedla
Hradisch
B.Hradyste
Hun Brod
Trentschin
Ostrow
Wesel
Bzenetz
Geyen
Strasnitz
Skalitz
Goding
Auspitz
Luntenburg
Feldsburg
Hohenaw
B.Cahnow
Holitsch
Rabensburg
NOTARVM EXPLICATIO.
Vrbs muris cincta
Oppidum
Pagus turritus
Arx, Zamek
Castellum Twrz
Pagi innominati
Monasterium
Vinetorum colles
Thermæ, seu aquæ medicab.
Officinæ vitrariæ
Auri et Argenti fod:
Ferri fodinæ
Milliaria Germanica communia.
Milliaria Gallica communia.

so wenig als jhm der Sieg zugesprochen werden konte. Die Vngern / als damahls ein new Volck / sassen an den Riegeln / welche jhnen der König auß Mähren vorgeschoben hatte / vnd konte demnach dieselbige keines wegs vberschreiten. Vnd dieweil jhme der Keyser einmahl vorgenommen / ohne den Sieg von den Mährern nicht zu scheiden / bewarb er sich allenthalben vmb hülff / machte den Vngern einen offenen Weg / welche nachmahls die Christen vbel plagten / vnd den Provintzen alles erdenckliche Leydt zufügten: Jedoch wurde der Mährer König dardurch gedempfft / seines Volcks viel gefangen / vnnd die vbrige in die flucht gejagt. Der König aber selbst kam darvon / begab sich eintzig vnd allein in einen dicken Wald / legt allen Königlichen Ornat vnd Kleydung ab / traff einen Eremiten an / blieb bey demselbigen biß an sein end / vnnd eröffnete jhme allererst lang hernach / als er nemblich sterben wolte / wer er war. Als solches alles geschehen / erwehleten jhnen die Landtschafften / als Böhmen / Polen vnd Schlesien / ein jede Provintz jhren eigenen Hertzog / vnd gaben jedoch dem Keyser / als jhrem obersten Haupt / sein gebühr. Fast eben zu diesen zeiten / als nemblich Michael in Griechenlandt herrschete / kam Cyrillus ein Doctor vnd Apostel aller Sclaven sampt dem Merodio, machte des Christlichen Glaubens in Mährenlandt einen anfang / vnd richtete in der Vielagradenser Stadt eine Bischoffliche Kirch auff / wurde derowegen von dem Röm. Bapst beschrieben / vnd warumb sie die heilige ämpter in Sclavonischer Sprach verrichtet / gefragt / vnd von jhnen geantwortet / dieweil nemblich geschrieben stehe: Omnes spiritus laudet Dominum, das ist / alle Zungen loben den HERRN. Nun aber läst sich das Mährenlandt mit viel einem geringern begnügen / hat nach dem Könige / wie gemelt / einen Hertzog / folgends einen Marckgrafen bekommen / vnd ist jetzund fast zertheilet: Dann wiewol das gröste theil vnd schier das gantze Landt den Königen in Böhmen gehört / so ist doch das vbrige etlichen andern fürnehmen Herren vnd Freyherrn vnterwürffig.

Städte. Die Hauptstadt vnd des Marckgrafen eigene Wohnung ist Brunna, so auff Teutsch Brin / (Brin.) vnd Böhmisch Brno genant wird. (Olmutz.) Zu Olmutz hat es einen eigenen Bischoff / dessen voriger Name Vologradensis gewesen: die andere fürnehme Städte sein Zwoima, Radish, Iglavia, Newstad / Nielasburg / Weißkirchen / Cremser / Boserlitz / so vor zeiten des Marckgrafen Wohnung gewesen / vnd viel andere mehr / deren Namen in der Figur allesampt verzeichnet seynd. (Fliessende Wässer.) Das fürnembste Wasser ist die Morava, (Marhe.) Maravaha, oder Marhe / welche vmb Olmutz / als die fürnembste Stadt / rings herumb fleust / sich von dannen nacher Oesterreich begibt / vnd endlich mit allen denen Wässern / welche sie vnter wegen in sich empfangen / in die Donaw ergeust. Vnd wiewol etliche wollen / es komme dem gantzen Landt sein Name von diesem Wasser her / so seind wir doch der meynung / es habe das Wasser seinen Namen von dem Landt / vnd nicht das Landt vom Wasser: die andere fürnehme fliessende Wässer seind die Theya oder Deins / bey dem Dubravio Tharsa, vnnd von (Deins.) etlichen andern Thisia genant / fleust bey der Stadt Zuoyna, in deren Keyser Sigmund begraben ligt / hin / vnd scheidet dieses Landt von Oesterreich ab. Der Fluß Igla, von welchem die Stadt Iglavia jhren Namen hat / sonderlich die Mährenländer von den Böhmen / vnd lauft auch in das Mährenlandt hinein. Die Oder / (Oder.) so nicht fern von der Stadt Olmutz entspringt / behält jhren Namen biß in das grosse eussere Meer. Die Hama ist zwar ein gering Wässer- (Hama.) lein vnd keiner besondern tieffe / bekompt jedoch denen äckern / so in gantz Mähren für die fruchtbarste gehalten / vnd demnach das Marck des gantzen Landes genant werden / mit jhrer befeuchtigung sehr wol / in welchen äckern man sonderlich des M. Antonini, Commodi, vnd anderer Röm. Keyser güldene vnd silberne alte Müntzen mehr als in allen andern zu finden pflegt / darauß dann die Kriege zwischen den Römern vnnd Marcomannen in diesem Landt gehalten / glaubwürdig werden bezeuget. Das Wasser Nigra, sonsten Suarta, vnd von den Inwohnern Suitwa genant / welches bey der Stadt (Suitwa.) Brin vorüber fleust / gibt / wie gleichfals auch die andere vorgemelte / allerley gute Fisch in grosser menge. Es ist zwar dieses Landt nicht so bergachtig / wie das Königreich Böhmen / jedoch auch nicht allerdings eben: vnd wie Ptolemæus wil / so begreifft es die beyde Wälde Orcynium vnd Gabrietam in sich. Die Inwohner / (Sitten.) als welche zum rauben vnnd der Grawsamkeit sehr geneigt / haben eine vermischte Sprach / in deren doch die Böhmische die gemeineste ist: dann die Teutsche wird allein in den städten vnd vnter den grossen Herren gebraucht. In dem vbrigen thun vnd wandel seind sie / sagt Dubravius, den Böhmen gleich. In den Flecken vnd Dörffern hatte es vor wenig Jahren vielerley Wiedertäuffer / welche alle Güter in gemein hielten / vnd sich derselbigen ohne vnterscheidt gebrauchten / nunmehr aber vertrieben seynd. In diesem Landt werden gleichfals auch die Grafschafften Huckenwaldt vnd Schönberg / sampt den Herrschafften Lomnitz / Dubranitz / Gemnitz / Wallstein / Pietnix / Newhauß / Telesch / Bozkowitz / Trebitsch / Dirnowitz vnd Ragetz begriffen.

Schleſien

Sampt deſſen zugehörigen Hertzogthumben.

DJeſes Landt hat nicht allezeit einerley Namen gehabt/ gleich wie auch andere Länder/in anſehung der groſſen confuſion der Völcker/welche einander haben vnterdrucket vnd auß jhren Wohnungen verjaget/ſo daß durch die Tyranney/die dazumahl die vberhand gehabt/die Namen der Länder entweder in vergeſſenheit kommen oder corrumpiret worden/viel haben auch nach gelegenheit der zeit gantz newe Namen bekommen. Fürwar es iſt vnſer liebes Vatterlandt das Teutſchlandt jederzeit gleichſam als ein gemeine zuflucht des vnglücks vnd jammers geweſen/ wegen des jmmerwehrenden Einfalls ſo viel vnterſchiedlicher Völcker vnd Nationen/ die es offtermahls jämmerlich verwüſtet vnd verherget haben/darzu ſie dann die ſchöne gelegenheit des Landes/ vnd der groſſe vberfluß des allerley Leibes nothturfft hat angereitzet. Dañenhero dieſes Landt Schleſien gleichfals dem gedachten Vnglück nicht hat können entgehen/ ſondern ſeiner natürlichen Jnwohner iſt beraubet worden. Das waren nun die Quadi, Ilingi, der Marcomannorum Nachbaren gegen Occident/gegen Mitternacht aber vnd Orient die Lygii, (oder nach des Ptolemæi vnd Strabonis meynung die Luii,) Arii, Helvecones, Marumes, Elyſii, neben den Naharvalis, vnd endlich gegen Mittag die Pannonii. Dieſe Völcker ſeind durch die Gothos, Vandalos, Venedos vnd andere ſchier gantz vertilget worden/ daß jhr ſehr wenig im Landt ſeind vbergeblieben/ſonderlich nach dem ſchrecklichen Vngewitter des Tyrannen Attilæ, da diß Landt den Sarmatis iſt in die Hände gefallen: Vnd diß iſt die vrſach/ daß es ſchier 800 Jahr mit der Kron Polen iſt geincorporiert geweſen/wie Ioachimus Curæus in den Annalibus pag. 2 erzehlet.

Vrſprung des Namens.

Von wegen des Namens dieſer Landtſchafft iſt man nicht einig. Die Polniſchen Scribenten wollen/ daß das wort Schleſien ſo viel als Slezaces, das iſt/ein zuſammen geſambleter hauffen Volcks heiſſe/ ſintemahl das Volck auß vnterſchiedlichen Nationen ſich habe zuſammen gehäuffet: als auß den Suecis, Sachſen/ Böhmen vnd Mährern/ neben den andern Jnwohnern. Dieſem widerſpricht Curæus, vnd deriviret den Namen von den Elyſiis, andere nehmen jhn von den Eſclaviis, welche des Landes newe Jnwohner waren/vnd meynen daß das wort ein wenig verändert ſey. Celtes lib. 2 amor. eleg. 5, nimpt die derivation von dem Fluß Sleſus, der/wie er ſagt/ in die Oder laufft. Widerumb ſeind jhrer viel/ die der warheit vnd dem wahren Vrſprung etwas näher beykommen/ in dem ſie dem groſſen vnd hohen (wie Dithmarus ſpricht) Berge Silens dieſen Namen zuſchreiben. Die gelehrten neben Franciſco Fabr. nennen jhn Sabothum, vnd das gemeine Volck den Zottenberg. Dith. Merſp. lib. 7, vnd David Mileſius Niſſ. Sileſ. de Montib. German. wie auch Dith. d. l. diß Landt das Dorff Silens nennet. So daß klärlich erſcheinet/ wann es dieſen Namen bekommen/ vnd in der Teutſchen gewalt iſt gerahten. Auß dieſem allen kan man leichtlich abnehmen/daß die ſehr alten Völcker des Landts Schleſien ſeind geweſen die Quadi, Lygii, vnd ſonderlich die Elyſii, Naharvali, Manimi, neben den Ilingis vnd Luſatis, wiewol an jetzo die Laußnitz vnd Schleſien zwey vnterſchiedliche Länder ſeynd. Wañ man beyde Länder anſiehet nach dem ſie gelegen/ſo erſtrecket ſich die gantze Landtſchafft nach der länge in die 40 Teutſcher meylen wegs/in der breite aber hat ſie kaum 20 meylen/ nach der länge lauffet ſie von dem 36 biß auff den 42 gradum. Die Gräntzen gegen Orient berühre den vrſprung der Weixel/ nicht weit von der Stadt Teſchen/ von dannen ſie neben dem Königreich Polen nach der länge hinunter nach der Marck Brandenburg lauffet/ mit welcher vnd der Laußnitz diß Landt gegen Mitternacht iſt benachbart/ gegen Occident ligt jhm das Königreich Böhmen an der ſeyten/ vnd gegen Mittag die Marckgrafſchafft Mähren. Zwiſchen Böhmen/ Mähren vnd Schleſien ligen die Sudetes montis ſich dieſe Länder von einander ſcheiden.

Nach dem Boleſlaus der Dritte dieſes Namens zu Ethnarcha in Polen mit todt abgangen/ im Jahr 1139/ vnd nach ſeinem befehl das Landt vnter ſeine vier Söhne getheilet worden/ da geſchahe ein groſſe ſeparation. Vladiſlaus der Ander/ Herr in Polen vnd Schleſien/ der von gedachtes Boleſlai erſten Gemahlin gebohren war/ hatte Chriſtinam, Henrici des Fünfften Keyſers Tochter/zur Ehe genommen/auff deren antrieb er ſich vnterſtunde ſeine Brüder jhres Erbtheils zu berauben/ welches jhm ſo vbel bekommen/daß er im ſiebenden Jahr ſeiner Regierung ſein eigen Königreich verlohren/ vnd gezwungen wurde zu Keyſer Conrado dem Dritten ſeinem Verwanthen ſeine Zuflucht zu nehmen. Dannenhero Schleſien in ſolcher confuſion ein zimbliche zeit nacheinander/ dann den Böhmen/ dann den Polen muſte gehorſamb ſeyn/darzu noch dieſes vnglück ſich auch hat gefüget/ daß es in viel kleine Hertzogthümber algemach iſt vertheilet worden/ vñ ſeine alte Herrlichkeit vnd anſehen verlohren/ inſonderheit als Boleſlaus der Vierdte im Jahr Chriſti 1158 von

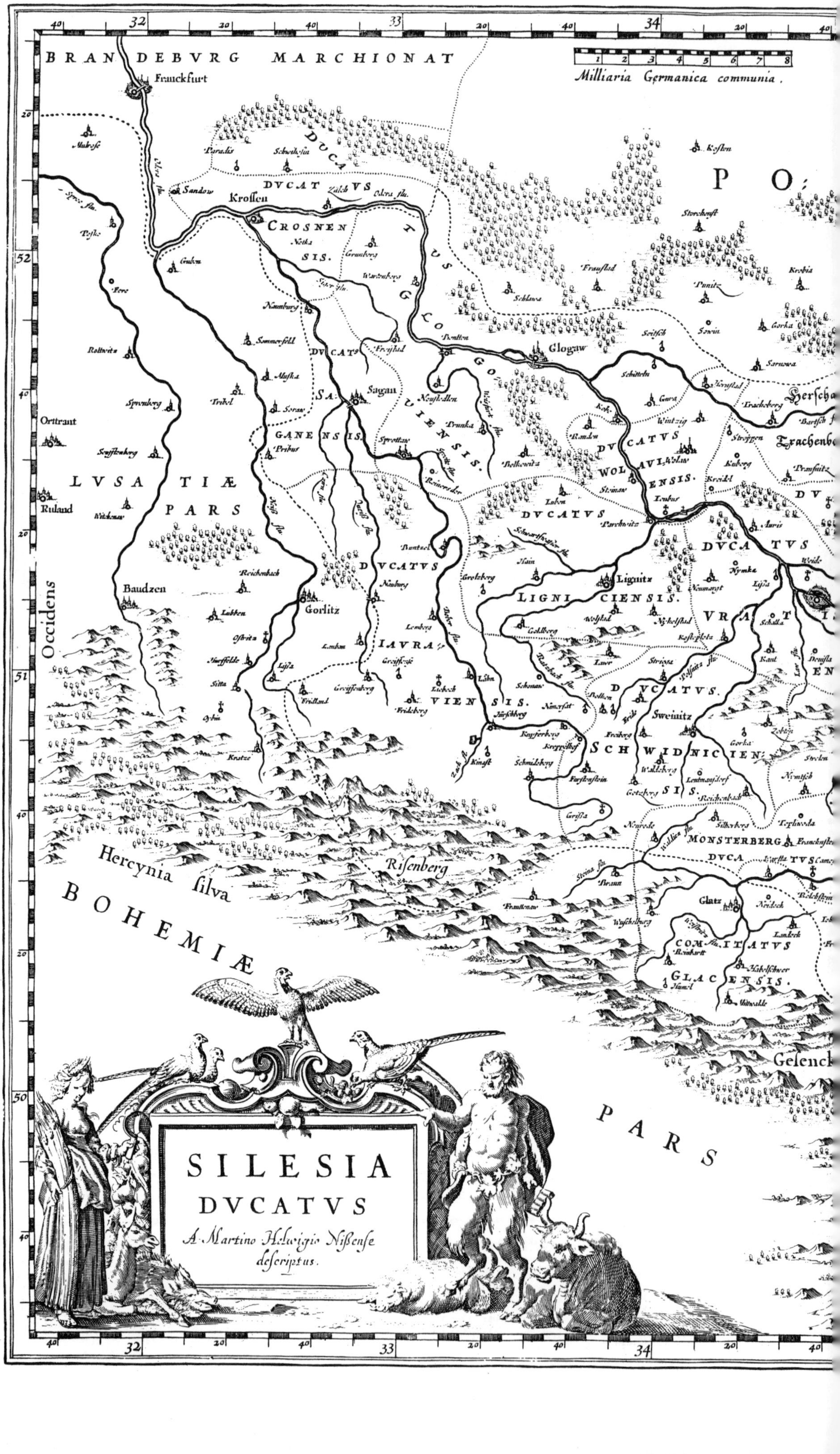
SILESIA
DVCATVS
A Martino Helwigio Nißense
descriptus.
BRANDEBVRG MARCHIONAT
Milliaria Germanica communia.
1 2 3 4 5 6 7 8
32
33
34
20
40
52
51
50
Franckfurt
Krossen
CROSNENSIS
DVCATVS
GLOGOVIENSIS
Glogaw
Sagan
SAGANENSIS
LVSATIAE PARS
Baudzen
Gorlitz
Orttrant
Ruland
Occidens
DVCATVS IAVRAVIENSIS
DVCATVS LIGNICIENSIS
Liguitz
DVCATVS WOLAVIENSIS
DVCATVS SCHWIDNICIENSIS
Sweinitz
MONSTERBERG DVCATVS
Glatz
COMITATVS GLACENSIS
Hercynia silva
Risenberg
BOHEMIAE PARS
Gesenck
Herscha
Trachenbe
PO

36
37
38
Oppida
Monasteria
Arces
Pagus
Notat
L O
NIÆ
PARS
Oriens
Peterkaw
Kalis
Syratz
Landsberg
Smorga, Prima Silesiorū Schola. 966
Namslau
Brigk
Grotka
Neisse
Oppelen
DVCATVS
OPPO LI ENSIS.
Lublinecz
Rosenberg
Czenstochaw
DVCATVS
RATIBORI ENSIS.
Ratibor
Troppa
TROPPA VIENS IS.
Teschen
DVCA TVS
TESCH INENS IS.
Crakaw
Oder
Olomunz
MORAVIÆ PARS
52
51
50

Keyser Friderico Barbarossa gezwungen wurde/ nit allein seinen außgejagten Bruder mit dreyen Söhnen zu restituiren, sondern auch sich den Sächsischen Rechten/ welche auß der vrsachen noch an jetzo in Polen im gebrauch/ zu vnterwerffen.

Nach des Vatters todt haben die gedachten drey Söhne im Jahr Christi 1163 das gantze Landt Schlesien in drey theil getheilet: Boleslao wurde das mittelste theil des Landes/ das Breßlawische genant/ eingeräumet: Das Hertzogthumb Ober-Schlesien gegen Mähren vnnd Cracow/ als Ratibor/ Oppeln/ Teschen vnd andere fiehlen dem Miceslao heim: Das vnterste theil oder Nider-Schlesien/ gegen der Marck Brandenburg vnd Groß-Polen/ als Lignitz/ Glogaw/ Sagan vnd andere orth gab man dem Conrado, der Glogaw/ das durch seines Vatters Bruder zerstöret war/ widerumb hat auffgerichtet/ vnd zu seiner Residentz verordnet/ wie Miceslaus die Stadt Ratibor.

Es war ein grosser streit zwischen dem Marckgrafen von Meissen vnd den Böhmen/ angehende die Ober- vnd Vnter-Laußnitz/ biß daß endlich nach erhaltener grosser Victori die Böhmen beyder Landtschafften sich haben bemächtiget.

Die Städte in Schlesien haben so wol an der Policey/ als an schönheit der Häuser mercklich zugenommen/ sonderlich nach dem sie den schrecklichen vberfall der Tartarn vmb das Jahr 1241/ durch Henricum den Ersten/ so sie auch den gebarten nenneten/ hatten vberwunden: Dessen Gemahl war Hedwig, die Tochter Bertholdi des Hertzogen von Istria vnd Meranie oder Voillande. Sein Sohn war Henricus Pius, der hatte drey Söhne/ Henricum III zu Breßlaw/ Boleslaum zu Lignitz/ vnnd Conradum zu Glogaw Hertzogen. Diese waren allezeit ohne auffhören einander in den Haren/ wie auch jhre Nachfolger/ so daß endlich Henricus der vierdte Hertzog zu Breßlaw vnter dem schein eines Banckets/ im Jahr 1281/ Henricum Hertzogen zur Lignitz/ einen Hertzogen von Glogaw desselben Namens/ vnd Primislaum von Posen (der hernach im Jahr nach Christi Geburt 1295 zum König in Polen ist erwehlet worden) gefangen hat genommen/ vnd nicht ehe auß dem Gefängnuß gelassen/ biß sie von jhren Federn haben müssen lassen/ wiewol sich Lescus der schwartze/ Hertzog zu Cracaw/ jhrer annahm.

Vmb das Jahr Christi 1390 ist Boleslaus, Henrici des Fünfften Bruder/ Hertzog zu Schweinitz worden/ der seinem Sohn Bernhardo das Hertzogtgumb Schweinitz gegeben/ vnd den andern zweyen Söhnen/ als dem Henrico Jaur/ vnd Boleslao das Hertzogthumb Münsterberg nachgelassen. Nach dem tödtlichen abgang Henrici Fidelis, Hertzogen zu Sagan/ ist vnter desselben Söhnen auch eine außtheilung geschehen/ so daß Oeltz/ Steinaw vnd Gur auch zu Hertzogthumbern seind worden. Also nahm nicht allein die anzahl der Fürsten in Schlesien mit der zeit zu/ sondern der Zanck vnd Zweytracht wurde je länger je grösser/ sonderlich vnter den Polnischen/ angesehen dieselbe einen Argwohn auff die Schlesischen Fürsten hatten gefasset/ dieweil sie den Teutschen so wol geneigt waren/ Teutsche Fürstinnen zur Ehe nahmen/ vnd die Sachsen ins Landt brachten. Dannenhero sie dieselben nicht mehr als Mitgenossen in jhrer Regierung des Königreichs wolten zulassen/ so daß die Hertzogen anfiengen vor der Polnischen Regierung einen Abschew zu tragen/ sonderlich weil auff antreiben der Bischoffe jhnen viel Landes entzogen ward. Welcher gelegenheit Iohannes König in Böhmen/ Keyser Henrici VII Sohn/ der auch den Titel eines Königs in Polen führete/ sich meisterlich hat wissen zu gebrauchen. Von Boleslao dem Hertzoge von Münsterberg/ der mit grossen Schulden beladen war/ erkauffte er die Graffschafft Glatz mit bahrem Gelde. Boleslaus ließ darumb nicht nach/ Henricum VI seinen Bruder/ deme einige Leibes Erben zu bekommen die wenigste Hoffnung vbrig war/ von wegen des Sitzes Breßlaw zu vexiren/ welches dem Bruder so sehr zu Hertzen gieng/ daß er sich vmb einen starcken Schutzherrn vmbsahe/ vnd sich in des Königs von Böhmen devotion gab/ vnd dem König im Jahr 1327 zum Erben machte/ dannenhero zur Danckbarkeit jhme der König die Grafschafft Glatz auff sein Lebenlang einräumete. Also ist nach der handt die Stadt Breßlaw nicht ohne grosses frohlocken der andern Städte dem König von Böhmen in Hände kommen.

Wie das Landt an Böhmen kommen.

Im Jahr 1331 cedirte der Hertzog Vladislaus von Masavia gleichfals dem König sein Recht vnd Anspruch/ den er auff das Hertzogthumb Lignitz hatte: dannenhero Boleslaus sich auch endlich dem König hat submittiret. Hertzog Iohannes verkauffte dem König auch ebener massen sein theil/ das er an dem Hertzogthum Glogaw hatte/ der namb diese Stadt ein/ vnangesehen des Widerstandts/ den jhm Henricus Printz zu Sagan thete. Endlich im Jahr 1337/ nach dem Henricus VI diese Welt gesegnet/ da ist König Iohannes in die völlige possession seiner erlangten Erbschafft getreten/ neben der löblichen intention, dem Tyrannischen Könige Vladislao Loctico in Polen dapfferen Widerstandt zu thun/ vnd das Landt vor allem Einfall zu beschirmen/ zu dem ende er vberall die Städte vnd Schlösser ließ befestigen. Ist also Schlesien von der zeit an der Böhmischen Kron einverleibet gewesen. Der erste König der Schlesien so anfieng zu regieren/ war gedachter König Iohannes, Caroli IV Vatter/ der sechszehende ist gegenwertiger Keyser Ferdinandus III.

Zu diesen vnsern zeiten ist Schlesien in 16 Hertzogthumber oder Fürstenthumber abgetheilet/ deren ein jegliches nach seiner Hauptstadt ist benahmet.

Nieder-Schlesien.

Fürstenthümber in Nider-Schlesien.

Es hält Nieder-Schlesien nachfolgende Provintzen in sich / als Breßlaw / Neiß / Brieg / Olße / Münsterberg / Schweidnitz / Jawer / Grotkaw / Glogaw / Crossen / sampt drey Frey-herrschafften / nemlich / Wartenberg / Mielitsch vnd Trachenberg.

Breßlaw.

Die Stadt Breßlaw ist in der general, oder algemeynen beschreibung des Landes Schlesien albereit berühret worden.

Neiß.

Das Fürstenthumb Neiß / so dem Bischoff zu Breßlaw gehörig ist / hat von der Hauptstadt seinen Namen; aller massen auch die andern Herrschafften dieser Provintz von jhren vornembsten Städten genennet werden. Diese Stadt ligt an dem fluß Neiß / vnd ist des obgemeldten Prælaten Residentz oder Sitz. Die andern hirzu gehörigen Städte seind: Kant / Grotka / Jawernick / sampt dem Schloß Johannsberg / Wansen / Zuckmantel an dem Mährischen gebirge / so vor alters Edelstein geheissen; Weide / Patschkaw / Ziegenhals an der Biele / welche bey der Stadt Neiß in den fluß Neiß fält; vnd Hotzeplotz / oder Hoheplotz / dem Bischoff von Olmütz in Mähren zuständig; Aber Othmachaw / so man auch vnter dieses Fürstenthumbs Städte rechnet / ist nur ein offener Marckflecken / sampt einem Schloß / vnter dem Bischoff zu Breßlaw gelegen.

Brieg.

Das Fürstenthumb Brieg hat seinen Nahmen von der Hauptstadt / welche an der Oder ligt. Alhier sihet man einen köstlichen Pallast / darin der Fürst hoff hält; so hat es auch ein sehr berühmtes Studium oder Schule. Seine andern Städte seind: Olaw an dem fluß Olaw / Wohlaw / Strelen an der Olaw / Rauden / Wintzig / Herrnstadt an der Bartsch / sampt einem schönen Schloß / Steinaw / Kreutzburg / nicht fern von dem ort / da der kleine fluß Brins entspringt / Rosenberg / Reichenstein / so wegen des Gold-vnnd Silber-bergwercks gerühmet wird; Bitschen an den Polnischen gräntzen / Nimptsch / vnd Silberberg / auff einem Gebirge nahe bey den silbergruben gelegen.

Olße.

Das Fürstenthumb Olße wird von der Hauptstadt also genant / welche gleichmässiges Nahmens ist / die auch einen prächtigen Pallast / vnd Fürstliches Schloß hat. Seine andern Städte seind: Festenberg / vnd Medzibor an der Polnischen gräntze / denen noch Stroppen vnd Trebnitz beygefügt werden.

Münsterberg.

Das Fürstenthumb Münsterberg nennet sich nach seiner Hauptstadt also / vnd hat Franckenstein an der Stein / vnnd Warte vnter sich. Es war zwar vor zeiten auch seinen absonderlichen Fürsten vnterthan / welche man heutiges tags die von der Olße nennet; nachmahls aber ist es verwendet worden / vnnd gehöret an jetzo dem König von Böhmen zu.

Schweidnitz.

Das Fürstenthumb Schweidnitz nimbt den Namen von seiner Hauptstadt. Dessen andere Städte seind: Landshutt / Reichenbach / wo man viel Leinwath wircket / Waldberg / Freyberg / vnter dem edlen Hauß vnnd Geschlecht Hohberg / so auch vber die Stadt Gottsberg / nahe bey dem Silber-Kupffer-vnd Bley-bergwerck herrschet; Striga / welche Stadt von wegen einer Erde Terra sigillata genant / vnd des Biers halben von männiglich gepriesen wird.

Jawer.

Das Fürstenthumb Jawer begreifft die Stadt Jawer / sampt dem Schloß / wo der Lands-Hauptmann beyder Fürstenthümber Schweidnitz vnd Jawer residiret vnd wohnet. Mehr hat es Lemberg an dem Bober; Lähn / oder Lehn / Schönaw an der Katzbach / Buntzlaw an dem Bober / Greiffenberg an dem Queiß / dem Hauß Schaff-Gotsch zuständig / Naumburg an dem Queiß / Hirschberg an dem Zach / vnd Bober / so alda zusammen kommen / Liebethal / Schmiedeberg / vnd Kupfferberg.

Crossen.

Das Hertzogthumb Crossen / den Marg-Grafen von Brandenburg zugehörig / hat Crossen zu der Hauptstadt / die eben an demselbigen ort ligt / wo der Bober in die Oder fält. Es ist aber gemeldtes Hertzogthumb darin / ausser der Stadt Crossen / die Städte Bobersberg / Züllich / vnd Sommerfeld an der Neiß zu finden / den höchstgedachten Marggrafen verpfändet worden / so jhnen auch eigenthümblich verblieben / nach dem die bestimbte zeit / da solches pfand wiederumb außgelöset werden sollen / verstriechen / also / daß Joachim II mit Ferdinandi Königs in Böhmen verwilligung / sich Hertzog zu Crossen in allen Brieffen geschrieben.

Freyherrschafften. Wartenberg.

Das Geschlecht der Burg-Grafen von Donen besitzt die Stadt Wartenberg / so der gantzen Frey-Herrschafft Haupt ist / vnd nahe bey dem vhrsprung des flusses Weide ligt: Die Stadt Bralin gehöret auch hierzu.

Trachenberg.

Die Frey-Herrschafft Trachenberg / dero

SILESIA INFERIOR,
Serenissl. ac Celsiss. Principibus ac Dominis
Dn. GEORGIO, Dn. LUDOVICO, Dn. CHRISTIANO, Fratribus,
Ducibus Silesiæ Lignicens. ac Bergensibus,
Dominis gratiosissimis Dicata
à Jona Sculteto Sprotta-Silesio.
Explicatio Notarum.
Urbs muro cincta. Stad.
Oppidum. Stadlin.
Arx. Schlo§s.
Pagus cum templo. Dorff mit einer kirch.
Pagus notabilior. Berümpt dorff mit einem Edelsitz.
Pagus. Dorff.
Locus Ordini Sacræ militiæ Dicatus. Comterey.
Monasterium. Closter.
Præpositura. Pröbstey.
Bona Ecclesiastica. Geistliche gütter.
Vineta. Weinberge.
Fodina auri. Goldgrube.
Argenti. Silbergrube.
Cupri. Kupfer.
Stanni. Zinngrube.
Ferri. Eisenhammer und grube.
Calcis. Kalck.
Lacus. See.
Fluvius paludinosus. Moerals.
Mons notabilis. Berümpt Berg.
Milliaria German: communia.
POLONIÆ REGNI CONFINIA
KONIGREICH POLEN
MARCHIA NOVA
NEWE MARCK.
GLOGOVIENSIS DUCATUS
CROSNENSIS DUCATUS
LAND STERNBERG.
FURSTENTHUM CROSSEN
MARCK-G
NIEDE
Septentrio
Posen
Warta fluvius
Obornicki
Kustrin
Francfurt
Odera fluvius
Landsberg
Crossen
Drysen
Zantoch
Meseritz
Schwerin
Birnbaum Pol. Miedzichod
Wronki
Sonnenburg
Drossen
Reppen
Zullichaw
Schwibusin
Sternberg
Lebus

BARONATVS MILITIENSIS.
Herrschaft Militsch.
Militsch
DVCATVS OLSNENSIS.
FURSTENTHUMB OLS.
BARONATVS TRACHENBERGENSIS.
Trachenberg
Herrsch: Trachenberg
DVCATVS BREGENSIS.
Brieg
FURSTENTHUMB BRIEG.
Olaw
DVCATVS VRATISLAVIENSIS.
Breslaw
FURSTENTHUMB BRESLAW.
DVCATVS WOLAVIENSIS.
Wolaw
FURSTENTHUMB WOLAW
DVCATVS SCHWIDNICIENSIS.
Schweidnitz
FURSTENTHUMB SCHWEIDNITS.
DVCATVS LIGNICENSIS.
Lignitz
FURSTENTHUMB LIGNITS
DVCATVS GLOGAVIENSIS.
Glogaw
DVCATVS IAVRAVIENSIS.
Iawer
FURSTENTHUMB JAWER.
DVCATVS SAGANIENSIS
Sagan
LVSATIA SVPERIOR
MARCHIONATVS.
LVSATIA INFERIOR
OBER LAUSITS MARCK
GRAFFTHUMB.
BOHEMIAE REGNI CONFINIA
Lauban
Gorlitz
Zittaw
Meridies
Joh: et Corn: Blaeu Excud.

Hauptstadt gleichmässiges Namens ist/ vnd an der Borthe ligt/ sampt der Stadt Prausnitz/ so auch davon dependiret/ erkennet das Hauß Schaff-Gotsch vor jhre rechtmässige Obrigkeit.

Militsch. Die Frey-Herrschafft Militsch bestehet in der Hauptstadt/ so ebener massen diesen Namen führet/ vnd an der Polnischen gräntze ligt/ vnd dann in der Stadt Freyhan/ darüber der Frey-Herr von Malzan zu commendiren hat: Was Zulauff/ so auch vnter die Städte dieser Frey-Herrschafft gerechnet wird/ anlanget/ ist diß ein offener ort/ in massen es auch vor diesem war; vnd ist an jetzo vnter der Frey-Herrn von Donen gewalt.

Von Glogaw besihe die nachfolgende Landtaffel.

Die Graffschafft Glatz.

Graffschaft Glatz.

VNter den herrlichsten Graffschaften in Schlesien / ist die Graffschafft Glatz nicht die schlechteste / als welche vor zeiten frey / vnd vor sich selbst gewesen / nachmahls aber von Boleslao, Grafen zu Münsterberg vnd Glatz dem Hertzoge Ioanni von Lützelburg / vnd König in Böhmen im Jahr 1326 verkaufft worden. Als aber Ioannes von Henrico Hertzoge zu Breßlaw / der von seinem Bruder Boleslao bekrieget war / zu hülffe geruffen worden / hat er Henrico die Graffschafft Glatz verehret / jedoch in dieser meynung / daß er zugleich Breßlaw an sich ziehen möchte / welches jhm dann auch gelücket; sintemahl Henricus, nach dem er ohne Leibserben abgegangen / jhn zu einem Erben eingesetzt: vnd dannenhero kompt es / daß die Könige in Böhmen sich jetzo Graffen zu Glatz schreiben.

Die alten Völcker.

Die alten Völcker vnd Jnwohner dieses orts / gleich wie auch des gantzen Landes Schlesien / seind die Quadi gewesen: Nach diesen seind die Slavi kommen / so eines Sarmatischen geschlechts / vnd ins gemeyn Poloni, oder Polacken genennet worden.

Gräntzen.

Diese Graffschafft ist von allen seiten mit annemblichen Bergen vmbgeben / dardurch sie von den andern angräntzenden Ländern abgesondert wird. Dann gegen Mittag seind die Sudeti, *(Berge.)* vnter welchen der allerhöchste der Schneeberg genennet wird / vnd nahe darbey entspringt der fluß Neiße. Auch ist ein hoher Berg gegen Auffgang / so bey den Jnwohnern der Wiesenberg heisset: vnd hält sich zwischen diesem vnd dem obermeldten Berge sehr viel Wild auff; derowegen dann auch solcher orth von den Jägern offt besuchet wird. Ferner hat sie noch einen andern Berg gegen Aufgang / welcher ins gemeyn der Güldene Esel heist / vnd solches darumb / alldieweil Gold vnd Silber alhier gegraben wird. Gegen Mitternacht ligt der Bohemsberg / vnd der Silberberg: Gegen Niedergang aber das Risengebirge. Jhre vornembsten flüsse seind: *(Flüsse.)* die Neiße / Steine / Biele / vnd Weistritz / so sehr fischreich seind. Die Neiße / *(Neißefluß.)* welche in dieser Graffschafft jhren vrsprung hat / vnd bey den Städten Mittelwalde / Habelswerde / Glatz / Warthe / Reichenstein / Neiße / Lewyn / vorüber fleust / führet die Flüsse Steine / Biele / vnd Weistritz mit sich davon / vnnd fält bey Schurgast in die Oder. Auff den äckern / brachfeldern *(Aecker.)* vnd wiesen sihet man an allerhand Getreyde vnd Vich keinen mangel / sondern gleichsam einen vberfluß. Auch seind schöne vnd lustige Gärten alhier / die da allerley Baumfrüchte / Küchenkräuter / vnd andere sachen / damit vns die Natur begabet / in solcher mänge hervor bringen / daß sich nicht vnbillich zum höchsten darüber zu verwundern / ja zu entsetzen ist.

Hauptstadt.

Die Hauptstadt dieser Graffschafft ist Glatz / von welcher das gantze Land den nahmen hat / ligt an einem lustigen vnd annemblichen Orth / vnd ist mit schönen Häusern gezieret. Jn dieser Stadt seind vnterschiedliche gelehrte Leuthe gebohren worden / darunter David Origanus, der die Ephemerides componirt vnd gestält / wie auch Nicolaus Henelius, welcher des Landes Schlesien vnd der Stadt Breßlaw beschreibung außgegeben / vnd von Franckenstein bürtig / zu vnsern zeiten bekant worden. Als vor etlichen jahren der Schloßthurn / darinnen man das pulver zu verwahren pflegte / von dem Wetter angezündet worden / hat er die nahe darbey gelegenen Häuser im einfallen zugleich darnieder geschlagen / vnnd sonsten die gantze Stadt vbel zugerichtet; welchem vnglück aber durch freygebigkeit vieler guthertzigen Herrn alsbald abgeholffen / vnnd die Stadt in jhren vorigen Stand wiederumb gebracht worden.

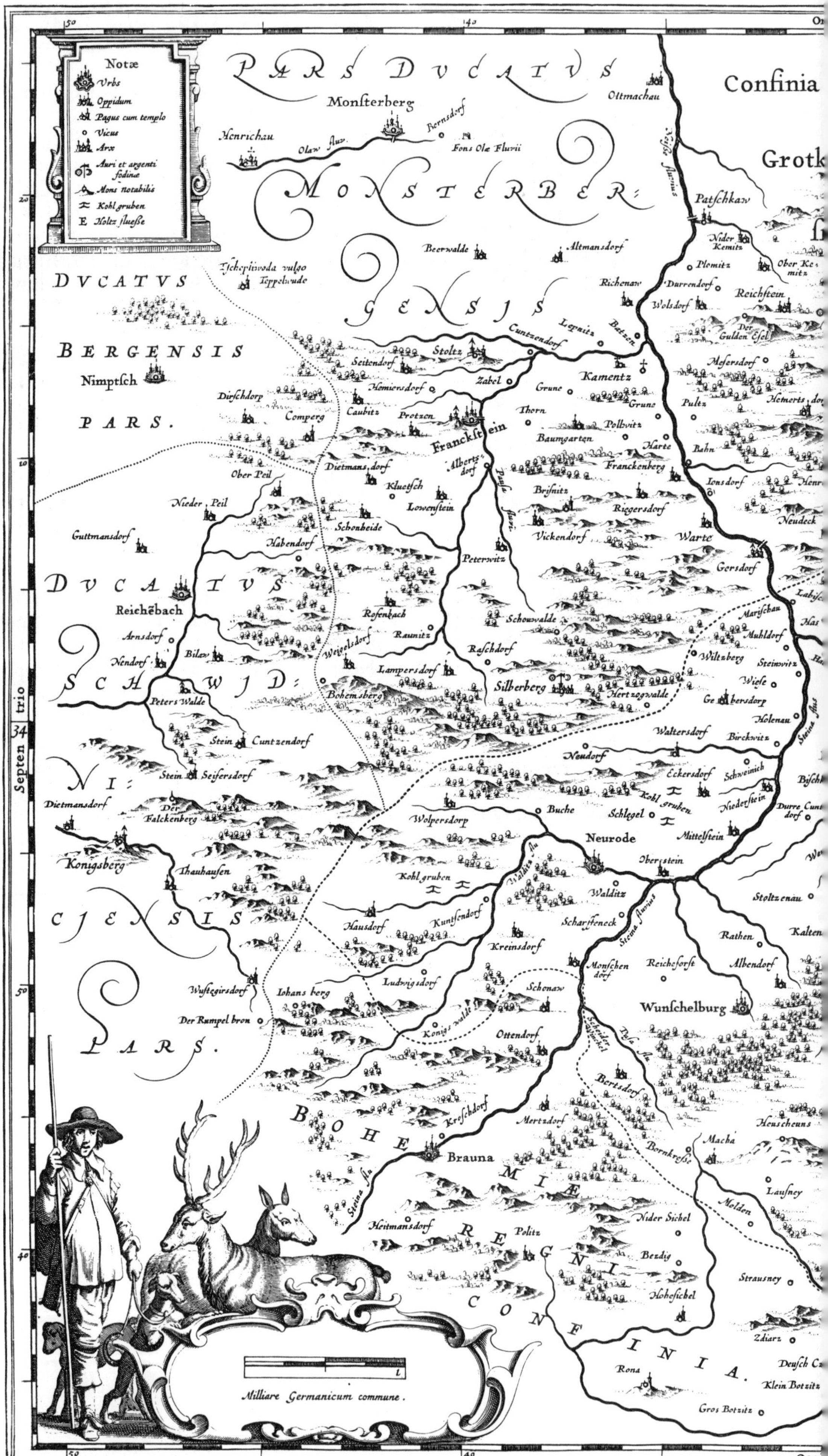
Notæ
Vrbs
Oppidum
Pagus cum templo
Vicus
Arx
Auri et argenti fodinæ
Mons notabilis
Kohl gruben
Holtz flueße
PARS DVCATVS MONSTERBERGENSIS
Monsterberg
Henrichau
Olaw fluv.
Bernsdorf
Fons Olæ Fluvii
Ottmachau
Confinia
Grotk
Patschkaw
Neisse flumen
Beerwalde
Altmansdorf
Richenaw
Nider Kemitz
Plomitz
Ober Kemitz
Durrendorf
Reichstein
Wolsdorf
Der Gulden Esel
Tschepliwoda vulgo Teppelwude
DVCATVS BERGENSIS PARS.
Nimptsch
Cuntzendorf
Lepnitz
Batzen
Stoltz
Seitendorf
Zabel
Kamentz
Grune
Mesersdorf
Hemersdorf
Dirschdorp
Comperg
Caubitz
Protzen
Francksteín
Thorn
Polbwitz
Baumgarten
Pulez
Harte
Francekenberg
Bahn
Ober Peil
Dietmansdorf
Albertsdorf
Kluetsch
Lowenstein
Brisnitz
Riegersdorf
Ionsdorf
Nieder Peil
Schonheide
Neudeck
Guttmansdorf
Habendorf
Vickendorf
Warte
Peterwitz
Gersdorf
DVCATVS SCHWIDNICENSIS PARS.
Reichēbach
Rosenbach
Schouwalde
Marischau
Muhldorf
Arnsdorf
Raunitz
Wiltzberg
Steinwitz
Nendorf
Bilaw
Weigelsdorf
Raschdorf
Lampersdorf
Wiese
Bohemsberg
Silberberg
Hertzogwalde
Gebersdorp
Peters Walde
Holenau
Stein
Cuntzendorf
Waltersdorf
Birckwitz
Steina flus
Neudorf
Eckersdorf
Schweinich
Stein Seifersdorf
Kohl gruben
Schlegel
Niderstein
Dietmansdorf
Der Falckenberg
Buche
Wolpersdorp
Neurode
Mittelstein
Konigsberg
Oberstein
Thanhausen
Kohl gruben
Walditz flu.
Walditz
Stoltzenau
Hausdorf
Kuntsendorf
Scharffeneck
Steina flumen
Rathen
Kreinsdorf
Monschendorf
Reichesorst
Albendorf
Wustegirsdorf
Iohans berg
Ludwigsdorf
Schonaw
Wunschelburg
Der Rumpel bron
Konigs waldt
Ottendorf
Schnider flu.
Tuda flu.
Bertsdorf
BOHEMIÆ REGNI CONFINIA.
Kroschdorf
Mertzdorf
Heuscheuns
Brauna
Bornkrese
Macha
Lausney
Steina flu.
Molden
Heitmansdorf
Politz
Nider Sichel
Bezdig
Strausney
Hohesichel
Zdiarz
Rona
Deusch
Klein Botzitz
Gros Botzitz
Milliare Germanicum commune.
Septentrio
Oriens
Occidens

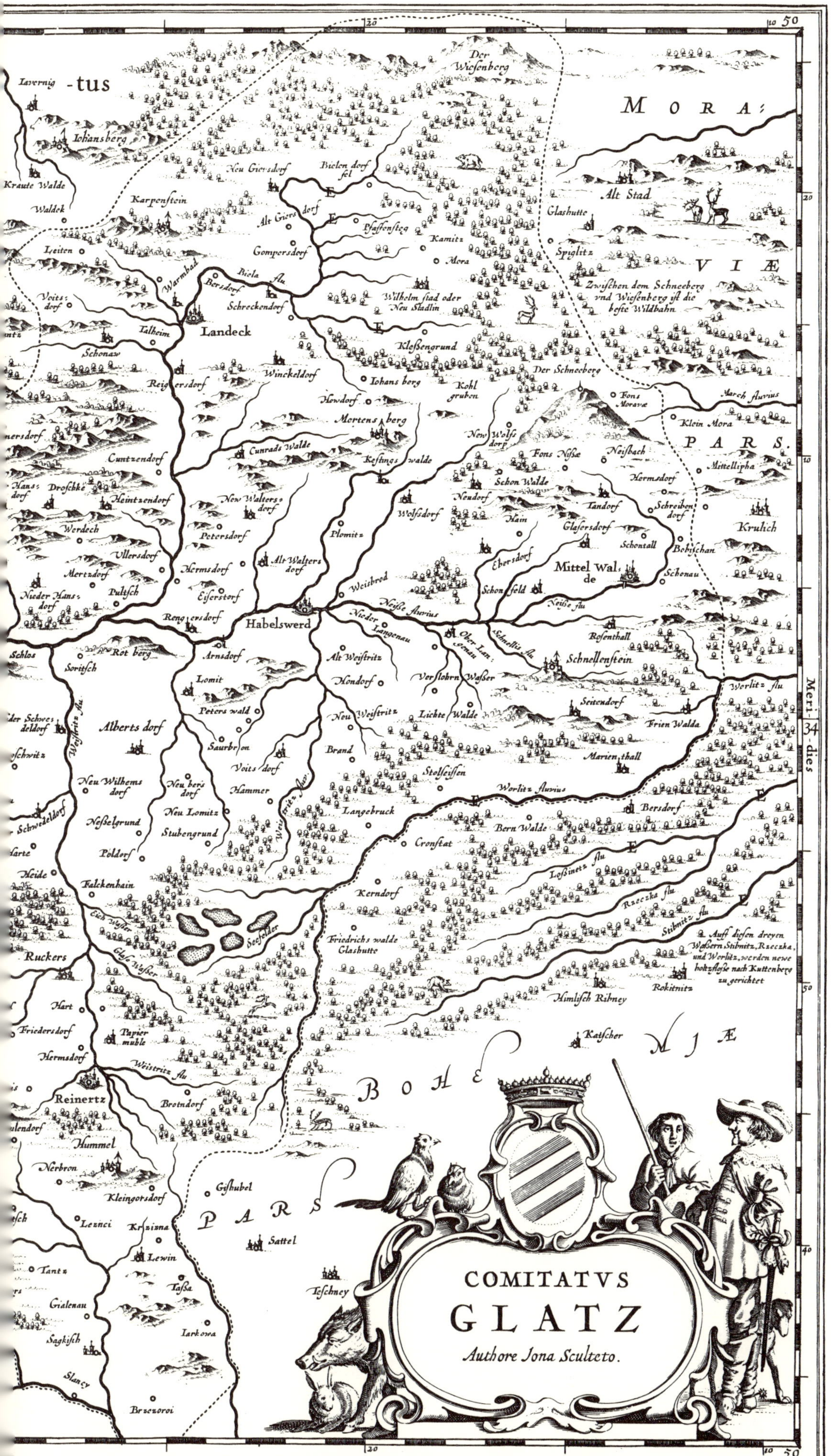

COMITATVS
GLATZ
Authore Jona Sculteto.
MORA-
VIÆ
PARS.
BOHE MIÆ
PARS
Meri dies
34
-tus
Der Wiesenberg
Der Schneeberg
Fons Moravæ
March fluvius
Klein Mora
Alt Stad
Glashutte
Spiglitz
Zwischen dem Schneeberg vnd Wiesenberg ist die beste Wildbahn.
Johansberg
Kraute Walde
Waldek
Karpenstein
Leiten
Voits dorf
Warmbad
Bersdorf
Biela flu
Landeck
Schreckendorf
Talheim
Schonaw
Reigersdorf
Winckeldorf
Neu Giersdorf
Bielen dorf
Alt Giersdorf
Gompersdorf
Pfaffensteg
Kamitz
Mora
Wilhelm stad oder Neu Stadlin
Klessengrund
Johans berg
Kohl gruben
Newdorf
Mortens berg
Kestings walde
Cunrads Walde
Cuntzendorf
Droschke
Heintzendorf
Werdech
Ullersdorf
Mertzdorf
Dultsch
Nieder Hans dorf
New Walters dorf
Petersdorf
Hermsdorf
Alt Walters dorf
Eisersdorf
Rengersdorf
Habelswerd
Plomitz
Weisbrod
Wolfsdorf
New Wolfs dorf
Fons Nissæ
Schon Walde
Neudorf
Hain
Tandorf
Glasersdorf
Neisbach
Hermsdorf
Mittellipha
Schreiben dorf
Krulich
Bobischan
Schontall
Schonau
Ebersdorf
Schonfeld
Mittel Walde
Neisse flu
Neisse fluvius
Nieder Langenau
Ober Langenau
Schnellenstein
Schnellis flu
Rosenthall
Werlitz flu
Seitendorf
Frien Walda
Marien thall
Schlos
Soritsch
Rot berg
Arnsdorf
Lomit
Peters wald
Alt Weistritz
Hondorf
Verslohrn Wasser
Lichte Walde
New Weistritz
Brand
Stolseissen
Saurbron
Voits dorf
Hammer
Alberts dorf
Weistritz flu
Neu Wilhems dorf
Neu bers dorf
Neu Lomitz
Stubengrund
Nesselgrund
Poldorf
Falckenhain
Langebruck
Werlitz fluvius
Bersdorf
Bern Walde
Cronstat
Lossinetz flu
Kerndorf
Rzeczka flu
Stibnitz flu
Auff diesen dreyen Wassern Stibnitz, Rzeczka, und Worlitz, werden newe holtzflosse nach Kuttenberg zu gerichtet
Friedrichs walde Glashutte
Seefelder
Himlisch Ribney
Rokitnitz
Katscher
Rucker
Hart
Friedersdorf
Hermsdorf
Papier muhle
Weistritz flu
Reinertz
Brotndorf
Hummel
Nerbron
Kleingotsdorf
Gisshubel
Leznci
Krzizna
Lewin
Sattel
Tassa
Tantz
Gialenau
Sagkisch
Slaney
Iarkowa
Brzezoroi
Tischney
20
10 50

Steyermarck.

Vrsprung des Namens.

STyria, in vnserer Teutschen Sprach Steyermarck genennet / hat ohn allen zweyffel seinen Namen von einem Ochsen oder Stier. Dessen Inwohner / nemblich die Taurisci, auß der Grafschafft Görtz dahin gelanget / vnd jhme den Namen hinterlassen. Etliche aber seind der meynung / es habe dieses Landt vor zeiten Valeria geheissen / vnd solches von wegen vnd zu ehren der Valeriæ des Keysers Diocletiani Tochter. Volaterranus aber sagt / es seye sein voriger Name Iapidia gewesen / vnd durch das Landt Valeriam viel mehr Croatia, so zwischen der Donaw vnd Draun gelegen / zu verstehen. Vnd da die erste meynung für die warheit anzunehmen / so kan man auß diesem leichtlich schliessen / daß die Quadi vor zeiten in diesem Landt gewohnt / sintemahl Sextus Rufus außdrücklich meldet / es seyen die Marcomanni vnd Quadi auß den orthen des Lands Valeriæ zwischen der Donaw vnd Draun außgejagt vnd vertrieben worden. Es ist aber dieses Landt ein stück oder theil des Mittelländischen Beyerlandts vnd Inthal / gleich wie auch das Landt Kärnthen zu den Windischen Provintzen wird gezehlt / vnd folgends auch zu Teutschlandt gerechnet.

Gräntzen.

Hat gegen Auffgang die Vngerer / gegen Mittag die Krainer / gegen Nidergang die Kärnther / vnd gegen Mitternacht das Landt Oesterreich ligen: Ist rings herumb mit Bergen vmbgeben / ohn allein gegen Auffgang ein weit vnd eben Feldt.

Fruchtbarkeit.

Von seiner fruchtbarkeit weiß ich nit viel zu rühmen / ohn daß es allenthalben viel Metall hat / welche doch wegen vnachtsamkeit seiner Fürsten wenig gesucht werden. In den Schwenberger Alpen hat es sonderlich viel Silber / vnd bey dem Fluß Aniso einen grossen vorrath von Eysen vnd Saltz / welches Saltz dann hin vnd wider an frembde orth verkaufft vnnd dem Landt grosser nutzen damit geschafft wird.

Herrschafft.

Dieses Landt war vor zeiten ein Marckgrafschafft des Landes Oesterreich / derowegen auch die Marck genant / vnd durch einen Marckgrafen regiert: nachmahls aber durch Keyser Fridericum Barbarossam zu einem Hertzogthumb erhoben / vnd zu den Ertzhertzogen auß Oesterreich gebracht / welche es dañ auch noch jetzund jnnen haben vnd regieren. Sein letzter Marckgraff war Ottocarus genant / dessen Tochter Lupoldum, einen Hertzog auß Oesterreich / zum Gemahl bekam / welcher mit verwilligung des Keysers zu einem Hertzogen in Steyermarck gemacht ward. Als aber diese Succession auch abstarb vnd verlosch / schickten etliche Provinciales in das Hertzogthumb Beyern / etliche aber in Vngern / welches Königreichs Verwalter seinen Sohn dahin gesendet: der dann nach seiner gewonheit lebt / derowegē bey den Steyermärckern in einen haß gerieth / von jhnen verjagt / vnd an seine statt Ottocarus des Königs in Böhmen Sohn beruffen ward / welcher sich des Hertzogthums Oesterreich ein zeitlang hatte gebraucht / vnd das Land Kärnthen im Jahr nach Christi Geburt 1269 auch jnnen gehabt / vnd aber in diesem Landt nicht lang konte conversiren vnd bleiben. Dañ als er in seinem Hochmuth so weit kam / daß er Keyserliche Majestät verachtet / vnd dem Keyser Rudolpho von Habsburg vber die Beneficia clientelaria des Königreichs Böhmen / wie er nemblich damit gehandelt / nit wolte schweren / ließ derselbige einen Fürstentag zu Augspurg in Teutschlandt außschreiben / diesen vngehorsamen Ottocarum bey hoher straff dahin citiren / der wider billigkeit beherrschten Provintzen des Reichs vñ verachtung jhrer Majestät Rechenschafft von jhme zu fordern. Welcher / ob er wol solche Citation verlacht / vnd niemandt seinet halben auff den angestelten Tag geschickt / wurden doch nichts desto weniger besondere Commissarii von den Oesterreichischen Ständen gehn Augspurg zu jhrer Majestät vnd der Fürstlichen zusammenkunfft geschickt / brachten vber des Ottocari vnbillig: vnd grosse grawsamkeit vielfältige Klagen vor / daß er sich nemblich des Titels eines Regenten in Oesterreich wider alle recht vnd billigkeit vnterfangen / sein Gemahl Margaritham, als des Landts Oesterreich natürliche Erbin / vmb einer vnehelichen beyschläfferin willen von sich verstossen / vnd endlich mit Gifft getödtet / die Agnetam von Baden sampt jhrer Tochter Elisabeth / vnd Henrico dem Bruder jhres natürlichen Erbs in Oesterreich beraubt / viel fürnehme Herrn in der Stadt Wien grausamlich erwürget / gegen den vnschuldigen Pöfel wie der ärgste Tyrann offt vnd viel getobet / das Land Oesterreich / Steyermarck / Krain vnd die Windische Marck / als Beneficia oder Lehen des Reichs / mit Bela dem König in Vngern heimblich verpartiert / vnnd damit er durch anderer Nationen hülff vnd beystandt Oesterreich möchte behalten / vnnd das Volck seines gefallens / vnd mit der allerhärtesten dienstbarkeit plagen / von dem Keyser vnd Röm. Reich abgefallen vnd deficiert. Darauff wurde von den anwesenden Fürsten samptlich beschlossen / eine Botschafft zu diesem Böhmen zu schicken / vnd als dieselbige ein solche antwort empfieng / die dem Keyser vnd den Fürsten des Reichs zur schmach gerieth / einen Krieg angestellet / vnd jhrer Majestät alle billiche hülff versprochen: Derowegen dañ der Keyser mit einem gewaltigen Heer in Oesterreich zohe / welchem

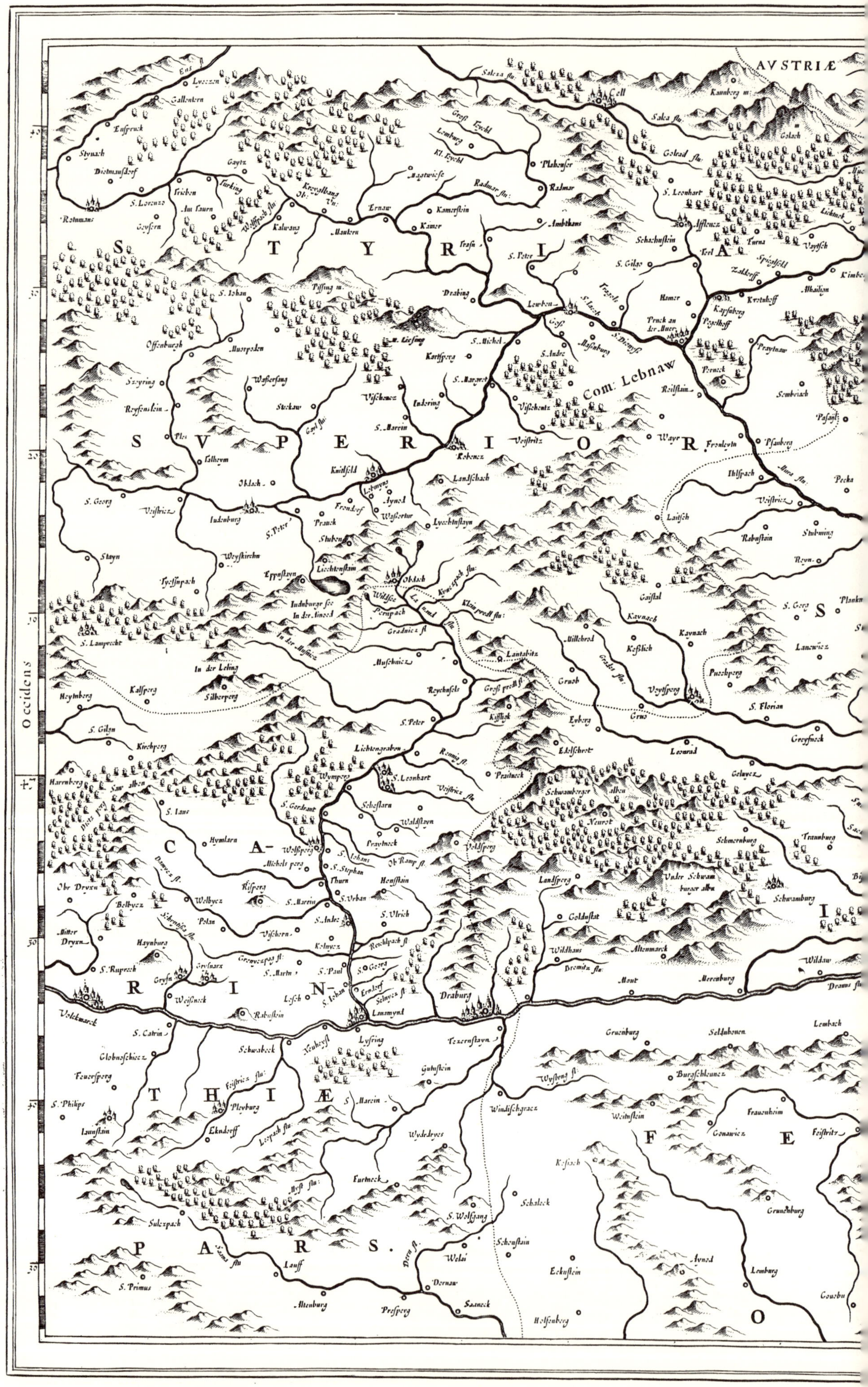
AVSTRIÆ
S T Y R I Æ
S V P E R I O R
C A R I N T H I Æ
P A R S.
Com: Lebnaw
Occidens
Cell
Salza flu:
Leoben
Admont
Rotenmans
Judenburg
Knitlfeld
Lichtenstain
Indnburger see
Obdach
S. Leonhart
Wolfsperg
S. Andre
Lauamynd
Volckmarck
Draburg
Windischgracz
Eisnerin
Kaynach
Voytsperg
Schwamburg
Wildaw
Draws flu:
Weitnstein
Gonawicz
Feistritz
Grunenburg
S. Wolfgang
Altenburg
Presperg
Sulczpach
S. Primus
S. Philips
Laufn
Dornaw
Saaneck
Schalcck
Eckustein
Kilch
Pruck an der Muer
Mura flu:
Lantabitz
Edelschrot
Schwamberger alben
Sawalben
Kirchperg
S. Gilgn
S. Lamprecht
Silberperg
S. Georg
Haymburg
Gryfn
Schwabeck
Lauff
Welai
Lembach
Lemburg

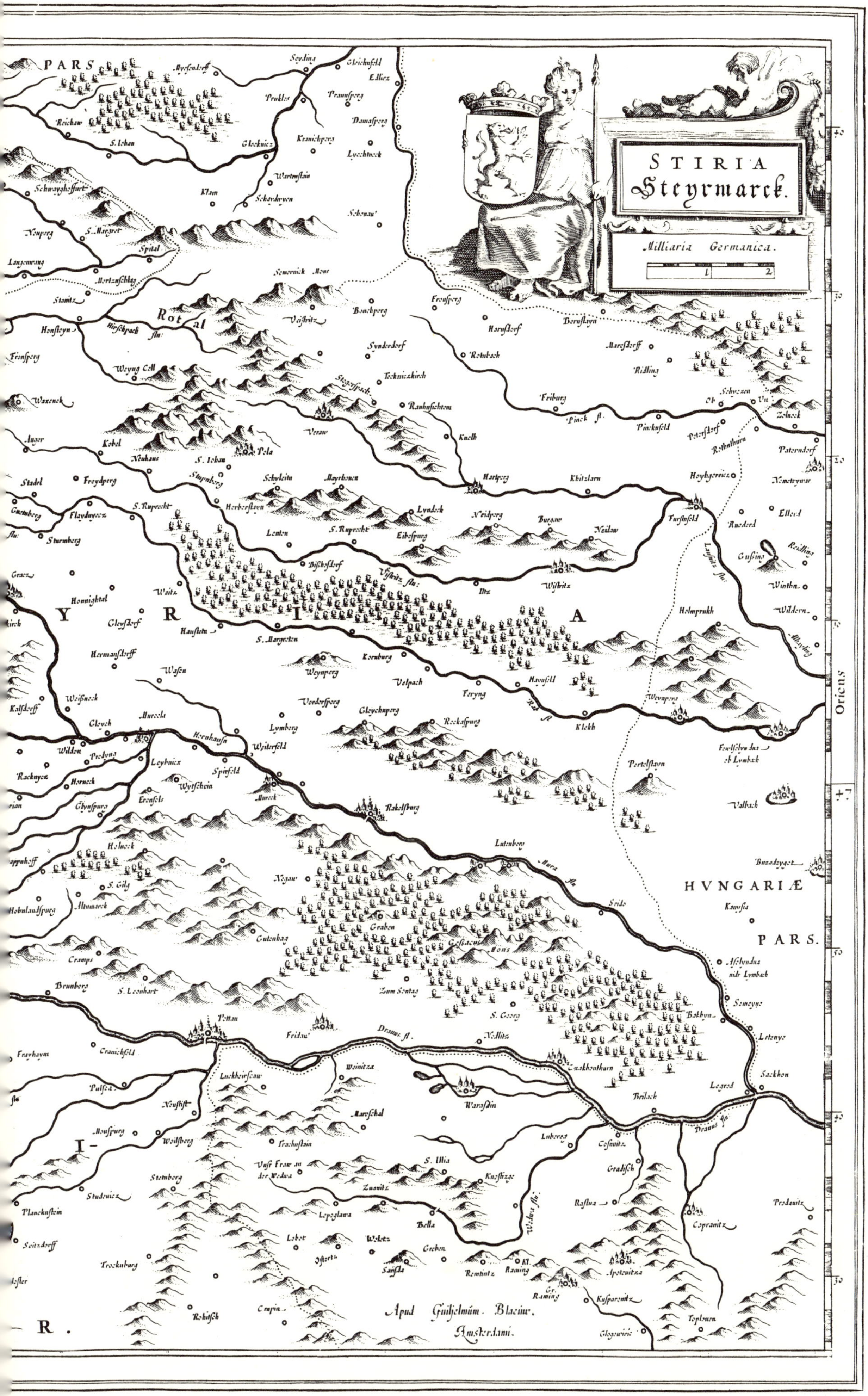
STIRIA
Steyrmarck.
Milliaria Germanica.
HUNGARIÆ
PARS.
Oriens
Apud Guilhelmum Blaeuw.
Amsterdami.

Ottocarus mit einer gleichen Macht begegnet/ jedoch wegen des Keysers verstandt vnd Mañheit an dem außgang des Kriegs fast zweiffelte/ derowegen durch vorbitt zweyer fürnehmen personen zum Frieden gelanget/das Landt Oesterreich wider vbergab/vnd vber Böhmen vnd andere desselbigen Provintzen vor jhrer Majestät auff den Knien ligend / vnd in gegenwart alles Kriegsvolck schweren muste. Als jhme aber solches hernach von seinem Gemahl vnnd andern auffrührischen Leuthen wurde auffgerupfft vnd verwiesen/ vergaß er seines Eyds/ fiehl Oesterreich mit einem grossen Volck an/vnd ward jhme von Keyser Rudolpho vnd dem Teutschen vnd Vngerischen Kriegsvolck nicht fern von dem Städlein Marchecco begegnet / er selbst in dem treffen vberwunden vnd erlegt/das Landt Böhmen von dem Keyser mit einem vngestümmen Kriegsvolck vberzogen/mit Schwerd vnd Fewr verhergt/der Jüngling Wencellaus des Ottocari Sohn den Frieden zu begehren gezwungen/ vnd solche Gesetz/die der Hochheit jhrer Majestät vnd aller Reichsfürsten gemäß/gestelt/sein/ des Keysers ältester Sohn Albertus vber Oesterreich gesetzt/ vnnd bald hernach mit verwilligung aller Fürsten des Reichs für einen Hertzogen in Oesterreich vnd Steyermarck erklärt.

Abtheilung.

Es wird aber dieses Landt Steyermarck in das ober vnd vntere getheilet / vnd das vntere von der Draun vnd Mura durchfleust / als da es nemblich dem Vngerlandt am nechsten gelegen.

Städte.

Seine fürnembste Städte seind Bruga an der Mur / Grätz / Viana oder Voitsberg an dem Fluß Kaynach / Wolsberg an dem Wasser Lavanda: Marchpurg die Hauptstadt auff der lincken seyten der Draun/Petovia an eben derselbigen seyten/Warasinum , sonsten Castra Variana genant/auff der andern : Rachelsburg auff der lincken Handt an der Mur / da das Hertzogthumb Beyern seinen anfang hat: Item Cilia an dem Vfer der Saw / wie auß den Mahlzeichen zu sehen/ein alte Stadt/sintemahl viel alte Römische Namen darinnen hin vnd wider werden gefunden. Jhre Jnwohner geben vor / sie sey von Sulla erbawet / vnnd demnach Sullax zu nennen / haben aber dessen / sagt Volaterr. keinen beweiß.

Graffschafft.

Die fürnembste Graffschafften dieses Hertzogthumbs / als deren es nicht wenig hat / seind Warasdin an der Draun / vnd Lebnau an der Mur.

Fliessende Wässer.

Seine fliessende Wässer/ die Stiria, Steyer oder Stier/ die Draun / Lavanda, Sackan/ Sulmus, Raynachus, Mura, Martza, Arrabon , Veystritza , Laussnitz vnd viel andere kleine Flüß : vnd Bächlein mehr/welche sich meistentheils mit der Draun vermischen.

Berge.

Der Berge ist kein zahl / vnd derowegen nicht wol müglich jhre Namen samptlich zu erzehlen : dann sie heissen fast allesampt in gemein die Beyerische oder Jnthaler Alpen/ vnnd folgends mit vnterscheidt die rauhe Alpen/Subalpen/Sawalpen/ Schwanberger Alpen / rc.

Der Berg Taurus.

Jn den Gräntzen Oesterreich/Kärnthen vnd Steyer ligt der Berg Taurus , das ist / der Ochs oder Stier genant: nicht fern von der Mur der Berg Gesacus oder Schockel: Jtem der Satli / Mansenberg / Weinsberg an der Saltz : Der Ina oder Sawrüssel/der Teuffels Steig : Vnterhalb der Mur der Gaistall/Steinberg vnd Kaynacher Alpen: Etwas mehr hinabwarts der Creutzberg vnnd Hertzberg/gegen Orient der Radel vnd Plaitzberg: jenseit der Draun gegen Mittag der Mons Claudius oder Dracimberg / vnd wie Vadianus meldet/ so soll zu Wien in Oesterreich vor zeiten ein glaubwürdig Geschrey außgegangen seyn/ daß in diesem Landt ein Berg habe angefangen zu brennen/welches Keyser Maximiliano vrsach gegeben / solches durch besondere Botten zu erkündigen/vnd dieweil er es wahr befunden/ haben wir auch solches Wunderwerck würdig geachtet seiner alhie zu gedencken: vnd ist vermuthlich/es seye solches Anno 1520 geschehen / als zu welcher zeit Vadianus davon geschrieben. Es seind aber die bißher ermelte Berge meistentheils mit Wälden vberzogen vnnd bekleydet.

Sitten.

Der Steyermärcker Sitten belangend/ sein sie gemeinlich Bäurische Leuthe / haben meistentheils vornen an den Hälsen kröpffe herab hangen/ welche etwan so groß werden/ daß dieselbige sie an der Sprach verhindern / vnd von den Weibern so kleine Kindlein haben / vnd dieselbige wollen an die Brüste legen / vber die Ackseln zu rück gehenckt. Sonderlich aber meldet Ortelius , er habe Anno 1578/ als er von Wien in Oesterreich gehn Venedig reysen wolte / zu Frisach einen Mann gesehen / dessen Kinn an beyden Ohren angefangen / den Schuldern an der breite fast gleich gewesen / vnd biß auff die Brust herab gehangen. Die vhrsach solcher Kröpff schreiben etliche dem Lufft vnd Wasser zu/ dessen sich die Jnwohner dieses Landts gebrauchen. Der Sprach nach seind sie allesampt Teutsch / ohn die jenige / so an der Draun jhre Wohnung haben / welche sich der Windischen Sprach gebrauchen.

Das Bischthumb Saltzburg.

Vrsprung des Namens.

DAs Bischthumb Saltzburg hat seinen Namen von der Hauptstadt: vnd ist nach des Francisci Irenici meynung vnter den fünff Bischthumben in Beyerland das erste/ in seinem gantzen Gebiet an Gold/ Silber/ Kupffer/ Eysen vnd andern Metallen gewaltig reich/ wie gleichfals auch an Vitriol/ Schwefel/ Alaun vnd Antimonio oder Spießglaß/ hat einen grossen vorraht an Marmel:

Fruchtbarkeit.

Hat einen fruchtbaren Boden/ vnd die Berge voller Wild vnd Geflügel.

Obrigkeit.

Der Herrn vnd Bischöffe dieses Lands werden von dem Münster 58 gezehlt/ vnter welchen Ernestus, ein Pfaltzgraff vnd Hertzog auß Beyern/ des Alberti vnd Cunigundæ Keyser Friederichs Tochter Sohn der letzte ist. Dieses Bischthumb wurde vnter Arnone dem 10 Bischoff dieses Landts von Bapst Leone III zu einem Ertzbischthumb erhoben/ vnd hat als Suffraganeos die Bischöffe zu Trent/ Passaw/ Wien/ Görtz/ Brixen/ Freysing/ Seccaw/ Lauffen vnd den Chyemenser vnter jhm.

Städte. Saltzburg.

Die Hauptstadt dieses gantzen Bischthumbs ist Saltzburg/ welche/ wie man meinet/ von dem fliessenden Wasser Saltzbach/ oder von dem vielen Saltz/ so nicht fern davon gegraben wird/ jhren Namen hat. Hieß vor zeiten von dem wort helffen/ Helffenburg/ dieweil nemblich Iulius Cæsar sein Läger daselbst auffgeschlagen/ vñ seinen Legionen wider die Teutschen dadurch geholffen: Dann wie die Historien melden/ so seind dazumahl 3400000 Teutschen von den Römern geschlagen/ vnd 1500000 gefangen: Oder wie andere wollen/ so ward sie von Iuvavio dem nächsten Fluß dabey auff Lateinisch Iuvavia, Iuvavium oder Iuvantium genennet. Pighius nennet sie Iuvense Castrum: Aventinus aber bezeuget auß den alten diplomatis, daß es des Ptolemæi Pædicum sey/ sintemahl noch auf den heutigen Tag ein Dorff darbey werde gefunden/ so diesen Namen habe. Franciscus Irenicus aber helt es für des Ptolemæi Gamanodorum oder Baducum, dessen meynung dann auch Volaterranus ist. Der Stadt Iuvaviæ gedenckt auch Antoninus in seinem Itinerario. Das wort Helffenberg aber/ sagt Caspar Brusch/ seye älter als Iuvavia, vnd daher Iuvavia entstanden/ welches eben so viel bedeut. Vnd wie Pighius selbst gesehen/ vnd in seinen Schrifften bezeuget/ so stehen diese Versus in einer Kirchen dieser Stadt verzeichnet:

Tunc Hadriana vetus, quæ post Iuvavia dicta,
Præsidialis erat Noricis & Episcopo digna
Rudberti sedes, qui fidem contulit illis
Christi, quam retinet, Saltzburgum sero vocata.

Dann als Rupertus oder Rudbertus der Bischoff von Wormbs auß Königlichem Stamm der Francorum gebohren/ nach des Königs Childeberti tödlichen abgang im Jahr nach Christi Geburt 540 auß seinem Land ward vertrieben/ begab er sich gehn Regenspurg zu Theodone dem Hertzog in Beyern/ vnterrichtet denselbigen in der Christlichen Lehr/ bracht jhn zu der Tauff/ zohe durch desselbigen anstifftung durch das gantze Nortgow/ vñ bekehret viel Leut zu Gott/ biß er zu der alten verfallenen vnd öde ligenden Stadt Iuvavia kam/ vnd dieweil es jhn bedaucht ein bequäm orth zu einem Bischthumb seyn/ daselbst die Kirch zu S. Peter/ sampt dem Kloster des Benedictiner Ordens auffrichtet vnd stifftet. Welchem Bischthumb er dann 45 Jahr vorgestanden/ vnd endlich im Jahr 623 gestorben. Diese Stadt ligt mitten zwischen den Alpen/ ist mit Mawren/ Thürnen/ Schutzwehren/ gemeinen Bäwen vñ Bürgers häusern wol versehen/ war vor zeiten ein Königlicher Sitz/ mit schönen Marmelsteinern Götzen-Tempeln gezieret/ vnd wegen des bequämen orts vnd vorüber fliessenden Wasser sehr berühmt: Ist noch jetzund ein Ertzbischöffliche wohnung/ welche vor der zeit zu Ens vnd Passaw gewesen. Die Stadt hat rings herumb viel Teich oder Sümpff/ vnd zwischen den Bergen vnd Hügeln auch ein eben Feldt: die Teiche kommen mit jhrer befeuchtigung sonderlich wol: die Berge aber geben allerley gute Vögel vnd Wildprät.

Fliessende Wässer.

Die grosse vnd kleine fliessende Wässer dieses Landts seind für der grossen menge nit zu zehlen/ vnd kommen meistentheils auß den Bergen herauß. Der Anasus wendet seinen Lauff gegen Mitternacht/ vnd wird durch die Altz/ Saltz vnd Matich vmb viel vermehrt. Die Traun hat eben an demselbigen orth jhren vrsprung in den Teichen/ wie gleichfals auch die Mur vnd Dravus. Die vbrige kleine Wässer nehmen allesampt in diesen jetztgemelten ein end.

Berge.

Der Bergen ist dieses Landt allenthalben voll/ vnd sonderlich der rauhen vnd hohen Güpffeln/ welche die Inwohner in gemein Thaurn/ mit jhren vnterschiedlichen vnd besondern Namen aber den Radstatterthaurn/ Felbergthaurn/ Kornthaurn/ Casteinerthaurn/ rc. nennen/ die dañ von wegen der grossen höhe der massen kalt seynd/ daß alle die jenige/ so auch im höchsten Sommer darüber reysen/ vber kälte klagen. Die Strassen seind der massen eng vnd jehe/ daß man auch mit den Saumrossen/ die derselbigen gewohnt/ vbel fort kommen kan/ der Wagen vnd Karren zu geschweigen/ vnd wann sich etwan ein Windt erhebt/ wie dann oft geschicht/ stürtzt er entweder alles das/ so er an Menschen vñ Viehe erwischt/ von denselbigen herab/ oder treibt den Schnee der massen zu sammen/ daß er alle Bäum vnd Strassen/ vnd was darauff wandert/ bedeckt vnd ersticket. Auß diesen Bergen fliessen sehr viel Wässer herauß/ deren allererst gebührliche mel-

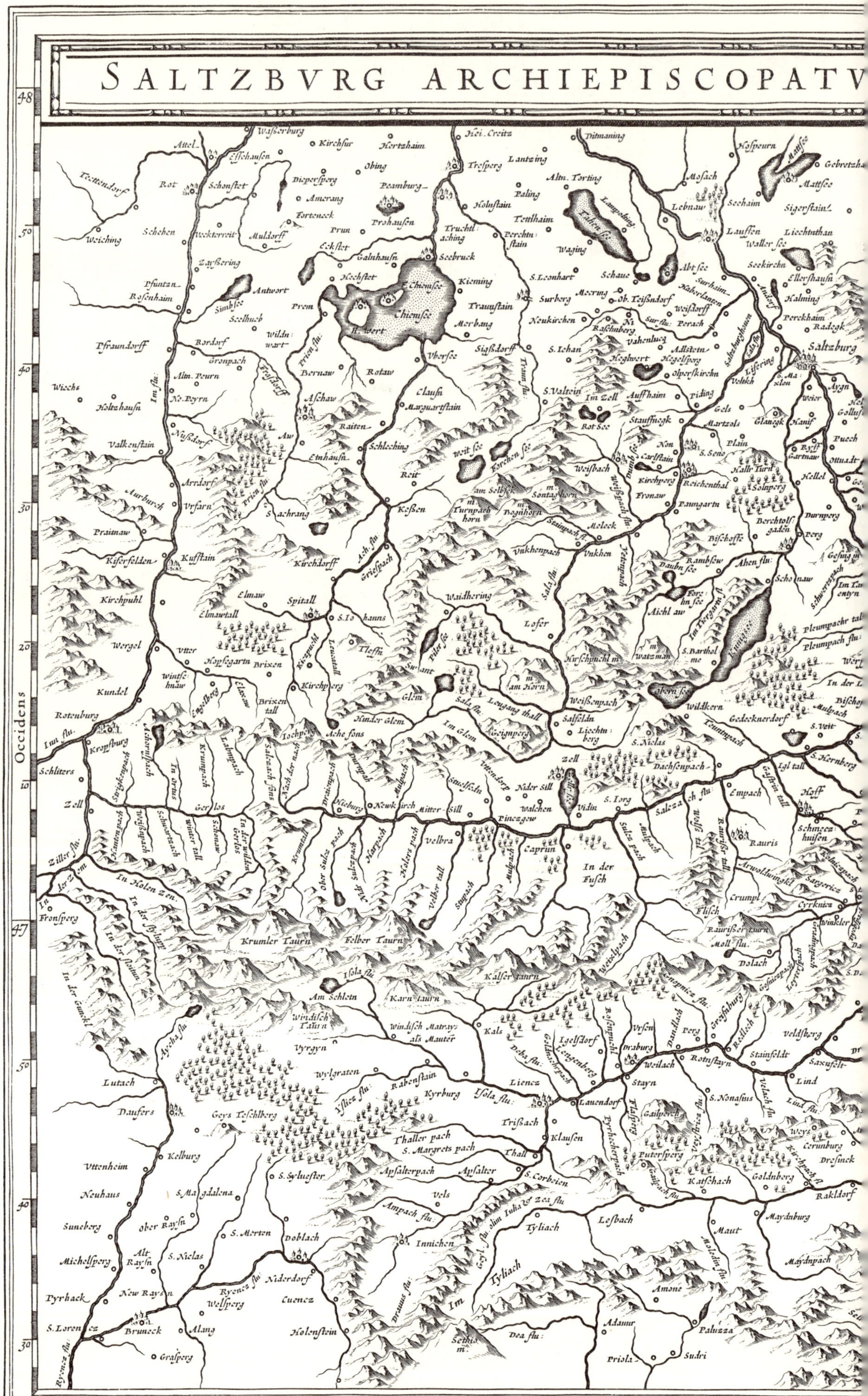
SALTZBVRG ARCHIEPISCOPATV
Occidens
Wasserburg
Kirchsur
Hortzhaim
Obing
Amerang
Prohausen
Trostberg
Lantzing
Dittmaning
Mosach
Mattsee
Weiching
Schechen
Rosenhaim
Simbsee
Chiemsee
Seebruck
Traunstain
Waging
Lauffen
Saltzburg
Pfraundorff
Bernaw
Aschaw
Rotaw
Marquartstain
Reichenthal
Berchtolsgaden
Kufstain
Kirchdorff
Lofer
Waidhering
Elmaw
Spitall
Kirchpuhl
Wergel
Kundel
Rotenburg
Kitzpuhl
Brixen
Saalfelden
Zell
Mitter Sill
Walchen
Pinezgew
Rauris
Krumler Taurn
Felber Taurn
Kalser taurn
Windisch Matray
Lienz
Lauendorf
Rakldorf
Lutach
Dausers
Kelburg
Vttenheim
Neuhaus
Suneberg
Michelsperg
Tyrhack
Bruneck
Alang
Graßperg
Holenstein
Innichen
Tyliach
Maydnburg
Priola
Sudri
Paluzza
Amone

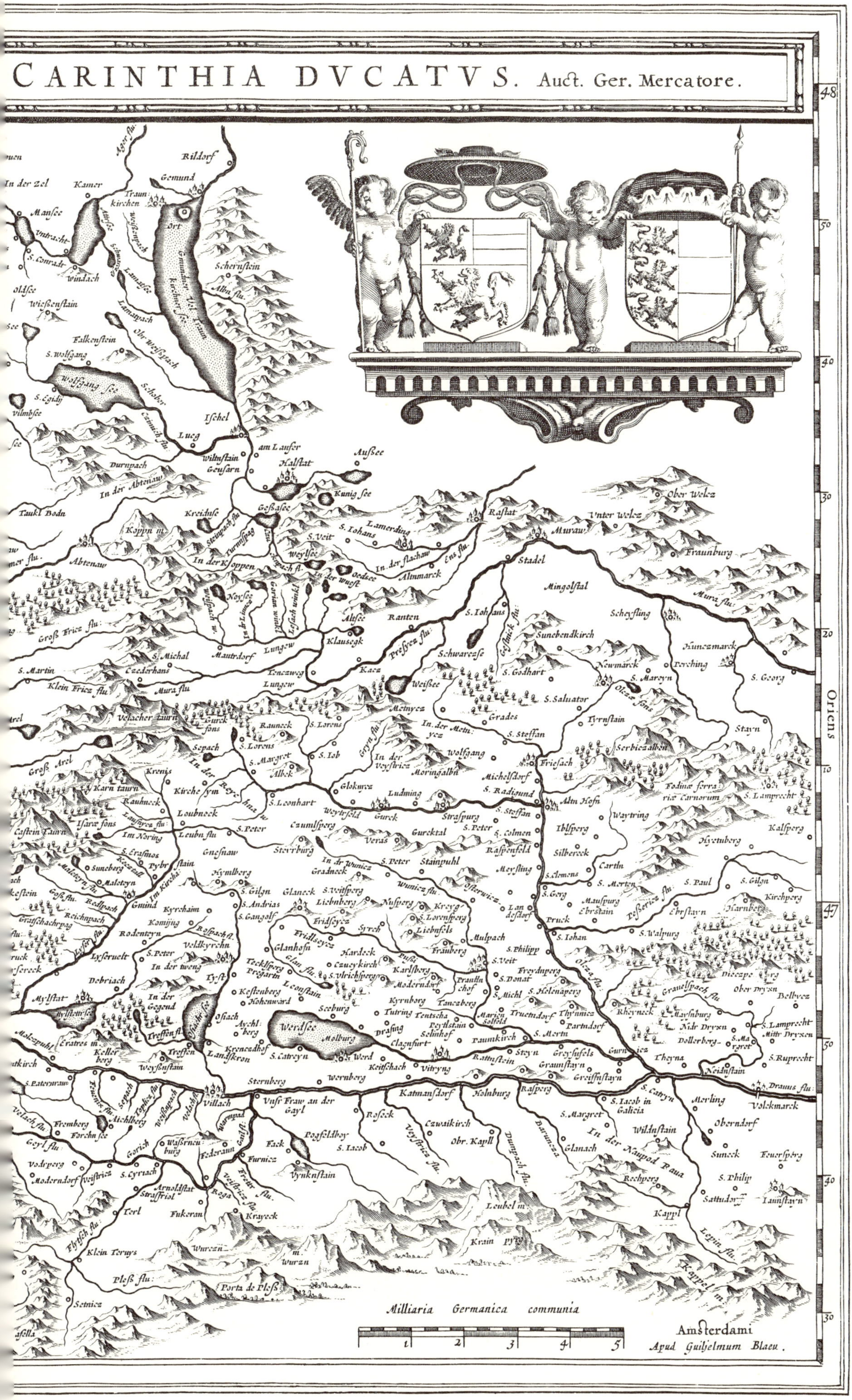

CARINTHIA DVCATVS. Auct. Ger. Mercatore.
Oriens
Milliaria Germanica communia
1 2 3 4 5
Amsterdami
Apud Guiljelmum Blaeu.
Rildorf
Gemund
Kamer
Traunkirchen
In der Zel
Manſee
S. Conradt
Windach
Wiſſenſtain
Falkenſtein
S. Wolfgang
Wolfgang ſee
S. Egidy
Iſchel
Lueg
Wiltnſtain
Geuſarn
am Lauſer
Halſtat
Außee
Kunig ſee
Durnpach
In der Abtenaw
Kreiduſe
Geſſaſee
Koppn m.
S. Veit
S. Iohans
Lamerding
Raſtat
Vnter Welcz
Ober Welcz
Muraw
Fraunburg
Abtenaw
In der Koppen
Weylſee
Oedſee
In der flachaw
Altmarck
Stadel
Mingolſtal
Schayfling
Mura flu.
Groß Fricz flu.
S. Michal
Mautrdorf
Lungew
Klauſegk
Ranten
S. Iohans
Schwarcze ſe
Sunebendkirch
Kunczmarck
Porching
S. Martin
Czederhans
Klein Fricz flu.
Mura flu.
Lungew
Kacz
Weißsee
S. Godhart
Newmarck
S. Maryn
S. Georg
S. Saluator
Velacher taurn
Gurck fons
Raunack
S. Lorens
Metnycz
Grades
Tyrnſtain
Stayn
Sepach
S. Lorens
S. Margret
Albek
S. Iob
In der Metnycz
Wolfgang
S. Steffan
Serbiczalben
Friesach
Groß Arel
Karn taurn
Rauhneck
Kirche ſym
Krenis
Moringalbn
Michelſdorf
Glokurcz
Ludming
S. Radigund
Altn Hofn
Fodinæ ferrariæ Carnorum
S. Lamprecht
Isaræ fons
Caſtein Taurn
Loubneck
S. Leonhart
Gurck
Straſpurg
S. Steffan
Waytring
Kalſperg
Leubn flu.
S. Peter
Czumlſperg
Veras
Gurcktal
S. Peter
S. Colmen
Iblſperg
Hyetnberg
Im Noring
Gneſnaw
Stevrburg
Raſenfeld
Silbereck
S. Erasmus
Suneberg
Maletyn
Gradneck
S. Peter
Stainpuhl
Meyſling
Cartln
Hymlberg
S. Gilgn
Glaneck
S. Veitſperg
Liebnberg
Wunicz flu.
Nußperg
S. Clemens
S. Merten
S. Paul
S. Gilgn
Kirchperg
Gmund
Kyrchaim
S. Andrias
S. Gangolf
Fridſeycz
Syrch
S. Lorenſperg
Liebnfels
Lan deſdorf
S. Gorg
Mauſpurg
Ebrſtain
Ebrſtayn
Harnberg
Komijng
Rodenteyn
Roſpach
Veldkyrchn
Glanhofn
Fridlseycz
Hardeck
Czucykirch
Mulpach
S. Philipp
S. Iohan
S. Walpurg
Pruck
Lyſeruelt
S. Peter
In der tweng
Tockſperg
Pregartn
Karlſberg
S. Vlrichſperg
Modernorf
S. Veit
Freydnperg
S. Donat
Dieczpe rg
Ober Dryxn
Debriach
Keſtenberg
Hohenward
Leonſtain
S. Michl
S. Helenaperg
Granelſpach flu
Bellycz
Mylſtat
Mylſtat ſee
In der Gegend
Oſiach
Seeburg
Kyrnberg
Turing
Tanczberg
Trueindorf
Thynnicz
Partndorf
Rheyneck
Mayſnburg
Nidr Dryxn
Dollerberg
S. Lamprecht
Mittr Dryxen
Treffen
Aychlberg
Werdſee
Molburg
Drafing
Tentscha
Poytlstain
Selinhof
Paumkirch
S. Mertn
Gurnicz
Theyna
S. Ruprecht
Kellerberg
Krencadhof
Landſkron
S. Catreyn
Werd
Keitſchach
Clagnfurt
Vitryng
Rattnſtein
Steyn
Greyſufels
Graunſtayn
Greiffnſtayn
Neidnſtain
Draunis flu.
Weyſenſtain
Sternberg
Wernberg
Villach
Vnſr Fraw an der Gayl
Katmanſdorf
Holnburg
Raſperg
S. Iacob in Galicia
S. Catryn
Morling
Volckmarck
S. Paternraw
Fremberg
Forchn ſee
Aichlberg
Wurmpad
Roſeck
Czwaikirch
Barunza
S. Margret
Wildnſtain
Oberndorf
Geyl flu.
Wißrncuburg
Federaun
Fack
Furnicz
Pogſeldboy
S. Iacob
Obr. Kapll
Glanach
In der Naupod Paua
Suneck
Feuerſperg
Vodrperg
Moderndorf
Veiſtricz
Gorich
S. Cyriach
Arnoldſtat
Straffriol
Vynknſtain
Rechperg
S. Philip
Sattudorf
Launſtayn
Terl
Fukeran
Roga
Krayeck
Leubel m.
Kappl
Lepin flu.
Klein Torvys
Wurczn
Wurzn
Krain
Kappel m.
Pleß flu.
Porta de Pleß
Setnicz
48
50
40
30
20
10
47
50
40
30

Das Bischthumb Saltzburg.

dung geschehen. Beneben diesen jetzt erzehlten Bergen hat es derselbigen gegen Mittag noch mehr/welche ins Latein Alpes, von den Inwohnern aber Albin genennet seynd/ vnd vielerley Zunamen haben/ als daß der eine der Villacher Albin, der ander Schwanberger Albin, &c. heist: Item der Creutzberg/Lettachberg: der Metallbergen in dem Thal Oevina zu geschweigen.

Wälder.

Seine fürnembste Wälde seind die Henhardt vnd Weyhardt gegen Mitternacht gelegen/ beneben welchem es noch viel andere hat/vnd ohne noth dieselbige nach der länge zu erzehlen.

Das Hertzogthumb Kärnthen.

Vrsprung des Namens.

CArinthia, Carnithia oder Kärnthen hat seinen Namen von den Völckern Carni genant/als welche vor zeiten darinnen gewohnt: Ob aber solche Leute von der alten Stadt Carnunto, deren in den Historien hin vñ wider meldung geschicht/ also heissen/ oder die Stadt von jhnen/ hat jhr grosses alter zweifelhafftig gemacht. Dieser orth ligt in Oesterreich an dem Vfer der Donaw/fast 7 Meylen wegs von Wien/ da noch jetzund grosse Wahrzeichen vnd verfallene Mawren zu sehen/ vnd wird nunmehr zu S. Petronell genant.

Gräntzen.

Die Gräntzen dieses Hertzogthumbs seind gegen Auffgang vnnd Mitternacht das Landt Steyermarck/ vnd gegen Nidergang vnd Mittag die Alpen sampt dem Landt Frioul/vnd begreiffen das Landt Crain in sich.

Fruchtbarkeit.

In diesem Hertzogthumb hat es viel fruchtbare Hügel/so voller Weitzen stehen/vnd wie Solinus bezeuget/so ist das Feldt der Noricorum etwas kalt/ vnd an fruchtbarkeit nicht so gut als an denen orthen/ da es sich von den Güpffeln vnd hohen spitzen der Alpen hinweg thut.

Städte. Santovicus.

Die Hauptstadt dieses Landts ist Santovicus, an dem Wasser/ die Glana genant/ gelegen/ hat einen schönen grossen Marck/ vnd auff demselbigen einen gewaltigen Springenden Brunnen.

Villach.

Die Häuser der Stadt Villach seind meistentheils an jhren vorder theilen mit schönen gemählten vnnd nutzlichen Historien gezieret: ligt an der Draun vff einem ebenen Feld/ mit hohen Strosen rings herumb vmbgeben/ vnd hat vber das gemelte Wasser eine schöne steinerne Brück.

Clagenfurt.

Clagenfurt ist eine feste Stadt/ ward vor zeiten Claudia genant: vnd wie man sagt/so seind derselbigen Inwohner den Dieben der massen feindt/ daß sie die auch vmb des geringsten verdachts willen/ vnd gantz vnverhört aufffahen vnd hencken/vnd allererst den dritten Tag hernach/ nach dem sie gehenckt/ gericht vber sie halten/ vnd da sie etwañ einen vnschuldig befinden/wird er von dem Galgen abgenommen vnd ehrlich begraben/ die schuldige aber bleiben allesampt an demselben hangen/ welches doch alles Rithaymerus für ein Gedicht vnd lauter Fabel helt: die andere Städte seind Frisach/von wegen jhres alters sehr berühmt: Item/ Wolffsberg an dem Fluß Lavando gelegen/ zu S. Leonhard vnd andere mehr.

See. Fliessende Wässer.

An Seen vnd fliessenden Wässern ist dieses Landt gleichfals auch sehr reich. Die fürnembste vnter den Seen seind der Mulsettersee/ Oßjachersee/ Werdsee/ Lavandsee/ Judenburgersee vnd Weyssee. Vnter den fliessenden Wässern aber die Drab/ welche durch Steyrmarck vnd Oesterreich laufft/ vnd sich endlich in die Donaw begibt: die andere aber/ so nicht geringer/ seind die Saw/ Schleinicza vnd Lavanda, welche die Drab alle in sich empfängt: also nimt auch die Mur in der Drab ein end. Vnd zwar/ so haben der mehrer vnd gröste theil dieser Wässer in diesem Landt beydes jhren anfang vnd end.

Berge.

Mit Bergen ist es hin vnd wider fast erhoben/ welche Berge jhre spitzen der massen nahe bey einander haben/ daß sie allesampt scheinen ein eintziger Berg zu seyn/ thun sich aber etwas besser hinabwarts von einander/ vnnd machen also der Güpffel vnd Spitzen viel/ vnd bin ich gäntzlich der meynung/ es seyen allesampt theil vnd spitzen des grossen Bergs Tauri, welchem die Inwohner vnterschiedliche Zunamen geben/ vnd sonderlich die gegen Occident/den Gasteintaurn/ Villachertaurn/ Rastattertaurn/ Karnentaurn/ꝛc. nennen: Etliche spitzen aber der Alpen/ als der Modringalbn/ Serbisalbn/ Sanalbn/ꝛc. behalten jhren Namen. Der Dietzberg ligt nicht fern von dem Wasser so die Drab genant/ vnd vnter demselben der Silberberg vnd Kasberg/ auß welchem letzten die Mur vnd Isara entspringen/ deren das eine seinen weg gegen Mittag/ das ander aber gegen Occident zunimpt.

Wälder.

Zwischen diesen Alpen vnd hohen Bergen finden sich viel grosse Wälder/ so allesampt für portiones vnnd stücke des Schwartzwaldes zu halten/ als da seind der Hirschpenheff/ der Priewald/ vnd die Einöde. Der Metallen vnd sonderlich des Goldes/ Silbers vnnd Eysens seind die gemelte Berge allenthalben voll. Vnd betreffend das Geistliche Recht/ so ist dasselbige vnter dem Bischoff von Saltzburg vnd den Patriarchen von Aquila getheilt.

Das Hertzogthumb Beyern.

Der ander Kreyß des Römischen Reichs ist Beyerlandt.

1. Der Geistliche Standt.	2. Der Fürsten vnd Freyherren Standt.	3. Die Reichsstädte.
Die Bischöffe.	Der Hertzog in Beyern.	Freystadt.
Der Ertzbischoff zu Saltzburg.	Der Pfaltzgraff von Newburg.	Regenspurg.
Bischoff zu Passaw.	Der Landtgraff von Leuchtenberg/in der Taffel von Franckenlandt.	
Bischoff zu Freysingen.	Der Graff von Hage.	
Bischoff zu Regenspurg.	Der Graff von Ortenburg.	
Die äbte.	Der Freyherr von Stauffen oder Thunastauff oder Stauffneck.	
Probst von Berchtolsgaden.	Der Herr von Rimfels oder Rheinfelden/in der Taffel von Teutschlandt.	
Abt von Rempseck.	Der Fr. von Degenberg.	
Abt von Waldsachsen/ in der Taffel von Franckenlandt.	Der Fr. von Obersultzberg.	
Abt von Roden oder Rot.		
Abt von Keißheim.		
Abt von S. Haymer in Regenspurg.		
äbtissinnen.		
Alt Münster in Regenspurg.		
Ober Münster in Regenspurg.		

Vrsprung des Namens.

BAVARIA hat seinen Namen von den Avaribus, als von den überbliebenen Hunnen/ welche die Noricos verjagt/ jhre Länder eingenommen/ sich darein gesetzt/jhrem Namen noch einen Buchstaben fornen zugegeben / vnd sich für Avares oder Avaros Bavaros genant : von den Bojis, als völckern auß der Lombardey/ welche nach etlicher meynung auch darinnen gewohnt / wird es auch etwan Boiaria genant.

Grentzen.

Es grentzt gegen Orient an Oesterreich/gegen Occident an Schwaben / gegen Mittag an die Lintzgawer Alpen/ vnd gegen Mitternacht an das jtztbeschriebene Franckenlandt. Jst 29 Teutsche Meylen lang/vnd 25 breit. Hat

Lufft.

meistentheils eine gesunde Lufft / durch vnd durch ein schön vnd fruchtbar Feldt / jedoch keinen besondern Weinwachs/ ohn allein an etlich wenig orthen / wie gleichfals auch nicht allenthalben viel Getreyd : Der Wein so darinnen wächst/ ist sehr gering / was aber etwas gutes ist/ wird auß dem Elsaß/Franckenlandt vnd Oesterreich dahin geführt. Bey Regenspurg vnnd Landshut wächst sonderlich viel Getreyd. Sonsten hat es hin vnd wider einen gewaltigen vorrath von Saltz/ Obst/ Eysen/ zahmen vnd wilden Thieren / allerley Gevögel / vnd was man sonsten beydes zur auffenthaltung vnd Zierde des Leibs bedarff. An Schweinen aber zeugt es ein solche menge / vnd macht dieselbige mit Eycheln vnd Holtzäpffeln der massen feist/ daß es viel der aller weitgelegensten Länder in gantz Europa damit versihet / gleich wie das Vngerlandt dieselbe mit feisten Ochsen speist : Hat in den Wälden beneben den Beeren vnnd wilden Schweinen ein solche menge Hirsch / daß man deren etwan gantze Herden mit einander gehen sihet / welche ohne des Hertzogen verwilligung niemand schiessen oder fahen darff. Anno 1562 den 22 Augusti ward ein Hirsch von 625 Pfunden schwer in diesem Landt gefangen. Es haben aber die Narisci, Vindelici vnd Norici vorzeiten darinnen gewohnt. Die Narisci werden nunmehr die Nortgawer/ gleich wie jhr Landt das Nortgaw/ Narcaw oder Nardge genant/ vnd durch die Donaw von den andern vnterscheiden. Es haben die Vindelici, wie auß der alten Beschreibung zu sehen/ zwischen den Rhætis oder Lintzgawern vnd Noricis jhre wohnung. Vnd ist sonderlich das Rhætia oder Lintzgaw zweyerley / vnter welchen das eine/ so etwas breiter/die Vindelicos vnd Noricos, sampt den rechten vnd wahren Rhætis in sich begreifft. Aber das ander ist an der weite viel geringer/vnd wann man dem Ptolemæo glauben wil / so werden die Vindelici durch den Lech von den Rhætis oder Lintzgawern vnterscheiden/ nach des Strabonis meynung durch den Rhein vnd Bodensee; von den Teutschen aber separiret vnnd sondert sie die Donaw/gleich wie von den Italianern die Alpen.

Vindelicorum vrsprung.

Was die Vindelici für Leuthe gewesen / vnd in welchen städten sie gewohnet/ wird bey dem Plinio vnd Ptolemæo vermeldet. Zu deren außtheilung vnd überwindung Tiberius Claudius Nero, vnnd Nero Claudius Drusus, dss Keysers beyde Stieffsöhne/ von dem Keyser wurden verschickt / die dann das Heer der Barbaren/als welches durch geringe Schlachten war zertheilt vnd verstrewet / mit jhrem Kriegsvolck anfiehlen/ vnd ohn alle mühe überwunden.

Noricorum vrsprung.

Jhren anfang haben die Norici von dem Fluß Oeno oder Jnn/ erstrecken sich gegen Orient vnd Mittag biß an Jtaliam vñ Vngern/ waren in Kriegssachen wol geübt/vnd lagen demnach den Römern/so an jhren Grentzen wohnten/offt vnd viel mahl ob.

Herrschafft.

Es hat das Beyerlandt biß auff des Keysers Arnulphi zeiten seinen eigenen König gehabt / vnd denselbigen / gleich wie die Parther den jhrigen Arsacem, vnd die Egypter jhren Ptolemæum, Cacannum genant. Nach welchen Königen die Hertzogen gefolgt / von denen es dann noch jetzund wird regiert.

Abtheilung.

Das Ober Beyerlandt (sintemahl es in zwey theil getheilt wird (ligt gegen den Alpen vnd Mittag/ist hin vnd wider voller Teiche/ schnellfliessender Wässer vnd rauhes Gebürgs/auff welchen eine grosse anzahl Viehes erneh ret wird. Das ander Theil/so das Vnter Beyern wird genant/hat ein fruchtbar Feldt/wird derohalben auch mehr bewohnt/vnd ist an der Donaw/ Jser vnd Lavaro mit Weinbergen mehr gezieret. Auff Politische weise aber / vnd nach den vnterschiedlichen Herrschafften wird dieses Landt getheilt in die Grafschafft Beyern vnd die Ober Pfaltz/ vnnd vnter solchen beyden die Grafschafft in dieser / die Ober Pfaltz in der nächstfolgenden Figur erklärt.

Städte. München.

Die städte des Ober Beyern seynd diese/ nemblich München liegt an der Jser/ward im jahr 972 vnter Keyser Otto dem Ersten von Hertzog Henrich auß Beyern erbawet: Hat an schöne in gantz Teutschlandt wenig jhres gleichen / liegt zwischen der Jser vnd Lech / zwischen den städten Wassenburg/ Augspurg vnd Freysing/ zwischen Fischreichen Seen vnd etlichen lustigen Wälden: hat gegen Mittag das Tyrolische Gebürg/gegen Orient schöne Gärten/so zu den Vorstädten gehören / vnd mit fliessenden Bächlein von einander werden vnterscheiden / vnter denen der grosse Garten des Hertzogs alle andere übertrifft. Jn welchem beneben dem überauß schönen Brunnen / welcher mit kunstreichen Gemählen vnd Bildwerck gezieret / dieses auch insonderheit wahrzunehmen ist / daß alle Abend ein grosser hauff Hirsch fast biß an die Fenster hinzu spatzieret. Jn der stadt hat es überauß schöne Kirchen / Thürne/ Bibliothecken/ Rhatshäuser/einen grossen gewaltigen Marck/ so der Kauffleuthe täglich voll/ aller andern sachen/ vnd sonderlich des schönen Schlosses vnnd Fürstlicher Hoffhaltung/ so daselbsten ist/ kürtze halben zu geschweigen.

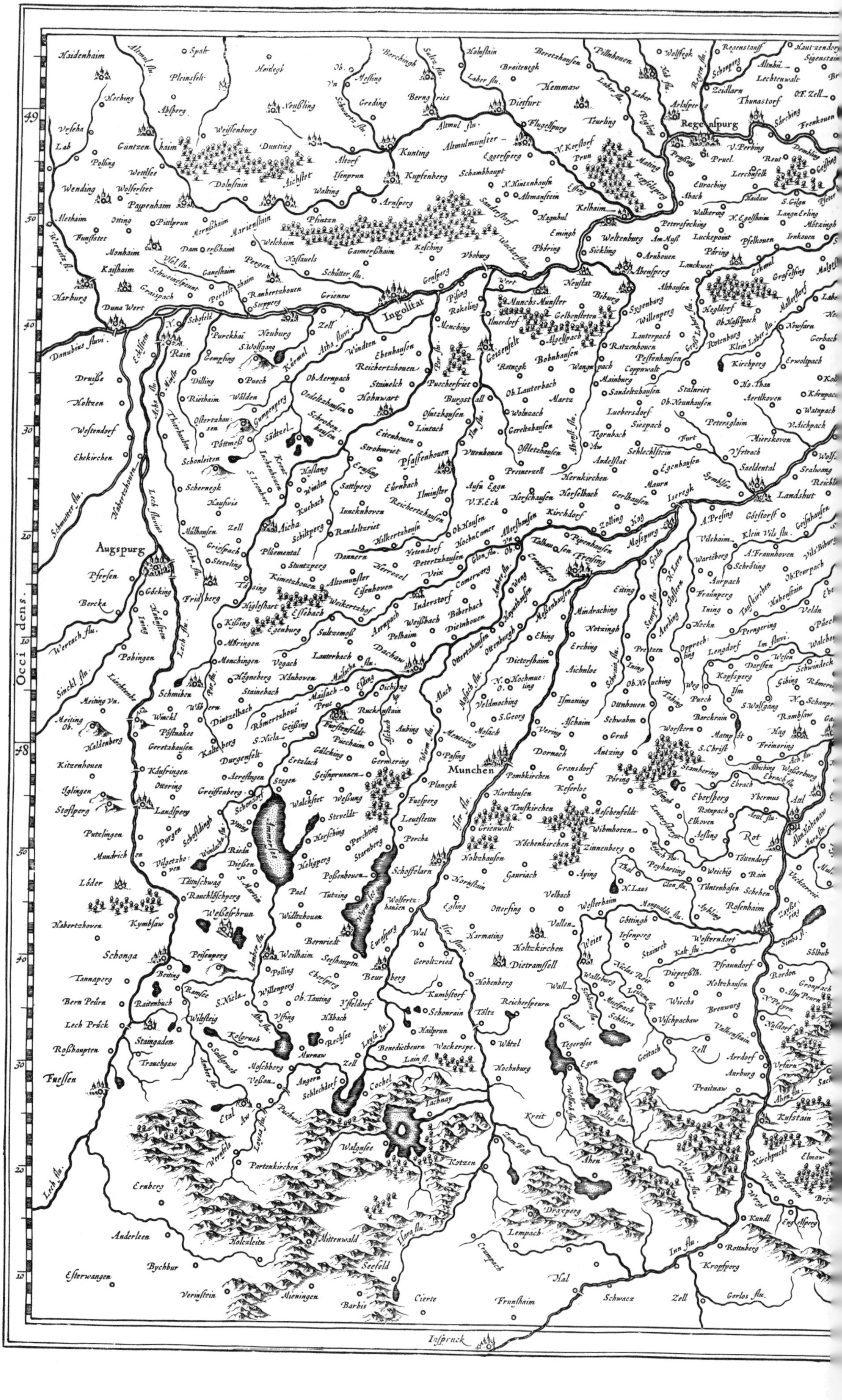

Haidenhaim
Altmul flu.
Spalt
Pleinsfelt
Heideck
Berchingh
Holnstain
Beretzhausen
Pillnhouen
Wolfsegk
Regenstauff
Schonperg
Zeidlarn
Thunastorf
Lechtenwalt
Absperg
Weissenburg
Greding
Berngries
Dietfurt
Flugelsperg
Kunting
Kupfenberg
Altmulmunster
Eggersperg
Schamhaupt
Regenspurg
Pruel
Abach
Kelhaim
Dolnstain
Aichstet
Altorf
Walting
Arnsperg
Pappenhaim
Wemding
Monhaim
Kaishaim
Harburg
Duna Wert
Danubius fluvi.
Rain
Neuburg
Ingolstat
Vhoburg
Wert
Neustat
Biburg
Weltenburg
Abensperg
Munchs Munster
Geisenfelt
Wolnzach
Mainburg
Pfaffenhouen
Lintach
Schrobenhausen
Aicha
Fridberg
Augspurg
Lech fluvius
Wertach flu.
Schmutter flu.
Moßpurg
Freising
Landshut
Dachaw
Altomunster
Esenbach
Munchen
Schwabm
Ebersperg
Rosenhaim
Rot
Ammersee
Diessen
Wurm see
Starnberg
Landsperg
Schonga
Weilhaim
Peissenperg
Wessobrun
Staingaden
Fuessen
Murnaw
Kochel
Tegernsee
Wolfertzhausen
Tôltz
Benedictbeurn
Kufstain
Partenkirchen
Walgnsee
Mittenwald
Seefeld
Ernberg
Kotzen
Lech flu.
Inn flu.
Schwacz
Hal
Zell
Cierte
Rottnberg
Insprnck
Occidens.
49
48

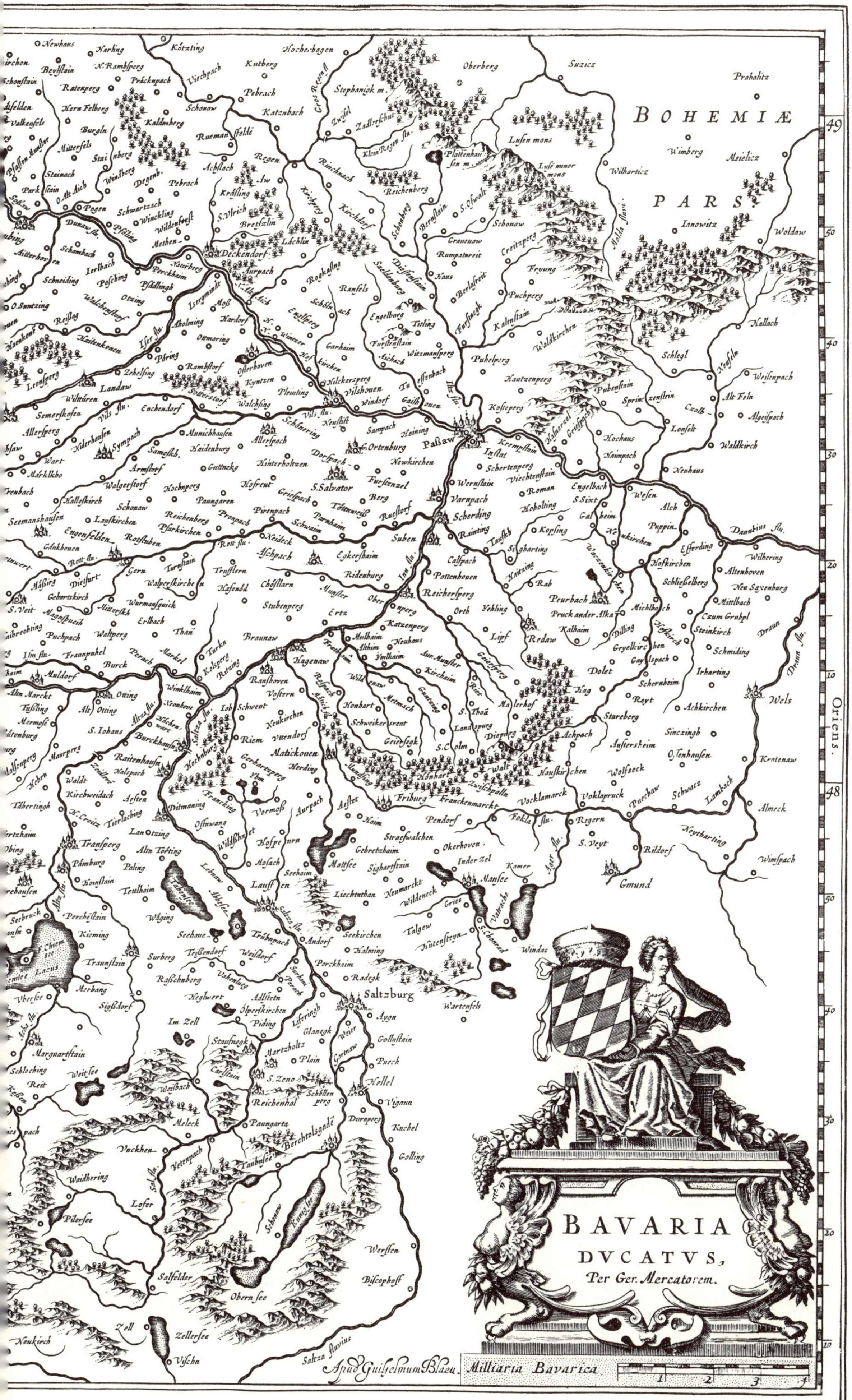
BOHEMIÆ
PARS
BAVARIA
DVCATVS,
Per Ger. Mercatorem.
Apud Guilielmum Blaeu.
Milliaria Bavarica
Oriens.
Danubius flu.
Passaw
Saltzburg
Deckendorf
Scherding
Braunaw
Wels
Gmund
Berchtolsgadē
Reichenhal
Transperg
Salza fluvius
Lufen mons
Prahahitz
Suzicz
Oberberg
Woldaw
Lambach
Vocklamarck
Friburg
Mattsee
Lauffen
Traunstain
Pilersee
Salfelder
Zell
Zellersee
Obern see
Werffen
Bischofhoff
Golling
Hallein
49
48

Das Hertzogthumb Beyern.

Ingolstadt. Ingolstadt liegt an der Donaw/ward von den Alten Jngelstadt oder Angelostadium genant/dieweil sie nemlich die Angeli Suevi beneben andern städten haben eingenommen vnd bezwungen: war erstlich nur ein Fleck/nachmahls aber von Keyser Ludovico auß Beyern zu einer stadt gemacht/ im Jahr 1410 mit einer hohen Schul begabt/vnd dieselbige folgends durch Hertzog Ludwig auß Beyern vnnd Bapst Pium II mit vielen Freyheiten vnd Reichthumben vermehrt/ die stadt ist rings herumb mit Bollwercken über die massen wol verwahrt / vnnd hat fornen her den überauß schnellen Fluß/die Donaw genant.

Freysing. Die stadt Freysing meynet man/seye zu der zeit gebawet/ als die Römer den jenigen theil des Beyerlands/ so sich von der Donaw biß an die Alpen erstreckt/ durch jhre Præfectos haben eingehalten vnd verwaltet: Das Wasser aber so bey dieser stadt vorüber fleust/ wird Mosacus genant. Der übrigen städte dieses Landts werden 32 gezehlt.

Regensburg. In vnter Beyern ligt die stadt Regensburg/gleichfals an der Donaw / hat jhren Namen/ wie man meynet / von dem Fluß Regen vnd der Burg oder Schloß / war zur zeit des Leydens vnd Sterbens vnsers Erlösers Jesu Christi/ von dem Keyser Claudio Tiberio Nerone erbawet / vnd derowegen von jhm Tiberina oder Augusta Tiberii genant/hieß vorzeiten auch Germanisheim: war hiebevor des gantzen Beyerlandts Hauptstadt / vnd der Könige vnd Fürsten desselbigen besondere vnd beständige Wohnung: Die schöne steinerne Brücke/ so von dieser stadt biß jenseit der Donaw reicht/ hat 11 vnterschiedliche Schwibbögen/ ist 400 schritt lang / 70 breit / vnd ward Anno 1115 von Keyser Henrico erbawet.

Passaw. Die stadt Passaw/so auff Lateinisch Patavium oder Patavia,vnd bey dem Ptolemæo Boiodurum heist/ist groß vnd schön/liegt an dem anfang der örther gegen Mittag / in der beyden Provintzen Grentzen zwischen der Donaw vnd der Jnn/ wie ein Peninsel/ an einem überauß bequämen vnd lustigen orth: Hat den Bischoff/ dem sie vnterworffen/ in jhr selbsten wohnen / treibt wegen gelegenheit der fliessenden Wässer grosse vnd gewaltige Kauffmanschafften/ist derhalben sehr berühmt / vnnd gibt Lyon in Franckreich / Gent in Flandern in solchem nicht viel bevor.

Landshut. Landshut ist auch eine berühmte stadt nach München/ in gantz Beyern die schönste / hat von der Jser / welche nächst daran hinfleust/grossen nutz/ ward im Jahr 1208 von Hertzog Ludovico auß Beyern erbawet / hat rings herumb ein fruchtbar Landt / so sonderlich an Getreyd/ allerley Viehe/ Wein vnd andern Früchten gewaltig reich: Ist mit schönen Häusern/ weiten vnd richtigen Strassen/vnd sonderlich mit einer grossen Kirchen vnd überauß hohen Thurn / so / wie man meinet/den zu Straßburg in der höhe vmb etlich Zoll übertrifft/vnd jedoch an Gebäw fast schlecht ist/geziert. Des Hertzog Albrechts köstlichen Pallasts in dem vntern theil der stadt/das newe Gebäw genant/ zu geschweigen.

Fliessende Wässer. Die fliessende Wässer beneben der Donaw / als dem allergrösten/seynd die Jser/die auch eines schnellen flusses/vnd an Fischen einen grossen Vorrath von sich gibt: Item der Lavarus, Illicetus, Jnn/der Lech/Alemannus oder Alimula, Nabus, Regus, Ambra, Zoysa, Vilsus, Wolfada, Gissea vnd viel andere mehr: *Seen.* Beneben welchen es dann auch mit vielen Fischreichen Seen / deren fürnembste der Ammersee / Asee/ Winnsee vnd Korsee seynd/ versehen ist. *Berge.* Die gröste vnnd höchste Berge (dann aller Namen zu erzehlen ist wegen der viele nicht wol müglich) seynd die Pœninæ Alpes vnnd der Berg Caravancas. *Wälder.* Also seynd auch die Wälde fast nicht zu zehlen/ vnd derselbigen dermassen viel / daß man sie billich für einen eintzigen zu halten pflegt / sintemahl sie in warheit allesampt stücke des Hartz: oder Schwartzwaldts seynd: Vnd haben jedoch nach vnterscheidt der orth jhre besondere Namen/als da der eine der Heynerdoch/ der ander insonderheit der Schwartzwaldt/der 3 der Greinwaldt/vnd der 4 der Zellerwaldt/ꝛc. heist. *Sitten.* Die Jnwohner dieses Landts seynd fast grobe Leuth / befleissigen sich mehr der Viehezucht als des Kriegs/ achten auch der Kauffmans händel nicht viel / hangen dem sauffen vnd schwälgen gewaltig nach/ kommen selten auß jhrem Landt/ vnd wie grob sie auch seynd/ so wissen sie jhrer jedoch dermassen zu pflegen / daß keiner jrgend ein Ader gelassen / vor dem dritten Tag auß der Stuben oder dem Hause kompt/ da alle Fenster mit Vorhängen behengt seynd/damit jhnen ja der Tag keinen schadẽ thue: in welcher zeit sie von den Nachbaren werden besucht / vnd jhnen hie vnd dort der Wein verehrt. *Beyerische Kreyß.* Der Beyerische Kreyß ist in der zahl der ander / zu welchem vnter den Geistlichen der Ertzbischoff von Saltzburg / die Bischöffe von Passaw / Freysing/Regenspurg/ der Probst von Berchtolsgaden/die Abte von Kempseck / Waldsachsen / Roden oder Rot / Keißheim vnd S. Haymer in Regenspurg / sampt den Abtissinnen zu alten Münster vnd ober Münster in Regenspurg gehören/ gleich wie vnter den Weltlichen Fürsten vnd Herrn der Hertzog in Beyern/der Pfaltzgraff von Newburg/der Landgraff von Leuchtenberg/der Graff von Hage/der Graff von Ortenburg/der Freyherr von Stauffen oder Thunastauff/oder Stauffneck/ der Freyherr von Degenberg/der Freyherr von Obersultzberg/ vnd der Herr von Rimfels oder Rheinfelden/vnd vnter den Städten Freystadt vnd Regenspurg.

Nurnberg.

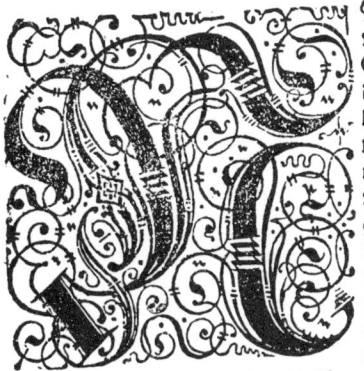

NVRNBERG in gantz Teutschlandt vnd Europa hochberhümbt/ist ein grosse Gewerbstadt/ vnd mit herrlichen so wol gemeinen als priuat häusern verzieret. Hat ein vberalts Königlich Schloß auff eim bühel in der Stadt ligen: dauon kan man in vnd weit vber die stat sehen/ vnd sol die stadt von disem Schloß jren namen haben bekom̄en/ wirt in den alten büchern Nortgöwerburg oder Nortburg genant/ haben vorzeiten die Nortgöwer gebawet/ nemlich do sie von den Hünnen worden genötiget/ das sie in jrem anligen dahin ein zuflucht möchten haben/ vnd alda jre hantierung mit eysen schmeltzen vñ schmitden treiben/ wirt jetz von den Nurnbergern in guter achtūg vnd hůt behalten. Pius des namens der Ander in seiner Europae beschreibung sagt/ es seye vngewiß ob Nurnberg Fränckisch oder aber Bäyers sey Der Pegnitz fleust mitten durch die Stadt/ hengt die zwey theil der stadt mit viel steinen Brucken zusamen. Ist auff eim vnfruchtparn vnnd sandigen bodem gelegen/ will derhalben ein arbeidsam volck haben. Das gemeine volck seind scharpffindige handwercksleut/ oder aber vorsichtige Kauffleut/ aller subtiler/ zarter vnnd nützlicher werck erfinder vnd Meister. Vnd wiewol dise Stadt nicht gar alt ist/ in deren keine alte Monument gefunden werden/ auch bey den alten deren keine meldung geschicht: ist doch das Schloß vberaus ein lang zeit gewesen. Bißher Münsterus. Besiehe die Straßburger Chronick/ vnd den Poeten Celtem/ welcher Nurnberch zierlich beschreiben hat/ vnd Aeneæ Siluij Europam.

Vlm.

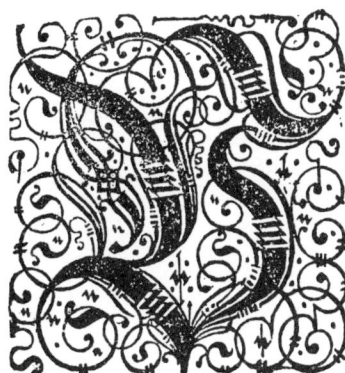

VLM ein herrliche Stadt des Schwaben lands/ ist auff jenseyt der Thonaw am vfer gelegen/ da die wasser Hylerus vnd Blauus darein fliessen/ vnd wirt daher die Thonaw mit wasser gemehret/ das sie geschifft mag werden Man hälts dafür das sie den namen von den Vlmen bewmen sol bekom̄en haben/ drumb das sie auff einem allzeit feuchten bodem ligt/ da solche bewm gern waschen. Ist vorzeiten dem Abt der grossen Augiæ vnderworffen gewesen/ dem sie K. Karl der grosse im Jar D.CCC.XIII. geben hatt. Aber von dessen gepied gaben sich die von Vlm zu zeiten Keyser Friderichs des dritten/ liebe halben der freyheit/ loß gekaufft. Es ist in diser Stadt ein städliche Kirch mit solchen kosten auffgericht/ das vber neun mahl hundert tausent Goldgülden/ daran verbawet sollen sein. Die einwöner leben zum theil von kauffmanschafft/ zum theil von den handwercken. Alhie wirt ein gattung tuchs gemacht von leinen web mit Bawmwoll vnnd garn vndermischt/ sie nennen es Barchat/ auch ein ander art gantz leinen/ welchs sie Golsch heissen. Es ist befunden das auff ein jar solcher beiderley Tůcher zu Vlm gemacht werden hundert tausent/ dieselbe füren sie hin vnnd wider in frembde Landt/ vornemlich aber zwey mal im jar auff die Meß zu Franckfurt. Munsterus.

Satzburg.

SAltzburg ist anfenglich Iuuauia das ist Helffernich oder Helfferin genant worden/ von dem Lateinischen wort iuuare, welches auff teutsch/ helffen/ gedeutet wirt. Denn es schreiben etliche das K. Julius hab zum ersten dahin ein wunder starck vnnd wol verwart Schloß an den engen schlungen der Berg gebawet/ damit die Kriegßknecht zu solchem/ fur den feinden ein zuflucht hetten: draussen er die Teutschen bekriegen wolt/ vnnd hab es Castrum iuuauiense/ das ist zu teutsch Helffenburg/ genant/ wirt vom Ptolomæo wie Auentinus meint/ Boedicum geheissen Sie hat vmbher vil stehender Lachen/ ebne/ büheln vnd berge. Die Lachen geben gute weiden/ die Berge den vogelfang vnd das gejagt des Wilds. Der Hünnen König Attila hat sie zerstört/ ist nachmals im Jar Christi 580. von Theodone Hertzogen in Bäyeren widerumb auffgebawet/ vnd Anno 540. von S. Ruperto Bischoff zu Wormbs zum Christlichen glauben bracht. Franciscus Jrenicus setzt Saltzburg oben an/ vnder denn fünff Bischthumben des Bäyerlands/ vnd lobt die Bischoffliche Stat/ welche Aeneas Syluius ein Häuptstat nent/ gar herrlich. Besiehe Münsterum/ Jrenicum/ vnd der Straßburger Chronick.

Lindaw.

LIndaw ein Reichstat/ ligt vnder Bregens oben am Boden See/ gantz wie eine Insel rings weiß mit wasser vmbgeben/ dan das sie mit einer gemawrten Brück von 290. schritten an das erdreich gehefft ist. Sie ist ein lüstig ort/ hat gesunden lufft/ allerley wind/ gut wasser/ früchtparn bodem darumb/ wolfeill zerung/ zimlich schön gebawet/ woll zu allerley hantierung gelegen/ wehrlich vnd fest. An welcher zurück gegen Nidergang der Sonnen ein groß vnnd weit Feldt ligt/ das zu gemeinen jarsgengen hundert see voder Weins/ aber nach lands art frisch/ brengen mag. Dise weite ist mit der rinckmawr vnd graben von der Stadt gescheiden/ gehen zwey thor mit so vil fallbrücken darin/ wirt von alters her die Jsul genant/ vnd wonen den grössern theil fischer vnd schiffmacher darin? Der wolerfarner vnd Hochgelehrter Achilles Gassarus Artzt/ hat auffs weitläufftigst dise Stadt bey dem Münstero beschrieben.

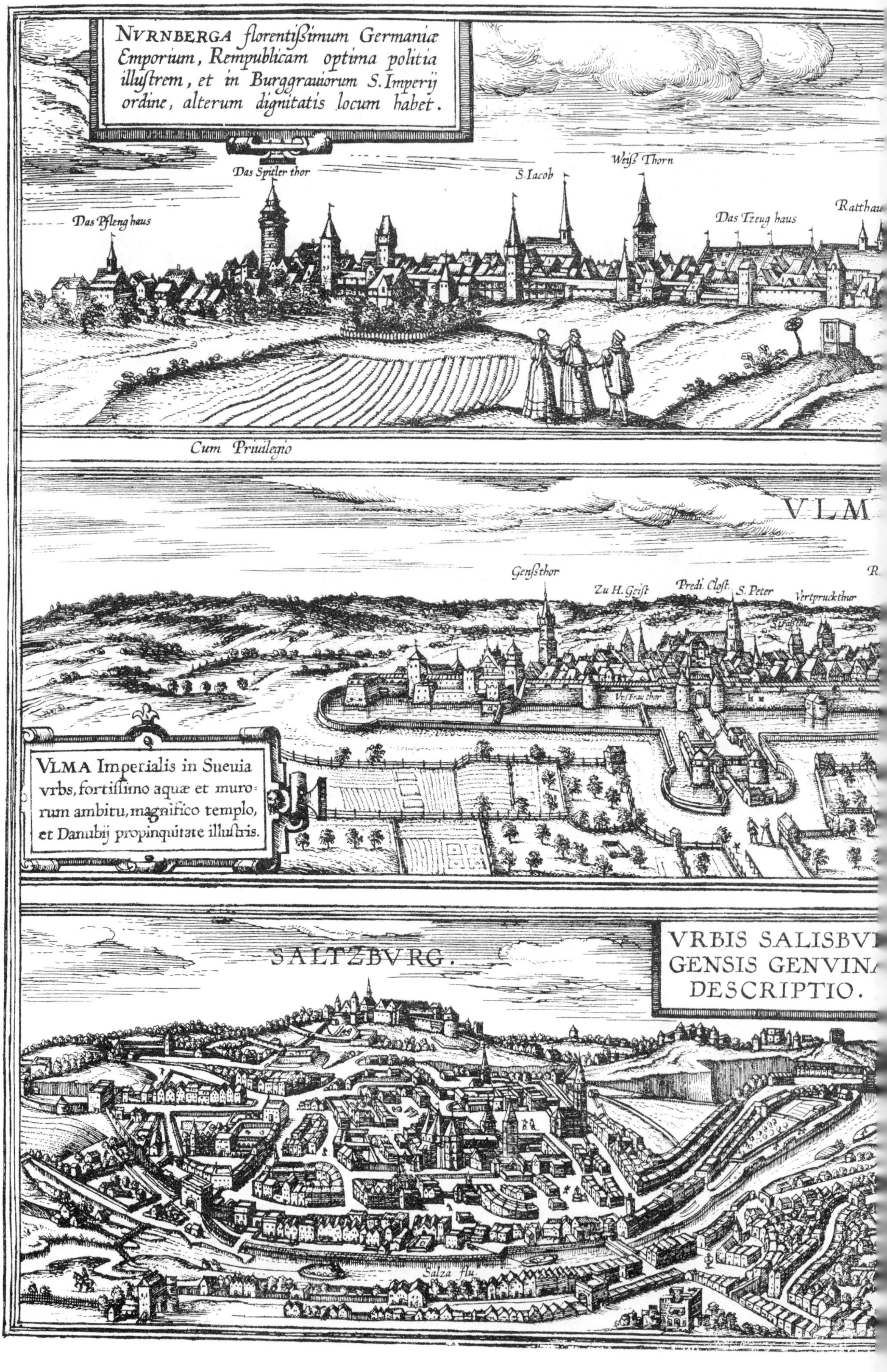
NVRNBERGA florentissimum Germaniæ Emporium, Rempublicam optima politia illustrem, et in Burggrauiorum S. Imperij ordine, alterum dignitatis locum habet.
Das Spitler thor
S. Iacob
Weiß Thorn
Das Pfleng haus
Das Tzeug haus
Cum Priuilegio
Genßthor
Zu H. Geist
Predi. Closł.
S. Peter
Vertpruckthur
VLMA Imperialis in Sueuia vrbs, fortissimo aquæ et murorum ambitu, magnifico templo, et Danubij propinquitate illustris.
SALTZBVRG.
Salza flu.

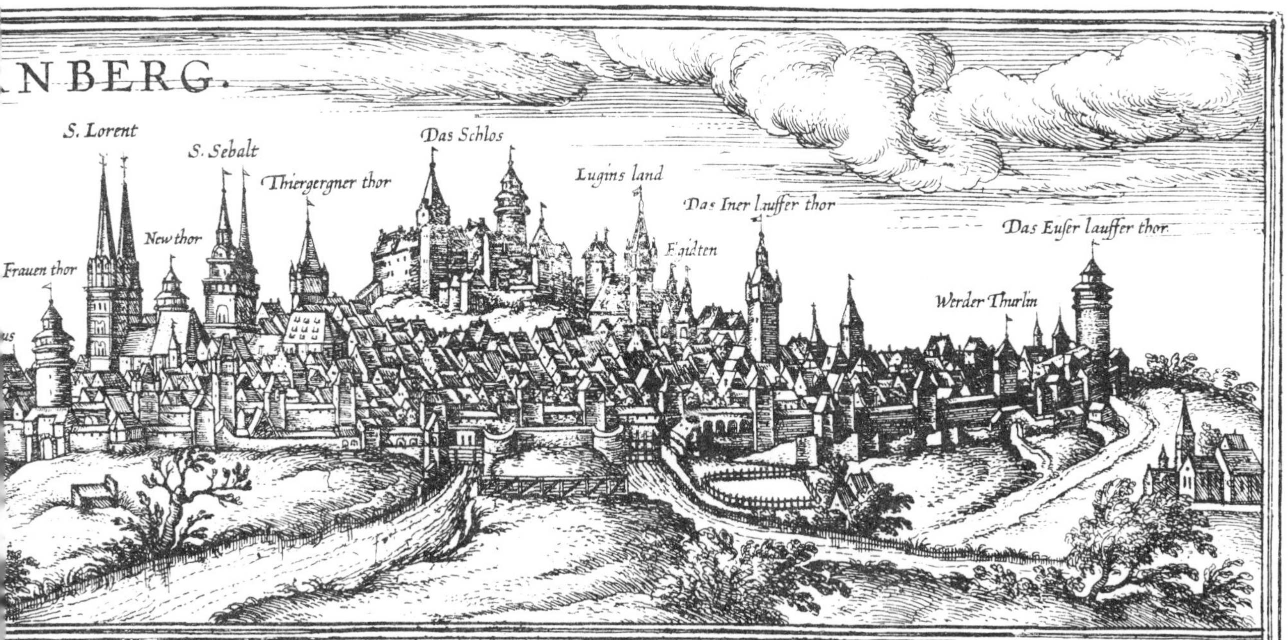
NBERG.
S. Lorent
S. Sebalt
Das Schlos
Lugins land
Thiergergner thor
New thor
Frauen thor
Das Iner lauffer thor
Das Euser lauffer thor
Werder Thurlin

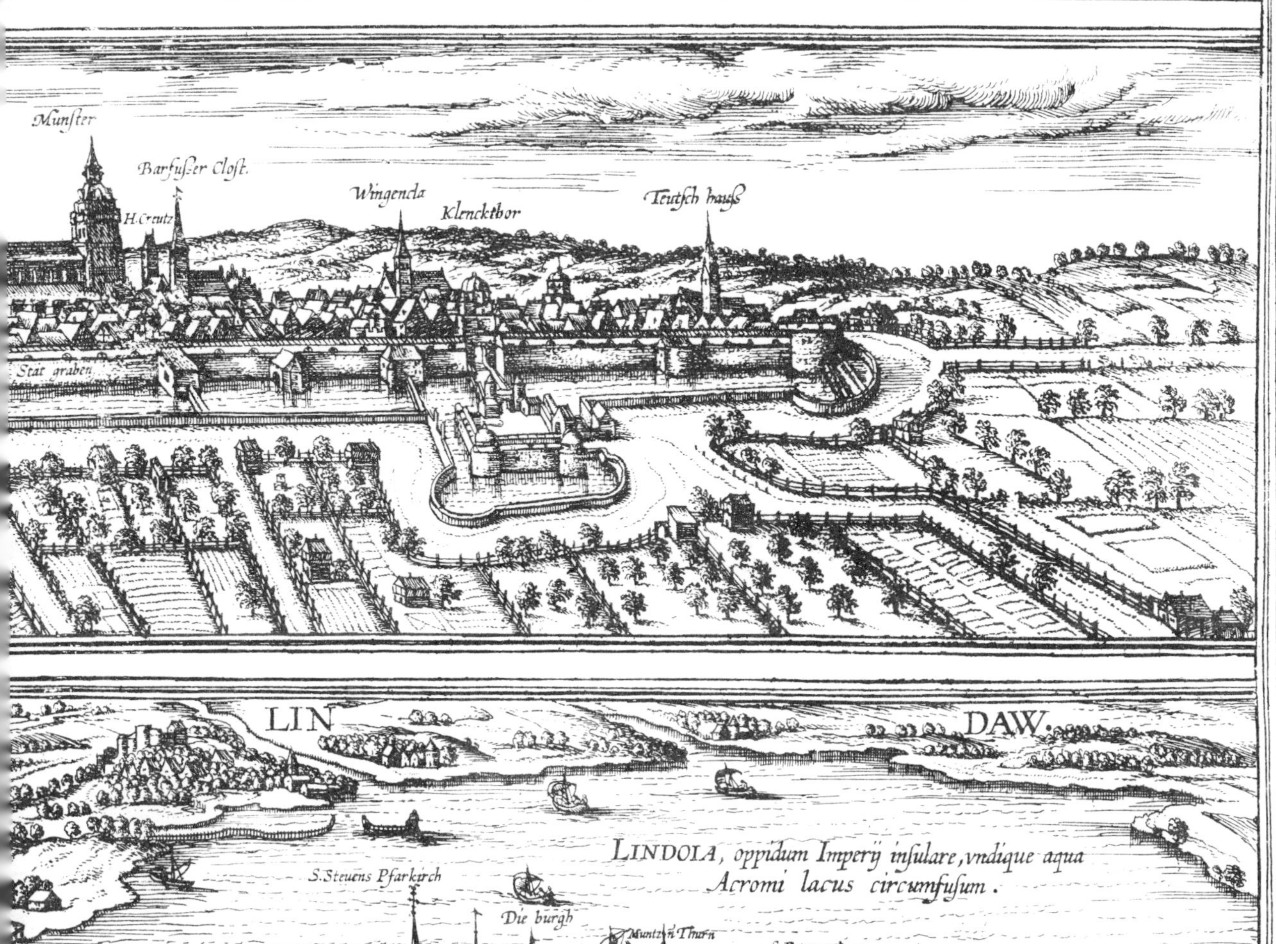
Munster
Barfusser Clost.
H. Creutz
Klencktbor
Teutsch hauß
Stat graben

LIN
DAW.
LINDOIA, oppidum Imperij insulare, vndique aqua
Acromi lacus circumfusum.
S.Steuens Pfarkirch
Die burgh
Schifbruck
S.Peters Thurn
Barfusser Clost.
Diebs Thurn

Ober Pfaltz oder Ober Beyern.

Vrsprung des Namens.

BEyern wird in zwey theil getheilt/ nemblich diß: vnd jenseit der Donaw. Das theil jenseit ist der Nariscorum oder Nortgawer Gräntz/ vnd eben dasselbige ist die Ober Pfaltz/ welche wir jtzund nach erklärung des gantzen Beyerlands in gemein/ vnd sonderlich des theils/ so für ein Grafschafft gehalten wird/ zu beschreiben vor die Handt nehmen. Das Nortgaw aber hat von den Ländern gegen Mitternacht seinen Namen/ sintemahl Nort so viel als den Septentrionem oder die plagam gegen Mitternacht bedeut/ gleich wie das wörtlein Gow ein Feldt oder Land. Es wird aber dieses Land zum vnterscheidt der Pfaltz am Rhein/ so die vnter heist/ die ober Pfaltz genant. Vnd zwar so hatte dieses theil des Beyerlands vor zeiten den Namen Norica, welches Ptolemæus zwischen die Jnn/ den theil der Donaw setzt/ so sich von diesem Fluß Jnn biß an den Berg Cetium erstreckt/ gemelten Berg selbst/ einen theil des Lands Oesterreich/ vnd den Berg Carvancam einfast vñ beschleust. Nach dem aber die Boji die Römer vberwunden/ vnd in diesem theil Vindeliciæ, so zwischen der Jnn vñ der Lech gelegen/ kommen/ ward auch derselbige orth Noricum, vnd Bojaria oder Bavaria, das ist/ Beyerlandt genant. Jn welchem verstandt es dann der Diaconus III auß der Lombardey mit diesen worten beschreibt/ da er sagt: Die Provintz Noricum, welche die Völcker der Bojariorum bewohnen/ hat gegen Orient das Land Oesterreich/ gegen Occident Schwabenlandt/ gegen Mittag Italiam/ vnd gegen Mitternacht die Donaw. Dieses Landt Noricum oder Nortgaw theilet Sextus Ruffus in zwo Provintzen/ als in die Mittelländische/ vnd die ander an dem Vfer der Donaw ab.

Gräntzen.

Jn der warheit aber gräntzet dz Beyerlandt gegen Mitternacht mit dem Voitlandt/ gegen Orient mit Böhmen/ gegen Mittag mit der Donaw/ als welche es von dem vbrigen theil des Beyerlands vnterscheidet/ vnd gegen Occident mit dem Landt Hanekam/ einen theil des Schwaben: vnd Franckenlands.

Lufft. Fruchtbarkeit.

Es hat einen lieblichen vnd gesunden Lufft/ ein rauh vnd hart Erdreich/ welches doch an etlichen orthen von Getreyd vnd Wiesenwachs zimblich fruchtbar ist/ sonderlich aber hat es bey Kelheim an dem Vfer der Donaw viel Reben/ auß welchen meistentheils ein geringer vnnd sawrer Wein zu wachsen pflegt/ daher man dañ im Sprichwort sagt/ es wachse auff diesen Bergen nichts als Essig. An Metallen vnd gutem Eysen ist es hin vnd wider wol versehen/ welches die Nortgawer Jährlich in grosser menge verkauffen/ vnd viel Geldt darauß lösen/ wie gleichfals auch auß dem Lasurstein/ dessen sehr viel in diesem Landt gefunden wird.

Herrschafft.

Die Herrschafft dieses Beyerlands betreffend/ so hat es vor zeiten den Titul vnd Namen eines Königreichs geführt/ vnd seine eigene Könige gehabt: Der vbrige theil dieses Landts ward durch die Römer biß auff das Jahr nach Christi Geburt 500 zu einer Provintz gemacht/ dahero dann Iulius Cæsar sagt/ es habe Ariovistus der Teutschen König des Königs der Noricorum oder Nortgawer Schwester zu einem Gemahl gehabt. Wer aber jhre Fürsten in den folgenden zeiten gewesen/ ist mir vnbewust/ biß sie nachmahls zu Christen worden/ da dann das gantze Beyerlandt durch Theodonem den II im Jahr 511 zu einem Königreich gemacht ward/ welcher die Römer auß dem Land getrieben/ vnd derselbigen sehr viel erlegt; nach solchem ward es durch des Theodonis drey Söhne in drey Hertzogthumb zertheilt/ vnter welchen Theodon der Dritte zu Regenspurg/ Otto zu Oetingen/ vnd Theobaldus in Tyrol seine Fürstliche Hoffhaltung bestelt. Die vbrige samptlich zu erzehlen/ were viel zu lang. Vnd damit wir demnach dieses stück von der Obrigkeit dieses Landts beschliessen/ so stellete Keyser Ludovicus, ein Hertzog auß Beyern/ im Jahr 1339 die abtheilung des gantzen Beyerlandts also an/ daß nemblich das gantze Nortgaw den Pfaltzgrafen solte bleiben/ außgenommen etliche Reichsstädte/ vnd was vor zeiten auch zu dem Römischen Reich gehört.

Städte. Nürnberg.

Die Hauptstadt dieses Landts ist Nürnberg an der Pegnitz/ an einem lustigen orth gelegen/ hat einen grossen begriff vnd liebliches ansehen/ ist mit schönen Kirchen/ einer grossen anzahl statlicher Gebäw/ schönen weiten vñ saubern Strassen vnd Gassen gezieret/ mit festen Mawren/ Gräben vnd Thürnen wol verwahret/ an Bürgern vnd Jnwohnern vber die massen reich/ vnd wegen jhrer gewaltigen Kaufmanschafft vnd künstlichen Handwercken in der gantzen Welt berühmt/ ligt nit allein in Teutschlands/ sondern auch Europæ mitten/ als von Jerusalem/ welche Stadt/ wie auß der länge vnd breite seiner Graduum zu sehen/ mitten in der Welt ligt/ 500 Teutsche Meylen. Vnd ob sie wol von Jahren nicht fast alt/ so wird doch jhr Schloß/ so nächst darbey auff einem Berge ligt/ vnd vor zeiten das Castrum Noricum genant ward/ seines alters halben sehr gerühmet/ welches von dem Keyser Claudio Tyberio ist erbawet/ vnd derowegen auch des Neronis Schloß genennet wird. Die Stadt gehörte vor zeiten vnter des Hertzogs Albrechts auß Francken Gebiet/ kam aber nachmahls vnter Keyser Ludovico dem Dritten zum Röm. Reich/ vnd nam nach demselbigen an

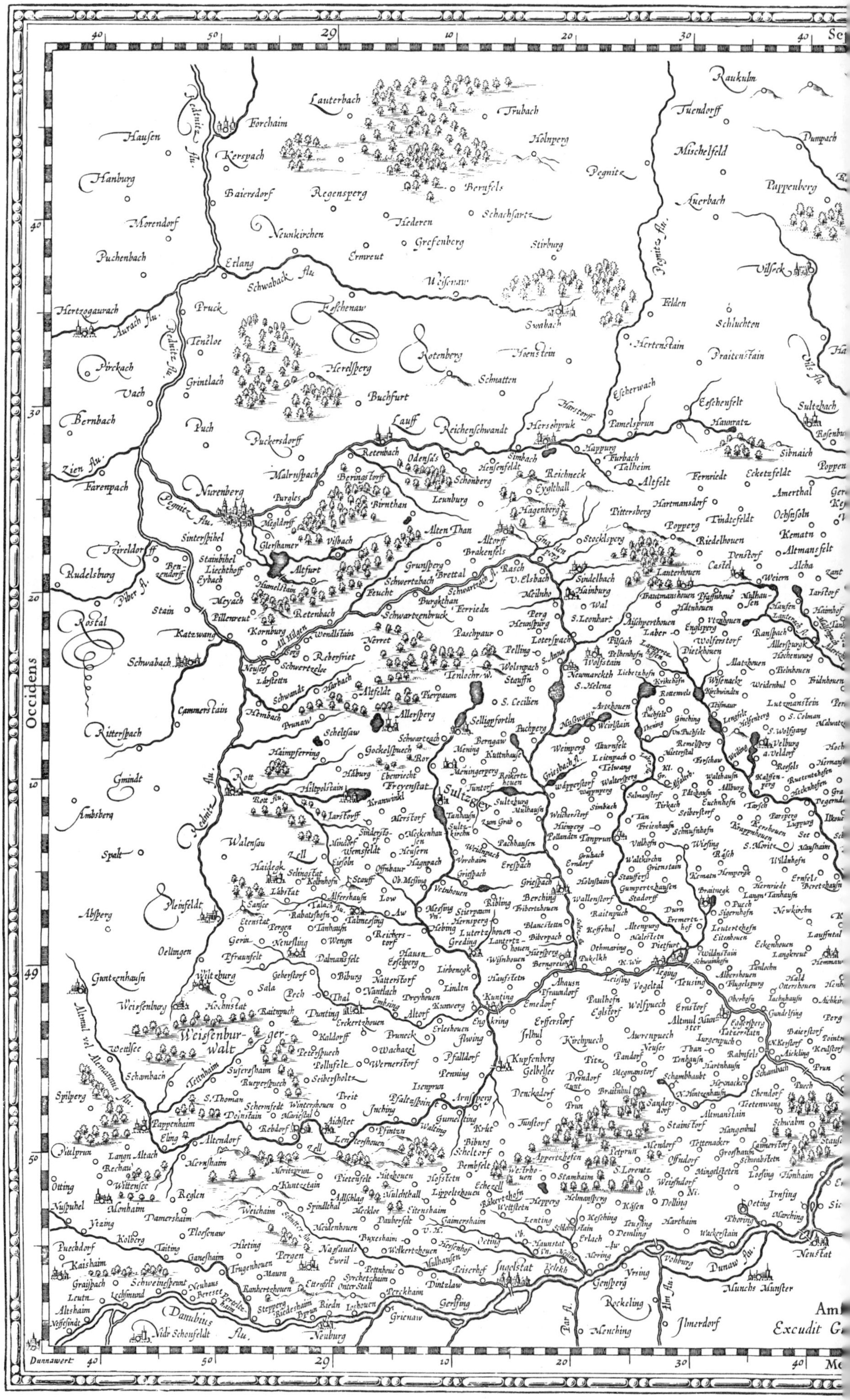
Occidens
Lauterbach
Trubach
Holnperg
Forchaim
Hausen
Kerspach
Hanburg
Baiersdorf
Regensperg
Bernfels
Schachsartz
Morendorf
Neunkirchen
Hederen
Grefenberg
Stirburg
Puchenbach
Ermreut
Etlang
Schwaback flu.
Weissenaw
Hertzogaurach
Aurach flu.
Pruck
Eschenaw
Swabach
Tenloe
Rotenberg
Hoenstein
Pirckach
Grintlach
Herelsperg
Schnatten
Vach
Buchfurt
Bernbach
Puch
Lauff
Reichenschwandt
Hersehpruk
Puckersdorff
Zien flu.
Farenpach
Nurenberg
Pegnitz flu.
Rudelsburg
Piber fl.
Altfurt
Rostal
Katzwang
Schwabach
Cammerstain
Rittersbach
Gmindt
Ambsberg
Spalt
Absperg
Pleinfeldt
Oellingen
Guntzenhausn
Weissenburg
Weissenburwalt
Altmul vel Altmanus flu.
Schambach
Spilperg
Pappenhaim
Eling
Pietfurt
Beilngries
Kupfenberg
Berching
Sultzbey
Freyenstat
Hiltpolstain
Rott
Rednitz flu.
Neumarckth
Allersperg
Hainburg
Rauculm
Tuendorff
Mischelfeld
Dumpach
Pappenberg
Auerbach
Vilseck
Felden
Schluchten
Hertenstain
Praitenstain
Sultzbach
Dunaw flu.
Danubius flu.
Neuburg
Ingolstat
Neustat
Munchs Munster
Vohburg
Rain
Monhaim
Dunawert
Ilmerdorf
Menching
Gerolfing
Kaishaim
Leutn
Altshaim
Ingolstat
Ilm flu.
Par fl.
Am
Excudit G
Se
Me
29
49
50
40
30
20
10

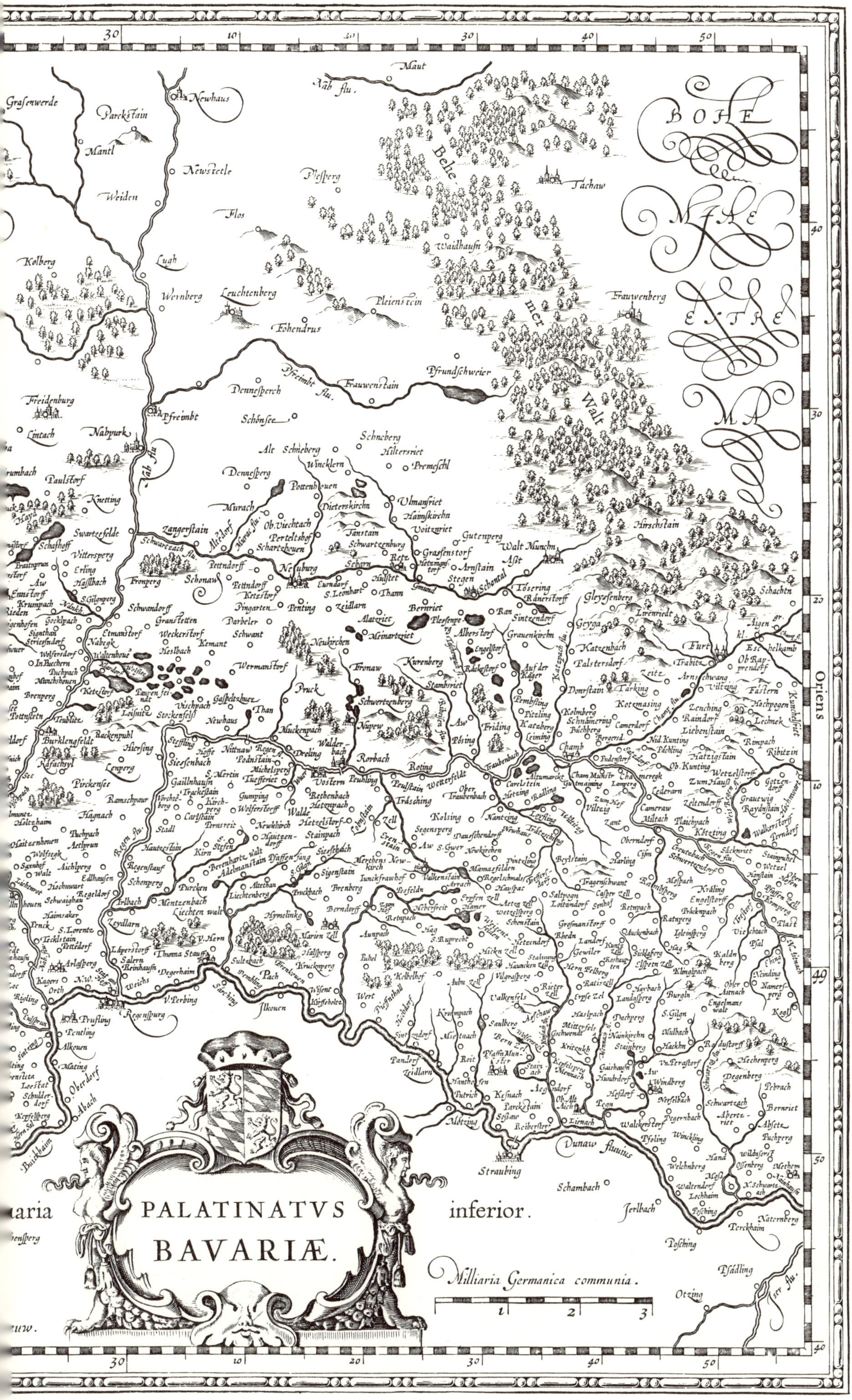
PALATINATVS
BAVARIÆ.
inferior.
Milliaria Germanica communia.
Dunaw fluuius
Oriens
Behe mer Walt
Regenspurg
Straubing
Newhaus
Parckstain
Mantl
Weiden
Newstetle
Flos
Plesberg
Tachaw
Waidhausn
Lugh
Weinberg
Leuchtenberg
Pleinstein
Frauwenberg
Pfreimbt
Frauwenstain
Pfrundschweier
Dennesperch
Schönsee
Nabpurk
Paulstorf
Schneberg
Hiltersriet
Premeschl
Winklern
Murach
Neuburg
Gutenperg
Walt Munchm
Schwandorff
Furt
Cham
Hirschstain
Schachtn
Rorbach
Pfating
Eschelkamb
Ritzing
Nittnaw
Walderbach
Regenstauf
Trufling
Abach
Schambach
Posching
Otzing
Pfadling
Iser flu.
Terckhaim
Naternberg
Rosenthal
Pfeling
Lirnach
Eidelarn
Puhel
Aunpach
Kolsing
Zell
Zeitz
Arnschwang

Volck/Reichthumb vnd grösse gewaltig zu/ward vnter Carolo IV mit Mawren vmbgeben/vnd folgends im Jahr 1538 noch mehr befestiget: Ist an jetzo vnter allen Teutschen Städten fast der grösten eine/hat auff die 128 Strassen vnd Gassen/ vnd 11 steinerne Brücken/ so die beyde theil der Stadt mit einander vereinbaren. Die Pegnitz/ welche durch dieselbe hindurch fleust/ treibt 68 Mühlenräder: Ihrer Schöpffbrunnen werden 160 gezehlet/12 Springbrunnen/der grossen Stadthoren 6/vnd der gemeinen Bäder 13. Hat einen vber die massen wolbestelten vnd hochverständigen Raht vnd ein feine Policey/ welcher Raht im Jahr 1575 zu Altorff/ welches Städtlein jhnen auch zuständig/ eine hohe Schul aufgerichtet/ vnd dieselbige mit gelehrten Leuthen nach dem allerbesten bestelt vnnd versehen hat. Der andern Städte dieses Landts seind noch sehr viel/als sonderlich Amberg/so im Jahr 1300 mit Mawren vmbgeben ward: Item Awerbach/ Sultzbach/ das Closter Castell/ in welchem vor zeiten die Hertzogen auß dem Nortgaw jhre Curiam gehabt/Eger/Eystadt/Bejerut/Newburg/ Newstadt/Ruwenhelm/Kemnat/ Krusen/ Grewenwerth/ das Schloß Gaynum, so von dem weynen vnd heulen seinen Namen hat/dieweil es nit fern von dem Strudel ligt/ bey welchem niemand ohne gefahr vnd ängstiges zittern vorüber fahren kan/Eschenbach/Weyden/Pernaw/Pleisten/ Hersbrück/ Rurbach/ Newmarck/ Tursenrut/ Elbogen/ Cham/ Schönsee/ Kunsberg/ Stauff vnd viel andere mehr/ deren gröste theil den Pfaltzgrafen zuständig ist.

Landtgrafschafft Leuchtenberg.

In dieser Landtschafft wird auch eine auß den 4 Landgrafschafften/ welche vor zeiten von den Röm. Keysern auffgerichtet seind/nemlich Leuchtenberg/ begriffen/ die dann vnter den anderen Kreyß des Röm. Reichs gehört/ vnd solchen Namen von dem Schloß Leuchtenberg empfangen hat/ wiewol desselbigen Fürsten nicht in diesem Schloß/ sondern in dem städtlein Pfreimbt/ oder auch etwan zu Grunsfelden jhre Hoffhaltung haben. Diese Landtgrafschafft hat an gewalt vnd hochheit nicht so sehr zugenommen/ wie die vbrige 3/ welche sich in der zeit an Reichthumb vnd dignität gewaltig vermehrt/vnd sonderlich das in Hessen am allermeisten.

Fliessende Wässer.

Die fliessende Wässer dieses Lands seind die Eger/Nab/ Vils/Regus, Pegnitz/Schwartzach/Sultz/Altimulus, Laberus, Lautra vnd dergleichen/ der andern vnd geringern zu geschweigen. Wie etliche Historici bezeugen/ so ward Carolo Magno, als der sich damahls bey Regensburg auffhielt/ gerahten/ er solte/ damit man auß dem Rhein in die Donaw schiffen könte/ zwischen der Regnitz vnd Altimulo einen Graben lassen machen/ auff welchem man mit Schiffen könte fahren/ sintemahl das eine auß den gemelten beyden Wässern sich mit der Donaw/ das ander aber mit dem Rhein vermischt. Auff solches anmahnen brachte der König ein grosse menge Volcks zusammen/ stellet dieselbige zu solcher Arbeit an/ bracht den gantzen Herbst damit zu/vnd führete den Graben in der länge auf 2000 schritt/vnd in der breite auff 300 schuh: dieweil es aber täglich viel Regen gab/vnd auch der ort für sich selbsten sehr sümpficht war/konte das Werck nicht bestehen/dann was die Arbeiter des Tags außführten/ das führete der Regen zu Nacht widerumb hinein/ biß man endlich gar davon ablassen muste/ welcher vergeblichen arbeit kennliche Wahrzeichen noch auf den heutigen Tag bey der Stadt Weissenburg zu sehen seynd. Alhie ist auch dieses keines wegs zu verschweigen/daß die fliessende Wässer dieses Landes/das Nortgaw genant/ durch die viel Eysenschmieden gewaltig werden verhindert/ in dem sie nemblich hin vnd wider viel grosse Bälge vnd Hämmer müssen treiben vnd bewegen.

Fichtelberg.

Der Fichtelberg ligt auch in diesem Landt/ hat in seinem Bezirck 6 Meylen wegs: auff jhme entspringen 4 fürnehme Wässer/ nemblich der Mayn/ die Naab/ die Saal vnd Egra/ welche sich gleichsamb Kreutzweiß von einander thun/vnd in die vier orth der Welt begeben: der Berg selbst hat auch viel vnd mancherley Metall/ vnd sonderlich des Lasursteins eine grosse menge. Auff seinem obersten Güpffel ist er fast reich an Zinn/vnd werden viel Gruben daselbst gesehen/auß welchen vor zeiten viel Metallen seind gegraben worden.

Wälder.

Mit den stücken des Hartz: oder Schwartzwaldts ist dieses Land hie vnd dort schier gar vberzogen/ vnter welchen die fürnembste mit jhren besondern Namen der Weissenburgerwaldt/Böhmerwaldt/2c. werden genant.

Gesetz.

So bald diese Inwohner zum Christlichen Glauben kommen/ haben sie allerley nohtwendige Gesetz/als von der Geistlichkeit/Christlichen Freyheit/ Eheverlöbnussen/ Weiblichen sachen/ Diebstal/ Gerechtigkeit der Feldtgüter/ Zehenden/ Straff der Auffrührer/ von Geld außleyhen/ Erbschafften/ Kauffen/ Verkauffen/2c. zugleich auch mit empfangen/ welchen Gesetzen etliche dieser Völcker vor zeiten parirt/ etliche aber noch wilfahren.

Augßpurg.

DAs ober Schwabenlandt/so vorzeitten auch Rhetia genennet ist/ hat gar herrliche Stätte/vnder denen seindt Augßpurg vnnd Costentz die vornembste/deren die ein sich zu dem Bäierlandt/ die ander aber zu den Welschen/oder Schweitzern sich wendet. Jenige gleich wie sie jetzt an zierd vnnd reichthumb gar namhafft: also ist sie auch ihrer erster auffwachsung halben/ein gar alte festung des Römischē Reichs gewesen/ Ist an den Fischreichen Wassern der Wertach vñ Lech/ da dieselbe zusamen fliessen/gelegen/von den alten Schwaben/so ihre herkompst von dem Japhet genommen/vnd diß ort erstlich bewonet haben/ wie die alten Historien bezeugen/erbawet. Dise Statt helt ein gut Politisch regiment/daruon der wol erfarner Artz Achilles Gassarus/auff folgende weiß schreibt.

Augßpurg die Statt ist fast wörlich an Mawren/thürnen/pasteien/graben vnnd allerhand geschütz oder Büchsen/deren auch ettliche grosse häwser voll seindt. Darzu treibt man da trefflich viel vnd groß handwerckische händel/sampt dem einigen vnd höhesten fürkauff/geselschafften genandt/ welche ihre handtierung weith vnd breit durch alle länder führen/da durch dise Statt in kurtzen jarē in aller Weltt bekant ist worden. Es trägt die Obrigkeit diser Statt ein sonderliche sorg vber die armen. Dann zu dem/das für die Krancken vnd Wäysen besonder Spitäl/ vnd ein fündelhauß verordnet sein/haben auch zu gebürlicher zeit/die so mit der pestilentz vergifftet oder mit den Frantzosen angriffen werden/ihre besondere wartung vnd freye behausung/welche man das blater hauß nennet/wie auch die abgesonderte Leuth/ihre feldsiechen häwser haben. Weither wirt andern dürfftigen Leuthen groß hilff vnd stewer bewiesen/ Item viel geschickter Knaben zu der lehre innerhalb vñ ausserhalb der Statt/reichlich erzogen vnd erhalten. Es haben auch die Fugker Anno Christi 1519. dē dürfftigen/so doch der Statt verwand/vnd eins erbaren wandels seind/ bey hundert häwser auß ihrem gut/in S. Jacobs Vorstat gebawet/welcher begriff/die Fugkerey genant/ möcht wol einem stättlein verglichen werden. Item mit was billichkeit/güte/vorsichtigkeit vnnd Bürgerlichem Regiment die Obrigkeit hie der gemein/ fürstäht/vnd wie gluckhafftig/sinreich/freundtlich vnnd tugentlich die Bürger vnder einander/vnd gegen den Frembden ihre händel führen/auch biß in die weitteste Länder gegen den vier Winden der Welt gelegen/wie ehrlich sie ihre Kinder aufferziehen/ wie ein jeder den andern vbertreffen wil in gezierden der Häwser vnd was darin gehört/mag hie nicht gnugsamlich angezeigt werden. Es seind die inwöhner/beuor aber die Weibsbilder/von gestalt schön/ an kleidung prächtig/mit essen vnd trincken köstlich/im wandel vnd Worten brengkisch/in handlungen gescheid/an geberden außländisch/vnd von wegen grosser reichthumb vil von sich haltend. Auß welchem die Gemein hefftig arbeitsam vnd dem gewinn obligend/sich ihres glücks begnüget/der kauffleuth aber ettlich/vnd ein gut anzal von den Herrn/haben sich lassen adeln/ vil seind gefreyet zu freyherrn stand/vnd ein theil gar zu Grauen gemacht/ja es haben auch darunder ein gantz Königreich in India in/vnd das ichs mit eim wort sag/ist je groß glück zugestanden einer Statt/ so ists Augspurg. Was grosser reichthumb in der Gemeinen schatzkammern behalten werde/ mag meniglich auß diesem mercken/das ein Ersamer Raht/ohn angesehen den grossen järlichen kösten so auff vnderhaltung vnd besserung gemeiner Bäw gewend wirt/vnd item den ohn außsprechlichen köstē/ der auff nechste krießrüstung sich verlauffen/zu erlangen ein frieden/im nechsten Reichstag in barem geldt außgeben hatt dreymahl hundert tausent Rheinischer Gülden/on beschwerung oder schatzung gemeiner Bürgerschafft. Es wonet des Volcks so viel in diser Statt/daß im nechst vergangen jar/ nemlich Anno Christi 1549. do geboren seind vnd zum heyligen Tauff gebracht 1705. kinder/ vnnd da gegen mit Todt abgangen/ohn ein landsterbē/vnd begraben 1279. Menschlicher Corper/ auß welchem des inwonenden Volcks menge byläufig mag abgenommen werden.

AVGVS TA IVXTA
1 Rot thor
2 Gegginger th.
3 Einlaß.
4 Klencker th.
5 Gsundbrunn.
6 Wertachbruck.
7 Fischer th.
8 Luginßland.
9 Steffinger th.
10 Olblater th.
11 Jacober thor.
12 Vogel thor
13 Schwiboger th
14 H. Creütz th
15 Onser frawē th.
16 Parfusser th.
17 S Vlrichs klost.
18 Prediger klost
19 S. Moritze kir.
20 H. Grab.
21 S. Vrsula klost.
22 S. Kathrina klo.
23 S. Anna klost.
24 S. Steffans kl.
25 Parfusser klost.
26 Hail. + kloster.
27 S. Iorgen klost.
28 S. Otmars kirch
29 S. Veyts kirch
30 S. Johans kirch
31 S. Gilgen kirch
32 Vnser frawen ki.
33 Jacober kirch.
34 Das Spittal.
35 S. Peters kirch.
36 Stern kloster.
37 Raussamer hof.
38 Saltz stadel.
39 Wein stadel.
40 Sigelhauß.
45 Der Fugger ha.
46 Dz dantzhauß.
47 Eichelhauß.
48 Kornschrand.
49 Stat Cantzleij.
50 Burger stuben.
51 Kaufleut stub.
52 Rathauß.
55 Die Metzg.
57 Pfriendthauß.
58 Schlachthauß.
54 Katzenstadel.
55 Ob dem Creütz
66 Zeughauß.
67 Juden kirchof.
68 Kornhauß.
70 Kalck hutt
71 Blaterhauß.
72 Die Fuggereij
73 Zur sackpfeiffn
75 Spitzelhof.
76 Am Eser.
77 Ritzen marckt.
78 Weitgaß.
79 Zwerchgaß.
80 Kirchgaß.
81 Beckengaß.
82 S. Affra gaß.
83 Am Schwal.
85 Clesattels gaß.
86 Schonawrgaß.
89 Findelhauß.
92 Am Iudenberg
94 Berleberg
97 Staingaß.
99 Opsmarckt
100 S. Iohans gaß.
101 Schmidgaß.
104 Fronhof
105 Die Pfaltz.
106 Hirschengrab.
108 Lang gaß.
110 Fischergäßlin.
111 Rautzēgaßlin.
113 Steffans platz
114 Puluergaß.
115 Gonßbühel
116 Lauterlech.
117 Hasen gaßlin
118 S. Iacō. gart
119 Rosen gaßlin
120. Rappenzipfel.
122. Prielbruck
124 Rosmarckt
125 Ober newgang
126 Mittel gang
127 Vndrer gang
130 Sachssen gaß.
132 Meitings gaß.
133 Maurberg

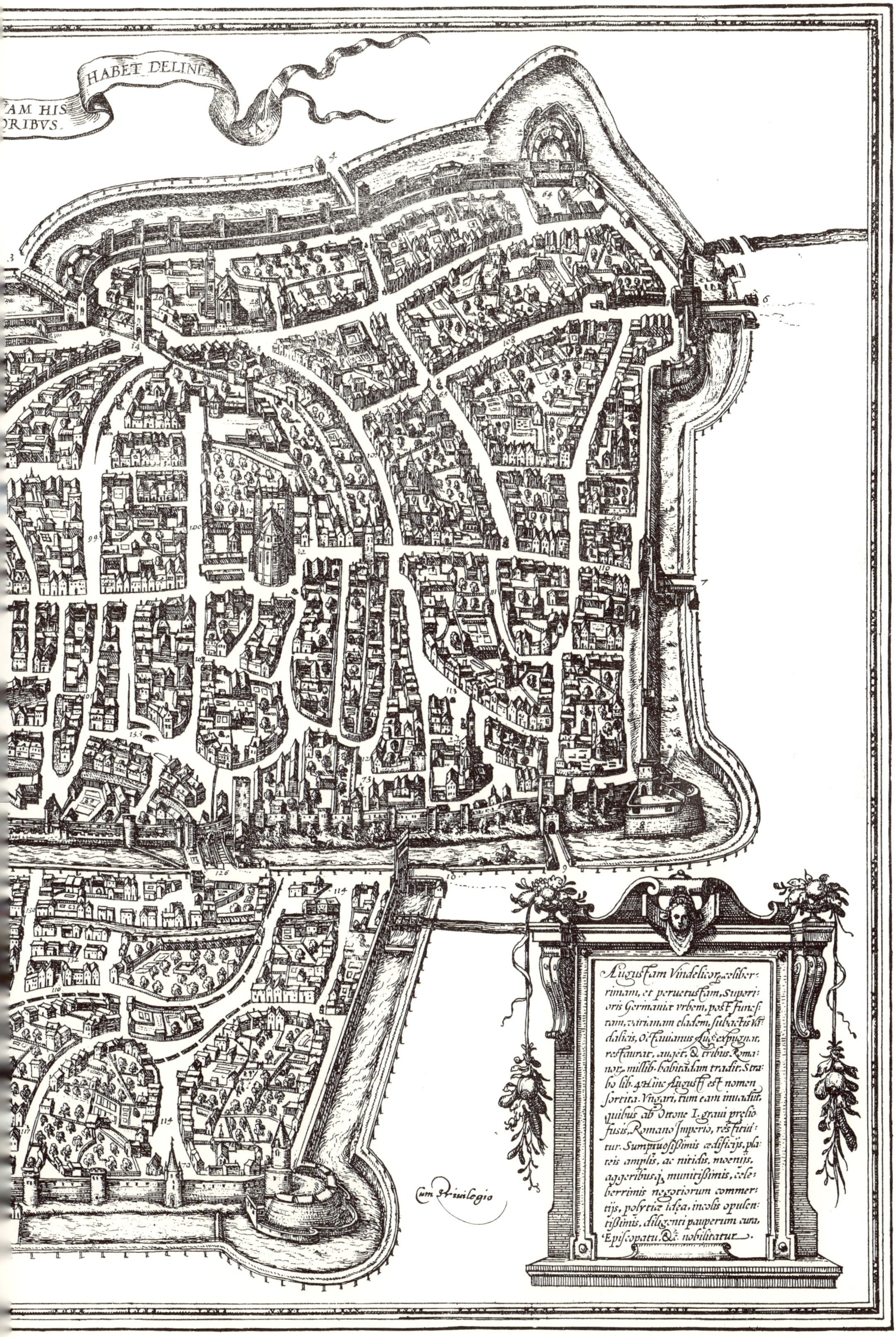
HABET DELINEA
TAM HIS
ORIBUS.
Augustam Vindelicorum celeberrimam, et peruetustam, Superioris Germaniae vrbem, post funestam, variamam cladem, subactis Vindalicis, Octauianus Aug. expugnat, restaurat, auget, & tribus Romanorum millib. habitandam tradit. Strabo lib. 4. Hinc Augusti est nomen sortita. Vngari, cum eam inuadut, quibus ab Ottone I. graui prelio fusis, Romano Imperio, restituitur. Sumptuosissimis aedificijs, plateis amplis, ac nitidis, moenijs, aggeribusq. munitissimis, celeberrimis negotiorum commertijs, polytiae idea, incolis opulentissimis, diligenti pauperum cura, Episcopatu, &c. nobilitatur.
Cum Priuilegio

München.

MVnchen/ so von Ptolomeo *Abadiaum* genant/ ist eine gar treffliche Statt des Bäierischen Landts/ von Attern gebawet/ vnnd von Heinrich dem Vierten erweittert/ ist an der Iser gelegen/ welcher Fluß darnach nicht weith von Pletlingen in die Ister fellt. Es seind aber ettliche/ die wöllen München sey im jar Christi 1175. von Otten Hertzogen zu Bäiern/ am ersten vmbmawret worden. Hatt einen lüstigen läger/ vnnd auff der ebne ein schön Schloß/ alda pflegen die Bäierische Fürsten zu vnser zeit jhr Hofflåger zu haben/ alda werden jmmer vnnd jmmer Löwen gehalten/ vnnd pflegen die Löwinnen allhie jungen zu ziegen. Irenicus vnd Munsterus. Besihe die Bäierische history Auentini.

Inspruck.

INspruck/ des namens ein Statt vnd Schloß/ alda ist die Camer vnnd das Parlament der Graffschafft Tyroll/ vnd der Oberer Osterischer Länder. Bekömpt viel nützlichkeit von dem fluß Oenus/ da her auch dieser Statt der nam sol erwachsen sein/ daß sie auff Latein *Oenipons*, im Teutschen aber Inspruck genant wirt. Die Stätte Hall vnnd Mubach/ alda man die beste Harnisch macht/ seind nicht weit von Inspruck gelegen.

Frisingen.

FRisingen/ ein Bischoffliche Statt in Bäierlandt wie Aeneas sagt/ sol erbawet sein wie man meinet/ zu der zeit da die Römer durch Landtuögt daß ort im Bäierlandt/ welchs sich von der Tonaw biß an die Alpen erstreckt/ regiert haben/ an eim lüstigen ort/ wiewol rauher Landts art an dem Wasser Mosach/ so nahe darbey in die Iser läufft/ gelegen. Es schreibt Beatus Rhenanus, wie er auff S. Corbiani Biblioteck ein gar schönes Büch erfunden hab/ darin die vier Euangelien auff Fränckische/ das ist/ Teutsche sprach geschrieben waren/ daher der gelehrter mann das die alte Francken/ so vber den Rhein gezogen seind/ vnnd alda daß edele Reich in Teutschlandt angestält/ auch Teutsch gered haben/ ermessen hatt.

Nordlingen.

NOrdlingen ein alte Reichsstatt/ ist beinahe in mitten des vndern Rhetien gelegen/ hat jren namen vnnd vrsprung von Claudio Tyberio Nerone den dritten Römischen Keyser/ nach dem die einwöner dise Statt auff mütterliche sprach/ Nereling nennen/ vnd daß Histori büch der Statt Nürnberg auch solchs bezeugt. Von Ptolomeo wirt sie Aræ Flauianæ geheissen. Es ist die Statt Nordling erstlich auff der hohen hart/ ob dem jetzigen Nördling / da noch die alt Pfarkirch zu S. Emeran stehet/ vnnd heutiges tags auff dem Berg genant wirt/ erbawet gewest. Als aber vber viel jar dise Statt nach erster erbawung verbrant/ vnd auch viel mangels Wassers halben erlitten/ vnd in verderben kommen/ ist sie durch gnädigst befreiung vnnd miltte befürderung/ domals regierrnder Keyser vnnd Kö. allernechst vnder dieselbe malstatt ins thal an den Egerfluß gesetzt worden/ also dz seidher das wasser die statt nach in der mitte durchtheilet/ vnd mehrern theils alle häuser jhre eigene brunnen von frischem gesunden wasser/ vnd darzu gute keller an viel örten mit durchfleissenden lebendigen brunnen flüssen gehaben mügen/ rc. Dise Statt beschreibt beym Münstero auff das weitläuffigst der gelehrter Wolffgang Vogelman.

Straubingen.

STraubingen ein Statt in Bäiern/ ist von Hertzog Ludwig Anno Christi 1208. des K. Ludwigs enckel oder Vatter erbawet/ wie der Bäier Chronick bezeugen/ Die Tonaw fleusst in der nähe bey diser Statt/ vnnd macht dieselbe namhafft. Wirt von Auentino Augusta Acilia genant. Wiewol er anderßwo sagt / dise sey außwendig Straubingen/ so jetzt Azalburg heisst.

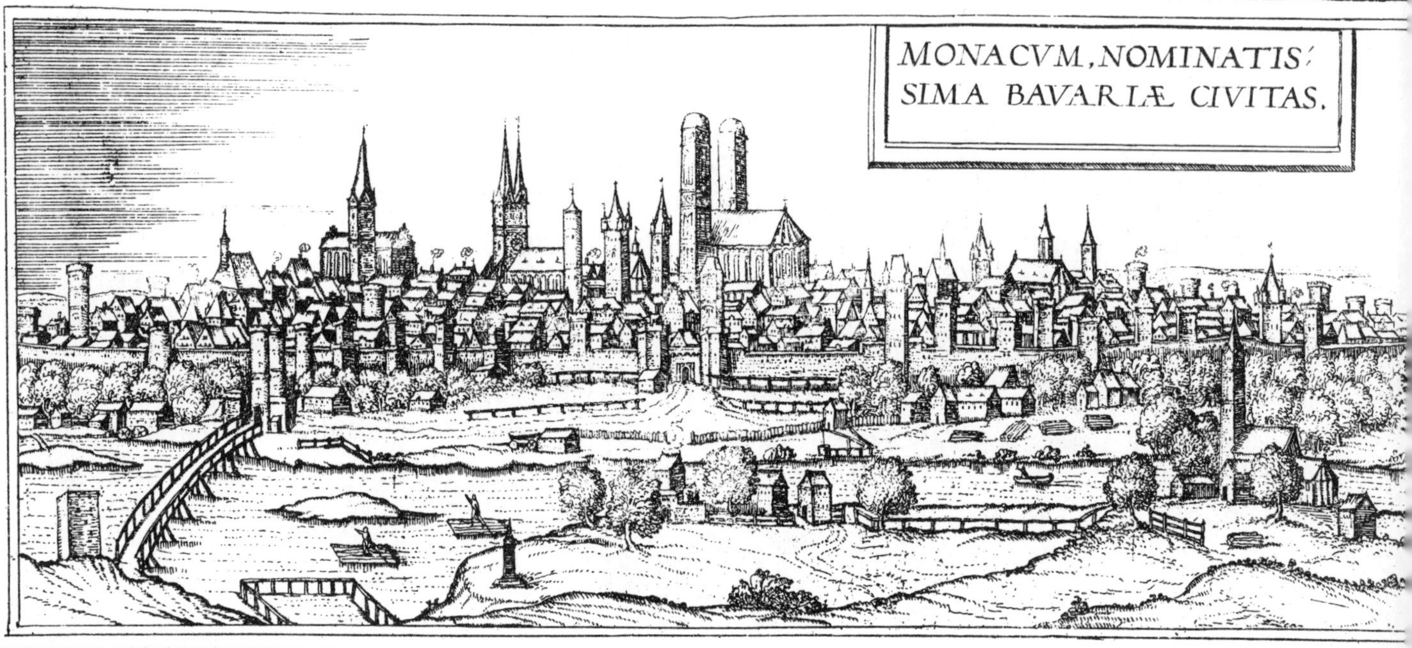
MONACVM, NOMINATIS-
SIMA BAVARIÆ CIVITAS.

FRISINGENSIS Episcopalis ciuitatis: icon.

RATISPONA antiquissima Bauariæ
vrbs, Danubij ripis adiacet.

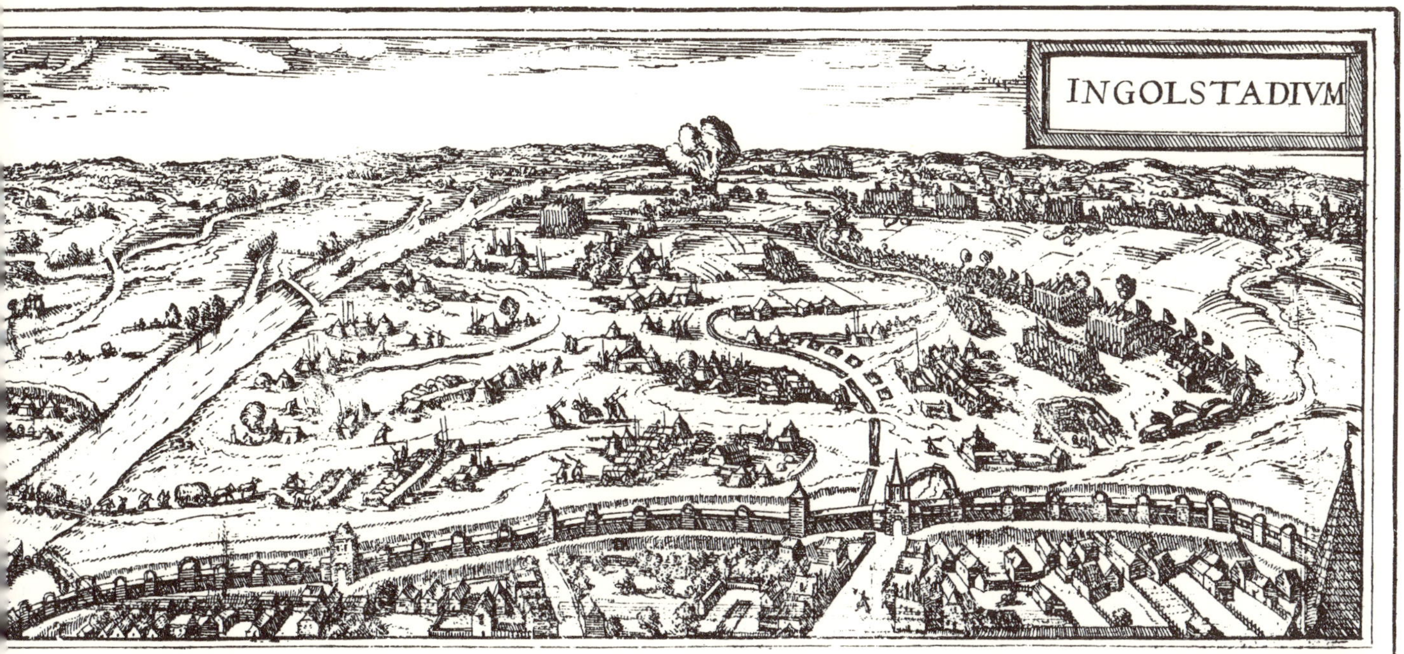
INGOLSTADIVM

NORDLINGA Ciuitas imperialis sita in
Rhetia inferiori transdanubiana, vulgo,
Rieß dicta.

STRAVBINGA oppidum Bauariæ.

Die Landtgrafschafft Thüringen.

Ich habe bißhero von den Herren Ständen dieses Landts zumahl nichts gewisses vernehmen können/ ohn allein die Grafschafft Gleichen/ vnd wie ich vermeine/ die andere/ Kranichsfeldt genant/ sampt dem Bischthumb Merseburg.

Gräntzen. Das Thüringerlandt ligt zwischen den beyden Wässern/ die Saal vnd Werra genant/ vnter welchen dieses letzte gegen Nidergang/ jenes aber gegen Auffgang gelegen: gleich wie es zum dritten an den Hartz: oder Schwartzwaldt gegen Mitternacht/ vnd an den Thüringer Waldt gegen Mittag stösset. Seine gantze länge ist der breite gleich/ nemblich zwölff grosse Teutsche Meylen. Es ist vberauß fruchtbar/ sonderlich aber an der menge vnnd fürtrefflichkeit des Getreyds allen andern in gantz Teutschlandt vberlegen/ vnd derwegen nicht vnbillich von Georgio Agricola des Teutschen Landes Sumen oder Schmaltz genennet worden/ auch wie kurtz zuvor meldet/ so wächst sonderlich des Krauts Isatis, Glastum oder Weed sehr viel in diesem Landt/ welches von den Inwohnern vmb groß Geld verkaufft/ in ferne Landen verführt/ vnd ein besondere blawe Farb darauß gemacht wird/ warvon Plinius sagt/ daß es dem Wegreich nicht vngleich sey/ werde in Franckreich Glastum genennet/ vnd von den Britannischen Weibern viel gebraucht/ in dem sie sich nemblich vber den gantzen Leib damit schmieren/ mit dessen Farb den Moren gleich machen/ vnd in etlichen jhren Geistlichen vbungen gantz nackend gehen. Nicht wenigers hat es an Obs vnd andern Früchten durchauß keinen mangel/ wie gleichfals auch an Wein/ dessen auß dem Landt zu Francken/ von dem Rheinstrom vnd andern orten viel dahin gebracht wird: Auch machen sie ein sehr gut wolschmeckend Bier/ mit welchem der Durst nach Lust vnd nothturfft geleschet werden kan. Der reichen Bergwercke von Gold vnd Silber/ auch des grossen vorraths von Saltz zu geschweigen. Dieses Landt war vor zeiten ein Königreich gewesen/ vnd ist nachmahls zu einer Landtgrafschafft gemacht worden/ welches mit dem Landt Hessen biß auff Carolum Magnum vnd zu des Henrici Aucupis zeiten/ nemblich auff die 366 Jahr vnter der Fränckischen Könige gewalt blieben/ vnd gleichsam mit Hessen ein Landt gewesen/ biß der Keyser Carolus, mit dem Zunamen Crassus, Ludovicum zu einem Landtgrafen in Thüringen gemacht: Folgends nach seines Enckel Burchardi todt/ dieweil er ohne Leibserben von den Vngern erschlagen ward/ nahm Keyser Henricus Auceps das Landt Thüringen ein/ dessen Successores noch auff den heutigen Tag die Fürsten auß Sachsen seynd. Wiewol zwar nach dem Wilhelmo Keyser Ottonis des Ersten Sohn/ als welcher Ertzbischoff zu Mayntz gewesen/ auß zulassung seines Vatters das Thüringerlandt eingehabt/ auch seine Successores, die Ertzbischöffe zu Mayntz volle Gewalt vber die Stadt Erffurt gehabt/ vnd dieselbige vber gantz Thüringen an sich zu bringen vnterstanden/ deren Vicedominus vnter Keyser Conrado Salico, Ludovicus Barbarus dermahl eins gewesen ist; so haben doch die Barbari, als Landtgrafen/ nachmahls das gantze Landt Thüringen auff jhre Erben gebracht/ biß es vmb das Jahr 1250 auff Henricum des Theodorici Sohn/ als Marckgrafen zu Meissen/ so auß den Nachkömlingen Witekindi des Sachsen entsprungen/ vnd Hermanni des Landtgrafen in Thüringen Enckel auß seiner Tochter Iuditha, gelanget/ deme nachmahls sein Sohn Albertus succedirt/ vnd solchem widerumb seine Söhne Fridericus, Admorsus vnd Theodoricus, welche jhr Anherr Theoricus der Marckgraff in Meissen zu Erben constituiret. Diese gantze Gegend haben/ wie man sagt/ die Sorabi eingehabt/ deren Eginhartus vnd Ammonius gedencken/ vnnd welcher Nachkömlinge oder hinterbliebene/ als die Peucerus Sorbeck vnd Servestein nennet/ zwischen der Elb vnd Saal wohnen. Reynerus Reyneck nennet die Völcker dieses Landts Tyringetas oder Tyringotas, von welchen die Stadt Gothen jhren Namen haben soll. Vnd ob wol gemeltes Landt in seinem begriff klein vnd gering ist/ so begreifft es doch zwölff Grafschafften/ vnd eben so viel Abteyen/ auch hundert vnd vier vnd viertzig Städt oder Städtlein/ vnd gleich so viel Marckflecken/ zwey tausent Dörffer/ vnd anderhalb hundert Schlösser in sich. Städte. Erffurt. Seine Hauptstadt ist Erffurt/ sonsten Erfesfurt genant/ hat jhren Namen/ wie man meinet/ von jhrem ersten Erbawer/ so ein Mühler war vnd Erft geheissen/ welcher seine Mühl an dem Wasser Gera auffgerichtet/ vnd also vnter dem Keyserthumb Arcadii vnd Honorii dieser Stadt einen anfang gemacht/ die nachmahls im Jahr nach Christi Geburt 438 von Clodoveo dem Fränckischen König gewaltig ist vermehret/ vnd endlich im Jahr 1066 mit Mawren vmbgeben/ vnd der massen erweitert worden/ daß sie die Thüringische Bawren auff den heutigen Tag für keine Stadt/ sondern für ein gantzes Landt erkennen: Sie wird von dem durchfliessenden Wasser Gera alles Vnflaths gereiniget:

Marginalia: Grösse. Fruchtbarkeit. — Weid oder Weed. — Herrschafft.

THVRINGIA
LANDGRAVIATVS
Auct. Adolario Erichio
Anderslebiano.
Milliaria Germanica communia.
HASSIÆ PARS.
BVCHONIÆ PARS.
Occidens
Auff dem Hartz
Auff dem Nonnenforst Montana
HOHN STEIN COMITATVS.
Zorge Montana
Herrschafft Klettenberg.
Auff dem Eichsfelde
Herrschafft Lora.
Ampt Lora
Ampt Strausberg.
Vaterm Dune
Ampt Keula
Landtgerichte Sundershausen.
Stifft Volkeroda
Mulhausen
Der Stadt Gebiet.
In der Vogtei.
Ampt Tammesbrucken.
Hersch. Trefurt.
Ampt Langen Saltza.
Heerschafft Tonna.
Ampt Creutzberg.
Ampt Gerstungen
Im Gerstengaw.
Der von Wangenheim Gerichte
Ampt Gotha.
Ampt Eisennach.
GLEICHEN COMIT.
Ampt Tennenberg.
Ampt Krajenberg.
Ampt Reinhartzbrun
Ampt Görgenthal
Ampt Mulberg.
Ampt Saltzungen
In der Rula
Tyringer Waldt
Auff der Blössen Leben
Sylva Semana
FVRSTLICHE GRAFFSCHAFT HENNEBERG.

Fürstenthumb Anhalt
Land zu Köten
SACHSEN.
Wetin Stifft.
Hall
Ertzstifft Hall.
Stifft Merseburg
MEISSEN
Weissenfels weiland eine Graffschafft.
Stifft Naumburg
LIBONOTHIA TYRINGIA AUSTRALIS
Osterland
Oriens
Ampt Kamberg
Ampt Dornberg
Kirchberg Burggraffschafft
Eisenberg etwa eine Graffschafft
Ampt Iena
Ampt Burgel
Ampt Roda
Terra Advocatorum
Voigtland
MANSFELD COMITATUS
Ampt Mansfeld
Graffschafft Arnstein
Wippra Graff.
STOLBERG COMIT.
Ampt Seeburg
Die Herschaft Querfurt
Die Pfaltz zu Sachsen
Ampt Kelbra
Vockstet Herschafft
Ampt Sachsenburg
Herschaft Heldrungen
Herschaft Wihe
Beichlingen Graffschaft
Ampt Freiburg
Ampt Eckartsberge
Weimar
Herschaft Planckenham
Herschaft Kranichfeld
Orlamüda eine Vralte Graffsch.
Herschaft Rembda
Ampt Ilm
Ampt Ehrenstein
Ampt Planckenberg
Herschaft Leuchtenburg
SCHWARZBURG COMITATUS
Ampt und Stift Salfeld
Hersf. Grefenthal
Sala fluvius
Nobilissimo, Doctissimo, et Elegantissimi ingenii viro, IOACHIMO VICOFORTIO Equiti, Illustriss. Bernhardo Saxoniae Duci à sanctioribus consiliis, D.D.D. Johan. et Cornelium Blaeu.

Die Landtgrafschafft Thüringen.

Es war vor zeiten ein Bischofflicher Sitz / von Bonifacio der Teutschen Apostel gestifftet / welche Ehr hernach gehn Mayntz verwendet worden ist: daselbsten eine berühmte hohe Schul / welche Bonifacius der Neunte im Jahr 1392 mit privilegiis vnd Freyhriten begabt hat. Das gantze Landt herumb hat an fruchtbarkeit vnd Wiesenwachs wenig seines gleichen / vnd ist des Gewächses / Weed genant / allenthalben voll. Die Stadt wurde durch Keyser Henrichen den Vierdten auff mancherley weise belästiget / vnd mit vielen Zehenden vnd andern dergleichen Exactionibus beschwert / von deme sie doch vor der zeit je vnd allwege befreyet gewesen. Derowegen / da sich der Thüringische Krieg erhub / hat es die Inwohner derselben für gut angesehen / die vorige freyheiten viel lieber biß auff den allerletzten Blutstropffen mit gewehrter Handt zu verthedigen / als jhre Hälse diesem vnbilligen vnd ongewöhnlichen Joch länger zu vnterwerffen: welches sie dann auch der massen gehalten vnd in der That geleistet / daß der Keyser dadurch in eusserste Gefahr seines Lebens gerahten. Es ist aber in gantz Teutschlandt keine Stadt die so viel erlitten vnd so manchen Brandt außgestanden / als eben diese / deren letzte brandt im Jahr 1472 geschehen / die schöne Kirch zu vnser lieben Frawen vnd S. Severo gewaltig verderbet / vnd schier den dritten theil der Stadt verzehret: Es war ein erschreckliche Brunst von den bösen darzu bestellten Buben angesteckt / deren Rähtleinsführer ein Dominicaner Münch gewesen / dadurch die zwo Stifftskirchen sampt einer Brucken vnd einem grossen theil der Stadt zu schanden gebracht vnd verdorben seynd. Im Jahr 1590 entstundt von wegen der vielen aufflagen / damit die Bürger von dem Raht beschweret wurden / ein grosser Auffruhr zwischen beyden / in massen die gantze Bürgerschafft an einem gewissen orth zusammen kam / vnd von dem Raht zu wissen begehrte / mit was / vnd wie viel schulden die Stadt beschweret sey. Als demnach der Raht die vnsinnigkeit des gemeinen Volcks vermerckt / vnterstunde er sich dasselbige mit guten Worten zu stillen / mit vermelden / daß er erbietig sey zu gelegener zeit aller Innahm vnd Außgab gebührliche Rechnung zu thun / welches dann dem Pöfel seine vngestümb biß auff die bestimpte zeit benahm / da dann alles Volck widerumb znsammen trat / vnd die versprochene Rechnung erforderte / auff welches begehren / einer auß dem Raht den abgefertigten Außschuß der Bürger etwas hart anfuhr vnd sie von newem erzürnete: derowegen als sich die Sach ein wenig verzog / vnnd die Bürger sahen daß jhnen nicht willfahret ward / setzten sie den gantzen Raht ab / vnd erwehlten einen newen an dessen Statt / dadurch dann ein solcher Auffruhr vnd Tumult erwuchs / daß Keyser Maximilian sampt dem Bischoff zu Würtzburg sich dessen musten annehmen vnd die sachen zu schlichten vnterstunden.

Weymar. Die schöne Stadt Weymar war vor zeiten ein eigene vnd besondere Grafschafft / ist aber nunmehr den Hertzogen von Sachsen zuständig / als in deren sie ein schön Fürstlich Schloß vnd statlichen Garten haben / welcher von der Ilm / so endlich in die Saal laufft / nach aller nothurfft befeuchtiget wirdt.

Jena. Die Stadt Iena hat jhren Namen nach etlicher meynung von dem Iano, welchem Abgott gleichwol von den Teutschen keine Ehr geschehen / ich laß mir demnach die meynung viel besser gefallen / daß solcher Name von dem Griechischen wort Ino, welches so viel als Wein bedeut / entlehnt seye. Sie ward Anno 1558 mit einer hohen Schul begabt.

Gothen. Die Stadt Gothen hat jhren Namen von den Gothis oder Gothländeren her / als welche die stadt Gothen nach des Lobsteinii meynung im Jahr 923 in diesem Landt erbawet / vnd dieselbige nach jhrem Namen genennet. Sie hat ein vberauß schön Schloß gehabt / so Grimmenstein geheissen / vnd wegen der vielen vnd grossen Laster eines Edelmans / Mit Namen Wilhelm von Grumbach / ist es biß auff den Boden abgerissen vnd verschleifft worden: dann derselbige lasterhafftige Edelman vnterstundt sich die Fürsten in eine ordnung zu bringen / den Keyser auß dem Reich zu vertreiben / vnd eine newe form des Reichs anzurichten / ward demnach von dem Keyser Ferdinando I, vnd folgends auch von Maximiliano seinem Sohn mit allen denen / so sich mit jhm verbunden / verdampt vnd in die Acht erklärt / vnd die Executio oder vollstreckung derselben dem Churfürsten in Sachsen anbefohlen: welches / als er es vermerckt / begab er sich in dieses Schloß vnd vnter des frommen Fürsten auß Sachsen Johann Friderich des Andern Schutz / welchen die Fürsten ins gemein offt vnd viel vermahneten / er solte sich dieses Auffrürischen ferner nicht annehmen / sondern denselben von sich vnd auß dem Schloß verweisen / vnd jhm sein gebührliche Straff widerfahren lassen. Als aber solche vermahnungen nicht wolten helffen / war der Churfürst bezwungen die Stadt zu belägern / vnd bekam dieselbige mit verwilligung derer / so darinnen waren / ein: Zog demnach gemelten Auffrührer mit andern vieren seiner Gesellen zur gebührlichen Straff / ließ das Schloß biß auff den Grunde verschleiffen / vnd Hertzog Johann Friderich gehn Wien gefänglich führen.

Fliessende Wässer. Der fliessenden Wässer dieses Landts seind viel / vnd das fürnembste vnter denselbigen die Saal oder Salza, die Werr / Vnstrut / Ilma / Gera / Or / Apffelster / Helbe vnd Eling.

Berge. Die Berge seind der Metall / vnd sonderlich des Golds vnd Silbers hin vnd wider / jedoch bey Breitenborn vnnd Schwartzenburg am meisten voll.

Wälde. Mit Wälden ist es an vielen orthen schier gantz vberdeckt / welche allesampt stück des Hartz: oder Schwartzwalds seynd: Der Thüringerwaldt aber ist vnter allen der gröste / vnd schier männiglich bekant: Die andere heissen Bacenis / Haynich / Hainseite / Finne vnnd dergleichen / die ins gemein allerley Wildprät von sich geben.

Gemeine Gebäw. Endlich hat es in diesem Landt auch viel Kirchen vnd Klöster / vnd vnter denselbigen die statliche Kirchen zu vnser lieben Frawen vnd zu S. Bonifacio, zu Erffurt von dem Churfürsten von Mayntz erbawet / in welcher letzten die allergröste Glock hängt / so jemahls in gantz Tentschlande gesehen worden.

Sitten. Die Inwohner aber des Thüringerlandts seind grimmige vnd harte Leuth / so den Feindt auch mit jhrem blossen ansehen erschrecken / einer grossen länge vnd stärcke / auch von schwartzbrauner Farb vnd guten gestalt.

Die Grafſchafft Manßfeldt.

Dieſe Grafſchafft / welche ein Glied des Reichs / hat vnter ſich nachfolgende vnterſchiedene Grafſchafften vnd Herꝛlichkeiten:

- Wipper.
- Arnſtein.
- Wethin.
- Quernfurt.
- Item
- Barby.
- Stolberg.
- Hohenſtein.
- Regenſtein.
- Pleſſe.

Vrſprung des Namens.

DJe Grafſchaft Manßfeldt / ſo ein theil des alten Sachſenlands / hat jhren Namen entlehnet von Manno, dem zweyten König der Teutſchen oder Allemannien / angeſehen das wort Mansfeld nichts anders dann das Feldt Manni bedeutet / welches das wort Aſcania bekräfftiget / ſo dem Hertzogthumb Anhalt zugeeignet / vnd des Teutſchen Aſchenes Namen / von welchem ſie entſprungen / mit ſich führet. Aſchersleben ligt auch nahe darbey / vnd iſt ſo viel zu ſagen / als das Hauß des Aſchenes. Da iſt auch ein See / genant Aſchenes. Dieſe Gegend ſtöſt gegen Orient an die Saal vnd das Biſchthumb Magdenburg / wie auch das Gebiet Merßburg: gegen Mittag an Thüringen / gegen Occident an die Grafſchafft Schwartzenburg / Stolbergen / das Fürſtenthumb Sangerhauſen / Anhalt vnd Aſſeburg / ſo daß die Grafen von Manßfeldt / die ſich auch die Edlen Herꝛn von Heldrungen nennen / zu nachbarn haben den Ertzbiſchoff von Magdenburg / den Biſchoff von Merßburg / den Churfürſten von Sachſen / den Landgrafen von Thüringen / den Hertzog von Sachſen / den Biſchoff von Halberſtadt / den Fürſten von Anhalt / den Herꝛn von Bernburg / den Grafen võ Schwartzenburg vnd Stolbergen / den Herꝛn von Werther / vnd den von Aſſeburg.

Gräntzen.

Andreas von Hoppenrode in ſeinem Geſchlecht-regiſter der Hertzogen von Sachſen bekennet / daß er nit wiſſe / wañ oder von wem dieſe Gegend ſeye mit dem Gräfflichen Titel begabet worden / doch erzehlet er neben Cyriaco Spangenberg / daß ein Graff von Manßfeldt / genennet Heger, eben zu der zeit des berühmten Königs Arturi in Engellandt gelebet / vnd neben andern die Taffelronde habe helffen auffrichten. Dieſer Arturus hat gelebet vmb das Jahr 542. Wann jemand bedüncken ſolte / daß die Hiſtori der Taffelronde eine Fabel ſey / ſo iſt dannoch diß zu mercken / daß noch ſchier mitten in Engellandt ein Stadt ligt / welche Manßfeldt genant wird / gelegen zwiſchen den Flüſſen Trente vnd Rother, nicht weit von der Stadt Notingam.

Gedachte Grafſchafft begreifft noch vier andere Grafſchafften / als nemblich Arnſtadt / Wipra / Wethin vnd Quernfurt / die vor zeiten jhre eigene Grafen gehabt haben / aber nunmehr erkennen ſie niemand als die Grafen von Manßfeldt für jhre Herꝛn. Auch ſeind in dieſer Grafſchafft noch andere Herꝛſchafften / ſo in der Mappen zu ſehen. Die fürnembſten Städte ſeind Manßfeldt / Eyßleben / Wipra vnd Leimbach. Städte.

Man findet in ſolcher Grafſchafft einen groſſen vberfluß an Mineralien vnd Metallen / von dannen kompt der Schiferſtein / mit welchem man die Dächer decket / vnnd der ſehr leicht zu ſpalten iſt / dergleichen / wie Munſterus ſchreibet / nicht bald jrgends anderswo zu findẽ. Da ſeind Steine die ſehr Kupfferꝛeich werden befunden / welches wol herauß zu bringen iſt / wann man ſie verbrant hat / doch nicht ſonder groſſen koſten. Es ſcheinet auch / ſagt gedachter Autor, als ob die Natur der geſtalt hab wollen ſpielen vnd ſich erluſtigen / in dem ſie ſo künſtlich in dieſen Schiferſteinen hat abgebildet allerley Fiſche / Fröſchen vnd andere wunderliche kriechende Thier / die in dieſem Lande in einem groſſen See zu finden: Es ſiehet nicht anderſt als ob ſie gemahlet weren / ſo daß man ſie alſo bald im erſten anſehen kan erkennen vnd nennen. Cyriac Spangenberg verſpricht / er wolle die Hiſtori vnd Beſchreibung dieſer Grafſchafft an das Liecht kommen laſſen / da dann alle Städte / Veſtungen / Dörffer / Berge / Flüſſe / Seen vnd Bergwerck / in gleichem die alte Hiſtorien / vnd deren vrſprung weitläufftig ſollen deduciret werden.

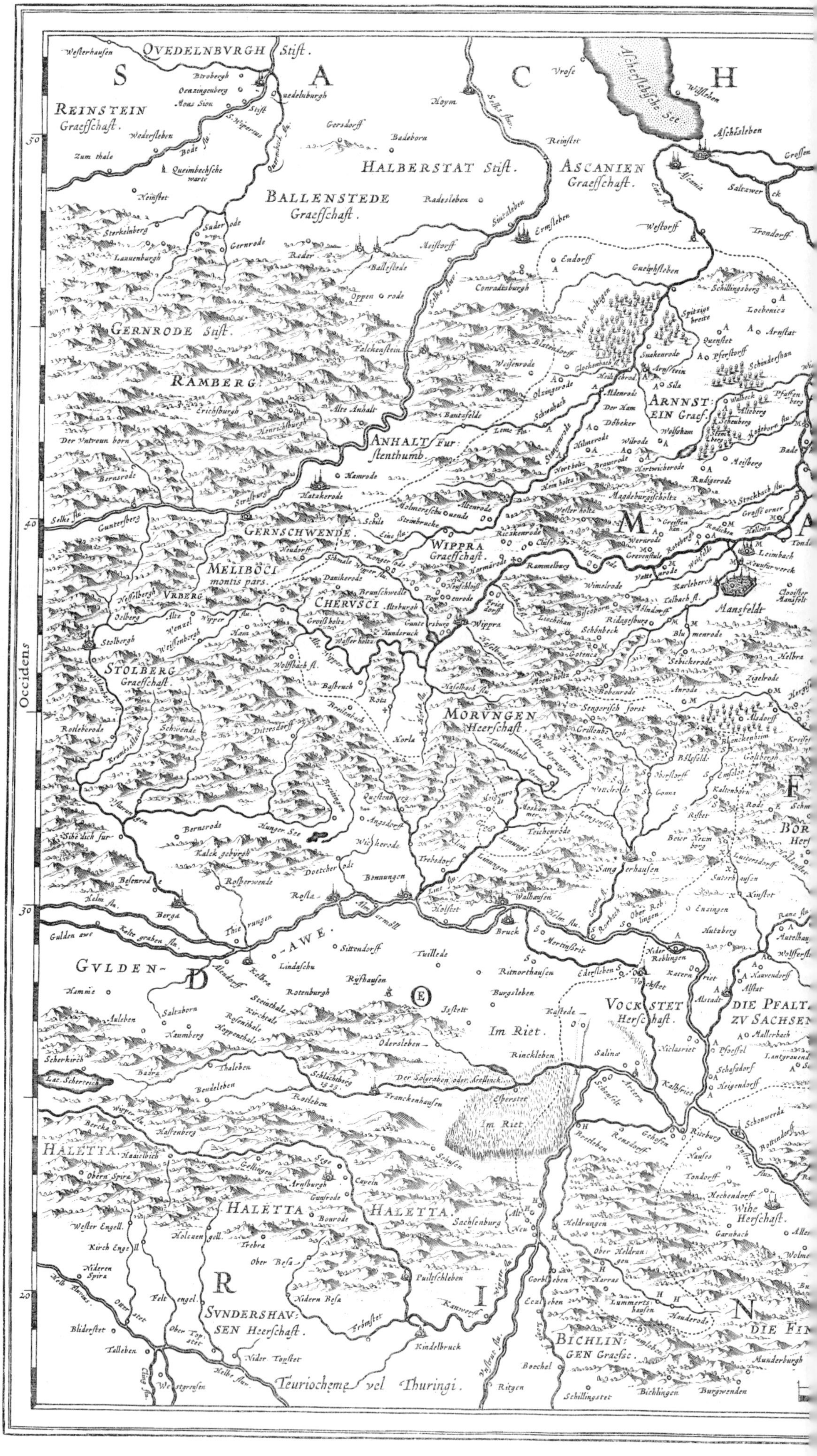
QVEDELNBVRGH Stift.
S
A
C
H
REINSTEIN Graeffschaft.
HALBERSTAT Stift.
ASCANIEN Graeffschaft.
BALLENSTEDE Graeffschaft.
Quedelburgh
Aschersleben
GERNRODE Stift.
RAMBERG.
ANHALT Furstenthumb
ARNNSTEIN Graef.
GERNSCHWENDE.
WIPPRA Graeffschaft.
MELIBÖCI montis pars.
CHERVSCI
M
Mansfeldt
STOLBERG Graeffschaft.
MORVNGEN Heerschaft.
Occidens
Sang erhausen
GVLDEN-
D
-AWE.
E
Im Riet.
VOCKSTET Herschaft.
DIE PFALTZ ZV SACHSEN
Im Riet
HALETTA.
HALETTA
HALETTA.
R
SVNDERSHAVSEN Heerschaft.
I
BICHLINGEN Graefsc.
N
DIE FIN
Wihe Herschaft.
Teuriochæme vel Thuringi.
50
40
30
20

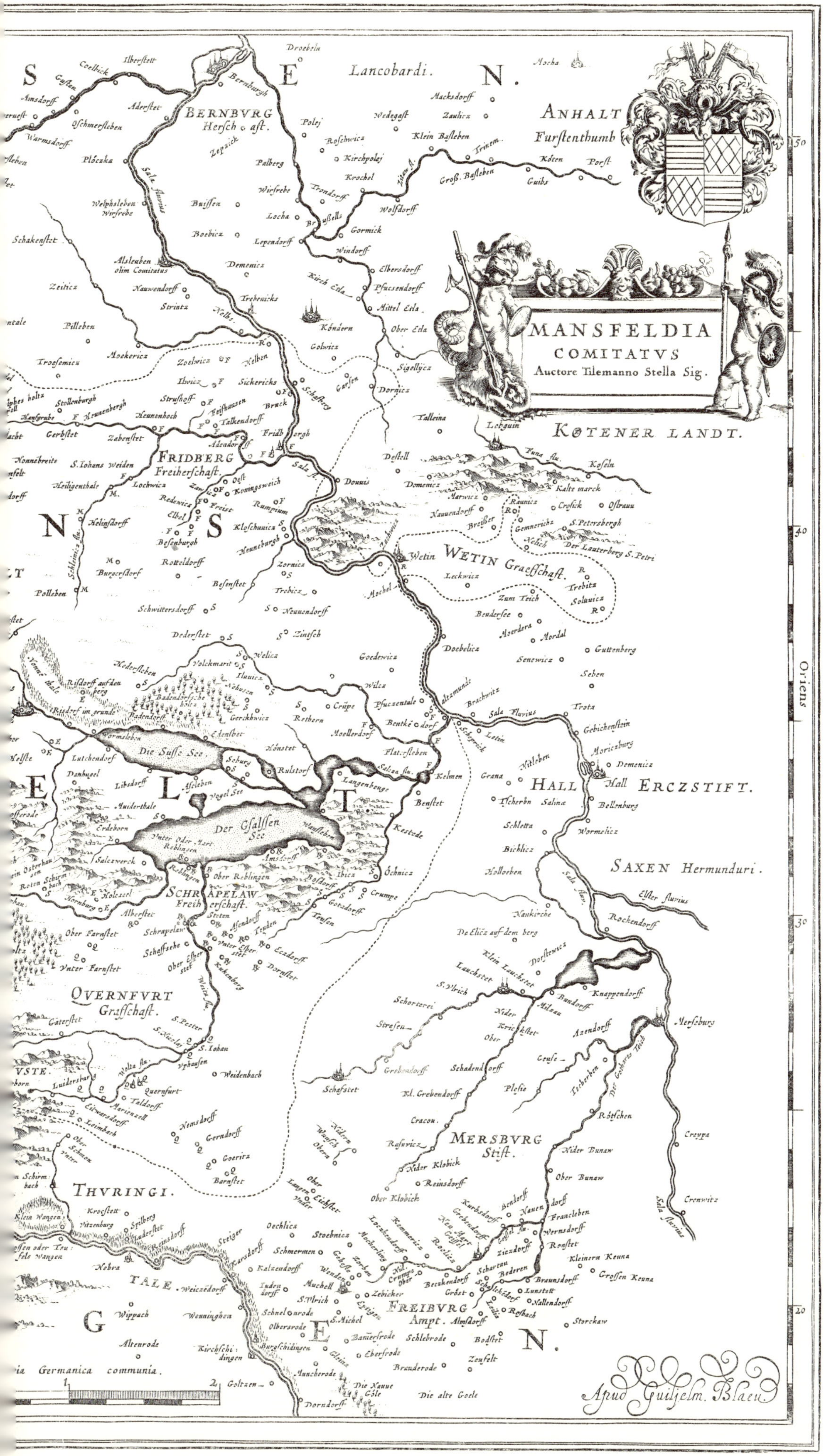

MANSFELDIA
COMITATVS
Auctore Tilemanno Stella Sig.
Apud Guiljelm. Blaeu
ANHALT Furstenthumb
Lancobardi.
KOTENER LANDT.
BERNBVRG Hersch aft.
FRIDBERG Freiherschaft.
WETIN Graefschaft.
HALL
ERCZSTIFT.
SAXEN Hermunduri.
Die Susse See
Der Gsalssen See
SCHRAPELAW Freiherschaft.
QVERNFVRT Graffschaft.
MERSBVRG Stift.
FREIBVRG Ampt.
THVRINGI.
Germanica communia.
Sala fluvius
Elster fluvius
Mersburg
Wetin
Oriens
50
40
30
20

Ober Sachsen.

Der achte Kreyß des Römischen Reichs ist Ober Sachsen.

1. Der Geistliche Standt.	2. Der Fürsten vnd Herrn Standt.	3. Der Freystädte Standt.
Die Bischoffe.	Hertzog vnd Churfürst zu Sachsen.	Dantzig.
Meissen.	Marckgraff vnd Churf. zu Brandenburg.	Elbingen.
Merßburg.	Marckgraffen von Brandenburg.	
Naumburg.	Hertzogen von Pommern.	
Brandenburg.	Fürsten von Anhalt.	
Havelberg.	Grafen von Schwartzenburg.	
Lübeck.	Gr. von Manßfeldt.	
Camin.	Gr. von Stolberg.	
	Gr. von Hohenstein.	
Abte.	Gr. von Buchlingen.	
Salfeldt.	Gr. von Rappin.	
Rittershausen.	Gr. von Müllingen.	
Falckenstein.	Gr. von Gleiche.	
	Gr. von Leißneck.	
Abtissinnen.	Widerfelß.	
Quedlenburg.	Herrn von Bernaw.	
Gernrode.	Freyherrn von Tautenberg.	
	Grafen von Regenstein.	
	Reusen von Plaw. Herr von Gratz.	
	Herrn von Schönburg.	

OBer Sachsen ist der achte Kreyß des Röm. Reichs. Dieses Landt/ dessen Nahme Ober Sachsen/ wird für ein Hertzogthumb gehalten/ vnd von einem der sieben Churfürsten/als seinem besondern Hertzogen regiert/ *Gräntzen.* stöst gegen Orient an die alte Marck/gegen Occident an Hessen/ gegen Mittag an Thüringen vnd Meissen/vnd gegen Mitternacht an das Hertzogthumb Braunschweig. *Wittenberg.* Seine Hauptstadt ist Wittenberg an der Elb/ ward von Wedechindo dem Ersten dieses Namens/oder wie andere wollen/von Wedechindi I Sohn erbawet/hat entweder von diesem oder jenem jhren Namen/ ward Anno 1502 von Hertzog Friderico mit einer hohen Schul begabt/ welche Fridericus II nachmahls gewaltig vermehrt/vnd mit gelehrten Leuten/so beydes in den dreyen fürnembsten Sprachen vnd andern Künsten wol geübt/ nach allem vberfluß versehen. *Historia.* Von dieser Stadt erzehlt Albertus Crantzius ein grosses Wunder/ daß nemblich die Stadt auff eine zeit bey nächtlicher weil seye angesteckt/ vnd der verdacht solcher That auff einen/ so derselbigen vnschuldig/ geworffen worden/ welcher zum beweiß solcher vnschuld ein glüend Eysen einen guten fernen Weg/ ohn einige verletzung in den blossen Händen getragen/nachmahls dasselbige von sich geworffen/welches mit männiglichs verwundern also verschwunden/daß niemand im geringsten wissen können/wo es in einem solchen Augenblick hinkommen sey: Als aber schier ein gantzes Jahr verlauffen/ begab es sich/ sagt er/ daß einem andern befohlen wurde ein gemeine Straß oder Gasse in der Stadt mit Steinen zu pflastern/ welcher/ als er mit den Händen in dem Sandt herumb gescharret/das Eysen vngefehr gefunden/ welches noch glüend heiß gewesen/vnd jhm die rechte Handt verbrant: Als solches die Vmbständer gesehen/ zeigten sie es dem Stadtvogt mit verwunderung an/ der auff den Pflasterer einen Argwohn warff/ denselbigen also bald beschickt/vñ dieweil er die That des eingelegten Brands nach peinlicher verhörung bekant/mit dem Radt straffen vñ erwürgẽ ließ: darüber sich dann die jenige insonderheit zum höchsten verwunderten/die auff solche prob des glüenden Eysens zuvor nichts hatten gehalten. Ein solche Histori liset man auch von Genildi des Henrici III Ehegemahl/ welche von einem jhrer mißgünstigen eines Ehbruchs bezüchtiget ward/ vnd zu rettung jhrer Ehr vnd vnschuldt das glüende Eysen ohne verletzung trug. Eben vff solche weise haben auch die bey dem Georgio Cedreno jhre Jungfrawen/ ob sie nemblich noch rein vnd vngeschändet/ mit dem glüenden Eysen probirt. In diesem Obern Sachsen ist nach etlicher meynung auch die Stadt Torgaw gelegen. *Torgaw.*

SAXONIA SVPERIOR, CV
Manſfeldiæ comitatus pars
Occi dens
ANHALT
FVRSTEN
THVMB
SAXONIA
Superior
Hall episc
MISNIA
VOITLANDIA
Reder wald
BOHEMIÆ
Wittenberg
Leyptzig
Meiſzen
Dreſda
Hall
Naumburg
Zwicka
Egra

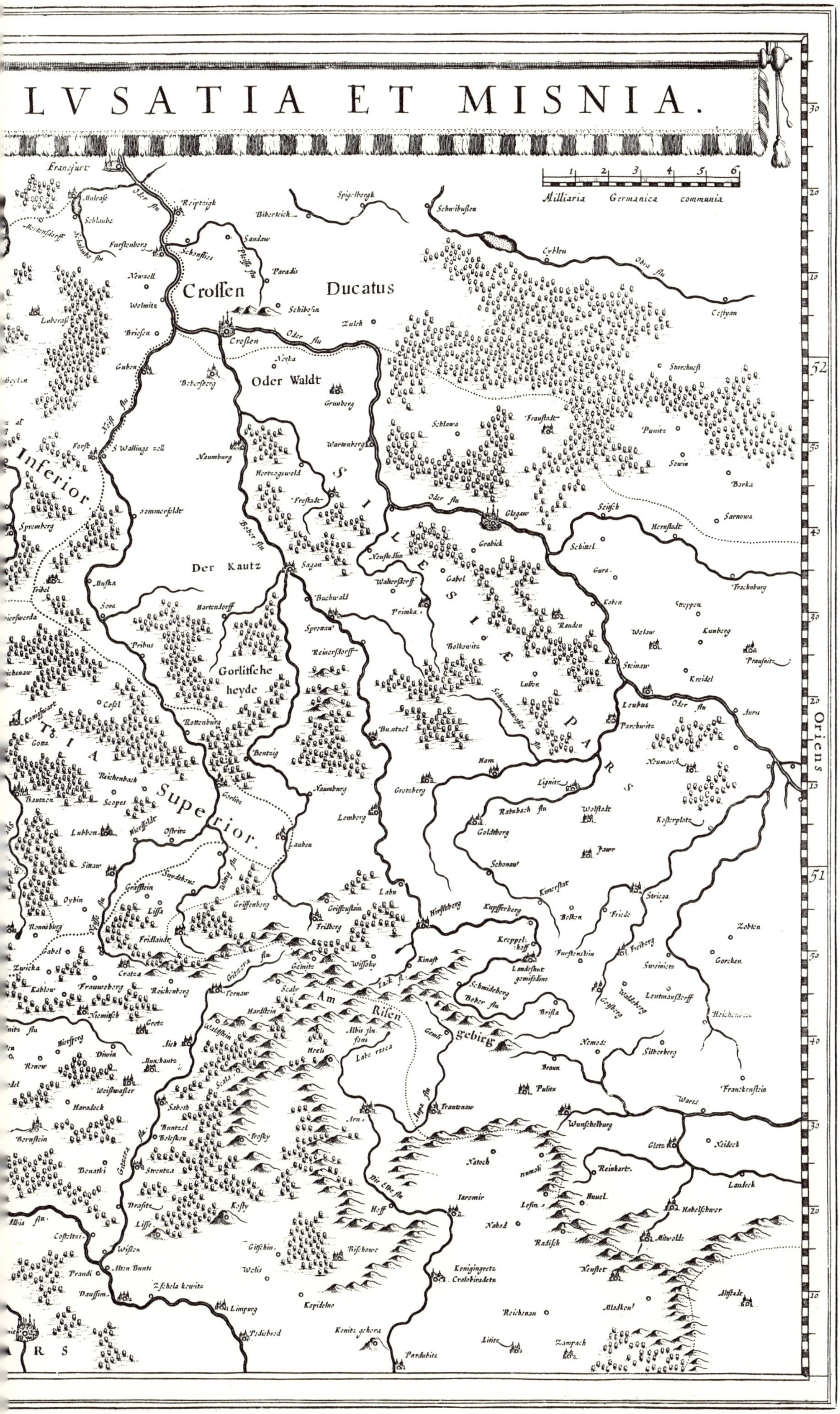
LVSATIA ET MISNIA.
Milliaria Germanica communia
Crossen
Ducatus
Oder Waldt
Der Kautz
Gorlitsche heyde
Inferior
Superior.
SILESIÆ PARS
Am Risen gebirg
Oriens
Francfurt
Reiptzigk
Fürstenberg
Guben
Naumburg
Sagan
Glogaw
Grunberg
Wartenberg
Fraustadt
Steinaw
Leubus
Parchwitz
Lignitz
Goldtberg
Jawr
Hirschberg
Schonaw
Landshut
Schmideberg
Freiberg
Zobten
Silberberg
Franckenstein
Wartz
Glatz
Landeck
Habelschwer
Neustet
Konigingretz
Jaromir
Nahod
Pardubitz
Limpurg
Podiebrad
Gitschin
Reichenberg
Fridland
Lauben
Gorlitz
Bautzen
Reichenbach
Lubben
Ostritz
Bunztzel
Lemberg
Lahn
Greiffenberg
Spremberg
Forst
Sommerfeldt
Prausnitz
Trachenburg
Hernstadt
Wolstadt
Striega
Wunschelburg
Reichenau
Albis flu.
Oder flu.
Bober flu.
Neiss flu.
Obra flu.

Ober Sachsen.

Meissen.

Vrsprung des Namens. MIlsnia oder Meissen / so auch in Ober Sachsen zwischen der Saal vnd Elbe gelegen / hat seinen Namen von Mesia dem See / bey welchem seine Inwohner vor zeiten gewohnt : oder wird von der Stadt Meissen also genant. Es sey aber diesem wie jhm wolle / so ist dieser Name noch new / sintemahl auß dem Tacito zu sehen / daß die Hermunduri vor zeiten in diesem Landt gewohnt. *Gräntzen.* Es stößt gegen Mitternacht an die Brandenburger Marck vnd ober Sachsen / gegen Orient an Lusatiam vnd Schlesien / gegen Mittag an das Königreich Böhmen vnd die Berge Sudetos, vnd gegen Occident an das Thüringer Landt. *Eusserliche Lufft.* Wie man sagt / so ist sein eusserlicher Lufft vor zeiten wegen der vielfältigen feuchten Dünste / so auß dem Gebürg vnd Wälden herkommen / fast gar vnerleydlich gewesen / vnd aber dieweil die Wälde meistentheils vmbgehawen / vnnd die gemelte Dünst vnd Nebel nachgelassen / nunmehr vmb viel gesunder. *Fruchtbarkeit.* Das gantze Landt bringt des Getreyds ein solche menge / daß es auch alle vmbligende Länder damit versehen kan / ist darneben auch an Wein / Honig vnd allerley Vihe gewaltig reich / ohn allein in dem Joachims Thal / da die Erde fast hart vnd vngeschlacht / vnd zur fruchtbarkeit nicht so sehr geneigt. Was es aber von aussen nicht hat / das erzeigt es inwendig desto reichlicher / in dem es nemblich einen gewaltigen Schatz von Silber / Zinn / Eysen / Bley / vnd an etlichen orthen auch Goldt in seinen Bergen von sich gibt. *Herrschafft.* Zur zeit des Ottonis Magni ward diese Landtschafft sampt dem Thüringerlandt vnnd dem Gebiet Ober Sachsen / die Sächsische Marck genant / ehe das Hertzogthumb Ober Sachsen aufkam / nachmahls aber wurden diese Länder in viel Herrschafften zertheilet / vnd folgends widerumb vnter eines eintzigen Herrn gewalt gebracht / dergleichen dann Anno 1241 geschahe / als der Landgraff in Thüringen ohn Leibserben starb / vnd solches sein Landt durch ein Weib auff die Herren in Meissen verwendet / welche von derselbigenzeit an beyde Titul bekamen / vnd Marckgrafen in Meissen vnd Landtgrafen in Thüringen genant wurden. Item als es den Churfürsten in Sachsen im Jahr 1423 an Männlichen Erben vñ successoribus mangelte / vbergab Keyser Sigmund das Hertzogthumb Sachsen den Hertzogen auß Meissen / welche dasselbige noch auf den heutigen Tag besitzen / vnd von derselbigen zeit an einen dreyfachen Titel / als von Thüringen / Meissen vnd Sachsen führen. *Städte.* Der Städte dieses Landts werden viel gezehlt / deren Haupt die *Meissen.* Stadt Meissen ist / von welcher das Landt seinen Namen hat / ligt auff der lincken seyten an der Elb / vnd ist von Keyser Ottone dem Ersten erbawet. *Dreßden.* Die nächste nach dieser ist Dresdena oder Dreßden / / ligt an einem vberauß lustigen orth / ist wider alle anläuff der Feinde wol verwahrt / des Churfürsten vnd Herrn des gantzen Landts eigene Wohnung / als in deren er seine Fürstliche Hoffhaltung führt / hat ein gewaltig Zeughauß vnd eine künstliche steinere Brück. *Leipzig.* Leipzig ist eine berühmte Handelstadt / an Reichthumb vnnd Herrlichkeit allen andern Meißnischen Städten vberlegen / ligt nächst an der Pleyß / vñ hat eine berühmte hohe Schul / welche im Jahr 1408 / als die sachen zu Prag vbel stunden / von dannen in diese Stadt ward transferirt. Eben in dieser Gegend ligen auch die Städte Ilenburg / Altenzell / Lautterberg vnd viel andere mehr. *Fliessende Wässer.* Seine fliessende Wässer seind die Elb / Saal / Schleyß / Muld / Pleyß / Elster vnd andere mehr. *Wälder.* Die Wälde aber / als deren es hin vnd wider nicht wenig hat / seind gleichfals auch für stück des Hartz: oder Schwartzwaldts zu rechnen. *Sitten.* Die jetzige Inwohner seind starcke frölige / Leuthselige vnd bescheidene Leuth / einer schönen Gestalt / löblichen proportion, halten den Frieden sonderlich hoch / vnnd lassen nirgend eine grawsamkeit vnter jhnen spüren.

Weimar.

WEimmar ein lůstige Statt in Dürigen/ist weiland eine Graffschafft gewesen/jetzt aber der Hertzogen zu Sachsen Sitz vñ Hockläger. Dieselbige haben alhie ein herrlich Pallast/ auß quader vnd nach dem richtscheidt gehawenen steinen zierlich gebawet / auch einen Baum oder Lůstgarten mit allerley Bäum künstlich durchpflantzet/wirt von dem Fluß Ilma/ welcher sich darnach in die Saal gibt/befeuchtiget.

Erpffurt.

ERpffurt ein merckliche vnd die grössiste Statt des Teutschen lands/vnd häupstatt in Düringen/ist von den Alten Erphesfurt geheissen/von einem Müller mit namen Erpff/ vñ einer durchfart des wassers/ welchs die Teutschen ein furt nennen. Das wasser Gena laufft hie mitten durch die Statt/ reiniget vñ saubert dieselbige. In der Statt ist ein hoher Berg/ wirt jetzt S. Peters Berg genant/hat vorzeiten ein Schloß auff gehabt/ist aber darnach verwüstet/vñ daselbst als Dagobertus bey den Francken regieret/ ein Kloster zu ehren S. Petro erbawet. Dabey hat der Mentzische Ertzbischoff Bonifacius vnser liebẽ Frawen Kirch auffgericht/ Der bodẽ vmb Erpffurt ist vber die maß sehr fruchtbar/ gibt vil viehweiten/ vnd daß kraut Weyte genant/zu dem tůchfärben gar dienlich. Hie ist eine Vniuersitet/ von dẽ Fränckischen König Dagoberto/ jm Jar Christi 1391 fundiert/ vñ von Bonifacio des namens den IX. vnd Pio dem andern mit vilen Priuilegien bestetigt. Besihe Munsterũ, die Straßburger Chronick/ Georgiũ Rithaimerũ in seiner Weltbeschreibung/ vñ Pij 2. Europã.

JEna.

JEna einer Statt nam̃ im Düringer Land/ ich sihe aber nit wie diser nam̃ von dem Jano solte herkommen/ dieweil diser Gott in Teutschland nicht geehret worden: ist derohalben der warheit am meisten gemäß/ wie Stigelius schreibt/ daß JEna/ nach dem treffentlich vil Weins alda wächst / von dem Hebraischen wörtlein Jajn / welchs auff vnsere spraach Wein heisst/ den nam̃en bekommen hab. Des Stigelij meinung ist in disen Versen verfasset:

Hinc placet Hebræo nobis hanc nomine dici,
Vt vetus à Iayn nomen IENA tenet.
Cur ita crediderim, nisi mentem vocula fallit,
Certa huius ratio nominis esse potest.
Quippe vocat Iayn Solyma pius incola terrâ,
Hoc quod nos Latio dicimus ore merum.
Qua caput in medijs vrbs fertilis erigit vuis,
Hanc quisquam à vino nomen habere neget?

Ist in eim Thaal gelegen/ mit Mawren vnd türnen befestigt / hat ein Brück vber das Wasser die Saal/ ist rings vmbher mit lůstigen Bergen vnd Weingärten vmbgeben/ hatt auch eine Particular Schůl.

GOtha.

RIthaimerus wil/ die Düringer sollen jhren Vrsprung von den Gothen haben/ darumb daß dieselbe in disem Land die Statt Gothen nach jhrem nam̃en im Jar Christi 923. wie Wolffgangus Jobsten anzeigt/ erbawet haben. Alda ein wunderbarlichs starck Schloß gewesen/ jetzt aber gantz vnd gar/ diser vrsach halben geschleifft. Wilhelm Grumbach mehr Geschlechts halben als von Tugenden vom Adell/ ist vmb seiner vielfältigen vbelthaten/ damit er die Fürsten seines gefallens/ zu einer besondern Ordnung zwingen/ den Keyser aber vom Keyserlichen Regiment stürtzen/ vnd ein new Regiment anstellen wolte/ vom Keyser Ferdinando vnd seinem Sohn Maximilian/ mit allen seinen Confederierten vnd Catilinischen Bundgenossen in die Acht vnd vberacht/ erkant: Vnd der sachen execution vnd folnziehung von Keyserlichen Maiestat vnd andern des Reichs Orden/ dem Durchleuchtigsten Churfürsten von Sachsen/ empfolen. Dieweil sie aber sich auff jhre gewalt vnd schütz des Hertzogen von Sachsen Hans Friderichs des andern/ stewrten/ haben sie die Acht vnd Proschription in den Wind geschlagen. Da der Wilhelm Grumbach aber/ mit vilen Fürsten ermanungen von seinem auffrürischen vornemen nicht abgezogen mocht werden/ ist der Durchleuchtigster Churfürst Hertzog Augustus von Sachsen/ mit höhester not darzu gedrungen/ (damit er nit das Keyserliche Mandat verachtete) hatt er die Statt auff Weynacht abent belägert / vnd dieselbe durch vbergebung der jnwendigen/ den 13. Aprilis im Jar 1567. erobert: den Grumbach aber mit noch vier seines bösen vornemens Bundgenossen/ jhrer vbelthat nach/ mit gebürlicher straff/ den 18. Aprilis abgethan/ das Schloß im grund abgeworffen/ vnd ist Hertzog Hans Friderich gehn Wien gefänglich gefürt.

Fuldt.

FVLdt ist die Häupstat des Ländleins so man die Büchen nennet/ vnd ligt zwischen Türingen/ Franckenlandt/ Wederaw vnd Hessen. Das Wasser Fuldt/ fleusst bey diser Statt her/ vnd hat derselben den nammen gegeben. Es ist in dieser Statt ein gar altfränckisch Münster/ daß ein sonderlichs gezierd ist deß gantzẽ Lands/ in der ehr deß Säligmachers gebawet/ vnd dahin in der rauhen art/ zu den zeitten des Heyligen Bischoffs Bonifacij vnnd Königs Pipini/ im Jar Christi 755. auch die Statt Fuldt erbawet. Doch sagen die andern/ es seye das kloster gebawet worden vom gemelten Bonifacio/ vnder dem Grossen Keyser Karln/ vnnd darnach auch mit der zeitt die Statt erwachsen. Beinahe vmb dise zeitt ist Wonfridus/ so darnach Agathopæus oder Bonifacius genant worden/ auß Britannien in Teutschland/ ein Apostel Christi kommen/ wie gemeingklich die History Bücher anzeigen. Weitter hie von / besihe in der beschreibung dises Ländleins vnd Statt/ Georgij VVicelij beim Munstero.

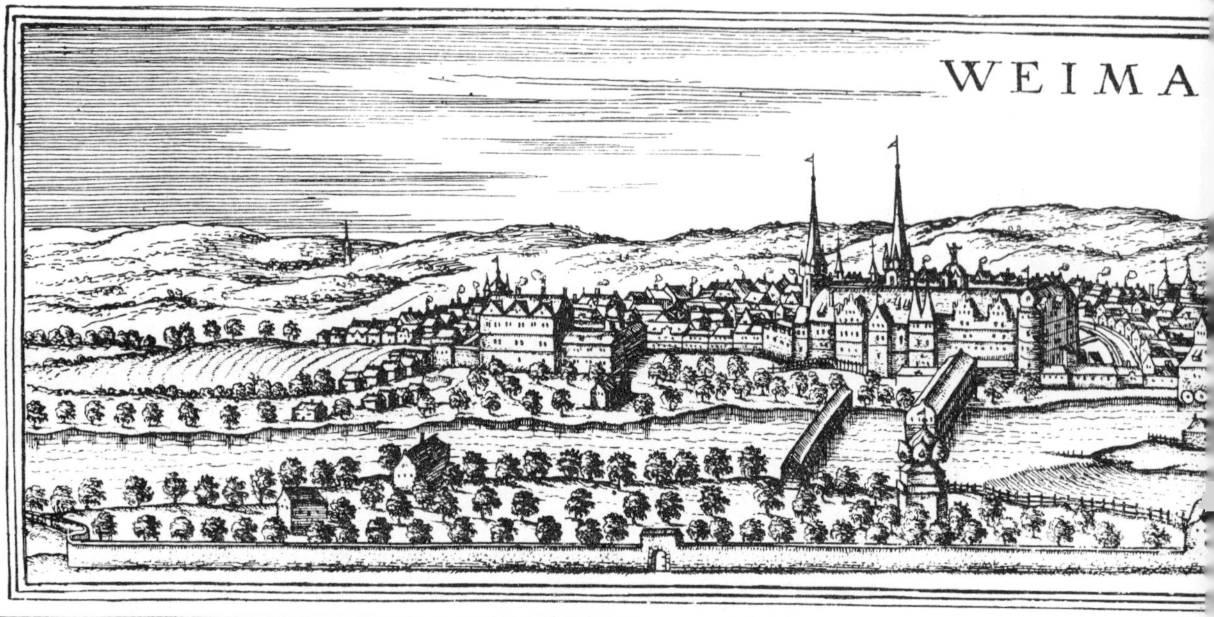
WEIMA

IENA Thuringiæ vrbs, cum propter Musas, tum vineta clara et celebris

GOTHA.

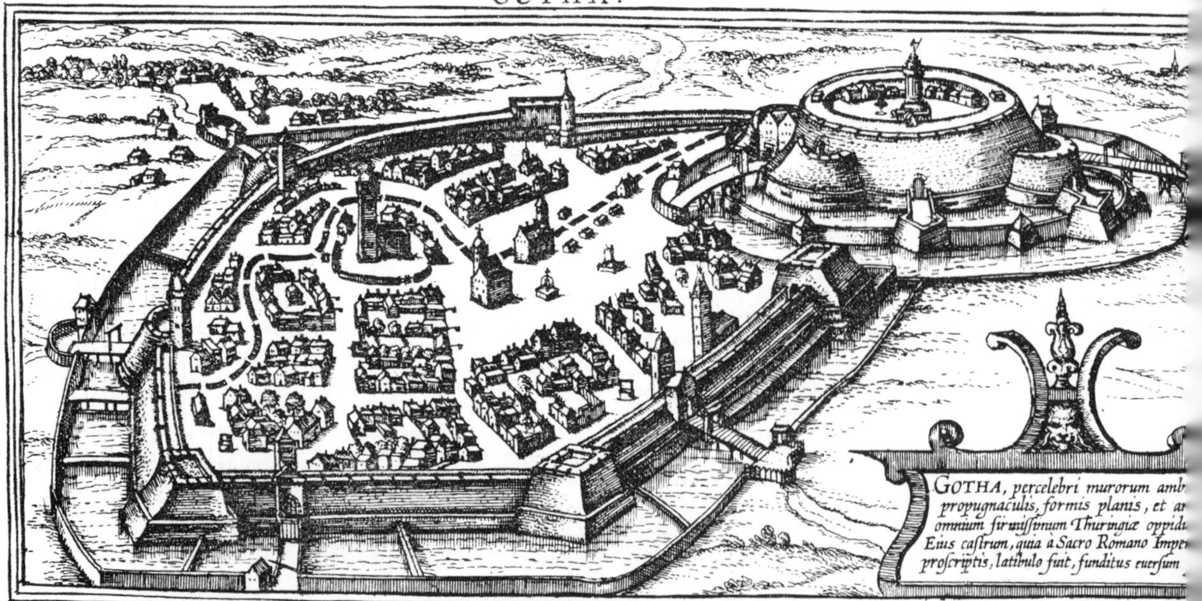
GOTHA, percelebri murorum amb
propugnaculis, formis planis, et a
omnium firmissimum Thuringiæ oppid
Eius castrum, quia à Sacro Romano Impe
proscriptis, latibulo fuit, funditus euersum

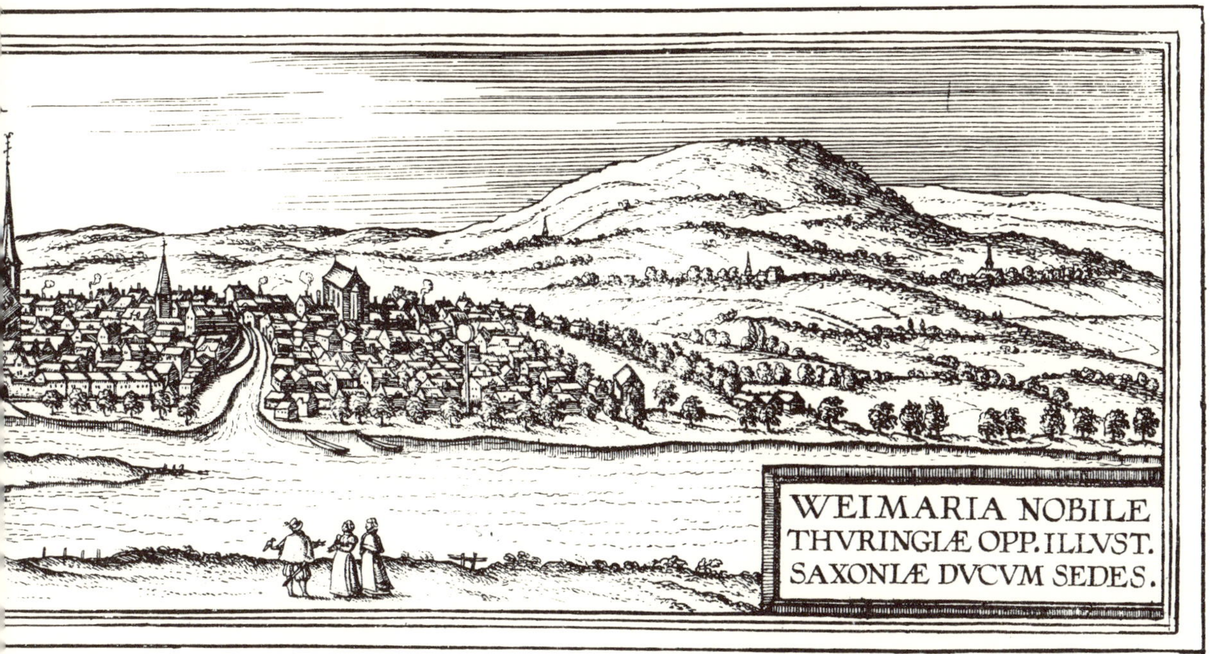

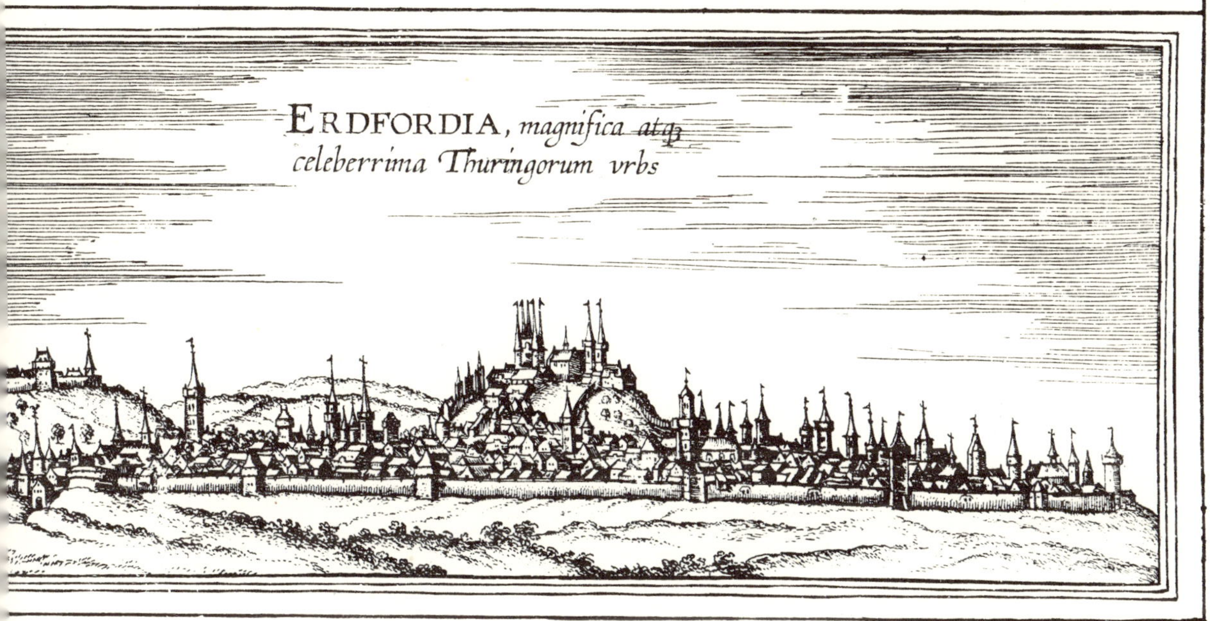

Cum Privilegio

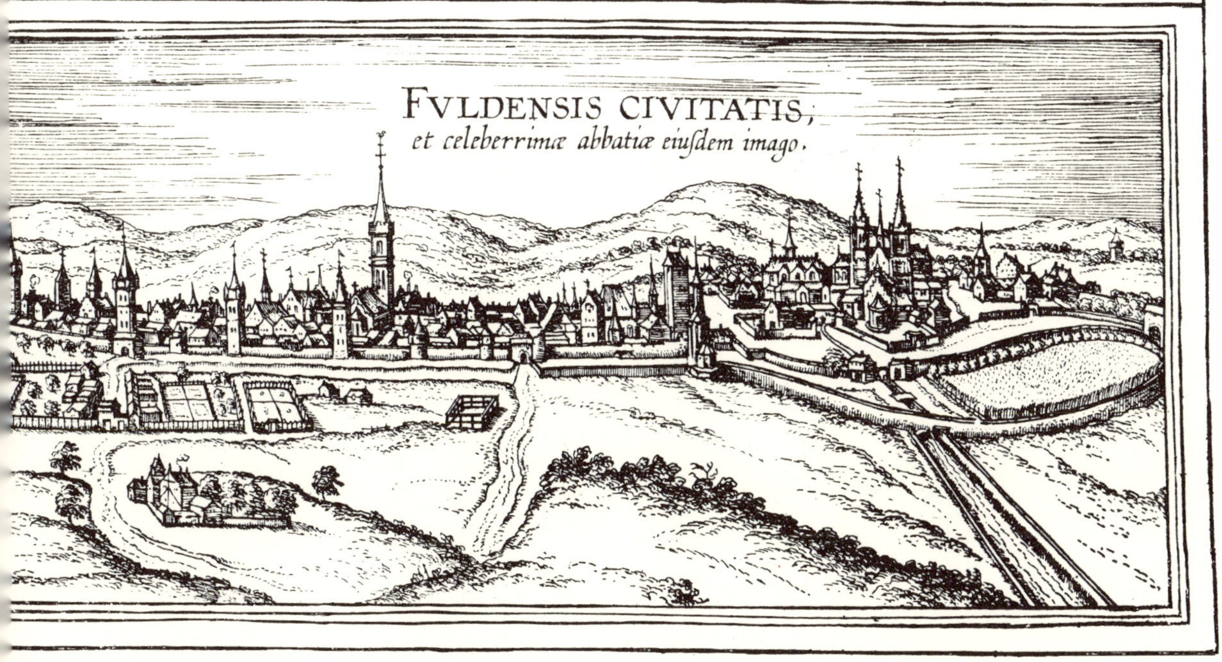

Dresden.

DAS Landt Mäissen so dem Obern Sachsenlandt eingeleibt/ zwischen der Saal vnd Elb gelegen/hatt den namen von dem stehenden See Mesia/ darbey die einländische Völcker gewonet haben/oder / wie Georg Rithaumer in seiner Weltbeschreibung wil/ von der Statt Misna. Diß Landt begreifft vnder andern Stätten auch Dresden/ist jhrer gelegenheit halben/gar lüstig anzusehen / mit vmbgehenden Mawren / Gräben/ Brustwehren/der Feind vornemen zu wenden/ gar wol versorgt/auch mit gemeinen vnd besondern Häusern der massen geschmückt/daß sie auch jhrer schöne halben mit den vornembsten Meißnischen Stätten streitten kan. Der fluß Elb/so dem Rhein nicht vngleich/stösst an dise Statt/ darüber gehet ein lange steinẽ Brück/welche jrer länge vñ harter stein halbẽ/besonder wunderns wert ist/hat auff disseit der Elb/die alte namhaffte Statt Dresden. So viel dises Orts/vnd der lufft gesundheit angehet/ ist derselbigen solche genüglichkeit vnd fruchtbarkeit/daß die Durchleuchtigste Hertzogen vñ Churfürstẽ von Sachsen/andere viel schöne jhres Gebiets Stätte verlassen/ vnd hieher jhren jmmerwerenden sitz/ hofflager vnd wonung gelägt haben. Daher ein außerlesen schon Schloß/wie jedermeniglich so solches gesehen/ bezeugen / die Statt Dresden verziert/ist auß viereckigen/vnd nach dem richtscheidt gehawenẽ steinen mit mercklichen kösten erbawet/auch mit gnugsamen Büchsen/vnd bequemen Mawren gar wol versorgt. Alhie ist des Durchleuchtigsten Hertzogen von Sachsen Zeughauß/mit allerley wehr vnnd büchsen/auch mit kugeln vnd puluer auffs best versehen. Darinn werden allerley Harnisch vnd Kürиß vnd was zum krieg nötig/oder sonst in der eill gegen alle anläuff zur rüstung eines gantzen Kriegsheers gefordert/fleissig bewart. Wann ich von den Schlangen/Falckeneten/ Mawrbrechern vnnd dergleichen schwere geschütz/auch von jhrer schöne vnd grösse wölte schreiben/förchte ich es würden ettliche/ so solche herrliche kriegsrüstung nit gesehen / ich redte neben der Warheit/ vermeinen. Das darff ich aber mit beständiger Warheit sagen/das in gantz Teutschlandt kein Zeughauß/welchs disem zuuergleichen/gefunden wirt. Der boden vmb dise gegend/wirt rings vmbher mit fruchtbarn äckern / frölichen Lustgarten/ mit allerley lüstigen Bäwmen vnd kreutern geschmücket/vnd seind gemeinlich solche Lustgarten mit allerley fruchtbrengenden Hecken/welche mit künstreichen henden durchein geflochten / vmbzogen.

Leipzig.

LEipzig wie Munsterus schreibt in Ostlandt/oder wie andere meinen in Meissen gelegen(denn diß letste wort sich etwan weitter außstreckt/vnd beyde Länder eim Herren zugehörig) ist wol nicht eine sehr grosse Statt/ aber doch solche / die auch viel grosse Teutsche/auch Fürstliche Stätt/vbertrifft. Dann es sein alda viel Kauffleuth/welche stetige Kauffmanschafft treiben/vnd vornemlich dreymal im Jar in der Statt marckt halten/wie einer von solchẽ Jarmärcktẽ auff dise weiß geschrieben hat.

Mercibus augetur ter Lipsia magna quotannis.

Dise Statt ist mit grossen steinen Häusern/so alle einwendig mit brettern betafflet/ außwendig aber mit gar künstreichen vnd lüstigem gemälts gebawet vnd außgebutzt. Hatt einen Raht/welcher nicht auß dem gemeinen hauffen der vngelehrter Handwercksleuth/sonder von gelehrten Männern versamlet ist/ welche vber die Meißner/Düringer/vñ des vndern Sachsens streittige sachen/weil sie dieselbe alle hiehin senden/daß Recht sprechen. Es hat dise Statt im jar Christi 1547. grossen schaden erlitten/ die sie dẽ 6. tag Hardmonats der Churfürst Hertzog Hans von Sachsen/zu bestreitten angefangen hatt. Denn es sein die Vorstätt verbrant/die Mawren abgeschossen/die Thürn zerbrochen/die Tächer zerrüttelt/vnd das Schloß verwüstet/vnd nach dem die belägerung in grosser kelte 20. tag lang gewehret/ hat der feind vngeendigter sachen ab müssen weichen. Alhie ist eine herrliche Vniuersitet/welche im jar 1408. von Prag hieher komen. Deñ dieweil die Teutschen des Hüssen newe lehr/welche zu Prag in Böhmen erstund/nicht wolten annemen/seind auff einen tag vber zwey tausent Studenten mit jren Meistern außgezogen/ vñ gehn Leipzig/so drey tagreiß von Prag gelegen/komen: Haben alda dz gemeine studium auffgericht. Von dessen anfang vnd fortgang hat *AEneas Syluius*, so darnach Bapst *Pius* des namens der Ander/ in seiner Böhemischen histori am 65. Cap. auff das klärlichst beschrieben. Erasmus schreibt in eim Sendbrieff an Hertzog Georg von Sachsen/dz durch seine des Fürsten anstifftung vñ miltigkeit/höher vñ freier künstẽ/ auch verscheidener sprachen halben/dise Statt gar namhafft seie. Der gelehrter *Petrus Mosellanus* hat alhie die Griechische sprach/nit ohn sonderlichẽ lob diser Statt gelehrt. Es schreibt *Aeneas Syluius*: Als etwan ein edler Ritter mit namen Leonard einẽ bewanten/welcher alhie studierte/zu besuchẽ gen Leipzig komen war/vñ wie es jm erging/od wie er in freien künsten fort füre/erfragte: hat einer võ dessen mitgesellen geantwort/Er gehabt sich gar wol/deñ er ist allein vnder 1500. Gesellen/der saufftenffel vnd Meister.

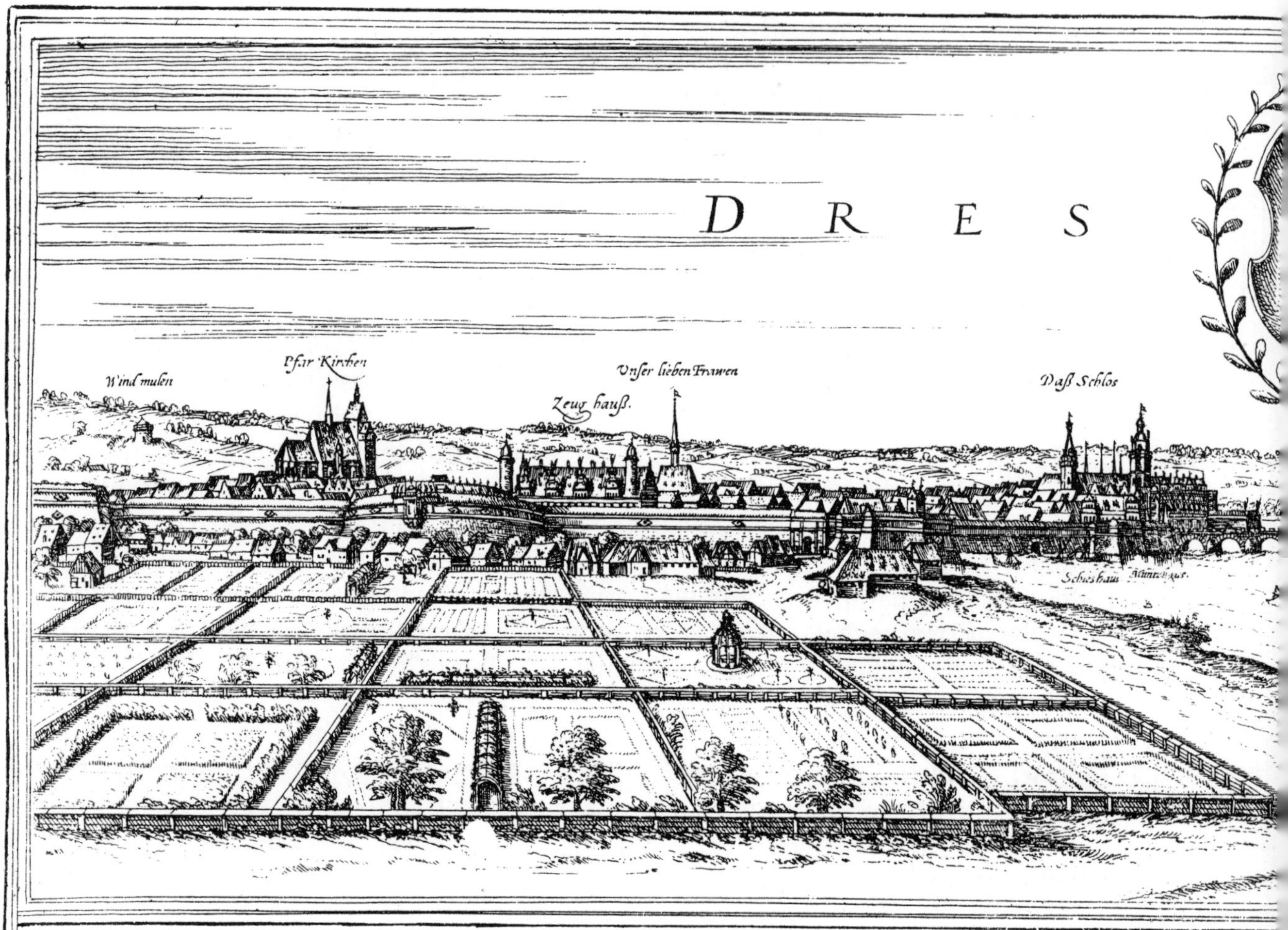
DRES
Wind mulen
Pfar Kirchen
Zeug hauß.
Unser lieben Frawen
Daß Schlos

LEI
LIPSIA
RVM S
MERCA
BRE MI
Das Schlos
S. Thomas
Korn hauß
Roßmarck

Cum Priuilegio.

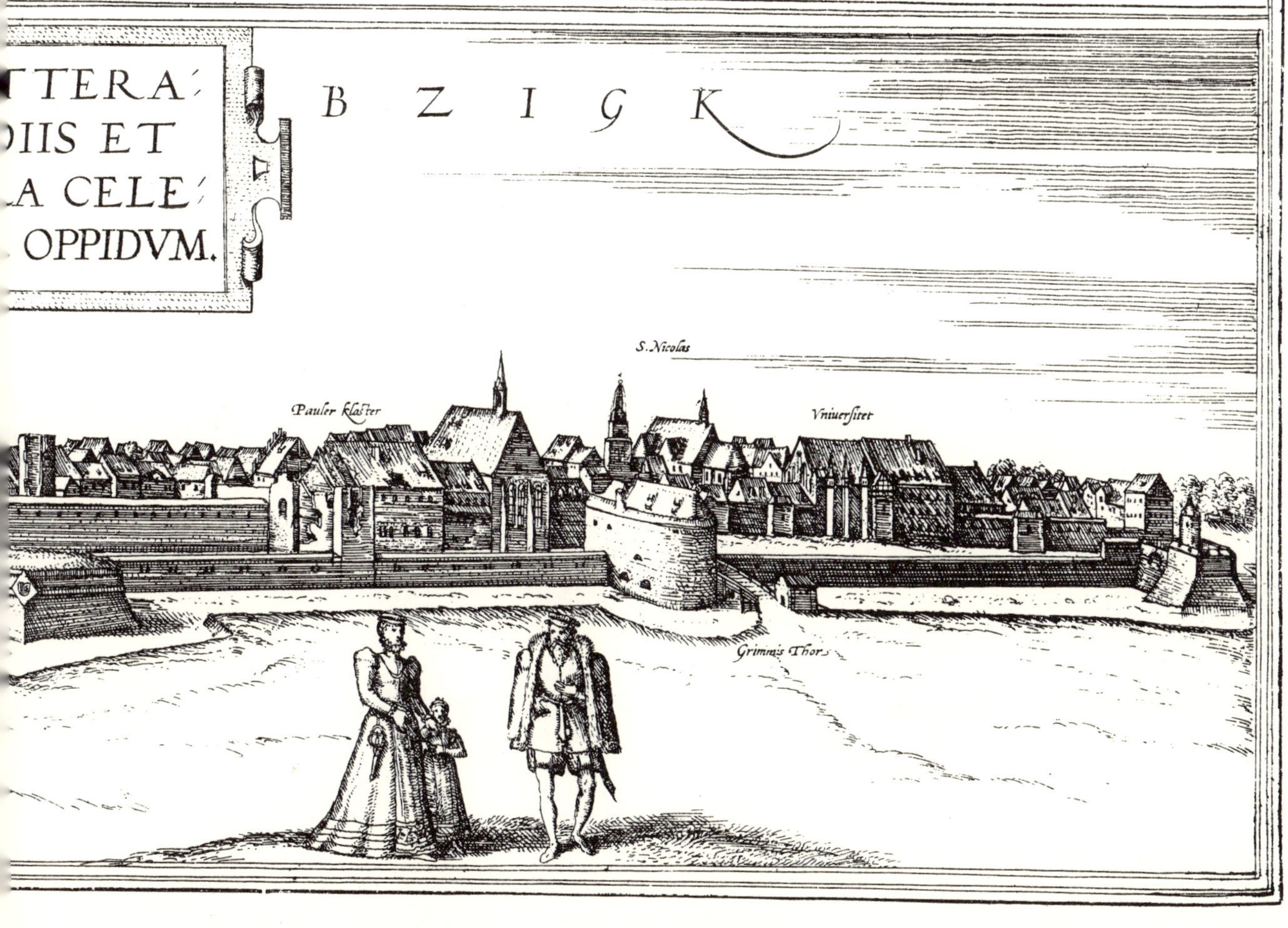

Die Marck Brandenburg.

Vrsprung des Namens.

Von vns Teutschen wird das Wort Marck so viel als eine Grentze geachtet/darum̃ seynd die Marckgrafen Richter/ vnd Grafen über die Grentzen/ vnd ist der warheit ähnlich / daß in dieser Brandenburgischen gegend vorzeiten gegen die Gothen vnnd Wandalen (durch welcher Einfäll Teutschlandt offtermahls vnd eine lange zeit nach einander ist verherget worden)ein Graff ist gesetzt gewesen. Man hält aber darfür/ daß Brandenburg vorzeiten des Fürsten Brenni Stadt sey gewesen/der darnach in Franckreich/vnd von dannen in Italien ist gefallen/ vnd viel Jahr für Christi Geburt die Stadt Rom eingenommen. Andere meynen / daß sie von einem/ Brandon mit Nahmen sey erbawet worden / der daselbsten Marckgraff gewesen / vngefehr vmb das Jahr Christi 230/ vnd daß nach der Hauptstadt das gantze Landt sey genennet worden.

Grentzen.

Die gantze Marck erstreckt sich nach der länge auff 40 Teutsche Meylen wegs / vnnd wird gegen Occident von den Sächsischen/Meißnischen vnd Meckelburgischen Grentzen beschlossen: gegen Mitternacht stöst sie an die Stettiner/ Pommern vnd Cassuben: gegen Auffgang hat sie Polen vnd Schlesien / vnd gegen Mittag berühret sie Böhmen/ Mähren vnd die Laußnitz.

Fruchtbarkeit.

Das Erdreich ist sehr fruchtbar vnd reich von Getreyde vnd Wein/ der in ziemblicher menge allda wird gefunden / vnd bringt auch Corallen / den Adlerstein/Schistum, vnd viel andere berühmte Edelgesteine mehr. Ferner so ist der Marckgraff einer auß den Weltlichen Churfürsten / vnd wird vnter die mächtigsten Fürsten in Teutschlandt gerechnet/welcher ausserhalb der beyden Märcken / als in der Graffschafft Laußnitz vnd in Schlesien viel Städte im Besitz hat.

Abtheilung.

Die Marck ist auch in drey theil getheilet/ als in die alte/ newe vnd Mittelmarck/welchem man das vierte theil/ nemblich die Vckermarck noch kan beyfügen:

Die alte Marck. Städte.

Die alte Marck fängt an bey der Lüneburger Heyde / vnd erstreckt sich biß an die Elbe: Die fürnembsten Städte seynd Tangermundt an der Elbe / bey welcher die Tanger in die Elbe läufft/vorzeiten Keyser Carl des IV Residentzstadt. Stendel / welche die fürnembste ist in dieser Marck: Soltwedel/ das in zwo Städte / in die alte vnd newe ist getheilet. Gardeleben mit dem Schloß Eischnippa genant / Österburg / Werben / Schausen / Arnburg.

Die newe Marck.

Die newe Marck wird gegen Abend durch die Oder/ gegen Mitternacht von den Pommerischen vnd gegen Orient von den Polnischen Grentzen vmbgeben.

Städte.

Darin findet man die nachfolgende Städte: Cüstrin/welche vom Marckgrafen Ioannes Ioachimi des ersten Sohn widerumb ist ernewert/ mit grossen Vnkosten befästiget/vnd zu einer Fürstlichen Residentz erhaben worden. Landtsberg an der Warte/Königsberg/Beerwald/ Barnstein/ Soldin/ vorzeiten die Hauptstadt dieser Marck / Fürstenfeldt ein kleines Städtlein/ Bramburg / Driesen / Falckenburg eine Stadt mit einem Schloß an den Pommerischen Grentzen/ Kartau/ Lepen/ Morin/ Schiffelbein/ Osemundt / Schönfließ/ Woldenburg / Zeden / Zandock.

Mittelmarck. Brandenburg.

Die Mittelmarck/ welche zwischen diesen beyden/als der alten vnd newen Marck liegt/ wird von der Elbe vnnd der Oder beschlossen. In derselbigen seynd folgende Städte: Brandenburg/ die Hauptstadt derselben/ eine ziemliche berühmte Stadt an der Havel / vnd der gantzen Landtschafft Richterstuel. Es seynd dieser Stadt vorzeiten viel Privilegien vnd Freyheiten von den Keysern/ Königen vnd Fürsten ertheilet worden / welches erscheinet auß der grossen Bildnuß in der Newstadt / die ein blossen Degen in der rechten Handt hat / vnd von den Inwohnern Rolandt genant wird. Ausserhalb dieser seind noch die Städte/Rathenaw an der Havel/ Spandaw eine schöne Vestung an der Spree/ darnach Berlin vnd Cölln zwo Städte / welche der gedachte Fluß Spree von einander scheidet / da die Fürsten ordentlich Residentz halten.

Berlin. Franckfurt.

Franckfurt an der Oder ist auch eine fürnehme vnd sehr berühmte Kauffstadt/ in welcher alle Jahr 3 Jahrmärcke oder Messen gehalten werden. Auch ist sie berühmt von wegen der hohen Schul daselbsten/ welche Marckgraff Joachim im Jahr 1506 hat auffgerichtet. Da seynd noch andere Städte/als Brietsen/Belitz/ Bernaw/ Bellin/ Mittelwalde/ Mönchenberg / Bisenthal/ Blumenberg/ Botzan / allda sich vorzeiten Tempelherren haben auffgehalten/ Freywalde/ Oderberg/ Frisach/ Gereswaldt/Gimmitz/ Grüneheyde/ Grünewaldt/ Köppenick/ Lichen ein Städtlein/ Parstein mit einem Schloß / Mulrosen ein Städtlein / vnd die Flecken Bernawich/ Zossen/ Würtzen/ Selow. Die gantze Marck hat in allem 55 grosse vnd fürnehme Städte/ vnd der kleinen 64 / item 16 fürnehme Marckflecken/ 38 Schlösser oder Adeliche Höfe / 10 Thiergarten/ vnd 17 Klöster. Ihre fürnembste fliessende Wässer seynd die Oder/Spree/Elb/ Havel vnd Warta. Nicht fern von der Franckfurter Carthauß ist ein kleines Bächlein / so auß einem Weinberg fleust/ was darein fält/ wird zu Stein.

Die alte Völcker.

Vorzeiten haben in diesen örthern gewohnet die Teutones, Suevi, Senones, darnach die Vandali, vnd nach deren vertreibung die Saxones, nach denselben die Heneti, welche Henricus Auceps hat überwunden.

Register der Marckgraffen von Brandenburg.

Nach dem die Heneti vom Keyser Henrich dem Vogler überwunden vnd gedempffet waren/ist Siegfried ein Graff von Ringelheim der Keyserin Bruder im Jahr 927 zum Marckgrafen in die Marck Brandenburg eingesetzt/ welchem vom Keyser Otto I zum Nachfolger ist bestimmet worden einer mit Namen Gero, welcher das Kloster Gerenrode erbawet: Auff diesen ist gefolgt Bruno ein Graff von Wethin / den vorgedachter Keyser Otto zum Marckgrafen hat gemacht im Jahr 955: Dieser hatte einen Sohn/mit Nahmen Hugo, dem die Marckgrafschafft vom Keyser Otto dem III anvertrawet ward/der starb im Jahr 1001: An dessen platz ward gestelt von Otto dem III Sicardus des Brunonis Sohn/ vnd ein Bruder des Hugonis: der hatte einen Sohn Dieterich; so ein großmühtiger Mann/ vnd der Henetorum so grosser Feind war/ daß er Henrich den II dahin bracht / daß er zween der Henetorum Fürsten auffhencken ließ. Nichts desto weniger ist er endlich aller seiner Güter beraubet worden/vnd hat kaum bey den Thumbherren zu Magdenburg seine Vnterhaltung gefunden. Im Jahr 1021 seynd jhm die Obtoritæ vnter jhrem Hertzog Mistiroius ins Landt gefallen / die nicht lang darnach von Vdo dem Grafen von Soltwedel durch hülffe Keyser Conrads des III vnd des Bischoffs von Magdenburg widerumb seynd vertrieben worden. Nach Vdo folgte sein Sohn Vdo II, dessen Sohn Henricus: vnd Vdoni dem II succedirte sein Bruder Rudolphus, dessen Sohn Otto genennet ward. Als aber Vdo II mit dem Sachsen wider Keyser Henrich den IV sich hatte verbunden / ist er in die Acht erklärt/ vnd Primislao der Heneten vnd Obotriten König die macht gegeben worden / alle die Landtschafften biß an die Havel in seine gewalt zu bringen: Ist also die Marck dem Primislao in die Hände gerahten. Nach desselbigen absterben hat Fridericus Barbarossa den Albertum Vrsum, einen Grafen von Ascanien vnd Fürsten von Anhalt / mit der Marckgrafschafft Brandenburg belehnet / von welchem die Marckgrafen folgender weise auff einander seynd gefolget: Auß der Anhaltischen Familie:

Die Marckgrafen auß dem Hauß Anhalt.

1. Albertus Vrsus Graff von Ascanien/ von Friderico Barbarossa zu Merßburg mit der Marckgraf. belehnt.
2. Otto der I ist ein Marckgraff vnd Churfürst zu Bran-

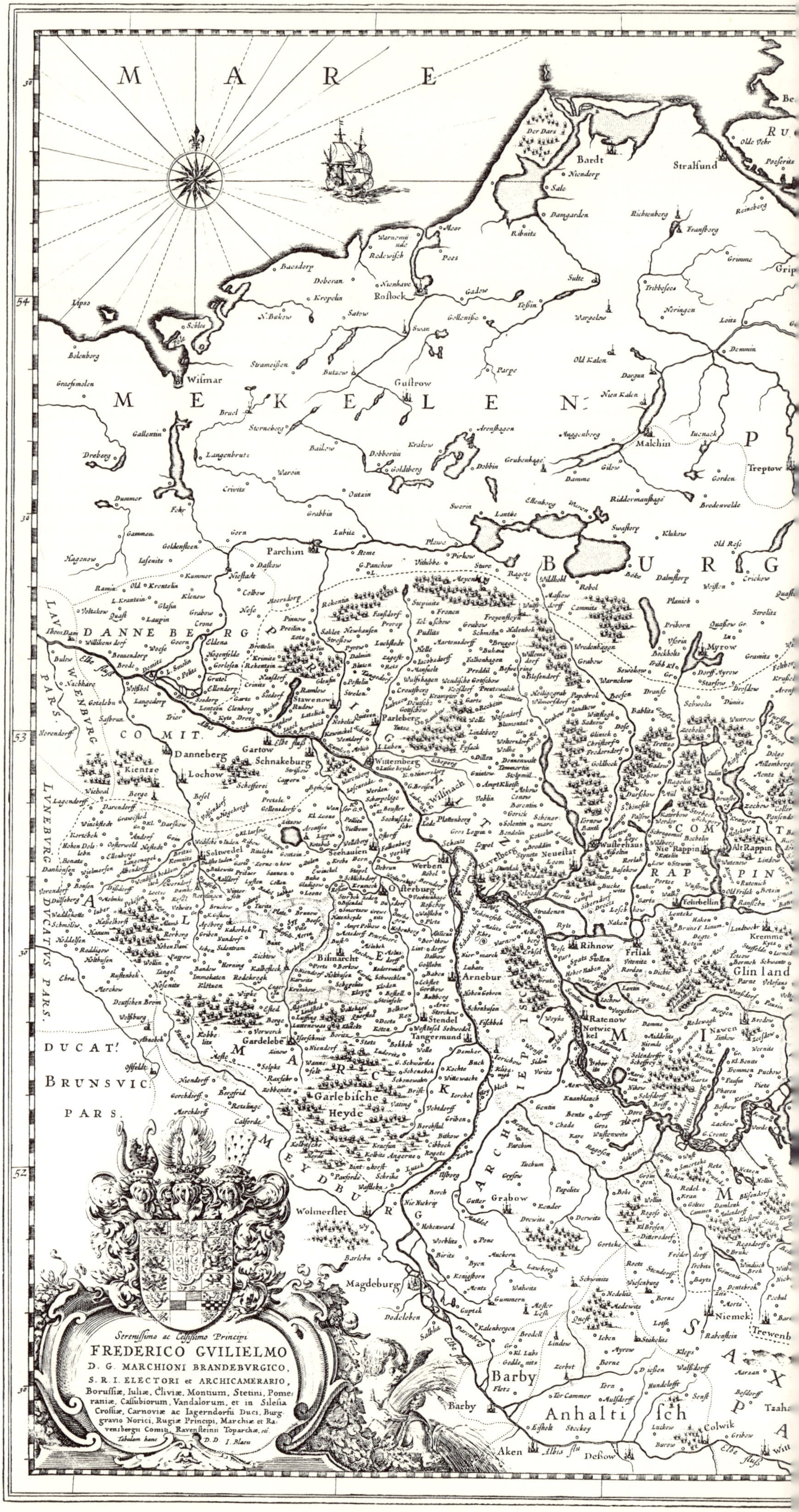
MARE
MEKELEN
BURG
DANNE BERG
COMIT.
LUNEBURG DUCATUS PARS.
LAUWENBURG PARS.
DUCAT. BRUNSVIC PARS.
Stralsund
Bardt
Rostock
Wismar
Gustrow
Malchin
Parchim
Danneberg
Gartow
Schnakeburg
Lochow
Soltwedel
Seehausen
Werben
Osterburg
Havelberg
Wittenberg
Parleberg
Wilsnach
Wusterhaus
Nie Rappin
Alt Rappin
Neustatt
Feirbellin
Rihnow
Ratenow
Arnebur
Bismarcht
Gardelebe
Stendel
Tangermund
Garlebische Heyde
Wolmerstet
Magdeburg
Barby
Anhaltisch
Aken
Glin land
Treptow
Serenissimo ac Celsissimo Principi
FREDERICO GVILIELMO
D. G. MARCHIONI BRANDEBVRGICO,
S. R. I. ELECTORI et ARCHICAMERARIO,
Borussiæ, Iuliæ, Cliviæ, Montium, Stetini, Pomeraniæ, Cassubiorum, Vandalorum, et in Silesia Crossiæ, Carnoviæ ac Iagerndorsii Duci, Burggravio Norici, Rugiæ Principi, Marchiæ et Ravensbergii Comiti, Ravensteinii Toparchæ, etc.
Tabulam hanc D.D. I. Blaeu

Marchionatus
BRANDENBVRGICVS.
Auth. Olao Iohannis Gothe, Gustaui Mag. R.S. Cosm.
BALTHICUM
Rugenwalde
Colberg
Belgart
Cammin
Wollin
Vsedom
Anclam
Das Große Haff
Stettin
Stargard
Gartz
Prenslow
Templin
Angermund
Konigsberg
Soldin
Landsberg
Driesen
Arenswalde
Pyritz
Custrin
Drossen
Franckfurt
Berlin
Bernow
Furstewald
Reiptzigk
Reppen
Crossen
Grunenberg
Fredeland
Barrut
Tham
Calaw
Mitenwald
STERNBERG
CROSSEN
DUC
PARS SILESIÆ.
POLONIÆ PARS.
Milliaria Germanica communia.
Milliar. Brandenburgica communia.

denburg gewesen / dessen Gemahl Anna eines Hertzogen von Sachsen Tochter / im Jahr 1198.

3. Otto der II ist in das H. Landt gezogen / Er war sehr berühmt von wegen seiner Ritterlichen Thaten / vnd hat keine Erben gehabt.

4. Albrecht der Ander / Marckgraff zu Brandenburg / starb im Jahr 1221.

5. Iohannes der I hat Franckfurt an der Oder erweitert.

6. Otto III hat mit dem Ertzbischoff zu Magdenburg / vnd Bischoffen zu Halberstadt Krieg geführet / vnnd in Preussen eine Stadt gebawet / die er nach seiner Stadt Brandenburg genennet / ist gestorben im Jahr 1267.

7. Iohannes II hat das Hertzogthumb Crossen / das jhm von Henrich dem Hertzogen zu Breßlaw zum pfandt war gegeben / lang in seiner gewalt gehabt.

8. Conradus der Churfürst ist sehr alt worden / vnd im Jahr 1304 gestorben.

9. Iohannes der III ist nicht lange nach dem Vatter im Jahr 1305 gestorben / dessen Gemahlin war eine von Katzenellnbogen.

10. Woldemar I ist seinem Vatter im Churfürstenthumb nachgefolgt / vnd hat einen Krieg geführt mit Friderico Marckgrafen zu Meissen / deme er auch ein theil der Laußnitz hat benommen / ist gestorben im Jahr 1319.

11. Woldemarus II starb Anno 1323.

12. Iohannes IV, welcher nur vier tage dieser dignitet genossen.

Die Marckgrafen von Woldemaro dem Andern biß auff Fridericum den ersten Burggrafen von Nürnberg.

1. Ludovicus Bavarus hat die Marck Brandenburg mit der Churfürstlichen dignitet von seinem Vatter Keyser Ludwigen empfangen / nach dem die Anhaltische Lini in Iohanne IV, der keine Leibserben nachgelassen / auffgehöret hat.

2. Ludovicus der Jünger / so man den Römer genennet / weil er zu Rom gebohren.

3. Otto beyder Ludovicorum Bruder / Marckgraff zu Brandenburg / ist ein Pfaltzgraff zu Rhein gewesen.

4. Wenceslaus Keyser Carl des Vierten Sohn ist vom Vatter zum Marckgraff eingesetzt worden / der hat nach fünffjähriger Regierung / nach dem er zum Keyserthumb ward beruffen / seinem Bruder Sigismundo Anno 1338 die Marck abgetretten.

5. Sigismundus Marckgraff vnd Churfürst zu Brandenburg / König in Vngern vnd Böhmen / der darnach Keyser ward / hat die Marckgrafschafft / welche Iodocus Guilielmo, dem reichen Marckgrafen in Meissen verpfändet hatte / wiederumb abgelöset / vnd Friderico dem Burggrafen zu Nürnberg / von wegen seiner trewen Dienste / die er jhm in den Vngerischen Kriegen geleistet / im Jahr 1417 auff dem Concilio zu Costnitz gegeben / ist also die Marckgrafschafft auff das Geschlecht der Burggrafen von Nürnberg kommen / bey welchen sie biß anhero verblieben. Hierzu hatte Fridericus 400000 gülden von nöhten / darumb er sein Schloß mit der Burggrafschafft / vnd allen darzu gehörigen Rechten der Stadt Nürnberg für 180000 gülden verkauffte / vnd den Titul allein für sich behielte. Gleichesfals verkauffte er jhnen vnterschiedliche Wälder für 18000 gülden. Das Landt aber ausserhalb der Stadt hat er gantz behalten.

Die Marckgrafen auß der Lini der Burggrafen von Nürnberg.

1. Fridericus hat / wie gesagt / seine Güter gewendet zu verbesserung der Marck Brandenburg.

2. Fridericus II Churfürst / war so ein ernsthaffter Man in seinem Thun vnd Wesen / daß man jhn den Marckgrafen mit den Eysern Zähnen nennete.

3. Albertus, den man von wegen seiner Mannlichen vnd dapffern Thaten den Teutschen Achillem hieß: Bapst Pius II hieß jhn den Teutschen Vlyssem: starb zu Franckfurt auff des Keysers Maximiliani Wahltag / im Jahr 1446.

4. Iohannes der Grosse / des Alberti Sohn / von einer Marckgräfin von Baden gebohren: den nennete man von wegen seiner beredsamkeit den Teutschen Ciceronem, starb Anno 1499.

5. Ioachimus der I, ward gebohren im Jahr 1489 / hat die Academiam zu Franckfurt an der Oder gestifftet mit seinem Bruder dem Bischoff von Mayntz / Anno 1506.

6. Ioachimus II, gebohren im Jahr 1503 / hat mit Friderico Pio dem Pfaltzgrafen einen starcken Türckenzug gethan / vnnd sie geschlagen / deßwegen jhn Keyser Carl der fünffte zum Ritter des güldenen Fluß gemacht. Der hat die Marck lassen reformiren nach Formula der Augsburgischen Confession, Anno 1539 / darzu er hat gebraucht Matthiam à Lage vnd Iacobum Stratnerum. Sieben Jahr darnach hat er es mit dem Keyser wider die Protestirende Fürsten gehalten / das interim angenommen / vnd neben Hertzog Mauritzen von Sachsen die Stadt Magdenburg belägert.

7. Iohannes Georgius, Ioachimi II Sohn / hat lang vnd in guter ruhe geregiert / vnnd im Schmalkaldischen Krieg dem Keyser beygestanden.

8. Ioachimus Fridericus Marckgraff zu Brandenburg / Churfürst vnd Ertzcammerer des H. Röm. Reichs / Hertzog in Pommern / Stettin / Preussen / Cassuben / Wenden / Crossen vnd Jägerndorff / Burggraff zu Nürnberg / etc. ist gebohren im Jahr 1546 / hat bey lebzeiten seines Vatters das Bischthumb Magdenburg administriret, vnd nach seinem todt im Churfürstenthumb succediret: war ein frommer / ansehnlicher / keuscher / auffrichtiger vnd friedliebender Herr / dessen Gemahl Catharina, Iohannis des Marckgrafen von Cüstrin Tochter / mit welcher er viel Kinder gezeuget: Iohannes Sigismundus gebohren 1572, Iohannes Georgius 1580, Albertus Fridericus 1582, Ioachimus vnd Ernestus Zwillinge / 1583, Guilielmus Fridericus 1588. Die Töchter waren Erdmutha vnd Anna Maria, jene verheyrahtet an Iohannem Fredericum, vnd diese an Barnimum, beyde Hertzogen von Pommern / vnd leibliche Brüder. Sophia Churfürst Christiani von Sachsen Gemahl.

9. Iohannes Sigismundus, dessen Gemahl Anna, die Tochter Alberti des Hertzogen in Preussen / die er mit Maria Leonora, Wilhelmen des Hertzogen von Cleve Tochter gezeuget / von welcher kompt die prætension auff das Fürstenthumb Gülich / Cleve vnnd Berg / angesehen Hertzog Wilhelm seine Tochter mit dieser condition hat verheyrahtet / im fall jhre Brüder ohne Mannliche Erben mit todt würden abgehen / daß sie / oder jhre Erben jhnen succediren solten.

10. Georgius Guilielmus, welcher biß anhero das Churfürstenthumb löblich regiert.

Wittenberg.

WIttenberg zu vnsern zeiten der Hertzogen von obern Sachsen Hofflåger/sol den Namẽ wie ettliche meinen/von Witikindo dem ersten Christlichen Fürsten von Sachsen entfangen haben. Hertzog Friderich Churfürst/des Churfürsten Ernesti Sohn/hatt im jar 1502. in disem Flecken eine hohe Schůl auß der Leibsischer vnd Tubingenser angericht. Der ander Hertzog Friderich/ hatt dise Schůl also verzieret vnd gebessert/daß auß einer verachter (wie Erasmus schreibt) eine gar namhaffte erstanden ist. Petrus Mosellanus schreibt dauon also: Fridericus hat sein Wittenberg mit allen freyen künsten/besonder aber dreyer sprachen Lehrer/dermassen versehn vñ verziert: daß man ein ebenbild der aller besten Schůl/vno diser abnemen möcht. Alda seind die hochgelehrte Rechtsuerständige Männer/Heningus vñ Oldendorpff/durch gantz Teutschland namhafft wordẽ. Es ist gar mercklich/daß in diser Statt mit eim glůendẽ eysen ein vnschůldiger sich purgiert hatt. Dauon schreibt Albrecht Krantz in seiner Wandalia/im 8. Bůch am 30. cap. Es war das fewr verräthlich in ettliche häuser geworffen/vñ ward diser that halben ein vnschůldiger in diser Statt angegriffen. Er aber schwůr sich vnschůldich sein/begert auch sich mit gemeinem brauch eins glůenden eysens zu purgieren: weil aber solche weiß in den Rechten verbotten war/haben die Layen Richter vmb solchen brauch aber nichts gewust/oder doch denselben veracht. Hatt aber gleichwol das heisse eysen ein groß stuck wegs in der hand getragen/vñ darnach vnbeschädigter handt võ sich geworffen/ vnd ist das eysen als bald mit hohem verwundern aller menschen/auß jhrem gesicht verschwunden. Darnach vber ein jar/ da ein arbeiter die straß mit kiseln solte versteinen/vnd vngefähr mit der handt im sand wrůsselt/find er das eysen / so noch heiß war/vnd jm die handt verbrennet. Da solchs ettliche mit verwunderung sahen/haben sie die sach vor den Schůltheiß bracht/ hatt derselbig alsbalt ein argwon vber disen Menschen geschöpfft/als der sachen/so dem vngerechten auffgelacht / schůldig: liest denselben peinigen/vñ erfehrt durch sein bekändnůß/daß derselb der vbelthäter gewesen/wirt derhalben mit woluerdienter straaff/gerädert/vnd durch Göttlich vrtheil der thäter an tag gebracht.

Franckfurt an der Oder.

FRANckfurt ist ein herrliche Statt in der Brandenburger Marck gelegen/hat gegen Auffgang das Fischreiche wasser die Oder/aber gegen Nidergang/Mittag vnd Mittnacht/hatt sie vnzälbare Weinberg/daraussen die Wein vber die Oder in Pomern/Denmarck/Preussen vñ ander vmbligende Länder/gefürt werden. Möchtest nicht vnbillich sagen/daß Bachus/Ceres/Nagades vnd Driades alhie gewonet haben. Es mangelt in allein Metal/ vnd Gewürtz / sonst ist diß ort allerding ein vberflůssig wůnschhorn. Hatt hew vnd holtz genug. Ist im Jar (wie jhre Chronick beweisen 1253. durch Gedinum von hertzberg/mit zulassung vnnd befelch Marckgraffe Johans/dises nam̃ens der erste Margraffe zu Brandenburg/fundiert vnd zu bawen angefangen: auch eine niderlag verordnet/ daß vil Kauffmansgůter zu Wasser vñ Land dahin gefurt/vñ nidergelägt werden. Der meiste hauff der Bürger/ gehen mit Kauffmanschafft vmb/als mit Fischen/Wein/Getreid/dessen alles alda genug ist. Alhie ist eine hohe Schůl angestält auß der Leibsischer/im Jar 1506. von dem Durchleuchtigsten Churfürsten Joachimo/vnd von den Bäpsten Alexandro deß namens der 6. Julio dem Andern/auch von K. Maximilian dem Ersten/mit Priuilegien begabt: alda allezeit vortreffliche aller künsten vnd sprachen Professorn/deren Münsterus ettliche erzelet/gewesen seien.

Wißmar.

WIßmar ein namhaffte Statt in dem Meckelburgischen Hertzogthumb/soll wie man sagt/vmb daß jar Christi 340. Vnd Albrecht Krantz in seiner Wandalia mit disen worten bezeugt/erbawet sein. Guncelinus/welcher auch wie der Vatter genant/beerbt nach dem Vatter die Graffschafft Zwernen/welche er/der Vatter/ von Henrich dem Löwẽ bekom̃en hatt. Diser Sohn/da er sahe daß die Statt Meckelnburg nach jhrer grösse vnd lenge/mit keinen Wällen vñ mawren möcht gestärckt werden/hat er in der nähe beim Meer ein Statt zu bawen angefangen/vnd dieselbe/ weiß doch nit auß was vrsachen/Wismar genant. Wenn diß von den Lateinischen geschehen künte/ich meinen sie hetten dieselbe Cismarinam geheissen: Weil nun aber die Sachsen dz fundament gelägt/ist vngewiß woher sie den nam̃en genomen hab. Daß aber Wißmar ein Wandalisch nam̃ sey/hab ich auß andern anzeigt. Ist wol müglich/daß etwan ein Adelicher Man vmb dz ort gewonet/vñ von jhm die Statt den nam̃en erlangt habe/vñ von Wißmaro/Wißmar/wie von Romulo Rom genennet seie/2c.

Im jar 1262. ist sie gar zu asschen verbrant/vñ darnach vil herrlicher wider zuuorn auffgebawet/ vnd mit steinen häusern verziert. Es hat sich ein ellender jamer in diser Statt/so auch der Medeæ gedicht vbersteigt/ zugetragen. Es war alhie ein Zimmerman/welcher zun weilen vnsinnig ward/da er nun etwan an der arbeit solche wüterey vberkam/hat er sein beyel gegriffen/ist zu hauß gelauffen/hat seiner eignen kinder zwey mitten von einander zerspalten: da er nu dz dritte mit gleicher vnsinnigkeit vnderstund/hat jn die Mutter so auch schwanger war/von hinden mit erbarmlichẽ heulen angegriffen / da er sich aber auß jren armen außgearbeitet/hat er zu jr hinein gehawen/vñ also mit eim streich zwey ermordet. Ist also blůtig zu seinen mitgesellen/welche er an der arbeit verlassen hat/gegangen. Da er nun von denen gefragt/ waher er also mit blůt besudelt were/hat er durch schröcken solcher wort seine sinn widerumb bekommen/vnnd bedacht was er vbels gethan hatt / läufft schnel nach seinem hauß/sicht seine kinder/vnd mitten zwischen denen die Mutter ellendigklich ermordet ligen/ da er nun solcher that halben vbel erschrack/hat er sich auch selbst mit eim messer daß hertz abgestochen. Lieber Gott was ist erschröcklicher als diser morde? Was kündte jämerlichers erdacht werden?

Roßstock.

ROßstock ein Seestatt/stößt an Sachsen/ist von Ptolomæo Lachinurgion gennet/vnd dem Hertzog von Meckelburg vnderworffen/ist an volck vnd gütern gar reich/vnd weylandt ein Schloß/so mit Bawren häutzlein vmbawet/gewesen/aber vmb daß jar Christi 1170. befestigt/mit eim Wall vmbzogen/ vnnd zu einer Statt erwachsen. Ist durch auffrhůr/fewr vnd andere widerwertigkeit offt so ellendigklich verdorben/daß Albrecht Krantz schreibt / sie muß vnder dem Gestirns fundiert sein/daß nåwlich eine reuolution Saturni/ohn merckliche purgation vorbey gehe. Hatt eine Vniuersitet/auß der Durchleuchtigsten Meckelburgischen Fürsten Hanssen vnd Albrechts/auch des Raths (welcher die Professorn besoldet) vnd der beyligender Völcker freygebigkeit/im Jar 1419. auffgericht.

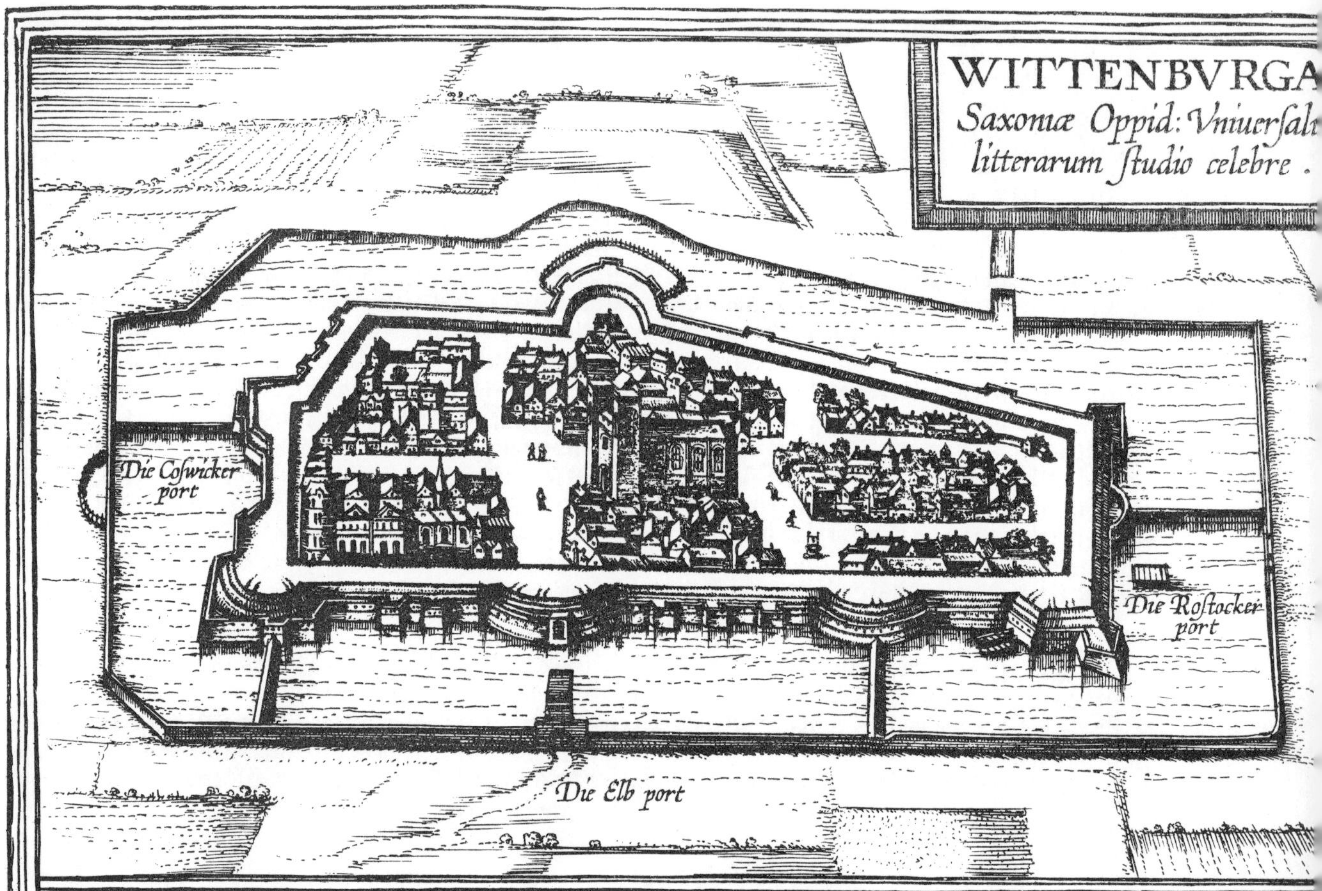
WITTENBVRGA
Saxoniæ Oppid: Vniuersali
litterarum studio celebre.
Die Coswicker port
Die Rostocker port
Die Elb port

WISMARIA, natura loci populi frequentia,
et ædificijs in Ducatu Megapolensi, nobile Oppidum.

CIVITAS FRANCFORDIENSIS
In Marchionatu Brandeburgenſi, ſita ad Oderam flu.
optimorum ſtudiorum Gymnaſio, et Emporio mercatorū celebris.
Pfarrkirch
Rathausz
S. Niclas
Oder flu.
Wiadrus

gio

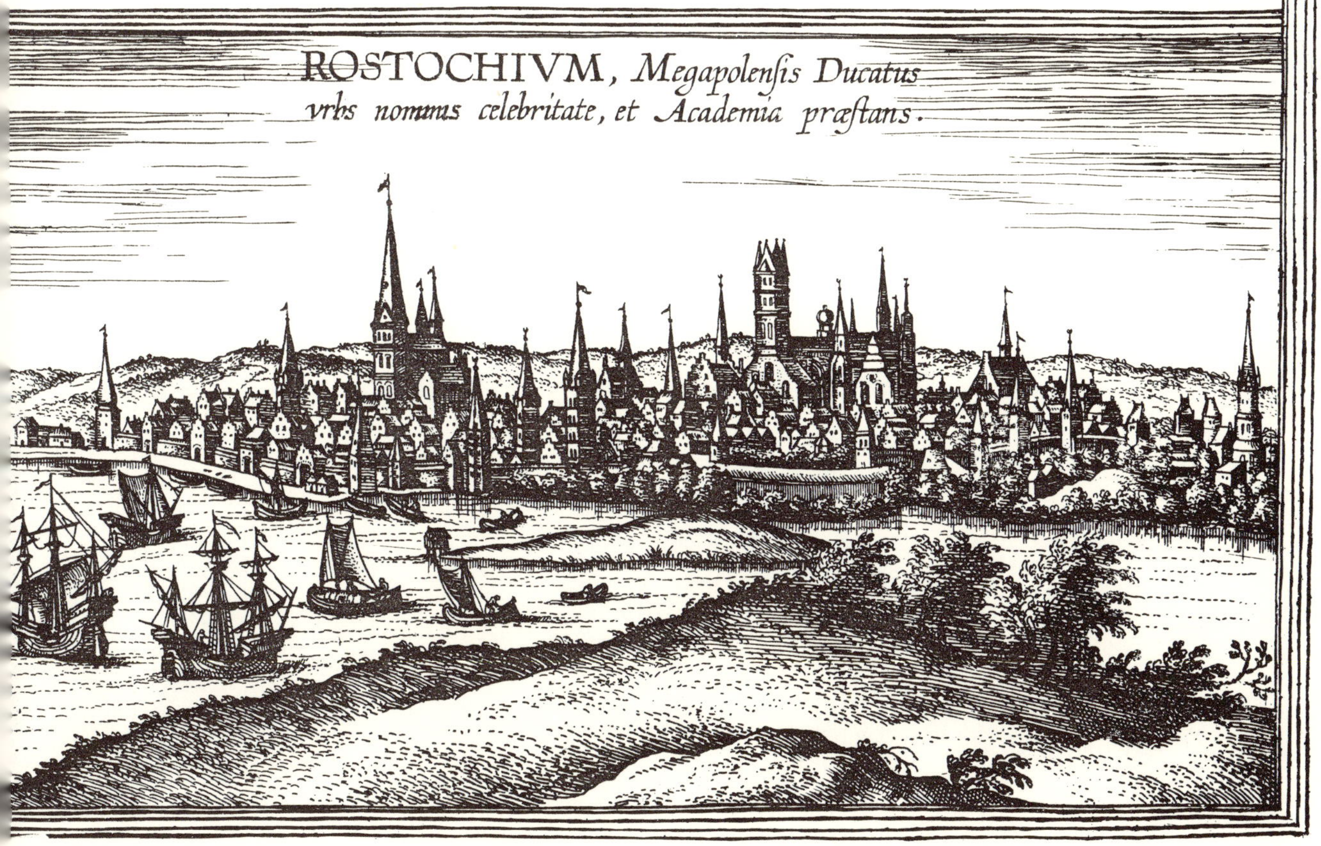
ROSTOCHIVM, Megapolenſis Ducatus
vrbs nominis celebritate, et Academia præſtans.

Pommern.

Das Hertzogthum Pommern ligt nach der länge an dem Balthischen Meer/vnd ist von den Inwohnern in jhrer Muttersprach/das ist/vff Wendisch Pamorzi genant worden/ so allezeit seine eigene Einwohner gehabt. Es ist ein

Fruchtbarkeit.

eben Landt/hat wenig Berge/einen sehr fruchtbaren Boden/der mit vielen Flüssen vberall befeuchtigt wird. Der Wiesewachs ist sehr reich vnd vberflüssig. In den dicken Wälden vnd Buschen lauffen allerhandt wilde Thier mit grosser menge/wie dann auch das gantze Landt der zahmen Thier voll/vnd mit Getreyde/Honig/Butter/Flachs vnd Hanff sehr reichlich versehen ist/ der gestalt/ daß die Inwohner solche Güter in grosser menge auß dem Lande führen/ vnd grossen Reichthumb damit zu wegen bringen. Das Gestadt des Meers ist mit starcken Teichen vnd Wällen gegen das anlauffen des Meers sehr wol befestigt.

Abtheilung.

Das Hertzogthumb wird in zwey theil getheilt/ nemblich das forter-vnd hinter Pommern/vnd von der Oder vnterscheiden: Jenes begreifft das Hertzogthumb Stettin vnd Wolgast/dieses gegen Orient Wenden vñ Cassuben. Beyde theil seind mit schönen Städten

Barth.

gezieret/ vnter welchen Barth nicht die geringste ist: Etliche meinen/daß sie von den Longobarden jhren Namen bekommen habe/ andere/ von dem Fluß Bardo, den die Inwohner Bartze nennen/ welcher neben der Stadt/ nach dem er den Fluß Beckenitz vnter wegen hat angenommen/ sich in das Balthische Meer ergeust: vnd kan wol seyn/ daß die Longobarden/ welche vmb diesen Fluß jhren Sitz gehabt/den Namen von demselben bekommen haben. Der Stadt vrsprung schreiben etliche dem Jahr Christi 1079 zu/welchẽ auch das Stadtbuch beyfält; dañ man sagt/daß die Longobarder dazumahl/als sie die Insel Rügen wolten einnehmen/ ein Stadt auff jhrem Vfer/ die der handlung sehr bequäm war/ haben auffgerichtet. Es war ein zimbliche berühmte Handelstadt in derselben gegend/die lange zeit dem Hertzogen zu Wolgast vnterworffen gewesen. Nach der zeit haben sie die Stettinische Hertzogen wegen schöner gelegenheit des platzes an sich gebracht/mit trefflichen freyheiten/ einem sehr köstlichen Pallast/ vnd Hertzoglicher Residentz/ vnd vber diß mit einer trefflichen Schul vnd Buchdruckerey/sampt einem vberauß schönen Lustgarten gezieret/ der mit allerley Bäumen vnd Zäunen/ allerley Auß: vnd Inländischen Blumen erfüllet/ so den Bürgern nicht geringen Lust gebiert. Es ist auch alda ein grosser Marck/ den Bürgern sehr nutzlich. Man findet daselbsten gute Künstler/ vnd dapffere Kauffleuthe/ vnd wird auß dem herumbligendẽ Lande alles vberflüssig zugeführt/angesehen es vberall mit Wässern befeuchtigt/vñ auch von den grossen Schiffen kan besucht werdẽ; sie ist sehr reich an Weyeren/Wolle/Häuten/deßwegen kein wunder/ daß sie die Hertzogen von Pommern zu jhrer Residentz haben erwehlt. Sie ligt 3 Meylen von Straelsund/ 7 von Grypswaldt/ vnd so fern von Rostock. Man kan sehr bequämlich auß derselben in Rügen/ vnd andere Dennemärckische Inseln vberkommen. Der Stadt Reichthumb bestehet in Geldt vnd Kauffmanschafft/ die sie mit jhrem grossen vortheil auff Dennemarck/Norwegen vnd Schweden treiben/ja sich selbsten in weitgelegene Länder des Handels wegen begeben. Sie brawen auch ein wolschmeckend Bier/ welches sie den vmbligenden Städten zu jhrem grossen nutzen mittheilen.

Stettin.

Die Hauptstadt des gantzen Hertzogthumbs ist Stettin an der Oder/ in einer sehr lustigen Landtschafft gelegen/vnd so berühmt/daß auch die Hertzogen in Pommern nach deroselben jhren Namen führen. Es ist gewiß/daß die Wenden ein wild Volck/ deren Reliquien noch vberall in den Dörffern zu finden/ vnd ausserhalb den Namen nichts von jhrer Vorfahren dapfferkeit behalten/ diese örther bewohnet haben. Etliche achten/ daß der Nahm Stettin von den Teutschen Völckern Sidenis,deren Ptol. gedenckt/herkomme.

Wann Pommern die Christliche Religion habe angenommen.

Sie haben die Christliche Religion angenommen im Jahr 1025/ durch hülff vnd antreiben Ottonis des Bischoffs von Bamberg/ vnter der Regierung jhres Hertzogen Wratislai, der sich mit 2 Söhnen darzu begeben/ von welchem das Bischthumb Wolin, vnd die Kirche zu St. Jacob in Stettin ist auffgerichtet. Diese Stadt hat ein grossen vberfluß alles des jenigen/ so zur Menschlichen vnterhaltung nothwendig/ angesehen das Landt vmbher ein grosse menge an Getreyde/ die Büsche sehr viel Holtz zum brennen vnd erbawung der Schiffe/ die Flüsse aber vnd Seen die Fische reichlich herfür bringen. Die Oder hat vnterschiedliche Brückẽ/ an der einen/ von welcher man in die Vorstadt kompt/ kan man schöne vnd grosse Kornhäuser/ wie auch hohe Werck-vnd Zimerplätze/vmb grosse vnd kleine Schiff zu bawen/ sehen. Die grössere Brücke ligt gegen dem Weg nach Danzig.

MARE BAL
Oost
OCCIDENS
RUGIA
Stralsund
Wolgast
Dat nie diep
DAS GROSSE HAFF
Grimme
Tribbeses
Dargun
Brandeburgische
Friedlandt
Prentzlow
Griffenhagen
Odera Fluvius
DUCATUS
MEGALOPOLENSIS
Miliaria Germanica communia.
Miliaria Gallica communia.
AMSTELODAMI,
Guiljelm. Blaeuw excudit.
MERID

TICVM
Zee
POMERANIÆ
DVCATVS TABVLA.
Auctore
Eilhardo Lubino.
S. Rogiers sculpsit.
ORIENS.

Die Oder hinauf fährt man mit Schiffen nach Franckfurt in die Marck Brandenburg. Die Stadt selbst ist mit Wällen / Gräben / Pforten vnd Thürnen sehr wol befestigt / vnd schier einer viereckichten form. Die fürnembsten Kirchen seind / zu vnser Lieben Frawen / S. Jacob / vnd S. Nicolaus. Da seind auch vnterschiedliche Märcke: Der Newmarck / der Krautmarck / Pferdemarck vnd Fischmarck. Auff dem Newmarck bey der Kirchen zu S. Jacob stehet das Rhathauß / von welchem alle Strassen vnnd Gassen gleich hinauß lauffen. Das Fürstliche Schloß / welches / angehende die Kunst vnnd schönheit / keinen Italianischen Pallästen etwas bevor gibt / ist der Stadt fürnembste zierde. Philippus vnnd Barninus beyde Hertzogen in Pommern haben alda ein schöne Schul aufgerichtet / die sie mit den Einkommen der Kirchen vnser lieben Frawen / vnd S. Jacob belehnet / vnd vier Rhatsherren sampt dreyen Diaconis zu Inspectoren darüber verordnet. Der erste Hertzog in Pommern war Bugslavus II, welcher im Jahr Christi 1222 gestorben. Vnter diesem Hertzogen seind die Slaven vnd Winti vnter das Joch gebracht / jhre Sprach / Gebräuch vnd Rechten abgeschafft / vnd die Sachsen an jhren platz gestelt worden. Vngefehr vmb das Jahr 1313 hat Wratislaus IV Hertzog von Wolgast die Stadt Stettin / welche Conradus der I, Churfürst von Brandenburg hat eingenommen / widerumb erobert. Welcher massen aber die streitigkeit zwischen Bugslavum Hertzogen von Pommern / vnd Marckgraff Albrechten von Brandenburg sey beygeleget worden / vnd was für ein accord sie mit einander gemacht haben / findet man bey den Historischreibern. Ferner so ist die Stadt Stettin nicht die geringste vnter den Hänsestädten / vnd ist der Fürst / ob er gleich in der Stadt wohnet / jhrer Freyheit nicht entgegen. Vnter Hertzog Bugslavo hat Paulus à Rhoda, welchen Lutherus hatte dahin geschickt / die Reformation alda angefangen.

Gryps-waldt. Grypswaldt ist auch ein berühmte Stadt von wegen der freyen Künste / die alda im schwang gehen: Sie ist im Hertzogthumb Wolgast oder Bart gelegen / vnnd im Jahr 1546 erbawet. Wolin. Wolin war vor zeiten schier die fürnembste Handelstadt der Wenden in Europa, welche die Reussen / Denen / Schwaben / Sachsen / Sarmatier vnd Schweden pflegten zu besuchen. Als es mit den Inwohnern noch wol stunde / vnd sie das auffnehmen der Christlichen Religion sahen / so haben sie starck verbotten / daß niemand von den jenigen die dahin kamen / der newen Religion solte gedencken. Vnd das ist die vrsach / warumb sie sehr spat zur Christlichen Religion sein gekommen. Endlich im Jahr 980 haben sie die Religion zugelassen. Nach dem sie aber offtermahls abfiehlen / vnd im Jahr 1060 alle Christen todt schlugen / auch sich widerumb zur Heydnischen Religion begaben / so hat auff begehren Boleslai des Hertzogen in Polen vnd Königs in Dennemarck / Otto der Bischoff von Bamberg mit solchem glücklichen fortgang des Predigampts sich widerumb alda vnterfangen / daß drey Hertzogen / welche alle leibliche Brüder waren / Ratisborus, Bogislaus vnd Suatepolcus, die Christliche Religion annahmen / vnd sich tauffen liessen. Adelbertus war der erste Bischoff zu Wolin. Weil durch stetigen Krieg mit den Denen die Stadt sehr verfallen war / so hat man das Bischthumb nach Camin vbergebracht / dadurch endlich diese alte vnd berühmte Handelstadt gäntzlich ist vergangen vnd zu nicht worden; sie lag nicht weit von dem grossen Pomerischen See / welche drey flüsse / Paw / die Schwam vnd Diwinion / die alda zusammen lauffen / machen. Stralsundt ist nicht weniger eine schöne Stadt / vnd ligt an dem Balthischen Meer / so auch vor zeiten den von Baren zu seinem eigenen Hertzog gehabt / nunmehr ist sie dem Hertzog von Pommern vnterworffen. Man hält darfür / daß Simo ein Hertzog auß Fracken / vnd Cleodomiri Sohn diese Stadt habe darnider gerissen / die Waldemarus der König in Dennemarck hernach im Jahr 1209 widerumb hat erbawet. Als vor wenig Jahren diese Stadt nach außgestandener belägerung dem Keyser grossen widerstandt gethan / vnd den Hertzog von Friedland als Keyserlichen General zum Abzug gezwungen / ist sie je länger je mehr befestiget / vnd mit vielen starcken wercken versehen worden. Wineta ist vor zeiten die reichste vnter allen Seestädten gewesen / sie war gelegen zwischen der Schwain vnd der Insel Rügen / vnd ist von Conrad dem König von Dennemarck verstöret worden. Da seind auch andere Städte / Newgardt / Lemburg / Stargard / Bergrad / Camenetz / Publin / Greiffenburg; vnd an dem Meer / Colberg / Camin / Collin / Sunda / Pucca / Revecol / Lowensburg vnd Hechel. Von der Insel Rügen mag man die folgende Taffel besehen. Stral-sund.

Die Insel Rügen.

Rügen.

HJemit wird der Günstige Leser bericht / daß Pommern in zwey theil / nemlich in das fortere vnd hintere abgetheilet wird / jenes begreifft das Hertzogthumb Stettin vnd Wolgast mit der Insel Rugia, dieses gegen Orient Wenden vnnd Cassuben. Gemelte Insel Rügen im Balthischen Meer gelegen / grentzt gegen Mittag vnnd Niedergang mit Pommern / an der seyten da Barth/Stralsundt/ Gripswald vnd Wolgast liegen. Sie war vorzeiten viel grösser / sintemahl sie sich biß an die Insel Ruden mit jhrem Gestadt erstreckte / vnd durch einen kleinen Graben von derselbigen vnterscheiden war: jetzo aber liegen beyde Inseln anderthalbe Meyle von einander. So viel hat die gewalt des Vngewitters im Jahr 1309 neben den Thürnen / Kirchen / Dörffern vnd Häusern darvon verschlungen / daß nunmehr gemelte Gegend das newe tieff oder Schiffart genant wird. Die grosse Schiff pflegten vor derselben zeit durch einen andern Außfluß/ Dan Bellen genant/auß vnd ein zu lauffen/welchen/nach dem jhn die Dänische Kauffleuth mit dem Ballast / den sie auß den Schiffen worffen/ gestopfft hatten/ daß es schwerlich mehr grosse Schiff ertragen konte / so hat jhr die Natur einen andern außgang gesucht. Sie ist überall mit dem Meer vmbgeben / vnd mag billig mit dem Homerischen Epitheto νῆσος ἀμφιρρύτη genennet werden.

Grösse.

Der Vmbkreyß so wol in die länge als in die breite begreifft vngefehr sieben gemeiner Teutscher Meylen/ welcher / wann er recht rundt were/ so solte er sich nach der Mathematicorum außrechnung auff die 22 Meylen belauffen. Dieweil aber der gantze Vmbkreyß nicht allein mit vielen grossen vnd kleinen Inseln überall erfüllet ist/ sondern auch die Meerbusem weit hinein in das Landt lauffen so befindet man / im fall alle die gedachte Inseln / halbe Inseln / Meerbusem vnnd andere krümbten solten darzu gerechnet werden / daß er wol in die 70 Meylen begreifft: Dabey ist auch diß zu wissen/ daß das Meer so tieff überall in die Insel hinein gehet / daß kein orth ist/ der über ein halbe/ oder auff das höchste drey viertheil Meylen dem Meer entlegen seyn kan: Vnd wiewol sie der vngestümme Neptunus überall mit seinen gesaltzenen Wellen anfället/ so ist sie doch von der Natur gegen denselben mit einem starcken Gestadt wol versehen / vnd hat sich keines schadens zu befürchten. Das Erdreich gibt allerley Getreyd vnd Früchte in solchem überfluß herfür / daß man sie wol für der Stadt Strahlsundt / wie Sicilien für der Stadt Rom / Kornschewr halten mag. Die Wölffe vnd Ratten finden allda keine stelle / wiewol sie sich schon vor längst in der halben Insel Wittovia haben sehen lassen / die man achtet/ daß sie auß den zerbrochenen Schiffen/ oder andern / welche allda über Winter gelegen / an das Landt geschwummen seynd.

Inwohner.

Die Inwohner hat man Rugios genennet/es waren streitbare Leuth/von denen Sidonius sagt:

— Pugnacem Rugum comitante Gelono
Gepida trux sequitur.

Vnd wiederumb im 5 Carmine:

Pannonius, Neurus,Chunus,Geta, Dacus,Alanus,
Bellonotus,Rugus,Burgundio,Vesus,Alites,
Bisalta,Ostrogothus,Procrustes, Sarmata,Moschus,
Post aquilas venere tuas.

Vnter Theodorico Ostrogotho haben die Rugii Ticinum eingenommen / davon man Eunodium in vita S. Epiphanii lesen mag. Sie hielten so hartnäckich an der Abgöterey vnd dem Heydenthumb / daß sie die letzte waren vnter allen Inwohnern des Suevici Maris, die den Christlichen Glauben angenommen. Sie haben nicht allein ausserhalb dieser Insel jhre Mannhafftigkeit erwiesen / in dem sie die Städte Barth / Grimm / Tribbensee vnd andere Länder eingenommen / sondern sie haben auch die Könige in Denemarck vnd Hertzogen von Pommern mit jmmerwehrenden Kriegen stets überfallen vnd geschwächet ; in massen die Lübecker neben allen andern benachbarten nimmermehr für jhnen sicher waren. Sie gebrauchten sich vor diesem / wie auch die Pommern / der Wendischen oder Sclavonischen Sprach. Von jhrer bekehrung schreibet Helmundus in der Sclavorum Chronica am sechsten Capittel also: Vnter allen Borealischen Völckern ist allein der Sclavorum Provintz langsamer vnd vngerner zum Glauben kommen. Zu Ludovici Pii, Caroli Magni Sohns zeiten/ im Jahr 813/ haben sich etliche Mönche an diese örther begeben/welche nit ohne Leibs vnd Lebens gefahr die Rugios zu Christo bekehret/die sich dannoch also bald wiederumb zu jhrer vorigen Abgötterey begeben/vnd die Christlichen Lehrer zum Lande hinauß gejagt haben: Dann sie haben Christum verlassen/ vnd S.Vitum Christi Diener für einen Gott geehret / den sie mit einem gebrochenen Namen Swantovitum genennet. Diesen vierköpffichten Götzen haben sie in einen köstlichen Tempel gesetzt / welchen alle Inwohner vnd herumbliegende Völcker vmb raht gefragt: Alle Kauffleuth die glücklich allda ankamen / haben jhm von jhren köstlichen Gütern geopffert. Der Götz war geformiert wie ein Mensch / mit geschornem Bart vnd Haar / in einem langen Talaar. Er hatte in der rechten Hand einen Becher in gestalt eines Horns auß vnterschiedlichen Metallen gemacht / so mit einem Tranck gefüllet war: In der lincken Hand hielt er einen Bogen mit einem Pfeil. Jhme zu ehren wurden drey hundert Pferde gewendet/ worunter eines über die massen weiß war/ auff welches niemand als der Hohe Priester sitzen dörffte / der es zur weissagung künfftiger Dinge gebrauchte/vnd des Morgens offtermahls als es sehr beschwitzet / bestaubet vnd abgeritten war/in einem Stall jederman sehen ließ / sagende/ daß Swantovitus im Streit wider der Rugianer Feinde sich desselbigen habe gebrauchet. Sie pflegten jhm auff folgende manier zu dienen. Der Priester besahe des Götzen Becher/ den er für einem Jahr mit Tranck hatte aufgefüllet / vnd hielt seinen Athem zu rück / damit er das Bildt nicht berührete. Nach dem er den Becher hatte besehen / so pflegte er vom zukünfftigen Jahr zu weissagen: War der Tranck meistentheils verschwunden / so hielt man darfür / daß eine Thewrung würde entstehen: War er aber ziemlich voll/ so hatte man sich eines guten Jahrs zu versehen. Darnach goß er den Tranck oder die gemelte feuchtigkeit für dem Bilde auß / vnnd füllete den Becher wiederumb mit frischem Tranck / vnd gab jhn dem Bildt in die Hand: Als solches verrichtet war / so brachten sie die übrige zeit des Tags mit fressen vnd sauffen zu. Diß Bildt stundt zu Arcona in der Wittaw / vnd ward in mächtigen ehren gehalten; welche Abgötterey für 460 Jahren erst gäntzlichen in Rugia ist außgetilget worden.

Die alten Städte.

Arcona lag auff dem Vorgebürge der halben Insel Wittaw / war von Natur vnglaublich starck/ angesehen sie gegen Septentrion das Meer/ vnd gegen der andern seyten nach der Insel zu ein dicker vnd hoher Berg vmbgabe; dessen Kennzeichen noch zu sehen: Er ist so hoch gewesen / daß man mit dem starckesten Pfeil seine spitz nicht erreichen können. Da war noch ein andere Stadt Charentina genant / dahin sie sich pflegten

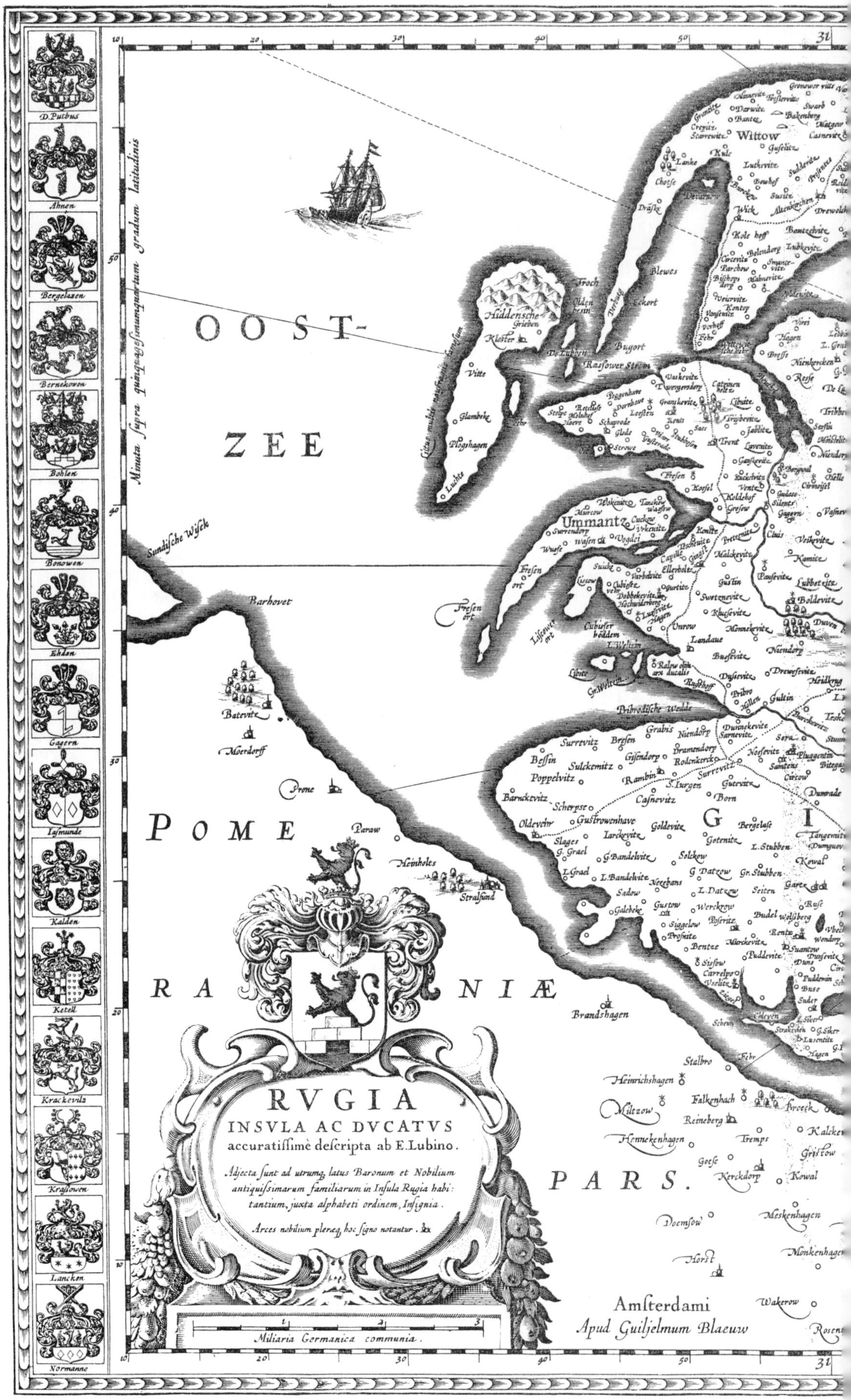
RVGIA
INSVLA AC DVCATVS
accuratissimè descripta ab E.Lubino.
Adjecta sunt ad utrumq latus Baronum et Nobilium antiquissimarum familiarum in Insula Rugia habitantium, juxta alphabeti ordinem, Insignia.
Arces nobilium pleræq hoc signo notantur.
Miliaria Germanica communia.
Amsterdami
Apud Guiljelmum Blaeuw
OOST-
ZEE
POME
RA
NIÆ
PARS.
Minuta supra quinquagesimumquartum gradum latitudinis
Wittow
Ummantz
Hiddensche
Stralsund
D.Putbus
Ahnen
Bergelasen
Bernekowen
Bohlen
Bonowen
Ehden
Gagern
Jasmunde
Kalden
Ketell
Krackevilz
Krassowen
Lancken
Normanne

MARIS
BALTICI
PARS
Minuta supra quinquagesimum quartum Gradum Latitudinis
Arcona arx et vrbs olim munitissima populosissima
Stubbenkamer
Iasmunt
Stubbenitz
Proner Wick
Bulitz
Tiesow
Lubkow
Delan
Thomhagen
Dartz
Dolge
Bartkevitz
Selin
Monkegraven
Olden Swantzin
Thorbaben
Mokegudt
Reddevise
L. Hagen
Witte
Lobbe
Jager
G. Sickers
Tilsou
Der villem
Redde visch ouer
Hagener Wick
Stubber
t'Nye diep
Ruden Insula olim continens cum Rugia
Gryphiswaldisch Ort
Blockhus
Eldena
Spandowerhagen
Westerhusen
Kemit
Creslin
Wolgast
Penemundische heid
Bancker
Osten
Paselich
Platen
Rade
Ralechen
Rotermund
Schelen
Sagebaden
Stevenowen
Usedom
Ohe
Zuhmen
Quatren
Sluten

zu begeben/ wann die Dänen gegen sie obsiegen/ sintemahl sie auch sehr starck war. Und wiewol beyde Städte durch die Kriege mit den benachbarten sehr geschwächt worden/ so seynd sie dannoch so lange unzerstöret geblieben / biß sie die Hertzogen in Pommern gäntzlich haben eingerissen. Heutiges Tags hat diese Insel mehr Städte / unter welchen Berga zwar die fürnembste / hat aber nicht über die 400 Bürger. Die restirende seynd Sagart/ Vick/ Bingst / und andere kleinere in ziemlicher anzahl. Sie ist so Volckreich/ daß sie auff 7000 Mann kan zum Krieg außrüsten. In der halben Insel Iasmunda, gegen Auffgang ist ein überauß hohes Vorgebürg / welches inwendig außgeholet / den Meerräubern allezeit ein treffliche Zuflucht ist gewesen / und die Stubenkammer genennet wird. Nicht fern davon lassen sich sehen die verfallene Mawren eines alten Schlosses / dessen übergebliebener Wall der Burchwall wird geheissen. Darbey liegt der schwartze See/welcher/wiewol er sehr fischreich ist/ dannoch von wegen seiner tieffe / wie man meinet/ oder vielmehr in der superstition und Aberglauben ist / keine Netze/ noch Fischerschifflein leiden kan/ so daß etliche behertzte Fischer/ die ein Schifflein haben darauff gebracht/ es des andern Tags nicht wiederumb finden können. Auß der Insel Ialmunda werden die Inwohner von einem dicken Waldt/ den man Stubbenitza, das ist / einen Holtzhauffen nennet/ mit Holtz reichlich versehen. Die Geistlichen geniessen hier einer statlichen gelegenheit/ angesehen sie nicht allein jhre eigene äcker/ sondern auch den Zehenden von dem Vieh und Getreyde haben. Das Landt ist mit Edelleuthen erfüllet/und werden die Bawren nicht sonderlich beschwert / als die jhrer Obrigkeit Jährlichen Tribut bezahlen / und etliche wenige Hoffdienste leisten. Die alten Fürsten in Rugia seynd gewesen wie folgt:

Städte die man heutiges Tags sihet.

Die Fürsten in Rügen.

Wislaus I, Fürst in Rugia, zu den zeiten Ottonis I, Anno Christi 938/ war ein Götzendiener.

Grimus succedirte diesem im Regiment/dem folgete

Cruco oder Crito, Fürst in Rugia und König der Obotriten / umb das Jahr Christi 1100, welcher der Stadt Lübeck Fundament gelegt: Er war ein Heydnischer Mensch/ und wegen seiner Tyranney von Henrico der Obotriten Fürsten/und Gotschalci Sohn/ durch einen Diener/mit zuthun und betrug seiner Frawen Sclavina, der Tochter Suantibori, des ersten Hertzogs in Pommern/ermordet.

Raze, Fürst in Rugia, der Lübeck zerstöret / ist gestorben Anno Christi 1141.

Teslaus, hat Ericum VI und Suenonem III Könige von Dennemarck angefochten: ist endlich von Woldemaro I überwunden worden.

Iarimurus I, Teslai Bruder/ ist der erste gewesen / so den Christlichen Glauben angenommen und sich tauffen lassen: ist von Woldemaro dem Ersten des Namens / König in Dennemarck/bestetiget worden.

Barmita oder Barmites, Ianimari Sohn/ starb An. Christi 1247, sein Gemahl war Boleslava von Gutzkau / Wislai Tochter.

Witzlaus II, Barmitæ Bruder/welcher das Kloster Campen gefundiret/ starb Anno Christi 1241.

Iarimarus II, Witzlai Sohn / der Dänen Feindt/ deren Joch er sich wiederumb hat entlediget Anno Christi 1259, starb Anno Christi 1282.

Witzlaus III, Iarimari II Sohn / hat den Christlichen Glauben in Liefflandt befordert / starb in Norwegen im Jahr 1303.

Witzlaus IV, der letzte auß dieser familia, hatte die rebellische Stadt Sund mit hülffe der benachbarten Könige und Fürsten belägert / und ward von denen in der Stadt umbs Leben gebracht den 8 Novembris.

Wratislaus IV Hertzog in Pommern und Fürst in Rügen. Nach dem nun dieser ohne Leibserben mit todt abgangen/ so haben die Sundenses nach den langen Kriegen der Hertzogen in Pommern und Fürsten von Meckelnburg / wie auch der Herulorum sich endlich unter der Hertzogen in Pommern Schutz begeben / jhre freyheiten und privilegia behalten / unnd Wratislao dem Vierdten den Eydt geleistet.

Für etlichen Jahren hat diese Insel wegen des Kriegs zwischen dem Keyser und dem König in Schweden / der sich endlich derselbigen bemächtiget/ nicht geringen schaden gelitten.

Das Hertzogthumb Meckelnburg.

Also wird gantz Sachsen in zwey Theil getheilt / nemblich in Ober- vnd Nieder-Sachsen. Zu diesem gehören die Hertzogthümber Lüneburg / Braunschweig / Lawenburg vnd das Hertzogthumb Meckelnburg / welches etliche Megapolensem nach dem Griechischen Namen nennen / warumb aber / bekennen auch die Gelehrten / daß sie die vrsach nicht wissen / angesehen die Natur der Griechischen Sprach solches nicht mit sich bringet. Es ist vor alten zeiten ein theil des Königreichs der Wenden gewesen / vnd erstreckt sich langst dem Balthischen Meer. Es gräntzet gegen Orient mit Pommern / gegen Occident beschleust es die Elbe / gegen Mittag liegt es an der Marck Brandenburg / vnd gegen Mitternacht an dem Balthischen Meer. Die ersten Jnwohner dieses Landes werden in den Historien Heruli, Obotritæ, vnd mit einem Namen Vandali oder Wenden genant; das Landt ist mit schönen wolgebaweten vnd Volckreichen Städten gezieret. Vor alten zeiten lag an der See die Stadt Swerin / welche eher ist gebawet gewesen dann die Städte Lübeck / Rostock vnd Wißmar. An derselben See liegt das Dorff Fichtel / 5 Meylen von dem Balthischen Meer / da sich von wegen der nähe die Alten haben bemühet / die See mit dem Balthischen Meer durch einen Graben zu vereinigē / aber vergebens / eben als mit dem Isthmo zu Corintho vnter den Keysern geschehen ist. Es ist ein über die massen fruchtbares vnd reiches Landt / von Getreyde / Obst / Holtz vnd allerley Fischen / wie dann auch des Viehes vnd Wildpräts ein überfluß allda zu finden ist. Der gemeine Hauff nennet es Ducatum Megapolitanum. Die berühmtesten Städte seynd Lübeck / Rostock vnd Wißmar. Vnd ob wol Lübeck das Hertzogthumb nicht angehet / viel weniger die Hertzogen von Meckelnburg für jhre Oberherren erkennet / so wollen wir nichts desto weniger derselben / als der benachbarten Stadt / vnd die auff den Grentzen liegt / hiemit in dieser vnser Beschreibung neben den andern zweyen gedencken.

Grentzen.

Lübeck.

Lübeck ist ein schöne grosse stadt / trefflich wol gelegen / mit schönen Mawren vnd einem bequämen Meerhafen gezieret / von wegen der Kauffmanschafft vnd der zierlichen künstlichen Gebäwen überall berühmt / so daß man sie billig für die fürnembste Stadt am Balthischen Meer hält / wie dann Lindebergius in seinem Lateinischen Carmine jhr Lob sehr herauß streichet / daß in vnserer Teutschen Sprache also lautet:

Das freundliche Volck / vnd der fromme Wandel /
Der Hafen schön / vnd treffliche Handel /
Das lustige Gestadt / vnd auch die Leuth
Im Krieg behertzt / vnd weiß in Friedenszeit.
Groß Reichthumb / vnd daß man Gott gibt die Ehr /
Dich Lübeck preysen vnd erheben sehr /
Vnd machen daß du bist Europæ Zier /
Auch andre Hänsestädte jetzt weichen dir /
So daß dir wegen deiner Tugend schon /
Für allen andern billig hört die Kron.

Lübeck scheinet so viel zu heissen als Lobeck / oder eine Eck Ruhms vnd Lobens voll / vnd liegt an dem orth / an welchem die Dravenna vnd Swarda zusammen fliessen. Man ist der meynung / daß sie von den Cimbris zum theil / zum theil aber auch von dem Flecken Swartow nähest am Meer gelegen / jhren Vrsprung habe genommen: sie hat wehrender zeit jhres auffnehmens viel harte vnd grosse stöß außgestanden. Anno 1158 haben sie die Wenden außgeplündert vnd verbrandt. Nach dem sie von Adolpho Grafen in Holstein nit gnugsamb konte beschirmet werden / ist sie dem mächtigen Fürsten Henrico Leoni, Hertzogen in Beyern / in die Hände gefallen / der sich beklagte / daß durch der newen stadt auffnehmen der Handel der Bardovicensium in abnehmen geriehte / vnd der Lüneburgische Saltzhandel schaden litte / von wegē des Saltzes / das von Oldeslo überall verführet wurde. Nach dem sie aber einen andern Herrn bekommen / so hat sie durch hülffe eines weisen Rhats angefangen sich herfür zu thun / sonderlich weil auff fürbitt des Hertzogen von Sachsen jhnen von König Woldemaro der freye Handel auff Dennemarck wurde zugelassen. Nach Leonis des Hertzogen Achtserklärung / hat sie Keyser Fridericus I eingenommen / vnd an das Reich gebracht / nach dessen Ableiben sie Leoni ist wiederumb restituirt worden. Als dieser mit Todt abgangen / hat Woldemarus Hertzog zu Schleßwick / des Königs Canuti Bruder derselben sich bemächtiget / vnd nach dem sie von den Dennemärckern sehr übel tractiret wurde / so hat sie sich endlich vnter des Friderici II Schutz begeben / vnd durch desselben Hülffe jhre vorige Freyheit wiederumb erlanget. Hat also jnnerhalb 40 Jahren viel wunderbarliche zufälle gehabt / vnd kan man bey jhrem Glück wol abnehmen / daß niemand den Muth sol sincken lassen / der etwas grosses begehrt zu verrichten / sondern sol sich mit grosser fürsichtigkeit auff das eusserste bemühen / so lang einige Hoffnung fürhanden ist. Seithero derselben zeit ist sie allezeit dem Römischen Reich getrew verblieben / vnd derowegen von den Keysern trefflich belohnet worden. Anno 1238 hat sie durch einen schrecklichen Brandt grossen schaden gelitten / dannenhero man die Häuser nicht mehr darff mit Stroh oder Rohr / sondern allein mit gebackenen Ziegeln decken. Im Jahr 1308 ist ein grosser Aufflauff in der stadt entstanden / vnd haben etliche auffrührische Bürger den alten Rhat vertrieben / vnnd einen newen Rhat eingesetzet / wiewol sie hernach in der That erfahren / wie viel daran gelegen sey / daß ein Schiff von einem verständigen vnd wolerfahrnen Piloten geregieret werde / angesehen 7 Jahr hernach der alte Rhat durch Keyser Sigismundum wiederumb eingesetzt / vnnd mit grossem Frolocken von allen Bürgern ist auffgenommen worden. Der Magistrat in dieser Stadt hat ein grosses ansehen / sintemahl zu derselbigen dignität nicht dann weise vnd verständige Leuthe werden zugelassen; der Bürgermeister seynd 12 / alle gar auß den Patritiis oder auch Edelleuten erwehlet. Von diesen kan man allein an das Römische Reich appelliren. Die Religion ist im Jahr 1530 in dieser Stadt reformiert worden durch M. Andream Guilielmum, vnd M. Iohannem Walhoff, die der Raht zu dem ende dahin hatte beruffen. Sie ist sehr wol gelegen / von Natur fest / vnd mit trefflichen Wercken über die massen wol versehen: diese seynd alle gar auff grossen Pfählen vnd Balcken / die sehr tieff in das Wasser geschlagen seynd / befästiget: durchgehends seynd zwo lange Strassen / von welchen die andere Gassen vnd Strassen von beyden seyten ein wenig abwarts sich ziehen / vnnd dadurch die Stadt sehr sauber vnd rein halten. Die Kirchen seynd die Hauptkirche zu S. Johannis / zu vnser lieben Frawen / S. Jacobi / S. Petri vnd andere / die theils mit Bley / theils mit Kupffer bedeckt seynd / vnd schöne gläntzende vergüldte Knöpffe haben. Die länge der Stadt wird auff 2150 / vnd die breite auff 1300 Schritt gerechnet.

Wißmar.

Nach Lübeck folgt Wißmar / welches in der Sächsischen Sprach so viel heist als ein gewisses Meer / dieweil man diesen orth darumb also geheissen / vmb daß der Hafen allda für die Schiffe sehr sicher / vnd ohne gefahr ist: ist also die meynung der jenigen die da wollen / daß sie von Wismaro einem Könige der Wenden den Namen habe bekommen / gantz falsch vnd nichtig. Ihren anfang rechnet man vom Jahr 1240 / zu welcher zeit diese Stadt auß den verfallenen Mawren der Stadt Meckelnburg / die man für die Hauptstadt des Königreichs der Wenden achtet / von Gunzelino, der nach Henrico Leone das Regiment verwaltet hat / ist

MARE BALTICUM.
Oost Zee
HOLSATIAE PARS.
OCCIDENS
LVBECK
WISMAR
Bolenborger wick.
Klutzer Hovet
Swerinsche See
Hagenowsche Heide
Das Land zu Sachsen.
SAXONIÆ PARS.
Die Elbe.
Albis Flu.
Sterneberg
Parchim
Nistadt
Wittenborch
Gadebusch
Boitzenborg
Dassow
Tramunde
Trave flu.
AMSTELODAMI, Guiljelmus Blaeuw excudit.
S. Rogiers sculp.

MEKLENBVRG
DVCATVS.
Auctore Ioanne Laurenbergio.
POMERANIAE PARS
ORIENS
Miliaria Germanica comm.
Miliaria Gallica communia.
Der Dars
Ribnitz
Damgard
Tribbesees
Demmin
Gnoien
Dargun
Nien Kalen
Cummerowsche see
Malchin
Malchinsche see
Teterow
Brandenborch
Friedland
Stargard
Tollen See
Calpin lacus
Waren
Plawer See
Muritz lacus
Krako wer see
Forstenborg
Wistock
Wistock
Havel flu.

auffgerichtet worden: sie hat aber in kurtzer zeit sehr zugenommen von wegen des Handels mit andern Völckern / weil jhr Hafen zum ein: vnd außfahren der Schiffe sehr bequäm vnd wol gelegen war. Vber dieses ist sie rundumb mit kleinen Städtlein vnd Flecken vmbgeben / auß welchen allerley nothturfft überflüssig zugeführet wird. Auch hat sie so viel Landts ausserhalb / daß auß 500 Bürgern / die jhre eigene Wohnungen haben / einem jeglichen etliche Morgen Landts auff 7 Jahr lang nach alter gewonheit zu bawen vnd zu geniessen zugelassen werden. Allda seynd drey schöne Kirchen: Eine zu S. Marien mitten in der Stadt/die ander S. Niclas gegen Mitternacht/die dritte S. Georgen gegen Mittag. Das Rhathauß ist trefflich gebawet/ wie auch des Hertzogen Pallast. Nach Swerin rechnet man 4 Meylen/ nach Rostock 7 / nach Lübeck 8 / vnter welchen Städten jhr von wegen der Bürger freundligkeit nit die geringste Ehr zu zuschreiben/wie auch von wegen der Obrigkeit fürsichtigkeit/ der guten Gesätzen / wolbestelten Ordnung / die sehr wol in acht wird genommen/vnd auch des grossen fleisses der Kauffleuthen / dannenhero sie vnter den Hansestädten / die in der Wenden Landt liegen/ nicht die geringste ist. Davon zeuget Crantzius in seiner Vandalia mit nachfolgenden Worten: Guincelinus folgete seinem Vatter im Regiment nach/ vnd besaß die Grafschafft Swerin / welche sein Vatter von Henrico Leone zur belohnung seiner trewen Dienste hat empfangen. Dieser/als er sahe daß Meckelnburg ein offener platz/ nach der länge sehr weit außgebreitet/ nicht wol zu befestigen war / hat er am nächsten Meer eine Stadt angefangen auffzurichten/die er Wißmar (nach wem aber/ ist vngewiß)genennet. Weiter sagt er: Wann die Latini allda weren gewesen / so solte ich es darfür halten / daß sie Cilmaria mit dem rechten Namen hiesse. Weil sie aber von den Sachsen jhren anfang genommen / so ist es vngewiß / woher der Name genommen sey: sonsten ist Wilmaria ein Wendisch Wort/ vnd hat vielleicht ein fürnehmer Mann allda gewohnet/daß von Wilmaro die stadt Wilmar sey genant worden.

Rostock.

Wir müssen aber der Stadt Rostock gedencken / welche auch ein Wendische/vnd eine auß den Hansestädten ist: Sie wird also genant/nicht von der Rosa oder Roseto,wie etliche meynen/ noch von einem rohten Stock/ wiewol es der Teutschen Nahm scheinet mit zu bringen / sondern von der feuchten Erden / welche die Sclavi, so vorzeiten diese örther bewohnet haben/ in jhrer Sprach Rostzock nennen / welcher Name auch im grossen Stadtsiegel zu sehen / welcher die Polnische Histori beyfält. Man sagt / daß vmb das Jahr 329 die Fischer / welche die gute gelegenheit des orths hat angelocket / zum ersten jhre Häußlein vnd Hütten an der Warnaw haben auffgerichtet / vnnd daß Godscalcus der Obotritarum König hernachmahls den platz habe zu einer stadt gemacht. Dieses aber ist einmahl gewiß / daß Pribislaus II, Nicoliti Sohn/ der 40 vnd letzte König der Herulorum auß den verfallenen Mawren der benachbarten stadt Kessin / welche von jhrem eigenen Hertzog Leone zerstöret war / die Stadt Rostock habe erbawet / mit Mawren vmbgeben/vnd zu einer Stadt gemacht. Jhre länge ist 1166 Schritt/ vnd die breite 825/ der gantze vmbkreyß aber 5500. Sie ist nicht viel kleiner dann Lübeck / vnd wird in drey theil getheilt/das alte/ newe vnd mitlere theil. In dem alten theil seynd drey Kirchen/ eine S. Petri, die ander S. Nicolai, die dritte S. Catharinæ, mit einem Collegio der Rechtsgelehrten. Das mittlere theil/ welches durch einen Arm der Warnow von dem alten wird gescheiden / hat zwo Kirchen / der H. Märtyrern vnd S. Ioannis, vnd das Rahthauß neben den statlichen Bürgers Häusern. Das newe hat die Kirche zu S. Iacobi, zum H. Geist/ S. Michaëlis, zum H. Creutz/ vnd 8 Collegia der Academi. Drey Märcke seynd auch alda: Der alte/ auff welchem die Bawren Holtz/ Kohlen vnd Gersten verkauffen. Der mittel Marck / da die Kräme seynd. Vnd dann der dritte Marck / der Hopffenmarck genant/ da man die Hopffen verkaufft / wird auch der Pferdemarck vnnd der Lateinische Marck von wegen der benachbarten Collegiorum genant. Der Gassen seynd 140/ deren etliche von den Pforten/ andere von den Inwohnern/ etliche von den Geschlechtern / theils auch von jhrer gelegenheit die Namen haben. Der grössern Pforten / zu welchen man mit Wagen hinauß fähret / seynd sieben: S. Peterspfort / da man nach Pommern ziehet / der Mühlerpfort nach der Marck/die Steinpfort/ꝛc. zwo seynd zugemawret: vierzehen kleine Pforten seynd auch nach der Warnow zu: Item sieben Brücken/ deren eine von alter verfallen. Weil man aber vnterschiedlicher sachen in der Stadt sieben an der zahl befindet/ so seynd nachfolgende Reymen darauff gemacht worden:

Söven Tören op S. Marienkercke/
Söven Straten bey den groten Marckte/
Söven Dohre so dar gaen tho Lande/
Söven Kopmansbrüggen by dem Strande/
Söven Tören so op dem Raethuß staen/
Söven Klocken so dar daglicken schlaen/
Söven Linden in dem Rosengarden/
Dat sind de Rostocker Kennemarcken.

Die fürnembste Geschlechter seynd: De Moncken, de Cosfelder, de Wockrente, de Fresen, de Nachtraven, de Lowen, de Wysen, de Krusen, de Roden: Van Zelowen, van Otbergen, van Zeynen, van Aa, Witwen, Krone, Kropeln, Kerckhoven, van Baggen, Buke, Katzow, Macken, Grentzen. Die Rostocker haben auch die macht güldene vnd silberne Müntz zu schlagen. Der Magistrat bestehet auß 24 Rahtsherren / auß welchen vier Bürgermeister/die Kämmerer/ die Gilden oder Zunfftmeister / die Schultheissen / vnd die Richter erwehlet werden. Die Academia hat so viel Recht vnd solche Freyheit/ als jhr vom Fürsten vnnd der Stadt ist verlehnet.

Die Hertzogthumben

Schleßwick vnd Holstein.

JVtlandt / dieweil es durch den Fluß Albim oder Elb / von dem vbrigen theil Teutsches Landts gegen Mitternacht ist vnterscheiden / vnd von den Alten Norealbingia genandt / begreiffe zwey Hertzogthumb / als Schleßwick vnd Holstein in sich. Das erste hat von der vhralten vnd fürnehmen Handelstadt Schleßwick seinen Namen / ward vor zeiten das Hertzogthumb Iutiæ genandt / vnd Waldemaro Abelis, des Königs in Dennemarck Enckels Sohn / im Jahr nach Christi Geburt 1280 vom König Erico zum allerersten zu Lehen gegeben: nachmahls aber / als der gantze Mannliche Stam̃ der Königen vnd Hertzogen außgetilget vnd vmbkommen / vnd das Hertzogthumb Schleßwick mit sampt dem Königreich ein Corpus worden / von Margarethen einer Herꝛscherin dreyer Königreich / Gerardo einem Grafen in Holstein / mit der condition vbergeben / daß er es als ein Beneficium von dem König in Dennemarck solte erkennen. Die Städte aber dieses Hertzogthumbs Schleßwick haben nicht allein einerley Privilegia vnd Freyheiten mit denen in Dennemarck / sondern gebrauchen sich auch einerley Rechtens mit denselbigen: Die Vnderthanen dieses gantzen Königreichs / sie wohnen an welchem orth sie wollen / können von dem Raht jhrer Städte vnd Flecken zu den Hertzogen vnd derselbigen Rähte / vnd nicht ferner appelliren. Die allgemeine Regierung aber oder Herꝛschafft aller dieser Hertzogthumb beruhet auff dem König in Dennemarck vnd Hertzog Adolpho in Holstein / vnter welchen einer vmb den andern regiert. Vnd wann die Regierung auff den König kompt / wird dieselbige von des Königs Stadthalter verwaltet. Die fürnem̃ste Stadt dieses Hertzogthumbs ist Schleßwick / hat jhren Namen von dem orth da sie ligt / nemblich von Slia dem Schloß des Ostersees: sintemahl Wick beydes ein Stadt / vnd dann auch einen krummen außgang oder schoß des Meers / vnd zum dritten bey den alten Sachsen einen Vicum oder Flecken bedeut. Cranzius aber / vnd welche die Geschichten der Sachsen beschreiben / geben jhr einen andern Namen / dessen sich die Dennemärcker vnd Frießländer noch heutiges Tags gebrauchen / dann solche Völcker nennen solche Stadt in jhrer Sprach Heidebui oder Heideba, mit vermeldung / daß sie von einer Königin / so Hetha geheissen / am ersten seye erbawet. Sie ist zur Kauffmannschafft vber die massen wol gelegen / vnd hat zu solchen Geschäfften einen sehr bequem̃en Hafen. Nicht fern von dieser Stadt ligt das Schloß Gotorpia, vnd der fürnehme Zoll / von welchem man weiß / daß in guten wolfeylen Jahren auff 50000 Ochsen / so auß Dennemarck in Teutschlandt getrieben / seynd verzollt worden. Ferner ligt auch in diesem Hertzogthumb die berühmte Stadt Flensburg / zwischen hohen vnd gewaltigen Bergen am Vfer vnd Gestadt des Orientalischen Meers / in welches sich jhr Meerhafen erstreckt / so von wegen seiner tieffe vnd sicherheit der massen bequem / daß schier ein jeder Bürger die Wahren auß seinem Hauß zu Schiff laden / vnd wiederumb die ankommende biß an seine Wohnung führen vnd bringen kan. Die vbrige fürnehme Städte seynd Hussenum oder Haussen vnd Hadersleben. An Bischthumben hat dieses Hertzogthumb mehr nicht als eins / nemlich das zu Schleßwick / zwey Capitel / drey Klöster / vnd viel vnterschiedliche Fürstliche vnd Adeliche Schlösser. Der Raht aber / dessen oben etlich mahl gedacht worden / beruhet gemeinlich auff 24 Personen Ritterlichen Ordens / welchen der allgemeine LandCantzler / vnd wegen eines jeden Hertzogen zween Doctores im Rechten werden zugegeben.

Hertzogthumb Schleßwick.

Regiment.

Städte.

Bischthumb.

Holstein oder Holsatia hat seinen Namen / wie man meynet / von der menge des Holtzes / sintemahl es der Wälde vnd Gehöltzes allenthalben gantz voll ist / wiewol es etliche von dem holen Stein her nennen / sintemahl die Hertzogen in Holstein vor zeiten die Grafen von dem holen Stein seynd genant worden. Dieses Hertzogthumb endet sich gegen Auffgang an dem Fluß Bilena, gegen Nidergang an der Stora, gegen Mittag an der Elb / vnd gegen Mitternacht an der Eidera, ist / wie gemeldt / an Wälden der massen reich / daß mehr Holtz darinnen verdirbt / als in gantz Frießlandt wächst / vnangesehen daß auch daselbst kein Fewr gesparet wird. Wiewol aber der Wälde in solchem Land kein ende gespüret wird / so hat es durchauß kein besondere grosse Eychen / sondern ist der Buchbäume allenthalben voll / von welcher Früchten ein vnglaubliche anzahl von Schweinen wird ernehret. Jhre äcker werden alle drey Jahr mit Getreyd besäet / vnd die folgende drey zu Weyhern gemacht vnd mit Fischen besetzt. Von Weingarten hat dieses Hertzogthumb gar nichts / wie gleichfalls auch keine Oelbäume / jedoch allenthalben viel Gewild / vnd einen gewaltigen vorraht von Pferden. In gemein wird dieses Hertzogthumb in vier sonderbahre theil / als Dithmarsen / Holstein / Storma vnd Wagriam vnterscheiden / welche erstlichen nur Grafschafften seynd genandt worden / nunmehr aber von Keyser Friderich / dieses Namens dem Dritten / auff König Christierni des Ersten begehren / in Fürstenthumben erhaben seynd / welcher derenthalben dem H. Römischen Reich zum besten 40 Reysige vnd 80 Mann zu Fuß erhalten muß. Ditmarsen ist anfänglich etliche 100 Jahr gantz frey vnd niemand vnterworffen gewesen / vnd ob es wol nachmahls von Keyser Friderichen / König Christierno dem Ersten zu Lehen gegeben ward / hat es doch derselbige auff keinerley weise können bezwingen / dann des gemelten Königs beyde Söhne / als König Johan vnd Hertzog Friderich vnterstunden es zwar Anno 1500 zu vberwältigen / wurden aber von den Jnwohnern gewaltig abgetrieben / vnd jhr gantzes Heer in die Flucht geschlagen vnd zertrennet / biß es endlich Christierni des Ersten Enckel / als König Friderich der Ander / vnd beyde Hertzogen Ioannes vnd Adolphus im Jahr 1559 mit Macht bezwungen. Die fürnembste Städte in Holstein seind Segelberg in Wagria, 4 Meylen wegs von Lübeck gelegen: Itzohoa, wegen des orths da sie ligt / vnd der gewaltigen Schiffahrt sehr berühmt: Die Stadt Stora wird mit einem schiffreichen Wasser / so allenthalben voller Fisch / rings herumb vmbgeben / welches Wasser in der mitten des Hertzogthumbs Holstein entspringt / an etlichen Städten vnd Flecken / vnd sonderlich dem Adelichen Hauß Bredenberg / so den Rantzowen zuständig / hinfleust / vnd sich endlich in die Elb ergeust. Chilonium, so sonsten Kile genant wird / ist ein alte Stadt / hat einen weiten vnd geraumen Meerhafen / in welchen täglich viel Schiff auß Teutschlandt / Liefflandt / Dennemarck vnd Schweden gelangen / vnd den Jnwohnern grossen Reichthumb verursachen. In eben dieser gegend des Hertzogthumbs Holstein ligen auch die Städte Crempa vnd Rheinholdsburg / vnter welchen jene von dem vorüber lauffenden Wasser / diese aber von jhrem ersten Erbawer also wird genennet. Item / die Städte Meldorff / Heininckkte vnd Tellinckfte, in Ditmarsen / vnd in Stormar die Hauptstadt vnd weitberühmte Handelstadt Hamburg an der Elb

Vrsprung des Namens.

Grösse. Gräntzen.

Fruchtbarkeit.

Thier vnd Vieh. Abtheilung.

Obrigkeit.

Ditmarsen.

Städte.

DVCATVS HOLSA
Alluvies propè Detzbul, Incolis Inferioris Germaniæ, a Duce Holsatiæ concessa aggeribus cingi.
Aenwas by Detzbul den Nederlanders geconsenteert te bedijcken van den Hartoch van Holsteijn.
DVCATVS
Wydinghart
DEN AEN WAS
Dagebul
Fartist
Galmsbul
Detzbul
SLES:
Rysmoer
Smalle Diep
Het
DEN VOORDEREN AENWAS
WICENSIS PARS
Op de Eyder
a Vuyterste Eyder ton
b Ton op de Hont
c Baken op de Hont
d Yseren Hendrick
e Bakens op den Yseren Hendrick
f Pijp na de Elve
g Hoedemer sandt
h Baken op de Hulck
Op de Elve
i De Schor ton
k Kool ton
l Witte ton op de niewe gronden
m Hoeck ton
n Roß ton
o De tonnen op Pelgroms sandt
Op de Weser
p Ton op 't Koers
q Mellem ton
r Ton op Bollensyl
ſ Bakens op Bollensyl
t Eerste ton op 't Vlack
u Het Vlack
w Kappelmans sandt
Heylige landt
De Noordt See.
De Eyder Stroom
Westerland
Foere oft Voren
DE STRANDT
Pilworm
De Hever
Hussum
Eyderstede
Tonningen
Svavestede
Vrederycks stadt
Lunden
DITMARSIA
Heyde
Mildorp
Vlackte van Steert van Vogelsandt
Vogelsandt
De Elf Stroom
Schorhorn
Nieuwe werck
Wilster
Itze
Crempe
Luckstadt
Aterndorp
Hadler
KEY DINGER LANDT
Otterendorp
Stade
Das Stade land
Hornborg
Witte gronden
Teutel
Roode sandt
De Weser Stroom
Wangeroog
Mellum
Frisiæ Ori.
Milliaria Germanica communia
Milliaria Gallica communia
Butjadigerlant
Waddens
Lehe
Kranenborg
Seipdorpe
Lange Meer
Hunelport

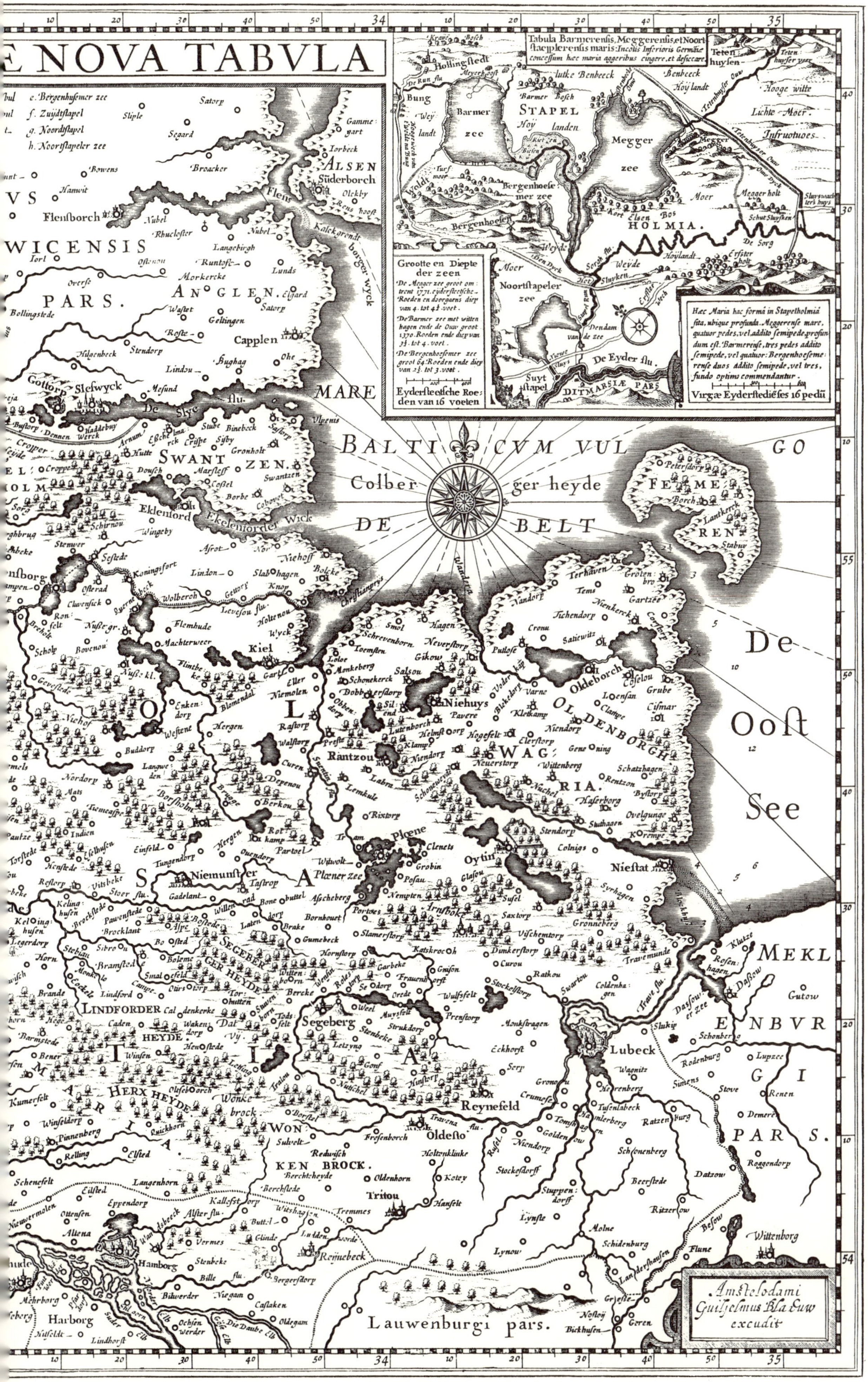
E NOVA TABVLA
Tabula Barmerensis, Meggerensis, et Noortstapelerensis maris: Incolis Inferioris Germaniæ concessum hæc maria aggeribus cingere, et desiccare.
Grootte en Diepte der zeen
De Megger zee groot om trent 1771 Eyderstetsche Roeden en doorgaens diep van 4. tot 4½ voet.
De Barmer zee met witten hagen ende de Ouw groot 1370 Roeden ende diep van 3½ tot 4 voet.
De Bergenhoesemer zee groot 64 Roeden ende diep van 2½ tot 3 voet.
Eyderstetsche Roeden van 16 voeten
Hæc Maria hac formâ in Stapelholmiâ sita, ubique profunda. Meggerense mare, quatuor pedes, vel addito semipede profundum est. Barmerense, tres pedes addito semipede, vel quatuor: Bergenhoesemerense duos addito semipede, vel tres, fundo optimo commendantur.
Virgæ Eyderstedienses 16 pedū
Barmer zee
Megger zee
Noortstapeler zee
STAPEL
HOLMIA.
De Eyder flu.
DITMARSIÆ PARS
ALSEN
Süderborch
Flensborch
WICENSIS PARS.
ANGLEN.
Capplen
Gottorp
Slefwyck
MARE
BALTICVM VULGO
Colberger heyde
DE BELT
SWANT ZEN.
Eklenford
FEMEREN
Kiel
De Ooft See
OLDENBORCH
WAGRIA.
Rantzou
Ploene
Oldeborch
Niestat
Lubeck
MEKLENBVRGI PARS.
Segeberg
SEGEBERGER HEYDE
LINDFORDER HEYDE
HERX HEYDE
WONKEN BROCK
Reynefeld
Oldesto
Tritou
Hamborg
Harborg
Reinebeck
Lauwenburgi pars.
Amstelodami Guiljelmus Blaeuw excudit

gelegen / welche nach vielen außgestandenen Kriegen von Carolo Magno widerumb erbawet ward / zur zeit Keyser Heinrichs des Vierdten/ mit Mawren vmbgeben / vnd mit dreyen Thoren vnd 12 Thürnen geziert. In dieser Stadt hat gelebt vnd daselbsten sein Leben geschlossen der fürnehme vnd glaubwürdige Geschichtschreiber Albertus Crantzius, dessen Zeugnüß wir vns vielmahl haben gebraucht. Dieses gantze Landt ist allenthalben voll Sümpff vnd Teich/vnd sonderlich Ditmarsen/als dessen Inwohner sich auff solche verlassen / die Gebott vnd begehren der Könige in Dennemarck verachtet / vnd erst vor etlichen Jahren zu desselben Gehorsamb sind gezwungen worden; das fürnemste fliessende Wasser dieses Lands ist die Egidora oder Eidera; die vbrige seynd vielmehr Bächlein als Flüß zu nennen: Das Mare Balthicum oder Ostersee/hat an dem orth/ da es an Holstein vnd Schleßwick stöst / etliche schöne vnd lustige Sinus oder schooß / so bey den Griechen Isthmi heissen / in welche mit der Inwohner grossen nutzen Jährlichen viel Schiff ankommen / vnd sich daselbsten nach den langwirigen außgestandenen Reysen/ergetzen vnd erquicken. Ja es hat dieses Land an etlichen orthen auch einen gewaltigen Fischfang / vnd sonderlich von Salmen eine grosse menge. Ist allenthalben gantz eben / vnd selten mit Bergen erhaben / vnter welchen der fürnembste/ so wegen der gewaltigen Thaten Henrici Rantzovii, die er beydes zu Kriegs: vnd Friedenszeiten darauff geübt/ sehr berühmt ist/zwischen den gewaltigen Städten Hamburg vnd Lübeck ligt / vnd auff jhme ein Schloß/welches beydes wegen seiner älte/vnd dann auch des jenigen / so es am ersten erbawet / männiglich bekant vnd wissend ist / vnten aber an seinem anfang oder Wurtzel ein Städtlein ligen hat. Es ist der Wälde fast allenthalben gantz voll/vnd sonderlich Ditmarsen/als welches die Wälde Borchholtz / Burgholtz/ Alverdorfenholtz/ Resenwald/ vnd viel andere mehr in sich begreifft. Vor zeiten hatten die Holsteiner 48 Männer zu Vorstehern oder Richtern / an welche alle sachen auß allen vnd jeden Parochiis oder Pfarren seynd gebracht vnd von jhnen geurtheilt vnd geschlichtet worden. Als sie aber nachmahls wurden bezwungen / vnd in zwey theil vnterscheiden / hat man auß einem jeden theil 12 Männer beneben dem Præfecto, welcher gemeinlich ein Doctor oder Licentiat im Rechten ist/ außerkohren: diese alle werden von den Hertzogen mit einer ehrlichen Besoldung versehen / vnd jhnen ein Schreiber zugegeben / wie gleichfals auch ein Præsident oder Inspector auß dem Holsteinischen Adel/deren einer als an des Königs statt ist gemeinlich der Præfectus oder Amptsverwalter zu Steinburg / der ander aber an statt des Hertzogs Adolphi der præfectus oder Amptsverwalter von Gottorff. Doch wird den Vnderthanen freygestelt / an die Hertzogen vnd Rähte der beyden Hertzogthumb / nemblich Holstein vnd Schleßwick zu appelliren. Vor zeiten haben sie geschriebene Recht gehabt/welches nunmehr ein wenig ist verändert/nach dem gemeinen Recht reformirt, vnd von Henrico Ranzovio dem Königlichen Stadthalter / Sigefrido Ranzovio, Herrn in Nienhausen/ Herrn Adamo Trazigero vnd Herrn Erasmo Kirslemio zusammen getragen/ vnd werden alle Sachen darnach geurtheilt vnd die Straffen gefelt.

Wässer.

Berge.

Wälder.

Raht.

An vnterschiedlichen Ständen hat Holstein sonderlich vier/als den Adelichen/Geistlichen/Bürgerlichen/vnd dann den Standt der Bawren/welche letzte widerumb in zweyerley werden vnterscheiden: sintemahl etliche jhre eigene/erbliche vnd freye Güter besitzen / etliche aber keine eigene Güter haben / sondern solche vmb Geld vnd Zinse an sich bringen / vnd derenthalben mit Frohndiensten vnd andern dergleichen beschweret werden. Die Adelspersonen wohnen auff jhren Schlössern / welche mehrentheils erblich vnd eigen sind / vnd haben demnach dieselbigen vollkommen gewalt vnd Recht zu jagen/ hetzen/ Vogelfangen vnd fischen. Etliche Lehen kommen so wol auff die Weiber / als auch die Männer. Der fürnehmen Geschlechter seynd nicht vber 24 / deren Namen in der Holsteinischen Chronick nach einander werden erzehlet / vnd sind allesampt an Personen fast reich / sintemahl allein der Rantzawern auff 150 werden gezehlt / welche viel Schlösser vnd Adeliche Güter besitzen. Nicht viel geringer seynd auch die Alefeldii vnd Powischi an der zahl. Gantz Holstein hat nicht mehr als ein Bischthumb / nemblich das zu Lübeck / dann das Hamburger ist dem zu Bremen vnterworffen; die streitsachen deren vom Adel werden von der Hertzogthumben Rähten/da die Hertzogen gemeinlich selbst præsidiren / geschlichtet / von welchem Raht sie dann auch/ jedoch mit füglicher vnd gebührlicher Caution, an die Keyserliche Kammer mögen appelliren. Die Bürger haben jhre sonderbare freyheiten/ vnd gebrauchen sich des Römischen oder auch des Lübecker Rechts. Die Vnderthanen haben macht von dem Vrtheil / so jhnen von den Rähten der Städte ist gesprochen / zu den vier Städten / so sonderlich hierzu seynd verordnet/ zu appelliren/wie gleichfalls auch von diesen zu den Hertzogen vnd Rähten des gantzen Landes / vnd endlich auch zu der Keyserlichen Kammer selbst/jedoch mit vorgethaner billichen vnd gebührlichen Caution. Die sachen der Bawren werden auff dem freyen Felde von den Procuratoren vnd Zungentreschern gehandelt / welchem Gericht dann etliche vom Adel / mit sampt den præfectis oder Landvögten vnd zween Zeugen beywohnen: daselbst treten die Kläger auff offenem platz herfür / vnd werden alle Bawren nach angehörter Klag vnd verantwortung samptlich hinauß vnd auß dem Raht gewiesen / folgends / nach dem die Sachen mit fleiß erwogen / widerumb zu dem consessu hinzu geruffen/ vnd das Vrtheil gesprochen.

Vnterscheidt der Stände.

Adeliche Geschlechter.

Lubeck.

LVbeck zu vnsern zeiten eine herrliche wolerbawete vnd berhümbte gewerbstatt/die fürnembste vnter den alten Wändischen städten in Sachsen gelegẽ. Hat zuuorn eh sie den jetzigen läger zwischen den flüssen der Trabe vnd Wagenitz bekom̃en/ vil von dem fewer vnnd krieg erlitten/ biß so lang sie durch hilff Adolffs von Schawenburg/so ein Graue von Holstein gewesen/ auß aller widerwertigkeit errettet: vnd im jar Christi M.C.XL. fridlich zu erbawen angefangen: ist darnach von Keyser Friderich ein freye Keyserliche Reichstatt gemacht/vnd hat jhr zu eim Wapffen gegeben/einen zweyköpffigen halb theils Goldtgelben/ vnnd ander theils schwartzen Adler. Derselbiger Keyser hat auch den hochlöblichen Bund der Hansen bestetiget/auch mit vilen freyheiten vnnd priuilegien in verscheidenen örtern der Welt begabt/vnd deren geselschafft die fürtreffentliche vnd hochberhümbte Stadt Lübeck/zu eim Häupt vñ Königin gesatz/ vmb das jar M. C.LXXX.II. (wie der Straßburger Chronica anzeiget) derohalben auch die Hanßtage vnnd zusamenkunfften/drauff von der stätte gemeinen streittigen sachen gehandelt wirt/ alda gemeinigklich gehalten/vnd vier verscheidener Residentz (deren namen du hie vor in Beschreib ung der stadt Londen findest) appellation sachen/ hieher gebracht werden. Der Hansen städten Syndicus ist zu jetziger zeit/ der Ehrnfester vnd hochgelehrter Herr Heinrich Suderman beyder Rechten Doctor/vnd von Adelichem geschlecht/ binnen Cölln geboren/ hat durch vile vbungen vnd sendungen zu Königen vnd Fürsten aller ding eine grosse erfahrung/ ist nit allein der Kauffstadt Antorff/sonder auch aller Hansen biß jetz in das XXII. jhar ein hochlobwerdiger vorsteher.

Lübeck ist zu vnser zeit gelechts vnd Kunst halben gar starck/vnd mit gewaltigen Bollwercken/so auff grossen pfälen im wasser ligen/gar wol befestiget. Dise statt hat zwo langer strassen/ werden von den andern kreutzweiß durchtheilt/gehen allgemach hinab biß zu den flüssen die Trabe vnnd Wagenitz / seind gar sauber / weil aller wüst zu den Wassern ableufft. Hat schöne zierliche Kirchen mit hohen Thürnen/ seind mit Küpffer vnd Bley vberzogen/haben am spitz güldene Knöpffe. Das wasser wirt mit einer kunstreicher Mülen/ auß dem fluß in einem hohen thurn getriben/ felt darnach durch die Erd vñ canalen zu der bürger häuser/das der sach ein vnerfarner meinet/es sein eitele natürliche brunquellen. Von mehrer wirde diser statt/ von erlittenem Krieg/ damit dieselbe von den Holländern/Holsatzen/Dänen vnd Schweden zerknirtzet/auch wie sie drey mahl verbrennet/ wil ich der lieben kürtze halben nit schreiben/aber doch dises nit vorbey gehen/ das diser statt gewalt da aussen gnugsam an tag geben wirt/ dieweil sie mit dem König auß Dännemarck/wider den gewaltigen König von Schweden auff eigene kosten zu wasser vnd Landt acht jar lang Krieg gefurt/vnd doch zu letst durch vnderhandlung Keyserlicher Maiestat vnd anderer des Reichs Stenden/friden angenommen hat. Dise statt ist zu jeder zeit mit hochuerstendigen vnd scharpfsinnigen Regiereren vnd Männern von Gott versehen gewesen/vnder welchẽ jetz nicht die geringste sein die Hochachtpare/Fürsichtige vnd weise Herrn beide Bürgermeister Hieronymus Lünenburg/vnd Heinrich Pläniß: Auch der Hochgelehrter vnd Fürsichtiger Herr Puppinger/vor etlichen Jaren des Brüggischen zu Antorff residerenden Contors Secretarius/so jetziger zeit denselbigen dienst im Erbarn Rhat vnd hauptstat der Hansischen confoederation Lübeck mit hohem lob fürstehet: ist in allen künsten wol beübt vnnd ein besonder güter Poet / Musicus vnd Mathematicus/ wie das ein scharpfffinnichs Instrument/so in der Herren hauß gesehẽ wirt/vnd auß erster erfindung desselben auch mit eigener hand gemacht/allen lauffe des firmaments/Sonnẽ/Mon/der Sternen/ꝛc. auff das artlichst vnd künstlichst anzeiget

Hamburg.

HAMburg die grösseste stadt des Nidern Sachsen/ hat den namen von deren ersten anstiffter Hammone / daher sie von Francisco Irenico im Latein Hammonis Burgum geheissen ist/Albrecht Krantz aber wil Hamburg sol von Hama eim dapffern fechter/ welcher von Stancaro/eim vngehewren grossen vnd starcken Dänischen Mann auff disem ort für der statt erbawung/zu todt geschlagen/genennet sein. Ist von Lübeck zehen meil wegs gelegen/ hat vil wassers vnd eine schöne gelegenheit das Kauffmans gewerb zu treiben/ derohalben auch die Engellender/welche Antorff jetz nit erleitet/ alhie jr kauffmans gut verhandeln. So viel die Mawren/Graben/den Wall/Reichthumb vnd einwöner antrifft / hab ich nichts schöners vnd starckers gesehẽ wider Hamburg. Hat vberauß lüstige häuser/welche mit wasserleitten beflossen werden / draussen sie mangel halbẽs des Weins/Bier machen/wirt nit allein von den Hamburgern/sonder auch in andern Sachsischen örtern auff das begirlichst gedruncken: das auch wunder zu sagen wie sich diß volck mit dem Bier außfüllet/ das auch höchlich gelobt vnd geprisen wirt der jeniger/so am sterckste sauffen kan. Karl der Vatter Pipini hat in diser statt einen Vogt oder Vergwalter gehabt/denselben haben die Dänmarcker / nach dem sie die stadt erorbert vnd ins fewer gestochen/ außgeworffen vnd vertriben. Vnter der siben Wandalischen Hanß städten/ist Hamburg nicht die gerinste.

L V
S.Peter
De Dom
Dat Huxter dor.
Dat Radt
De oldest karck
S.Anna
Dat Molen dor
LVBECA VRBS IMPERIAL
DALICARVM, ET INCLYT

HAMBVRCH
S.Nicolaus
Der Heilig Geist
Miller dorff
Die Schaer kirch
Die Nieder bruck
S.Maria Magdalena
Hamburga, Florentis
æ emporium, Anglor
pore celeberrimu

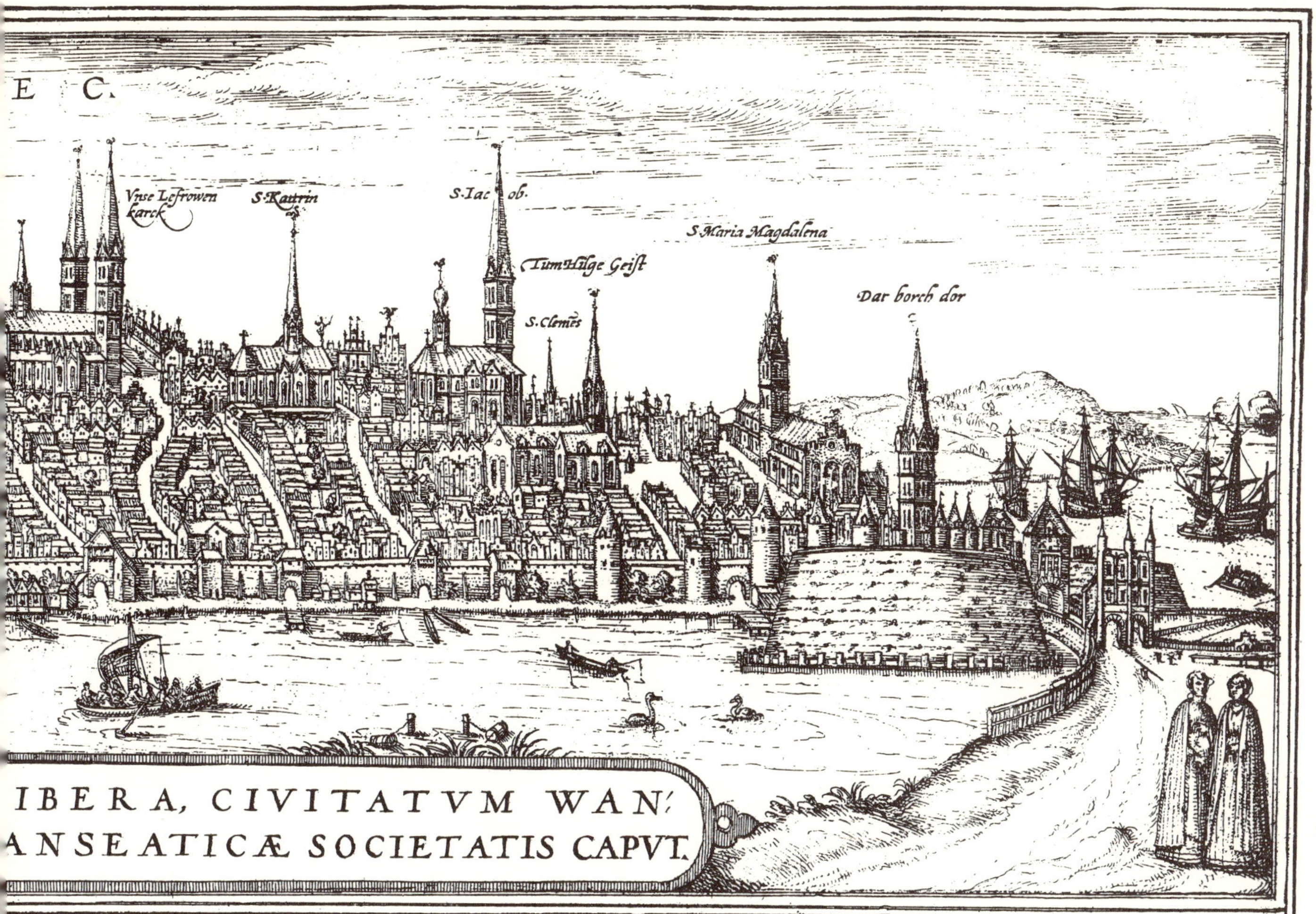
E C.
Vnse Lefrowen karck
S·Kattrin
S·Iacob.
Tum Hilge Geist
S·Clemēs
S·Maria Magdalena
Dar borch dor
IBERA, CIVITATVM WAN/
ANSEATICÆ SOCIETATIS CAPVT.

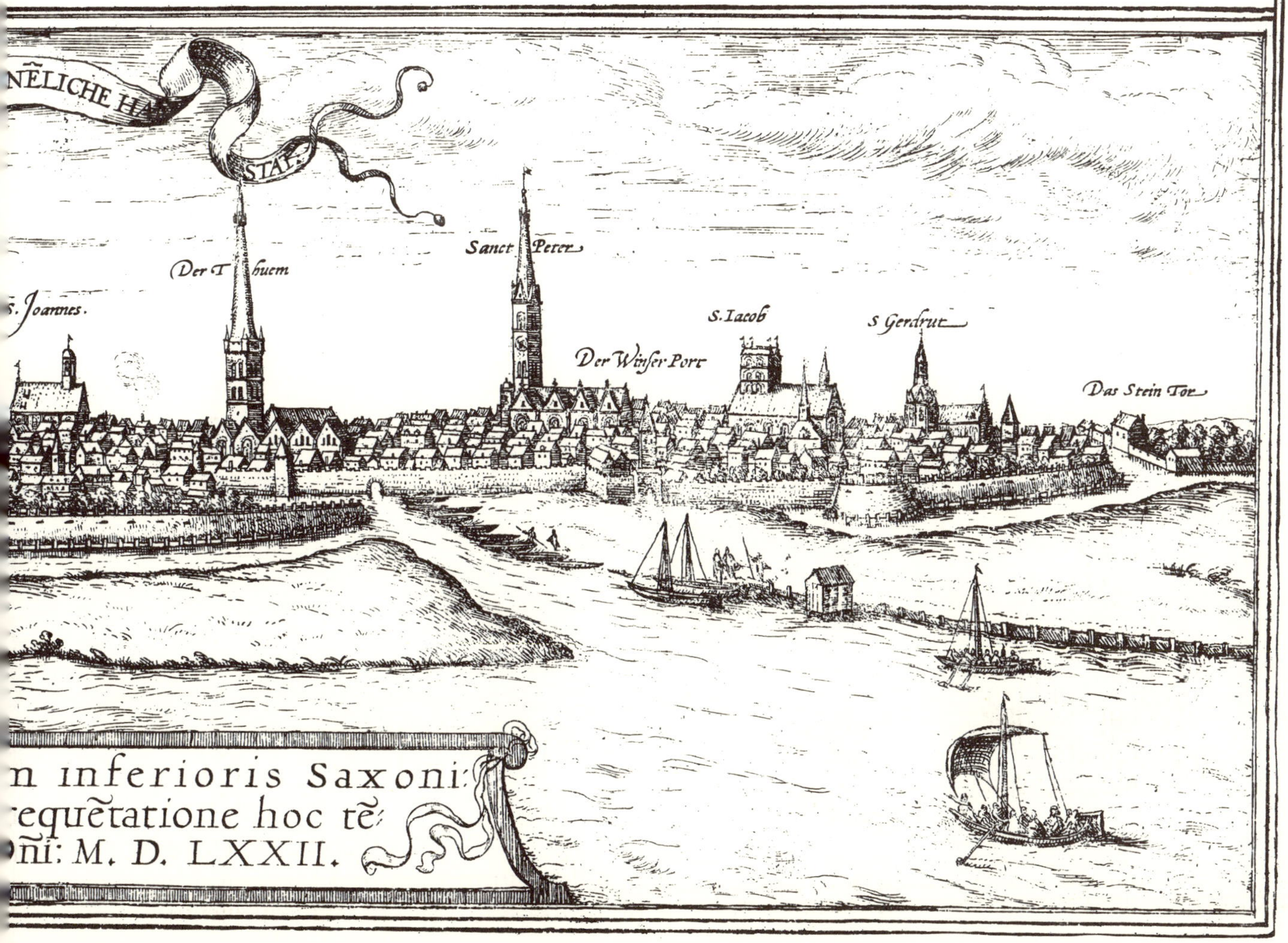
NELICHE HA
STAT
Der Thuem
Sanct Peter
S. Joannes.
Der Winser Port
S·Iacob
S Gerdrut
Das Stein Tor
n inferioris Saxoni
requētatione hoc te
ōni: M. D. LXXII.

Beschreibung des Elbstroms.

Vnter den Flüssen des Teutschlands ist die Elbe nit der geringsten einer/ dessen die altē Scribenten offtermahls eingedenck seyn: Sie vnterscheidet die Suevos von den Cheruscis. Tacitus meldet/ daß sie in der Hermundurer Land entspringe. Dieser ists/ an welches Gestad einer Frawen gestalt/ die grösser dann ein Mensch/ den Drusum hat angeredt/ vnd jhm weiter zu gehen verbotten/ wie Dio vnd Tranquillus referiren. Die vngelehrten Scribenten heissen sie Albiam, vnd die Teutschen die Elbe. Die Böhmen/ bey welchen dieses Wasser entspringt/ nennen es Labe/ vnd wie Fabricius in den Büchern seiner Meißnischen sachen bezeuget/ so hat sie jhren Namen von der zahl jhrer Brunnen oder Quellen/ deren 11 werden gezehlt/ oder/ wie die Sachsen meynen/ von der zahl der darein fliessenden Wässer. Dann sie jhren vrsprung/ wie gemelter Fabricius ferner bezeuget/ in der Gegend des Schwartzwaldes nimbt/ welche von den Risen jhren Namen hat/ vnd das Risengebürg genant wird: hat 11 Quellen/ deren Namen er daselbsten erzehlet/ welche zusammen fliessende die Elbe machen. Im anfang ist sie klein vnd eng/ laufft sehr krum̃ vnd gebogen hin vnd wider biß nach Menlick/ eine Stadt in Böhmen/ da sie von der Moldaw/ so die Böhmen Wltava nennen/ vermehret wird: von dannen spatiert sie weiter/ vnd vermischt sich mit dem Fluß Egra, begibt sich darnach durch Meissen vnnd Sachsen bey Wittenberg fürüber/ vnd nach dem sie die Saal vnterwegen angenommen/ laufft sie nach Magdenburg/ vnd also fort durch vielerley Länder/ biß sie Hamburg/ Staden vnnd Glückstadt hinter jhr gelassen/ ergeust sich dann mit einem weiten außfluß in das grosse Meer. Diesem Fluß ist
Hamburg. die Stadt Hamburg nicht eine kleine zierde/ die ein Hauptstadt in Stormaria ist/ sehr berühmt wegen des Kauffhandels/ der von dannen auff Teutschlandt/ Niderlandt/ Spanien vnd andere Länder sehr starck getrieben wird/ vnd 18 Meylen von dem Meer gelegen. Weil aber in dieser Mappen jhre gelegenheit neben den herumb ligenden Ländern für Augen gestelt wird/ so haben wir nicht für vnrahtsam befunden/ etwas weitläufftiger derselben hierin zu gedencken. Des Namens vrsprung angehende/ so ist einer dieser/ der ander einer andern meynung; auß welchen diese der Warheit am ähnlichsten. Zwischen den Flüssen Alster vnnd Billern hat es vor zeiten einen Waldt gehabt/ mit Namen Ham/ bey welchem die alten Sachsen noch für Caroli Magni zeiten ein Schloß gebawet/ vñ nach dem benachbarten Walde Hammeburg genant haben/ dannenhero der Stadt eigener vnd rechter Nam nit Hamburg, sondern Hammeburg ist/ wie das grosse Stadtsiegel/ die alten Instrumenten/ Brieffe vnd Privilegien außweisen. Dann also lauten die Brieff Ludovici des I, zu Achen dieser Stadt gegeben: Wir statuiren mit einhelligem Consens der Geistligkeit/ in der eussern Landtschafft der Sachsen jenseit der Elbe/ in dem orth genant Hammeburg, mit der gantzen Nordalbinger Kirchen einen eigenen Sitz einzusetzen. Ebener massen gedenckt die Bull des Bapsts Nicolai zu des Ludovici II zeiten des Castels Hammeburg/ vnd nennet es den Nordalbinger Sitz. Nach dem diese Stadt im ersten zu dem Christlichen glauben getretten/ so hat Carolus Magnus ein Schloß darinnen gebawet/ vnd Vltonem zum Obristen mit einer Besatzung darein geleget. Nichts desto weniger haben die Nachfolger Sigardi des Hertzogen von Engern vnnd Westphalen/ vnd sonderlich Albion des Sigardi dritter Enckel/ vnd des Widekindi Nachfolger/ der mit Carolo Magno die Sachsischen Kriege geführet hat/ Holstein/ vnd die vmb Hamburg ligende örther in jhrer gewalt gehabt/ biß des Caroli Magni successores in Vneinigkeit gerahten/ vnd durch die gelegenheit der gemelten Hertzogen familiæ widerumb der Stadt ist mächtig worden/ wie dann dazumahl die Hertzogen vnd die Bischoffe vnterschiedliche Häuser darinnen gehabt haben. Als aber Otto, dessen Gemahl des letzten grossen Hertzogen von Sachsen auß der Bilinger Geschlecht Tochter war/ zum Keyserthumb kommen/ hat er Adolphum den Graffen von Schaumburg mit der Graffschafft Holstein belehnet/ von welchen zeiten gedachte Graffen die Stadt Hamburg in jhrer possession behalten/ dieselbe mit schönen Gebäwen gezieret/ vnnd in der Hauptkirchen jhnen ein Begräbnuß auffgerichtet haben. Wie sich aber diese Stadt der freyheit angemasset/ erklären die Historien hin vnd wider. Nach dem Woldemarus der Hertzog von Schleßwick/ mit hülffe seines Bruders des Königs von Dennemarck sich gedachter Stadt bemächtiget/ vnd Adolphum vertrieben/ haben die Hamburger angefangen auf jhre freyheit zu dencken/ vnd mit 150 Marck Silbers/ die sie dem Graffen von Orlamund haben außgezahlt/ den weg zu bereiten. Darnach hat Adolphus der IV derselben freyheiten vnd andere Privilegien bestetiget. Sie hat vmb das Jahr 1510 sehr zugenommen/ sintemahl viel frembde Kaufleuthe von wegen des Kriegs der Lübecker mit den Dennemärckern sich dahin begeben haben. Vnter Keyser Otto ist auß Italien nach Hamburg gebracht worden Benedictus der Bapst/ welcher mit ge-

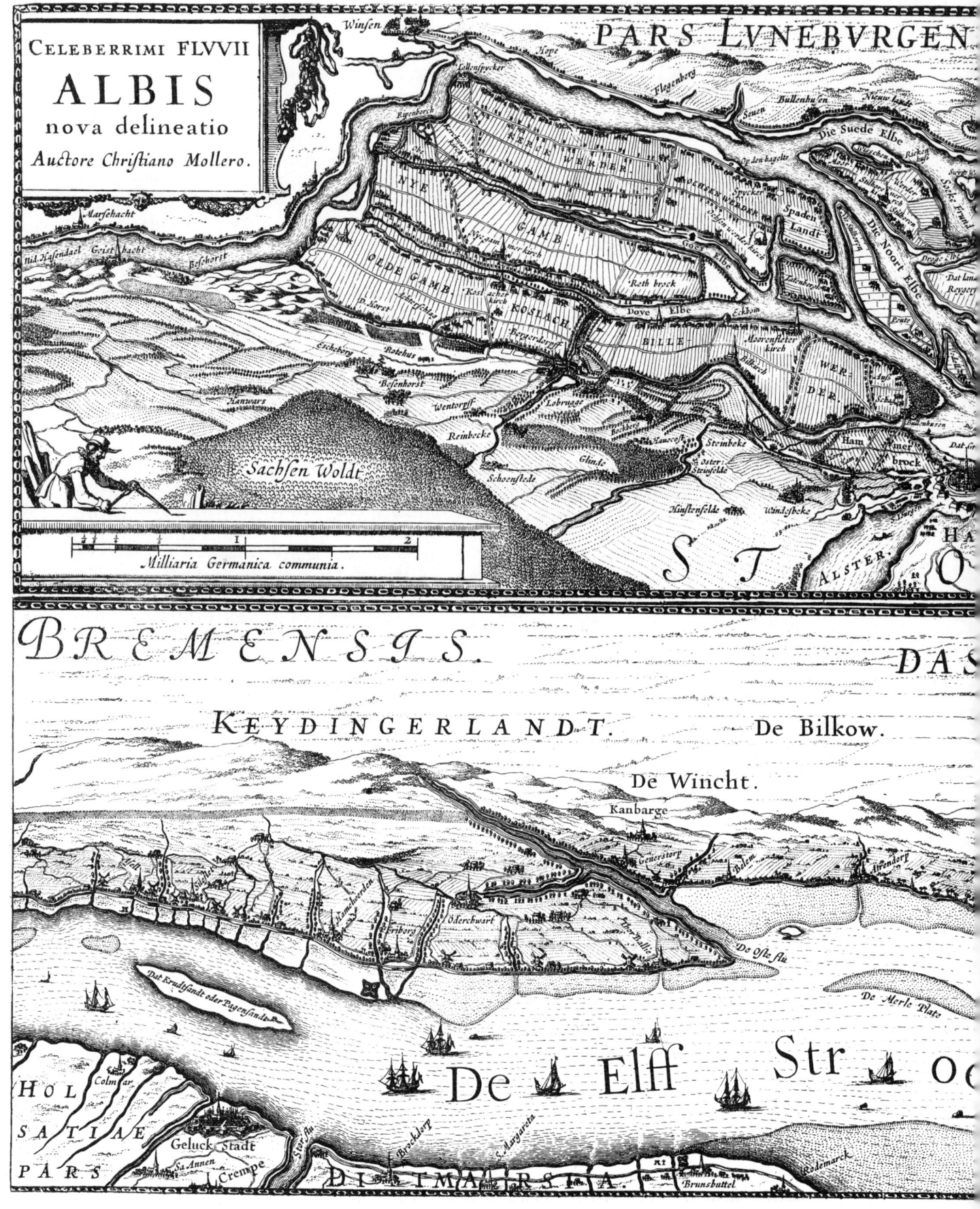

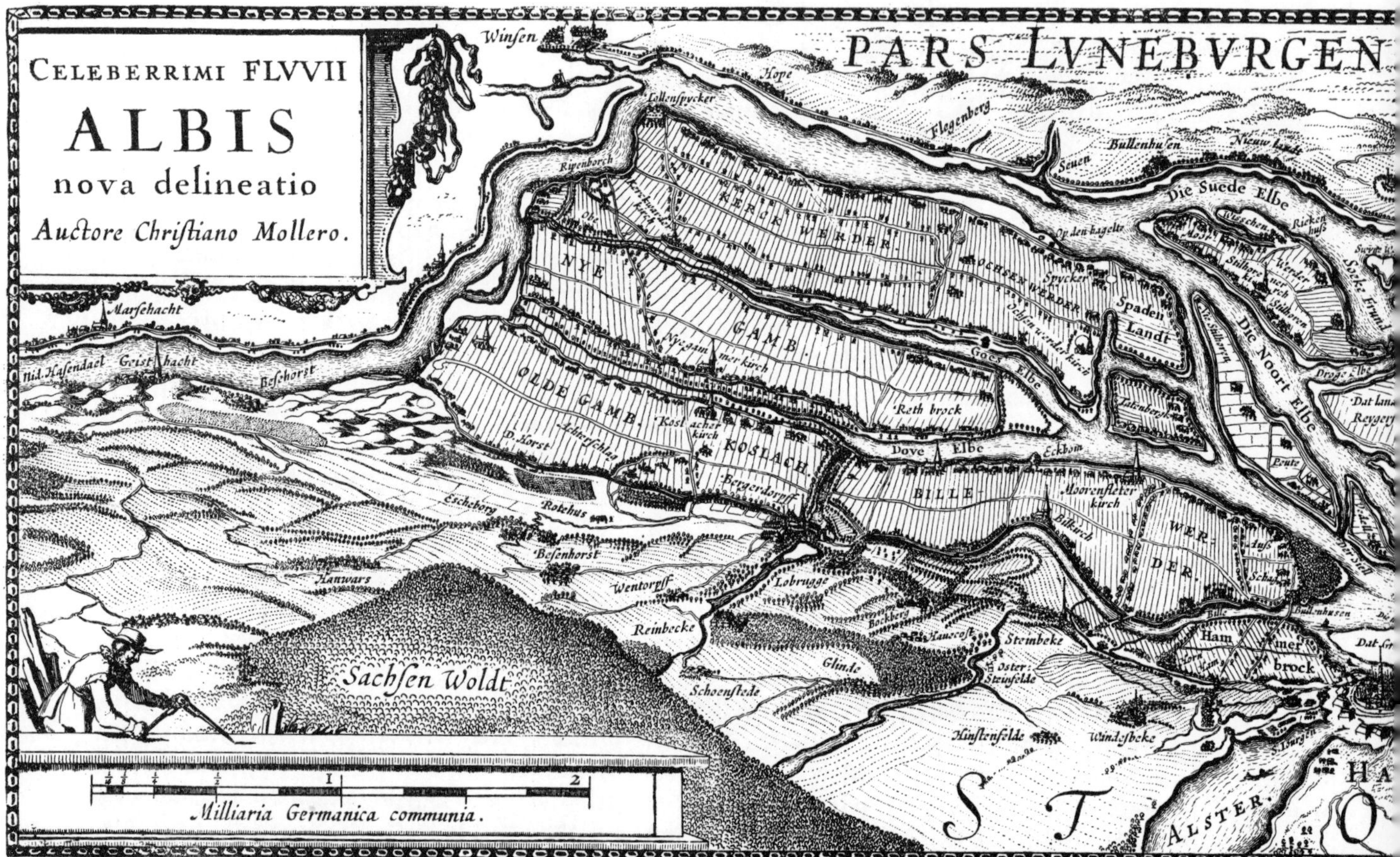
CELEBERRIMI FLVVII
ALBIS
nova delineatio
Auctore Christiano Mollero.
PARS LVNEBVRGEN
Winsen
Marschacht
Geistbacht
Reth brock
Dove Elbe
BILLE
Sachsen Woldt
Reinbecke
Wentorpff
Schoenstede
Steinbeke
Glinde
Ham
brock
ALSTER
Die Suede Elbe
Die Noort Elbe
Spaden
Landt
Milliaria Germanica communia.

BREMENSIS.
DAS
KEYDINGERLANDT.
De Bilkow.
De Wincht.
Kanbarge
Oderchwart
Friborg
Dat Krudtsandt oder Pagensandt
De Oste flu
De Merle Plate
De Elff Str
HOL
SATIAE
PARS
Colmar
Geluck Stadt
Crempe
Brocksdorp
S. Margareta
DITMARSIA
Brunsbuttel
Rodemarck

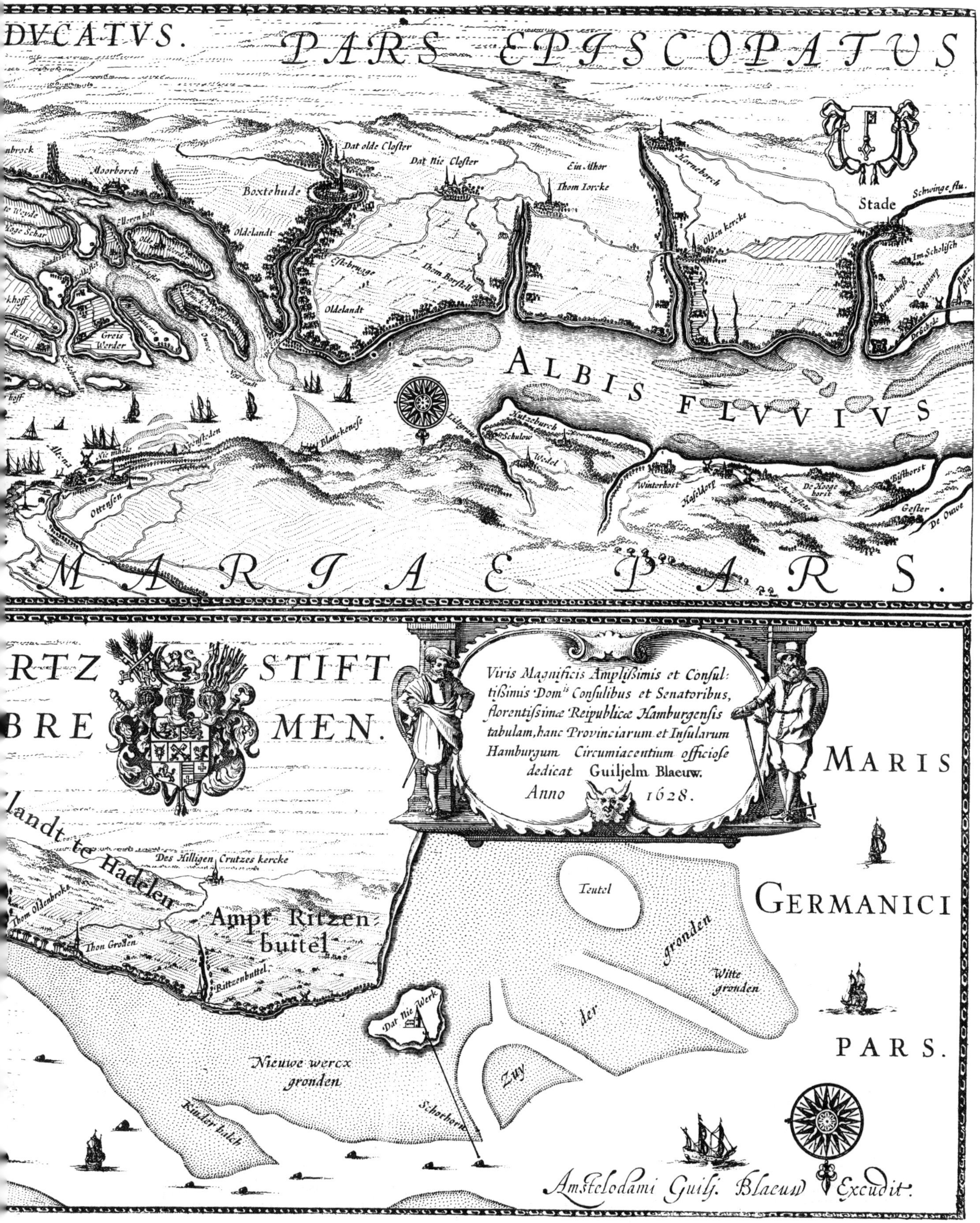
DVCATVS.
PARS EPISCOPATVS
Dat olde Closter
Dat nie Closter
Moorborch
Boxtehude
Ein Ahor
Thom Iorcke
Horneborch
Stade
Schwinge flu.
Oldelandt
Olden kercke
Estebrugge
Thom Borstell
Oldelandt
Im Scholisch
Brunshuß
Greis Werder
ALBIS FLVVIUS
Blanckenese
Altena
Schulow
Wedel
Winterhost
Haseldorp
De Hooge horst
Bisthorst
Gester
De Ouwe
Ottensen
MARIAE PARS.
RTZ STIFT BREMEN.
Viris Magnificis Amplißimis et Consul:
tißinus Domis Consulibus et Senatoribus,
florentissimæ Reipublicæ Hamburgensis
tabulam, hanc Provinciarum et Insularum
Hamburgum Circumiacentium officiose
dedicat Guiljelm Blaeuw.
Anno 1628.
MARIS
GERMANICI
PARS.
landt te Hadelen
Des Hilligen Crutzes kercke
Thom Oldenbroke
Ampt Ritzen buttel
Thon Groden
Ritzenbuttel
Teutel
gronden
Witte gronden
der
Dat Nie Werk
Nieuwe wercx gronden
Zuy
Schorhorn
Rüder balch
Amstelodami Guilj. Blaeuw Excudit.

walt des Bäpstlichen Stuels entsetzet / nachmahls als er wiederumb zu rück geruffen / zu Hamburg mit todt abgangen / wie auß seiner Grabschrifft alda zu sehen. Es ist auch mit der zeit der Bischoffliche Sitz / vermög der ersten fundation in gedachter Stadt / von dañen nach Bremen versetzet worden / dadurch offtermahls zwischen der Geistlichkeit zu Hamburg vñ Bremen wegen der Oberstelle vnnd anderer Würdigkeiten ein grosser streit entstunde. Die letzte Legation des Ertzbischoffs von Hamburg an die Mitternächtische Länder / das Königreich Dennemarck / Schweden / Norwegen / an die Inseln Orcades, Eyßlandt vnd Grünlandt / bestund in 20 Bischoffen. Dañenhero sie die gedachte Völcker so offt anfiehlen; dann so manchmahl der Gottlosen Grim̃ gegen die Christliche Religion anfieng außzubrechen / musten die Hamburger am ersten herhalten / welchen dann die Denen / bald die Wenden schuldt gaben / daß sie mit den Christlichen Predigern gevexieret wurden / die allezeit auß Hamburg jhnen vber den Halß pflegten geschickt zu werden. Sie hat vnter den Hansestädten nähest Lübeck die Oberstelle / nach welcher Rostock / Wißmar / Stralsund vnd Lüneburg folgen; diese 6 Städte mögen der Hansestädt zusammenkunfft außschreiben / vnd nach jhrem gutdüncken alle oder die fürnembste darzu beruffen. In dieser Stadt hat Albertus Cranzius gelebet / deme die nachkommenden ewigen danck schuldig / wegen der Wendischen / Schwedischen / Norwegischen vnd Septentrionalischen Historien / die er ins Liecht gebracht hat. Gegen

Inseln in der Elbe. vber Hamburg ligen in der Elbe viel Inseln / die jhre eigene Namen haben / vnd theilet sich alda die Elbe / von welcher das theil / so gegen Mittag laufft / die SuyderElbe / vnd das gegen Mitternacht die Norder Elbe genant wird.

Staden. Nicht weit von der Elbe am Fluß Schwing ligt Staden / 6 Meylen von Hamburg / eine auß den alleraltesten Sächsischen Städten / deren vrsprung etliche ins Jahr 320 für Christi Geburt referiren: da sie aber nachmahls von den Denen vnd Normannen ist zerstöret worden / haben sie die Marckgraffen / vnnd Graffen von Staden widerumb auffgerichtet. Vnter welchen der fürnembste gewesen Sigfridus, Henrichen des Guten Sohn / der vmb das Jahr Christi 1000 gelebet / vnd ein Schloß an dem orth / da die Kirche Pancratii stehet / erbawet hat. Man findet noch eine sehr alte Histori bey dem Saxone Grammatico, in welcher der Stadt Staden gedacht wird / der erzehlt / daß Roeus König von Dennemarck / der die Stadt Roschild hat gebawet / mit seinem Bruder Helgone des Meers Bezwinger zu Schiff sey die Elbe hinauff gelauffen / haben bey Staden den Fürsten der Sachsen Heldingum angegriffen / vnd sey Helgo in einem Thal / auff welches außgang die gantze sach beruhete / in ansehung beyderseits Kriegsvolck / des Heldingi meister worden / so daß darauff die Sachsen Jutlandt / deßwegen der Streit sich erhoben / haben reumen müssen. Es hat aber dieser Helgo 500 Jahr für Christi Geburt gelebet. Wañ man den Ptolemæum etwas genaw besiehet / so scheinet es / daß er vnter dem Namen Siatutanda die Stadt Staden verstehet. Sie ist zu allen zeiten den geflüchten eine zuflucht gewesen / vnd ist mit trefflichen freyheiten begabet / so / daß neben dem die Bürger mögen müntzen / jagen / vnd anderer dergleichen libertet sich gebrauchen / ein jeglich Schiff / welches auff der Elbe nach Hamburg seinen lauff nimbt / am Mund der Schwing die Ancker werffen / vnd dem Ertzbischoff von Bremen / wie auch der Stadt Staden Zoll geben muß. Auch ist dariñen versehen / daß niemand ein Faß Wein ohne des Zolls bezahlung auß dem Meer nach Hamburg bringen darff: darumb man die jenige / so vber der Stadt Weinkeller gesetzt seyn / muß lassen herauß kommen / im fall es nit geschicht / man sich der straff zu befürchtẽ hat. Der Englische Tuchhandel / sonsten der Stapel genant / ist hiebevor sehr trefflich gewesen / der von dannen nach Mittelburg in Seelandt / vnd hernach gehn Delfft in Hollandt ist transferiret worden. Die Stadt hat einen schönen grossen Marck / mit der Bürs der Kauffleuthe / viel Kirchen / als S. Nicolai / S. Coßmi / S. Johannis / S. Georgii / ein grosses Rhathauß / neben dem offentlichen Stadtskeller: ein sehr alte Abtey / wie auch einen fürsichtigen vnd ansehnlichen Rhat / freundliche Bürger / die den verjagten Englischen vnnd Niderländern viel guts gethan; mit Wallen / Graben / Mawren / Rundelen / Thürnen / vnnd einem Zeughauß ist sie zur noth wol versehen. Darzu kompt auch die fruchtbarkeit des Erdreichs / die lustige anmütige gelegenheit des Landts / die sauberkeit vnd gesundheit der Lufft / vnd grösse der Vorstädte / wie auch der Schul / in welcher nit allein die Griechische / Lateinische vnd Hebræische Sprach / sondern auch die freyen Künste neben der zarten Jugend Gottesfurcht werden angewiesen. Vor etlichen Jahren hat sie sich nach außgestandener langwiriger Belägerung dem Keyserlichen General Tilly müssen ergeben.

Anderhalb Meyl von Staden jenseit der Elbe præsentiret sich Glückstadt / ein vber die massen fester platz / dem König in Dennemarck zuständig / der sie vnlangst vnglaublich starck gemacht / so / daß diese Stadt allein nach vbergebung der Stadt Krempen dem König getrew geblieben / vnnd dem mächtigen Keyser starcken widerstandt gethan hat. Etwas weiter hier vnten an dem außfluß der Elbe ligt die Schantz Brunsbüttel / da hin vnd wider viel tieffe örter vnd sandhauffen seynd / für welchen die Schiffleuthe sich sehr wol müssen hüten. Glückstadt.

Auff beyden seyten des Vfers seynd viel Dörffer / Klöster / Landgüter / Meyerhöfe / lustige äcker vnd Weyden. Hie ist ein theil des Hertzogthumbs Lüneburg vnd Bremen / da erscheinen die Holsteinische Gräntzen / zwischen welchen die Elbe hindurch lauffe.

Das Hertzogthumb Lüneburg.

Die Gräntzen.

DAs Hertzogthumb Lüneburg stößt an Mecklenburg / die Marck Brandenburg/dz Ertzbischthumb Magdenburg / die Grafschafft Schawenburg / das Bischthumb Bremen/ vñ die Grafschafft Oldenburg/mit welchen Landtschafften es rundvm̃ ist vmbgeben/ wie auch mit den zwey berühmten Flüssen der Elbe vnd Weser. Seinen Namen hat es genommen von der Hauptstadt Lüneburg/ ebener massen als das Hertzogthumb Braunschweig/ vnd das Bischoffthumb Bremen/ von der Stadt Bremen den Namen bekommen. Es gehöret vnter den nider Sächsischen Kreyß/vnd ist ein Landt das mit vielen Buschen vnd grossen Wälden erfüllet ist/ deren Namen auß der Taffel zu erkennen seynd/ als Raarbroock, die Ruffkammer/ die Grode/ Kralingherbruch, im Ringlau, im Lewen, im Dromeling, &c. Auff der seyten vorgesagter Hauptstadt ligt eine grosse weite ebene/ so wüst vnd vnbewohnet/ die Lüneburger Heyde genant wird. Lüneburg/ wie oben gemelt/ ist die Hauptstadt dieses Hertzogthumbs/ deren länge ist 32 grad 18 min. vnd die breite 53 grad 27 minuten. Sie ligt 6 meylen von Hamburg/ von Bremen 12/ von Lübeck 10/ von Braunschweig 15/ von Vltzen 5/ von Winsen dritthalb/ von Bardewick 1/ von Harburg 6 Meylen.

Namen der Wälde

Lüneburg die Hauptstadt.

Woher jhr der Name kommen.

Sie hat jhren Namen entweder von dem Bilde oder Götzen des Monden/ welches für alten zeiten auff den Kalckberg ist gesetzet/ oder aber von dem fürüberfliessenden Flüßlein/welches anjetzo Ilmenau, vor zeiten Luno, oder Lumenau ist genennet worden/ nach der Isis, welche/ wie man fabulieret/ eine Reyß hat gethan zu jhren Verwanten dem Gambrivio, der dazumahls die Länder/ in welchen Hamburg vnd Gamma zu dieser jetzigen zeit gelegen seyn/in besitz gehabt; diese hat im fürüber reysen vielen Flüssen vnd Bächen in dem Hertzogthumb Lüneburg vnnd der Marck Brandenburg/ entweder nach jhrem eigenen Namen/ oder nach des gehörnten Monden gestalt/ mit welchem sie verehret worden/ den Namen gegeben. Vnnd ist auch der warheit ähnlicher/ daß die Inwohner jhr Bildnuß auff den vorgesagten Berg gesetzet/ vnd verehret haben/ als daß der Sachsen Cronick es dem Iulio Cæsari zuschreibet. Man liset in der Bischoffen von Verden Chronick/ daß Egistus einer auß den 70 Jüngern/ welcher in diesen Ländern die Lehre des H. Euangeliums hat außgebreitet/ dieses Abgöttische Bildt habe weggenommen/ vnnd daß es von den Inwohnern hernachmahls widerumb auffgerichtet worden/ nach dem sie sich der Abgötterey auffs new ergeben/ welches Wipertus ein Englischer Abt/ Benedictiner Ordens/ vnd der erste Bischoff von Verden/ widerumb habe herunter geschmissen/ vnd an demselben orth im Jahr 780 ein Kloster der H. Jungfrawen Marien zu ehren auffgebawet. Es ist eine alte Stadt/ deren Keyser Carl in der grossen Histori gedenckt/vnd erzehlet/ daß sie seye gewesen/ ehe Bardewick von Henrich dem Löwen/ Hertzogen in Beyern vnd Sachsen/ ist nider gerissen worden; darnach im Jahr 1190/ als das Dorff Medestorp, so gegen Auffgang der alten Stadt gelegen/ mit in die Stadtmawren begriffen ward/ ist sie zu einer zimblichen Stadt worden. Daß die Sachsischen Longobarden in diesen örthern gewohnet haben/ erweisen die wörter Barderwick/ vnd Bardenga ein Dorff das der Kirchen zu Rameslo zugehörig ist. Diese Stadt ist von Gott mit einẽ sehr reichen Saltzbrunnen begabet/ dessen anfang/ wann er habe angefangen herfür zu quellen/ man nicht weiß; seiner wird gedacht in den Geschichten Ottonis des I, vnd Helmoldus, welcher der Sclaven Histori hat beschrieben/ sagt/ daß gemelter Brunnen von Henrich dem Löwen/ Hertzogen in Beyern vnd Sachsen/ Pfaltzgrafen/ vnd Fürsten von Lüneburg/ gegen die Saltzquellen/ die in Oldeslo sein gefunden/ sey beschützet worden/ der sie hat lassen stopffen/ damit der gemeine nutzen zu Lüneburg nit jrgend einen schaden möchte empfangen. Vnter Hertzog Hansen seines Nefen Regierung ist das Saltzwasser in grosser menge herfür gedrungen. Die Stadt hat treffliche Privilegien vnd Freyheiten/ auch pflegen die Edelleuthe oder Saltzjunckern für Faßnacht statliche Ritterspielen zu halten/ die im Jahr 1269 seind eingesetzt worden. Man zohe vor zeiten das Saltzwasser mit einem sehr grossen Eymer/ der an einem Balcken in einer sehr alten Seulen durch starcke Männer beweget wurde/ auß dem Brunnen/ biß auff das Jahr 1569/ in welchem man die Saltzbrunnen hat verändert vnter der Vogtey Herren Georgii Tebing, vnd das Saltzwasser angefangen mit einer grossen Pumpen außzupumpen/ vnd in 44 Pfanwercken/ deren ein jede vier Pfannen in sich hält/ außzutheilen. Die Pfannen/ welches ein wunder ist/ seind von Bley gemacht/ vnd wird das Saltzwasser Tag vnd Nacht darinnen gekocht/ vnd alle zwo stunden in die darzu gebawete Häuser gebracht/ oder verkaufft; vñ schmeltzen gemeinlich von der hitze des Fewrs ab/ also daß sie alle 14 Tag widerum̃ müssen verbessert werden. Von dannen mag ein jeder Bürger vnd Inwohner Saltz holen/ vmb Fleisch zu saltzen/ ohne ein Pfenning zu bezahlen. Die einkommen dieses Saltzbrunnens gehören den Geistlichen zu/ auf daß sie mögen von den Saltzgütern so wol als die Saltzjunckern leben. Da sind zweyerley Saltzbrunnen/ der alte vnd newe; der alte stehet an der Mawr/ vnd der newe mitten in der Stadt. Sie ist durch solchen Saltzhandel zu einem grossen auffnehmen

Die Saltzbrunnen.

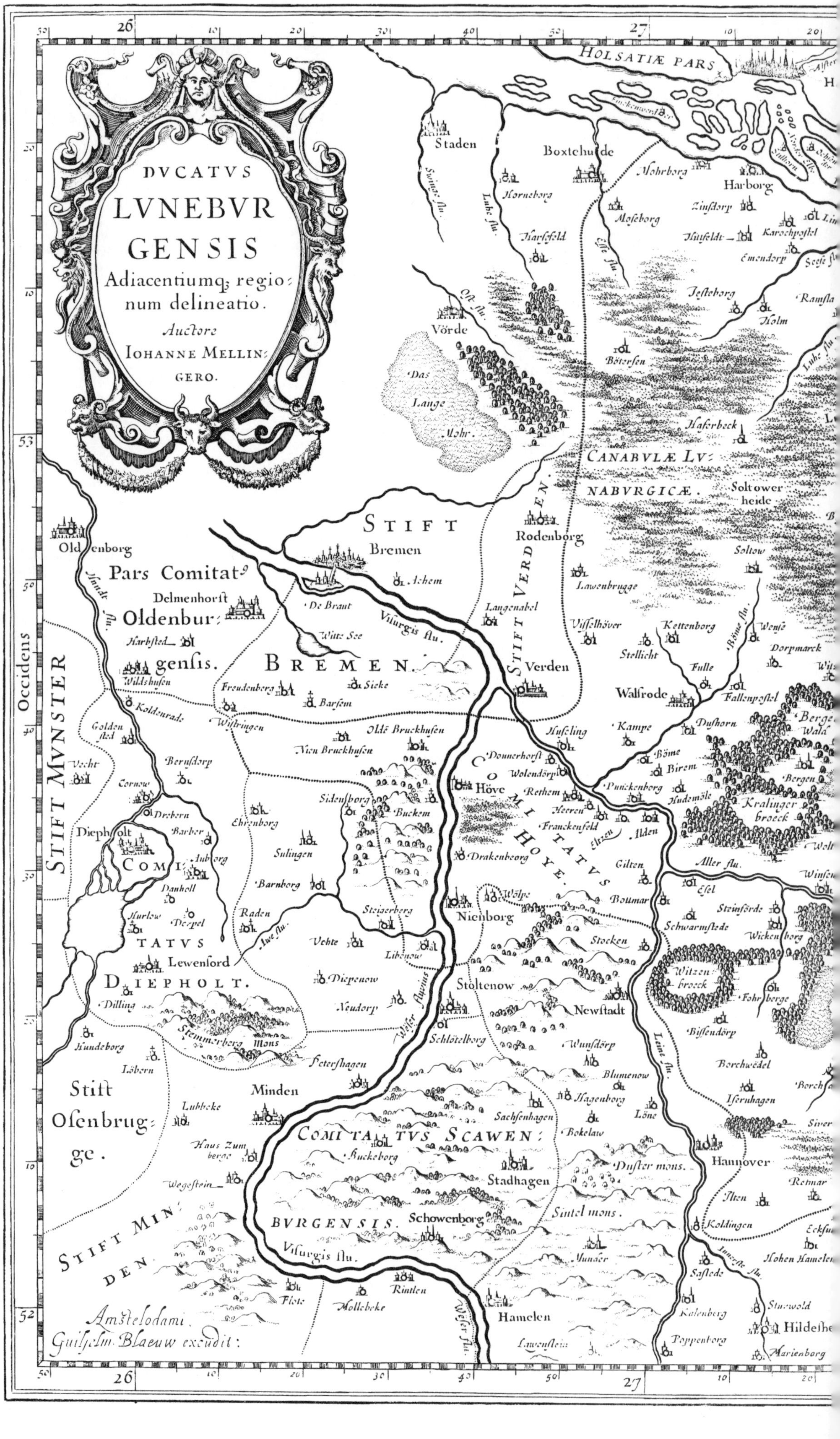
DVCATVS
LVNEBVR
GENSIS
Adiacentiumq; regio-
num delineatio.
Auctore
IOHANNE MELLIN-
GERO.
Amstelodami
Guiljelm. Blaeuw excudit.
HOLSATIÆ PARS
Staden
Boxtehude
Harborg
Vörde
Das Lange Mohr.
CANABVLÆ LV-
NABVRGICÆ.
Soltower heide
STIFT
Bremen
Rodenborg
STIFT VERDEN.
Verden
Walsrode
Oldenborg
Pars Comitatg
Delmenhorst
Oldenbur-
gensis.
BREMEN.
Vilurgis flu.
STIFT MVNSTER
Occidens
COMITATVS HOYE.
Höve
Nienborg
Diepholt
COMI-
TATVS
DIEPHOLT.
Lewenford
Stöltenow
Newstadt
Minden
Stift
Osenbrug-
ge.
COMITATVS SCAWEN-
BVRGENSIS.
Stadhagen
Schowenborg
Hannover
Hamelen
Rintlen
STIFT MIN-
DEN.
Hildeshe
Leine flu.
Aller flu.
Witzen-
broeck
Kralinger
broeck
26
27

SAXONIAE PARS.
Milliaria Germanica communia
Milliaria Gallica communia
Albis flu.
MEKLENBVRGICI DVCATVS PARS.
Marchiæ Brandenburgensis pars.
ARCHIEPISCOPATVS MAGDEBVRGENSIS PARS.
Oriens
Lauenborg
Boitzenborg
Bardewick
Lunenborg
Domitz
Lintze
Dannenborg
Snakenborg
Wittenborg
Seehausen
Osterburg
Vltzen
Oldenstadt
Soltwedel
Garlebische heide
Pickesteiner heide
Im Lewen
Garleben
Kalfur
Gifhorn
Wolffsburg
Fallerslebe
Wolfenbuttel
Helmstadt
Magdeburg
Schoningen

gerahten / daß sie keiner Stadt in Teutschlandt an vberflüssigkeit aller dingen / gelegenheit des platz / schönheit der Gebäwen / menge / freundlichkeit vnd dapfferkeit der Bürger das wenigste bevor gibt / noch kaum einiger Hansestadt weichet. Sie hat ein reine gesunde Lufft / vnd fruchtbares Landt.

Die Klöster. In dieser Stadt waren vier Klöster: Das eine zum H. Michel / Benedictiner Ordens / welches zuvor auff dem Berg stunde / dessen Fundamenten gelegt hat Otto der Grosse / Hertzog in Sachsen / der Vatter Keyser Henrichs des Voglers; das zweyte der H. Jungfrawen Marien / Franciscaner Ordens; das dritte des H. Thals / oder der Præmonstratensen; das vierte der Pauliner / welches an jetzo der Schule oder dem Gymnasio zugeeignet ist. Bey welche man auch fügen kan die Probstey zum H. Johannis / die auß dem Ertzdiaconat in Medesdorp jhren vrsprung genommen / wie auch das Collegium der Conventbrüder / oder der Calandes Herren.

Kirchen. Sie hat heutiges Tags sechs Kirchen / der Augspurgischen Confession zugethan: 1 zum H. Johannis / 2 zum H. Michel / 3 zum H. Lambert / 4 zum H. Nicolaus / 5 zu vnser lieben Frawen / 6 zum H. Sancto. Otto der Erste hat auß dieser Landtschafft ein Grafschafft gemacht / vnnd auß dem Meckelburgerlandt etliche Güter darbey gefügt; Friderich der Zweyte hat sie zu einem Hertzogthumb erhaben. Henrich der Löw / nach dem er vom Keyser in die Acht war erklärt / vnnd beyde Hertzogthumben Beyeren vñ Sachsen verlohren / hat diese Stadt mit Braunschweig behalten; die Reformation vnd veränderung der Religion hat alda viel mühe vnd arbeit gekostet. Dreyssig Jahr nach dem man den ersten anfang gemacht / haben Fridericus Henningius vnd Henricus Otto kaum dörffen anfangen zu predigen in der Kirchen zum H. Nicolai: Bald darauff seind gefolget Ekenbergius vnnd Iohannes Lampadius, die auch in anderen Kirchen den Gottesdienst haben verrichtet. Dazumahl war Hieronymus Witzendorff ein Mann von grossem ansehen im Rhat / der viel bey der sachen hat gethan. Als auch die Bürger selbst der Papistischen Ceremoniẽ müth waren / haben sie bey dem Rhat anzuhalten nicht vnterlassen / daß man jhnen der Hamburger vnd Lübecker Exempel nach die freye Predigen zulassen wolte / welches der Rhat hat nachgegeben / vnd ist M. Kempius von Hamburg beruffen worden / der die Kirchen in gegenwertige form vnd ordnung hat gebracht / dem Vrbanus Regius vnd andere sein nachgefolgt.

Die andere Städte. Vber diß hat das Hertzogthumb Lüneburg noch andere Städte / wiewol sie nicht so berühmbt sein als Lüneburg. Harburg gegen vber Hamburg / auff dieser seyten der Elbe. Winsen an dem Fluß Luhr. Vltzen fast mitten im Hertzogthumb gelegen. Bardewick nit weit von Lüneburg. Cell ist der Hertzogen Residentz. Danneberg hat den Titel einer Grafschafft.

Hameln. Man siehet auch in dieser Taffel gegen Mittag an den Gräntzen der Grafschafft Schaumburg das Städtlein Hameln an der Weser / von welchem ich ein wunderliche vnd gedenckwürdige Histori auß dem Sendschreiben des fürtrefflichen Medici Herrn Arnoldi Freytags an Ortelium hiebey wil fügen: also lauten seine Wort.

Ein schreckliche Histori. Ich bin newlich auff den Sachs / vnd auff einen Sachsischen Historischreiber kom̃en / der erzehlte / daß für 300 Jahren zu Hamel in Hertzog Erichen Landt sich habe zugetragen / als ein grosser vberfluß von Mäusen dieselbige Stadt hefftig plagte / daß ein Gauckler vngefehr in die Stadt kam / vnd den Bürgern anbotte / daß er alle die Mäuse wolte vertreiben / welches jhnen / angesehen sie nichts für den Mäusen behalten konten / sehr lieb vnd angenehm war / die mit jhm deßwegen vmb ein gewisses Geldt einig wurden. Der Gauckler rührt die Trommel / führt alle Mäusen auß der Stadt / vnnd forderte seinen verdienten Lohn / der jhm abgeschlagen ward / darumb er gantz erzürnet auß der Stadt gieng / vnd den Bürgern hefftig drewete. Nach verlauff eines Jahrs kompt er widerumb in die Stadt / rührt ebener massen dieselbe Trommel / führet ein zimliche anzahl Bürgers Kinder auß der Stadt / gleich wie er zuvor mit den Mäusen gethan hatte / vnd verschwunde mit all den Kindern / die er hinauß geführt hatte. Ein Mägdlein / das von weitem war stehen blieben / vielleicht weil es müde war vom gehen / nach dem es sich wiederumb nach Hauß hatte begeben / erzehlete was es hatte gesehen / vnd wie der Betrieger mit den Kindern in den nähest gelegenen Berg war gegangen: Derowegen jederman ist hinauß gelauffen / vm̃ sein Kindt widerumb zu bekommen / aber alles vergebens / dann man von derselben zeit an nicht hat können in erfahrung kommen / wie es mit den Kindern abgelauffen. Nach dem ich es hatte gelesen / hielt ichs entweder für ein mährlein / oder für eine gantz wunderliche Geschichte / wie sie auch ist. Als ich dieser sachen vnter dem Gespräche mit andern gedachte / so wurd es von jhnen für warhafftig bestetiget / vnnd mir darbey gesagt / daß das Jahr / der Tag / vnd die Zahl der Kindern im Stadtbuch aufgezeichnet / vnd noch heut zu Tage die manier alda sey / daß man in allen Handbriefen vnd Instrumenten die Jahrzahl schreibe **Von vnser Kinder Außgang.** Man sagt auch / daß zur gedächtnuß die Straß / durch welche sie seind hinauß geführt / die Bünglose Straß sey genennet worden vnnd man in derselben kein Trommel möge schlagen. So du jrgend dieser Historien bist indächtig gewesen / so kanstu dich derselben hiemit erinnern: So du auch etwas hast das mir dienen mag / so theile es mir nach gelegenheit mit. Halberstadt im Jahr 1580.

Das Fürstenthumb Braunschweig.

ES ist gut/ daß vns der Author auch das Fürstenthum̃ Braunschweig beschrieben hat. Es ist ein sehr weit Land/ erstreckende sich võ den Gräntzen des Bischoffthumbs Magdenburg vnd Halberstadt/ vñ von dem Schwartzwalt biß an die Elb.

Der Vrsprung.

Es ist algemach gewachsen/ wie dañ gemeinlich grosse dinge geringe anfäng gehabt haben: Erstlich ist es auß einem Dorff zu einer Stadt worden/ darnach zu einer Grafschafft/ biß endlich im Jahr Christi 1230 ist es vom Keyser Friderich dem II zum Fürstenthumb gemacht worden. Zur selben zeit war Sachsen so außgetheilet/ daß den Hertzogen von Braunschweig/ auß dem Hauß Sachsen entsprungen seyende/ ein grosser theil des Sachsenlandts zugefallen. Die Hertzogen auß Sachsen aber bekamen einen grossen Titel/ vnd wenig Landt.

Die Hauptstadt Braunschweig.

Seine Hauptstadt ist Braunschweig/ von Bruno dem Hertzog auß Sachsen erbawet/ darvon sie auch den Namen hat. Danewertus oder Tanquardus sein Bruder hat das Schloß gebawet/ welches er von seinem Namen Danckwerderoden genant. Dieses Schloß ist jetziger zeit schier gantz verfallen. Man sagt auch/ daß diese zween Brüder die Kirch des H. Jacobs erbawet haben/ ehe sie von den Normandien durch eine grausame Schlacht seind geschlagen worden. Die newe Stadt Braunschweig hat Henricus Auceps gegründet/ aber die Cathedral Kirch darinnen hat Henricus Leo gegründet/ welcher auch/ wie man sagt/ S. Catharinæ Kirch erbawet. Diese Stadt ist nun so trefflich/ daß sie keiner Stadt in Teutschlandt an grösse/ schöne/ oder an Leibs nothturfft nichts nachgibt. Sie hat in ihrem Vmbkreyß 2000 Schrit/ vnd ist schier eben so breit/ als lang sie ist;

Gräntzen.

Gegen Auffgang gräntzt es an das Bischthumb Magdenburg/ gegen Mittag an den Hattonischen Waldt/ welcher ein theil ist des Schwartzwaldts; es hat zween Graben/ 4 Marckplätz/ auch so viel Rahthäuser vnd Obrigkeiten. Die Bürger wöllen nur frey seyn/ vnd seind gute Werckleuthe. Die Obrigkeit verhält sich gravitetisch vnd fürsichtig. Im Jahr Christi 1229 ist der Pfaltzgraff vnd Churfürst Henricus gestorben/ Herr in Braunschweig/ zwey Döchtern hinterlassende/ welche diese Stadt Friderich des Keyser Henrichs Sohn verkaufft. Otto der Hertzog von Duneburg konte das schwerlich ertragen/ welcher ein Erbgenahm war dieser Stadt/ derhalben habende 2000 Reuter zusammen gebracht/ hat er die Stadt durch heimlichen beystandt der Bürger vberfallen/ vnd die Guarnison in der Stadt vermeistert vnd außgetrieben/ nach diesem hat er den Bürgern zugesprochen/ vnd gute Privilegia verheissen vnd geleistet/ nach dem er ist von jhnen auff: vnd angenommen worden; daher kompt es/ daß diese Stadt so grosse Freyheiten hat. Nach dem gemelter Otto wider in des vorgedachten Keysers Gnaden kommen/ ist er zum Hertzog vom Keyser gemacht worden/ vnd ist alles was er/ betreffend die Stadt/ gemacht vnd gethan hat/ für recht vnd wol gemacht erklärt worden. Im Jahr Christi 1292 ist diese Stadt nach absterben des Guilielmi in Zweytracht mit jhr selber gerahten/ vnd in zwey theil zertheilt worden; dann das gemeine Volck hat zween Tribunos Plebis erkosen/ die dem Raht widersprechen solten/ so offt er etwas fürnahme das jhnen mißfiehl; vnd trug sich auff einen gewissen Tag zu/ daß der Raht etwas für hatte/ darein der meiste theil der Bürger bewilliget/ die Zunfften aber folgten dem Schluß jhrer 12 Tribunorum, die sie erwehlt hatten; vnd weil eben zur selben zeit der Hertzog Henrich/ mit seinem Zunahmen Mirabilis, in der Stadt war/ welcher es mit dem gemeinen Volck vnd seinen Zunfftmeistern hielt/ so habẽ jhm die Zunfften ein Pitschafft vnd Brieff eingehändiget/ vnd jhn gebeten/ daß er als der ältere sich des Stadt-Regiments woll anmassen. Aber der Raht vbel damit zu frieden seynde/ wie auch der meiste theil der Bürger/ also/ daß sie mit Albrecht dem jüngern Bruder heimblich ein Verbundt gemacht/ vnd jhn auff eine gewisse Nacht in jhre Stadt gelassen. Derselbige/ als er das Rahthauß in der new-Stadt eingenommen/ hat er die obgedachte Zunfftmeister gefangen/ vnnd auß der Stadt treiben lassen; Er hat auch 12 andere darvon gefangen vnd 10 auffhangen lassen/ vnd einen enthaupt/ der zwölffte ist entwischt; vñ wiewol er zu Nacht in die Stadt eingefallen mit sehr Beutgierigẽ Kriegsvolck/ hat er doch dasselbige der massen gezwungen vnnd im Zaum gehalten/ daß sie niemand an Gut oder Blut beschädigt. Er hat durch die gantze Stadt/ wa es die nothturfft verheischt/ Guarnison gestelt/ vnd habende die Auffrührer zu sich beruffen/ hat dieselben der massen zu frieden gestelt/ daß sie jhn seinem älteren Bruder vorgezogen/ vnd für jhren Herren erkant/ seinen älteren Bruder auch außgetriebẽ. Im Jahr 1492 ist ein grosser Streit entstanden zwischen Henrich dem älteren vnd dieser Stadt/ wegen der Güter/ so diese gemeine Stadt auff dem Landt

DVCATVS BRVNSVICENSIS fereq; LVNÆBVRGENSIS, Cum adjacentibus Episcopatibus, Comit. Domin. etc.
DESCRIPTIO GEOGRAPHICA, per annos aliquot concinnata, et Rev.mis Ill.mis ac Cels.mis Principib. ac Ducib. Brunsvic. et Luneburg. dicata ab observatore et Elaboratore Casparo Dauthendeÿ Architecto et Mathematico Guelphico.
Spectator, Extrema cuiusque territorij ac diœceseos, leviter partim determinata, ac proinde minus certâ dijudicanda esse scias. Per sextantem autem Astronomicum 6 pedes longū, in aula Guelphica Poli elevat. supra 52 gradus, inter 9. et 10. minuta exactissime se observasse, et super hanc basin totius Tabulæ structuram erexisse scribit auctor.
Milliaria Germanica communia
Hoye
Comitatus pars.
DVCATVS
Steinhuder Meer
Neustadt
Schawenburg Comit.
Der Diester sylva
Der Sintel
Spiegelberg Com.
Hameln
Der Hils
Solling sylva
Cor vey.
HASSIÆ PARS.
Hildesheim
STIFT.
Minden.
Stift
Munden

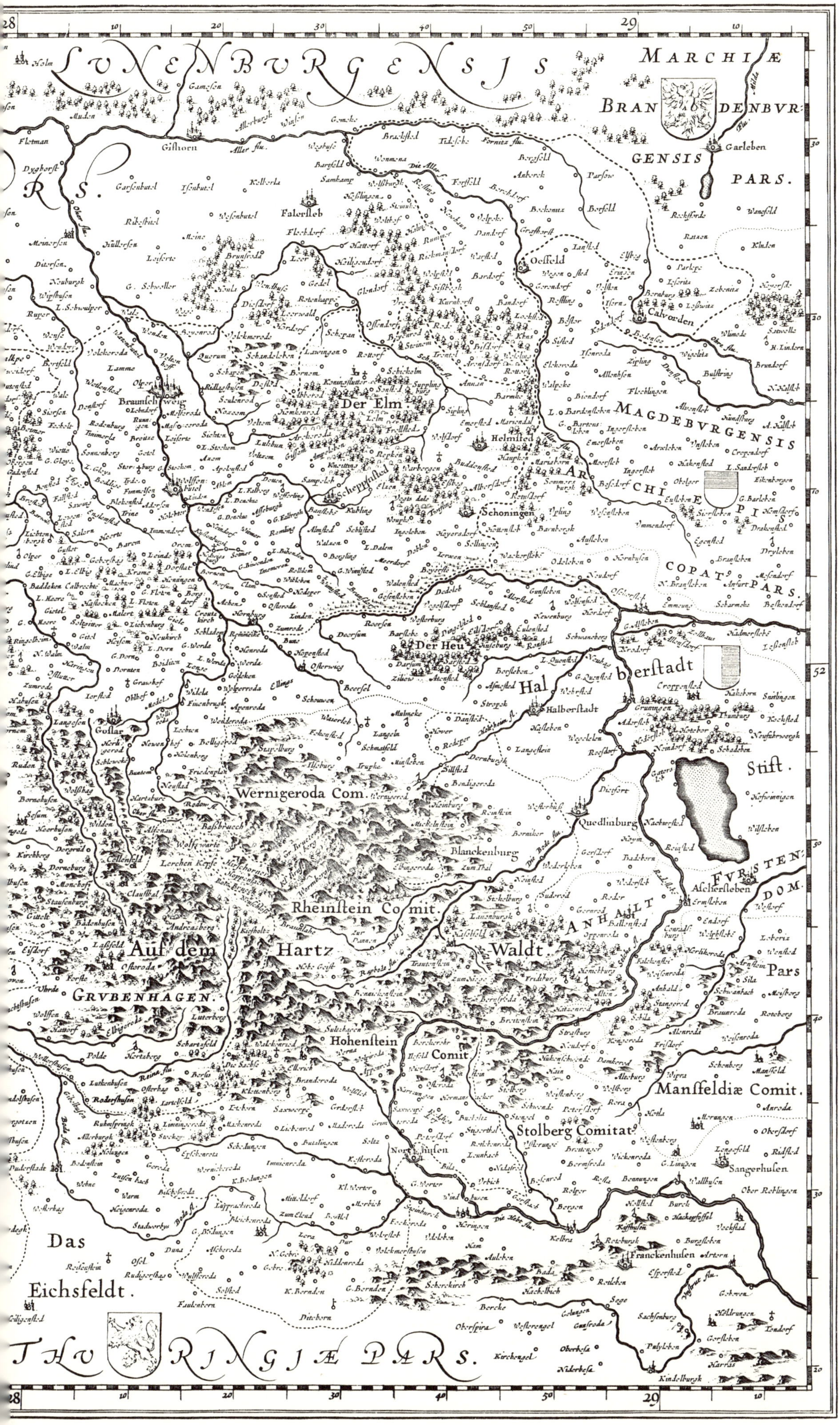

LVNENBVRGENSJS
MARCHIÆ
BRANDENBVR: GENSIS PARS.
MAGDEBVRGENSIS ARCHIEPISCOPATUS PARS.
Halberstadt
Stift.
FVRSTENDOM. Pars
Der Elm
Der Heu
Braunschweig
Wolffenbütel
Goslar
Helmstedt
Schoningen
Calvorden
Oesfeld
Garleben
Falersleb
Halberstadt
Quedlinburg
Blanckenburg
Wernigeroda Com.
Rheinstein Comit.
Auf dem Hartz Waldt
ANHALT
GRVBENHAGEN.
Hohenstein Comit
Mansfeldiæ Comit.
Stolberg Comitat
Sangerhusen
Aschersleben
Franckenhusen
Das Eichsfeldt.
THVRINGIÆ PARS.

besessen/ dañ als er begehrt/ daß die Stadt alle Lasten solle gleich tragen mit seinẽ andern Vnderthanen/vnd daß sie Zoll sollen geben für alle Kauffmans Wahren/die auß: vnd eingeführt werden / ist jhm beydes abgeschlagen worden. Als nun ein Krieg darüber entstanden/vnd die Stadt/ wiewol vergebens/ belägert/ hat er sich darnach auff gewisse Condition mit derselben vertragen. Anno 1542 ist diese Stadt von Henrich dem jüngern Hertzog widerumb belägert worden/ vnd als er sahe daß dieselbe keinem guten Raht wolte platz gebẽ/hat er des Hertzogs Johan Friederichs vñ Churfürsten auß Sachsen hülff genommen/vnd des Landtgrafen auß Hessen/mit denen die Stadt in Verbund war: Diese haben mit grossem hauffen das Schloß Wolffenbüttel besprungen / vnd den Hertzog verjagt. Sie haben auch die alte Religion abgeschafft / darzu die Bürger dapffer geholffen. Im Jahr 1550 hat sie der Hertzog wider belägert/vnd als die belägerung biß vff den andern Monat gewehret / vnd das Korn thewr worden/seind beyde theil / auß befelch des Keysers/ von den Waffen abgestanden / vnd haben den gantzen handel zu Rechtlicher erkantnuß gestelt / aber 3 Jahr hernach ist sie wider von gemeltem Hertzog belägert/ viel hefftiger dañ zuvor ; aber seine Bundsgenossen die Nürnberger / vnd die 2 Bischoffe von Würtzburg vnd Bamberg / welche den Vnkosten dieses Kriegs damahlen trugen. Endlich im Jahr 1615 hat Henricus Iulius die Stadt wider belägert mit hülff des Königs auß Denmemarck / seines Weibs Bruder. Aber nach dem die Ansestädt der Stadt zu hülff kamen/vnd die Staden der vereinigten Niderlanden sendende Henrich Friederich/den Grafen von Nassaw/zur selben zeit schon Hertzog von Vranien / vnd Gouverneur gemelter Vnierder Landen/vnd schon mit jhrem Kriegsvolck an den Gräntzen waren/ wurde die Belägerung auffgehaben / vnd ein ewiger Friede gemacht.

Halberstadt. Die nächste Stadt nach dieser ist Halberstadt / ligende an einem sehr bequämen orth/ dann der guten Wässer zu geschweigen/ ist dar so ein hauffen Erdfrüchten/ daß das Getreyd des Sommers hoher ist / dañ ein Mann zu Pferdt sitzende. In der Stadt seind schöne weite Gassen/zierliche Gebäw/ein grosser weiter Marckplatz / vnd ein Thumbherren Collegium. Es ist eine Bischoffliche Stadt / vnd laufft der Fluß Oltemia dardurch. Dar seind noch Brieff von Carolo Magno, seithero Anno 804/darin der Vmbkreyß dieses Bischthumbs beschrieben. Im Jahr 819 ist das Bischthumb hieher gelegt worden/als der erste Bischoff dieses orths/S. Hildegrinus, noch lebte/ dann es ist erstlich in Salingstädt gegründet worden Anno 777. Anno 1563 hat Iulius der Stiffter dieser Academi das Fürstenthumb Braunschweig zu dem Hauß Calenberg gefüget/ welches sie gemeinlich in zwey theil außtheilen. Der erste Transilvana begreifft in sich Gottingen die Hauptstadt/ vnd Münden an der Weser gelegen / alwa er mit dem Fluß Fulda vermengt wird/ dar sitzt der Hoffraht/Ericoburg, vnd noch mehr Schlösser vñ ämpter/ biß 20 in gezahl. Der andere vnd vntere theil ligt zwischẽ den beyden Flüssen Deistro vnd Leina. Seine Städte seind Hannover/New-Stadt/Hamel/ Munden/Bodenwerter/Patensen/Wunstorff/ Gruna/ Lawenstein / das Schloß Calenberg/ vnd noch andere örther mehr. Der Fluß Leina entspringt in der Herrschafft Henneberg / bey dem Dorff dieses Namens. Leina nemblich/ ein Meyl von dem Städtlein Meiningen/ gegen Auffgang / vnd streiffende weit vnd breit vmbher / kompt endlich in das Braunschweiger Landt / vnd fleust neben diesen Städten her/Gottingen/Alfeldt/Grünaw/Calenberg/ Hannover/Neapolim, vnter Neapolis bey den Lünenburgischen Dörffern Bothmar vnd Alden/ welches Herren Sitz seynd / fält er in den Fluß Allera , ein Meyl oberhalb Rheta , vnd darnach fliessende bey Werda den Bischofflichen Stuhl/ fält er endlich in die Weser. Deyster ist kein Wasser/sonder vielmehr ein Waldt vnd vngehewrer Berg/entspringend in dẽ Fürstenthumb Schaumburg/ vnd fliessende etliche Meylen lang auff Calenberg zu. Ein ander Fluß ist/Vnster mit Namen/oberhalb Gostaria auß dem Schwartzwaldt herfliessende/ welcher Hildesiam , vnd das Städtlein Sarsted / anderhalbe Meyl von Hildesia ligende / befleust/ vnd fält nicht weit von dannen in erstgemelte Leina. Allera aber entspringt im Bischthumb Magdenburg/bey dem Schloß Egensted/deren von Aschenburg Sitz/vnd bey Wolffsburg vñ Welfor/welches ein Schloß ist des fürnehmen Geschlechts Bartesleben / vnd bey Cell der Hertzogen auß Lünenburg Residentzplatz/vnd das Bischoffliche Schloß Verda beyfliessende/ laufft 4 Meylen oberhalb Brema in die Weser/ verliehrende also seinen Namen. Wer von dem Geschlecht der Hertzogen auß Braunschweig bericht begehrt/ der lese Chytreus, welches nit herkompt von Actio Navio (wie etliche fürgeben) welcher zun zeiten des Tarquinii Prisci, Königs in Rom/ einen Wetzstein mit einem Schermesser entzwey geschnitten/ auch nit vom Sigeber Atestin, welcher/als Volaterr. vnd Sigonius schreiben / von den Longobarden herkompt/ sondern sie nehmen jhren vrsprung von den Guelfen, Hertzogẽ auß Beyern/welche vor 600 Jahren sehr berühmt gewesen/es hat jhnen auch an Mañsstamnen niemahlen gefehlt.

Brunschwick.

BRVnschwick vorzeiten von jrem ersten stiffter Brunopolis, vom Ptolomæo aber (wie Franciscus Irenieus wil) Tubisurgium genennet/ ist zu unseren zeiten die vornembste hauptstat in gantz Sachsen/ ist gar groß vnd Volckreich/ begreifft in jrem circk zwey tausent schritt/ ist von zweyen gebrůderen Braũ vnd Deterich/ welcher von anderen Theomarus genennet/ so des Hertzogen von Sachsen Ludolpffs son gewesen/ im Jar Christi D.CCC.LXI. erbawet/ wie deren Stadt history schriber Hermannus bezeuget. Es laufft durch sie das wasser Onacra/ welches auß dem Hartzwald kompt/ vnd vnderscheid die Stadt in zwey theyl/ fůrt mit jm hinweg allen wůst/ vnd ist allenthalben mit brůcken bedeckt. Es ligt dise Stadt auff einem eben boden/ hat vmb sich gehen zween Graben/ an etlichen ỏrtern drey/ die zum theil mit wasser seind außgefůlt. Es ist zwischen den Graben gerings vmb die stadt ein dicke schůtte vñ groß wall/ befestigt mit allerley gesteudē vñ hecken. Trinckwassers halb ist mangel in diser stadt/ drumb gemeinlich jederman bier trinckt/ der Wein ist thewr da/ darũb so trinckt man sein nit vil. Es seind fůnff marckt in diser stadt/ fůnff gericht vñ Rhatshäuser/ vnd gleich so vil Oberkeiten. Dise Stadt hat erst einen schlechtē anfang gehabt/ ist darnach mit der zeit auffgewaschen vnd erweitert/ vnd nun zu solcher gewaldt vnd reichtumb auffgestigen/ das die Fůrsten von der Stadt jren Titel fůren/ vnd daher Hertzogen von Brunschwick genennet werden.

Lůnenburg.

LVnenburg ein ådele Stadt des Sachsenlands/ ist ersten ein Burg vnd Schloß gewesen/ vñ darnach von den vberverblibenen steinen vnd blockhůltzeren der stadt Bardowick/ (so ein namhaffte kauffstadt gewesen/ vnd jm jar 1188. von Heinrich dem Löwen/ drumb das er von den Bůrgern nit eingelassen wart/ auß dem grund vmbgeworffen) zu einer stadt gemacht. Dise Burg aber ist von dem K. Julio erbawet/ hat den namen von dem Mon/ in Latein Luna genant/ dan des Mondes Bildt bleib noch alda biß zu zeiten K. Karls des Grossen/ welches er darnach/ besonderer Gottsförchtigkeit halben/ abgeschaffen hat/ Irenicus. Aber Albrecht Krantz schreibt Lůnenburg sey vnter Henrico des Namens dē vierdten ein schloß vnd nit ein stadt gewesen. Otto der erst/ hat diß ort zu einer Graffschafft gemacht/ hat etliche erbhäuser des Meckelburgischen lands darzu gethan. Darnach vmb das Jar Christi M.CC.XXXV. hat Fridericus der ander/ die Graffschafft zu eim Hertzogthumb erhaben. Diß gepied mit der Herrlichkeit von Braunschwick haben drey Ottones Keysere/ vnd jre nachkomling vnter jrer gewaldt gehabt/ biß zu zeiten Henrici des Löwen/ welchē Båyern vnd Saschen mit allem seim land abgenommen wart/ vnd bleib jm allein Braunschwick vnd Lůnenburg. Dise ist zu vnser zeit ein wolerbawete vnd feste stadt/ mit wålln vnd graben vmbgeben/ mehr in die vierung dan in die runde gebawet/ ist lang vngefehrlich 1450. schritt/ vnd breit neunhundert schritt. Es seind da drey namhafftiger Pfarrkirchen/ vnter welchen S. Johans die hauptkirch ist. Drey Klöster vnter welchem S. Michael das åltest. Die fůrnembste narung/ hantierung vñ kauffmanschafft der bůrger vnd einwöner/ ist von dem Saltz/ des gnug vnd vberflůssig daselbst gesotten vnd weit vber wasser vnd land gefůrt/ auch da mehr in den nachgelegenen kauffstedten/ Hamburg vnd Lůbeck verhandelt wirt. Die Bach Elmenow fleust jetzt durch die Stadt/ treibt Můlen vmb/ vnd brengt der Stadt grossen nutz/ felt darnach in die Elb/ Munsterus.

Bremen.

BRemen vom Ptolomæo Fabiramum genent/ ist ein Bischoffliche vnd zierliche Stadt/ vnd von den Hamburgern hieher gelacht/ alda ein Ertzbischthumb vber alle Mittnåchtische Prouincien gewesen/ ligt nahe bey Oest Frießland/ an dem fluß Weser/ draussen das Wasser mit einem vberauß grossen Radt/ vnter der erden durch canalen zu der stadt gedribē wirt/ hat ein hůltzene brůck/ da vnter ligen auff dem wasser vil Můlhen/ darauff man korn vnd Bůchsen puluer zerknirtzet. Die vornembste diser stadt/ leben auß dem Kauffmans gewerb/ haben keinen Wein/ derhalben sie das beste Bier machen/ welchs in die vmbligende Långer gefůrt wirt. Im jar Christi M.D.LXIIII. ist das gute Politische wesen der Stadt Brem/ durch jnnerliche auffrůhr zerruttelt/ vnd noch nit zu vorigem wolstandt gebracht. Deren spaltungen anfang vnnd vrsach hat der Fůrsistiger Burgemeister von Bremen Herr Dithmarus Kenkelius mit eim zierlichen carmen beschriben.

Aldenburg.

ALdenburg oder Oldenburg/ des namens seind zwo verscheydene Ståd/ ein in Holsatz/ da vorzeiten ein Bischthumb gewesen ist/ die andere in Frießland bey Bremen. In disem Aldenburg haben vorzeiten gewonet/ die Wanden oder Wandalen/ vnd seind auch so můtig gewesen/ das sie dem König von Denmarck dorfften ein Krieg anbieten. Aber was verschlindet die langwerige zeit nit? Vorzeiten ist dise Stadt am Meer gelegen/ vnd hat ein gute Port gehabt/ jetz aber zu vnser zeit weit von dem Meer gewichen/ dann das Meer weicht an eim ort vom Landt/ vnd am andern frist es ins Landt/ daher kompt das ein stadt vom Meer/ die ander eben darzu gehet. Also ist disem Aldenburg geschehen. Als bald sie vom Meer kommen/ ist sie verdorben/ vnd auch durch bekriegung der Sclauen zu eim Dorff worden. Es hat vorzeiten Gottschalcus ein grosser Tyran wider die Christen geherrschet in diser Stadt/ wart aber nachmals ein Gottseeliger mensch/ vnd bracht vil vngeleubigen zum heiligen Tauff.

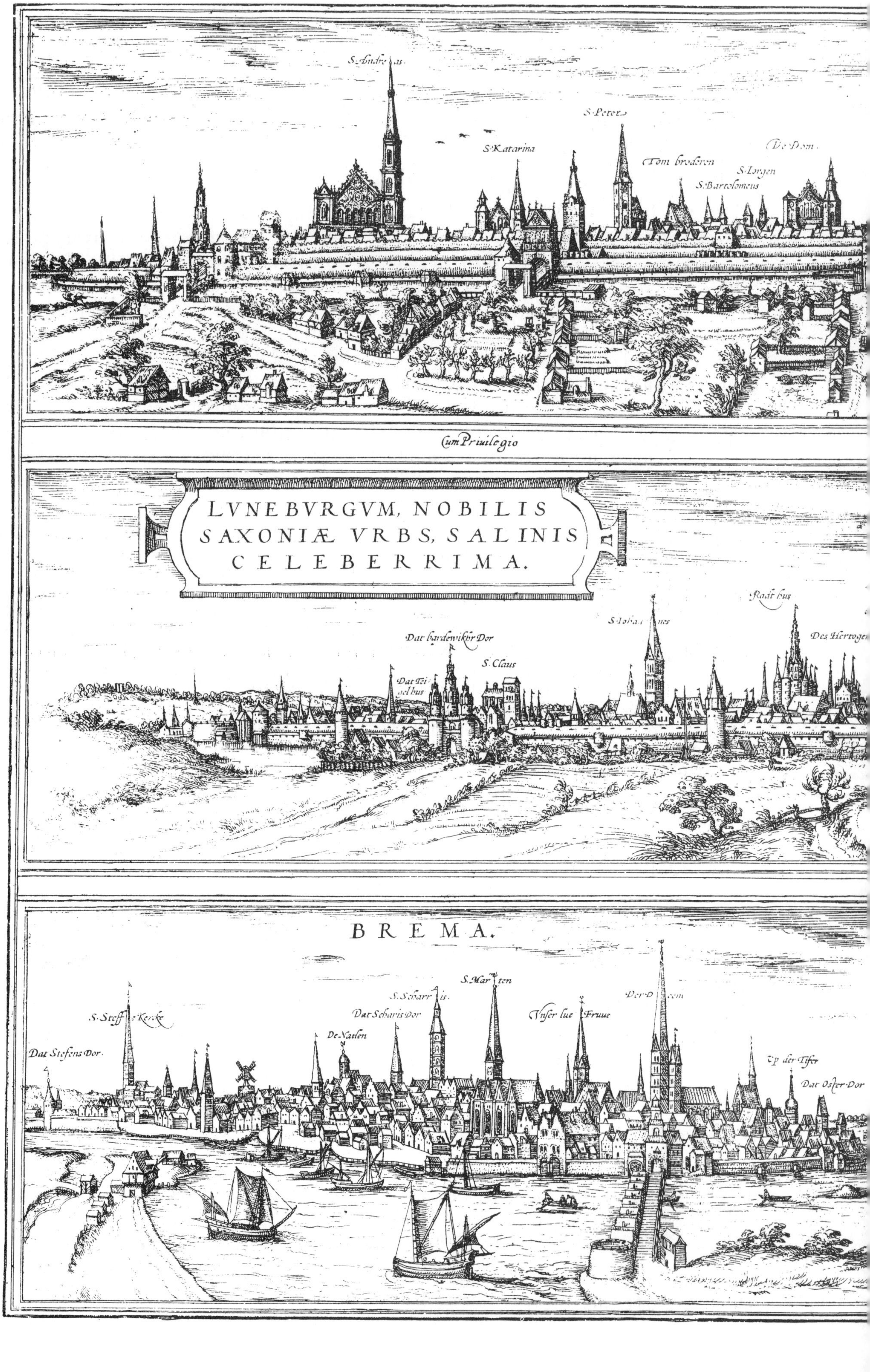
S.Andreas
S.Peter
S.Katarina
Tom broderen
De Dom
S.Iorgen
S.Bartolomeus
Cum Priuilegio
LVNEBVRGVM, NOBILIS SAXONIÆ VRBS, SALINIS CELEBERRIMA.
Raadt hus
S.Iohannes
Dat bardewikhr Dor
S.Claus
BREMA.
S.Marten
S.Scharris
Der Doem
S.Steffen Kercke
Dat Scharis Dor
Vnser lue Fruue
De Natlen
Dat Stefens Dor
Dat Oster Dor

BRVNOPOLIS VVLGO BRVNSVICVM, BRAVNSCHWICH. VRBS MAXIMA, V NIVERSÆ SAXONIÆ METROPOLIS.
S. Iacob
S. Magnus
S. Michael
S. Egidij
S. Ciriacus berg

De Hilge Geist
S. Lambert
S. Michael
Springint
S. Siliack
Kalck berch

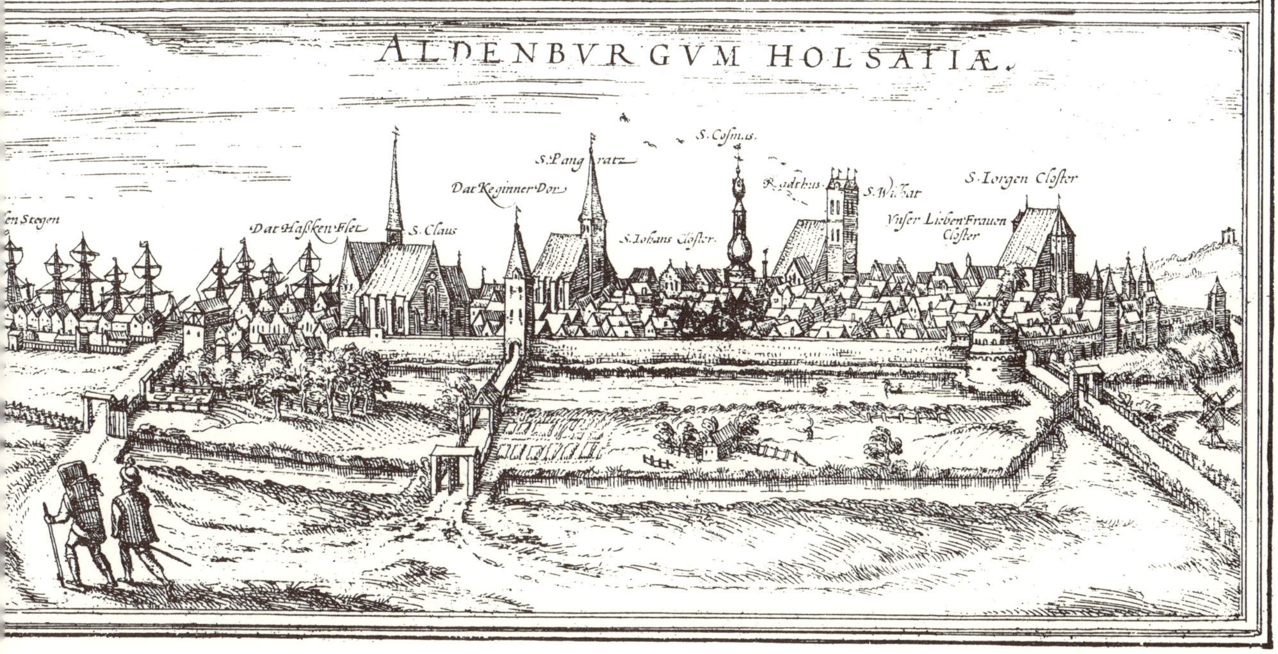
ALDENBVRGVM HOLSATIÆ.
S. Cosmus
S. Pangratz
Dat Reginner Dor
Radthus
S. Iorgen Closter
Vnser Lieben Frauen Closter
Dat Hasken Flet
S. Claus
S. Iohans Closter

Das Ertzbischthumb Magdenburg/

sampt den dabey gelegenen orthen.

Ertzbischthumb Magdenburg.

VNter den zehen Bischthümbern/so Carolus M. in Sachsen gestifftet / wird das Magdenburgische Stifft vor das allerfürnembste gehalten. Vnd anfänglichen zwar ist dessen Stul zu Styde in der Grafschafft der Herrn von Schwaleborg / so an jetzo die von der Lipp genant werden/ gewesen; Nachmahls aber nach Watersleben/vnd endlich von Keyser Otthone I, auff ansuchen seiner Gemahlin Edithæ,nach Magdenburg an der Elbe im Jahr 1130 verleget worden. Dann weil jhr dieser orth / sintemahl er dero Heyrathgut war/vnd auch sonsten der anmuth: vnd lustigkeit / ja allerhandt guten gelegenheit halben / sonderlich vnd vor allen andern beliebete/ hat sie den Keyser jhren Ehegatten / damit sie an gedachtem orth eine Stadt auffbawen möchte / vmb erlaubnuß gebetten / welches sie dann auch ohne einigen verzug erlanget. Da aber diese Fraw auff jhres Heyrathguts Grund vnd Boden eine Stadt setzen wollen/lieber sage mir/ von was hette sie den Namen füglicher als von der blühe des Weiblichen Geschlechts hernehmen können? Hat derowegen dieselbige Magdenburg von der Magd oder Jungfraw/so auff Griechisch Παρθενόπολις lautet/geheissen; vnd der Stadt eine Jungfraw mit einem Jungfräwlichen Krantz auff einem Schloß stehend/zum Wapen zugeeignet. Darnach hat sie diese Stadt mit viel Privilegien / so sie von Ottone erlangt/ begnadet/ vnd den Kauffleuthen auff dem Elbstrom viel prærogativen zu wege gebracht. Vber diß hat sie vnterschiedliche Jahrmärck angestellet/ vnd den Bischofflichen Sitz von Watersleben / wie droben angedeutet / dahin jhn der Vatter vor diesem transferirt hatte/in diese newe Stadt gebracht / derselbigen noch darzu bey dem Bapst das Recht eines Ertzbischthumbs verschafft / auff daß sie aller Wendischen Städte Haupt: vnd Ertzbischoffliche Stadt were/ vnd das Merßburgische / Zeitzische / Halverbergische vnnd Brandenburgische Bischthumb vnd Kirche vnter sich haben möchte. So ist auch gemeldte Keyserin Editha nach jhrem absterben (sintemahl sie es also befohlen hatte) zu Magdenburg in dem Benedictiner Kloster im Jahr 1448 zur Erden bestettiget vnd begraben worden. Es hatte zwar Carolus Magnus diesen ort/ dieweil er jhm beydes zu seiner Residentz/ so wol den Krieg in diesen Landen zu continuiren , sehr bequem war / mit vnterschiedlichen Gebäwen zu zieren angefangen/vnd vnter andern eine Kirch zu ehren des H. Stephani gestifftet / welche aber nachmahls/ sampt der Stadt/ von den Hunnen verwüstet worden ; auch gedachten orth mit einem Schloß verwahret / so er dem Witikindo verehret: Mehr hat er eine Burggrafschafft alldar angestellet / auch des vortrefflichen vnd Mannlichen Helden Rulandi statuam oder steinernes Bildnuß in rechter Mans länge auffgerichtet/massen solches noch biß dato auff dem grossen Marck oder Platz zu sehen ist.

Collegium, oder hohes Thumb-Capitul zu Magdenburg.

Die Thumbkirch ist auß einer absonderlichen Andacht vnd Gelübde dem H. Mauritio zu ehren geweyhet / vnd das Bischthumb von Ottone in ein Ertzbischthumb verwandelt worden. Als im Jahr 1566 das hohe Thumbstifft zu Magdenburg / bey welchem die Wahl stehet/ die Bäpstische Religion abschaffte vnd die Augspurgische Confession annahm/auch nunmehr keinen Ertzbischoff/ so der Bäpstlichen Religion zugethan / suchte/ sondern nach Fürstlichen Personen / die jhre Glaubensgenossen weren/ verlangte/haben sie Ioachimum Fridericum , des Churfürsten Ioanuis Georgii von Brandenburg damahls einigen Sohn zu des Primats vnd Ertzbischthumbs Administratur erwehlet ; vnd seynd alßdann von dem hohen Thumbcapitel daselbst gewisse conditionen vnd Artickel verfasset vnd auffgesetzet worden/welche er vnd sein Vatter der Churfürst Ioannes Georgius von Brandenburg gebilliget/vñ der erwehlte Bischoff mit einem Eydschwur bekräfftiget. Es bestehen aber obgemelte conditionen in diesem : daß/nemblich/er des hohen Thumbstiffts vnd der gantzen Clerisey regalien / privilegien/statuten/gewonheiten/ Güter/ Recht vnd freyheiten genädigst vnd trewlichst schützen vnd handhaben / vnd ohne des hohen Thumbstiffts absonderlichen consens nichts darvon abnehmen/verwenden/ verkauffen vnd vertauschen solle. Vor allen dingen aber daß er die Saltzgüter / so zu der Ertzbischofflichen Taffel außgesetzt seynd / keinem verleihen/ verschencken/ verkauffen/ noch auff andere weise sich derselbigen begeben solle. Daß er des Ertzbischthumbs Schlösser vnd Landgüter in vollständigem Baw erhalten solle. Daß er jhm über die Prælaten/ Thumbherrn vnd andere Geistliche/ wie auch deren Diener kein ander Recht / als wie es vor alters im brauch gewesen/ nehmen oder machen ; vnd wann er etwas wider sie haben werde / dasselbige vor dem hohen Collegio außführen solle. Daß er sich der Thumbherrn Haab vnd Güter / so sie entweder ab intestato, oder aber mit auffrichtung eines Testaments hinterlassen/ keines wegs anmassen/ sondern derselben disposition dem Collegio , altem herkommen nach/anheim stellen solle. Daß er keiner Stadt oder andern Privatpersonen ohne des Collegii wissen vnd willen newe privilegien ertheilen solle. Daß die Collegia in dem hierzu ordinirten Monat/massen es von vndencklichen Jahren hero observirt worden/ alle Geistliche beneficien oder Pfründten denen/ so sie erwehlet/ conferiren , vnd die possession, ohne des Ertzbischoffs hindernuß/ einraumen sollen ; welcher mit höchstem fleiß darob seyn sol/ damit die Pfründten nicht abkommen/verunehret/oder zu andern vnziemlichen sachen angewendet werden mögen. Daß der Ertzbischoff die vacirenden Prælaturen vnd dignitäten / so er zu conferiren pflegt / innerhalb Monats frist einem tauglichen Thumbherrn/ der in rechtmässiger possession einer höhern Pfründte vnd beysitzer im Capitul sey / aufftragen solle. Daß er keine newe Aufflagen ohne vorwissen vnd geheiß des hohen Stiffts Collegii, vnd Ertzbischthumbs Stände einführen solle. Daß das hohe Collegium, wann man einen Landtag außschreiben werde/ zuvorhin von den Propositions-puncten vnd zeit der Zusammenkunfft deliberiren solle. Daß das jenige Geld/so zur bezahlung des Ertzbischthumbs schulden bey jüngster versamblung zu Kalbe von den Ständen bewilliget worden / zu keinem andern nutzen / dann wie in erwehnter vnterredung beschlossen worden/ angewendet werden solle. Daß von dieses Gelds administration die delegirten auß den Ständen im hohen Collegio, in beyseyn der Ertzbischofflichen Rähte/ Rechenschafft ablegen; Auch alle silberne Geschirr/Original-brieff vnd andere sachen / so zu des Ertzbischoffs Taffel gehörig seynd / laut des auffgerichteten inventarii getrewlich bewahrt werden sollen. Daß er alle acten vnd collaturen/ so im hohen Collegio sede vacante vorgelauffen / genehm haben solle. Daß er keine newe Festung bawen / keinen Krieg anfangen/ auch in kein verbündnuß ohne des Collegii genehmhebung sich einlassen solle. Daß er/ im fall das Collegium des Ertzbischoffs handlungen zu wider leben wolte/ keine decreta oder confirmationes , weder von dem Keyser/ noch dem Bapst außzubringen befuget sey ; vnd ob er etwas erlangt hette / diß alles vor nul vnd vnkräfftig geachtet werden solle. Daß er die gubernation vnd Cantzley also anstelle/ damit das Recht einem jeden / ohne ansehung der intercessionen , so entweder von den befreundten oder aber außländischen Fürsten bey jhm eingelegt werden möchten / gleich vnd durch die Banck administrirt werde. Daß er alle trans-

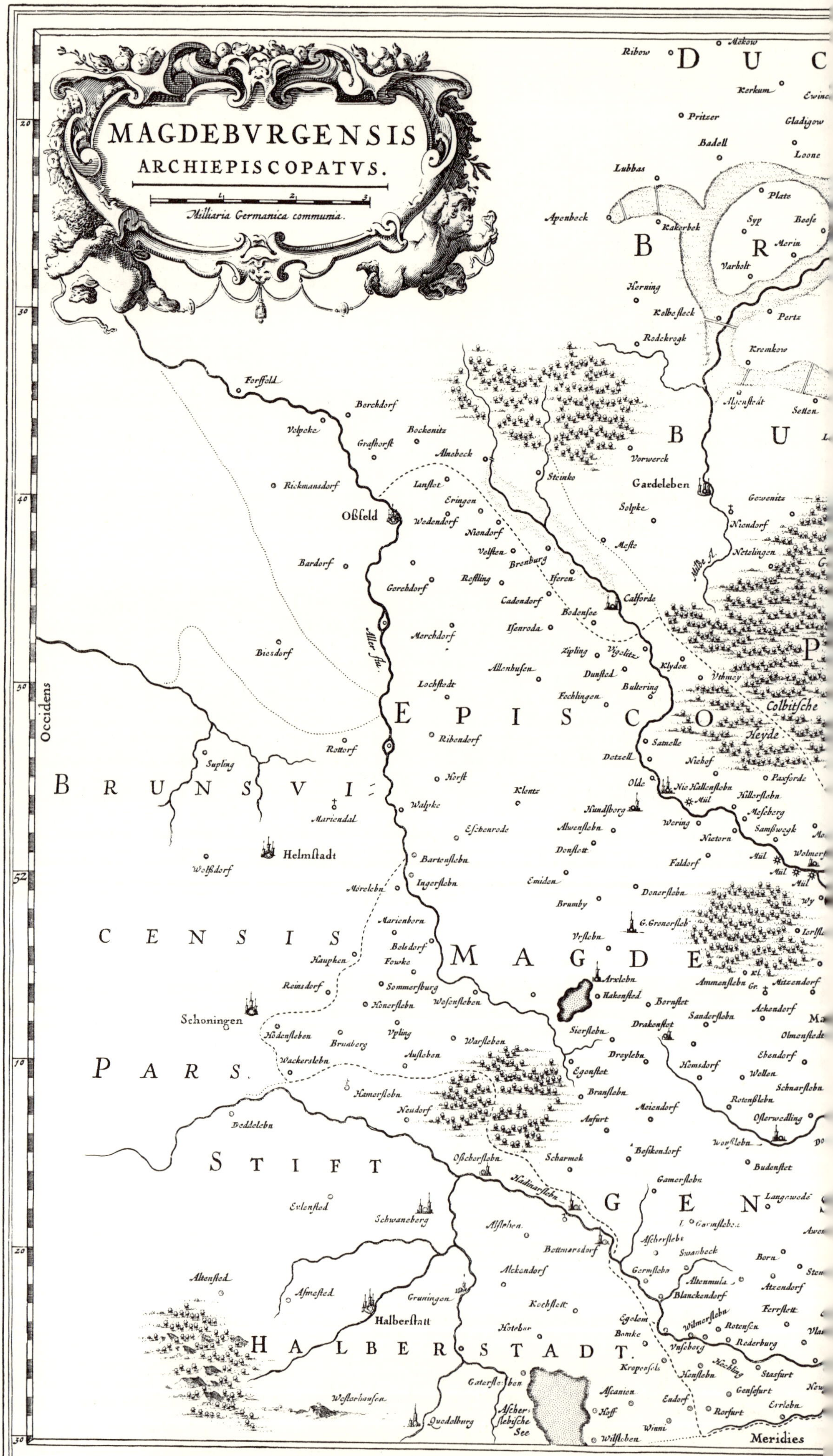
MAGDEBVRGENSIS
ARCHIEPISCOPATVS.
Milliaria Germanica communia.
Occidens
Meridies
D U C
B R
B U
E P I S C O
M A G D E
G E N S
B R U N S V I
C E N S I S
P A R S.
S T I F T
H A L B E R S T A D T.
Gardeleben
Oßfeld
Helmstadt
Schoningen
Halberstatt
Colbitsche Heyde
Calforde
Aller flu.
Quedelburg
Schwaneborg
Ascherslebische See
Gruningen

Seehausen
Falkenberg
Dobrum
Paris
Werben
Skantz
Nitzow
T U S
Loom
Havelberg
Rodan
Maßberg
Sandow
Dusdorf
Roschhof
Wulkow
Plotz
Stradonen
N
D E
Alt Tzun
Rihnow
Walsleben
Goßleben
Arneburg
Pare
Spatz
Clitz
Gorthow
Bultborg
Stendel
G E
N S I S
Ratenow
West Insel
Ost Horn
Tangermund
Bamma
Niemde
Lerichow
Forde
Pretzerbe
Buck
Brist
R S.
Gentin
Plawe
Dore
Cobbeln
Cibbeck
P A T U S
Alt Brandeburg
Oriens
Rogetz
Zerbn
Parchow
Schatow
Gottin
Grabow
Golitze
Rodemul
Alt Niekrip
B U R
S A X O N I Æ
Lawborgk
Schwinitz
Roetz
Wiesenburg
Beltzig
S U P E
Gummeren
Kalenberg
Darenberg
B A R B Y
A N H A L T
R I O R I S
Zerbst
Barby
Nienborg
C O M I T.
F U R S T E N
P A R S.
T H U M B.
Walsdorf
Amsbelædami
J. Blaeu excudebat

actionen vnd decreten der versambleten Landstände/ja auch andere contracten, so mit verwilligung des Collegii voriger zeit eingegangen vnd beschlossen worden / auff seine höchste Trew halten vnd exequiren solle. Daß er von wegen der Stadt vnd Ampt Egelen / so das hohe Collegium von dem Cardinal vnd Ertzbischoff Alberto erkaufft / dem Collegio vnd andern interessenten die Einkommen / massen solches schrifflich verfasset vnd angelobt worden / auß der Ertzbischofflichen Rentkammer bey zeiten ablegen lassen solle. Daß des Collegii Abgesandten weder Herberg noch Speiß vnd Tranck in des Ertzbischoffs Schlössern abgeschlagen werden solle. Daß/wann etwa wider alles verhoffen das Collegium von dem Stadt-Rhat vnd Gemeine zu Magdenburg/ in massen vor diesem geschehen / auß der Stadt wiederumb vertrieben werden möchte / er eines auß den Ertzbischoflichen Schlössern sampt den Einkommen / außgenommen das Schloß Giebichstein / jhnen biß zu außtrag der sache zu bewohnen vnd zu geniessen/ einraumen solle. Daß er die Ertzbischofflichẽ Schlösser/welche anderwerts verpfändet seynd/ entweder selbst/ oder aber das Collegium wiederumb einlösen lassen solle. Daß er die newen Frohndienste/ so jnnerhalb zehen Jahren den Klöstern vnd andern Vntersassen auffgedrungen worden/ wiederumb abschaffen; auch des Collegii Vnderthanen mit keinen Diensten beschweren solle. Daß er des Collegii Diener/ ehe das Capitul zuvor darüber begrüsset worden / keines wegs in das Gefängnuß werffen lassen solle. Daß er die Einkommen des Klosters S.Georgii in Salinis ad pios usus anwenden solle. Daß er die andern Klöster in gegenwertigem Stand erhalten / vnd von wegen derselben administration in beyseyn etlicher Personen auß dem Collegio Jährliche rechnung abnehmen solle. Daß der Ertzbischoff von den Klöstern / die zu der Ertzbischofflichen Taffel außgesetzt worden/ so viel ein jedweders vor alters zu ablegung des Reichs vnnd des Lands beschwerden dargeschossen/der Stände delegirten abführen vnd b. zahlen solle. Daß er den Amptleuthen vnd Richtern ernstlichen anbefehlen solle/ damit sie die jährlichen gefälle / so des Ertzbischoffs Geist: vnd weltliche Vnderthanen zu geben schuldig seynd/ etwas zierlicher/ als vorhin geschehen/ einbringen lassen wollen. Daß er des Ertzbischthumbs Wälder nicht sperren/ noch auch dieselbigen durch übermässiges Holtzfällen verwüsten lassen solle. Daß er in den Reichstagen seinen gebührenden orth vnd stelle inhalten; vnd in anschlagung der Reichscontributionen das Ertzbischthumb nicht schwerer/ dann vor alters im brauch gewesen/belegen lassen solle. Daß über die Schlösser Giebichstein vnd Mauritz keine andere dann nur Einländische Hauptleuth/vnd zwar mit des hohen Collegii verwilligung / gesetzt werden sollen. Daß sie auch dem Collegio nach der alten form zu schweren / vnd dieselbige schrifflich mit beygefügtem Siegel zu überlieffern verbunden seyn sollen. Daß ingleichem die andern Schloßhauptleuth sich dem Collegio innerhalb acht tagen mit einem Eyd verpflichten; deme auch so lange / biß ein newer Ertzbischoff die Trew wiederumb vernewern wird/nachkommen sollen. Daß der Ertzbischoff bey allen Rechnungen / so er von den Amptleuthen abnehmen wird / etliche auß dem hohen Collegio zu beysitzern haben solle. Daß er die Diener/ so dem Collegio halßstarziger weise widerstreben/ vnd jhrem Herzn vnnd Ertzbischthumb vntrew seynd / von Hoff vnd Ampt abschaffen; auch derogleichen Leuth/ welche sede vacante von dem Collegio abgesetzt worden / nicht wiederumb zu seinen Diensten gebrauchen solle. Daß er in keine verpfändung / so des Ertzbischthumbs Lehengüter betrifft / vnd sich über drey Jahr erstreckt / ohne des Collegii außdrücklichen consens einwilligen solle. Daß das Collegium sampt dem Ertzbischoff / wann es die noth erheischen möchte/ einen Coadjutorem erwehlen könne. Daß er von wegen der Succession mit keinem eintzigen Menschen hinter des Collegii vorwissen etwas tractiren oder abhandeln solle. Daß er nach gethaner resignation vnd übergebung des Ertzbischoflichen Tituls vnd Rechts in des Capituls Hände / die ämpter vnd Vogteyen nicht berauben solle. Daß er die Regierungshändel/ Schuldsachen/ vnd andere geschäffte in seinen erblichen Herzschafften vnd Gütern / mit des Ertzbischthumbs schulden vnd handlungen nicht vermischen; auch das Ertzbischthumb nicht anders als es vor alters gehalten worden/ vnd derogleichen Geistlicher beneficien vnd Güter Natur erfordert/besitzen solle. Daß das formular des Eyds/ so die Vnderthanen den vorigen Ertzbischoffen / vnd dem Collegio, als welche sede vacante rechtmässige Erbherzen seynd/ geleistet/ auff solche condition hinfüro allezeit gerichtet werden solle. Daß das Collegium die jenige summa Gelds/ so der Rhat vnd Gemeine zu Magdenburg der Keyserlichen Majestät vnd dem Reich; der Keyser hergegen/in ansehung der gebührlichen außsöhnung/dem Collegio destinirt, ohne des Ertzbischoffs eintzige verhinderuug empfangen solle. Im fall nun wegen obgeschriebener Artickel zwischen dem Ertzbischoff vnd Collegio eine Zweytracht vorfallen wird / daß alßdann zween auß den Rähten / vnd zween auß dem Collegio, die sache mit völliger macht zu entscheiden/bestellet werden sollen. Wann sie aber hierüber sich nicht werden vergleichen können / daß sie die acten einem Juristen Collegio zur decision überschicken/ vnd auff deren außspruch beruhen sollen. Wo fern auch das Collegium vnd die andern Clerici auß alter gewonheit vnd ordination der Bischoffe etwan mehr recht/ als wol in diesen Artickeln außdrücklich vermeldet wird/haben möchten/ daß sie bey denselbigen steiff vnd vnverbrüchlich gelassen werden sollen. Vnd weil das Stifft Halberstadt von Magdenburg abgesondert ist/daß der Ertzbischoff auff gutachten des Collegii seinen Hoff etwas einziehen oder enger fassen solle / auff daß die grosse menge der Hoffleuth vnd Diener nicht wiederumb vrsach zu newen schulden geben möge.

Endlich/ weil künfftiger zeit die Churfürstliche Brandenburgische dignität / vnd der Brandenburgischen Länder administration auff Ioachimum Fridericum, als rechtmässigen Successorem fallen wird / daß er von gedachter zeit an sich des Ertzbischthum̃s Magdenburg administration gäntzlichen enthalten solle: Auch sollen alßdann alle Gerechtigkeiten/ so er darinnen gehabt / zu ewigen zeiten abgeschafft seyn/ vnd ohne einige weigerung oder verzug in des hohen Collegii Hände vnd gewalt / gleich wie sede vacante zu geschehen pflegt / verfallen seyn / welches einen andern Ertzbischoff oder Administratorem ohne eintzige verhinderung zu erwehlen wissen wird. Deßgleichen sol der Eyd / so die Stände/ Beampten / vnd Vnderthanen des Ertzstiffts vorhin abgeleget/ hinfüro keinen verbunden halten/ sondern sol krafft dieser transaction ipso facto nul vnd nichtig seyn.

Die Flüsse/ so diese Länder befeuchten/ seynd: die Elbe/ Flüsse.
Onarze/ Oltem/ Sale/ Wipper/ Inderst/ Strume/Roide/ Rhum/ Vker/ Kuse.

Die Berge seynd der Ramelberg/Melibocus,vnd andere/ Berge.
vnd dann etliche Wälder/als; der Solingerwaldt/ vnd auff Wälder.
dem Hartzwaldt.

Magdeburg.

MAGdeburg vorzeiten Parthenopolis oder Castrum puellarum/das ist/ Magdeburg/von der Venere Parthenia/die alda geehret/also genant/ ist die häupt vnnd fürnembste stadt in Saschen/an der Elbe gelegen. Von dem hochgelerten Joanne Capnione wirdt sie Omoadum Pyrgum/von Aenea Sylvio aber Virginopolis (vnd eine reiche gewaltige häuptstadt des Saschenlands) geheissen. Ligurinus nent sie virginis vrbem/das ist/die jungfrawen stadt. Vnnd Ptolomeus Meuium/ Ist von Keyser Otten dē ersten/ auff anhalten seines gemalhs edict/ Königs Echtmunds in Engellandt Tochter/so auch alda begraben/gebawet: sagt Lupoldus am 18. ca. Otto Frisingensis schreibt im 6. buch am 20. cap. Keyser Otto hab Magdeburg gemehret/vñ sey auch aldo zu der erden bestädiget. Biß herzu Franciscus Irenicus. Diese Stadt ist ein ehrlicher Sitz der Keyser vnd Bischoffe/vnd wirdt in drey theil abgetheilt/ ist mit Mawren/ Bolwercken/ Thürnen/ vnnd Graben gahr wol gesterckt. Alda seindt herrliche Häuser/lüstige Strassen/ grosse vnd zierliche Kirchen: Vornemlich aber ist Sanct Mauritz kirch gahr treffentlich/von den Keysern Ottonen gebawet. Der Rhat hatt das Römische Bürgerliche Recht/ auff Sachsiche sprach beschrieben/ wirdt von jhnen nicht ohn sonderliche ehrwirdigkeit bewardt/ sol von Keyser Carol dem Grossen/ wie mann sagt/ bekrefftiget sein/ vnd werden von jnen solche Gesetz in hoher achtung gehalten: Derhalben auch aller vmbligender völcker sachen hieher gebracht/ vnd nach denselben gericht werden. In dieser stadt sihet man ein gar künstreich bild des streitbarn vnd starcken menschen Rolandi/ Key. Carols schwester son/ welcher soll (wie man sagt) als er Hispanien mit sieg vberwunden/vnd sein kriegsvolck durch Welschlandt fürte: von den Vasconiern vmbbracht sein. Diß ist der Rolandt (wie das gemeine gerücht gehet) der zu seiner zeit grösse vnd stercke halben seins leibs/auch mit kunmütigkeit/alle andere vberstiegen hat: dessen mänliche thaten durch die gantze welt gerhümbt werden. Keyser Carl der grosse hat alhie ein namhafft Bischthumb auffgericht. Denn da er den krieg mit den Longobarden geendet/vnd deren großmechtigsten König gefangen/ hatt er ohn verzug widerumb in Gallien wöllen ziehn/ denn der Sachsischer krieg/ welcher nun ein zeitlang geschlaffen hatt/ erforderte das er wieder heim keret. Die Sachsen waren ein dapffer vnd schier vber alle teutschen das streitbarste volck/ diese nach dem sie Abgöttisch waren/vnd nicht Gott/auch keinen menschen forchteten: war jnen nichs höhers angelegen/als das sie den Christlichen glauben/ vnnd alle Christglaubigen verfolgten: vnd weil sie nahe bey den Francken gelegen/haben sie mit denen stetigen krieg gefürt. Nach dem nun vber solchs volck der sieg gleich als durch eine besondere Gottes vorsehung dem Keyser Carln vorbehalten war/hat er solchen krieg mit den Saschen ernewert/das er/der Keyser Carl keinen hefftigern/schwerern/vnd langwerigern krieg niemahl gedrieben hatt. Denn es ist kundbar/ das er mit diesem rauhem vnartigen Volck 33. jar lang im harnisch gewesen ist. Nach dem aber die Sachsen zu letst gantz vnd gar vberwuñen sein/ haben sie sich vnnd alle das jhre dem Keyser Carln vndergeben. Vnd ist den vberwundenen auffgelegt/das sie die alte vätterliche Ceremonien/auch alle Abgötterey verlassen/ vnd den glauben Christi annemen solten: auch eine grosse anzal Gizelen geben/vnd sich mit eim kleinen becirck im Landt benügen lassen. Demnach nun das gantze Sachsenlandt reformirt/ hatt er zehen Bischthumb drin gestifftet/vnd vnder denen das Magdeburgische/das vornēbste verordnet. Vnd ist seine erste fundation zu Styde gewesen/darnach zu Vallersleue/zū dritten aber in Vrese: vnd zu letst von Otten dem ersten im jar Christi 930. zu Magdeburg gelacht/ vnd in gantz Teutschland das Haupt verordnet/ (solchs find man in einer grosser alter Chronick/jedoch ohn sicheren namen) Wiewol die von Saltzburg vnnd andere Churfürstliche Ertzbischoffe diesen vorzug dem Bischoff mit Magdeburg nicht wollen zu lassen/ Wie Albrecht Krantz schreibt. Es ist erst zu Magdeburg ein starck Schloß gewesen/rings vmb her mit Fischers häußlein/gleich wie ein Dorff/ oder wie sonst ein ofner Fleck besatzt. Alhie waren vorzeiten Burggraffen gleich wie zu Nürnberg: ob es aber Sachsen/oder Wandalen gewesen/ ist vngewiß. Es ist aber kündig das nach Otten/ durch Keyserlich Mandat alhie ein Burggraueschafft auffgericht/vnd vnder die vier Burggrauen des Reichs/ gezelet ist.

MAGDE
S. Niclaus
MAGDEBVRGVM,
A VENERE
QVÆ HIC QVONDAM
COLEBATVR PARTHE:
NOPOLIS DICTA,
Metropolitica Saxoniæ vrbs,
opibus et authoritate memora:
bilis, peraugusto murorum
ambitu, & Albis
fluuij vicinitate
illustris.

VM.
S. Niclaus
Der Dom
S. Paul
Cum Priuilegio

Das Bischthumb Hildesheim.

Vrsprung des Namens.

VOn der Stadt Hildesheimb hat das gantze Gebiet des Bischthumbs seinen Namen/ welcher Name aus zweyen wörtern ist zusammen gesetzt: woher sie aber den Namē empfangen / ist man vnterschiedlicher meinung. Etliche seynd der närrischen opinion, daß das eine theil dieses worts genommen sey von der H. Jungfrawen Marien/ von wegen jhrer Milch vnd Haaren. Etliche schreiben jhn dem schnee zu / der miracktels weise vom Himmel ist gefallen/vnd vom Keyser Ludovico Pio, Caroli Magni Sohn/gefunden worden/welche derivation, als die einer Fabel scheinet gleich zu seyn/ Crantzius in Metropol. lib. 1, cap. 10 verwirfft: wiewol die alte Sächsische Chronica/vnd Brusch. tom. 1, von den Bischoffē in Teutschland sich nicht schewen diese Fabel für warhafftig anzunehmē. Dieweil aber bey vnsern alten Teutschen im brauch gewesen/daß sie Städte/schlösser/flecken vnd dörffer/deren sie vor alters sehr wenig hatten/ nach den büschen/bergen/flüssen/brunnen/gelegenheit des orts/oder nach einem geschlechte nenneten/vnd jrgend ein kleines wörtlein/das eine auffenthaltung/hauß/Festung/feld/wiese/ oder einen lustigen ort bedeutet/ daran hengeten / als Heim/ Horst/ Lage/ Have/ Büttel/ Rode/ Läbe/ oder Loeve/ Leger oder Lager/ vnd Bürtzer/ Lär/ oder Lar: Wie Goßlar von dem fluß Goße vnd dem wort Lager / Friedslar in Hessen: Von dem fluß Ganda, Gandesheim: So ist es auch viel glaublicher/daß jrgend ein Keyser des nechsten Waldes oder Busches Nahme angesehen / also / daß der Namen Hildesheim auff eine solche manier ist auffkommen: sonderlich wañ man sihet auff Hildegarde, Keyser Ludovici Mutter Name / dessen gedachter Keyser in benennung dieses Orts auch vielleicht ist ingedenck gewesen. Der weibliche Name Hille vnd Hilda ist bey den Sachsen noch im brauch / so daß es nicht vngereimbt ist/ in dem sie Chytræus neben andern Hildesiam nennet. Andere suchen jhre derivation von einem Götzenbild Irmenseula, weil die Sachsen Hillich heissen/ was heilig ist/ vnd sonderlich auch eine Historia die anmerckens würdig/darzu vrsach gibt.

Merckliche Historia.

Die Jnwohner in Sachsen hatten einen hohen Tempel zu Ehresberge an dem Wasser Dymmeli/ da nun Stadtberg liegt (welcher vorzeiten der Berg Martis, oder aber viel mehr von dem wort Ehren/weil man das Bild allda verehrete/genennet ward/) einen Götzen stehen/mit Nahmen Jrmenseule/als wolte man sagen Jedermans seule / weil jederman zu diesem Götzen eine zuflucht name. Carolus Magnus hat bald im ersten Jahr des Sächsischen Kriegs diß grosse schöne Gebäwe des Tempels / an welchem man lang gebawet / vnd es von so viel Jahren auff das allerschönste geschmücket/im Jahr 772 zerstöret/vnd mit dem niederreissen drey gantzer Tag zubracht: vnd hat der halbe theil der Armee so lang in bataille müssen stehen biß es gantz verrichtet war; so frech waren die Götzendiener wegen verlust jhres Götzens. Dieweil aber gedachtes Götzens seule/darauff er stunde/nach der zerstörung noch gantz bliebe/ vnd damit derowegen den Sachsen keine vrsach überbliebe/ die Abgötterey wiederumb für die hand zu nehmen/so hat der Keyser befohlen/ daß man sie auff einem grossen Wagen nach der Weser solte bringen / da er sie in die Erde begraben lassen/ an dem ort / da nunmehr die Abtey Corbey zu sehen. Als aber hernachmals des Ludovici Successor die gedachte Abtey stifftete/vnd man daselbsten gemeldte seule fand/hat er befohlen/daß man sie über die Weser solte bringen/damit der Abgötterey gedächtnuß den Sachsen gäntzlich möchte benommen werden. Diß geschach in grosser geheim. Nach dem aber die Soldaten in der Graffschafft Wintzenburg kaum über den fluß Leme oder Leine gekommen waren/ seynd sie von den Sachsen außgekundschafft worden/die begierig waren gedachter Seulen wiederumb mächtig zu werden/ haben derowegen selbige die Keyserliche Soldaten angefallen / so daß etliche seynd auff dem platz geblieben. Nichts desio weniger hielten sich des Keysers Soldaten so wol / daß sie die Sachsen/ wiewol sie starck waren / in die flucht geschlagen/ vnd die Seule an dem fluß Jnner / da der Keyser dazumal der Jagt beygewohnet / gebracht haben: vnterdessen ist die gedächtnuß dieses Treffens zwischen Alfeld vnd Bodenburg verbliebē/an welchem ort man steinerne Seulen mit einer Capelle hat auffgerichtet/vnd etliche häußlein darbey gesetzt/also daß noch heutiges tags gedachter ort Armenseule genant wird. So hat demnach Keyser Ludwig keine schlechte vrsachen gehabt/in dieser gegend eine Residentzstadt vnd Bischofflichen sitz auffzurichten / darzu der lustige platz / vnd die anmutige gelegenheit des Lands nicht wenig geholffen. Dannenhero er auch die Canonicken/welche sein Vatter Carolus M. vor etlich jahren zu Aulice oder Aulse / das bey Poppenburg, da die Saal in die Lein fället/lage/hatte eingesetzet/an einen sichern ort wolte transportiren. Wordurch er dañ verursacht worden diese Stadt Hildesheim auffzurichten/die so zugenommen/daß er im jahr 822 eine grosse Kirche allda hat angefangen zu bawen/vnd den Bischoff neben dem Capitel mit viel Landen begabt. Diese Seule nun hat man erstlich geheiliget/geweihet/ vnd von der Abgötterey gereiniget/ darnach in den newen Tempel oder Kirche (die der H. Marien zugeeignet/vnd durch Adelfridum den 4 Bischoff ist erweitert worden) in die mitten für das Chor / worauff an den Festtagen die warliechter gesetzt werden / mit grosser pomp vnd frewden als ein newes Heiligthumb gebracht: dannenhero der Name Hildesheimb/als des Heiligthumbs heymat oder auffenthaltung seinen vrsprung genommen. Wañ man auff die Seule schlägt/so gibt sie einen hellen klanck/im heissen Sommer schwitzet sie gleichsam/vnd ist dañoch sehr kalt; da man sie vor wenig jahren ernewert/hat man folgende Lateinische verß darauff gefunden:

Si fructus vestri vestro sint gloria Patri,
Ne damnent tenebras, quod fecerit actio vitæ,
Iuncta fides operi sit lux superaddita luci.

Gleichfals seynd vorzeiten solcher versetzungen viel geschehen. Dann das Bischthuñ welches zu Schire oder Schidre in der Graffschafft Lippe seinen anfang genommen / ist durch Brunonem vnd Tanquard gebrüdere/ Hertzogen zu Sachsen/nach Wallersleben, darnach nach Frose an die Elbe gebracht worden/von dañen es Otto Magnus nach Magdenburg hat versetzt/ damit es der benachbarten Wendischen kirchen Mutter seyn möchte / welches geschehen anno 968 / dahin Adelbertus der erste Bischoff / aus dem Closter S. Maximin. de Treves ist beruffen worden. Also ist auch Gunther der erste Bischoff zu Hildesheim gewesen / den Keyser Ludovicus an. 814/(in welchem jahr Carolus M. diese Welt gesegnet/) zum Bischoff zu Aulice hat gemacht/ der hernacher nach Hildesheimb ist beruffen worden/ vnd dem Bischthumb 21 jahr vorgestanden. Hat die Kirche S. Cecilien, neben der Hauptkirchen erbawet / vnd mit 2 schönen Thürnen gezieret/vnd ist anno 835 mit todt abgangen.

Grösse des Bischthumbs.

Die länge vnd breite dieses Bischthuñs ist anfangs nicht sehr groß gewesen / sintemal es vom Mittage biß nach Mitternacht vnd dem Occident sich kaum über die 8 meylen erstreckte: dann es war mit anderer Herren/vnd sonderlich der Hertzogen von Braunschweig vnd Lüneburg Gebiet vermenget/biß es endlich durch absterben vieler adelicher Geschlechter/vnd benachbarten Grafen seine Gräntzen sehr erweitert hat. Als Bernhard Grafe zu Rotenburg/der 21 Bischoff zu Tauber war/ im jahr 1135 / ist durch einen vnglücklichen Todtfall des Grafen von Wintzenburg/den ein schwäbischer Edelman an seinem Hoff dienende/ mit seiner schwangern Gemahlin des nachts ermordet hat/diß Bischthuñ mercklich gebessert worden. Gleichfals hat im Jahr 1260 Bischoff Iohannes der 31 von den letzten Grafen in seinem Geschlechte/ mit einem listigen anschlag die stadt Peine an der seiten gegen Mitternacht erlanget vnd an sich gebracht / wiewol Albertus der grosse/Hertzog zu Braunschweig/sich sehr wiedersetzte. Sigfried/Grafe zu Querfurt/ der 33 bischoff ließ Gronoviam bawen/nicht weit von Elze an der Leine, aus dreyen Dörffern/Empene, Leie, vnd Bekem, vmb den außfall der Soldaten von Westphalen zu verhindern. Derselbige hat auch Sarstett/ da die Inner in die Leine laufft/ erweitert/ vnd Levenburg/ das nach dem Land Halberstadt zu liegt / verbessert. Sonderlich aber hat dieses Bisthuñ erst recht zugenommen/als die Landgrafen von Dassel/die man von jhrer Præeminentz die Rügegraffen hiesse / so für dem Keyser den

B R
L
Hannover
Linden
Lente
KALEN
BERG.
Diester Sylva
Pattensen
Coldingen
Sarstede
S C H W
amplißima.
S C H A V W E N
B V R G
Stadthagen
Schoumburg
Oldendorp
Rinteln
Kalenberg
Hallersprinck
Munder
Coppenbrugge
HALLERBORG
Poppenborg
Eltze
Hemmendorp
Louwen stein
Saltz Hemmen dorp
COPPENBRUGGE
Gronouwe
Hamelen
STERNEBERG
Occidens
A R T Z E N.
Artzen
Pyrmont
PYR MONT.
Lippe
Blomberg
Comitatus
pars.
Lugde
Gronde
H
Boden Werder
Hils mons
Alvelde
B
R A
Schwalenberg
Valkenhagen
Poll
Huß Poll
Wickensen
Homburg
Stadt Olendorp
Eberstein
Vorst
Erichsburg
Hundesruck
Dassel
Eimbeck
Saltz tor Hellen
Oldenborg
Kottersperg
Holtz Minden
ERICHS
BORG
D
Grubenhagen
Gru
LVN
PADERBORN.
Brackel
Corvei
Hoxer
CORVEI.
Sollinck
Forstenberg
Nienhus
Mosberg
Sylva
W E I G.
Vrßeler
GOTTINGEN.
amplißima
Borcholte
Beverungen
Lemvorde
Dringelborg
Moringen
52
50
40
30
20
10

EPISCOPATVS
HILDESIENSIS
DESCRIPTIO NOVISSIMA
Authore Ioanne Gigante D.Med. et Math.
Mill. Saxon. magna, quor. 10 constituunt gradum
Milliaria Saxonica mediocria.
Milliaria Germanica communia.
Horæ intineris pedestris.
Braunschweig
Wulffenbuttel
Peine
Lichtenberg
Saltzlibenhal
Woldenberg
Levenburg
Goslar
Sylva Hercinia.
Wildeman
Hic et in vicinia fodinæ Argenti, æris, cupri, plumbi etc.
Cellervelt
Clausthal
Harts Waldt
Osterrode
Stauffenberg
Woldenstein
Sesen
Harizburg
Assebourg
Hornborg
Oosterwyck
Vinenborg
Bructerus mons vulgo Blokberg
Gebelhusen
Lindaw
Westerhoven
HALBER STADT.
WERNI
GE RODA
AS EICHSVELT.
Oriens

silbernen stock oder stab pflegten zu tragen/ohne Leibs Erben gestorben. Diese Grafschafft Dassel ist gelegen zwischen der Weser vnd Leine / an der Grafschafft Northeim vnd Göttingen gegen Orient / gegen Occident neben dem Gehöltze Sollinge / an Corbey vnd Holtzmünde / vnd laufft von der Grafschafft Homburg biß an Vßlar / vnd von dannen biß an Hardesse. Dañ sie begriffe vorzeiten die Städte/ Dassel/ Eimbeck/Marckoldendorp/ neben den Casteln Dassel/Lawenberg/ Lawenwerd/Fürstenberg vnd Hundsrück. Wiewol sie alle mit einander / ausserhalb Eimbeck/ den Abt von Corbey wegen der donation Ludovici Pii, für einen Lehenherrn erkenneten/so hat es doch Heinrich/ Graffe von Waldenberg/ der 34 Bischoff/durch seine listige practicken/weil er Machtildis Bernhardi des 3 Graffen von Dassel Gemahlin bruder war/so weit gebracht/ daß der Rügegrafe dem Abt von Corbey sich widersetzte / vnd begehrte die Investitur des Lehens vom Keyser Henrico dem 7 von Lützelburg / dargegen Theodoricus von Dalwig, der 37 Abt von Corbey / sich starck / aber vergebens / hat geopponirt. Der vorgemeldte Bischoff richtete auch im Jahr 1312 bey Hildesheimb ein Schloß auff/ das er Steurgewalt hiesse/ von wegen des streits / den er mit den städten hatte / aber die Bürger in den städten hiessen es Aelckenburg/ vnd als sein nechster blutsverwandter vnd bruders sohn der letzte Graff von Woldenberg war/ hat man jhn nach seines vettern todt zum Bischoff angenommen/dadurch gedachte Grafschafft/ sampt der Stadt Bockelheim neben dem schloß vnd der regierung Lutter/ von wegen der newlichen Niederlag des Königs in Dennemarck im Augusto des 1627 Jahrs/ ziemlich berühmt/ mit diesem Bischthumb seynd vereinigt worden : Er kauffte auch das Castel / mit der Herrschafft Linda / an dem fluß Rhume in dem Eichfeld gelegen/ vnd das Dorff Kalefeld in der Regierung oder Herrschafft Westerhofen. Endlich hat er nach absterben Simonis des letzten Grafen von Dassel / die Grafschafft gleichmässig in seine völlige possession gebracht/deme sich Henrich Spiegel von Desemberg zwar widersetzet/ aber nichts anders erhalten hat/dañ daß die Bischoffe als Vasallen des Klosters Corbey/ von wegen gedachter Grafschafft nach alter gewonheit/alle jahr auff S. Viti tag dem Abt einẽ Hirsch aus dem gehöltze Söllinge lieffern solten. Als Henrich der Hertzog von Braunschweig vnd Lüneburg zum 36 Bischoffe erwehlet ward / vnd nach einem 14 jährigen Krieg Ericum den Graffen von Schawenburg seinen Feind überwunden hatte / ist das Gebiet vnd die Grafschafft Sladenie an der Oder / beneben dem Schloß Widelagie, Woldenstein, vnd Berke in des Bischoffs gewalt kom̃en/ welcher von den geldstraffen der Bürger zu Hildesheimb das Kloster Marienberg/vnd hernach Catelnburg erbawet hat. Gleichfals hat Gerhard Freyherr vom Berge/der 38 Bischoff/im jahr 1365 erwehlet / an dem Fluß Fuse ein schön Castel mit nahmen Steinbrücke erbawet/neben einer steinernen brücken/wie auch die Herrschafft Koling/oder Kolding an der Lein. Item Finenburg an der Ocker/nicht weit von Hartzburg: dieser starb anno 1398. Durch solche vnd dergleichen mittel / ist dieses Bischthumb endlich in so grosses auffnehmen gerathen / daß es nunmehr mit vnterschiedlichen ecken/weit in das Hertzogthumb Braunschweig hinein laufft / dasselbige gleichsam durchschneidet/ vnd vngefehr 25 Herrschafften / ausserhalb den Städten/begreifft. Welche glückseligkeit die Jnwohner mit ruhe vnd frieden sehr wohl hetten geniessen können/wann nicht der Ehrgeitz bey etlichen Geistlichen gar zu groß were gewesen. Dann durch den vnglücklichen außgang des kriegs/ den Barthold von Landsberg der 44 Bischoff mit dieser stadt vnd den Nachbarn führete / ist er gezwungen worden etliche Schlösser zu versetzen/ vnd nach dem Iohannes Hertzog zu Lawenburg der 46 Bischoff dem gemachten accord zu wider/dieselbe zu frühe wiederum̃ forderte/ auch zugleich Franciscum den Bischoff zu Minden/vnd die fünff Gebrüder die Hertzogen von Braunschweig höchlich erzürnete/hat sich im jahr 1519 ein sehr schwerer krieg erhoben/ daß innerhalb drey jahren/ wiewohl es sich ließ ansehen/ er würde in erhaltenem denckwürdigen treffen bey Soltern/ worinn zween Hertzogen von Braunschweig / neben etlichen Grafen vnd 119 Edelleuten gefangen worden / den andern überlegen seyn / er dannoch von 6 Grafschafften / vnd seinem gantzen Gebiet nachfolgende Städte / Flecken vnd Schlösser verlohren / als Alfeld, Bockelheim, Bodenwerder, das halbe Hamelen, Grunow, Eldegesse, Dassel, Sarstad, Etler, Else, Lamspring, Bodenburg, Hemmendorf; Saltzgitter. Diese Schlösser: Lawenstein, Wintzenburg, Lutter, Schladen, Widelau, Finenburg, Woldenburg, Hallerburg, Ertelse, Steinbrugge, Lindau, Loiffenberg, Levenburg, Westerhofe, Wolpe, Woldenstein, Homburg, Hundesruk, Grune, Olbie, Artzen, Kolding, Ruteni, vnd Poppenburg. Der Bischoff aber behilt die Hauptstadt Hildesheim / Stürwald / Peine mit dem Schloß/vnd Marienburg. Durch interposition Keyser Carl des V wurden zwar vielerley verträg auffgerichtet/ die der Bischoff allezeit wiederumb gebrochen/dannenhero er vom Keyser /als ein öffentlicher Friedenstörer in die Acht erklärt worden / welches dann den Hertzogen von Braunschweig/ vnd jhren confœderirten zu grossem vortheil gereichet. Als man zu Nürnberg im jahr 1523 den Reichstag hielte / hat man in dieser sachen zu Commissarien verordnet/ Albertum den Ertzbischoff zu Mayntz vnd Magdeburg/Georgium Hertzogen zu Sachsen/vnd die benachbarte Städte/ Goßlar / Magdeburg vnd Eimbeck / die diesen handel zu Quedlinburg den 1 May solten vertragen : allda man sie folgender massen vergliechen/daß die Waffen solten niedergelegt / vnd ein fester Friede vnter jhnen gehalten werden : Den Hertzogen von Braunschweig wurden die örter/ die sie hatten eingenommen/ gelassen/ vnter welchen die fürnehmste Ringelheim, Lamspring, Dernburg, Dorstatt, Wittenburg, Wilsinghusen, Reiffenberg, Woltingerode, vnd andere : wie dann auch der gefangene Hertzog Wilhelm solte auff freyen fuß gestellt werden. Darnach hat gemeldter Keyser Carl der V gedachte Güter zu Augspurg mit gehörlichen ceremonien zum Lehn gegeben. Nichts desto weniger vermeinte der Bischoff diese verlohrne Güter durch das Bäpstliche Recht zu erhalten. Die Hertzogen aber haben die erworbene Güter vnter sich getheilet. Alle gedachte Güter seynd durch das Keyserliche Edict im Jahr 1630 dem Bischoff wiederumb zuerkennet worden.

Gelegenheit des Orts.

Dieses gantzen Gebiets eusserliche Lufft ist sauber vnd mässig/die Felder seynd lustig / fruchtbar vnd kornreich / so daß jhm ausserhalb des edlen Weinstocks nichts scheinet zu fehlen. Sie brawen aber überall ein köstlich Bier/vnd wird der Breyhan für das beste gehalten. Vnd wiewol es überall mit kleinen Hügeln vmbgeben ist/ so gehet jhm doch derowegen an der fruchtbarkeit nichts ab/ der gestalt/daß man auff den Bergen schöne büsche / vnd im hinauffgehen die Felder voller korn vnd allerhand getreyde sihet. Die Wiesen in den Thälen werden von lebendigen bächlein vnd quellen bewässert/ so lassen sich auch überall viel Fischteiche vnd Gräben sehen/die an Fischen den Jnwohnern grossen nutzen bringen. Die Viehzucht gereicht jhnen auch zu grossem vortheil/angesehen das Viehe überall gute Weyde hat / vnd in grosser menge zwischen den Bergen sich in dem lieblichen graß ergetzen kan. Allda sihet man grosse hauffen Schafe/von denen die gute Schafkäse kommen / vnd sonderlich die sie von der kuhmilch vnd schafmilch machen. Die grosse vnterschiedliche büsche vnd wälde seynd sehr lustig/vnd bringen der Jagt vnd dem Vogelfang grossen nutzen. Als die Bürger zu Hildesheimb die Augspurgische Confession hatten angenommen/ vnd kein freyes exercitium in der Stadt jhnen zugelassen ward/ ist solches jhnen im jahr 1543 durch den Churfürsten von Sachsen / vnd Landgraffen von Hessen auff jhre intercession zu wegen gebracht worden/ vnangesehen Valerianus von Theteleben der 49 Bischoff sich neben dem Capitel gewaltig widersetzte / dannenhero eine grosse Verfolgung entstanden ist. Welcher Bischoff es auch bey dem Bapst so weit hat gebracht/ daß man den Proceß wider die Hertzogen von Braunschweig an das Keyserliche Cammergericht gelangen lassen. Die Stadt ist auff einem erhobenen ort gelegen/ an dem Fluß Jnnersie / ist im vmbkreiß grösser dann Halberstatt/begreiffende zwey theil / als die alte vnd newe Stadt in sich/ein jegliche wird durch jhre eigene Obrigkeit geregieret/ die Regierung ist aus der Aristocratia vnd Democratia vermischet. Die alte Stadt hat 6 Kirchen/ohne die Hauptkirche/ vnd die zum H. Creutz. Die newe Stadt hat nur zwo. Die Kirche S. Mauritii ligt für der Stadt auff dem Berg. Ob sie zwar kein Reichsstadt ist/ so gehöret sie nichts desto weniger vnter die Hänsestädte/wie dann im jahr 1522/ von jhrent wegen die Hänsestädte zu Goßlar seynd bey einander gewesen / damit sie jhrem in die Acht erklärten Bischoffe nicht zu hülffe kämen/vñ sich selber in vnglück stürtzeten/ dañ der gar zu hitzige Eyfer zum Krieg/hat jederweilen die Gemüther der Jnwohner eingenommen / davon sie die Hänsestädte nicht ohne vrsach haben abgehalten. Wer dieser händel weitläufftigern bericht begehrt einzunehmen / der mag die Historicos besehen / die sie außführlich haben beschrieben.

Der Westphalische Kreyß.

Woher es genant.

WOher Westphalen den Nahmen bekommen/ seind nicht alle einerley meinung. Es seind etliche/ welche vermeinen/ daß es von der Göttin Vesta, so vor zeiten alhier verehret worden/ Vestalia genennet sey; dannenhero sie auch wollen/ daß sie Westphaler/ das ist/ Vestalier heissen. Etlichen aber gefält/ das es von West/ das ist/ von dem theil der Welt/ so gegen Westen ligt/ also genant sey/ dann welche/ sagen sie/ vber dem Fluß Weser in dem theil gegen Morgen wohnen/ werden Oostvali Saxones, das ist/ Oostvalische Sachsen genant/ von Oost/ so Morgen/ vnd Valen, so in Sächsischer Sprache ein junges Rößlein heist/ welches sie in jhren Kriegsfahnen geführt. Aber als man diesen Namen auch verworffen/ ist jhnen der Sachsen Name verblieben. Also seind diese/ so disseit der Weser gegen Abend wohnen/ Westphaler/ von West/ das ist/ von Nidergang genant. Endlich wollen etliche/ daß das Wort Westphalen mehr von dem Sächsischen Velt, auff Teutsch Feldt/ als von Valen komme. Deme sey nun wie jhm wolle/ so ist es doch gewiß/ daß sie schon vor mehr als 900 Jahren also geheissen.

Westphalen erste bedeutung.

Ferner ist diß zu mercken/ daß das Wort Westphalen in dreyerley verstandt genommen werde: Erstlich/ vor das jenige gantze Landt/ so von Auffgang hat die Weser/ von Mittag die Hessischen Gebürge/ von Nidergang den Rheinstrom/ von Mitternacht den Frießländischen Moraß. Vnd in solchem verstandt wird der siebende Circkel oder Kreyß des Reichs der Westphalische Kreyß genant/ so in 3 Ständen bestehet: 1 Im Geistlichen. 2 In der Fürsten. 3 In der Reichsstädte Standt. Im ersten seind Bischoffe; der von Paderborn/ Lüttich/ Vtrecht/ Münster/ Camerach/ Osnabrug/ Werden vnd Minden. Abbey; von Werden/ Stablon/ S. Cornelis-Münster/ Echternach/ Corvey/ Herford. Eine Abtissin/ von Essen. In der Weltlichen Fürsten Standt seind; Hertzog von Cleve/ vnd Graff zu der Marck: Hertzog von Gülich vnd Berg; Marckgraff zu Baden: Graff von Embden oder Ost-Frießlandt/ Graff von Seyn/ Dillenburg/ Graff von Vernenberg/ Graff von Manderscheidt/ Graff von Weyde vnnd Ringelberg/ Graff von Mürs/ Herr von Bronckhorst/ Grafen von Steinfurt/ Bentheim/ Dortmundt/ Oldenburg/ Herr zu Biedburg/ Grafen von Hoye/ Diepholt/ Schaumburg/ Herrn zu Spiegelberg vnd Vanenberg/ Grafen von Arenberg/ Dierenberg/ Lippe/ vnd Herr zu Somer-auß. Die Freyen Städte seind; Cölln/ Aach/ Wesel/ Marckedur/ Camerach/ Tremone/ Susat/ Duyßburg/ Herford/ Brackel/ Wartburg/ Lemgow vnd Werden.

Andere bedeutung.

Vors andere wird Westphalen genommen für das jnnere des ersten theils/ als da seind/ das Stifft Münster/ in gleichen Paderborn vnd Osnabrück/ mit denen dabey gelegenen orthen/ deren Jnwohner heutiges Tags gemeinlich Westphäler genennet werden/ welchen Namen die von Berg vnd Cleve disseyt des Rheinstroms nicht annehmen wollen.

Dritte bedeutung.

Vors dritte wird es genommen vor ein besonders Hertzogthumb/ darvon die Landtaffel zu sehen.

Alte Völcker.

Es haben vor zeiten hier gewohnt (daß ich von denen Teutschen/ so auß dieser Gegend des Baltischen Meers/ da Ptolemæus jhren alten Sitz vnnd wohnung setzet/ mit denen Cimbris in Galliam gezogen/ vnd dem orth/ Teutoburgum, welches Tacitus in Westphalen setzt/ den Namen sollen gegeben haben/ nichts sage:) die Völcker Busactori, oder/ wie Tacitus, Bracteri, Chamavi, Angarii, Dulgumnii, Angili, Chauci, Cherusci vnd Cayci.

Herren.

Als Keyser Barbarossa Henricum den Löwen/ Hertzogen zu Sachsen vnd Beyern in die Acht erkläret/ so der letzte Herr vber gantz Sachsen vnnd Westphalen von der Elbe biß zum Rhein gewesen/ hat Philippus Ertzbischoff zu Cölln ein grosses theil von Westphalen dem Löwen ab: vnd eingenommen/ vnd den Titel des Hertzogs zu Engern vnd Westphalen von dem Keyser bekommen. Bernhardus von Anhalt/ Alberti des Beers Sohn/ hat das Ober-Sachsen bey Wittenberg/ da jetzo das Churfürstenthumb ist/ besessen/ welches (Bernardi) Enckel/ 45 Jahr hernach/ auch den Titel eines Hertzogs zu Sachsen dem Ottoni, so noch ein Knabe/ vnd des Löwen Enckel/ vnnd im Krieg wieder die Dennemärcker von denen Lübeckern vnd deren anhang gefangen war/ abgezwungen hat; welches Alberti Vättern/ die Hertzoge von Sachsen-Lawenburg/ heutiges Tags den alten Titel der Hertzogen zu Sachsen/ Engern vnd Westphalen führen: Dessen theil/ so gegen Abend zwischen der Lippe vnd Rhein ligt/ nemlich die weitlaufftige Graffschafft Marck/ in welcher die Stadt vnd Herrschafft Tremonia zugleich beschlossen ist/ vnd das Hertzogthumb Berg; vnd disseyt des Flusses Lippe vnnd Ems Vrsprung die Graffschafft Ravensburg/ Limburg vnnd Vlote/ der Hertzog von Gülich; viel hin vnd wider der Ertzbischoff zu Cölln; ein theil der Bischoff zu Paderborn/ vnd Grafen zu Waldeck erblichen besitzen. Das vbrige Westphalen/

51
20
40
52
BRABANTIÆ PARS
Maestricht
Wyck
Valkenburg
Limborg
Hoorn
Weerdt
Nieumegen
Arnhem
Gennep
Venlo
mosa flu
GELDR
Kleve
Goch
Zevenaer
Sherenberg
Emmerick
Doesborg
Deventer
Zutphen
ZVTPHEN
Lochem
Ducat
Gulick
IVLIÆ
DVCATVS
Dalen
Dulken
Kempen
Bruggen
Stralen
Gelre
Kalcar
Rees
Anholt
Iselburg
Santen
Lychtenfoort
Borkeloh
Ringelbor
Diepenhem
Rysen
Murs
Orsoy
Wesel
Burick
Bockholt
COMIT
CLIVIA
Dynxlaken
Kerpen
Nuys
Dusseldorp
Kaiserswerd
Duysborg
Ketwyck
Essen
Borcken
Gemen
Stadlon
Vreeden
Ottensen
Ahus
Enschede
Oldenzel
Bentheim
Twente
Vest
Dorsten
Reck
Boer
MONASTE
AAHVS
Lechnich
STIFT
Broel
Bonn
Rhyn fl
Mulheim
Monheim
BERGHE
Sollingen
Werden
Hardenberg
Hattingen
Blanckenstein
Elverveld
Lennep
Bensburg
Siburg
Blanckenburg
DVCATVS
Wormskirchen
Gevelsberg
Bienborg
Newenborg
Grimberge
linckhusen
Recklinchusen
Hornborg
Halteren
Dulmen
Koesfelt
Horstmar
Schoppink
Steinforde
Rhene
Bevergern
Hombeg
Windeck
Dortmund
Hordese
Lunen
Werne
Sigburg
MARCK
Limburg
Unna
Hamm
COM.
EPISCO
Munster
Amasius fluvius
Drenstenwort
Wolbeck
WOLBECK
Telligt
Tecklenburg
Nustadt
Lunschut
Werdohle
Balve
Plettenberg
Freudenberg
Drolshagen
Olepe
Attendorn
Sigen
Bilstein
Arensberg
Neim
Werle
Hullinck
Soest
Hovestadt
STROM
Stromberg
Warendorp
SASSENBERG
Vinnenberg
Iborg
Osenbrugge
Sassenberg
Oldendorp
Sunderen
Frienohl
Grevenstein
WESTPHALIA
Nizhus
Loen
RHEDA
Rheda
Widenbrugge
BERG
LIPPE
Lippe
COM
Reckenberg
Rietberg
Ravensperg
EPISCOPA
Melle
Dillenborg
Smalenberg
Fredeborg
Meschede
Herstberg
Berentrup
Kaldehart
Beelick
Ruden
Geseke
Soltkott
Erwete
DVCATVS
Bilevelt
Engheren
Bunde
Lymburg
Lubbeke
Herworden
Renneberg
Stift
Minden
Wittgenstein
Holtzfelt
Winterberg
Dernbach
Battenberg
Sassenberg
Brilon
Buren
Wevelsborg
STIFT
Nienhus
Lemgo
Marpurg
Franckeberg
Korbach
Stadtberg
WALDECK
Waldeck
NuWaldeck
Landaw
Roden
Paderborn
Lippsprinck
PADERBORN
Dietmelle
Horn
Lemgow
Petershagen
Omenburg
Gemund
Homberg
Neustat
Dreis
Zigerhaim
Freyenhain
COM.
Munberg
Wulfhage
Warborg
Dringenborg
Driborg
Niem
Steinheim
Blomperg
Barndorpe
Bargen
Alsfelt
Loshausen
Fritzlar
Desenberg
Elsingen
Peckelsheim
Borcholte
Brakel
Vorden
Pyrmont
Renteln
Schauwenberg com
Borrentrik
Lievenow
Blanckenow
Corvei
Hoxer
Beverungen
Lude
Oldendorp
com.
Schauweberg
Zwartzenborn
Lauterbach
Grebenaw
Saxen
Nider Aula
Herschfelt
HASSIA
Sasburg
Grebenstein
Geismar
Kassel
Munden
Wesser flu
Forstenborg
Tonenborg
S. Poal
Holtzminden
Bodenwerde
Hamelen
Spiegelberg
Munrede
Hannov
Schlicz
Queck
Breitenbach
Rottenbarck
Spangenborg
Kaffingen
Lichtenau
Friedelandt
DVCATVS
BRA
Alfelde
Gronow
Meridies
Ori

CIRCVLVS
WESTPHALICVS,
Sive
GERMANIÆ INFERIORIS.
Milliaria Germanica comunia.
GERMANICUM
MARE
De
Noordt Zee.
Septentrio
FRISIÆ PARS
TRANSISALANA.
Drente
GRONINGA.
EMDEN COM.
OLDENBORG COMITATVS.
CLOPPENBORG.
BREMENSIS EPISCOPATVS PARS.
COM. DIEPHOLT
COMITATVS HOYA.
Ferdensis Episcopatus pars
LVNEBVRG DVCAT. PARS.
Zuyder Zee
Ameland
Schiermonnikooge
De Lauwers
Bosch
Rottum
Borchum
Wester Eems
Ooster Eems
Amasus fluvius
Juyst
Buyssen
Norderny
Wichtery
Baltrum
De Akomy
Langeroogе
Spykeroogе
Wangeroogе
Mellum
Ostium Visurgis fluvii
Den Dollert
Emden
Norden
Aurick
Esens
Leer
Witmundt
Iever
De Iade
Oldenborg
Koevoerden
Meppel
Steenwyck
Groningen
Dockum
Dam
Bourtange fort
Rheyde
Dile Schans
Meppen
Hummelinck
Friesoite
Kloppenburg
Vechte
Wildeshusen
Delmenhorst
Stotel
Bremen
Frudenberg
Nortwolde
Whye
Hoye
Ferden
Nyenburg
Neustat
Harborg
Hamborg
Dummer Zee
Die Cphole
Quakenbrugge
Oldebroekhusen
Tedinchusen
Weser flu
Hunte flu

so gegen Auffgang/ von dem Vfer der Lippe fast biß an die Weser (so bey Bremen vorüber fleust) meisten theil hält der Bischoff zu Münster; vnd ein theil der von Osnabrück vnd Minden. Das vbrige haben die Grafen von der Lippe/ Bentheim/ Tecklenburg/ Ridberg/ Pirmundt/ Diepholt/ Hoye/ Oldenborch/ Delmenhorst in jhren Herrschafften vnnd Gewalt/ welche Grafen schier alle von Carolo dem Grossen denen Bischoffen im anfang zugegeben/ vnd Richterstelle/ welches auch das Teutsche Wort Greven anzeigt/ vertreten.

Des Westphalischen Bodens fruchtbarkeit vnd güte ist an vielen orthen sehr groß: Vnd ob wol in diesem theil oder strich/ da die Kauffleuth offt durchreysen/ das Landt zimblich wüst/ öde vnnd vnerbawet/ so hat es doch an der Weser vnd vmb Susate/ Herfort/ Paderborn/ Warburg/ Höxar/ vnd anderswo hin vnd wider allen vberfluß an fruchtbaren äckern/ vnnd schier allenthalben schöner Viehewende vnnd Eychelwäldern. Weiter hat es gegen dem Rhein vnd Hessischen Gebürge Eysen/ Kupffer/ Bley- vnd andere Metall; bey Korbach auch zimbliche reiche Goldadern vnd Bergwerck gehabt. Vnd daß dieses Landt gut/ vnd darinnen aller sachen/ so zur Menschlichen auffenthaltung gehörig/ fülle vnd menge sey/ bezeugen viel grosse vnnd Volckreiche Dörffer/ Märcke vnd Städte/ als Münster/ Osnabrück/ Susat/ Minden/ Tremen/ Herford/ Paderborn/ Lippe/ Lemgoy/ Wesel/ vnd andere mehr/ welche alle beydes an ordentlichem vnd Zierlichem Baw der Häuser/ so wol auch an der Bürger menge vnnd freundlichkeit/ wenig Städten in Teutschlandt etwas bevor- vnd nachgeben; dann auch das Gelobte Landt selbsten/ so Gott ein Landt/ da Milch vnd Honig innen fleust/ nennet/ nicht an allen orthen vber vnd vber gleichtragend vnd fruchtbar ist: Ja Galilæa vnd Peroa seind an Wein/ Oel Balsam/ Getreyd/ Früchten/ vnd derogleichen Erdengewächse viel reicher gewesen/ als Iudæa, besonders in dem theil gegen dem Arabischen Gebürge/ da das Volck Gerstenbrodt zu essen/ vnd Wasser zu trincken pflegte. Ist derowegen dem Westphalen auch nicht vor vbel zu halten/ daß es/ weil es ein groß vnnd weites Landt ist/ an etlichen orthen lustig vnd fruchtbar/ an etlichen aber schier vnerbawet vnd öde ist.

Dieses Volcks lob vnd art.

Die Westphaler/ so Liebhaber der beständigkeit vnd ehrbarkeit/ wie sie im anfange schwerlich von jhrer vhralten Religion abgeleitet/ vnd zu Christi erkäntnuß haben mögen gebracht vnd bekehret werden; Also haben sie hernacher die einmahl Christo versprochene Trew/ vnd new angenommene Glaubensbekäntnuß nicht allein standthafftiglich gehalten/ sondern auch weit in das andere Sachsen/ Dennemarck/ Schweden/ Wenden/ vnd andere Landen fortgepflantzet. Vnd daß der Westphalische Adel sich am allerbesten gehalten habe in demselben Kriege/ in welchem Ioannes von Mechlenburg/ so wegen seiner grossen Gottesforcht/ vnd hohen Wissenschafft in der H. Schrifft Theologus mit dem Zunamen genennet worden/ das mächtige vnd weitläufftige Lifflandt/ sampt allen Inwohnern zum Christlichen Glauben gebracht/ ist darauß klar zu ersehen/ daß noch vor wenig Jahren das grösseste theil in Lifflandt dem Westphalischen Adel vnterworffen gewesen ist. Daß auch die Westphaler eine Natürliche vnnd angebohrne neigung zur Zucht vnnd Ehrbarkeit/ Tugend/ studieren/ vnd andern freyen vnd ehrlichen Künsten haben/ vnd geschickt darzu seynd/ bezeugen so viel dapffere vnnd gelehrte Männer in Geist- vnd Weltlichen Standt/ welche das Landt schier vnzählich in die gantze Christenheit hin vnd wider außgeschicket hat.

Gerichte vnd Recht.

Als Keyser Carolus der Grosse sahe/ daß die Westphaler lust zur freyheit hetten/ vnnd das Joch des Reichs schwerlich ertragen konten/ vnd nach nichts anders trachteten/ als daß sie deren Bischoffe vnnd Römischer Könige Joch von sich wegwerffen/ vñ jhre alte freyheit widerumb annehmen möchten/ hat er etliche ehrbare/ weise vnd geschickte Männer heimlich außerlesen/ vnd sie mit solcher gewalt versehen/ daß sie alle die jenigen/ so sie vermeinten/ oder auch wusten begierig vnnd anfänger zu sein eines auffstandes wider die Obrigkeit/ ohne weitere verantwortung alsbald zur Straffe ziehen konten: Welche Gewalt vnd Gerichte/ ob wol sie zu vnterdruckung deren auffrührischen Leuthe begõnen auß hochweisem bedencken vnnd rahtschlagung angesehen waren/ vnd doch viel vnrechts mit vnterlieff/ schon vor längst in Westphalen auffgehoben seynd. Vnd ob wol gedachter Gerichtsschöffen in etlichẽ/ jedoch gar wenig Städten noch biß dato verblieben seynd/ so pflegen doch solche Gerichte nicht mehr heimblich/ sondern alle offentlich/ mit vorhergehender ordentlicher vnd Gerichtlicher ladung/ anklage/ vnd des beklagten entschuldigung abgehandelt vnd geurtheilet zu werden. Es hält auch der Stadt Magistrat vberal Bürgerliche vnnd peinliche oder Halßgerichte/ vnnd dörffen die Schöffen vber keinen das Blutgerichte halten/ es geschehe dann mit ordentlichem vnd Gerichtlichem Proceß; daß also die form des gemeinen Regiments ehrbar/ vnd in Städten die Gerichte denen auffgerichteten Gesetzen vnd Gerechtigkeit gemäß/ nicht weniger/ als im anderen Teutschlandt/ bestelt seynd.

Münster.

MVNSTER so von dem Pteutingero vnd anderen Mediolanum genennet/ist ein gar feste grosse/ vnd Heuptstadt des Lands Westphalen/ welchs mit des Sächsischen Lands grentzen herrlich vmbgebē wirt. Wiewol diese Stadt von den Widerteuffern verdorben/die mawren zerrissen/ die Thürn durch das mächtige schiessen zerruttelt/ auch in den kirchen nichts gantz vnd vnzerbrochen gelassen war:ist doch dieselbe also widerūb erbawet/das sie ietzt die schöneste vnd starckste vnter allen andern Westphälischen Städten geachtet wirt/ernehret sich mit verscheidenen kauffmans gewerb vnd Handwercken/ hat vmb sich vil lüstiger Felder. Vor LX. Jaren haben alhie gute künsten vñ die Lateinische sprach den vorzug gehabt. Es wirt auch hie gut Bier gemacht/welchs sie Keute nennen/ ist dem Hamburger bier gar gleich. Müster hat fünff namhafftiche Collegia. Diser stat lob hat der gelehrter Murmellius vor XL. Jaren mit Versen beschribē. Diß schreibt Hammelman in beschreibung von den Westphälischen städten. Das Bischtumb hat seinē namen von der stadt/da von Munsterus in seiner Cosmography auff solche weiß schreibt. Der groß Keyser Karl hat die dritt Bischoffliche kirch auffgericht in Westphalen zu Mynimgrod/da in nachkommend zeiten ein herrlich vnd klösterlich Münster wart auffgericht/vnd auch von demselbigen Kloster bald hernach die Bischffliche stadt Münster wardt genant. Es ordiniert gemelter Keyser Karl zū ersten Bischoff Ludgerū ein Frißlender/des broder Hildegrinus Bischoff was zu Halberstadt. Nach jhm kam Bischoff Herman/der weyet das kloster vnd die Kirch vber dem wasser/ in der ehr der Jungfrawen Marie. Es nam diß Closter so trefflich zu vnd wart so hoch verrhümbt/ das des alten orts nā vergessen wardt/vnd des Münsters nam/der stadt vnd Bischtumb blieb biß auff den heutigen tag.

Ossenbrück.

OSSenbrück ein herrliche Stadt des Sachsischen Lands/ist von den Grauen zu Engern/ wie Hermannus schreibt/ auffgericht. Andere wollen sie soll von dem K. Julio erst angefangen sein/wie die Sächsiche History bücher angeben. Keyser Carl hat alhie ein kirch zu ehren S. Peters/Crispini vnd Crispiniani auffgericht/soll jrē namen von einer Ochsen haut/ damit die stadt vmbzogen gewesen/bekommen haben. Diß schreibt Franſciſcus Irenicus. Hat zwey Canonich Collegien/treibt grossen handel vnd nutz mit greyßgrawem/vnd auch leinen tuch/ist inwendig kurtzen Jaren gestärcket/ligt in eim lüstigen thall/ vnd hat das fliessend wasser Hasam. Alhie macht man gut bier/welches sie Büse nennen. Der grosse Keyser Carl nach dem er drey vnd dreyssig jar lang die Sachsischen mit kriegen vnderworffen/auch das schloß Windikind/so nahe bey der stadt gelegen/erobert/vñ dasselbige mit kriegsvolck besetzt/hat er in Sachsen zehen Bischtumben angestifftet/vnd vber die alle das Ossenburgische das haupt verordnet. Dann er dise stadt besonder geliebt/auch derselbigen Priuilegien gegeben/ ein Shul darin man Griechisch vnnd Latein lehrnten/auff zu richten. Diß schreibt Münsterus/ Hammelman/ vnd die Straßburger Chronick.

Wesel.

NIder Wesel ein Cleuische stadt/ist Reichthumb/wirde/Gebew vnd kauffmans gewerb halben gar herrlich/ an deren mawrn fleust die Lüpp in den Rhein: nit weit hie von dan ab ist Teutoburgum so jetz Duisburg/gelegen: ein grosse vñ gar alte stadt/auch ist hie bey das stedtlein Dinckschlagen/welchs der weitberhümbter Arnoldus VVesalienſis Martis lacum nennet. Nach dem bey den Teuschen Martis dies, dinstag/vnd Litigare dingen ist/welches von dem Gyraldo vnd andern dem Marti eigentlich wirt zugeschriben/ das aber die Teuschen Martem für jren Gott geehret haben/ bezeugen Tacitus vnd Plinius. Aber nun weiters von Wesel. Dieselbe bekombt grosse nützlichkeit von dem beyfliessenden Rhein/welcher offt seinen gewönlichen lauff verändert/vnd gegen Occident da er auch ins Meer feldt/vō der stadt abweicht. Es ist auch zu Wesel ein mercklich gedenckzeichen der barmhertzigkeit/von des Ehrenfesten vñ Hochgelehrten Herren D. Heinrichs Olichschlägers genant Bars Cleuischen Cantzler/rc. ältern auffgericht. Als nemlich ein Hopsital da alte Männer mit notürfftiger vnderhaltung versehn werden/dessen järliche renten der obgemelter Herr auß angeborner vätterlicher miltigkeit gemehret hat.

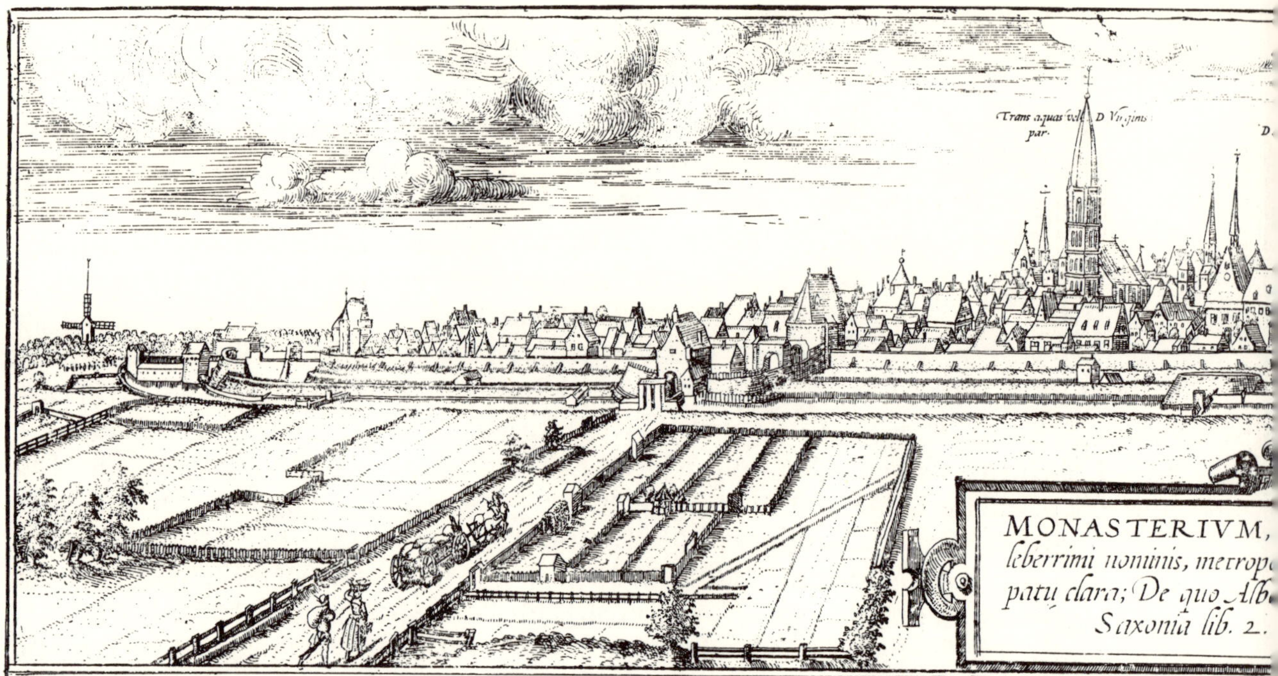
MONASTERIVM,
leberrimi nominis, metrop
patu clara; De quo Alb
Saxonia lib. 2.

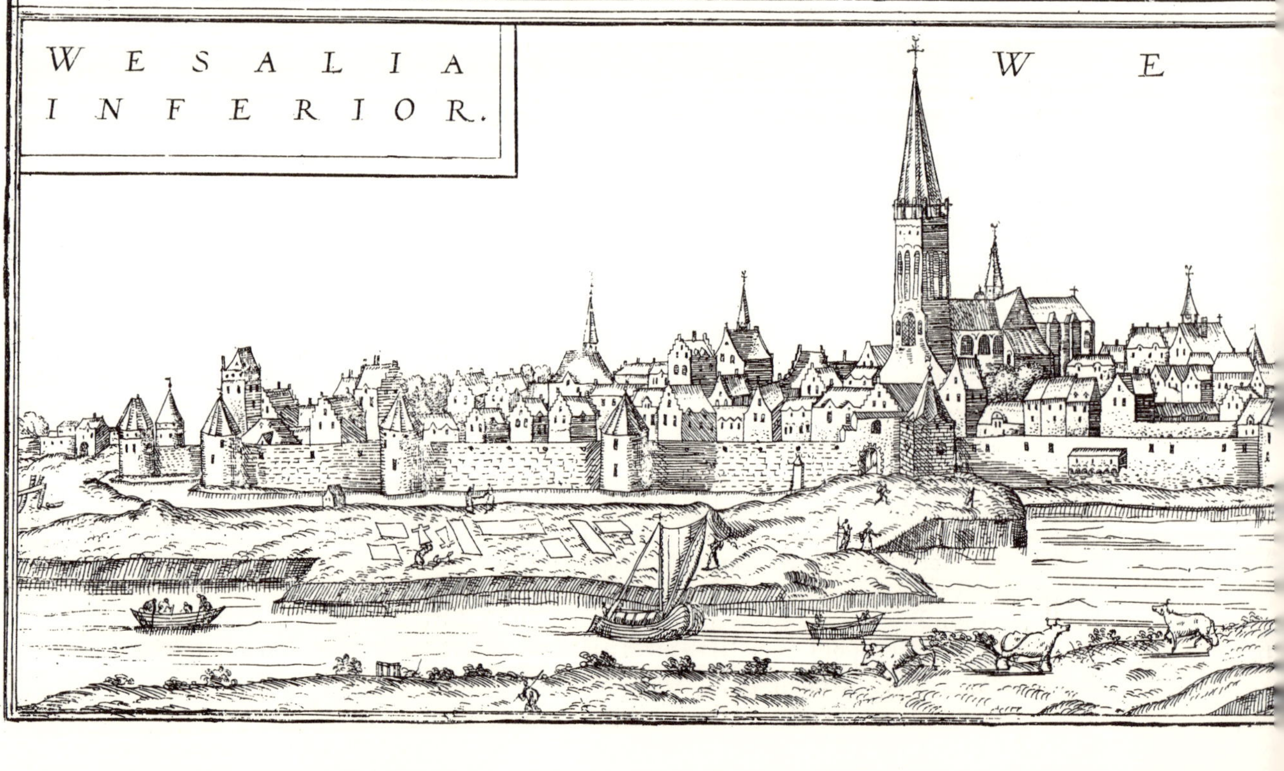
WESALIA
INFERIOR.
WE

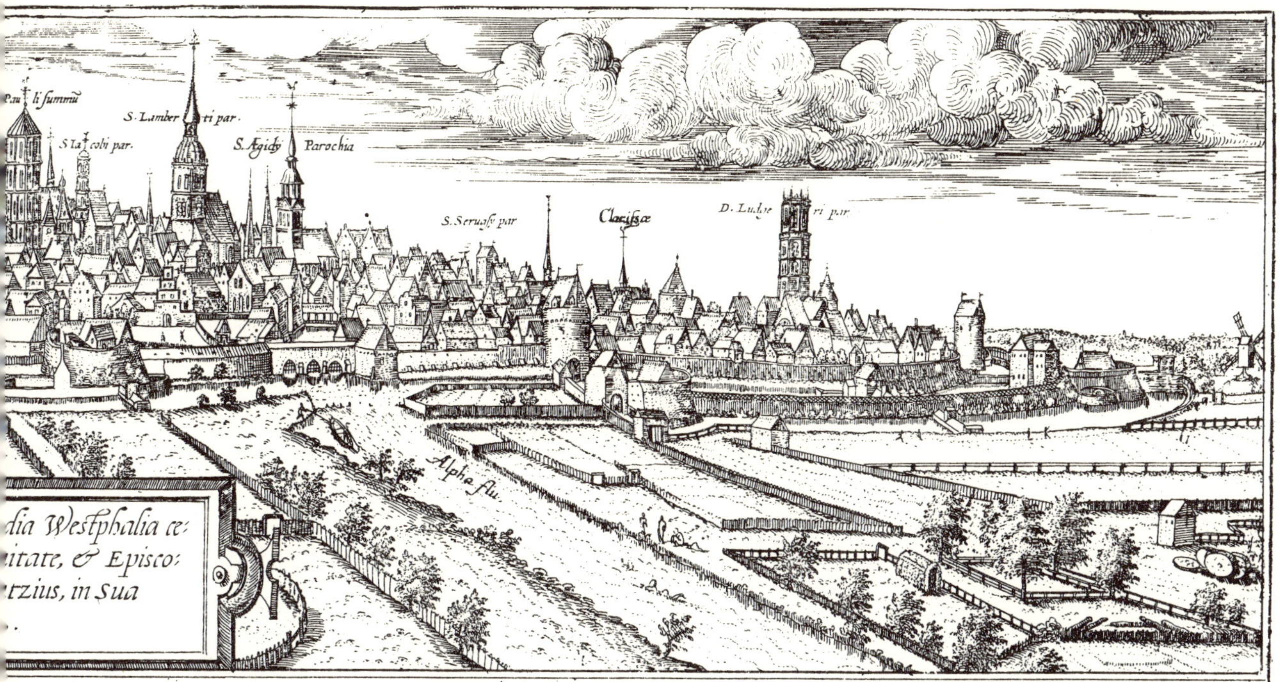
Pau li summu
S. Lamber ti par.
S. Ia cobi par.
S. Ægidy Parochia
S. Seruasy par
Clarissæ
D. Ludge ri par
Alpha flu.
dia Westphalia ce:
itate, & Episco:
tzius, in Sua

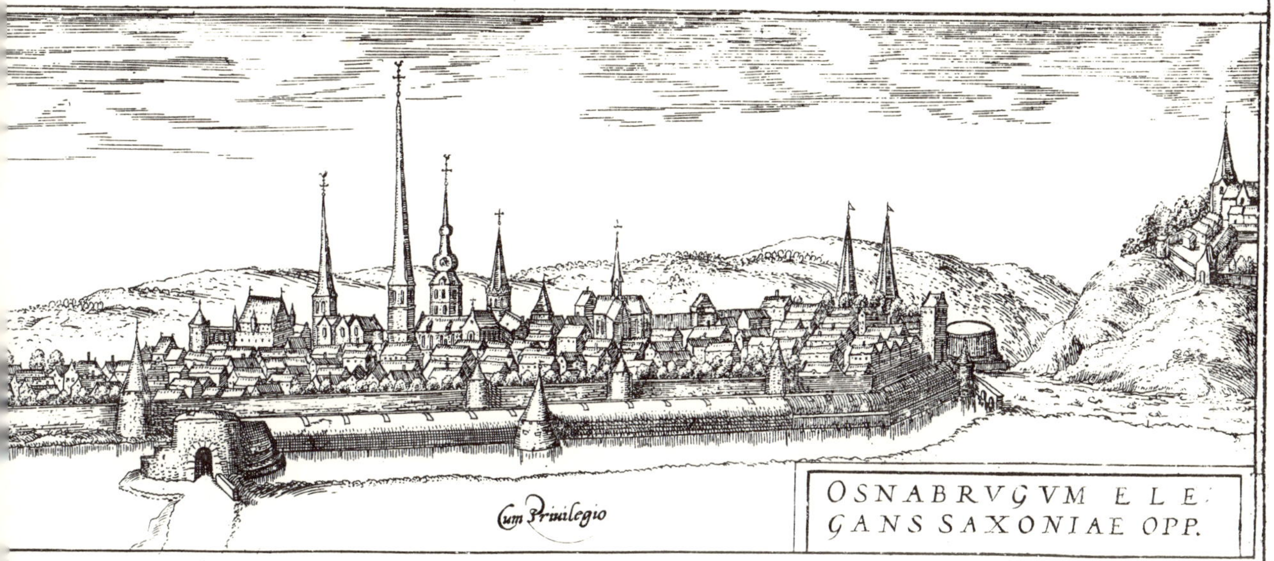
Cum Priuilegio
OSNABRVGVM ELE:
GANS SAXONIAE OPP.

E L.

Das Hertzogthumb Westphalen.

Westphalen. Das Landt Westphalen wird/ wie wir in der general-Beschreibung des Westphalischen Kreyses gemeldet haben/ unter andern vor das rechte und special Hertzogthumb/ davon man alhier handelt/ genommen/ und dessen topographi oder außtheilung der örther in der Landtaffel zu sehen ist.

Grentzen. Gegen Auffgang hat es die Graffschafft Waldeck/ von Mittag das Hessische Gebürge; gegen Nidergang das Märckische Landt/ von Mitternacht die Bischthumber Münster und Paderborn. Vor zeiten ist es dem Witikindo König in Sachsen/ und seinen Nachkommen lange zeit underthänig gewesen. Was aber nach Caroli Magni hintrit vor ein Zustandt in Westphalen gewesen/ wer dieses theils höchste Obrigkeit gehabt/ und ob es gantz und gar den Bäpsten zugehört/ ist in den Chronicken nicht zu finden.

Herren. In Ost-sachsen zwar waren Weltliche Herren/ so das höchste Regiment führten: und erstlich waren es gar Könige auß des Caroli Magni Geschlecht/ unter welchen dannoch die Hertzoge von Sachsen/ so auß des Witikindi Stamm entsprossen/ sich algemach ie mehr und mehr hervor gethan/ und diß biß auff Henricum I Römischen König/ von deme drey Ottones nach einander/ darnach auch die Marckgrafen von Sachsen/ Henrici Hertzogs in Beyern/ des erstẽ Ottonis Bruders Kinder/ herkommẽ. Was aber Westphalen/ so sonsten West-Sachsen genant wird/ vor Weltliche Fürsten gehabt/ die zur selbigen zeit zugleich mit den Bischoffen das Regiment administrirt/ davon ist in den Historien nichts auffgezeichnet. Jedoch lieset man/ daß in folgenden Jahren Hertzog Henricus Leo/ oder der Löwe genant/ und vor jhm sein Großvatter Luderus Hertzog in Sachsen/ nachmahls Römischer Keyser/ das Land Westphalen ingehabt und besessen. Dann als gedachtes Landt oberwehntem Henrico auß befehl unnd urtheil Keysers Friderici I abgenommẽ worden/ ist diß Hertzogthumb Westphalẽ dẽ Ertzbischoff von Cölln heimgefallen; dessen sich aber die Hertzoge in Nider-Sachsen/ so auß der Grafen von Anhalt Geschlecht/ in jhrem Titul noch biß dato rühmẽ.

Diß Hertzogthumb begreifft heutiges Tags die Graffschafft Arensberg/ und das ubrige theil von dem Hertzogthumb Angern/ dessen Gräntzen schwerlich zu beschreiben seynd/ sintemahl von demselbigẽ nichts mehr dan das eintzige Dorff Engern in der Graffschafft Ravensberg ubrig/ wo man noch des Witikindi Grab im Chor sichet/ dessen Gebeine aber/ wie man sagt/ sampt aller Königlichen zierde schon vor längst nach Erffurt gebracht und beygesetzet worden. Auff dem Grabe stehen diese nachfolgende Verß:

Ossa vivi fortis, cujus sors nescia mortis,
Iste locus claudit; euge bone spiritus, audit.
Omnes mundantur, hunc Regem qui venerantur.
Ægros hic morbis cœli Rex sanat & orbis.

Wañ aber und zu welcher zeit die Graffschafft Arensberg an das Bischthumb Cölln kommen/ seind die Historici nicht einig. Crantzius im 6 Buch von der Hauptstadt schreibet/ daß/ als auß viel und wichtigen ursachen im Jahr 1164 die Bischöffe zu Cölln/ Paderborn und Münster dẽ Grafen Henricum daselbst belägert hatten/ und gemelter Henricus, sonsten Hertzog zu Sachsen/ und Leo oder Löwe genant/ auß dem Schloß verstossen worden/ war er auff solche condition widerumb zu gnaden kommen/ daß er dem Cöllnischen Stifft nach seinem todt die Graffschafft Testamentsweise hinterlassen solte. Und von derselbigen zeit an vermeinet Crantzius daß die Ertzbischöffe zu Cölln diese uhralte und Adeliche Herrschafft besessen haben. Das Cöllnische Chronicum aber meldet/ daß Godefredus der letzte Graff zu Arensberg unter dem Titul donationis inter vivos diese Graffschafft sampt den Schlössern/ Festungen/ Herrschafften/ Dienst: und Lehenleuthẽ/ ja mit allem dem/ (also lauten die Wort des contracts:) so zu der Graffschafft gehörig ist/ dem Stifft zu Cölln uberlassen. Arnsberg/ an der Ruhr gelegen/ hat zugleich ein Bergschloß/ und ist der Bischöffe zu Cölln Lusthauß/ sintemahl es schöne Gejägde/ wie auch grosse Fischereyen von wegẽ des Flusses Ruhr da herumb gibt. Arnsberg.

Auch hat diese Graffschafft noch etliche andere Städtlein/ als; Hovestadt an der Lippe/ Geseke/ Ervete/ Aenruchte/ Molheim an dem Mon/ Nienhuß an gedachtem Fluß/ Neim/ Hullinckhovẽ/ Olinckhusen/ Herstberg/ Brilon/ Meschede an der Ruhr/ Sundern/ Oldendolp/ Fredeborg/ Medebach/ etc. Kleine Städlein. Uber diß befinden sich etliche vornehme örther/ als; Wedinckhusen/ und andere/ so alte Gebäwe/ und des Witikindi Schlösser und Wohnungen gewesen. Nicht fern von Brilon/ nahe bey Broeckhusen entspringt ein schön und klarer Brunn zu oberst auff einem Steinfelsen. Gegen Nidergang bey dem Städtlein Balve ist eine grosse Höle/ dessen Außgang oder Ende man nicht weiß.

Soest. An den Gräntzen ligt Soest/ so zu der Generalbeschreibung des Westphalischen Kreyses gehöret/ und ist nach Münster die reichste/ ja grössfeste Stadt/ unnd in zehen Parochien oder Pfarren vertheilet. Man sagt/ daß sie erstlich nur ein Schloß oder Ampt gewesen/ in kurtzer zeit aber zu einer so grossen Stadt worden/ und dannenher den Namen bekommen/ alldieweil man von wegen der guten gelegenheit dieses orths noch andere Gebäw und Häuser diesem Schloß zugesetzt/ und also des täglichen zunehmens halben Sula-

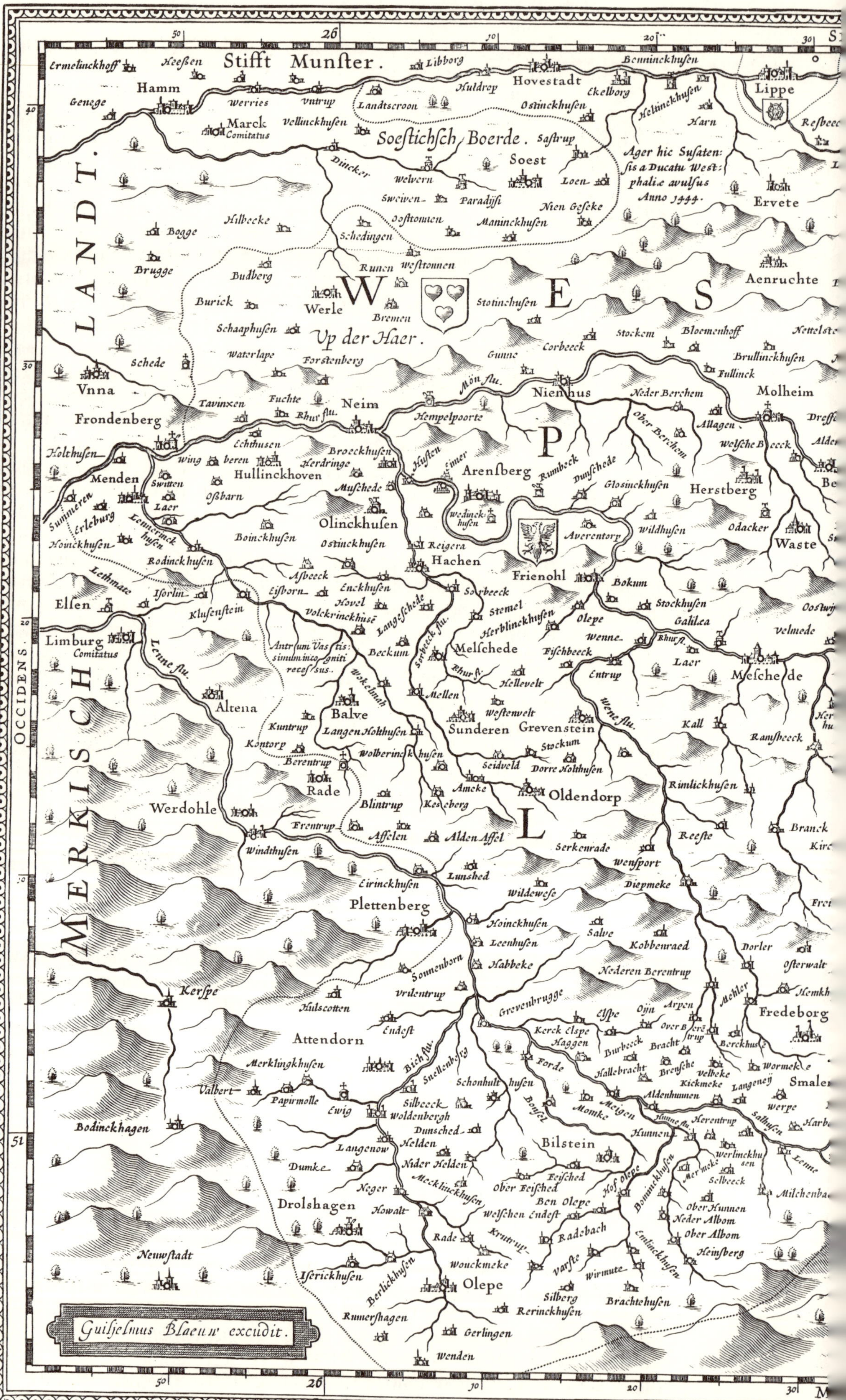

Stifft Munster.
Hamm
Marck
Comitatus
Soestichsch Boerde.
Soest
Hovestadt
Lippe
Ager hic Susatensis a Ducatu Westphaliæ avulsus Anno 1444.
Ervete
W
E
S
P
L
Up der Haer.
Werle
Aenruchte
LANDT.
MERKISCH
OCCIDENS.
Vnna
Frondenberg
Neim
Menden
Hullinckhoven
Arensberg
Nienhus
Molheim
Herstberg
Olinckhusen
Hachen
Frienohl
Waste
Elsen
Limburg
Comitatus
Melschede
Mesche de
Altena
Balve
Sunderen
Grevenstein
Rade
Oldendorp
Werdohle
Plettenberg
Kerspe
Attendorn
Fredeborg
Bilstein
Drolshagen
Neuwstadt
Olepe
Guiljelmus Blaeuw excudit.

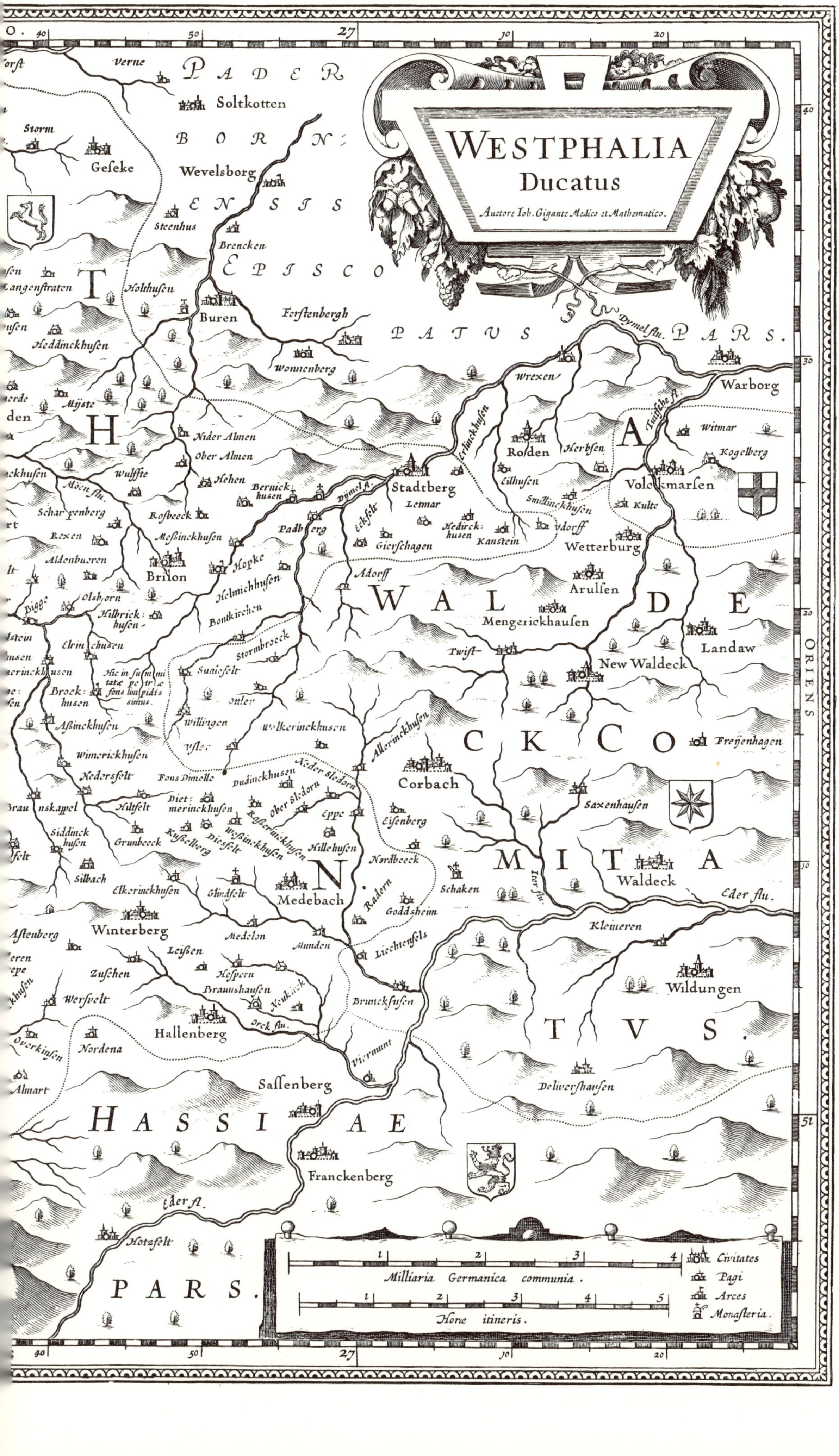
WESTPHALIA
Ducatus
Auctore Ioh. Gigante Medico et Mathematico.
PADERBORNENSIS EPISCOPATUS PARS.
THAN
WALDECK COMITATUS.
HASSIAE PARS.
Soltkotten
Geseke
Wevelsborg
Steenhus
Brencken
Buren
Forstenbergh
Wonnenberg
Warborg
Witmar
Kogelberg
Volckmarsen
Kulte
Wrexen
Rosden
Herbsen
Stadtberg
Letmar
Padberg
Giershagen
Kanstein
Wetterburg
Arulsen
Mengerickhausen
Landaw
New Waldeck
Twist
Brilon
Nider Almen
Ober Almen
Rosbeeck
Heddinckhusen
Corbach
Eisenberg
Saxenhausen
Freyenhagen
Waldeck
Eder flu.
Kleineren
Wildungen
Medebach
Winterberg
Hallenberg
Sassenberg
Franckenberg
Hotzfelt
Nordena
Deliversshausen
Dymel flu.
Orck flu.
Eder fl.
Milliaria Germanica communia.
Horæ itineris.
Civitates
Pagi
Arces
Monasteria
ORIENS
40
50
27
10
20
30
51

tum, als wolte man sagen ein Zusatz/ genennet worden. Lasset vns aber hören/ wie das Socstische Gebiet võ dem Hertzogthumb Westphalen kommen. Hier von schreibt Crantzius also: Nach dem Keyser Fredericus I Henricum Leonem Hertzog zu Sachsen von Landt vnd Leutẽ vertrieben/ vnd aller Lehensherꝛligkeiten beraubet hatte; In dessen aber Philippus Ertzbischoff zu Cölln die gute gelegenheit warnehmende/ von dem Landt Westphalen/ so dem Hertzog Henrico bevorhin zugehöret hatte / ein stuck nach dem andern/ ja wie viel er jmmer konte/ abzwackte / vnd sich endlich des Tituls vber das Hertzogthumb Westphalen/ welchen die Ertzbischöffe zu Cölln biß auff heutigen Tag führen/ anmassete; Ist alßdann Susatum oder Soest neben andern vnter die Cöllnische Kirch kommen/ darunter auch zwey hundert vnd achtzig gantzer Jahr / vnd biß auff das Jahr ein tausend vier hundert vnd vier vnd viertzig verblieben. Da aber zu gemelter zeit der Ertzbischoff sie in jhren alten Freyheiten molestiren wolte/ seind sie von jhm abgewichen/ vnd zu Adolpho Hertzogen zu Cleve/ mit condition, daß sie bey jhren alten immunitäten solten erhalten werden/ gefallẽ. Worauff der Ertzbischoff viel Brieff hin vnd wider abgefertiget; an den Hertzog zwar / daß er sich frembder Herꝛschafft nicht vnterfangen wolle: An die Stadt aber / daß sie sich zu jhrem Hertz widerumb wenden/ vnd den Ertzbischoff zu Cölln vor jhren Herꝛn in Geist: vnd Weltlichen sachẽ erkennen solte. Als aber weder auff diese / noch andere wege drey gantzer Jahr lang etwas außgerichtet werden können / hat man endlich auff beyden theilen zu den Waffen gegriffen.

Ioannes von Cleve/ Adolphi Sohn / zeucht mit einer starcken Besatzung in die Stadt / dieselbige zu defendiren, vnd läst sich darin belägern. Theodoricus aber/ als Ertzbischoff / sambler sein Volck zusammen / vnd stellet sich / die Stadt anzugreiffen/ in ordnung. Auch war ermeltem Ertzbischoff Wilhelmus Landtgraff zu Thüringen vnd Hertzog zu Sachsen zu hülffe kommen / welcher vnter seinem Heer auch 2500 Böhmen führte / ein Volck so bey dem Krieg aufferzogen / vnd wider seine Feinde ärger als keine andere Nation wütet vnd tobet. Hierauff hat der Ertzbischoff die Stadt Soest mit viel tausend gewapneten belägert/ dieselbige auch einen gantzen Monat lang beschossen / vnd das Geschütz fast ohne auffhören davor gebraucht. Da sich aber die Bürger dardurch nicht wolten abschrecken lassen / hat er eine grosse menge Sturmleytern herzu führẽ lassen/ vnd die Mawren an viel orthen zugleich anzufallen vnd zu ersteigen beschlossen. Auch waren die Leytern so groß vnd starck / daß auff einer jeglichen drey oder vier Personen stehen / vnd auffsteigen konten. Die Bürger wehreten sich gegen diesem Anlauff mit Steinen vnd Balcken. Das allerbest vnd stärckste mittel aber / dardurch sie sich beschützeten / war dieses: Sie setzten vnterschiedliche Kessel auff die Mawren legten Fewer darunter/ vnd mischten Brey in das siedende Wasser: Diesen heissen Brey nun schütteten sie in weiten Geschirꝛen vber die Kriegsleuth: Solche gewalt vbertraff alles Geschütz: Die Soldaten ersticken vor lauter Hitz in jhren Waffen/ welches dann eine Marter vber alle Marter war. Wie sie nun auff solche weise die Mawren vor dem Feinde erhalten / seind die jenigen / so auß jhrer schuldigen Pflicht in dem ersten Sturm gewesen / in grosser anzahl vmbkommen; dann es haben die Böhmen den ingebohrnen Landtsassen gar gern die Ehre gegönnet/ daß sie jhnen vorgezogen worden/ am allererstẽ angesetzet/ vnd sich in die Gefahr gegeben. Da aber endlich der Ertzbischoff so grossen schaden erlitten / hat er die Belägerung auffgehaben. Vnd von derselbigen zeit an ist Soest allzeit vnter des Hertzogs von Cleve Gebiet vnd gehorsam verblieben. Biß hieher Crantzius.

Es ist fast das gantze Landt Bergachtig/ ausser gegen der Lippe/ in welcher Gegend eine absonderlich lustige vnd fruchtbare Ebene anzutreffen. Alles was man zu nothwendiger vnterhaltung bedarff/ ist allhier/ ob wol nicht an allen orthen / in grosser menge zu finden: Das Getreyde auff dem ebenen Feldt; Wiesen vnd Viehewey de in den Thälern; Holtz vnd Wildt auff den hohen Bergen erzeigt sich in vnaußsprechlichem vberfluß: Die Lufft ist rauh vnd kalt/ aber doch gesundt. Landes art.

Vber diß seind die Flüsse vnd Brunnen in diesem Lande gar schwerlich zu zehlen/ welche dann die reysende Leuth mit jhrem lieblichen Geräusch vber die massen erquicken / deren vornemster Fluß die Ruhr genennet wird/ so die andern fast alle mit einander zu sich reist/ vnd nicht fern von Duysburg in den Rhein führt. Die andern seind: die Lenne / Mon/ Ruhr/ Alme/ so in die Lippe fält / vnd Dymel / so sich mit der Weser vermischet / vnd mehr andere/ welche sämptlich guter vnd wolschmeckender Fisch voll seynd. Flüsse.

Vber diß hat es allerhandt Bergwerck / als nemblich/ von Goldt / Silber/ (ob wol dieselbigen von wegen des vberhäufften Wassers nicht wol können gegraben vnd genutzet werden / derohalben auch gantz darnider ligen:) Kupffer/ Eysen/ Bley / Vitriol / Alaun vnd Schweffel; wie nicht weniger allerhandt Marmel vnd vnterschiedliche Steine / insonderheit damit man die Häuser decket / so auff Teutsch Schiffersteine genennet werden. Bergwerck.

Werla ist dieses Landts Hauptstadt/ ligt auff einem fetten vnd fruchtbaren Boden / hat viel Saltzpfannen / vnd ein schönes Rahthauß. Mehr ist in diesem Landt ein grosser/ ja vhralter Adel/ ein starckes Volck/ sinnreich/ so eines jeden Landts Lufft wol vertragen kan/ vnd gibt gute Kriegsleuth. Die Nachtbarn seind: die Marck/ Münster/ Lippe/ Paderborn/ Waldeck/ Hessen/ vnnd die Grafen von Westerwaldt. Hauptstadt.

Das Bischthumb Münster.

JN Westphalen (welches eine zimliche grosse Landschafft / die zu der vnterhaltung des Viehes viel bequämer ist / dann der Menschē) seind viel grosse Wildnüssen / Morassen vnd Pfützen / so daß sie noch ein Ebenbild des alten Teutschlandes scheinet zu seyn. Darinnen seind nachfolgende Bischthumber / als Münster/Paderborn/Minden/Oßnabrück/Verden.

Gräntzen.

Das Bischthumb Münster gräntzet gegen Auffgang mit dem Bischthumb Oßnabrück/gegen Mitternacht mit der Graffschafft Bentheim vnd Steinfurt / gegen Nidergang mit Cleve/ Sutphen vnd Twente / gegen Mittag mit der Graffschafft Marck/vnd wird von zweyen schönen Flüssen / der Ems vnd der Lippe begossen.

Sein vrsprung.

Carolus Magnus der Sachsen zwinger vnnd der Teutschen Keyser hat in Nider Sachsen / nunmehr Westphalen genant/ein Bischthumb auffgerichtet / welches er Mimingenrode / oder wie andere wollen/ Mimingardefurt genennet/ das man hernachmahls von dem Monasterio oder Closter/das alda auffgebawet war / in den Namen Münster hat verändert. Dasselbige Closter hat Bischoff Herman der H. Jungfrawen Marien zu ehren erbawet / welches so sehr hat zugenommen / daß es den alten Namen hat vertunckelt. Gemelte Stadt ligt auff der ebene / hat fünff herzliche Collegia, eine Schul von wegen der freyen Künsten zimblich berühmt / ist auch sehr fest gemacht / sonderlich nach dem Aufflauff der Widertäuffer / die vnter der Regierung Bischoffs Francisci, Grafen von Waldeck/im Jahr 1533 von wegen der Religion einen grossen tumult haben angerichtet / dessen erster anfänger war Bernardus Rotman , welcher ausser der Stadt in S. Mauritii Kirchen lehrte/vnd die Papistische Religion mit grossem wolgefallen des Volcks widerlegte.

Auffruhr der Widertäuffer zu Münster.

Diesen hat das Volck/ das an newen vngewohntē dingen ein grosses wolgefallen truge / in die Stadt auffgenommen / sich auch mit seiner privat vnterweisung nit begnüget / sondern von dem Raht eine Kirch begehrt. Vnter dessen kompt von Leiden auß Hollandt ein Schneider/ mit Namen Johannes / ein ehrgeitziger/ verwegener/ nichtiger Mensch/ der ein Nachfolger der Widertäufferischen Lehr in seinem Vatterlande des lehrens sich hatte angemasset. Dahin kam noch ein anderer Hermannus Stapreda , der des Rotmanni collega ward/ vnd darnach anfieng / angehende den Kindertauff / dem andern sich zu widersetzen. Dieser lehrte offentlich des Tags vber / vnd Iohannes reitzete heimlich vnnd des Nachts die Gemüter des gemeinen Volcks an / so daß diese Sect in kurtzer zeit in ein grosses auffnehmen gerichte. Der Rhat zu verhütung grössers Auffruhrs/ als der da vermeinete/ wann die Rhätelsführer auff eine seyt weren gebracht / daß dieser sachen leichtlich zu helffen were / befahl den vorgedachten anfängern / daß sie sich auß der Stadt solten begeben/ die zu einer Pforten hinauß lieffen/ vnd die andere Pforten widerumb hinein kamen/ fürgebende/ daß jhnen von Gott befohlen/ daß sie der warheit dapffer solten fürstehen. Als dieses nicht wolte angehen/so versucht es der Rhat auff ein andere manier/ vñ ließ die Evangelische vnd Widertäufferische Prediger vff dem Rhathauß erscheinen / der meynung wañ man sie zusammen ließ / daß die Evangelischen / welche die Catholischen hatten vberwunden/die vberhandt solten behalten. Als sie bey einander kamen/ so verließ Rotman sein Parthey / vnd begab sich offentlich auff der Widertäuffer seyten/vnd verfluchte den Kindertauff/ ob jhm wol sein collega Buschius hefftig darumb zusprach. Nach dem sich nun der Rhat in seiner meynung betrogen funde / so wurde ein Rhatschluß gemacht / daß die Widertäufferischen Lehrer sich also bald solten auß der Stadt machen/neben einem sicheren Geleidt / daß sie möchten durch des Bischoffs Landt ziehen: Aber sie verborgen sich bey jhren anhängern / vnd sagten/man müste Gott mehr gehorchen dann den Menschen. Vnter dessen namb die anzahl der Widertäuffer je länger je mehr zu / vnd gleich als dolle Leuth bewegte einer den andern zu seiner meynung/vnd war des disputirens vnnd zanckens kein maß noch ende. Nach deme dieses der Rhat gewahr wurde/vnd fürchtete daß nicht die ander Parthey / als die schwächste von den Wiedertäuffern möchte außgejagt werdē/ so befahl er alle Kirchen zu schliessen/ausserhalb einer/vñ begehrte von dem Landgrafen in Hessen / daß er etliche gelehrte Leuthe dahin schicken solte / die den Leuthen von dieser falschen Lehr guten gründlichen bericht möchten thun: Zu dem ende werdē dahin geschickt Theodorus Fabritius , vnnd Iohannes Melsingerus. Dieser kam von sich selbst widerumb zu rück/ entweder weil er sahe daß alle mühe verlohren war / oder daß er jhm selbst nicht trawete: jener aber wiche nicht eher/ biß jhn seine Widersacher zur Stadt hinauß jageten. Mitlerweil machten sie einen auß/der auf den Gassen vnd Strassen herumb lieff / als wann er vom H. Geist angeblasen were/ vnd ruffte: Thut Buß / vnd lasset euch widerumb tauffen/ wo nit/ so wird euch der Zorn Gottes vberfallen: Derohalben viel jhren Willen theten / theils dem Zorn Gottes zu entgehen/theils jhre Güter zu salviren/ dieweil der vnsinnige hauff zu mächtig ward. Im ende des

Cliviæ
Wesel
Duc:
pars.
PARS
COM: ZVTPHA: NIENSIS.
Bredeford
Grol
BORKE: LOH.
BOCK: HOLT.
Bockholt
Borcken
Gemen
Vreeden
AAHVS.
Aahus
Dorsten
Lembeck.
Hic loca sunt undiquaq: Deserta et arenosa
VEST RECK LINC HVSEN.
Halteren
DVL: MAN.
Dulmen
Coesfelt
Horstmar
Borch Steenvorde
Hic Tuban tes
TWEN
et Anti- qui
Sali habitas se
creduntur.
Oldensel
BEN
Ober
Benthem
Scutor
Baamberg hic lapidum fodinæ præstantissimæ
MONSTER
Munster
Werne
Davert.
Hamm
Marck
Alen
Wolbeck
Telligt
Beckem
Warendorp
Saßenberg
Tecklenburg
TECK LEN BVRG
Osenbrugge
Iborg
Anga riæ veteris.
Bellem
Hic baptizatus Rex Wedekindus
Melle
Ravensberg Com.
RA VENS BERG COM.
Hic Sepulchrum Regis Wedekindi
Engern
Limburg
Stromberg, Olim Burgraviatus Imperij
Circa hos saltus perisse Videtur Q. Varus cum tribus Legionib.
RHEDA
Rheda
Widenbrugge
Lippe
Soest
WEST PHALIAE PARS
Marchiæ Comit.
MERI DIES.
Miliaria Germanica Communia
Horæ itineris.
Ciuitates
Pagi
Arces
Monasteria
EPISCO

MONASTERIENSIS
Episcopatus.
Auctore Ioh. Gigante Medico et Mathematico.
Bourtange desertum ob paludes et aquas inaccessum ustiles glebas quas Torff vulgo vocant, abunde accolis suppeditans undiquaque.
Fort van Burtange
Dullaert.
Coevorden
Rhederlant.
Nienhus
Moras.
Meppen
Linge
Hummelinck.
Haßellunne
Hic et in vicinis locis plurima sunt antiquitatis monumenta ex congestis insolitae magnitudinis lapidibus.
Forstenowe
Cloppenborgh
Oldenburg
Loca paludosa et inaccessa.
Quakenbrugge
Vorde
Vechte
Wilshusen
Woest landt
Dummer Lacus.
Diepholt
COM: DIEPHOLT.
Delmenhorst
Apud Guiljelmum Blaeuw.

Decembers / nach dem die verborgene Lehrer auß jhren heimblichen winckeln widerumb waren herfür gebrochen / lieffen sie mit einem starcken hauffen auf den Marck / nahmen das Rhathauß ein / pflantzten die Stücke / vnd schrien / daß man die jenigen solte todt schlagen / die nicht widerumb getaufft weren. Die andern dargegen begaben sich an einen festen orth in der Stadt / vnd widersetzten sich den Widertäuffern / die den Marck in hatten. Endlich haben sie sich widerumb mit einander vertragen / vnd die sachen also abgehandelt / daß sich ein jegliche Parthey an jhre Religion solte halten. Damit aber die Widertäuffer ins künfftige jhre sachen besser möchten in acht nehmen / vnd der andern Parthey an kräfften nicht nur gleich / sondern vberlegen seyn / so haben sie durch den Rotmannum vnd Bernhard Knipperdolling in den benachbartē Städten jhre Glaubensgenossen lassen vermahnen / daß sie alles solten stehen vnd ligen lassen / vnd also baldt sich zu jhnen in die Stadt begeben: dannenhero die Stadt vnversehens mit Widertäuffern erfüllet ward / vnd die der andern Parthey zugethan vnd guten vermögens waren / begaben sich auß der Stadt / vnd entgiengen dem Vngewitter daß sie für Augen sahen. Diß ist geschehen im anfang des Jahrs 1534. Nach dem nun die ander Parthey vnterdrücket war / haben die Widertäuffer einen newen Rhat eingesetzet / vnd vnter andern Knipperdolling zum Bürgermeister gemacht / wie auch die Kirche S. Mauritii in der Vorstadt in brant gesteckt / vnd die Stadt geplündert: Die jhnen in jhrer meynung nicht wolten beyfallen / haben sie hinauß gejaget vnd jhrer Güter beraubet. Dieweil aber der Bischoff die Stadt allbereit belägert hatte / seind viel der außgewichenen von des Bischoffs Volck todt geschlagen worden / so daß die andern gezwungen waren dem Grim̄ der vnsinnigen Leuthe zu weichen vnd mit jhnen zu heulen. Es solte gar zu lang fallen / wann man dieser dollen Leuthe vnsinniges fürnehmen / vnd alles was sie in wehrender Belägerung haben gethan / erzehlen wolte: vnd ist doch ohne das eine sache / die jederman wol bekant ist. Das schrecklichste ist / daß sie alle jhre schändliche Thaten mit dem Namen der Religion haben bemäntelt. Einmahl nahmen jhnen die jenigen / so einer guten meynung waren / für / diese dolle Leuthe zu vberfallen vnd zu vnterdrücken / aber nach dem 50 von jhnen gefangen / vnd nach viel Marter vnd Pein vmbs leben gebracht waren / hat man endlich den muth gäntzlich sincken lassen. Dazumahl schrieb sich Iohannes von Leiden den Königlichen Titel zu / hielte sich auch nach seiner manier Königlich / vnd ließ auch sein fürnembste Fraw (dann er mehr als eine hatte) Königlichen Habit gebrauchen / die er selber hernach / weil sie jhr all sein thun nicht wolte gefallen lassen / vmbs leben hat gebracht. Endlich im Jahr 1535 nach vielem außgestandenen Jammer vnd Elend vnd dollen vnsinnigen händeln / hat des Bischoffs Kriegsvolck (dem der Bischoff Herman von Cölln / der Hertzog von Cleve / vnd Landtgraff von Hessen waren zu hülffe kommen) durch anweisung eines Vberlauffers / der sie durch den Graben auf den Wall führte / den 27 Junii des Nachts vmb 11 Vhren die Stadt erstiegen / die Pforten geöffnet / vnd das vbrige Kriegsvolck hinein gelassen: Der König ward gebunden bey die andere Fürsten vmbher geführt / vnd endlich im Jahr 1536 mit glüenden Zangen zerrissen. Diß war der betrübte außgang dieser vnsinnigen Münsterischen Auffruhr.

Im Jahr 1612 den 11 April / ist Ferdinandus Hertzog in Beyern / Ertzbischoff vnd Churfürst von Cölln / Bischoff von Lüttich / Coadjutor des Bischthumbs Paderborn / vnd Administrator des Bischthumbs Hildesheim / zu Münster mit grosser solemnität vnd Frewde eingeführet worden. Einführung des Bischoffs von Cölln zu Münster.

Das Bischthumb Paderborn.

CArolus Magnus, nach dem er Westphalen vberwundẽ/ hat vier Bischthümber eingesetzt / als das Bischthumb Münster / Osnabrück / Minden vnd Paderborn.

Die alten Völcker.

Bilibaldus Pirckheimerus, ein Nürnbergischer patritius, vnd Keyser Carl des V Rahtsherr sagt / daß die grössern Busactores, die Chemen vnd Engern an denselben örthern gewohnet haben. Also lauten seine Wort: Zwischen den kleinen Chauken vnd Schwaben wohnten die grösseren Busactores, vnd nach diesen die Chemen / darnach die Engern / von denen noch heut zu Tage etwas ist vbrig geblieben. Der Bischoff von Cölln nennet sich einen Hertzog der Engern. Nunmehr wohnen alda die Ostphalen vnd Westphalen / wie auch die Münsterischen. Da ist auch das Bischthumb Paderborn vnd Bremen. Er sagt auch / daß diß der Busactoren Städte seynd: Mediolanum Münster / Teuderium Paderborn / Siatuanda Osnabrück / Tulisurgium Braunschweig.

Gräntzen.

Gegen Orient berührt vorgesagtes Bischthumb die Braunschweigische vnd Hessische/gegen Mittag der Graffschafft Waldeck/gegen Occident des Hertzogthumbs Westphalen vnd der Landtschafft Reckenberg/gegen Mitternacht der Graffschafft Lippe Gräntzen. Hat seinen Nam von den Brunnen/die mitten in der Stadt herfür springen / vnd mit jhrem sehr angenehmen geräusch im fortlauffen vnterschiedliche Inseln machen.

Der vrsprung.

Es hat seinen anfang von Carolo Magno, welcher nach vberwindung des Widekindi zu grösserem auffnehmen der Christlichen Religion dieses Bischthumb hat gefundiert / vnd ein rohtes Creutz zum Wapen gegeben / neben belehnung der Vogtey Oringenberg im Jahr 780 / wie er dann auch die verwaltung desselben Burckardo dem Bischoff von Würtzburg in die 15 Jahr biß auff Hatumarum den ersten Bischoff anbefohlen. Dasselbige hat Hermannus Graff von Weda/ vnd Ertzbischoff von Cöln / nach ableiben Hertzogs von Braunschweig angefangen zu administriren: diß ist also zugegangen. Alle Jahr hat man nach alter gewonheit im Frühling in der Stadt Paderborn ein Gasterey gehalten: als nun im Jahr 1527 auff der Gasterey / der Thumbherren Diener mit den Bürgers Weibern vnd Töchtern im tantzen vnzüchtige Geberden trieben / so seind die jungen Bürgers Söhne darüber entrüstet worden / haben sie gestraffet/ vnd hernach in der Kirchen nicht allein die Pfaffen bespottet/ sondern auch die Bücher zerrissen. Derowegẽ sie der Bischoff gestraffet/daß sie jhm haben 2000 Goldgülden bezahlen/vnd darneben so wol der Raht/als die Bürger zusagen müssen / daß sie nimmermehr die Lutherische Religion in jhrer Stadt wolten zulassen. Nach absterben Hertzogs Erichen haben die Bürger Iacobum Musingum vnd Christophorum Danum, zween Lutherische Prediger in zwo Kirchen eingesetzt/dadurch die Thumbherrn seind bewegt worden sich nach einem mächtigen Bischoffe vmbzusehen / damit das Vbel nit weiter möchte einreissen: haben derowegen Bischoff Herman von Cölln mit dieser condition angenommen / daß er die Lutherische Religion / die nun offentlich in der Stadt geübet würde/auß der Stadt solte bannen vnd vertreiben. Dieser ist in Gesellschafft Hertzog Georgen von Braunschweig / Adolphen von Schawenberg seinem Coadjutore, Simon von der Lippe/ Otto von Ritberg/vnd anderer Grafen mit 1000 Pferden in die Stadt kommen am Tage Dionysii, vnd nach dem er den Eydt von den Bürgern hatte genommen/ ließ er 3 newe Prediger gefänglich einziehen/ vnd befahl sie mit einer starcken Wacht nach Arnßberg zu führen. Als aber der Fuhrman vnter wegen durch den Regen verursachet/ des Weges fehlete/ vnd in ein Dorff kam/ das der Stadt Soest zugehöret/seind sie von den Bürgern zu Soest erkennet / vnd widerumb erlöset worden. Vnter dessen hat man zu Paderborn 16 Bürger auff den Marck geführt vnnd zum todt verdampt: Der Scharpffrichter durch die grosse vnbillichkeit bewogen/ wolte das Vrtheil (welches er anders nach des Landts gebrauch zu thun schuldig war) nicht ablesen / sondern gab dem Magistrat das Schwerdt widerumb. Die Weiber vnd Jungfrawen lieffen auff dem Marck vnd Strassen vmbher vnd heuleten / schlugen die Hände zusammen / fiehlen für dem Bischoff / der mit den seinen auß dem Rahthause sahe/ auff die Knie/vnd baten für die verdamten: wie dann auch des Bischoffs Rahtsherren also bald eine Fürbitt darauff theten / so daß der Bischoff endlich zur barmhertzigkeit bewogen / die zum todt verdampte Personen wiederumb ließ zu rück in das Gefängnuß bringen: vnd nach dem er jhnen eine Summa Gelds zu bezahlen zur Straff hatte auffgelegt/vnnd daß jeglicher ein gantzes Jahr in seinem Hause solte gefangen seyn / hat er jhnen allen das Leben geschencket. Die Catholische Religion hat er ir allen Kirchen widerumb eingestelt/vnd sehr ernstlich befohlen/daß man keine andere Religion solte annehmen.

Es ist kein grosse Landtschafft / aber vber die

PADERBOR
Episcopat
DESCRIPTIC
Ioanne Gigante Ludense D.
RAVENSBERG
COMITATUS PARS.
Bylevelt
Steenhagen
Sparenberg
LIP
Orlinckhusen
COMITA
Dalke
Stukenbrock
Creutzwech
Lutter flu.
RHEDA
Ampt
RIET:
Holte
Dalke flu.
Guterßoh
Verle
BERG
Die Senne.
Oosterholt
Kolsbedde
Ramsel
Vurle
Recken
Hic in profunda valle lenta sed copiosa ka turigine solo arenoso oritur Amasis
Widenbrugge
COMITA:
Vurle flu.
Embs flu.
Amplißima et Vastißima hic vndiquaq; ericeta.
Nienkercken
Amasis flu.
Hevel
Embs flu.
Westerloh
Lippe flu.
Lippsprinck
Nieubrugge
Retberg
Comitatus
Northagen
Lippling
Osterloh
Apelern
S
T
berg
TUS.
Langenberg
Dellbrugge
Nienhus
Marienloh
Sande
Westenholt
Heddinckhusen
Leste
Benhusen
Mantinghusen
Mettinghusen
Boke
Anreppen
Benfelt
Else
Rom
Deddinckhusen
Gunne flu.
Alme flu.
Paderborn
Swancie
Lipperade
Horst
Lippe flu.
Tulen
Scharm
Hamborn
Dale
Lippe
Esbeck
Verne
Hus verne
Wever
Northorckem
Drecksberg
Kerckborckem
Heerbramen
Dornhagen
Soltkott
Alphen
Nedderen Turp
Overen Turp
Eirinckhusen
Upsprung
Ettelen
DUCATUS WESTPHALIAE PARS.
Geseke
Wevelsborg
P
A
Bodeke ord. S. August.
Steinhem
Erdtberemberg
Adem
Hengelern
Lechtenowe
Harn
Attelen
Steenhus
Brencken
Husen
Suthem
Herrschafft
Buren.
Buren:
Baronatus
Sendvelt ager Frumentarius amplißimus
Helmeren
Holthusen ord. Bened.
Dalem S. August
Blanckenro
Meerhoff
Forstenberg
Weine
Heegstrop
Sidinckhusen
B
O
Ostorp
Wunnenberg
Ringelstein
Hic olim fodinae plumbi
Bleiwisch
Eßen
Westen
Alme flu.
Dymel flu.
Almen
Ruden
Stadt
Mons
Amstelodami Guiljelmus Blaeuw excudit.
Occidens
Sep
Me

SIS
PIÆ
ch.auth.
PARS
Holthusen
Hilligen born
Ostrop
Pyrmont Comit.
Hagen
Dael
Kemnade Ord.Ben.
Lude
P
YR
MONT.
Boden werder
Blomperg
Herlingsborg olim Herminij castrum
Bruerberg
Ottenstein
Emmer flu.
Hemnaven
Nerssen
B R
B R V N S
Rulen
Baersen
Sualenberg et Oldenborg ol. peculiares fuerunt comitatus qui nunc certis conditionibus diversis tamen Episcopo Paderbornensi et comiti Lippiensi coniunctim subijciuntur.
Schir
Elbrinxen
Sabbensen
Breverde
Bello
Wobbel
Ampt
Sua
Eissenhammer
Pol
Ottenhusen
Ampt
Valkenhagen
Lumaio
Heinsen
Vorst
Brakel sick
Sualenberg olim Comitatus
Rischenowe
lenberg.
V I
Stenheim
Bredenhop
Olden
Berchem
Emmer flu.
Lok
Grevenborg
bo
Borne
Collerbeck
Oldenborg olim Comit.
Nise
Stael
Beveren
Eeckholt
Tidenhusen
Sommersell
Munsterbroek
Himmickhusen
Osenhusen
Bever flu.
Entrup
Mariemunster ordin Benedi
Levendorp
Valkenslucht
Forstenowe
rg.
Albaxen
Holtzminden
Erpentrup
Vorden
Bokesen
Saumer flu.
Merl sen
Niem
Bredenborn
Bremerberg
C
Brenckhusen ord. Bened
O R
Tonenborg
C E N
Bohnburen
Schonenborg
Apenborg
Solling silva.
Pomsen
Holthusen
Oldendorp
Schelpe flu.
Reelsen
Allenhusen
Bellersen
Bokendorp
Ovenhuse
Luthmarsen
Corvei
Luchtringen
Grove flu.
Hoxer
S I S
Hic fons mirabilis bullerborn dictus
I F F T
V
EI.
Boffseborn
Meigalsem
Galem
Boffsen
Hinnenborg
Driborg
Horste
Brochusen
D V C A T V S
Brakel
Neete flu.
Amelunxen
Forstenberg
Istrup
Hemsen
Othergen
Sollinger walt.
Riessel
Erkel
Dreneke
Werden
Helle
Blanckenowe
Rheer
Meinwrexen
Dringenborg
Schmechten
Tidelsen
Rothe
Siddesen
Lemforde
Ose flu.
Avenhusen
Heinholt
Beverungen
P A R S.
Kulsem
Gerden ord. Bened.
Dalhusen
Volsem
Nehusen
Natingen
Bever flu.
Wirgiessen
Fron hus
Borcholte
Olden Heerse
Dranckhusen
Iacob-berg
Weser fluv.
Neete flu.
Wilgadessen
Krukenborg
Wilba
Desen
ord. S.Bened.
Helmeren
Swickhusen
Natsungen
Har stelle
Helmershusen
Peckelsheim
D
E
R
Harbrugge
H A S
Kleinen berg
Borlinghusen
Louen
Eissen
Embrick
Manrode
Bonenborg
Ikenhusen
Enger
Bune
Borrentrick
Dringelburg
Groten Eder
Herr
Dinckelborg
schafft
Hardehusen ord. Bern.
Warborgi
Luck. Eder
Muddenhagen
S T
Æ E
Menne
Hogenwepl
Nechus
Corbeck
Grimbecke
Dossel
De
Poppenheim
Dasberg
Rosbeck
senberg.
Ossendorp
sche
Desen
lberg
Rotenberg
Warborg
Barona
tus
R
N
Dymel flu.
Germete
Klingenborg
Orelaunne
CONFINIA
Welda
Geismar
Dalem
Grimelen
Holthusen
Waldeck
Wormel ord. S. Bened
Kalenberg
B
or
de.
mitatus
pars.
Miliaria Germanica communia.
Horæ Itineris.
Oriens

Das Bischthumb Paderborn.

Des Landes beschaffenheit. massen fruchtbar / sonderlich mit allerley Getreyde / mit Schaffen / Rämmeln / (welches die Frantzösischen vnd Brabändische Kauffleuthe sehr wol wissen / die alle Jahr dieselben / vnd andere da herumb gelegene örther pflegen zu besuchen) mit Schweinen / vnd andern zahmen vnd wilden Thieren ist es mit vnglaublicher menge vberhäuffet. Es seind auch darinnen mehr dann 300 Brunnen vnd Wasserbäche / die vol wolschmeckender Fische seynd / ausserhalb etlicher wenigen / die zu der gesundheit dienen / vnd ein sawren Geschmack haben / als die vmb Dryburg vnd Brakel. Es seind darüber noch etliche Brunnen sehr wunderlicher art / als der Bulderborn nicht weit vom Dorff Aldenbekem / der ab: vnd zufleust wie das Meer: Auch noch vnterschiedliche Flüsse / als einer vmb Lechtenow / welche von der Erden verschlungen / vnd hält man darfür / daß sie zu Paderborn / oder an andern plätzen widerumb herfür kommen.

Es mangelt diesem Lande auch nicht an guten Eysen- Bley- Stein- vnd Saltzgruben / wie es dann newlich Marmelstein / vnd an etlichen orthen Goldkörnlein hat entdecket. Des Landes theile. Das Gebürge scheidet das Landt mitten von einander / vnd theilet es in zwey gleiche theil. Das Landt disseit des Gebürgs ist schier gantz eben vnd fruchtbar / ausserhalb daß es in dem Bezirck Dellbrück sich mit etlichen Heyden endigt. Jenseit des Gebürgs ist es vneben / vnd nichts desto weniger schöner äcker vnd Wiesen voll. Flüsse. Die Flüsse disseit des Gebürgs seind die Embs / der Padus vnd die Alm. Die Embs entspringt in einem tieffen Thal / mit einer langsamen aber vberflüssigen Quellen auß einem tieffen Sand / laufft durch die Gräntzen des gantzen Stiffts Münster vnd Ostfrießlandt in den Dullart / vnd bey Embden mit einer grossen breite in das Meer. Der Padus vnd die Alm werden von der Lippe angenommen / die auß einer Quellen nit weit von Lipspring herfür kompt / bey Nieuhuys fürüber laufft / vnd nach dem sie das gantze Stifft Münster hat durchwandert / ergeust sie sich bey Wesel in den Rhein. Jenseit des Gebürgs befinden sich die Emmer / Neet vnd Dymel / so in die Weser lauffen: neben noch vielen kleinen Flüssen vnd vnzählichen Bächen. Die Hauptstadt. Die Hauptstadt der gantzen Landtschafft ist Paderborn / die an fruchtbarkeit jres herumb liegenden Landes / lustigkeit des platzes / köstlichem Bier vnd hoher Schule / keiner Stadt etwas bevor gibt. Die anderen Städte. Ausserhalb dieser seind noch vber die 20 Städte / vnter welchen die fürnembsten disseit des Gebürgs seind Soltkotten / von wegen des Saltzes / Lipspring von wegen des vrsprungs der Lippe / vnd Büren von wegen des vhralten Geschlechts berühmt. Jenseit des Gebürgs hält man Warburg für die trefflichste / welche vor zeiten ein Grafschafft ist gewesen. Deren folgen Borrentryck / Peckelsheim / Borcholt / Beverungen / Brakel vnnd Steinheim / alle in einem fruchtbaren Lande gelegen. Lugdt nicht die geringste / ist gelegen in einem sehr lustigen Thal / zwischen den Wiesen vnd Weyden am Vfer der Emmer / von welcher nit weit ein berühmter Sawrbrunnen zu vielen Kranckheiten nützlich wird gefunden. Swalenborg vnd Oldenborg seind für alten zeiten sonderliche Grafschafften gewesen / nunmehr seind sie dem Bischoff von Paderborn vnd dem Grafen von der Lipp zusammen vnterworffen. Des Bischthumbs Paderborn benachbarten seind der Hertzog von Braunschweig / Abt von Corbey / Hessen / Waldeck / Hertzog von Westphalen / der Graff von der Lipp / Rietperg / Ravensberg vnnd Pyrmont. Man hält darfür / daß in dieser Gegend die Römer vnter jhrem Feldobristen Quintilio Varo vom Arminio der Cheruscorum Hertzoge seind geschlagen worden.

Das Bischthumb Osnabrück.

Gräntzen.

DAs Bischthumb Osnabrück ligt neben dem Stifft Münster / gegen Mitternacht vñ Abend / welches an jetzo zu Westphalen gehöret / vnnd stößt gegen Aufgang an das Bischoffthumb Minden. Das es die Bructeri bewohnet haben bezeuget der außgang des Namens Osnabrück / wie auch andere Städte da herumb gelegen.

Haupt-stadt.

Osnabrück ist eine schöne Stadt / von den Grafen von Engern erbawet / wie Hermannus anweiset. Andere / als der Sächsischen Chronick / melden / daß sie jhren vrsprung nehme von Iulio Cæs. Man sagt / daß sie mit Ochsenhäuten vmbgeben / von den Ochsenhäuten also seye genant worden / als wolte man sagen Ossenburg. Sie ist gelegen in einem sehr lustigen Thal / vnnd fleust die Hase dardurch. Zu Keyser Carl des Grossen zeiten hat an den örthern gewohnet Widekindus der Sachsen König / nach dessen vberwindung Keyser Carl dem H. Petro, vnd dem H. Crispino vnnd Crispiniano zu ehren eine Kirch alda hat aufgerichtet / mit einer Griechischen vnnd Lateinischen Schul / vnd hat jhnen den Wisonem zum Bischoff fürgesetzt / vnd das Bischthumb mit grossen vnd reichen Gütern begabet / wie zu sehen auß dem Instrument der Donation oder begabung / welches auß dem Lateinischen von wort zu wort abgeschrieben / vnnd in das Teutsche vbergesetzt / also lautet:

Des Keysers Bull.

In dem Namen der H. vnnd vnzertheilten Dreyfaltigkeit. Carolus Keyser / Vermehrer vnd Regierer des Römischen Reichs: Herr vnd König der Francken vnd Longobarden / vnd bezwinger der Sachsen. Kundt vnd zu wissen sey allen vnd jeden der H. Kirchen / vnd vnsern getrewen gegenwertigen vnd zukünfftigen: Daß wir zu vermehrung vnserer belohnung dem Wisoni Ertzbischoffen von Osnabrück / vnd seiner Kirchen / welche die erste ist / die wir in gantz Sachsen zu ehren des H. Apostels Petri, des Fürsten der Aposteln / vnd des Crispini vnd Crispiniani, der H. Märtyrer haben eingesetzet / ein gantzen Waldt vnd Forest zwischen diesen nachfolgenden örthern: **Karnewinckel / Rustenheim / Angern / Oßningsnethe / Derßhosset / Egesterfeldt** / mit einhelliger beliebung der mächtigen desselbigen Landes / mit aller zugehör vnnd Gerechtigkeit vber die wilden Schweine / Hirsche / Gevögel / Fische / vnd gantze jägerey / welche vnter den gebräuchlichen Bann vorgedachten Waldes gerechnet werden / in der form vnd gestalt vnsers Waldes zu Ache / in die wälderey zu Oßning / zu ewig wehrendem gebrauch der Gottseeligkeit haben geschencket: in der gestalt / daß im fall jemand sich in denselben vnsern Waldt durch vnsern Bann verändert / ohne vorgesagtes Bischoffs erlaubnuß wird begeben vmb zu jagen / der soll wissen / daß er so wol in die Göttliche als vnsere Königliche straf verfallen / schuldig soll sein 60 Solden vnsererс Gewichts für den vbertrettenen Bann zu bezahlen. Vber diß / so verlehnen wir auch gemeltem Bischoffe vnd seinen Nachfolgern ein ewige licentiam, zulassung vnd freyheit / von allem Königlichen Last entlediget: Es were dann / daß sich zutrüge / daß der Römische Keyser / vnd der Griechen König ein Heyrahts verlobung vnter jhren Kindern anstelleten / so soll gedachter Kirchen Bischoff mit nothwendigen Vnkosten von dem König / oder Keyser zu dem ende versehen / die mühe vnd ehre der legation auf sich nehmen. Vnd darumb ordinieren wir / daß jederzeit an gedachtem orth Griechische vnnd Lateinische Schulen vnterhalten werden. Vertrawen nimmermehr / daß die Clerici beyderley Sprachen vnerfahren solten erfunden werden. Gegeben zu Achen im Pallast.

Die kleinen Städlein. Die Flüsse.

Hier werden auch kleinere Städtlein gefunden: Fürstenau / Vorde / Witlage / Melle / Jburg / vnd Hundeburg an der See Dammer. Der Fluß Hase laufft mitten durch das Bischthumb vnd die Stadt Osnabrück / vnnd nimpt seinen vrsprung gegen Mittag nicht weit von dem Dorff Brinck. Die lustigen Berge vnd Thalen mit den sehr grossen Wiesen vnd Heyden / machen das Landt sehr angenehm / sonderlich die Falckenjacht bey dem vorgesagten See Dammer. Es hat stillstehende See vnd Güllen.

Seen.

An den Gräntzen des Bischthumbs gegen Abend / ligt die Grafschafft Tecklenburg / vnnd gegen Mittag die Grafschafft Ravensberg.

OSNABRVGENSIS
EPISCOPATVS.
Auctore Ioanne Gigante.
Amstelodami.
Guiljelm. Blaeuw
Excudit.
OSENBRVGGE
Occidens.
MVN
LIN: GE.
TER.
Die vier TECK:
Kerspel
Teclenborg
Comitatus
BORG.
Meppen
Haselunne
Bokell
Schwakenborg
Hase flu.
Andrup
Hesselinck
Quakenbrugge
Mundelenborg
Creienborg
Vaern
Moras
Geise
Bawinckell
Menslage
Badtbergen
Berge
Börstell
Dalwede
Schulenborg
Holthusen
Sunderen
Grumsmölle
Aus Lengerick
Grafvelt
Hekese
Lockstein
Talge
Hertman
Natrup
Suttrup
Eggermölle
Ankum
Bersenbrugge
Mappenburg
Brockhusen
Lulle
Bippen
Bokerade
Holsten
Russel
Breckwede
Lengerick
Vechtell
Lönne
Hastage
't Veer
Linge
Baronatus
Backum
Schipstruep
Segelfart limes
Hone
Schwaesdorp
Schleppendorf
Hertzeuort
Messingen
Tunen
Vrzeren
Forstenowe
Bramsche
Schlehorst
Polmölle
Hange
Settorp
Hollenstede
Meertzen
Elberg
Beesten
Hockell
Plantlunne
Schapen
Schale
Voltlage
Uffleten
Linteren
Embsburen
Spelle
Limbergen
Nienkercken
Emss flu.
Hopsten
Reeke
Hillige: meer
Reebrinck Limes
Vinte
Mettingen
W. Cappelen
Veenhuss
Grone
Ippenburen
Langenbrugge
Weerson
Saltzberg
Grauenhorst
Bentlije
Lotte
Deuesborg
Beuergerne
Brochterbeck
Ledde
Rhene
Oester
Nienkercken
Hulshoff
March
Mesenborg
Cronenborg
Leden
Lengerick
Vortlage
Linen

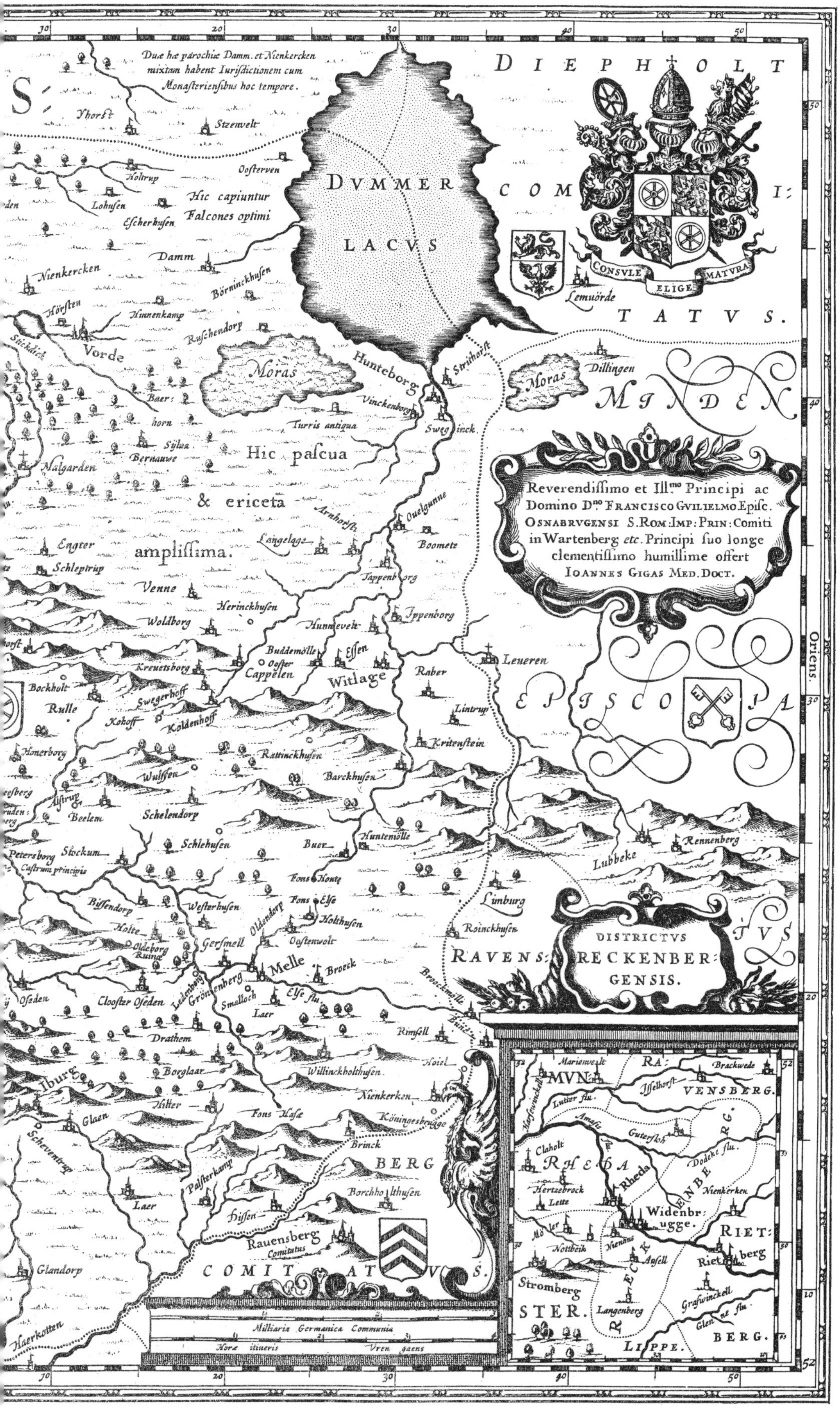
Duæ hæ parochiæ Damm. et Nienkercken mixtam habent Iurisdictionem cum Monasteriensibus hoc tempore.
DIEPHOLT COMITATVS.
CONSVLE ELIGE MATVRA
DVMMER LACVS
Hic capiuntur Falcones optimi
Hic pascua & ericeta amplissima.
MINDEN
Reverendissimo et Ill.mo Principi ac Domino D.no FRANCISCO GVILIELMO Episc. OSNABRVGENSI S.ROM:IMP:PRIN:Comiti in Wartenberg etc. Principi suo longe clementissimo humillime offert IOANNES GIGAS MED.DOCT.
EPISCOPATVS
DISTRICTVS RECKENBERGENSIS.
RAVENSBERG COMITATVS.
Milliaria Germanica Communia
Horæ itineris Vren gaens
Oriens.
MVNSTER.
RAVENSBERG.
RHEDA
RECKENBERG
RIETBERG
LIPPE.

Die Graffschafften
BENTHEM
vnd
STEINFVRT.

DJe Grafschaft Benthem ist gelegen an den Westphalischē grentzen / vnd strecket sich gegen Mitternacht vnd Orient an das Stifft Münster / gegen Occident an die Grafschafft Lingen vnd Drenthe / gegen Mittag hat sie Ober-Yssel oder Twente, ist ohngefehr in die länge zehen meylen / vnd in die breite drey meylen groß.

Städte. Seine Städte seynd Neuhausen, Northorn, Benthem, vnd Schuttorff, darüber hat es noch viel Dörffer / Schlösser / vnd Flecken. Die wasserströme seynd fürnemblich die Aa vnd Dinckel; die Landschafft ist mehrentheils gleich vnd eben / außgenommen vmb die Stadt Benthem vnd der Stadt Newenhausen gegent.

STEINFVRT.

Steinfurt. DJe Grafschafft Steinfurt, lieget gegen Nord-Osten von der Grafschafft Benthem: Zwischen beyden liegt das Stifft Münster mit einem kleinen arm / ist gantz klein / ohngefehr nur vier meylen lang vnd anderthalb breit.

Städte. Hierzu gehören Burchsteinfurt, vnd drey dörffer / alß Laer / Holtzhausen / Burchhorst / vnd etliche Flecken. Die Aa fleusset alda mitten durch / vnd hatt auch jhren vrsprung in derselben Grafschafft.

An jetzo ist diese Grafschafft Herrn Arnoldo Iusto, vnd Wilhelmo Henrico, auch Grafen von Tecklenburg vnd Limburg / vnterworffen.

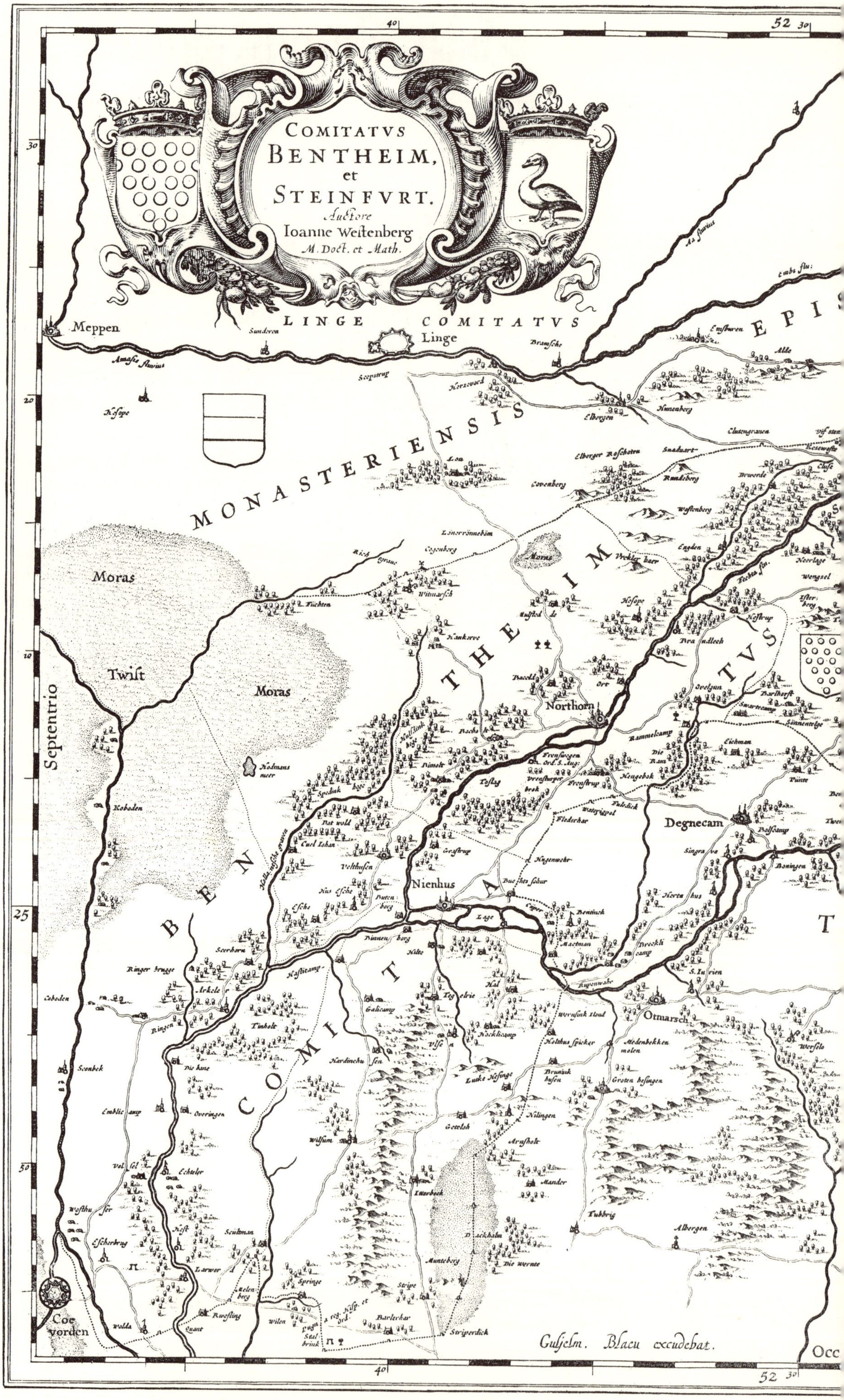

COMITATVS
BENTHEIM,
et
STEINFVRT.
Auctore
Ioanne Westenberg
M. Doct. et Math.
LINGE COMITATVS
MONASTERIENSIS
EPIS
COMITATVS BENTHEIM
Meppen
Linge
Moras
Twist
Moras
Septentrio
Northorn
Degnecam
Nienhus
Otmarsch
Coe vorden
Guiljelm. Blaeu excudebat.
Occ

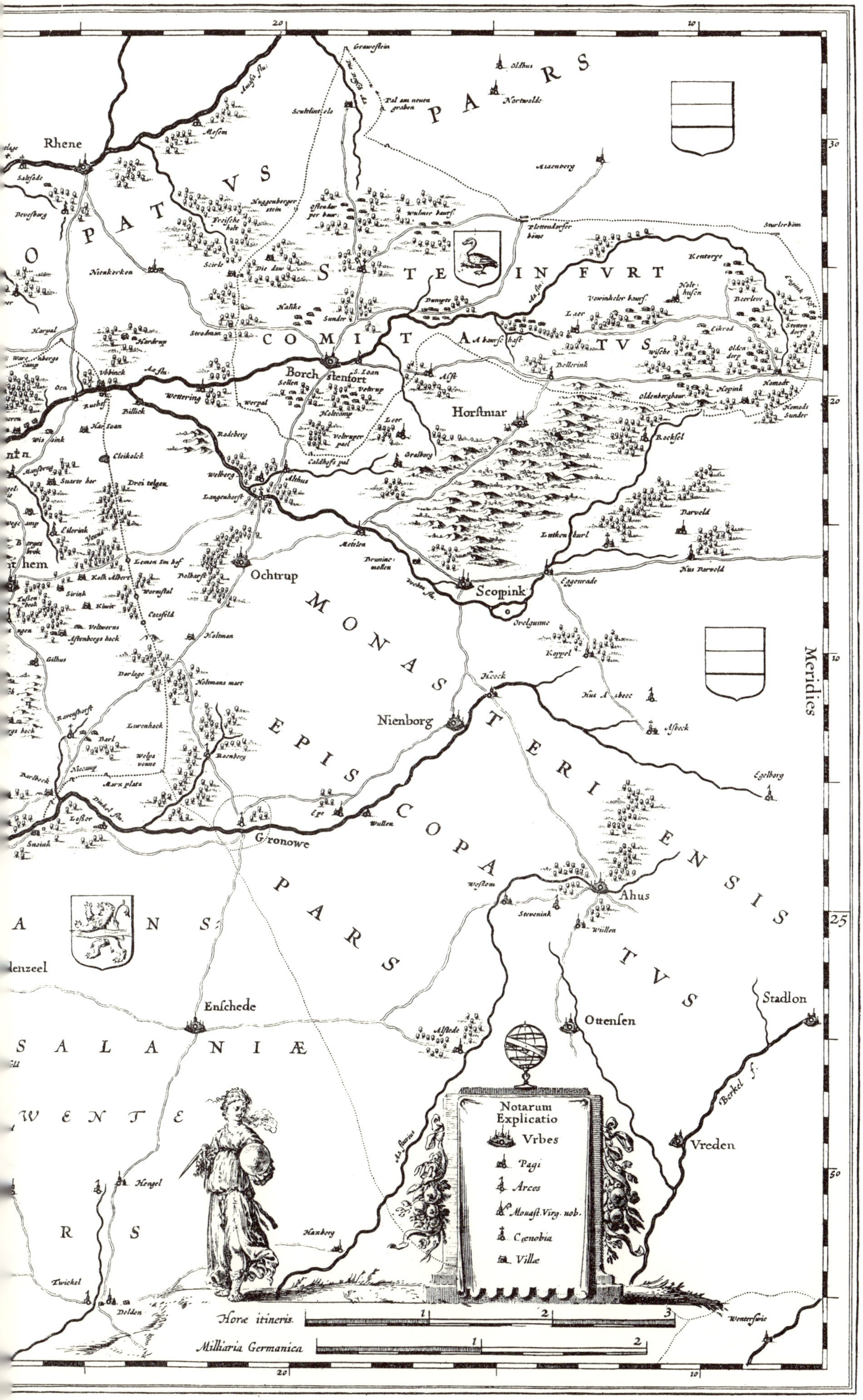
PARS
EPISCOPATVS
STEIN FVRT
COMITATVS
MONASTERIENSIS EPISCOPATVS PARS
SALANIÆ
TWENTE
Rhene
Borch stenfort
Horstmar
Ochtrup
Scopink
Nienborg
Gronowe
Ahus
Enschede
Ottensen
Stadlon
Vreden
Meridies
Notarum Explicatio
Vrbes
Pagi
Arces
Monast. Virg. nob.
Cœnobia
Villæ
Horæ itineris
Milliaria Germanica

Die Graffschafft Oldenburg.

Was für Völcker vor zeiten da gewohnet.

Vor zeiten haben dieses Land die Chauci bewohnet / welche Ptolemæus vnd Plinius in zweyerley / nemblich die grossen vnd kleinen vnterscheidē. Die grossen sind die jenigen / so das Bischoffthumb Bremen zwischen der Weser / vnd der Elbe besitzen: die kleinen aber seind die Embder vnd Oldenburger selbst / welche Ptolemæus auch zwischē die Embs vnd Weser logiret / in dem er spricht: Es erstrecken sich die kleinen Chauci biß an die Weser / die grossen aber biß an die Elbe. Plinius im 16 Buch am 1 Cap. beschreibt sie mit diesen Worten: Wir haben aber gegen Mitternacht die Chaucos gesehen / so die grossen vñ die kleinen genennet werden. Daselbsten laufft das grosse Meer mit einem vber die massen weiten durchgang des Tags vnd Nachts zweymahl auß / vñ bedeckt alles mit Wasser / so daß man im zweyffel stehet / ob es Landt oder Wasser sey. Das arme Volck hält sich dann auf in den hohen Hügeln vnd Berglein / oder mit händen aufgemachten hauffen / auff welche sie jhre Häußlein / nach dem sie wissen oder in erfahrung haben / wie hoch das Meer komme / also setzen / daß sie den Schiffen gleich scheinen / wann das Wasser alles bedeckt hat / vnd dargegen als gebrochene Schiff sich lassen ansehen / wann das Wasser widerumb ist abgelauffen / wie sie dann auch mit dem ablauffen die Fische fangen. Sie können kein Viehe halten / noch Milch-speise geniessen / ja viel weniger mit den wilden Thieren streiten / dann man alda kein Gesträuch findet: Auß den Bintzen vnd Riet machen sie Seyler vnd Fischers Netze / trucken den Leymen mehr durch den Windt / als an der Sonnen / vnd wärmen jhre Speisen vnd kalten Glieder mit der Erden. Sie trincken nichts dann Regenwasser / das sie in kleinen Grüblein im Vorhause bewahren. Dis war vor zeiten der alten Chauken zustandt / welcher heutiges Tags sehr verändert ist. Plinius gedenckt keines Getreydes / noch einiger Früchte: wo ist heut zu Tage grössere fruchtbarkeit? Vor zeiten konte das Landt keine Obsbäume tragen / an jetzo ist es mit allerley Bäumen erfüllet. Sie hatten weder Viehe noch Milchspeise / vnd nunmehr ist es nicht allein von Viehe vber die massen reich / sondern Milch ist jhr fürnembste Speise; angesehen das Landt eben / vnd an Wiesenwachs sehr reich ist / die Erde ist feist / die Wiesen seind Graßreich / des Viehes ist so viel / daß mans kaum außsprechen kan / welches dann erweiset die wolschmeckende vnd köstliche Butter / wie auch der liebliche Käß / dessen alle Jahr zu grossem nutzen vnd Gewinn der Inwohner eine grosse menge in andern Landen / ja durch gantz Teutschlandt verkaufft wird. Man siehet auch täglich viel vnd grosse herden Ochsen auff der vberreichen Weyde spatzieren / welche von dem Graß so feist werden / daß die Außländischen Völcker derselben sehr begierig seynd. Endlich daß sie vor zeiten nit mit dem Wildt haben gestritten / so erweiset doch die tägliche Jagt der Edeln nunmehr das gegentheil. Hierauß nun erscheinet / daß diß gantze Landt jhme selber gnug ist / vnd keiner anderer Länder hülff von nöhten hat.

Gräntzen.

Vnter diesen Chaucis seind die Oldenburger nit die geringsten / weiln jhre Graffschafft gegen Orient an des Bischthumbs Bremen Gräntzen vnd an der Weser sich endigt: Gegen Mittag hat sie das Bischthumb Münster / gegen Abendt die Graffschafft Embden / vnnd gegen Mitternacht die Pfützen der Iadæ, vnd den außgang der Weser in das Meer. Diß Landt begreifft nachfolgende Provintzen: Stedingiam gegen vber Bremen / dem Schloß Delmenhorst vnterworffen. Stadtlandt die in 5 / vnd Butiadiam so in 7 Parochien getheilet / beneben Jevern ein theil des Frießlandts / das 23 Parochias in sich begreifft.

Haupt-stadt Oldenburg.

In der mitten ist die Moerime / vnnd wie Albertus Crantzius bezeuget / so ist diese Graffschafft auß der Zahl der ältisten / vnter welche Grafen er Widekindum den Hertzog in Sachsen / welcher zu Keyser Caroli Magni zeiten gelebet / rechnet vnd zehlet. Irenicus sagt / daß die Stadt Oldenburg von Carolo Magno selbst sey erbawet / vnnd eine Kirche daselbst von dem Bischoff Adalgargo S. Iohanni dem Täuffer consecriret vnnd geheiliget worden. In diesem aber bedünckt mich / daß dieser Scribent jrre / in dem er diese Stadt vnter die Wendischen referiret, vnd selbige an das Meer legt / sintemahl dieses ein andere Stadt ist / in Wragia einer Landtschafft in Hollstein gelegen. Laurentius Michaëlis vermeinet / es haben die Ambrones (von welchen Plutarchus meldet / daß sie mit den Dennemärckern in Italiam seind gezogen / vnd vom Cajo Mario daselbst erschlagen worden /) in diesem Landt jhren vrsprung gehabt / derer Name noch heutiges Tags bey den Ameländern in gedächtnuß sey. Eben solcher meynung ist er von den Alanis, als Sachsischen Völckern / von welchen er sagt / sie haben an dem See Alano, vnd auff beyden seyten desselbigen Wassers biß an das Schloß Oriam jhre Wohnung gehabt / vnd werden jetzo Längerer / das ist Alani, oder Vberlänger / das ist / Vltralani genennet.

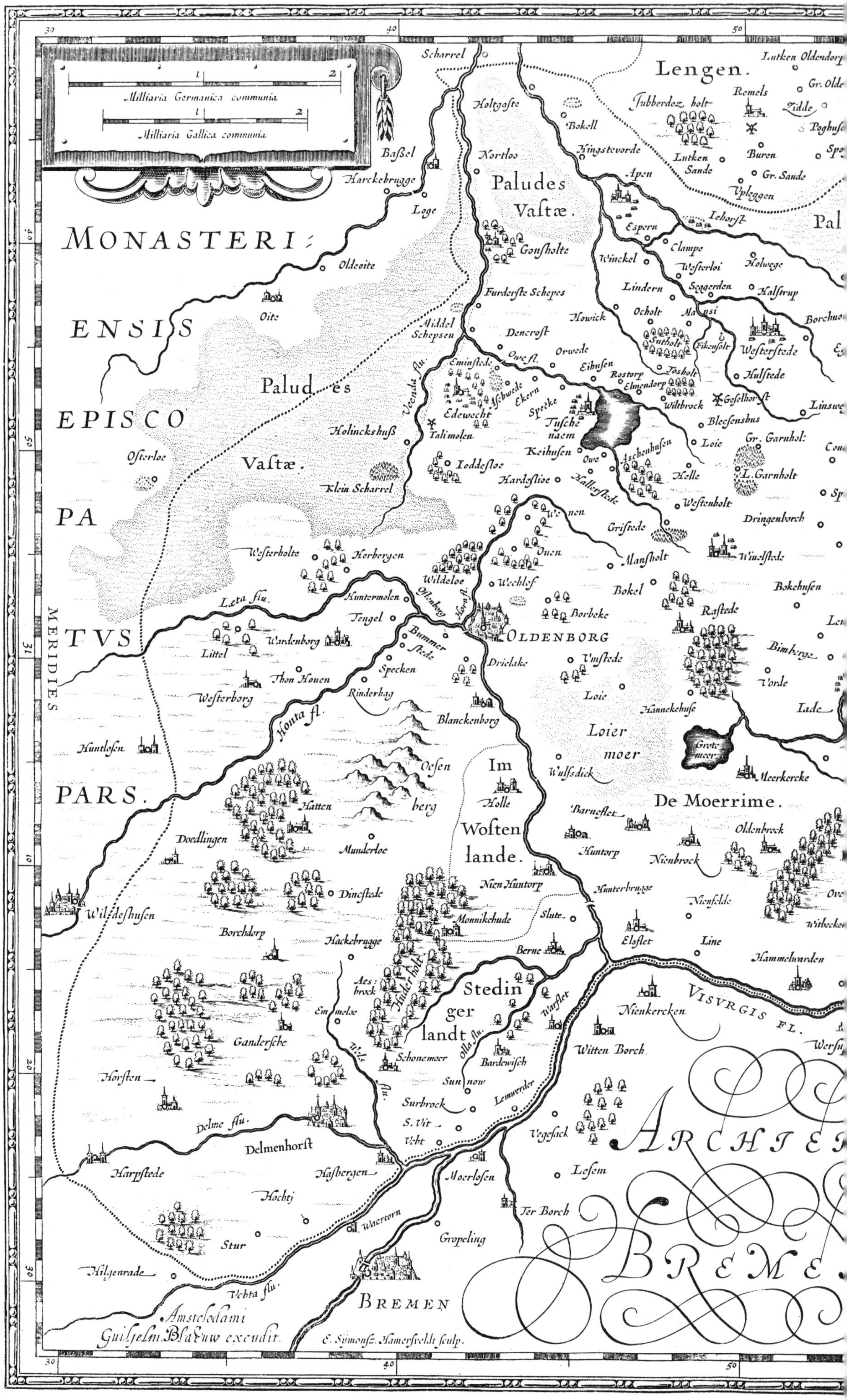
Milliaria Germanica communia
Milliaria Gallica communia
MONASTERIENSIS EPISCOPATVS PARS.
MERIDIES
Paludes Vastæ
Paludes Vastæ.
Lengen.
Scharrel
Holtgaste
Bokell
Jubberdez holt
Remels
Lutken Oldendorp
Gr. Olde
Zidde
Poghuse
Kingstevorde
Lutken Sande
Buren
Gr. Sande
Vpleggen
Apen
Baßel
Harckebrugge
Nortloo
Loge
Oldeoite
Oitz
Gonsholte
Esporn
Lehorst
Clampe
Winckel
Westerloi
Holwege
Furderste Schepes
Lindern
Seggerden
Halstrup
Middel Schepsen
Dencrost
Howick
Ocholt
Westerstede
Sutholt
Eikenholt
Veenda flu.
Eminstede
Owe fl.
Orwede
Eihusen
Rostorp
Elmendorp
Hulstede
Edewecht
Aschwede
Ekern
Specke
Tusche naem
Wiltbrock
Geselhorst
Linswege
Holinckshuß
Talimolen
Blecsenshus
Loie
Gr. Garnhol:
Keihusen
Owe
Ieddesloe
Hardeslioe
L. Garnholt
Klein Scharrel
Westenholt
Dringenborch
Gristede
Wehnen
Ouen
Mansholt
Wiuelstede
Westerholte
Herbergen
Wildeloe
Wechlof
Bokel
Bokehusen
Leta flu.
Huntermolen
Borbeke
Rastede
Tengel
Wardenborg
Bummerstede
OLDENBORG
Littel
Specken
Drielake
Vmstede
Bimberge
Thon Houen
Vorde
Westerborg
Rinderhag
Loie
Hannekehuse
Lade
Honta fl.
Blanckenborg
Loier moer
Grote meer
Huntlosen
Im Holle Wostenlande.
Oesenberg
Wulfsdick
Meerkercke
Hatten
Barneflet
De Moerrime.
Doedlingen
Munderloe
Huntorp
Oldenbrock
Nienbrock
Dincstede
Nien Huntorp
Hunterbrugge
Nienfelde
Wildeshusen
Monnikehude
Slute
Borchdorp
Hackebrugge
Berne
Elsflet
Line
Hammelwarden
Aesbrock
Stedinger landt
VISVRGIS FL.
Nienkercken
Emmeloe
Warflet
Ganderßhe
Olla flu.
Witten Borch
Schonemoer
Bardewisch
Delmenhorst
Sunnow
Surbrock
Lemwerder
S. Vit
Vegesack
Vcht
Delme flu.
Harpstede
Hasbergen
Moerlosen
Lesem
Hochtj
Ter Borch
Waertorn
Gropeling
Stur
Hilgenrade
Vchta flu.
BREMEN
Amstelodami Guiljelm. Blaeuw excudit.
E. Symonsz. Hamersveldt sculp.

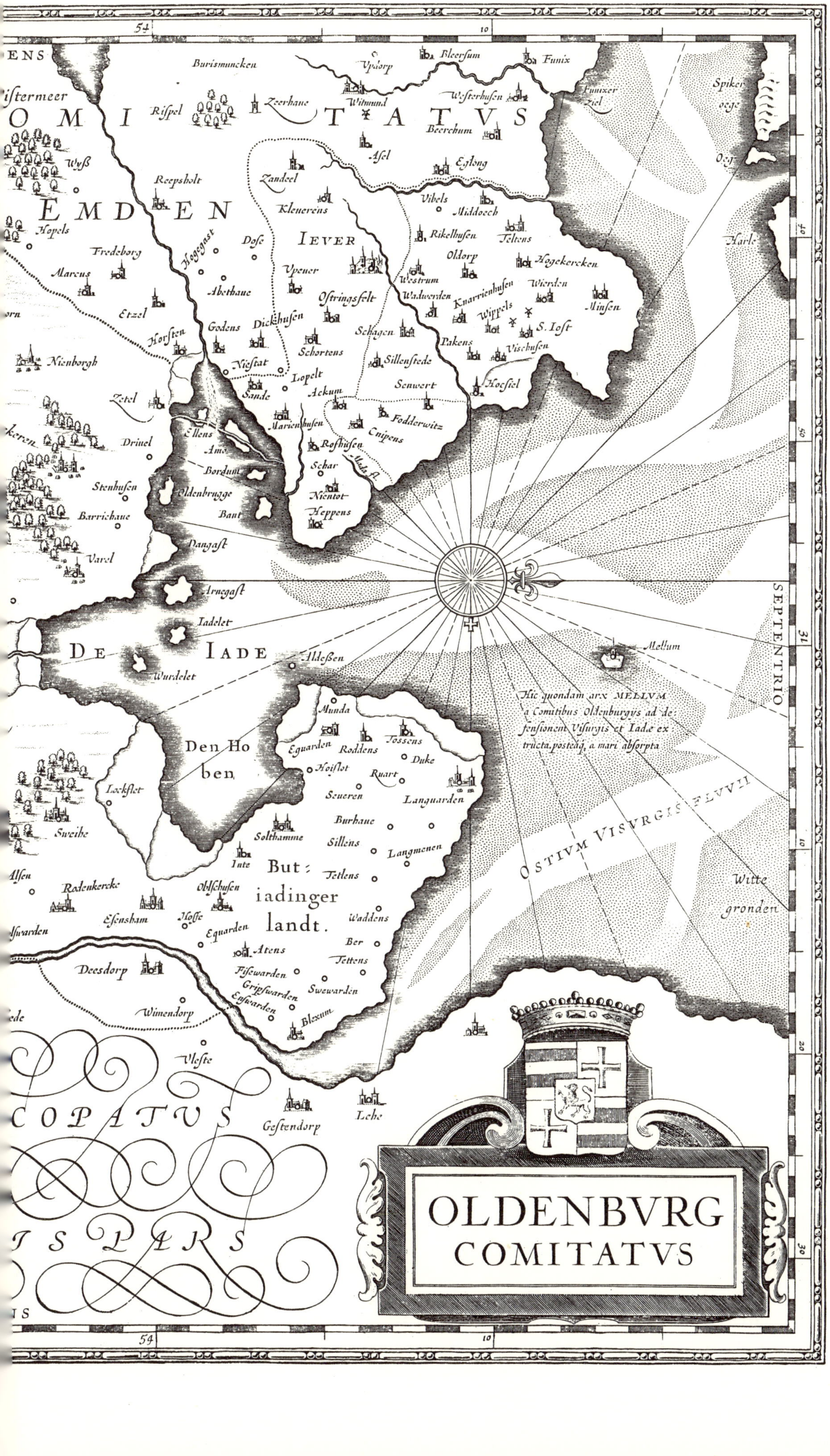
OLDENBVRG
COMITATVS
COMITATVS
EMDEN
IEVER
DE IADE
Den Hoben
Butiadinger landt.
OSTIVM VISVRGIS FLVVII
SEPTENTRIO
Hic quondam arx MELLVM a Comitibus Oldenburgys ad defensionem Visurgis et Iadæ extructa, posteaq; a mari absorpta
Mellum
Witte gronden
Spiker oge
Harle
COPATVS
IS PARS
Burismuncken
Vpdorp
Bleersum
Funix
Funixer ziel
Witmund
Westerhusen
Beerchum
Asel
Eglong
Zeerhaue
Rispel
Wyß
Reepsholt
Zandeel
Kleuerens
Vibels
Middoech
Rikelhusen
Teltens
Oldorp
Hogekercken
Westrum
Wadwerden
Knarrienhusen
Wierden
Minsen
Wippels
S. Iost
Pakens
Vischusen
Schagen
Sillenstede
Senwert
Hocsiel
Fodderwitz
Enipens
Ostringsfelt
Schortens
Vpeuer
Dose
Abethaue
Hogegast
Godens
Dickhusen
Niestat
Sande
Lopelt
Ackum
Marienhusen
Roshusen
Schar
Nientot
Heppens
Hopels
Fredeborg
Marcus
Etzel
Horsten
Nienborgh
Zetel
Driuel
Ellens
Amo
Bordum
Oldenbrugge
Baut
Stenhusen
Barrichaue
Dangast
Varel
Arnegast
Iadelet
Wurdelet
Aldeßen
Munda
Eguarden
Roddens
Tossens
Duke
Hoislot
Ruart
Seueren
Languarden
Burhaue
Sillens
Langmenen
Solthamme
Inte
Tetlens
Obltschusen
Waddens
Lockslet
Sweihe
Alsen
Rodenkercke
Esensham
Mosse
Equarden
Atens
Ber
Tettens
Fissewarden
Gripswarden
Eßwarden
Swewarden
Blexum
Deesdorp
Wimendorp
Vleste
Gestendorp
Lehe
54
10
40
50
31
10
20
30

Die Graffschafft Oldenburg.

Die andere Städtlein. In dieser Graffschafft seind noch andere kleinere Städte/ als Westerstede/ Nienborgh/ Beckeren/ Wivelstede/ Wardenborg/ Delmenhorst mit der Graffschafft Ovelgunne/ rc. vnd jenseit der Weser Darsdorp. Jevern ein theil des Frießlandes wird in dieser Mappen auch zu der Graffschafft gerechnet.

Flüsse. Weser. Die Weser befeuchtigt diese Landtschafft/ so an der seyten gegen Morgen fürüber fleust/ vnd bey Elsfliet das Flüßlein den Hund auffnimpt/ welches auß dem Bischoffthumb Münster auff Wildeshausen/ vnnd von dannen auff Oldenburg seinen Lauff hat/ scheidende die Moerrimen vnd Stedinger von einander: vnterwegen empfängt es die Lætam nicht weit von Oldenburg/ vnd bey Oldenburg die Hornam, welche beym Dorff Mansholdt jhren anfang nimbt. Vber diß besiehe die Iadam:

Jade. Diß Flüßlein war erstlich sehr klein/ vnd des Namens kaum würdig/ es nahm seinen vrsprung auß einem grossen See/ das grosse Meer genant/ vnd als es vnterwegen die Ecker an beyden seyten von einander gescheiden/ vnnd hin vnd wider mit viel zulauffenden Wässern vermehret war/ hat es sich in die nächsten sehr grosse Meerpfützen außgegossen. Da aber die gewalt des Meers täglich je mehr vnnd mehr zunahm/ auch viel Sturmwetter sich erhuben/ dessen man wegen Vneinigkeit vnd Streit des gemeinen Wesens nit wahr namb/ so seind endlich die Teiche durchgebrochen/ vnd ist das Wasser in das nidrige Landt mit grosser gewalt gelauffen/ hat ein stück nach dem andern weg gerissen/ vnnd endlich einen so grossen weiten Meerbusem gemacht/ angesehen der Wellen gewalt den Menschlichen fleiß vberwältiget hatte. An dem Gestadt kan man noch

Die Jadaner jenseit dem Fluß. sehen/ was von den vntergelauffenen Parochien vbrig blieben/ als Eltens/ Ame/ Oldenbrücke/ Bant/ Dangast/ Arnegast/ Jadeler vnd Wurdeler.

Durch diesen Fluß Iadæ werden die Inwohner getheilet. Die auff jener seyten wohnen/ vnd sich bey der Bach Mada anfangen/ haben auß vielen Parochien/ die sehr reich/ vnd vorzeiten in gutem Zustande waren/ nur drey behalten.

Die Jadaner disseit dem Fluß. Die Jadaner auff dieser seyten erstrecken sich mit jhrer Wohnung gegen Mitternacht/ von dannen sich das Gestadt des Meers nach dem Auffgang hinein gegen dem außgang der Weser krümmet: an welcher das Landt nach der länge gegen Mittag biß an die Moerrime in die 4 grosser meylen wegs laufft. Diese werden jetzunder in die Stedinger vnnd Butiadinger getheilet/ vnd besitzen im Vmbkreyß drey Teutscher Meylen von Mitternacht biß nach dem Auffgang/ vnnd haben ein reiches Landt mit 11 Dörffern besetzt. Jene halten den rest mit 3 Flecken vnd dem Schloß Ovelgunna/ das die Oldenburger im Sächsischen Krieg dahin geleget haben. Jhre Benachbarten seind die Moerrimen/ die an der Weser biß an den außgang des Hundes wohnen. Auff die Moerrimen folgen die Stedinger/ deren fürnembster platz ist Elsfliet/ nicht fern von dem außlauff des Hundes in die Weser gelegen. Jenseit des Hundts ist Berna, berühmt wegen eines hohen Thurns vnd Kirchen.

Die kleinen Flüsse. Ausserhalb der Weser vnd der Iada befinden sich noch andere kleine Flüsse in dieser Landtschafft: Die Delm/ so bey Delmenhorst fürüber fleust/ die Læta, welche in den Hundt laufft/ nahe bey der Hauptstadt Oldenburg. Die Mada, so sich gegen Mitternacht in das Meer ergeust/ vnd diese Graffschafft endigt. Die Ovva, die bey dem Dorff Zuschenaim von einer See wird verschlungen.

Ost-Frießlandt.

Gräntzen.

ALso nennet man heut zu Tage das nächste Landt/ so sich neben dem Dullart vnd der Ems außfluß biß an die Weser erstreckt/vñ von dem Bischthumb Münster vnnd der Graffschafft Oldenburg gegen Mittag beschlossen wird/Frisiam Orientalem oder Ostfrießlandt/vnd hat den Titel einer Grafschafft.

Die Jnwohner.

Es begreiffet aber eylff Völcker: die Reyder/Averledinger/Moermer/Lengener/Emser/Broeckmer/Auricker/Norder/Harlinger/Wangerer/Ostringer vnd Rustringer.

Reyderlandt.

Das Reyderlandt ligt zwischen dem Dullart vnd der Ems/ hat ein fruchtbares feistes Erdreich/vnd in die 20 Flecken mit Kirchen/auch so viel ohne Kirchen/die alle/außgenommen 7 oder 8/ an der Ems ligen.

Averledingerlandt.

Gegen vber ist das Averledingerlandt/ so durch den Fluß Lædam von dem Moermerlandt wird gescheiden: dieses Landt ist sehr sumpffachtig/vnd so wol zu allerley Früchten als dem Wiesenwachs vnbequäm: hat 17 Dörffer mit Kirchen.

Moermer.

Die Moermer wonen jenseit der Læda 8 meylen von der Ems/gegen Auffgang biß an Oldenburg/ haben die Lædam auff der seyten gegen Mittag/ vnd die Auricker gegen Mitternacht. Den Namen haben sie von dem Wort Moer/ weil das Landt sehr sümpffìcht ist/vnd nur etliche Sandthügel hat/so die Jnwohner mit grosser Arbeit bawen.

Lengener.

Mit den Moermern seind die Lengener benachbart/ denen man auch wegen der vielfaltigen Pfützen/mit welchen sie seind vmbgeben/ sehr vbel kan beykommen. Das Landt ist nicht breit/vnd zur Weyde vnbequäm: der Dörffer seind 10/ eine Kirche mitten im Landt/vnd das Volck ist sehr wildt vnnd vngezähmt.

Emsland.

Weiter folget das Emslandt auf der andern seyten der Moermer/welches fürwar in der schönheit vnnd güte (es seye daß man die fruchtbarkeit der Erden ansehe/oder aber die menge der schönen Dörffer/vnd der Jnwohner gute Sitten anmercket) alle die andern weit vbertrifft: der Dörffer seind sehr nahe 50/worunter man nit wenig wol für Städte möchte ansehen/ wie es dann auch mit schönen Kirchen vnd Adelichen Häusern vberall ist gezieret: so hat es auch viel Seehafen/als den Oldersummer/Embder/ Knocker/ Grether vnd Edelheimerhafen; der Name dieses Landes ist genommen von dem Fluß Embs/welcher es gegen Mittag/vñ die Seepfützen gegen Occident vnd Mitternacht schliessen.

Broeckmerlandt. Aurickerlandt.

Auff dieses kompt das Broeckmerlandt/ wie auch das Aurickerlandt/das vor zeiten zu dem Broeckmerland hat gehöret: das Landt/sonderlich das an Emsland stößt/ ist zimblich bequäm zum Ackerbaw vnnd Viehzucht/wie es dann auch in die 20 Dörffer mit Kirchen hat/welche statlich erbawet/vnd für die Bawren etwas zu köstlich scheinen zu seyn: der andern ohne Kirchen ist auch eine zimbliche anzahl.

Norderlandt.

Gegen Mitternacht ligen die Nordani an dem Gestadt des Meers/ in einem fruchtbaren Erdreich/zum Ackerbaw vnd Viehzucht sehr bequäm/ sie wohnen allein in Meyerhöfen/ haben in allem nicht mehr dann die einige Stadt Norden/vnd 4 Dörffer mit Kirchen. Man siehet die Harlinger nächst an den Norden/10 meylen weiter gegen Auffgang/ neben 16 Dörffern mit Kirchen/ vnnd zweyen Städten. Je näher das Landt gegen dem Meer ist/ je fruchtbarer mans befindet/was besser hin im Landt ligt/ ist nicht sehr fruchtbar: Das Gestadt ist wegen des Meers sehr vngestüm/ ausserhalb vmb Funixum, da es etwas stiller ist.

Wangrii.

Die Wangrii besitzen die gute vnd reiche Felder an den breiten vnd grossen Pfützen der Iada, die von Mitternacht gegen Mittag zwischen dem Lande ligen: daselbsten seind 16 Pfarrkirchen/ deren 3 den Knipern/ vnd die andern denen von Jever zukommen:

Ostringer.

diesen folgen gegen Mittag die Ostringer/ deren Landt bey weitem nicht so gut fält/ außgenommen das stück das den Edelleuthen/ die sich von Coden schreiben/vnderthänig ist.

Rustringerlandt.

Die letzte seind die Rustringer/ so sich neben den Wangriis vnd Ostringern biß an die Weser erstrecketen/ aber nunmehr durch die Iada getheilet seynd: Das gantze Landt biß an die Weser von dem außfluß der Embs ist 50 meylen lang/ vnd vmb den halben theil gegen dem Landt hinein ist die breite weniger.

Embden.

Fornen an gegen Occident siehestu die berühmte Stadt Embden an der Embs/ das Auge des gantzen Friesischen Gestadts von Hollandt biß in Dennemarck/ es seye daß man jhr Reichthumb ansehe/oder aber jhre herrliche Gebäwe/oder die sehr gute gelegenheit/oder den vnterschiedlichen grossen Kauffhandel/ oder auch die menge vnd freundlichkeit des Volcks: Der schöne Fluß die Embs entspringt in dem Bischthumb Paderborn/ von dannen er durch das Bischthumb Münster nach Ostfrießlandt sich begibt/vnd nach dem er viel krumme Vmbwege suchet/vermischet er sich mit dem Dullart/vnd machet einen sehr grossen vnd breiten See zwischen den Gröningern vnd Embdern/ auff drey grosse meylen wegs/ hinter welchem er endlich mit einem breiten außfluß sein Wasser mit dem Meer vermischet. Die Stadt selber ist nit sehr alt/ deren die alten Historien nicht gedencken/ vnd deroselben Herr hat erst im Jahr 1466 den Titel eines Grafen erlangt/ den Keyser Fridericus III dem Grafen Vdalrico hat zugelassen/ dann vor desselben zeit war diese Graffschafft vnterschiedlichen Herren vnterworffen: Die Stad ist von wegen des wolgelegenen platzes vñ des berühmten Hafens zur Kaufmanschafft sehr bequäm/ angesehen die grossen Schiffe mit

OCEANI GERMANICI
PARS.
TYPVS
FRISIÆ
ORIENTALIS.
Auctore
Vbbone Emmio.
Amstelodami
Guiljelm. Blaeuw
excudit.
Commune milliare Germanicum
Borcum
Iuist
Norderneie
Baltring
Buser diep.
Ooster Eems.
't Wadt
Bandt Ins.
Amasis fluvij ostium
GRONIN GERLAND.
EEMS LAND.
DOLLERT
Emden
Norden
Delfzyl
Dam
Wirdum
Garrelsweer
Wittewerum
Appingedam
Wolthusen
Leer
Oster marsch.
Wester mar sch.
LAND.

RIDERIÆ PORTIONIS facies, ante inundationem, quæ postea sinus maris facta est.
Incidit hæc inundatio circa annum 1277. Decembris 25.
't Wadt
Spikeroog
Wanger oge
Schillich
Dat Brack
Jade Flu.
BUT TADIN GER LANT
PARS COM: OLDEN BUR GENSIS.
SADERLAND.
Ost: rin: gen.
RUS TRIN: GEN.
Jeuer
Witmundt
Esens
Emden
Amisis fluvius
Ampt te Wedde
Oldendorper mehr
Wifster mehr
Varel
Fredeborg
Schillinger Zyl
Grashus
Mintz
Kormer zyl
Garmer Zyl
Wiarden
S. Jost
Hogekercken
Oldeborch
Tettens
Westerhusen
Funix
Butford
Burhaue
Ibens
Bleersum
Warnsate
Dunum
Stedesdorp
Mariencamp
Tunum
Margens
Werdun
Holen
Folckershusen
Serime
Beerdum
Eglong
Asel
Updorp
Medoech
Old dorp
Rikelhusen
Wibels
Westerum
Wadwert
Hadiew
Pakens
Wippens
Vischuser
Inhuser Zyl
Sengwert
Ottens
Sillenstet
Inhusen
Tideuelt
Knip Zyl
Feddewert
Knipens
Mada flu.
Accum
Sibeltzborg
Heppens
Veber
Schar
Niend
Rosthusen
Marienhusen
Bant
Sande
Kleuerens
Sandel
Ostringuelde
Scortens
Vpieuer
Middels
Ardorp
Buris munken
Leerhaue
Rispel
Broeckzetel
Egels
Popens
Reepsholt
Abcohaue
Hogegast
Godens
Dyckhusen
Lepbolt
Olde God
Niesint
God zyl
Eetzel
Wyst
Fred zyl
Horsten
Marcus
Hopels
Zetel
Driuer
Steenhusen
Jarrichaue
Nienborg
Bokeren
Ellens
Amelant
Arne
Dangast
Arnegast
Holtorp
Oldendorp
Strachholt
Baghant
Oldehaven
Stikelcamp
Barte
Lidde
Grote Oldendorp
Spolse
Poghusen
Buren
Lutke Oldendorp
Remds
Grotesande
Schwoede
Lutkesande
Vplengen
Inberde
Hessell
Hasselt
Holtlant
Brinke
Filsum
Hollen
Ammerce
Stickhusen
Spiker
Velde
Deteren
Holtgaste
Bergen
Scart
Ape
Boke
Westerstede
Potzhusen
Inden drei
Barsel
Raude
Osterhusen
Bokelesch
Collinghorst
Drewert
Betteweer
Rebberti Regis Via
Geertsweer
Larrelt
Lagervorwerck
Knock
Logen
Weiwarth
Meuelsche
Osterwerum
Meedhusen
Woldendorp
Wagenborg
Burchsweer
Grysemonken
Bonsum
Swacht
Hembe Org
Westerreide
Luttemüte
Germerwoldt
Saxum
Winscham
Ockeweer
Vterbeerd
Osterborde
Garmye
Wijnenmeer
Honingeham
Blyham
Harkenborg
Megenham
Medum
Botergartem
Wemingermoer
Hogebunde
Exterhoff
Bohm
Dunebreck
Wymbeer
Midwolde
Gryschwerum
Ostwoldt
Finsterwoldt
Beertz
Oldt Esterhuß
Stoxerhuß
Termunterzyl
Dusweer
Ekeweer
Pawinge
Terum
Vierpawinge
Stockdorp
Ewitzweer
Hakelsum
Santerdorp
Ditzsweher
Soxümerwolt
Reiderwolt
Palmar
Nebrhusen
Haykeweer
Marckhusen
Demellem
Sorpren
Neumingerzyl
Achsteck
Goldthorn
Ems flu.
20
30
40
50
26
10
53½

voller Ladung biß an die Stadt können kommen/ vnd jhre Güter mit grossem vortheil außladen/vnd ist nit von nöhten/ daß man sie durch die kleinen Schiffe vberbringe. Sie ist dannoch für etlichen Jahren reicher/ vnd von wegen des Handels viel berühmter gewesen/ angesehen sie alle die geflüchte Niderländer/die von wegen der Tyranney des Hertzogen von Alba sich auß Brabant/ Hollandt/ Flandern/ Seelandt vnd den benachbarten Ländern in die frembde begeben/auff: vnd annahmen/dannenhero Gott der Herr das Landt vnd die Stadt also hat gesegnet/vnd diese freundlichkeit vnd grosse gutthätigkeit also belohnet/daß auß dem steinernen vñ höltzernen Embden schier ein güldenes Embden ist worden/vnd kaum in gantz Belgica oder gantzem Niderlandt ein einige Stadt war/ die jhr an Reichthumb vnd Macht gleichete. Aldar hat man täglich ein grosse menge Schiffe mit vollen Segeln sehen ankommen auß Franckreich/ Engellandt/Dennemarck/ Schweden/ Norwegen/ vnd dem benachbarten Niderlandt. Man bawete grosse Häuser/machte weite Canalen/vmb die Schiffe zu accommodiren: die Stadt ward erweitert/viel schöne newe Strassen geleget/damit die grosse menge des Volcks gnugsamen platz haben möchte. Aber nach dem durch die Gnade Gottes die sachen so weit seind gekommen/ daß die Niderländer sich wiederumb in jhr Vatterlandt haben können begeben/ so ist sie ein wenig öder worden/ wiewol sie jhr ansehen noch zimblich erhält. Ein schönes/grosses vnd wolgebawtes Schloß ligt am anfang des Hafens/ist treflich wol mit Wallen vnd Rundelen versehen/vñ mit dem Meer vberall vmbgeben/ dadurch die Stadt vnd der Hafen beschirmet werden. Vmb die Stadt ist auff einer lustigen ebene ein schöner vnd reicher Wiesenwachs/ vnd zur Viehezucht so bequäm/daß nit allein das gantze Land/ sondern auch alle herumbligende örter mit Viehe gnugsamb versehen werden: Diese Stadt war zu vnserer Vorfahren zeiten der Englischen Kauffleuthe Sitz/ daher sie alle jhre Tücher/die sie zuvor nach Antorff pflegten zu bringen/führeten: von dannen sie sich nach Hamburg/ vnd hernachmahls an andere örther haben begeben.

Norden. Norden ist an der grösse vnd dem vmbkreyß/wie dann auch an Reichthumb/schönheit vnd guter gelegenheit nicht geringer dann Embden/treibet auch einen schönen Handel auf dem Meer/ vnd wiewol sie der Mawren ist beraubet/ so wird sie doch von einer grossen menge Volcks bewohnt/ hatte vor zeiten 4 schöne Kirchen/vñ ward auch eine lange zeit für der Grafen ankunfft von jhren eigenen Bürgermeistern geregieret. Auff

Aurich. diese folgt Aurich / an einem schönen orth zwischen den Heyden vnd Buschen gelegen/ erhält sich schier allein mit dem Viehehandel: ist jetziger zeit der Grafen Residentz vnnd Wohnung.

Jever. Esen. Jever in den Ostringiis solte sich ohne den gedachten Handel auch nit erhalten können. Esen ligt in der Harlinger Lande; wie auch Witmunda schier mitten in dem gedachten Lande/ doch ohne Mawren. Welche Städte alle ausserhalb Norden nicht von sich selbsten/ sondern von wegen der darbey ligenden Schlösser ansehnlich vñ berühmt seynd. Noch seind fünff Marckflecken/ wegen der Märcke vnd des Handels nicht wenig bekant: als Wener, lemgum, Lera, Oldersum, Marienhoven. Da seind auch viel schöner Schlösser zu sehen/ vnter welchen die fürnembsten seyn: Das Auricher Schloß/ item Esen/ Witmund/ Jever/ vnd das starcke vnd wolgelegene Schloß Orth auff der Embs/da die Leda vnd die Embs zusammen fliessen. Wie auch Stichhusen/ Friburgum, Ostringicum, Berum in der Norderlandt/Gretha im Emserlandt/vnd Peusum. Ovelgunda ligt jenseit der Iade: Heutiges Tags ist das Landt in gewisse Vogteyen abgetheilet/ vber welche der Graff oder andere Herren jhre Vögte setzen/ mit denen es also ist beschaffen. Die zweyerley Embdische Vogtheyen ligen im Reyderlandt vnd Embslandt/ vnnd in demselbigen Embslandt gegen Norden die Grethaner Vogthey. Die Orther Vogthey begreift ein theil der Moermer/Vberledinger vnd Lengener. Die Norder Vogthey ligt im Norderlandt/ hat aber kein Schloß. Deßgleichen ligt die Verumer eben in demselbigen Lande. Vnter die Auricher gehöret Broeckmeer mit den vmbligenden Dörffern. In einem theil des Ostringer Landes an dem inwendigsten Busem der Iade ligt die Friburger Vogthey/vnd zwischen der Embder vñ Grether die Peusumener Vogthey/ die allein vier Dörffer vnter sich hat. Diese gehören alle mit einander dem Grafen von Embden zu. Die andern/als die Esensche/Witmundische/ Jeverische vnnd Ovelgunnische/ ob sie zwar von dem Keyser der Graffschaft waren einverleibet/so seind sie dannoch vnter andere Herren gekommen. Vnter diesen ligen hin vnd wider der Edelleute Herrschafften vnd Güter. Die fürnembsten seind diese: Oldersum an der Embs hat sechs Parochien oder Pfarrkirchen/ Knipen in Wangria neben einem schönen Schloß/ daß des Barons Kniphausen Sitz ist/ vnnd dreyen Pfarrkirchen. Dornum in dem eussersten Eck des Norderlands bey dem Harlinger Lande. Goden in Ostringerlandt. Der andern wollen wir hier nicht gedencken. Es seind auch vngefehrlich 30 Klöster im Lande/vnter denen den vorzug haben Silomoniken mitten im Embserlandt/ Alant/ Apping/ Dyckhusen/Blauhusen/ Marienthal/ welches sie auch das Olde Kloster nennen. Item das Dominicaner Kloster zu Norden. Thedingem im Moermerlandt an den Pfützen in einem nidrigen platz/ wie auch auff dem Auricherlandt zwischen den Wälden das Kloster Meerhusen/ vnd Mariencamp bey Esens im Harlinger Lande/endlich das Veldense nicht weit von Jever. Das Volck im Lande liebet seinen Herren auch so hoch/ wann er sich in seinen billichen vnnd schuldigen terminis verhält/ daß sie desselben wolfahrt höher achten als jhre eigene.

Schlösser.

Vogtheye.

Das Hertzogthumb
Cleve.

Cleve.

DAs Hertzogthumb Cleve strecket sich nach beiden Vfferē des Rheins auß/ vom Haupt Cleve das gantze Hertzogthumb seinen Namen lehnend: ligt vnd stößet an das Hertzogthumb Gülich. Gegen Auffgang hatt es das Hertzogthumb Berg/ Graffschafft Marck vnd Westphalen: Gegen Mitternacht/ die Graffschafft Zütphen/ Ober Jssel/ vnd Holland: gegen Niedergang/ Geldern vnnd die Gegend Lüttig: gegen Mittag das Cölnische Gebiet. Etzliche wöllen/ daß Ælius Gracilis, als er an reichthumb vnd macht in Gallia Belgica florirete/ von Pipino vnnd Carolo Martello das Theil von Hollandt vor ein Geschenck bekommen/ welches zu dero zeit die Graffschafft Teisterband genennet war/ darnach den Namen Cleve empfangen/ ein alter Sitz der Menapier. Diesem vorgesagten Ælio seindt in der Ordnung nachgefolget Theodoricus, Reinaldus, Rudolphus, Ioannes, Robertus, Balduinus vnd andere/ biß zu Ioannem: der nach Ælio ist gewesen der sieben vnnd zwantzigste in welchem diese Familie hat abgenommen; Doch ist von Sigismundo Keyser vnd den Provincialen/ Adolphus zu dieser Familie erwehlet/ vnd im Concilio Constantiensi Hertzog von Cleve getitulirt worden. Vnd ob wir wohl selbiges Hertzogthumb vnter Holland vnd zwar Niederland/ desgleichen auch Franckreich rechnen/ dannoch hat es sein meisten Theil in Teutschland.

Städte.

Nach der Kanten Franckreich ligen/ Bürich/ Santen/ vorzeiten Vetera geheissen/ (in welcher Acker Tofstein auß den alten Ruinen gelesen wird) Cleve/ Calcar/ Griet/ Griethusen. Am Vffer nach Teutschland hat es Wesel/ Duisburg vnd Embrich ligen. Vber Calcar/ welchen Ort sie heut Auff den Baeren heissen/ wird gesagt daß Cæsar Germanicus ein Brucke solte aufm Rhein hergelegt haben/ als er von Veteribus Castris zu den Marsos marchiret/ welche man heut/ nach verenderung des Nahmens Twenten nennet; dannoch das Städtlein Otmarßen die alte Fußstapffen des vorigē Namens behaltet.

Wesel die Hauptstadt.

Weil aber vnter allen diesen Städten/ Wesel den Vorzug hatt/ wollen wir geliebter Kürtze etwas davon hierhin setzen: Diese Stadt ist am Vffer des Rheins nach Teutschland/ am ende des Flußes Lippe/ vnd sonsten zum Kauffhandel sehr bequemen Ort gelegen/ welche auß den benachbarten Acker vnd Felde vnd vieler anderer sachen anwachsung/ nicht wenig Reich vnnd Mächtig worden. Eberhardus der Neunte Graff zu Cleve vnd Teisterband (es wird aber vnter Teisterband alle die Gegend gerechnet so vō der Maaß/ Waal vnd Rhein beschlossen werden/ in welche annoch herzliche Dominia sein) hatt sehr freigebig gegen die Geistliche Personen sich erzeigt/ vnd selbigen viele sachen geschoncken vnd verehret. Theodorico Septimo hatt Rudolphus von Hapspurg Wesel sampt dem Schloß Rhinbergen gegeben. Theodoricus der Neunte hat zur Gemahlin bekommen des Keysers Tochter Alberti von Osterreich/ welcher zugleich das Recht in Wesel vnnd Rhinbergen gehabt/ vnnd neben deme ein Convent der Prediger daselbsten instituirt. Adolphus der erste Hertzog zu Cleve/ hatt das Rhathauß zu Wesel erbawet. Es hat sonsten auch diese Stadt gelehrte Leuthe gebäret/ vnter welche ist Arnoldus, dessen Zuname Vesaliensis, so ein Commentarium geschrieben in die Zehen Gebott zu Cölln Anno 1542 getrucket vñ außgangen. Im anfang des Niederlandischen Kriegs/ ist Wesel ein sonderliches Hospitium der Geflüchten auß Holland/ Seeland/ Artoyß/ Flandern vnd Brabant gewesen/ daher sie sehr an Reichthumb/ Kauffhandel vnd sonsten zugenommem. Nach dem aber die Spanier vernommen/ daß ihnen kein ander weg oder mittel die Holländer anzugreiffen/ als durch Cleve vnd Geldern mehr vbrig/ ist sie zu gemeinem Raub vnd Außlauff der stärckesten Partheyen so jhren gemeinen March dardurch nahmen/ außgesetzt worden. Franciscus Mendoza Oberste Marschalck von Arragonien, vnnd des Spanischen Heers Hauptman Anno 1598/ nach dem er ein grosse Summ Gelts diesem Magistrat abgetrungen/ hatt selben so weit bracht/ daß sie das nachfolgende Jahr jhr Religion verendern/ vnd die Catholische annehmen müssen. Nach absterben aber weyland Hertzogen von Cleve hatt sie belegert Ambrosius Spinola, vmb welche zeit mit gleichem Recht die Staden von Hollandt Rees vnd Embrich haben ingenommen: Vnd nach dem er Spinola die Stadt Wesel lange Jahre mit Spanischer besetzung inne gehabt/ hatt er allen möglichen fleiß angewendet/ waß massen er weiter fortschreiten vnd Geldern/ Over Jssel sampt dem Stifft Vtrecht an sich bringen könte. Anno 1629 im Monat Augusto, nach dem der Printz von Vranien Friederich Henrich Hertzogen-Busch belegert hatt/ vnnd der Graff von Herenberg mit einem Spanisch- vnnd Keyserischen Läger vber die Jssel kommen/ die Velaw vnnd Amersfort ingenommen: ist Wesel durch ein listiges Stratagema, davon der Anschläger vnd Führer Otto von Gent gewesen/ ingenom-

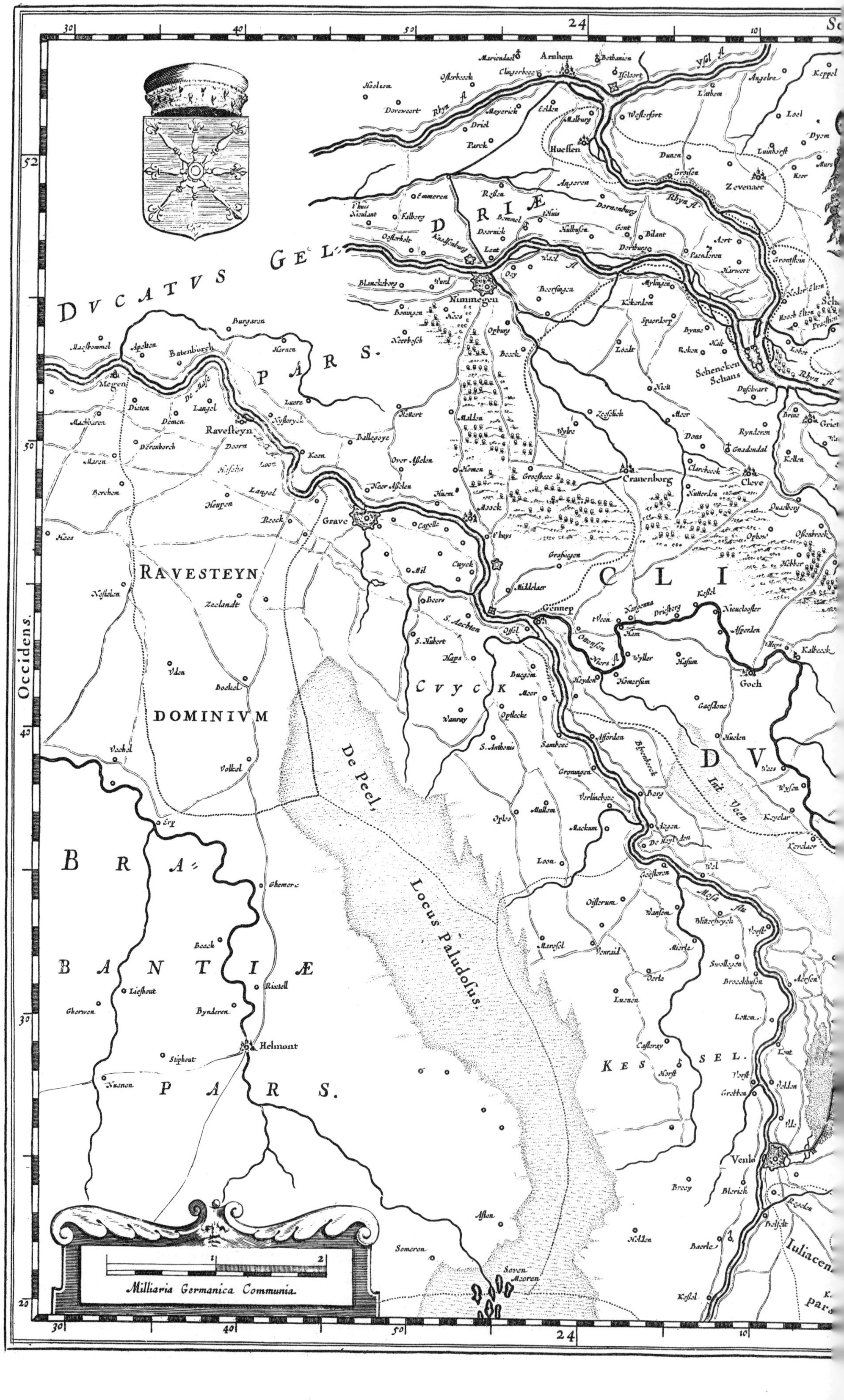
Dvcatvs Gel- Driæ Pars.
Ravesteyn Dominivm
Braβantiæ Pars.
Cli Dv
Cvyck
Kessel.
De Peel, Locus Paludosus.
Occidens.
Milliaria Germanica Communia
Arnhem
Nimmegen
Grave
Gennep
Cranenborg
Cleve
Goch
Venlo
Helmont
Schencken Schans
Zevenaer
Ravesteyn
Zeelandt
Iuliacen
Rhyn

CLIVIA
DVCATVS
ET
AVESTEIN
DOMINIVM.
WESTPHALIÆ
COMITATVS PARS.
ZVTPHANIENSIS
PARS.
TVS.
Oriens:
Broefoort
Bockholt
Borcken
Gemen
Anholt
Rees
Ringelburg
Schermbeeck
Wesel
Santen
Dorsten
Lippe Fluvius
Rhenus Fluvius
Zonsbeeck
Burick
Alpen
Rhynberck
Orsoy
Dynxlaken
Colnisch
Fossa S. Maria
Murs
MVRS COMIT.
Duysburg
Broeck
Stirum Comit.
Angerort
Marck Comitat.
Ketwyck
Kempen
Stift Coln
BERGHE DVC: PARS.

Das Hertzogthumb Cleve.

men / vnd in gewalt der Vereinigten Provincen kommen / dadurch beide Kriegs Heer haben mußen zurück weichen / bey der Issel ingehabte vnd aufgebawete Castra verlaßen / weil jhnen allenthalben das Proviant abgeschnitten.

Cleve.

Cleve ist vor diesem ein berühmbte Stadt gewesen / wie man auß des zerfallenen Schlosses Mawrē annoch kan abnehmen: hat seinen Namen von den gähen Hügeln auff welchen sie ligt / bekommen.

Calcar.

Calcar zwischen der Maaß vnd Rhein / ist von den Graffen von Cleve gebawet worden / den Namen von dem alten Calcar gewechselt.

Griet.

Griet an der lincken seiten des Rheins / welchem von selbiger seiten Griethußen folgt / gelegen; ist das erste so an der Holländischen Acker stoßet beym alten Schloß Lobech.

Bürich.

Bürich ligt recht gegen Wesel dē Rhein vber / welches nunmehr auff vnser seiten vnd mit newen starcken Wercken gegen des Feindes anlauff zimblich versehen.

Embrich.

Diesem folgt Embrich / so etzliche vermeinen daß es sey / welches Tacitus Asciburgum nennet: Welchem widerspricht Nuenarius. Ist von Inwohnern vnd Haußern sehr reich vnd erfüllet / starck gemacht worden von den Staden der Vereinigten Niederlanden: hatt auch ein berühmbte Schule. Aber wan man will auff der alten Scripta wol sehen / vnd der Orter alte gelegenheit mit den Jetzigen vereinigen / wird befinden / daß Asciburgum (wie die alte Schwetzer sagen / dessen Anfenger vnnd Erbawer Vlysses seyn solle) nach der meinung Taciti, lib. de morib. Germ. zwischen Neuß vnnd Santen so Vetera genennet / am Frantzösischen Vffer gelegen sey.

Rees.

Rees ist ein kleine Stadt / doch nicht ohnberühmbt wegen seiner Stärcke / so in dem jüngsten Krieg auß ordnung der Holländischen Staden dahin gemacht worden.

Flüsse.

Die vornehmbste Flüsse so das Landt Cleve benetzen / seind der Rhein / Niers / Rhur / vnd die Lippe. Der Rhein laufft zwerck dadurch: Die Rhur kom̃t auß der Graffschafft Marck / vnnd stürtzet sich in diß Fürstenthumb zwischē Duisburg vnd Roerort in den Rhein: Die Lippe nimbt jhren Vrsprung in Westphalen / vnd vermenget sich auch bey Wesel mit dem Rhein: Die Niers auß dem Land Gülich vnd Geldern vorbey lauffend / fellt bey dem Hauß Gennep in die Maase.

Wälde.

Vnter dieser Landes Wälde / ist der Vornehmbste der Duyßburger Walt / bey Tacito Saltus Teutoburgensis genennet / vmbgibt mehr als die helffte von selbiger Stadt / an etlichen Ortern kein fünff schuß weges darab ligend: In selbigem findet man viel verscheidene wilde Thieren / clare Wasserbrunnen vnnd Flüßlein:

Berge.

Die Bergen dieses Landes seind an jhm selbst hoch / vnd mit grossen Bäumen bewachsen.

Ravenstein.

Ravenstein ist ein schöne Herzligkeit / gelegen an der Maaß zwischen Brabant vnd Geldern. Gegen Mitternacht stoßet sie an die Grentze von Nimmegen / gegen Mittag an Lüttig / gegen Auffgang vnd Nidergang an Hertzogenbusch.

Nach dem nun Johan Wilhelm ohne Erben verstorben / ist Anno 1609 den 25 Martii zwischen Keyser Rudolph dem Eilfften dieses Namens / (so wolte das diß Hertzogthum̃ ans Reich / weil es ein Mans Lehen / verfallē were) Marckgraffen von Brandenburg / vnnd Hertzog von Neuburg einige vnruhe entstanden: Von welcher der Erste geboren war von Leonora, die ältiste Schwester von Hertzog Wilhelm: der ander von Anna der jüngsten Schwester / welche noch lebete. Der Hertzog von Sachsen prætendirte gleichfals auch hierauff / vorgebend / daß dieses Hertzogthumb an seine Voreltern vnd jhme von verscheidenen Keysern auffgetragen vnd gegeben were / wan die Hertzöge ohne Mänliche Erben verstürben / wie solches auß den Brieffen hiervon auffgerichtet / gnug zu tage leuchtete. Nach dem nun die Stadt auß hülff Henrich des IV Königs von Francreich / vnd der Staden von Hollandt die Stadt Gülich ingenommen war / vnd Ertz-Hertzog Leopold von Keyser Rudolff hiehin abgefertigt / wider zurück nach hauß gekehret / haben Brandeburg vñ Neuburg ein zeitlang zusamen regirt; Darnach ist wider einig zweispalt vnter jhnen entstanden / vnd Krieg einer gegen den anderen angefangen. Neuburg hatt des Königs von Spanien / Brandeburg der Staden von Holland hülff gesucht vnnd implorirt. Endlich haben sie auß gutachten Keyserlicher Majestät / die Landen Cleve / Gülich / Berg vnd Marck vnter sich getheilet; davon gleichwol der König von Hispanien die Stadt Gülich / Sittert vnnd Orsey; vnd die Staden / Wesel / Rees vnd Embrich Pfandtsweiße inne behalten.

Die Graffschafft
Marck vnnd Ravensberg.

Die V-bier-Grafen.

DJe Graffschafft Marck vñ Hertzogthumb Berg glaubet man / seyn ein alter Sitz gewesen Vbiorum. Die Grafen von Altena seind mit diesem Titul allein zufrieden gewesen / biß zu den zeiten Adolphi, Sohn Frederici Grafen zu Altena vnnd Berg: welcher nach dem er den Titul March bekommen/ hatt er sich Marggraff nennen laßen/ vnd auch die Wapffen eines alsölchen Herrns geführet / welches geschehen ist im Jahr 1053/ zu der zeit als Wachmannus Graff zu Cleve gewesen. Diese Graffschafft ist die grössesste in gantz Westphalen/ von der Bach Lip gegen Nidergang anzufangen / auff welcher seiten sie die Städte Ham / Vnna / Dortmundt/ Werden vnd andere ligen hatt.

Städte.

Dort-mundt.

Dortmundt ist von Witikindo Trotmannia geheissen. Diese ist ein alte des Nidersachsischen Kreyßes/ so sie Westphalen nennen/ Stadt/ vnd eine auß dem zhal der ReichStätte/ vorzeitẽ dem Gebiet dieser Graffschafft vnterwürffig gewesen. Jhr anfang wirdt referirt zu Carel dem Grossen / welcher hier/ als er Witikindum vnnd die Sachsen bekriegete/ wegen dieses Orts frewdige anlockung seinen Sitz genommen: dessen gedachtnüs noch ist in den hierümbliegenden Ackern / welche sie an heutigen tag Konigs-Hoffland heissen. Man sagt auch/ daß hochgedachter Carolus ein Collegium Canonicorum instituirt, vnd dem H. Pantaleoni geheiligt habe / welches Hanno ErtzBischoff zu Cölln nach Agrippin transferirt, vnnd angehefftet der Kirchen der H. Jungfrawen ad Gradus, vnd nach verenderung des vörigen Namens / den Titul S. Reinoldi gegeben. Es seind aber hernach von den Grafen vnnd Vögten (Burchmänner geheissen) andere Kirchen/ vnter welchen den vorzüg des H. Martini hatt / Clöster der Franciscaner / Dominicaner/ Hospitall- vnd andere Heusser den Krancken zu nütz auffgebawet worden. Diese Stadt/ wie auch gantz Westphalen/ ist vnterm gebiet Caroli verblieben biß zu den zeiten Keysers Arnulphi: von welchen es zu seiner Schwester Man Otto von Sachsen vnd von dannen zu Henrici Aucupis gewalt kommen / vnter welchen die Hunnen diese Orter zerschleiffet/ die zwar dieser Henricus vertrieben: doch nach ein wenig zeit / vnd alß sie sich verstärcket / wider kommen/ vnnd erstlich im Jahr 937 bey hieiger Stadt außgetilget vnnd verschlagen worden. Heut zu tag nach der Stad rechten seyte gegen Mitnacht / ist ein Brunne / welchen sie von den Hunnen/ die Hunnendrenck nennen. Auch ist gnug offenbahr/ daß Henricus der Zweite / mit seiner Gemählin Kunigunda, herrliche des Reichs Conventen alhier gehalten Anno 1015 / auff welchen der Bischoff von Paderborn Meinwercus sein Mutter angeklagt/ daß sie jhren Sohn Meinwerci Bruder / vmbgebracht haben solte. Deßgleichen Fridericus Barbarossa habe auch ein zeit lang seine Hoffhaltung alhier angestellet / wie die Annales Monasterienses nicht allein/ sondern auch die Namen selbiges Orts bezeugen. Sie hatt im Jahr 1297 grossen schaden vom Fewer erlitten/ so woll die gemeine/ als auch andere Bürgers Heußer nicht verschönet/ sonder alle mit einander weg genommen. Zu welches schaden erstattung/ die Keyser alhier ein Consistorium in welchem des Reichs Rechts sachen dirimirt würden/ verordnen vnd mit Jährlichen Märckten nicht allein begaben wollen/ sondern auch selbsten laßen viel Heußer widerümb auffbawen. Wiewoll nun diese Graffschafft von Dortmundt von alters allein von der Keyser Lhenung abhendig: doch nach dem die Keysers dignitet vom Hauß Sachsen abgewichen/ haben nachderhand sehr selten die Keysers hier in Westphalen versirt vnd gewesen: Jst also erblich worden mit diesem beding / daß der Grafen Successorn Lhens weiße diese Graffschafft vom Keyser empfangeten. Aber das meiste Theil seines Gebiets/ haben die Grafen hernach zu dieser Stadt Senat transferirt, vnnd ist diese Iurisdictio lange zeit vertheilt blieben / biß daß Ioannes Steckius, an welchen diese Graffschafft erblich gefallen / auch sein theill mit voller Schwerdtes Macht an vorgesagten Senat bracht / welche translation Maximilianus Anno 1504 mit seinem Königlichen diploma bekräftigt vnd ratificirt hatt. Es war aber vor diesem ein alter gebrauch / daß die Consules wan sie das Lhen empfangeten/ mit gefaltenen Händen/ gebogenen Knien sitzeten/ vnd ein küß auff die Wange des Keysers gaben welcher gebrauch abgangen. Derowegen Carolus V, Anno 1520 hatt Hildebrand von Schwartzen nach dem Er den gewönlichen Aidt geleistet ohne einige vörhergehende Ceremony / diese Graffschafft vbergeben. Ferdinandus hatt auch Dietmaro von Berßwerde; Maximilianus Secundus, Lamberto Dietmari Sohn / selbige Graffschafft nach form etzlicher vorhergehender worten auffgetragen. Derowegen der Magistrat dürch die gantze Stadt vnnd Graffschafft jhr gewalt gebraucht einen Sadtschulteissen so den taglich vorfallenden hader dirimirt, gesetzet/

25
40
50
10
20
Occidens
Clivi Æ
Ducatus Pars.
Episcopatus
Vest
Recklinchusen.
Marc
Bergæ Duc
Wesel
Schermbeeck
Dorsten
Halteren
Reclinckhusen
Dynxlaken
Rhynberck
Orsoy
Holt
Grimberg
Roeroort
Meurs Com.
Duysburg
Broeck Com.
Stirum Comit.
Essen
Boeckum
Angerort
Angermond
Ordingen
Ketwyck
Werden
Hattingen
Elverveldt
Lippe flu.
Rhenus flu.
Roer flu.
Ravensberg Comitatus.
Osenbrug
Lubbeke
Renneberg
Minden
Lymburg
Melle
Iberg
Vlotho
Herwerde
Ravensperg
Ravensbergensis Comitatus.
Lemgow
Bilevelt
Sassenburg
Dietmelle
Holte
Rheide
Wiedebrug
Rydberg
Paderbornensis Episcopatus Pars.
Delbrug
Lipspring
Lippe Com.
Lippe
Boke
Paderborn
Stormede
Saltkoten
Geisken
Steinen
Kleinenberg
Soest
27
51
52
Comi
Mar
E
Raven

ASTERIENSIS.
PARS.
WESTPHALIÆ
DVCATVS
PARS.
IA
MITATVS.
PARS.
Orient.
Milliaria Germanica
Ham
Marck
Werne
Lunen
Caemen
Dorthmund
Unna
Menden
Sigburg
Neim
Arensberg
Olinckhusen
Hachen
Iserlon
Limburg Com.
Altena
Balve
Werle
Soestisch Boerde
Soest
Brakervelt
Werdole
Rade
Lunschut
Plettenberg
Nustat
Lippe flu.
Herfeldt
Hoffstadt
Lichtesant
Lydberg
Kentorp
Dynkelen
Werl
Scheidingen
Bremen
Erlenborg
Hagen
Lunneren
Schide
Wicked
Kroff
Gimboren
Engelskirch
Zur Leyen
Gummersbach
Ruscl
Mollen

vnd andere dergleiche ſachen verordnet/ welche andere FreyStädte zu diſponiren pflegen.

Seeſt. Soeſt iſt ein reiche vnd groſſe Stadt in zehen Volckreiche Parochien abgetheilet. Es ſcheinet/ daß ſie nach jhrer erſter fundation, ein Schloß oder Vogtey gehabt/ welche mitler weil zu alſolcher groſſer Stadt geworden/ vnd daher den namen bekommen habe/ daß wegen des wolgelegenen Orts/ etliche Heußer an das Schloß algemach beygefügt oder hinzu geſetzet ſeind/ daß ſie des taglichen anwachſes halben Suſatum, alß wolten man ſagen ein Zuſatz/ genennet worden. Vor dieſem hatt ſie vnterm gehorſam des Ertz-Biſchoffs von Cölln geſtanden: nun aber iſt ſie vnter der Hertzoge zu Gulich/ Cleve vnd Berg Gebiet. Sie hatt viel Dörffer vnter jhr/ welche ſie in jhrer Sprach die Soeſtiſche Bürden nennen.

Werden. Werden ligt an der Rhur/ vnnd iſt ein Cloſter daſelbſten von S. Lutgero inſtituirt worden. Jhren anfang rechnet ſie von Guilielmo von Hardenberg/ dem 42 Abt/ Anno 1317/ vnd Engelbert Grafen zu der Marck ſo ſie mit vielen Privilegien begabet. Jhre Jnwohner ernheren ſich der Vihezucht/ haben ſchöne Felder/ Äcker vnd andere Weyde/ hohe mit dicken Buſch vnnd Baume vmbgebene Berge/ in welchen man viele heerde Schweine gehen ſihet/ vnnd viel ſchöne Rauſch- vnd ſpringende Waſſerquellen. Es werden in dieſer Grafſchafft gezehlet 14 Vogtey/ als: Jſerenlohe/ Huerde/ Altena/ Boeckhum/ Schwartzenberg/ Wetter/ Ham/ Schwerten/ Lünen/ Vnna/ Neuſtatt/ Blanckenſtein/ Rade/ Werden vnnd Camen. Sie wirdt benetzet vom Rhein/ Rhur/ Lippe/ Anger/ Wopper vnd anderen Flüſſen. Vogtey.

Ravensberg.

Die Grafſchafft Ravensberg wird theils gegen Mitternacht vom Biſchthumb Minden vnd Oßnabrück: gegen Auffgang von Lemgo; gegen Mittag Stifft Paderborn vnd Grafſchafft Lippe/ Sparenberg vnd Rittberg; gegen Nidergang vom Biſchthumb Münſter beſchloſſen. Vorzeiten iſt der gebrauch geweſen/ daß man die Schlöſſer auff hohe Berge gebawet/ daher auch viele den Namen davon bekommen haben/ als: Rittberg/ Cloppenberg/ Hertzberg/ Sparenberg/ Sterneberg/ Schwalenberg vnd Ravensberg. Dieſes Schloß iſt vberauß feſt vnd ſtarck/ vnd auffm hohen Berg gelegen/ davon die gantze Grafſchafft den Namen hatt. Die andere Städlein ſeind nachfolgende: Bilevelt/ Herwerde/ Enger vnd Vlothowe. Jſt ein Bergachtiges Landt/ nicht mehr fruchtbar als die nechſtgelegene. Gehorſamet den Hertzogen zu Gülich vnd Cleve. Gräntzen. Schloß. Städlein.

Ach

ACh ein Keiserliche Stadt/ zwischen dem Rhein vñ der Maasen/ an den grentzen des Hertzogtumbs Gülich gelegen/ ist der Römischer Keysern erste krönung/ auch Keysers Carls des Grossen begräbnuß/ vnd des sieben järlichen wallens halben/ gar namhafft. Von deren anfang der wolerfarner Herr Franciscus Fabritius ein Artz von Ach also schreibt. Es ist auß des Keysers Julij vnd Cornelij Taciti/ auch vieler anderer historien gnůgsam kündig/ das weiland die Römer so gegen die Teutschen gekriget/ an disen örtern/ zwischen dem Rhein vnd der Maasen/ jren sitz vnd schirm gehabt haben: dessen die namen etlicher platzen/ vnd andere gedenckzeichen/ gezeugnuß geben. Zu disen zeiten/ schreiben die historien/ soll einer auß den Römischen Fürstẽ mit namen Granus (der auch ein brůder Neronis solte gewesen sein) dise warme Bäder so in Bergen vnd Büschen vmb dieselbe zeit verborgen waren/ erfunden: auch vmb die gegend gewonet/ vñ ein Schloß dabey gebauwet haben/ dessen noch heut zu tag ein mercklich gedenckzeichen der ålte/ gesehen/ vnd Grani Thurn genennet wirdt/ welches Schloß soll von Ptolomaeo/ wie etliche vermeinen/ im andern Bůch seiner Cosmographi am 9. Capit. Veterram genennet sein. Zwar von den einwoneren werden die Bäder/ vnd das ort der gegend in Latein Aquæ Grani gennеet/ haben dẽ namen von den wassern/ so Aquæ, vnd dem ersten erfinder so Granus geheissen/ zusamen geflicket: vnd mit verkerter declination Aquisgranum außgesprochen/ welcher nahm auch der Stadt verplieben ist. Nach etlichen zeiten vngefehr 700. Jaren/ da der Francken König Karl/ mit seinem zunamen der grosse im gejächt jrrig an disen ort kommen/ vñ jhn die warme Bäder/ auch fröligkeit vnd bequemigkeit der platzen belůstiget: hat er dieselbige/ sampt dem Schloß erneuwert/ vnd ein Königlich Pallast alda erbawet. Darnach weil er ein vberauß Gottsförchtiger mensch war/ hat er am selbigẽ ort negst beim Pallast mit grossen kösten/ die vortreffentliche kirch auffgerichte/ vñ dieselbige võ dem Römischen Bischoff Leone/ zu ehren Gottes/ vnd der seligen Jungfrauwen Marien lassen weihen/ hat dieselbe mit reichen gaben/ vornemlich aber mit thewren gedenckzeichen eines stãdhafftigẽ glaubens oder heiligthumb/ begabet. Deren halben er die sieben järliche Bilgerfart/ so noch biß auff den heutigen tag im brauch/ angestellet. Da nun diser starckester vnd Gottsförchtigster König/ vnd der Kirchen ernster verfechter/ durch Gotts vorsehung/ des Römischen Reichs vergwaltung auff sich nam: hat er den vorgenenneten ort mit mauren vmbzogen/ vnd zu ehren der Kirchen die Stadt erbawet/ welche er des Reichs sitz vnd ein haupt des Welschlands/ so auff jenseit den Alpen gelegẽ/ verordnet hat. Dise statt wiewol sie in eim thal gelegen/ vñ rings vmbher mit bergen vmbgeben ist: hat sie doch eine vngleubliche gesunde laufft/ welches bezeuget das die menschen alhie zu höhestem alter geraten/ auch das man selten pistilentzische siegtagen vermercket. In dem negst vmbligenden kreiß der stadt/ ists schier ein weite ebne/ drin seind wisen/ zur vihe weite gar dienlich/ feiste äcker/ so allerley frůchten fortbringen. Dise vmbgeben buschreiche berge/ so allerley notturfftigkeit zum fewr/ auch stein vnd holtz zum bawen dienlich/ vberflussig fortbringen. Es mangeln jnen auch keine brunnen/ die außwendig die äcker befůchten/ vnd inwendig der stadt auff verscheiden örtern/ so wol in gemeiner strassen/ als eignen häusern entspringen. Ist aber ein fontein jres gebäws vnd grösse halben vortreffentlich: so mitten auff dem marck, recht gegen vber dem herrlichen Rhathauß/ durch acht canalen jmmerlauffende wasser auß der höhe/ von sich geust. Es fliessen auch sonst vill Bäche mitten durch die Stadt/ so der sauberkeyt/ vnd můlen zu treiben bequem. Vber die berg/ zwischen einer meil von der stadt gegen der Sonnen winter nidergang/ wirt die gattung der erden gegraben/ so sie ins gemein kalmißstein nennen/ damit das rote kupffer/ zu Goldgelber farbe gebracht wirt. Nit weit hie von ab gegen mittag/ findt man eysen vnd pley ertze. Von der statt aber gegen auffgang/ wirdt schwartz erde außgegraben/ ist/ (wenn sie mit letten vermischet wirt) zur kuchen am fewr dienlich. Die natur hat diß ort mit verscheidenen vnd vilfeltigen gaben dermassen so reichlich versehen/ das jm nichts/ wider allein ein schiffreich wasser scheinet zu mangeln. Vnd wiewol es mit solchem nicht versorget/ dieweil es gegen Auffgangk den Rhein/ gegen Nidergangk aber die Maaß hatt: ist doch alda allerdingk solche menige vnd wolfeilung/ das sie auch derhalben/ viel wasserreiche stette vbersteiget. Aber vber alle tugenden dieser Stadt/ vbertreffen meines bedunckens/ die heisse vnd gesunde wasserbrunnen/ welche an wärme vnd wasser nimmer abgehen/ sonder so vberflüssig herauß quellen/ das dieselbe alle tag mit frischem wasser/ grosse vnd neuwe wassersärcke erfüllen mögen/ deren seindt etliche einwendig der stadt/ etliche aber außwendig deren selbigen/ in der vorstadt gelegen. In der stadt sein vornemlich zwey bäder/ deren das eine/ des Königs/ das ander aber S. Cornelis badt genennet wirt. Dieselbe/ wie sie an platzen/ also sein sie auch vnder sich selbst/ vnd mit denen/ so für der Stadt gelegen/ an krafft vnd tugendt des wassers/ vnderscheiden.

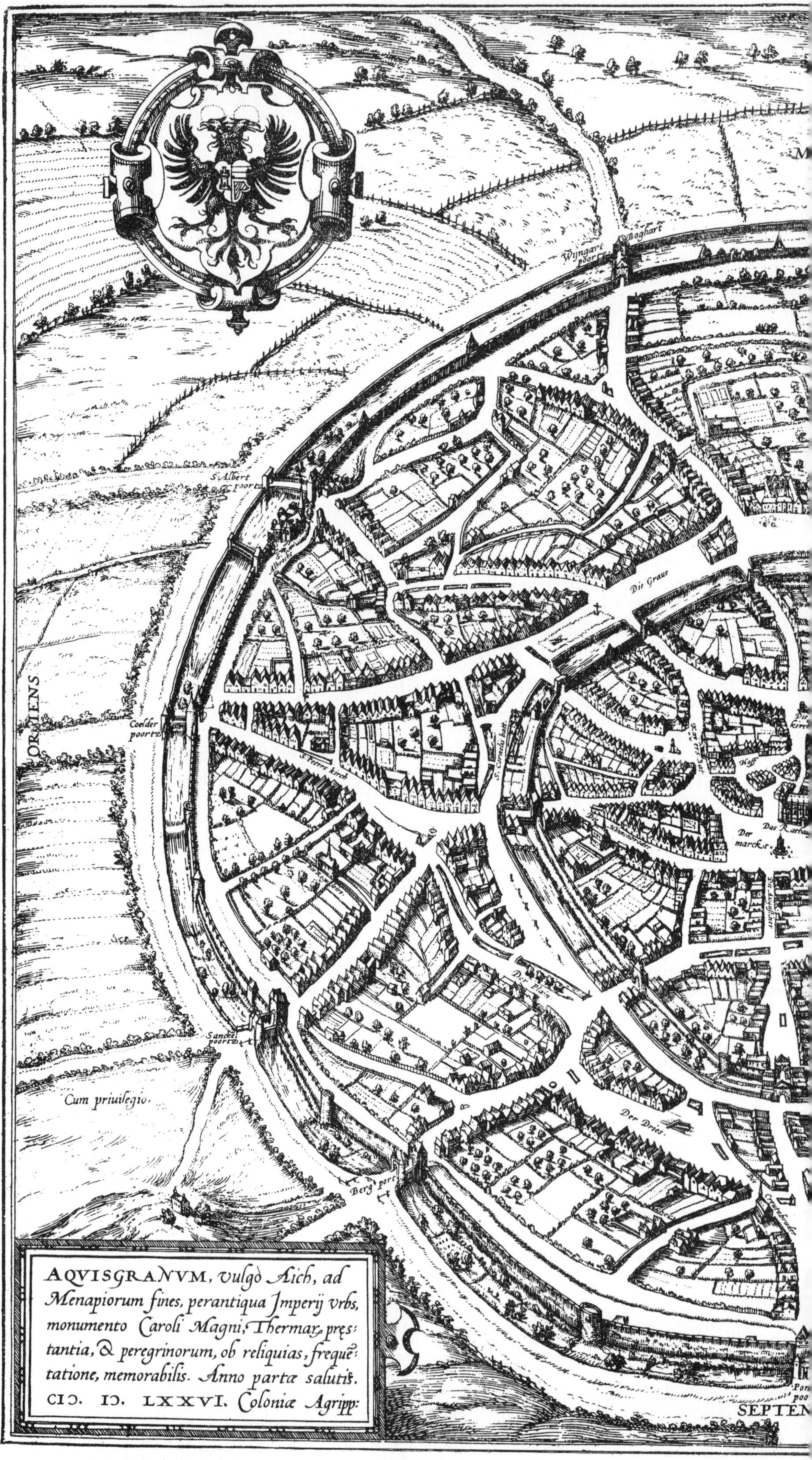
AQVISGRANVM, vulgò Aich, ad Menapiorum fines, perantiqua Imperij vrbs, monumento Caroli Magni, Thermar, præstantia, & peregrinorum, ob reliquias, frequẽtatione, memorabilis. Anno partæ salutis. CIↃ. IↃ. LXXVI. Coloniæ Agripp:
Cum priuilegio.
ORIENS
Wijngart poortz
Boghart
S. Albert poortz
Coelder poortz
Die Graue
Der marck
Der Dries
Berg port

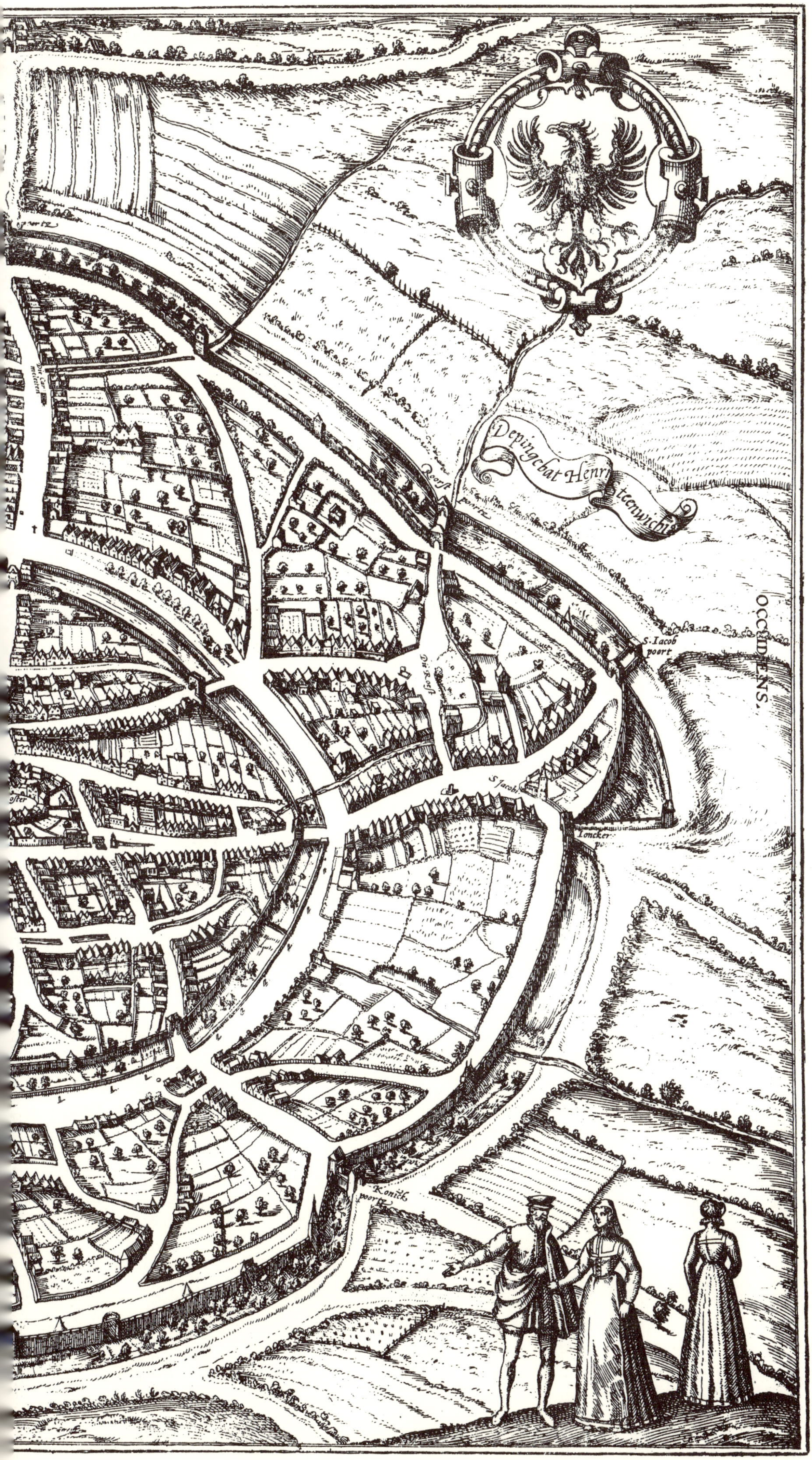
Depingebat Henri Steenwichi
Roorst poortz
S. Iacob poort
OCCIDENS.
S Jacobi
Konick poortz

Ertz Bischthumb Cölln.

Was für Völcker da für zeiten gewohnt.

JEnseit des Rheins an dem Teutschen Vfer haben zu des Cæsaris zeiten die Vbii jhren Sitz gehabt/ wie auch eine grosse vnnd fürnehme Stadt/ wie es dazumahl der Römer Gelegenheit mit sich brachte. Als nun die Suevi (ich vermeyne daß es die Catti seyn gewesen) diese offtermahls haben feindlich angefallen/ so haben sie sie nicht können aus jhrem Sitz vertreiben/ sondern allein zinsbar gemacht. Welches sie/ die Vbios, so sehr hat geschmertzet/ daß sie jhre Gesandten zu dem Cæsare haben geschicket/ mit jhm einen Bund auffgerichtet/ vnd gegen Einstellung gewisser Geissel hülffe von jhm begehrt/ wieder den feind der jhnen zu mächtig war. Den hat Cæsar zu rück getrieben. Aber es scheinet/ daß sie von den Suevis nach der hand wiederumb seynd vberfallen worden/ darumb sie Agrippa des Augusti Tochterman an die andere seiten geführet/ da man jetzo Vpen oder Vben siehet: dahin auch Agrippina die Muhme des Agrippæ, vnd des Germanici Tochter ein Coloniam geführet/ als Tiberius regierte. Von dieser schreibt Tacitus also: damit Agrippina jhre Macht auch den andern Nationē/ die es mit jhr hielten/ zu wissen thete/ ließ sie die Stadt der Vbier/ in welcher sie geboren war/ mit den alten Kriegsleuten besetzen/ vnd also ein Coloniam daraus machen: Welchen Namen Colonia die Stadt nachmals allezeit behielte. Oder es war vielleicht daher/ damit Agrippa jhr Anherr dieses Volck so vber den Rhein gefahren/ jhme vnterwerffen möchte. Dannenhero die Vbii, gleichsam schämeten sich Teutsche zu heissen/ nicht Vbii, sondern Agrippinenses haben wollen genennet seyn. Wiederumb sagt Tacitus: Wiewol die Vbii würdig waren ein Römische Colonia genennet zu werden/ vnd lieber Agrippinenses nach dem Namen jhres Stiffters haben wollen geheissen seyn: seynd vor zeiten vber den Rhein kommen/ vnd auff dem Vfer des Rheins zu wohnen gesetzet worden/ nicht daß sie solten vertrieben werden/ sondern daß sie solten vertreibē/ daher die Namen Colonia Agrippinensis, Colonia Vbiorum, Colonia Agrippinensium, vnd Colonia Agrippina Vbiorum, vnd nur schlecht Colonia, Cölln jhren Vrsprung haben genommen.

Wer die Stadt Cölln erbawet habe.

Der Stadt beschreibung.

Die Stadt/ so glücklich gestifftet/ hat vber die massen zugenommen/ daß sie Zosimus die gröste/ vnd Marcellinus eine Stadt eines grossen Namens/ vnd ein sehr veste Stadt genennet haben: so ist auch bekandt/ daß sie die Hauptstadt des zweiten Teutschlands ist gewesen/ des Hertzogen Residentz/ so daß Vitellus dē Dolchen/ mit welchem Otto sich hatte erstochen/ nirgends anderst hin/ dan hieher habe geschicket/ gleich wie Suetonius bezeuget. Vnd eben in dieser Stadt hat Trajanus des Römischen Reichs insignia, die jhm Nerva gesendet/ empfangen. Die war sehr verhasset bey den jenigen so jenseit des Rheins wohneten/ von wegen jhres Abfals/ Reichthumbs/ vnd auffnehmens/ so daß vnter dem Civili die Tencteri jhr zumuteten/ daß sie jhre Maurn die Vestungen der dienstbarkeit/ wie sie es nenneten/ solten darnider reissen/ alle Römer in jhren grentzen vnd gebiet todtschlagē/ vnd jre Güter herfür langen. Aber sie blieb beständig in jhrer Trewe gegē die Römer/ vnd wickelte sich listiglich auß dieser Gefahr: Biß daß im Jahr 462 die Francken vnter Childerico jhre Macht geschwächet/ vnd sie mit Gewalt haben eingenommen/ auch biß auff die Zeit Ottonis des ersten behalten haben: Otto der erste dieses Namens hat sie den Francken wiederumb entnommen/ vnd dem Römischen Reich restituiret im Jahr 949: von welcher zeit sie dann bis auff den heutigen Tag ein Reichstadt ist geblieben. Ligt auff der lincken seiten an dem Rhein/ ist fast groß im begriff/ erstlich in die viere erbawet/ nunmehr aber einem halbē Mon nicht vngleich/ vnd siehet man noch auff heutigen tag die warzeichen der alten Thürnen/ Mawren vnd Gräben. Im jahr 1180 ist sie von Bischoff Philippo erweitert/ in der form eines bogens/ mit Einschliessung der Kloster/ Hauser vnd Vorstädte/ die ausserhalb der Stadt lagen. Ein wenig für den zeiten Friderici des zweyten dieses Namens im Jahr 1201 ist sie vnter die Hänsestädte angenommen worden. Zu diesen Zeiten ist sie bevestiget mit 84 Thürnen/ doppelten Mawern vnd graben/ inwendig vnd außwendig mit bäwmen/ die von wegen jhrer Länge vnd grüne sehr lustig sind anzusehen/ besezt. Sie hat viel ding mit der Stadt Rom gemein. Die Obrigkeit bestehet aus Bürgermeistern/ Schultheissen/ Censoren/ Wachtmeistern/ Rentmeistern/ Proviantmeistern. In den Kirchengebäwen ist sehr viel zu finden daß sich nach der Stadt Rom artet/ der gleichen siehet man am Rathauß/ Marckt vnnd Galdereyē. Man helt für gewiß/ daß sie vō wegen der Lustigkeit/ menge des Volcks/ Ansehen vnnd Respect der Obrigkeit/ des Reichthumbs/ der Magnificentz der Kirchen vnnd gebäw/ wie auch der Weisheit/ Tugend vnd der freyen Künste/ das Teutsche Rom mit recht möge genennet werden. Sie hat in jhrem bezirck 38 Stadia, vier vnnd dreissig Pforten/ viel Palläst/ neun Pfarzkirchen/ zehen Klosterkirchen/ fünffzehen Münchenklöster/ zwey vnd zwantzig Jungfrawē Klöster/ neun vnd funffzig Beginenhäuser/ dreissig Capelln/ zween Spittäl vnd zween Siechenhäuser/ acht häuser darinnen alte Leute erhalten werden. Für allen ist sehr wunderlich anzusehen die Kirche zu S. Peter/ die sehr groß vnd hoch/ auch jhres gleichen in gantz Teutschlandt nicht hette/ im fall sie were außgebawet worden. In derselben siehet man vieler Fürsten/ Bischöffen

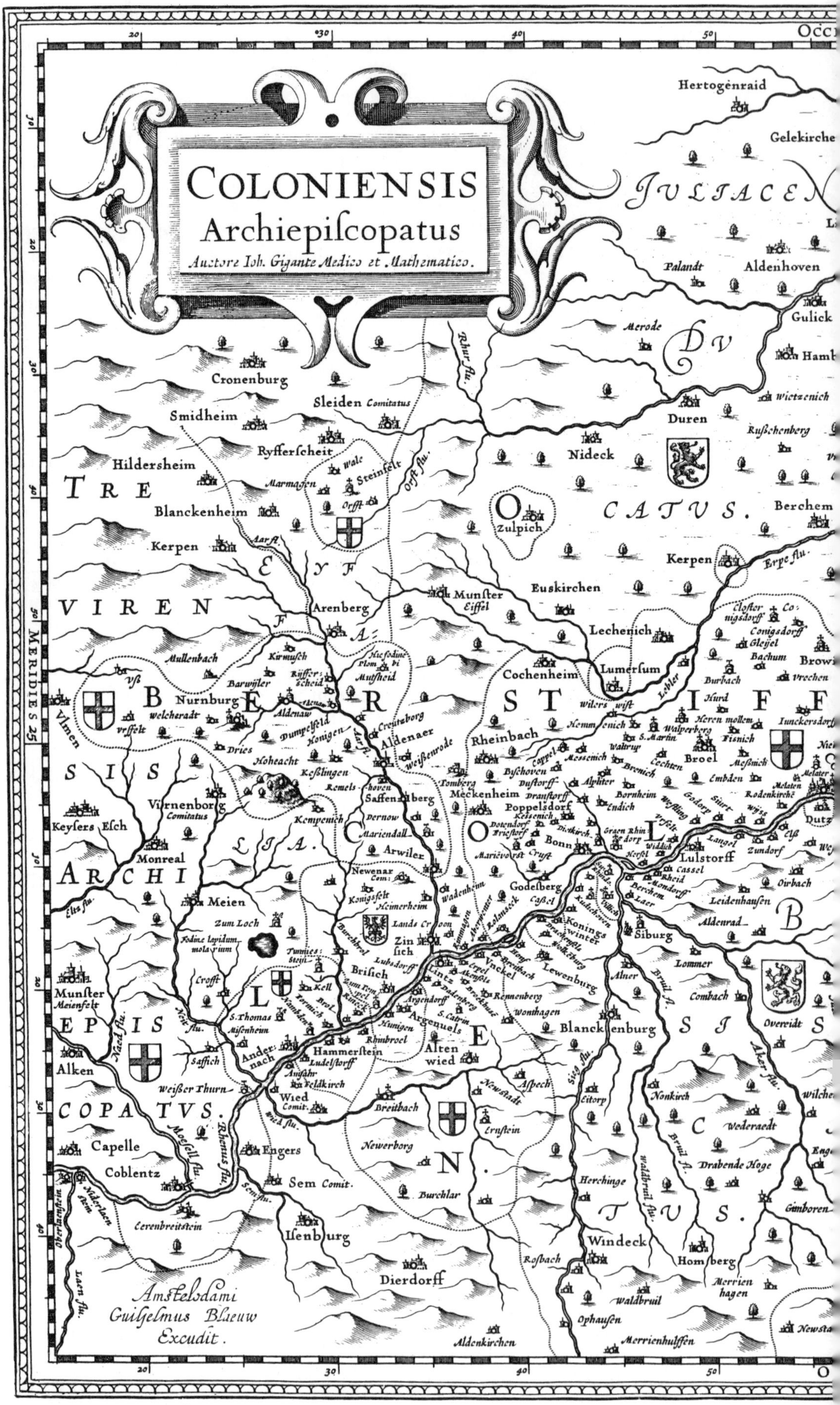
COLONIENSIS
Archiepiscopatus
Auctore Ioh. Gigante Medico et Mathematico.
Amstelodami
Guilielmus Blaeuw
Excudit.
MERIDIES
Hertogenraid
Gelekirche
Palandt
Aldenhoven
Gulick
Cronenburg
Sleiden Comitatus
Smidheim
Rysferscheit
Hildersheim
Blanckenheim
Kerpen
Zulpich
Duren
Nideck
Berchem
Euskirchen
Arenberg
Lechenich
Cochenheim
Lumersum
Nurnburg
Rheinbach
Aldenaer
Meckenheim
Poppelsdorf
Bonn
Godesberg
Lulstorff
Keysers Esch
Monreal
Meien
Siburg
Lewenburg
Munster Meienfelt
Alken
Andernach
Hammerstein
Altenwied
Blanckenburg
Capelle
Coblentz
Engers
Sem Comit.
Isenburg
Dierdorff
Windeck
Homberg
TRE
VIREN
SIS
ARCHI
EPIS
COPATVS.
CATVS.
STIFF
SI
CTVS.

GELDRIAE
PARS.
Wachtendonck
Gelre
Neerse flu.
Kervendonck
Zonsbeeck
Dalen
Erkelens
Dulken
Greferadt
Die
Vog-
die.
Santen
Vorstenbergh
Alpen
Rhenus flu.
Bisslich
Oedt
Suchteln
Haxsten
Berge
Wickerad
Odenkirchen
Gladbeeck
Kempen
Feller
Ißem
Marienboßken
Camp
Dat Horstgen
Eylindor heyd
Burick
Dirfort
Vorst
Rad
Anradt
S. Tonis
S. Hubert
Huls
Neersen
Schiffan
Mulfort
Sasseradt
Luchen
NIDER
Crevelt
Crakou
Nienkirchen
Winterswyck
Berck
Oßenberg
Wesel
Rhenus flu.
Liedberg
Koßenbrock
Wilich
Vischel
Kalleborg
Capellen
Repele
Budberg
Gutersuyck
Lippe flu.
D T.
Kleinenbruck
Osterad
Salburg
Rad
Buck
Ordingen
Moers
Comitat
Barl
Orsoy
Glindholt
Lyn
Laten
Lanck
Drewyck
Stratum
Halen
Homberg
Bodberg
Vrimersen
Emmerich
Benaem
Drevenack
Dinslaken
S
T
I-
Angerort
Hukingen
Ruerort
Duysburg
Cliviæ ducatus pars.
Hulchradt
Nuvs
Keysers-
weerd
Neukirchen
Angermond
Holt
Broek Comit.
Kirckhelden
Schermbeck
Knechtstede
Storzenbergh
Dusseldorp
Eller
Ratingen
Hemberg
Mintert
Stirum
Comitatus
Brabeeck
Ostervelt
Vetter Bocholt
Zons
Dormage
Gerrisheim
Ketwyck
Schlangenholt
Beeck
Dorsten
STIFFT
FFT
Brenen
Knippenberg
Werden
Essen
Monheim
Velbert
Laubach
Wellem
VEST
EPISCOPATUS
Herrsch aft Lembeck
SEPTENTRIO
RECKLINCK
Nider Vest.
Hardenberg
Wolffrad
Gruten
Richerad
Rhindorp
Westorp
Burgelen
ES
SEN.
Steel
Horst
Vpladen
Vphoven
Sollingen
Stalleken
Grimbege
Westerholt
Polsem
Ostendorp
Lohe
Elverveld
Langenberg
Arcis Isenburgensis rudera
MARCK
Crange
HV
Hus herten
Ham
Halteren
Cronenburg
Remschid
Hattingen
Gostwenckel
Herne
L
L
E
SEN.
Closter
Ruendal
Blanckenstein
Boeckum
Recklinchusen
Dalhusen
Strunckede
Wipper flu.
GEN
Sprockhovel
Blomenow
Vmminck
Bladenhorst
Ober
Vest.
Malenborg
Wormskirchen
Lutrinckhusen
CO
MI
TA
Stockum
Castorp
Hornborg
Henrichsborg
Datteln
Olpen
Leemhegge
Lennep
Steenhus
Witten
Lutke Dortmund
Mengede
Bodelswenge
Schorline
Ikeren
Horst
Sandvort
DV
Bienborg
Gevelsberg
Mollenkotten
Schwelme
Gederen
Kerickhorde
Bruninchusen
Wilbroninck
Volmen steen
Dorstvelt
DORT
Dortmund
MVND.
Selbeck
Huickswagen
Heerdeke
Heckhoen
Sugelbeck
Brechten
Lunen
Raed
Vorm Walde
Voerde
Hagen
Horde
Siburg
Aldinghoven
Wanbell
Cappenberg
MONASTERI
ENSIS.
Wipperforde
TVS
Herbke
S. Clara
Westhoven
Suveerte
Landstrup
Overvelt
Heile
Werne
Brakervelt
Gruter
Ergeste
Herdhoff
Brakel
Curen
Asselen
Velmede
Velgeste
Akelerbeck
Solde
Pifferden
Achter den berge
Becklinghusen
Dalen
Reinen
Volme flu.
Halveren
Hulstedde
PARS.
Kerspe
Milliaria Germanica communia
Horæ itineris.
Civitates
Pagi
Arces
Monasteria.

vnd Hertzogen begräbnüssen / aus kupffer vnd Albaster gemacht. Die Kirche zu den Macabeern / vnd der eylff tausend Jungfrawen ist auch ansehnlich. Das Raht-haus hat einen sehr hohen Thurn mit Quaderstücken sehr künstlich gebawet/vnd mit kunstreichen steinernẽ Bildern vberall gezieret: Gegen vber ist eine Capell / da die Jüden vor zeiten jhre Synagogam haben gehabt / nun wird sie Ierusalem genennet / in welcher ein vber die massen kunstreiches Gemäld wird gezeiget. Nicht weit darvon ist der Marckt/ auff welchen dreymahl in der Wochen wird Marcktag gehalten / derselbige ist vber all mit statlichen Häusern vmbgeben. Der Rhein der bey der stadt fürüber laufft / ist nicht allein zur Kauffmanschafft/sondern auch zur Lust/vñ Vnterhaltung des Lebens der Bürgerschafft nicht wenig nützlich. Gegen vber Cölln ligt das städtlein Teutsch/vor zeiten eine Vestung der Römer von Flavio Constantino Maximi Constantii Sohn erbawet/ward Vbisch oder Tubisch/ vnd folgends Teutsch genennet/alda sich die Soldaten / welche Galliam haben müssen beschirmen / auffgehalten. Es war auch eine bruck vber den Rhein gebawet / deren Stein von Bruno dem Bischoff/ zu Erbawung einer Abtey / deren im Jahr Christi eylff hundert vnd fünff vnd zwantzig Abt Robertus, ein Man von wegen seiner schrifften bekandt / ist fürgestanden / seynd verbrauchet.

Teutsch.

Schuel. Die hohe Schuel zu Cölln ist eine aus den ältesten in gantz Teutschlandt / angesehen der Platz erstlich von den Römern ist bewohnet gewesẽ / vnnd darnach die fürnehmste berühmteste Kirche der Christenheit ist worden / darnach ist sie noch mehr in auffnehmen gerathen/nach des Keysers Caroli Magni Zeiten durch die Hülffe der Bischöffen / bis daß sie endlichen im Jahr nach Christi Geburt dreyzehen hundert vnd acht vnd achtzig von dem Pabst Vrbano dem sechsten desselbigẽ Namens mit grossen freyheiten begabet/vnd der hohen schul zu Pariß gleich gemacht worden. Das gantze Land hat von der stadt jhren Namen/vnd stößt gegẽ Mitternacht an das Hertzogthumb Cleve / vnd Graffschafft Marck / gegen Orient an das Hertzogthumb Berg / gegen Mittag an das Bischoffthumb Trier/gegen Mitternacht an das Hertzogthumb Gülich/vnd ein theil vom Gelderlandt.

Vogtheyen. Das Bisthumb Cölln hat viel Vogtheyen/ als Arnsberg/ Fredeborch/ Bylstein / Fredes-Kirchen/Hovestadt/Werle/Nehem/Balve. Die Herrschafften sind Wildenberg / Homberg/Hachenberg vnd Hardenberg. An den gräntzen der Vbier ist gewesen Tolliacum, wie Tacitus im 4 buch seiner Historien meldet: Es scheinet aber/ daß die alten Vbii auch die örter/die heut zu tage der Graffschafft Marck / vnd Hertzogthumb Berg zugeschrieben werden/ bewohnet haben.

Bonn. Heut zu tag ist des Bischoffs Land sehr weitlaufftig. Ausser Cölln seynd andere stätte in demselben/ als Bonn/ vnd Neuß. Der Stadt Bonn wird sehr offt in den Römischen Historiẽ gedacht. Tacitus sagt von dem Bonnischen Läger: sie ist vnter Keyser Augusti regierung von Druso erbawet / welcher mehr den 50 Castellen auffgerichtet/ vnd Bonn vnd Genosiam mit einer brucken vber den Rhein zusammẽ gehenget. Das bezeuget Florus klärlich im 4 buch: an dem Vfer des Rheins hat er vber die 50 Castellen auffgerichtet / Bonn vnd Genosiam mit brucken an einander gehänget. Es ist ein lustige Stadt/ mit Ringmawren vnd Graben vmbgeben/ mit bequemen Gebäwen gezieret / vnd ligt in einer schönen ebene/da sich die berge des Rheins so võ Bingen herab steigen / vnd den Rhein zwischen sich einschliessen / in ein offene ebene endigen. Das Landt vmbher gibt allerley Getreyd/vnd statlichen Wein: nicht weit darvon seynd etliche Hügel/ vnd Berglein / auff denen im Sommer herrliche Früchten wachsen / die nicht allein zur noth/sondern auch zur Wollust dienen/wie dann auch das Wild auff denselben den Jägern manche ergetzung gebieret: die schöne Baumgärten der Stadt werden mit den lieblichen rauschenden süssen Brünlein vnd Bächlein befeuchtigt/ vnd hat der Adel vberall ein angenehme erlustirung: sie ist die ordentliche Residentz des Bischoffs von Cölln: dieselbe hat die besazung/ die Carl Truchsachs/Bischoffs Gebhardi Bruder/ nach dem er sie hat eingenomen / hier in gelegt/ Hertzog Ernsten von Beyeren / der Bischoff Gebhardum vberwunden / vnd vertrieben / für 4000 Thaler verkaufft.

Vier meylen vnter Cölln ligt die Stadt Neuß Neuß. an der Erp, auff welcher man ein klein stück wegs in den Rhein kan kommen: gegen Mitternacht nach der breite/vnd gegẽ Abend nach der lenge ist die stadt mit einer doppelten Mawr vmbgeben/ welche sehr viel vnd feste Thürne hat: die Kirche kompt den Thumbherrn S. Quirini zu/vnd ist võ Graf Eberhart auffgerichtet. Im Jahr 881 haben die Normannen die Stadt Neuß/ wie auch Bonn, Colln, Tolbiacum in die aschen gelegt. Keyser Friederich hat die Burger von wegẽ jhrer Tapfferkeit vnd Tugend mit statlichen Freyheiten begabet: sie seynd zollfrey auff dem Rhein/ vndt haben eine Müntze/ auch die Freyheit zu Müntzen: führen in jhrem Wapen ein güldenen Adler in einem schwartzen Schilt/vnd die macht mit rothen Wachs zu sieglen. In derselben stadt hat Keyser Maximilianus mit Maria Hertzog Caroli võ Burgund Tochter hochzeit gehalten. Im Jahr 1585 hat sie der Graf von Newenaer den zehenden Mey des nachts eingenommen. Im Jahr 1586 ist sie widerumb nach dem sie wenig tage belägert war vom Hertzog von Parma eingenommen / vnd wenig stunden hernach schier gantz im brandt verdorben.

In dieser gegend ligt Andernach/derẽ Ammia- Andernach. nus gedenckt / welcher vnter Keyser Iuliano dem Krieg hat beygewohnet / vnd es Antennacum geheissen: Ligt an einem sehr lustigen orte des Rheins zwischẽ den Bergen vnfern vom Rhein.

Cölln am Rhein.

Cölln eine großgewaltige vnd nhamhaffte Stadt des Teutschen landes auff disseydt dem Rhein gelen: ist vorzeiten von den Vbijs bewonet gewesen. Dieselbige nach dem sie von den streitbaren Schwaben offt vñ viel mit krieg vnnd belägerung angefochten vnd beangstiget worden: haben sie die Römer vmb hilff angeruffen/ vnnd seind auch auff jhr ansuchen vom Keyser Julio gleichfals von dem Rhat vnnd gemeinem volck der Stadt Rom in freundtschafft angenommen. Caeser lib. 4. Zu zeiten aber des Keysers Augusti/ damit sie nit jmmer von vilẽ völckern/ vornemlich aber von den Schwaben (welche dañ offt in Galliam außfiehlen vnd dz verwüsteten) verdorben vnd verhert würden: seind sie (die Vbier) auff jenseyt des Rheins/ in der Trierer grentzen gezogen/ haben aldo ein newe Stadt gebawet/ auch in derselbigen vnnd den vmbligenden örtern gewonet. Seind von M. Agrippa vnter sein schutz vnd schirm auffgenommen/ Welcher Agrippa/ des abgemelten Augusti Schweher vnnd ein Großuatter Agrippinae einer tochter Germanici war/ welche nun dem C. Caesari vermahlet war/ auch den namen bekomen hat/ das sie Augusta genant wart. Dise Agrippina/ damit auch jre gewalt bey den vmbligenden Völckern nam hafft vnd kündich würde/ hat sie/ jedoch mit verwilligung des Keysers Claudij zu der Vbier Stadt alte kriegsknecht vnd eine Römische besatzung gesandt/ vnnd ist demnach der stadt von jhr der nam erwachsen/ das sie zu der zeit Colonia Agrippina/ die Burger aber Agrippinenses seind genennet worden/ wie Tacitus vñ Suetonius bezeugen. Nach dem nun der Römer gewalt mit der zeit gar geschwecht vnnd vnter gedrucket war/ haben die Welschen vnder jhrem König vnd Feldherrn Childerico im jar des Herrn 462. die Vbios alzusamen vertriben/ die statt Cölln mit gewalt erobert/ vnd dieselbige vnter jrem regiment biß zu des ersten Otthonis zeiten erhalten. Aber jm jhar nach Christi allerselichster menschwerdung 949 hat der Keiser Ottho Cölln mit gewaltiger vnd streitbarer handt den Francken abgenommen/ vnd widerumb dem Römischen Reich eingeleibt/ welche den von der zeit ab/ biß auff heutigen tag ein Freie Reichstadt verpliben ist. Jhre erste form/ ist gleich der stadt Rom/ viereckel gewesen/ da von noch an vielen örtern alte gegossene mawren/ (welche man kaum mit grosser gewalt zerbrechen kan) thörn vnd gräben gesehen werden. Ist darnach im jar Christi 11.00 dermassen erweitert/ das sie jetz viel Klöster/ Kirchen vnd vorstätte/ welche sonst außwendig der stadt gelegen waren/ in jrem vmbcirck beschleust/ das jetz jhre vorige gestalt gar verändert vnd eim abwachsenden oder halben Mon gleich ist. Sie ist vberauß schön vnd zierlich/ mit gewaltigen vnd starcken mauren vmbzogen/ seind mit schönẽ bogen außgefurt/ daruff stehn LXXXIII. werhaffter thuren/ außwendig ist sie mit zweien gefuterten/ höhen/ gehen/ vnd breiten graben/ welche mit lustigen bewmen vberschattet vñ verziert werdẽ/ auff das beste versorget/ vnd seind dieselbe im Sommer gar lustige spacier platzen/ auch zur recreation vnd verlustigung der studenten/ vnd anderer betrachtungen vberauß bequem/ Einwendig den mauren sicht man hin vnd wider vil lustiger platzen/ mit anmutigen öpffeln/ birn/ wingarten vñ allerley frucht beume/ auff das zierlichst durchplantzet. Dise statt ist auch mit vortrefflichen vñ dapffern/ so woll Gottes/ als sonst der Burger/ hewser/ geschmuckt. Vnd zum ersten/ damit ich võ Gottes dienst anfahe/ ist alhie eine vbertreffentliche grosse Kirch (der Thumb mag wol in der warheit vnd mit nam *Summum templum*/ das ist/ die gröste Kirch heissen/ ist auß lebendigen gehawenen stein mit wunderbärlicher kunst in die lufft gefurt/ vnnd dem Apostel S. Petro zugeignet/ welche Kirch/ so sie biß zum verordneten end folnzogen were/ würde sie lichtlich jhrer zierde vñ grösse halben/ alle Gottes hewser des gantzen Teutschlandes vbersteigen/ vnnd nit vnbillich den hochwunderbarlichsten dingen des gantzen Europae zugezellet werden/ inwendig ist diser Thumb mit vieler Fürsten/ Bischoffen vnd Hertzogen grabbildnussen/ welche zum theil auß schönem kopffer gegossen/ zum theil auß weissem Alabaster auff das artlichst geschnitten seindt/ auch mit der dreier Königen oder Weisen/ Item Foelicis/ Naboris/ vnd Gregorij leichnamen verehret vnd geziert. Was sol ich von der Machabeer vnd der H. eilff tausent Jungfrawen schöner Kirchen reden/ mit deren blut (wie bewerte Historien anzeigen) die statt Cölln befeuchtet/ ja geheiliget ist/ das ich sie der halben mehr ehren/ als mit meinem geringen preiß loben soll. Anderer Kirchen vnd Klöster ist eine sehr grosse anzall. Es werden alhie gezellet 19. Pfarrkirchen/ 10. Stifftkirchen/ 15. Mönchenklöster/ 22. Jungfrawenklöster/ vnter den seind 8. welche auff dem heupt schwartze Wielen tragen/ 60. andere Bäginen (welche ins gemein Schwesterẽ genant werden) vnd alter Weiber Conuente/ 30. Capellen. Auch hat Cölln vil andere örter auß vnd zu wercken der Barmhertzigkeit angestalt/ 2. Gastheuser oder Hospitall/ 2. Siechen oder Krancken heuser/ in welchen der Krancken mit aller noturfftigkeit auff das best gepfleget wird/ 8. heuser/ drin alters halben vnuermügene männer vnd weiber versorgt werden/ 1. Fundlings hauß/ 1. hauß drin man die vnsinnige vnd tolle menschen gefangẽ helt/ wirt von den Cölnischen das Hundhauß genant. Das Rathauß ist dieser stadt ein besonder zier/ hat einen hohen vnnd gar kunstreichen thurn/ auß quader vnd nach dem richtscheid gehawen steinen von vnten an biß zum spitz außgefurt/ ist rings vmbher mit zierlichen steinen bildern geschmuckt/ vnder welchen die/ so in der oberster gewaltiger höhe stehen den vndersten an grösse gar gleich scheinen zu sein/ als wenn sie eine lenge vnd proportion hettẽ. In der höhe hat die Rahthauß vile luckfenstern/ darauß man schier vber die gantze stadt sehen mag. Diß jar ist das Rhathauß mit einer Galarey oder Moenian auff das herrlichst verziert/ von kunstreichen meistern mit besonderm fleiß vnd vortreffentlicher künstiger arbeit auff 16. sawlen (so auß hartem schwartzen marmor vnnd eim stuck gehawen) gebawet/ vnd mit lustigen bogen vnten vñ oben verhaben/ hat in der mittelsten höhe ein bequemen spacier gang/ ist nit on merckliche kosten folnzogen. Recht gegen vber hats ein Capell/ ist vorzeiten der Juden Synagog oder schul gewesen/ aber im jar Christi 1426. der Allerheilichster Jungfrawen Mariae zu ehren geweiet/ Jerusalem genennet. In diser Capellen ist eine so kunstreiche gemalte altar tafell/ das sie auch die hocherfarnste mäler nit genugsam loben/ vnnd sich an deren mit höchstem verwundern ersettigen können Gegen Auffgang der Sonnen da sich das Rhathauß an den Aldenmarckt streckt/ wirts mit einer lustiger Galerey oder spacir gang auß weissen gehawen stein/ vnd auch mit eim hübschen Vhrwerck geschmuckt. Diser marckt hat rings vmbher die aller kostlichste vnd schönste heuser/ vnd wirt drey mahl in der wochen mit grosser menige des volcks marckt drauff gehalten. Nit weit daruon ist der Hewmarckt gelegen/ ist vil herrlicher wider der vorige/ gleichfals auch mit den treffentlichsten grösten hewsern vmbawet/ Die strassen seind sämptlich groß vnd weit/ mit harten steinen geestricht/ vnd mit herrlichen hewsern verziert. Vnter andern aber vbersteigt des Hochachtparn Edelen vnd Weisen Herrn Constantini Lyßkirchens der Hochloblicher stadt Cölln zur zeit Burgermeister/ herrlichs vnd stadlich gehäuß/ ist mit eim zierlichen thurn außgefürt/ vnd ein schumck des grossen vñ gantzen Newmarcks. Gleicher schöne ist das hauß des Strengen Edln vnd Weisen Herrn Arnoldi von Siegen/ des ältesten Ritters vnd Keyserlicher Maiestat Rhat/ welchs hauß am Rhein gelegen/ ist so gewaltig groß weit vnd schön/ das es für Keysere/ Könige/ vnd andere Fursten/ deren auch viel vnnd offt jhren hofläger alhie gehalten haben/ eine bequeme behaussung vnd pleiplatz ist. Weiter so vil diser statt Policey anlangt/ ist sie dem Römischen regimẽt gar änlich vnnd gleich. Denn so du die wirde der Burgermeister/ Rentmeister/ Stigmeister, Thurnhern/ Gewaltmeister vnd Korn Hern recht besichestu auch dẽ schnurrechten stab/ welchen man den Herrn Burgermeistern in stadt des Römischen Burgermeisters ruten Buschlein nachtrage/ vnd zu letst die Zunfften (von den Cöllnischen Gaffelen genant) gewalt der Rhathern/ das Capitolium (jetz S. Marienkirch) auff Römische art gebawet/ betrachtest: wirstu in Cölln ein lebẽdig exempel vnd ebenbilt der statt Rom spürẽ vñ sehen/ dz sie derhalben mit gütern recht Romanorum Colonia/ dz ist/ ein Römische besatzung genant/ Es werden auch albie hin vñ wider vil alten monumenten oder antiquiteten gefunden/ Vornemlich aber bey dem Hochgelehrten H. Johan Helman beider Rechten Licentiaten eim außerlesenen vnd besondern liebhaber aller antiquiteten Auch ist in Cölln eine Hochberumbte Vniuersitet/ drin allerley künsten auff das fleissigst gelhert werdeng im jar Christi seliger menschwerdung 1388. von eim Ersamen Rhat angestifftet/ vnd mit vnderhaltung Freier Kunsten/ auch herrlicher Collegien vnd studenten/ von Kunstliebenden menschen gar woll versehen. Auß deren ist die Vniuersitet zu Löuen im jar Christi M.CCCC.XXVI. erwachsen/ welche an weite vnnd herrlichkeit der Cölnischen nit vngeleich. Des H. Apostels Petri jünger S. Matern hat die Cölnische am ersten zum Christlichen glauben bracht.

ORIENS.
RHENVS
COLON
SEPTENTRIO
DE PONTE ET INSIGNIbus Reipub. Coloniensis
OCCIDENS.

DIVITENSE MVNIMENTVM
PPINA.
F L V V I V S.
MERIDIES.
D E V S R H E N I.
COLONIA AGRIPPINA

Das Ertzbischthumb Trier.

DAS Ertzbischthumb Trier oder die vhralte Trierische Provintz hat jhren Namen von der vhralten Stadt Trier bekommen / welche derselben Haupt ist / vnd ward vor zeiten von den Treviris bewohnet / deren Provintz / wie man auß dem Tacito vnd Cæsare kan abnehmen / sich sehr weit hat erstreckt / vnd ausserhalb gedachtes Bischthumbs / das wir allhier beschreiben / noch viel andere vmbligende Länder vnd Städte vnter seiner Iurisdiction gehabt / als ein groß theil des Bischthumbs Meyntz / item Bingen / Sarbrücken vnd andere. Mit jhnen waren die Vbii, Mediomatrices vnd Nemeti benachbart.

Gräntzen. Heutiges Tags gräntzet dieses Ertzbischthumb als ein theil der vorgedachten Trevirorum gegen Mitternacht mit der Grafschafft Nassaw / dem Hertzogthumb Berg vnd dem Bischthumb Cölln: gegen Auffgang mit dem Rheingaw vnd Hessen: gegen Mittag mit dem Westerreich vnd dem Hertzogthumb Zweybrücken / vnd gegen Nidergang an das Hertzogthumb Lützenburg. Der eusserliche Lufft dieser Landtschafft ist meistentheils trüb vnd feucht von wegen des jmmerwehrenden Regenwetters / welches ohne auffhören das Landt befeuchtiget / so daß es Cloaca Planetarum, das ist / der Planeten Heimlichkeit oder Sprachhauß genant wird / dessen vrsach man vermeynet zu seyn die hohen Berge vnd vermischten Thäler / in welchen die Wolcken gemeinlich hangen bleiben. Dann das Land ist sehr vneben / auch hier vnd dar mit vnfruchtbaren Bergen erhaben / ingleichem mit vielen Wäldern vnd Buschen vberzogen / so daß es an etlichen orten nichts mehr / als nur den blossen Habern herfür bringt. Das jenige aber / so nechst an der Mosel ligt / hat an der fruchtbarkeit keinen mangel / wie nicht wenigers die andere Gegenden / welche den Rhein berühren. Weil es auch mit so viel Wäldern vnd Bergen erfüllet / so mangelt es jhme ebenmässig nicht an allerhandt Wildprät / angesehen in gedachten Bergen vielerley wilde Thier neben dem Geflügel gefunden werden / welches ebener massen in grossem vberfluß sich allda auffhält / sintemahl sie in den fruchtbaren zwischen den Bergen gelegenen Thälern jhre Nahrung vnd Vnterhaltung vberflüssig können bekom̃en. In gedachten Bergen wird gleichfalls allerley Metall gegraben / so daß auch diß Landt mit Bergwercken von dem lieben Gott begabet ist / vnd insonderheit viel Silber / Kupffer / Eysen vnd Bley dariñen gefunden wird.

Inwohner. Jhre Inwohner seynd in den Waffen dermassen geübt gewesen / daß sie vnter jhrem Führer vnd Obristen Amborige den Cottam vnd Sabinum, beyde des Cæsaris Gesandten / bey Lüttich erwürget / vnd jhre gantze Kriegsmacht daselbsten geschlagen vnd erlegt haben / wurden aber hernach von Labieno widerumb vberwunden: vnd wie Cæsar selbst bekennet / so seind sie wegen Nachbarschafft der Teutschen / als welche sich im Kriegen täglich vben / denselben in der dapfferkeit fast gleich worden / vnd haben sich vnbezwungen niemahls beherrschen lassen / so groß ist allezeit die Begierde der freyheit bey den Niderländern gewesen. Die jetzige Inwohner aber seynd sehr arbeitsam / sintemahl es der Landtschafft art vnd gelegenheit erfordert / daß sie sich der arbeit nicht dürffen schämen / wann sie anders an jhrer Nahrung vnd Underhaltung keinen abbruch wollen leiden / dannenhero sie der arbeit dermassen seynd gewohnt / daß sich jederman darüber muß verwundern / vnd hangen in den Bergen wie die Geyssen oder Ziegen. Sie seynd auch trawriger vnd melancholischer Complexion / von wegen der rauhen vnd groben Lufft / vnter welcher sie wohnen / so daß das Landvolck daselbsten zimlich grob vnd bäwrisch ist. Jedoch legen sie durch beywohnung vnd gemeinschafft mit andern Leuthen / solche jhre Natur vnd Gewonheit ab. Der Wälder / wie oben gemelt / gibt es vielerley / welche alle stück seynd von dem Sylva Arduenna, vnd mit vnterschiedlichen Namen geneñet werden / als der Westerwaldt / Eyderwaldt / Eberswaldt vnd dergleichen / die ins gesambt mit wilden Thieren vnd Wildprät vber die massen wol versehen vnd erfüllet seynd.

Seen. Der Seen dieses gantzen Landts seynd mehr nicht als zwo / so alle beyde vber die massen tieff / nemlich der Vlmer: vnd Laicher See / in welchem letzten allerley grüne / saffrangelbe vnd rohte Steine werden gefunden / die sich den Smaragden vnd Hyacynthen vergleichen.

Fliessende Wässer. Der meiste vnd gröste theil aber dieses Landts wird von vielen fliessenden Wässern befeuchtigt / welche ins gesambt sich mit der Mosel vermischen / endlich in den Rhein begeben / vnd das gantze Landt mit Fischen reichlich versehen. Die Mosel entspringt auß dem Berg Vogeso in Lothringen / nicht fern von dem vrsprung der Sone / oberhalb dem Dorff Bussan, nimpt jhren Lauff von des Winters Auffgang oder ortu hyberno nach des Sommers Auffgang oder ortu æstivali, durch die Städte Lestraie, Remiremont, Espinal, Charmes vnd Baton, stracks wegs nach der Bischofflichen Stadt Thul zu / vnd von dannen bey Metz vnd Trier fürüber / biß sie zu Coblentz sich in den Rhein ergeußt. Von diesem Fluß / ob es der Alten Obrincus sey oder nicht / seynd vnterschiedliche disputationes vnd meynungen bey den authoribus fürgefallen / in ansehung Ptolemæi Schrifften / welcher jhn oberhalb Meyntz setzt. Etliche meynen daß es die Nava sey / welche bey Bingen in den Rhein fleust / andere begeben sich gar vber den Rhein / vnd sagen / es seye der Mayn vor der Alten Obrincum zu achten. Aber sonder allen zweiffel ist es die Mosel oder Musel / wie jhn die Inwohner nennen / ob schon Ptolemæi meynung dargegen ist / sintemahl er / als der seine Schrifften nach anderer relation vnd bericht gestellet / leichtlich hat jrren vnd auch einen jrrigen bericht einnehmen können. Wann es die Nava were / so müste folgen / daß Ptolemæus der Mosel gantz vergessen habe / welches doch nicht glaublich ist / daß Ptolemæus einen so ansehenlichen berühmten Fluß in seinen beschreibungen solte außgelassen / vnd dargegen einen so kleinen vnansehenlichen in dessen statt gesetzt haben. Sonderlich wann man auch diß anmerckt / daß die Naba nicht oberhalb Meyntz / sondern vnterhalb der Stadt in den Rhein kompt / der Mayn aber eben gegen der Stadt Meyntz vber in den Rhein fleust / Ptolemæus hingegen den Obrincum oberhalb der Stadt Meyntz setzt / so kan man leichtlich erachten / daß Ptolemæus im situ muß geirret haben. Iohannis Heroldi meynung betreffende / daß Obrincus bey dem Ptolemæo kein fliessend Wasser / sondern das jenige Ländlein am Rhein bedeute / so jetzund das ober Rheingaw heisset / kan ich nicht sehen / mit was beweiß er solche seine meynung hätte mögen behaupten. Daß es vber dieses der Mœnus oder Mayn solte seyn / lautet sehr vngereimbt / in dem man in der Beschreibung des vnter Teutschlands vnd Galliæ sich auß der Ripa Gallica hinüber in Germaniam wolte begeben / vnd gleichsam mit den Schultern den Mayn auß Teutschlandt tragen / vnd in Galliam transferiren. Es ist aber gedachter Fluß sehr Fischreich / sonderlich in der Trierischen Provintz / als in welchem allerley Fisch / Karpffen / Treuschen / Barben / Salmen / Bersen / Schleyhen / Alsen / Eltz oder Meyfisch / Blicken oder Haßling / sonsten Zwibelfisch genant / item Kressen vnd andere dergleichen werden gefangen. Der berühmte Poet Ausonius hat ein trefflich schön carmen von diesem Fluß geschrieben / welches er Mosellam hat intitulirt. Die andern Flüsse seynd der Kill / der auch die Gelbis genant wird / item die Pruin / Vhr / Sara, Ahra, Sura vnd andere schlechtere Bäche vnd Flüßlein.

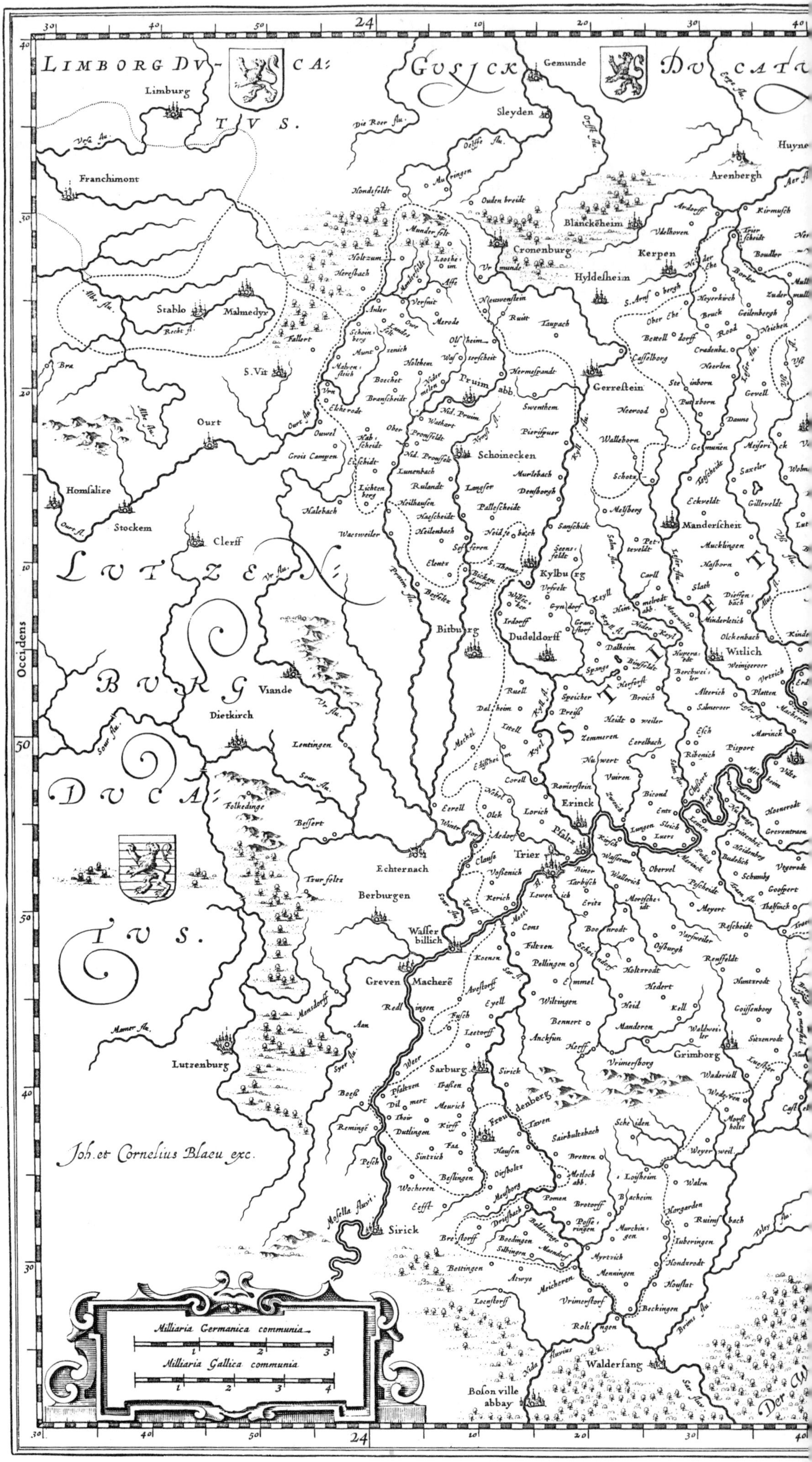
LIMBORG DUCATUS
Limburg
GULICK
Gemunde
DUCATUS
Sleyden
Franchimont
Arenbergh
Blanckeheim
Cronenburg
Kerpen
Hyldesheim
Stablo
Malmedyr
S. Vit
Pruim
Gerrestein
Ourt
Schoinecken
Homsalize
Stockem
Clerff
Manderscheit
Kylburg
Witlich
LUTZENBURG DUCATUS
Bitburg
Dudeldorff
Viande
Dietkirch
Erinck
Trier
Echternach
Berburgen
Wasser billich
Greven Macheré
Lutzenburg
Sarburg
Freudenberg
Grimborg
Sirick
Mosella fluvi.
Walderfang
Boson ville abbay
Joh. et Cornelius Blaeu exc.
Milliaria Germanica communia
Milliaria Gallica communia
Occidens

ARCHIEPISCOPATVS
TREVIRENSIS
WESTPHALIÆ PARS.
STIFT COLN.
NASSAW COM.
HASSIÆ PARS.
SIMMEREN DVCATVS.
PALATINATUS
RHENI.
Rhingaw.
Oriens
Lintz
Brisich
Coninckxsfeld
Andernach
Engers
Isenberg
Coblentz
Meyen
Monreal
Munster
Alcken
Boppaert
Toesenaw
Nassav
Nastede
Welmernach
S.Gewer
S.Gewers hausen
Castelaun
Ober Wesel
Cub
Simmeren
Argenthal
Bacharach
Kirchberg
Gemunnen
Montzingen
Stromburg
Bingen
Ingelheim
Mentz
Kern
Creutznach
Drecks Odern heim
Arnsheim
Beilstein
Cell
S.Wendel

Des Saravi gedencket ebenmässig gedachter Auson. an derselbigen ligt Sarbrücken/ Pons Saravi bey dem Antonino, vnd im Itinerario. Ein alte Inscriptio hat nachfolgende Wort: Castra Sarræ.

Die Abteyen dieser Provintz seynd die Pramiensis, S. Maximini / Medloch / Himmelroth vnd Toley. Die Grafschafften in dem Trierischen Gebiet seynd Manderscheyd / Keyhel/ Veirnenburg/ Gerzestein vnd Veldentz. Die Herrschafften Winnenberg vnd Brylstein: die Herrschafften Passenheim/ Saffich/ zur Leyen/ Eltz/ Purmont/ Wildenburg/ Ehrenburg/ Waldeck/ Hertelstein vnd Kerpen. Die Præfecturen oder Vogteyen Schönberg / Schöneck / Hildesheim / Daune oder Manderscheid/ Kylburg / Vlmen/ Cocheym / Kempenach/ Meyen/ Monreal/ KeysersEsch/ Münster / Meyfeldt / ober Hammerstein / Welschbillich / Broich/ Pfaltz/ Witlich/ Sarburg/ Grimburg/ S. Wendel/ BleisCassel/ Himmelstein/ Baldenaw/ Bern/ Castel/ Cell/ Baldeneck/ Coblentz/ Boppart/ Oberwesel / Montabour/ Vilmar/ Brechen vnd Caemburg.

Die Eyffel. Die Landtschafft/ die Eyffel genant / gehört eins theils zu dieser Trierischen Provintz/ vnd ist Trierisch/ anders theils vnd wol das meiste theil ist Lützelburgisch: es ist ein rauher Bodem/ da am meisten Haber wächst / vnd bestehet der Inwohner Handthierung mehrertheils an Rindtvieh / Honig vnd Wachs. Von diesem Landt schreibet Richwein also an Munsterum; diß Landt ist von Natur vngeschlacht / rauh von Bergen vnd Thälern/ kalt vnd mit vngestümmen Regen vberschüttet / aber Wässer vnd Brunnen halben gar lustig / die Inwohner seynd gar arbeitsam/ haben sinnreiche Köpffe / wo sie geübt werden / aber sie hangen an dem Ackerbaw / vnd warten des Viehes. Es hat diß Landt gar weiß Viehe / auch viel Milch vnd Molcken / wie ingleichem mehr Fisch dann Wildprät/ vnd bringt viel Früchte/ außgenommen da es so gar rauh ist/ trägt es zimblich Habern/ aber wenig andere Früchte. Zu Bortrick / anderthalb Meyl von der Mosel/ ist ein gesundes warmes Badt. Vmb die Stadt Meyen erzeigt sich gut Silber / wird aber durch vngeschickligkeit der Bawren verwarloset. In den Herrschafften Keyla/ Kronenberg vnd Sleyda im Hellenthal macht man sehr gut Schmiedeysen / man geust auch Eyserne öfen allda / die in das Oberlandt/ als Schwaben vnd Francken/ ja an viel andere örther verkaufft vnd verführet werden. Vmb Manderscheidt vnd Gerardstein möcht es zu Sommerszeiten mit etlichen Landtschafften Italiæ seiner Sommerfrüchten halben wol verglichen werden / sintemahl es Cucumer / Melonen/ krausen Lattich/ vnd andere dergleichen Welsche Früchten herfür bringt.

Städte. Nun müssen wir auch dieses Ertzbischthumbs Städte / vnd sonderlich Trier vnd Coblentz / welche die fürnembste seynd/ besehen. Woher die vhralte Stadt Trier/ von den Latinis Augusta Trevirorum genant / eigentlich jhren Namen bekommen habe/ kan man nicht wissen: dann was von dem Trebeta der Semiramidis Stieffsohn wird vorgegeben/ siehet mehr einer Fabel als der Warheit ähnlich. So alt ist sie aber/ daß man meynet/ sie köñe allen andern Städten in Europa/ was das Alter anbelanget/ nichts nachgeben. Æneas Sylvius schreibt / daß sie 1300 Jahr älter als die Stadt Rom / vnd mehr dann 2000 Jahr vor Christi Geburt sey auffgebawet worden. Auff einer alten Müntz des Keysers Vespasiani stehet: COL. AUG. TREVIROR. Mela heisset sie nur schlecht Augustam, lib. 3. cap. 2. Belgarum clarissimi sunt Treviri, urbesque opulentissimæ, in Treviris Augusta, in Heduis Augustodunum, das ist/ die fürnehmen vnd berühmtesten Völcker auß den Belgis seind die Treveri, vnd die reichste Städte in der Trierischen Provintz die Stadt Augusta (das ist/ Trier) vnd in den Heduis Augustodunum. Der Römische Geschichtschreiber Tacitus gedenckt dieser Stadt sehr offt in seinen Historien / welche zu der Römer letzten zeiten / als sie mit den Teutschen sehr schwere Krieg führeten/ der Röm. Obristen / vnd auch der Keyser Residentz ist gewesen / allda auch der Röm. Schatzmeister oder Thesaurarius, der die Soldaten muste bezahlen/ gewohnet hat. Item der Procurator Cygnii, vnd Præpositus Brantaricariorum. Allda war auch der Römer Magasin oder Zeughauß vnd ein Werckhauß / darinnen allerley Waffen zubereitet wurden. Man siehet noch heutiges tags allda die verfallene Mawren des Pallasts / welchen Constantinus der Keyser gebawet / wie gleichfalls andere Gebäwe einer vnglaublichen älte/ deren etliche in den verborgenen Hölen der Erden ligen/ so täglich gefunden vnd herauß gegraben werden/ vnd also jhre älte gnugsam darthun. Athanasius, als er im exilio war/ hat sich allda auffgehalten/ vnd Hieronymus bezeuget / daß er daselbsten des Hilarii Commentarios abgeschrieben habe. Priscillianus der Ertzketzer ist auff befehl Keysers Maximi allda getödtet worden. Valentinianus Augustus hat deren orth sein Winterläger gehalten. Die meisten Gebäwe aber waren auff die Röm. art vnd form zugerichtet / als das Palatium, die Schlösser / die Schawplätze/ der Campus Martius, das Capitolium, der Circus. Die Gothen haben sie geruinirt vnd nidergerissen/ welchen vntergang Salvianus, ein Bischoff zu Marsilia, in seinem sechsten Buch vom gerechten Vrtheil vnd vorsehung Gottes/ jhren grossen Sünden zuschreibt/ welches sehr denckwürdig zu lesen ist. Simon Richwein schreibt von dieser Stadt an Munsterum also: es ist dieser orth von Natur zu grosser Lust erschaffen/ darzu Berg vnd Thal mit eingeschlossenen Flüßlein vnd lustigen Wiesen nicht wenig dienen/ die Berg grünen von Reben/ vnd die äcker seyn fruchtbar von Korn/ da findet man allerley Fisch vnd Wildprät/ vnd was der Mensch zur nothturfft vnd vnterhaltung / ja zur Lust bedarff. Von den Inwohnern sagt Ausonius;

Quin etiam Mores, & lætum fronte serena
Ingenium natura suis concessit alumnis.

Coblentz / auff Lateinisch Confluentes oder Fluentes genant / von den zweyen Flüssen dem Rhein vnd der Mosel/ zwischen welchen die Stadt ligt / vnd bey welcher beyde Flüsse sich mit einander vereinigen. Dann die Alten haben gemeinlich jhre Städte an solche örther gelegt/ da die Flüsse zusammen fliessen / als wie an Mentz/ Basel/ Straßburg/ Vlm vnd andern zu sehen. Sie ist von wegen menge der Bürger / der schönen wolerbaweten Häuser / des lustigen Prospets/ der fruchtbaren äcker vnd Weinberge nicht vnter die geringste Städte in Teutschlandt zu rechnen. Die Häuser seind längst am Wasser in einer schönen ordnung biß an die steinerne Brück vber die Mosel gesetzt: gegen vber ligt das Schloß Ehrenbreitstein auff einem hohen Berg / welches die Stadt vnd die gantze vmbligende Landtschafft kan bezwingen. Die Städte Boppart vnd Oberwesel seind zwo Reichsstädte gewesen/ vnd von Keyser Henrichen dem Siebenden für eine Summa Gelds dem Ertzbischoff zu Trier versetzt worden. Man sagt/ daß Eucharius ein Griech/ einer auß den 72 Discipulis Christi, der erste Bischoff zu Trier gewesen / von diesem biß auff Ludolphum Saxonem werden 73 Bischöffe gezehlt. Gedachter Ludovicus Saxo ist der erste Churfürst zu Trier gewesen / von demselben biß auff Lotharium (inclusive) werden 35 Churfürsten gerechnet / so daß in allem 109 Bischöffe diesem Ertzbischthumb seind fürgestanden.

Trier.

TRier ist jhrer herrlicher thaten / vnnd jhres hohen alters halben eine gar fürtreffentliche Häuptstatt Gallie Belgice / vnd 1947. jar lang für Christi geburt / zu Abrahams zeiten von Trebeta eim sohn Nini erbawet. Diser da er von seiner mutter Semiramide auß Assyrien verjagt wardt / oder (wie der Trierer Jarbücher anzeigen) vmb seiner mutter vnzüchtiger vnkeuscheit entflohe / ist er mit eim grossen hauffen volcks auß dem Königreich entwichen / vnd nach vielen vnd langwirige vmbziehen zu enem lüstigen vnd von natur starckem thal / so an der Mosel gelegen / kommen: vñ hat aldo diese Stadt nach seinem namen gebawet. Vñ wie Aeneas Syluius außfürlich schreibt / ist diese Stadt tausent dreyhundert jar alter als Rom Wie gewaltig / reich vnd zierlich diese stadt vorzeiten gewesen seye / geben die prächtige Ruinen der alten gebew / genugsam zeugnis. Allda sicht man ein wunderbarlich Pallast / ist auß gebachnen zigeln / wie die Babilonische mawren dermassen starck gemacht / das es mit keiner kunst zerbrochen mag werden. Diese Stadt hat einen eigenen Hertzog gehabt / ist von Keyser Julio vberwunnen / wie er in seinen schrifften bezeuget / von S. Martern zum Christen glauben bracht / vnd darnach von der Hunnen König dem Attila verdorben / vnd gantz zerfallen. Jr letster Hertzog war ein wollustiger vnd geiler mensch / ist von Lucio erschlagen / vnnd die stadt dem Gallier König Clodoueo vbergeben. Darnach zu zeiten Jouiniani ist die Stadt widerumb verwüstet / vnnd durch die Ottones vnd Henricos an das Reich bracht / biß an den Keyser Julium ist sie alle zeit in freundtschafft der Römer gewesen / wie er in seim 2. buch schreibt / darnach haben sie den Neruijs wider den Keyser hilff zugesandt / daher der Keyser erzürnet / hat er T. Labienum mit eim grossen reisigen zeug wider sie außgesandt. Da nun aber der Keyser auß Gallier landt zog haben die Trierer die Teutschen so jenseit dem Rhein waren gelocket vnd auffgemutet / vnd haben do zween Obersten gehapt / Cingentoricem ein freund des Keysers / vnd Induciamorum / wie der Keyser in seim 5. buch bezeugt / zu letst hat Labienus mit zwo legionen / vnnd fünff vnd zweintzig grosser rotten Reisiges zeugs Teusches volcks die stadt Trier erobert vnd eingenommen / wie Julius im 6. buch anzegit. Die Francken haben auch zu zeiten des Fränckischen Königs Theodomiri dise stadt gantz ins fewer gesteckt / sagt Hunibaldus / Mehr hie von besiehe beym Irenico. Zu Trier ist die aller ältiste Vniuersitet des gantzen Teutschlands. Ist dem Ertzbischoff / welcher auch ein Churfürst / vnderworffen.

Cobolentz.

COboIentz ein Stadt im Gallierlandt zwischen Meyntz vnd Cöllen gelegen / ist dem Bischoff von Trier vnderthenig. Die Mosell / so von Ptolomeo Obrinca genant wirt / vnd in dem Elsäsischen gepirg entspringt / nach dem sie mit vilen zufallenden flüßlein vnd bächen gemehrt / feld sie alhie mit solcher geschwindigkeit in den Rein / das mann auch einen gar langen streich beide wasser vngleicher farb haben / erkennen vnd vnderscheiden kan / vnnd helt sich die Mosel an der lincken / der Rein aber an der rechter handt. Cobolentz ist auch der gar alter stätte ein / wie dann die alten sich des geflissen haben / das sie namhafftige stätte an die örter da zwey wasser zu sammen fliessen / gesetzt haben / darumb das solche platzen fester seindt / vnd auch die flüß vile nützligkeiten mit sich bringen / daher nit wenig statte an sölche örter gelacht sein / wie der schein ist an Basel / Straßburg / Meintz / Vlm / zc. Zu latein nent mā diese stadt Confluentiam oder Confluentes / das ist / ein zusamen fliessung / darumb das die Mosel vnd der Rein also zu sammen kommen. Diese stadt ist an dem ort da sie an der Mosel ligt gar bewonet / vnnd mit schönen lüstigen hewsern biß an die Bruck hübsch verziert. Hat zwey stiffter herrliche Kirchen. Das Teutsche hauß vnd andere Klöster / auch ein groß Fürstliche Pallast. Es seindt die einwohner dieser stadt (schreibt der hochgelerter Doctor Simon Richwin) gar naßwitzig vnd eins verstendigen klügen gemüts. Alhie gehet eine schöne bruck / auß viereckigen steinen gemacht / vnd mit grossen seylen vnd bogē vnderstewret / vber die Mosel. Recht gegen vber zur rechter seiten des Reins / ist auff einem gar hohen Berg das Bischoffliche Schloß Erenbretstein gelegen / mit gewaltigen felsen vñ thürnen befestiget / auch mit allerley geschütz / puluer vnd kugeln auff das best versehen. Ist gleich wie ein zaum vnnd zwenger damit die Koblentzer im zwang gehalten / auch alle widerwertige Gest von dem Rein vnd der Mosel / zu ruck gedrieben künnen werden. Vnden am berg liegt das dorff Mulhem / alda ist ein Mönich Klöster vnd ein wasserreicher Sawrbrun / welcher allem der gantzer stadt tranck gibt. Franciscus Irenicus in seim II. buch von Teuschlandt erzelt viel History schreiber / welche diser stadt meldung thun. Besiehe auch des Hochgelerten Doctor Richweins beschreibung beym Munstero.

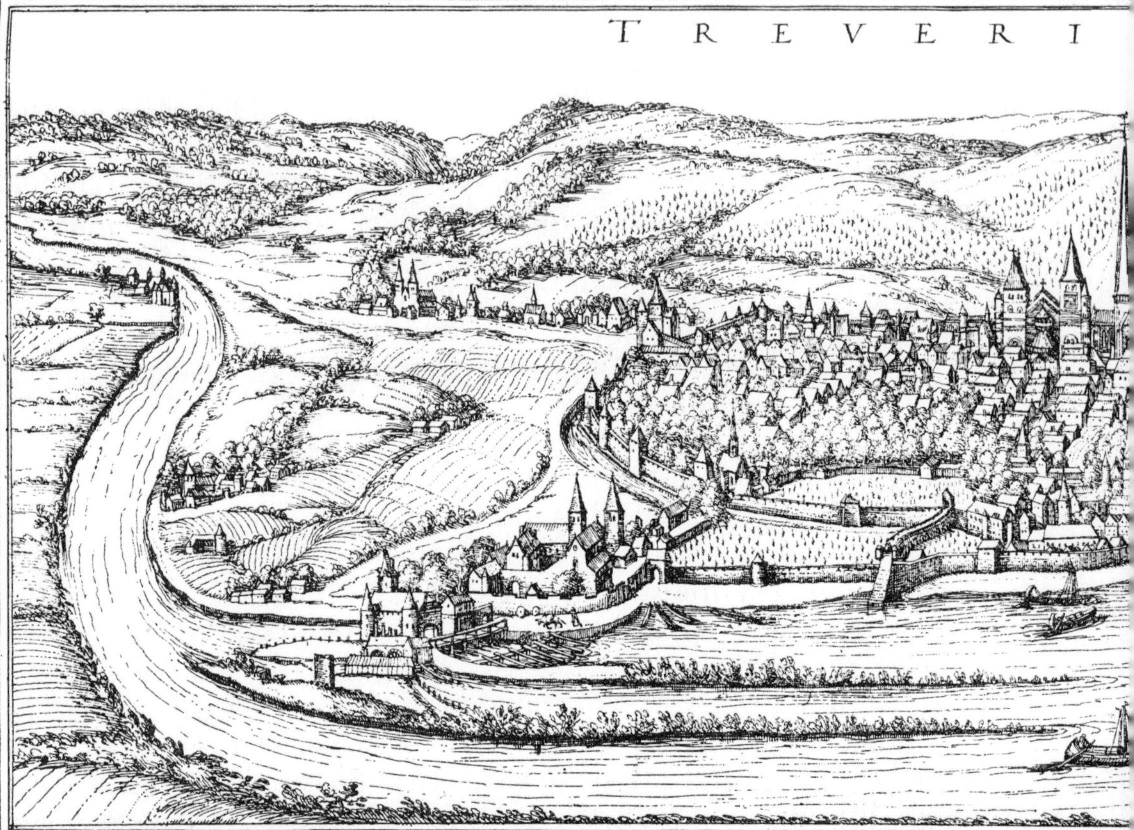
TREVERI

COBOL

ROTENBVRGVM ad Tubarum, elegans Franconiæ oppidum, Hierosolomytanæ vrbi, situ respondere dicitur, à turrium et tegular. rubore, nomen habens, olim proprijs ducibus paruit, nunc imperio, post Friderici primi secula, accessit.
ROTEN

TYPVS AC SITVS ANTIQVISSIMÆ
ET PRÆCIPVÆ MEDIOMATRI-
CVM CIVITATIS TREVIRENSIS.

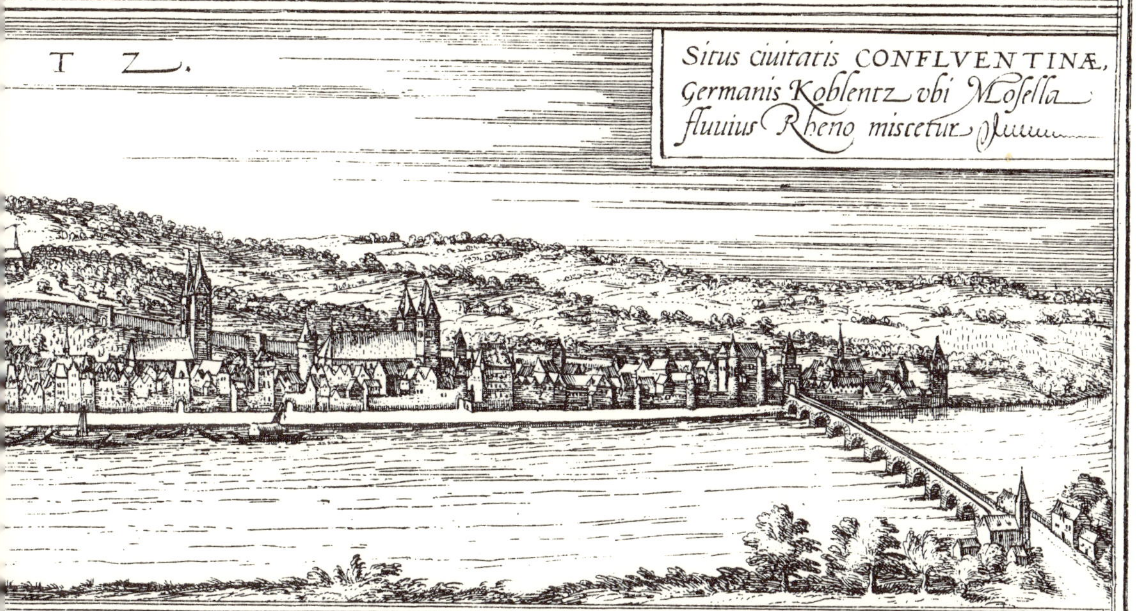
T Z.
Situs ciuitatis CONFLVENTINÆ,
Germanis Koblentz vbi Mosella
fluuius Rheno miscetur.

V R G.
Tauber fl.

Der Rheinstrom.

Der Vrsprung.

Nach der Donaw ist der Rhein der fürnembste vñ berühmste Fluß / nit allein in Teutschland / sondern auch in Europa, vnnd nimpt seinen Vrsprung auß zween Bruñquellen auff dem Vogelberg / Adula in Latein genant / wie Ptolemæus vnd die alten authores bezeugen; wiewol man jhn auch S. Gothards berg nennet / von einer Capellen die auff dem Berg zu sehen / vnd gedachtem Heylige zugeeygnet ist. Auß diesem Gebürg in Rhætia oder Grawpündten / in welchem es sich weit hin vnd wider erstrecket / entspringen noch andere berühmbte Flüsse / als der Rhodanus, Tesis vnd Rus, also daß jnnerhalb 4 oder 5 Meylen mit verwunderung 4 berühmte Fluß anzusehen / die sich gleichsamb durchs Creutz nach den vier enden der Welt begeben.

Lauff des Rheins.

Der Rhein laufft demnach auß den zweyen gedachten Brunquellen durch 2 vnterschiedliche Canalen / deren der eine der forder Rhein / der ander der hinter Rhein genant wird / nach Orient zu / vnd nach dem er sich 4 meylen oberhalb Chur vereiniget / fängt er bey gedachter Bischofflicher Stadt an die Schiffe zu tragen / von welcher er in der form eines Bogens oder halben Monden sich nach der lincken Handt zwischen den hohen Bergen in einem lustigen Thal zukehret / vnd gegen Septentrion in den Bodensee fält / auß welchem er sich vnter Costnitz widerumb herauß begibt / vnd sich gegen Occident nach Rheinfelden drehet / von dannen passirt er mitten durch die Stadt Basel nach Brisach gegen dem Septentrion, vnd besuchet darnach Straßburg. Nach dem er auch hin vnd wider viel Flüsse verschlungen / vñ vnterwegens vielerley Länder neben den fürnehmen Städten / Speyer / Wormbs vnd Mayntz hat befeuchtiget / begibt er sich widerum̃ nach Occident / läst die Städte Coblentz / Bonn vnd Cölln hinter sich / vnd behält also seinen Lauf biß nach Lobick in Gelderlandt / alda er sich in zween Armen außtheilet: Der gröste nimpt seinen Lauff nach der lincken seyten gegen Occident / neben veränderung seines Namens / in dem er nunmehr die Waal genant wird / passirt bey Nimmegen vnd Bummel fürüber / nach dem er zuvor bey dem Dorff Herwerden sich mit der Maaß hat vereiniget / von dannen beyde Flüsse den Bomlerwerth getheilet machen. Bey Löwenstein dem Schloß verliehret die Waal jhren Namen. Der kleine Arm begibt sich auff die rechte Handt zwischen Occident vnd Septentrion biß nächst an die Stadt Arnheimb / alda Drusus Nero zu Keysers Augusti zeiten / als er sahe / daß von gedachtem orth biß an die Yssel nicht mehr dann zwo Teutscher meylen waren / ließ mit jedermans grosser verwunderung einen grossen vnd tieffen Graben oder Canal machen / den man Fossam Drusianam hiesse / durch welchen man in die Yssel konte kommen / welches er zu dem ende thät / damit man die Röm. Armée auß dem Rhein desto bequämer vnd sicherer nach der Süder: vñ Wilden See wider die Sachsen / Friesen / Thüringer vnd andere Teutsche Völcker möchte außführen. Dahero Suetonius saget / daß Drusus der erste Römische Obriste seye gewesen / der sich zu Schiff auff das Septentrionalische Meer habe begeben. Von gedachtem Canal / auß mangel des Wassers / nam der rechte Arm seinen Lauff nach Occident neben Arnheim / Wageningen vnd Rhenen biß nach Wyck / von dannen er sich also fort in das Meer stürtzete / welches so lang hat gewehret / biß daß endlich durch den grossen Sturm vñ Vngewitter der außlauff mit Sandbergen ward verstopffet / vnd der Fluß / die Leck genant / davon vberblieben / welches geschehen im Jahr / wie diese folgende Reimen andeuten:

Grosse Arm.

Kleine Arm.

De Mont des Rhilns Verstopt door 't Sant
V.ngh aen doen hII de LeCk eerst Vant.

Auß diesen vrsachen hat er seinen Lauff / der durch Vtrecht / Woerden vnd Leyden nach dem Meer sich begab / verändert / auch seinen Namen verlohren / vnd den Namen Leck bekommen / vnter welchem Namen er an jetzo von Wyck biß nach Cülenborch / Vianen / Newport / Schonhoven / vñ endlich bey dem Dorf Crimpen in die Merwe passiret. Die alten Scribenten stimmen hierinnen vberein / daß die Maaß / nach dem sie den grösten Arm des Rheins an sich genommen / vnd jhren Namen behalten / sich biß in das Meer erstrecke / welche meynung alle newe Scribenten für warhaftig haben angenommen / wie in jhren beschreibungen des Niderlands zu sehen / gleich es auch die Inwohner selbst bezeugen / so daß sie das theil an der Maaß / welches in Holland ligt / in jhrer Sprach Maaßlandt heissen.

Brücken vber den Rhein.

Der Rhein hat jederzeit 12 Brücken gehabt: Die erste zu Reineck / vnnd die letzte zu Straßburg. Iulius Cæsar hat zu zweyen vnterschiedlichen mahlen eine sehr grosse Brücke vber diesen grossen / tieffen vnd schnellen Fluß lassen machen: Die erste zu Treves, da der Rhein vnd die Mosel zusammen kommen / wie wir hernach werden anzeigen. Dann ohn zweyffel ist die Schlacht der Römer mit der vnglaublichen grossen anzahl der vier mahl 100000 Teutschen in dieser Gegend geschehen / deren ein grosse menge in der Flucht in diesem Wasser ertruncken / nicht zwar / da sich der Rhein vnd die Maaß mit einander vereinigen / welches tieff vnten in dem Gelderlandt geschicht / wie Cæsar zu erkennen gibt / aber ich glaube daß es des Druckers mangel sey / angesehen man gar klärlich auß dem Text vnd Worten gedachtes authoris spüren vnd mercken kan / daß die Teutschen etliche Monat zuvor sich nit weit von dem Meer vber den Rhein gemacht / vñ ein grosses theil des Lands / das sich an den Rhein hinauff streckete / eingenommen haben / aber sie seind endlich vom Cæsare ertappet / der jnen in gemeltē

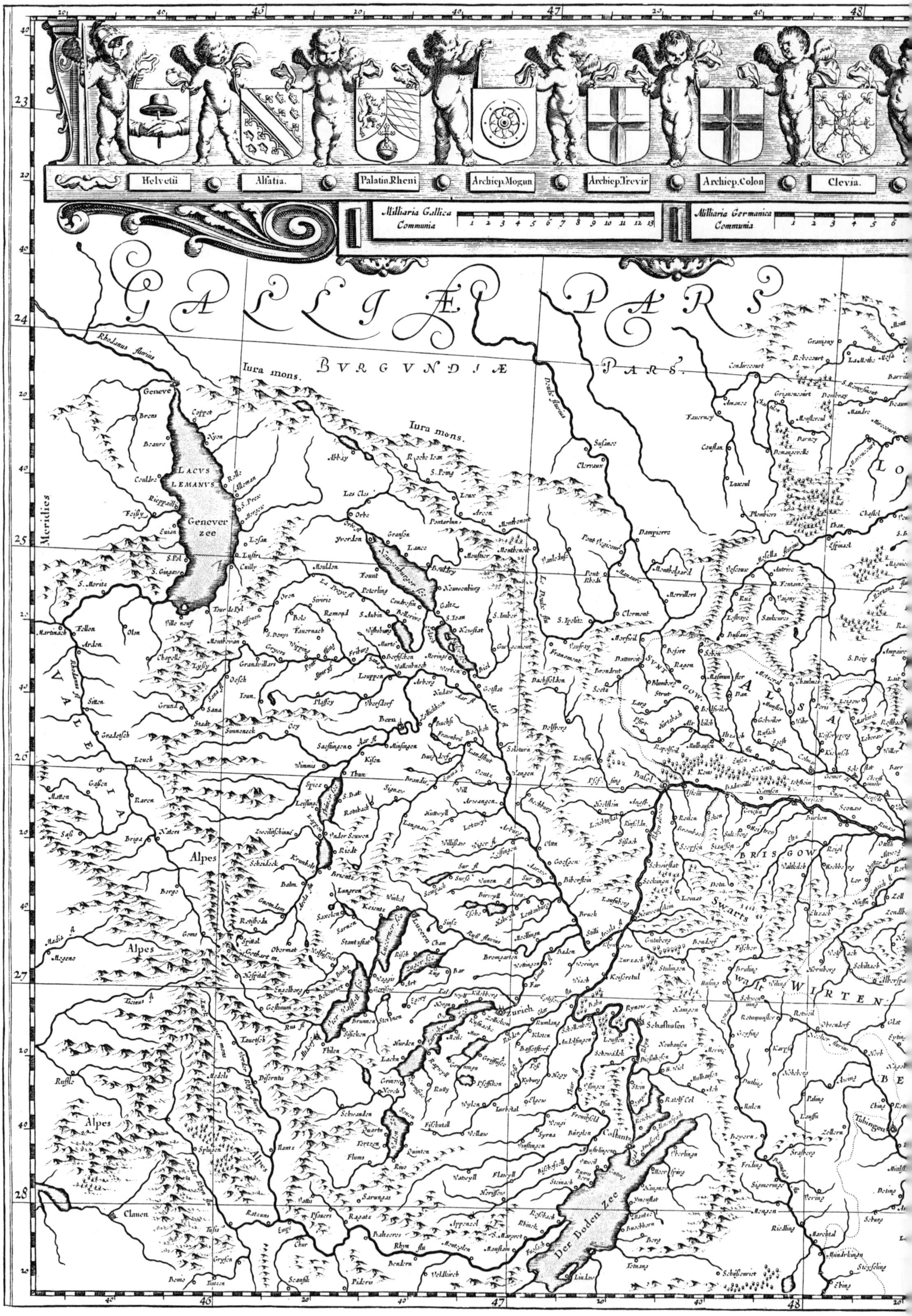

Helvetii
Alsatia
Palatin.Rheni
Archiep.Mogun
Archiep.Trevir
Archiep.Colon
Clevia
Milliaria Gallica Communia
Milliaria Germanica Communia
GALLIÆ PARS
BVRGVNDIÆ PARS
Iura mons
Rhodanus fluvius
Geneve
LACVS LEMANVS
Genever zee
Meridies
VALESIA
Alpes
Bern
Basel
SVNTGOW
BRISGOW
Swarts Walt
Lucern
Zurich
Schafhusen
Costantz
Der Boden Zee
Lindaw
Chur
Tubingen

Lande Treves hat ein Schlacht gelieffert/ an dem Vfer des Rheins gegen vber den Vbiis, welche/ wie ein jeglicher wol weiß zu Cölln jhre auffhaltung pflegten zu haben vnd deren Landt auff einer vnd der andern seyten des Rheins lag/ sehr weit von dem Meer wie auch der Maaß gelegen. Die andere Brücken ließ Cæsar noch ein wenig höher bawen als diese/ so daß beyde Brücken nicht weit von dem orth waren da die Mosel in den Rhein fält/ vnd jetziger zeit die Stadt Confluentia oder Coblentz ligt. Auß welchem allen gnugsamb ist zu spüren daß man sich im drucken leichtlich habe können versehen/ vnnd an statt Mosella das Wort Mosa setzen/ wie dann auch nicht glaublich/ daß ein so trefflicher Author in einem Text sich so grob solte versehen/ vnd jhme selber widersprochen haben.

Was nun die alten Scribenten/ so wol Poeten als Oratores thut betreffen/ so befindet sichs doch nicht/ daß in jhren Schrifften dem Rhein nicht mehr als zween Außflüsse in das Meer werden zugeeygnet/ sonderlich wann wir lesen des Ptolemæi discurs, vor welches zeit der Rhein drey ostia hat gehabt/ das eine gegen Occident/ das andere in der mitten/ vnd das dritte gegen Orient: So erweiset auch Cæsar, daß der Rhein mit seinem außlauff ins Meer viel kleine Insulen mache/ vnd vnterschiedliche ostia habe. So steiget nun der Rhein neben Emmerich hinunter/ biß er bey dem Zollhauß/ da man den Zoll bezahlet/ sich theilet/ vnd eins theils auf die rechte Handt nach Arnheim/ Rhenen/ Wijck te Duerstede/ da er seinen Namen in den Nam Leck verändert. Er ist mit der zeit sehr groß worden vnd weit außgebreitet/ biß er endlich durch das grosse Vngewitter des Meers im Jahr 860 ist verstopfft/ vnd gezwungen worden seinen Lauff widerumb zu rück auff Cülenburg/ Vianen vnd Schoonhofen nach der Merwe vnnd Maß zu nehmen. Nach dem nun der gedachte Arm des Rheins (der zuvor seinen Lauff durch Vtrecht/ biß auff die zeit Hugens des zweyten Bischoffs zu Vtrecht/ der Willebrordo war nachgefolget/ erhalten) sich nach den andern örthern hatte zugekehret/ seind die von Vtrecht gezwungen worden einen Canal/ welcher bey Isselstein seinen anfang nimpt/ auß dem Leck biß nach Vtrecht zu führen/ damit sie jhre Güter/ die jhnen von oben herunter gebracht wurden/ desto bequämer von dem Rhein nach Hauß möchten bekommen. Vnd wiewol der Rhein sich von Vtrecht dazumahl hinweg hat begeben/ so ist dannoch der ort/ dadurch er gepassiret/ geblieben/ vnd hat seinen alten Namen des Rheins behalten/ welcher/ weil er seinen vorigen Lauf nit mehr konte brauchen/ sich in vnterschiedliche theil bey Vtrecht getheilet: eines hat sich nach Weesp/ Muyden/ vnd also fort nach der Südersee begeben: das ander nach Woerden: von dannen sich gedachtes Wasser wider von einander scheidet/ vnnd theils nach Leyden laufft/ theils aber bey Leyden sich widerumb mit dreyen außflüssen in das Leydische Meer stürtzet. Dieses Leydische Meer ist ein schädlicher See/ sehr breit/ aber nicht tieff/ vnnd frißt alle Jahr ein groß theil Landts hinweg: Es ist noch in diesem Meer eine Insel zu sehen/ welche für 150 Jahren viel grösser war/ angesehen auf derselben dazumahl viel Haußgesind vnnd zimblich viel Leuth wohnten/ die auff Wagen pflegten nach dem Dorff Hillegon in die Kirche zu fahren/ vnnd war zwischen dem festen Landt vnd gedachter Insel nicht mehr dann ein kleiner Graben/ da doch an jetzo ein grosser See zwischen beyden zu sehen/ vnnd auch nicht mehr dann 2 Haußgesinde daselbst wohnen. Oben gemelte außflüsse des Rheins/ die Marne/ Thyl vnd Doust genennet/ zieren die Stadt Leyden/ die auch Lugdunum genant wird/ noch mit vielen außflüssen vnd Bächen/ wie dann auch einer von denselben sich mitten durch die Stadt begibt/ vnd bey Katwijck am Rhein/ ein Dorff also von dem Fluß benahmet/ sich endiget/ alda der außfluß durch die grosse Sandhügel verstopft ist/ so daß sich der Rhein nicht mehr/ wie oben ist gemeldet worden/ an gedachten orth in das Meer kan ergiessen/ sondern muß still halten/ alda man noch die alte stelle des Rheins/ wie auch die verstopffung durch die Sandhügel sehen kan. Diese Sandhügel zierten die Insel der Caninevaten/ vnd erstreckten sich biß nach Rhijnsburg gegen Voorhout in ein grosses Meer jenseit des Grafen Lusthauß im Vogelsäck/ Berwelt/ Albrechtsberg/ da vor diesem des Grafen Hoffhaltung pflegte zu seyn (ehe der Römische König/ mit Namen Wilhelm/ dieselbige an einen andern ort hatte versetzet) neben einer grossen menge Schlösser vnnd Herzenhäuser/ als Beverwijck/ Hemeree/ Suthdorp/ Castricom vnd Limbes/ nach welcher ruin der Name den Dörffern ist vbergeblieben: darnach Poelenburg/ Poelanen/ Velsen/ Brederode/ da des Rheins Wahrzeichen noch in einem Pful/ des Rheins Graben genennet/ zu sehen. Vnd ist wol glaublich/ daß die grosse menge allerhand materialen nicht wenig habe darzu geholffen/ welche man wegen des grossen Bawes/ den man an gedachten Arm des Rheins fertig machte/ dahin gebracht: an welchem ort das Hauß des Königs von Dennemarck auffgerichtet ward/ darinnen er seinen Tribut empfieng/ als jhm die Friesen zinßbar waren/ davon Saxo Grammaticus redet/ von dannen er durch den grossen See bey Reyneckom in der Grafschafft Egmont/ vnd hernach in das Meer lieff. Zu Keyser Iustiniani zeiten im Jahr 698 war alda ein schöner Meerhafen/ zu welcher zeit auch Bischoff Wilridus neben Willebrordo, Alderino vnd 8 andern Collegis (die von Egbard Ertzbischoff zu Yorck in Engellandt/ vnter der Regierung Alfridi des Catholischen Königs außgeschickt waren vmb das Evangelium zu predigen) in dieser Gegend seind ankommen: wie dann auch S. Vrsula dieselbe mit jhren 11000 Jungfrawen durchreyset/ nach außweisung der Cöllnischen Chronica. So seind auch die Normanni zu grossem Vnglück dieses Landts/ in gedachter Gegend an das Landt geworffen worden.

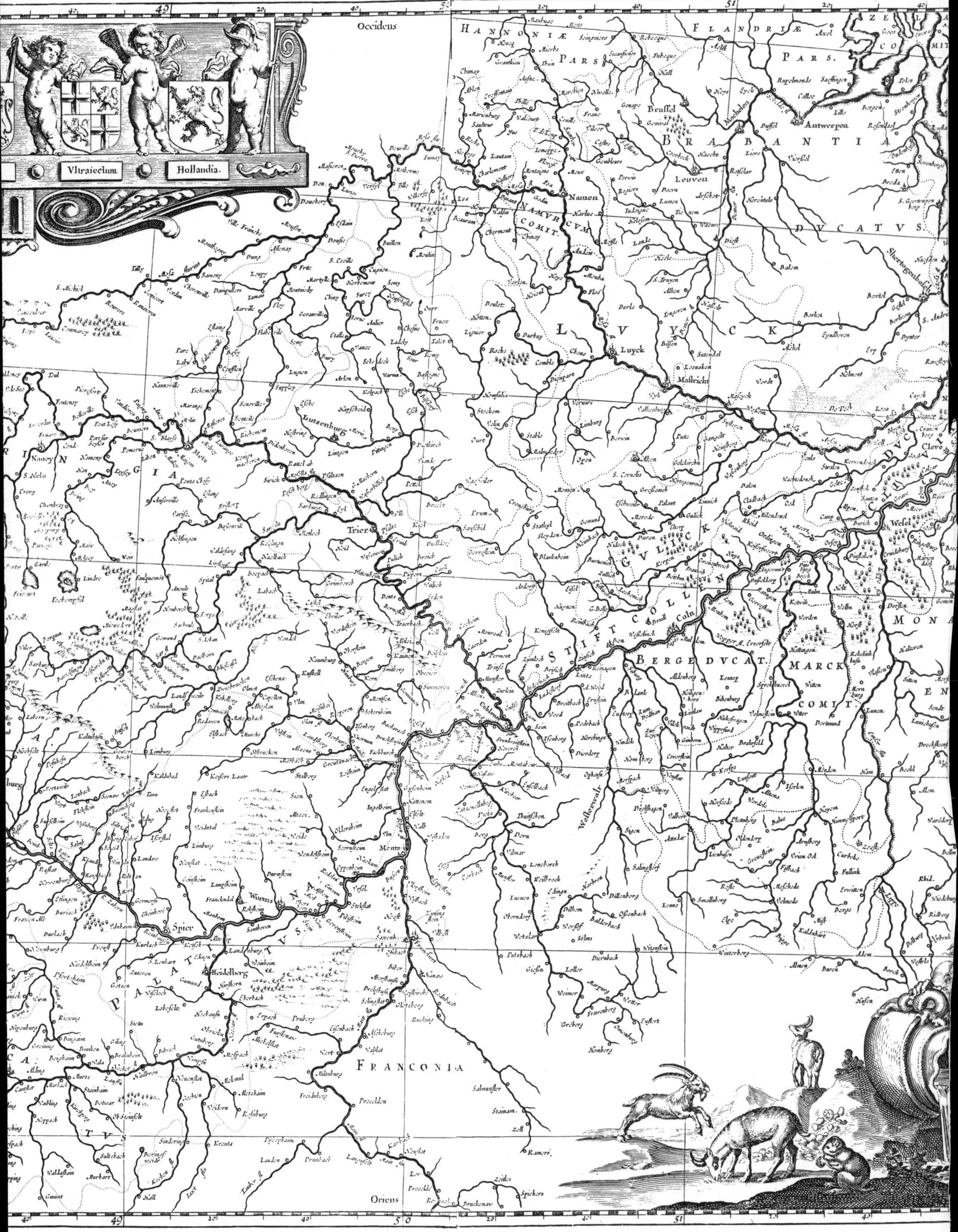

Occidens
Oriens
Vltraiectum
Hollandia
HANNONIÆ PARS
FLANDRIÆ PARS
BRABANTIA
DVCATVS
NAMVRCVM COMIT.
LVYCK
GVLICK
STIFT CÖLLEN
BERGE DVCAT.
MARCK COMIT.
PALATINATVS
FRANCONIA
Antwerpen
Brussel
Louven
Namen
Luyck
Mastricht
Limburg
Aken
Coln
Trier
Lutzenburg
Metz
Nancy
Coblentz
Wesel
Cleve
Heidelberg
Spier
Worms
Mentz
Franckfurt

MARE
Amplißimo Spectatißimo, Prudentiß.mo Viro
D. ANDREÆ BICKERO
I.V.D. Reip. Amstelodamensis
Consili et Senatori, nuper ad
Poloniæ et Sueciæ Reges
secundum Legato. Tab. hanc
D.D.D. Guiljelmus Blaeu.
GERMANICUM.
Septentrio
RHENVS
Fluviorum Europæ celeberrimus,
cum MOSA, MOSELLA, et
reliquis, in illum se exonerantibus,
fluminibus.
HOLLANDIA COMITAT.
VLTRAIECTVM
ZVYDER ZEE
GELDRIA DVCAT.
TRANSISALANIA.
FRISIA DOM.
GRONINGA DOM.
FRISIA ORIENTAL.
OLDENBORG COMIT.
BREMENSIS ARCHIEPISC.
HOLSATIA.
Texel
Vlielant
Der Schelling
Amelant
Amsterdam
Haerlem
Leyden
Rotterdam
Dort
Vtrecht
Campen
Zwol
Deventer
Twente
Drente
Groeningen
Emden
Leer
Munster
Visurgis fluvius
De weser
Albis fluvius
De Elve

Heidelberg.

HEidelberg am Necker gelegen/ist der Durchleuchtigster Fürsten vnd Pfaltzgrafen am Rhein sitz vnd Hofflåger/sol/wie man meint/vom Ptolomeo Buderis gnant sein. Der name sol jhr von der Heyden besatzung/welche alhie gewonet haben/ wie man auß vielen zeichen kan beweisen. Od' wie *Franciscus Irenicus* wil/von den schwartzen Heidelbern/die darumb auff den Bergen wachsen/entstanden sein. Ist vorzeiten dem Wormbser Gepiet vnderworffen gewesen/hat allerding einen fruchtparn Boden/gibt guten Wein/Getreid/baumfrucht vnd kastanien. Es ist zu Heidelberg auch eine herrliche hohe Schul/anfenglich von dem ersten Rectorn Marsilio angestellt/ vnd darnach im jar Christi 1346. von Hertzog Ruprechten mit grossen freiheiten begabt. Auff aller Heyligen berg ist weiland ein burg gestanden/ alda sol ein Kirch gestanden sein/τὸ πάνθεον genant/ da man vorzeitten alle ötter geehret hat. Volateranus heisst dise Statt/weil er der Teutschen sprach vnerfahrn/mit eim geradbrechten nammen/Ettelburg. *Franciscus Irenicus.*

Speier.

SPeier ist eine alte Statt/aber der Nam̃ ist nicht alt/denn für fünff hundert jaren hatt sie diesen nammen nicht gehabt/sonder sie ist geheissen Nemetum/vnd die Völcker so drümb gewonet haben Nemetes. Vnnd hatt den jetzigen namen Speier auff solche weiß bekommen. Der namm Nemetum ist jhr vnuerändert pliben biß vngefehr an daß jar Christi 1083. do hatt ein Bischoff mit nammen Rüdiger/von altem Bürger geschlecht/die Hützmannen geheissen/dz Dorff bey der Statt gelegen Alt Speier genant/(welches seinen namen von dem Wasser daß vor dem Gebirg herein dardurch geflossen/vnd noch durch die Statt rinnet/ empfangen) in die ringmauwr gefasset/vnd die Statt also mit dem Dorff erweittert/vnd ist also jhr der nam Speier von dem Dorff pliben/vnd den alten Namen Nemetum verlohren. Ware zu der zeit ein namhafft Bischtumb im Reich. Speier ist von K. Conrado dem Andern mit solcher herrligkeit verzieret vnd gemehret/daß er der Nemetenser ander erbåwer genant wart. Denn er hatt das lobwürdige vnd grosse Münster zu Speier/in welchem viler Keysern vnd Keyserinnen schöne begråbnuß seindt/zu ehren der Jungfrawen Marie/vnd in der Statt höhe die ansehliche S. Johans Kirch gebawet: auch ausserhalb der Statt auß seim Schloß Lympurg(das zwo oder drey meil hinder Spier ligt/ alda sein Söhnlein Conrad auß der höhe gefallen/vnd den halß abgestürtz hatt)mit grossen kösten ein Klöster S. Benedicti ordens/ auffgericht. Allhie ist eine lobwürdige vieler Hochgelehrter vnd Weiser Doctorn vnd Aduocaten menge/ welche in öffentlicher versamlung oder Consistorio(von K. Karl dem V. angericht) vber alle appellation sachen/ so von anderen Gerichten daher gebracht werden/in namen Keyserlicher Maiestat auch der Chür vnd Fürsten/daß Recht fellen. Es ist gar ein fruchtbar Landt vmb Speier/denn da wechst köstlicher güter Wein/den sie Genßfüsser heissen/ vnnd vber die maß viel mandeln/daß auch schier gantz Teutschlandt daruon gespeiset wirt. Die Kirch welche im vmbgang des grossen Münsters stehet/ist diser Statt eine besondere zierde.

Worms.

WOrms ein alte Statt/der Völcker Vangionum am Rhein gelegen/hatt jhren anfang wie man meinet von den Trierern/den sie järlichen zinß zu geben pflegt. Ist darnach biß zu zeiten deß Hünen Königs Attilę den Römern vnderworffen gewesen/vnd von demselbigen mit vielen anderen Rheinischen Stätten verdorben: aber von König Clodoueo widerumb aufferbawet/ auch von der Königinn Brunhild treffentlich geschmückt/vnd der Gallier König Sitz vnnd wonung gemacht. Dieselbige haben alda ein Königliches Schloß/ vngefehrlich vmb daß ort/da jetzt der Wormser new Rahthauß stehet/erbawet. Ist zun zeitten Keyser Karls des Grossen von verderblichem fewr zu äschen verbrant. Vmb die zeit war auch zu Worms ein Ertzbischthumb/aber im jar Christi 729. ghen Meintz gelacht/ist doch allzeit darnach alda ein Bischthumb verplieben/ welches alters halben mit andern Teutschen Bischthumben streittet. Alhie seind ettliche Concilia vnd Reichstage gehalten. Diß ist zum theil auß der Wormser eigenen vnd alten schrifften/zum theil auß Francisco Irenico gezogen.

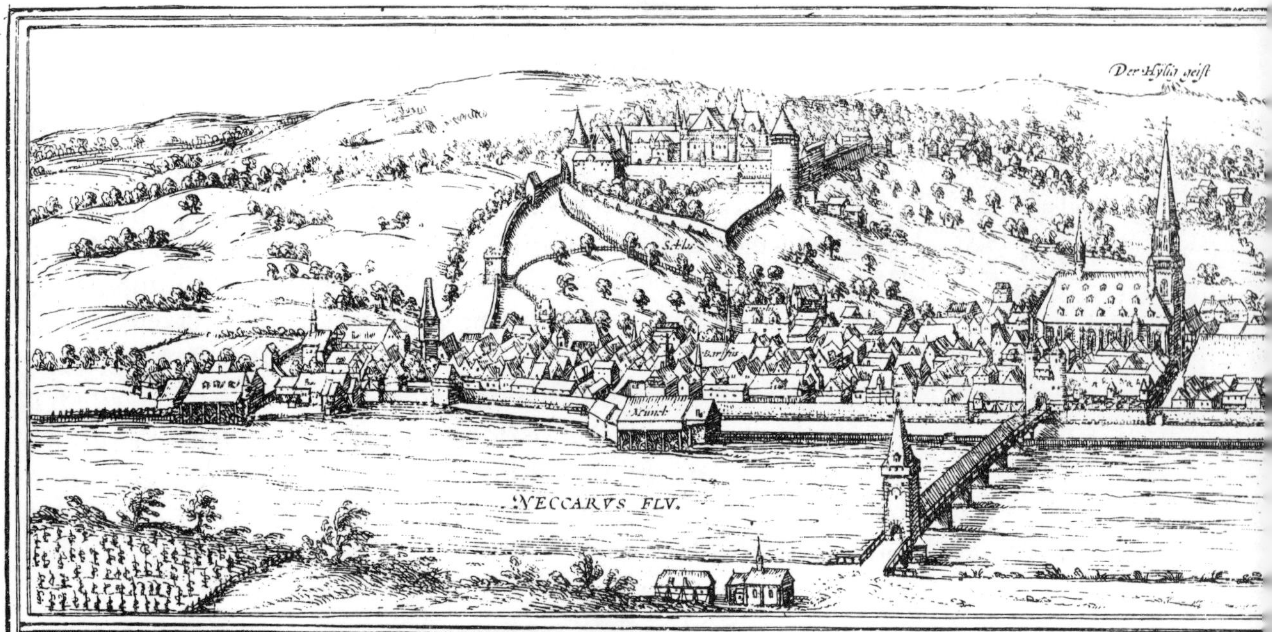
Der Hylig geist
NECCARVS FLV.

SPIRA Celebris admodum Imperij & episcopalis in Ger-
mania ciuitas cuius olim incolæ Nemetes et vrbs ipsa Nemetum dicebatur. Arnoldo Wesalio Neomagus et Nemetum atque Vangionum terminus fuit.

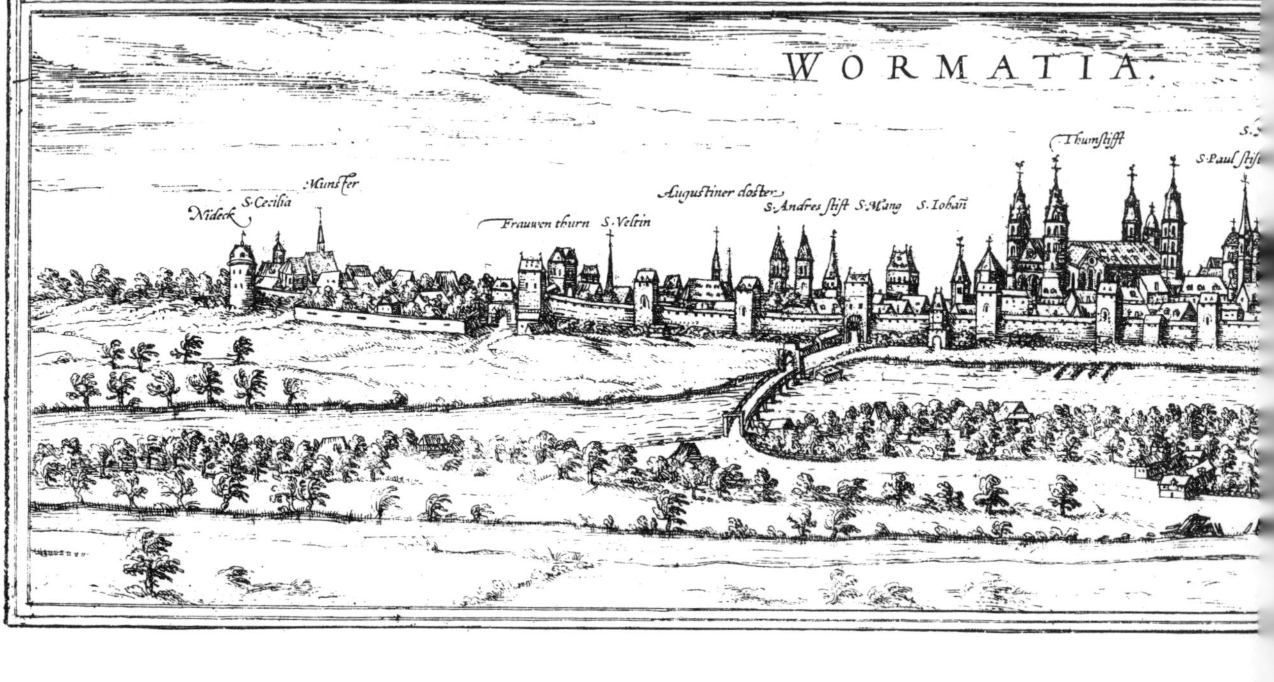
WORMATIA.
Nideck
S. Cecilia
Munster
Frauwen thurn
S. Veltin
Augustiner closter
S. Andres stift
S. Mang
S. Iohan
Thumstifft
S. Paul stift

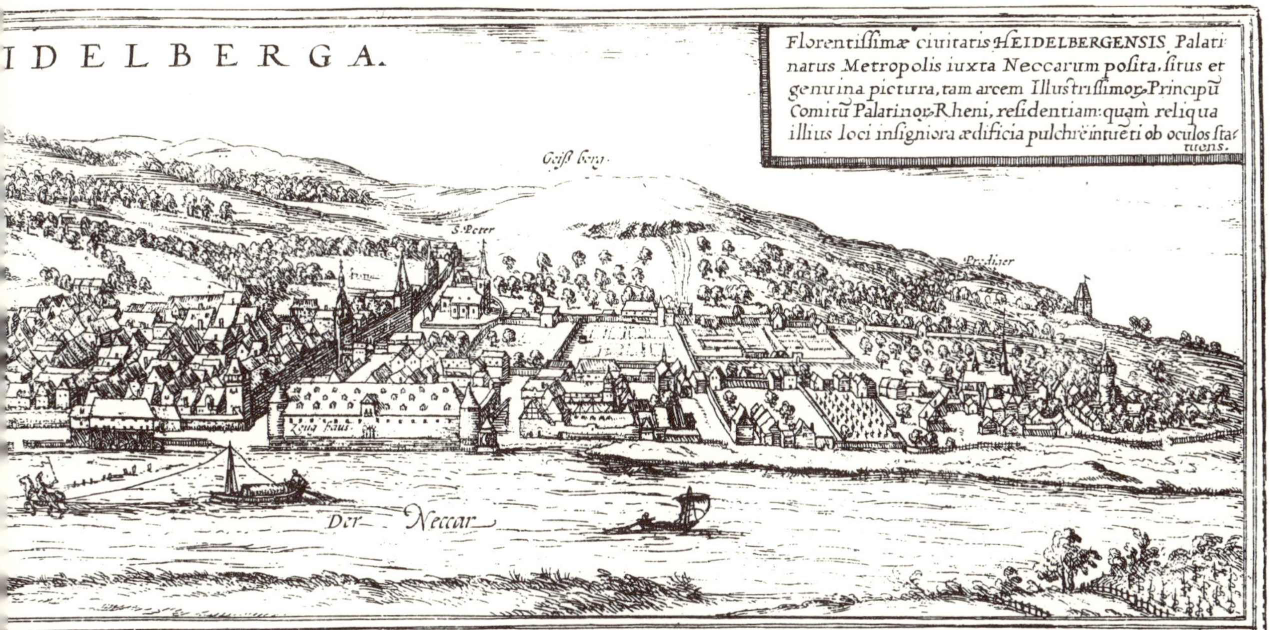

IDELBERGA.
Florentissimæ ciuitatis HEIDELBERGENSIS Palatinatus Metropolis iuxta Neccarum posita, situs et genuina pictura, tam arcem Illustrissimorum Principũ Comitũ Palatinorum Rheni, residentiam: quam reliqua illius loci insigniora ædificia pulchrè intueti ob oculos statuens.
Geiß berg
S. Peter
Prediger
Zeug haus
Der Neccar

Cmu Priuilegio

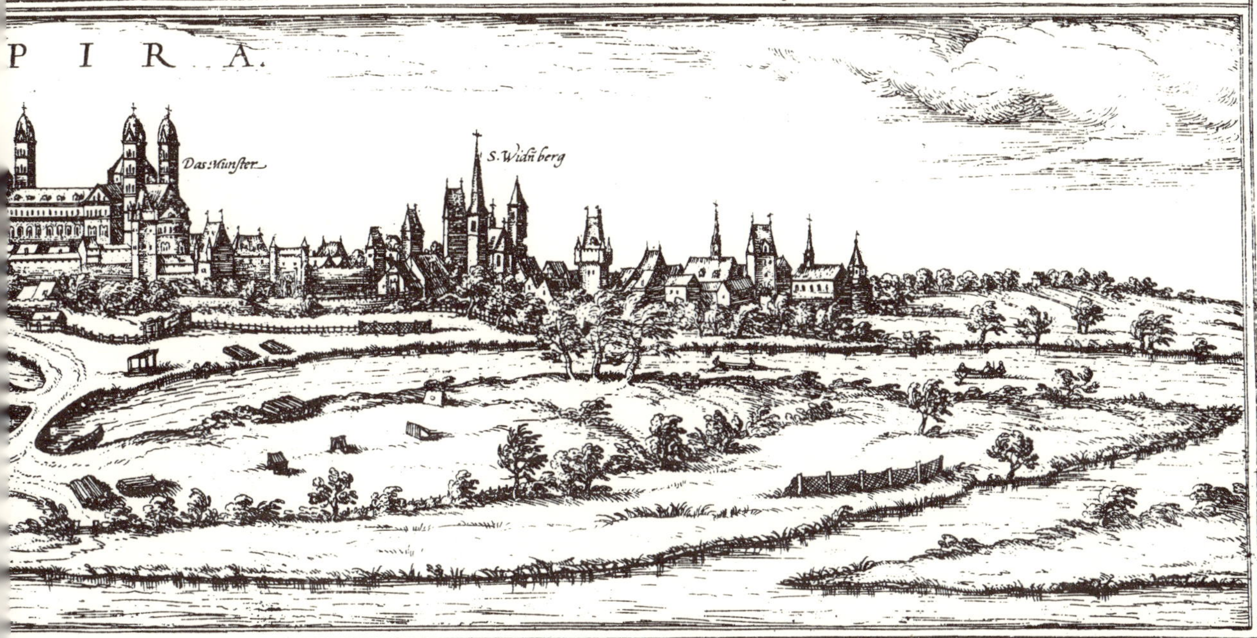

Pfaltz am Rhein.

Der sechste Kreyß des Reichs bestehet vnter vier Churfürsten / Reichsstädten / Fürsten vnd Herrn / als folgt:

Churfürsten.	Reichsstädte.	Fürsten vnd Herrn.
Pfaltzgraff bey Rhein.	Mayntz.	Pfaltzgrafen mit jhrem Landt.
Ertzbischoff zu Mayntz.	Cölln.	Grafe von Nassaw vnd Beilstein.
Ertzbischoff zu Trier.	Trier.	Herr von Reifferscheidt.
Ertzbischoff zu Cölln.	Gelnhausen.	Teutsch Ordens Herr in Coblentz.
		Abt von S. Maximin bey Trier.
		Probst von Seltz.
		Herr von Nider Eysenburg.

Vrsprung des Namens.

ES halten etliche darfür / als habe dieses edle vnd fürtreffliche Landt seinen Namen von einem Palatio des Rheins / bey etlichen aber von der Institution Caroli Magni, andere vom Palatio zu Trier. Beatus Rhenanus vntersteht sich auß dem Ammiano Marcellino zu beweisen / es komme solcher Nahm von der Landschafft Palas her / in dem Ammianus also schreibt: Als das Kriegsvolck bey der Stadt Mayntz ein Brück vber den Rhein geschlagen / zogen alle Soldaten hinüber / vnd lägerten sich in der Landschafft Capellatiana, welche von Palas jhren Namen hat. Vnd an einem andern ort sagt er ferner: Die Läger wurden in deren Landtschafft / welche Capellatium oder Palas heist / vnd da die Marckstein der Römer vnd Burgundier Gräntzen vnterscheiden / auffgeschlagen. Zu welchem Rhenanus noch ferner sagt: Es ist alhier wahrzunehmen / daß der Pfaltzgraff von keinem Pallast des Keysers / viel weniger von dem kleinen Häußlein / so den vorüberfahrenden auff dem Rhein wird gewiesen / also werde genant / sondern es seye ein vhralter Nahm von dem Landt her entsprungen: vnd so fern Rhenanus. Dieweil aber vieler anderer Pfaltzgrafen / so an andern orten wohnen / in den Historien gedacht wird / vñ deren auch noch heut etliche leben / wird die jetztgemelte meynung vom vrsprung des Namens Palatini von dem meistentheil verworffen. Zu welchem auch noch dieses hinzu kompt / daß vor 400 Jahren weder Schlösser oder Läger / noch auch jrgend eine Stadt in deren Landschafft / in welcher sie jetzund wohnen / gestanden / sondern was sie seit der zeit an dem Rhein haben / das ist entweder vmbs Geldt erkaufft oder mit Streit gewonnen. Ist demnach der meiste vnd gröste theil der meynung / es komme der Name Comes Palatinus von dem Palatio her / welches nunmehr vnter den Keysern ein grosse Ehr / vnd gleichsam den Rhäten zuständig ist / daher dann die jenigen / so dem Fürsten in dieser Graffschafft der Pfaltz mit rhat vnd andern bedienet waren / allesampt Palatini wurden genant. Dieses Landt stößt gegen Occident an das Hertzogthumb Zweybrücken / gegen Orient an Francken vnd das Hertzogthumb Würtenberg / gegen Mitternacht zum theil an den Mayn / zum theil aber an den Otenwaldt / vnd endlich gegen Mittag an das Elsaß. Es gibt an schöne / fruchtbarkeit vnd allem vberfluß keinem andern in Teutschlandt etwas bevor: alle seine Berge seind mit Weinreben bedeckt / vnd bringen einen herrlichen gesunden Wein / so hin vnd wider in frembde Länder wird verführt: Gegen Mitternacht zu hat es sonderlich viel Castanien: auff den äckern einen reichen vorraht an Korn / Weitzen / Dinckel vnd Gersten: ist an allen orten mit schönen lustigen Bawmgärtē gezieret. Zwischen Heydelberg / Wormbs / Newstadt / Oppenheim / Mayntz vnd Creutzenach hat es die allerköstlichsten Reben / vnd sonderlich im Rinckgaw vnd zu Pfettersheim / also daß man derselbigen Wein mit den Setiis, Falernis vnd Cæcubis vergleichen kan. An Bergen hat dieses Landt keinen mangel / wie gleichfals auch an vielen Wälden / vnd dieselbige der wilden Thier / vnd sonderlich der Hirsche allenthalben voll. Ja es pflegen auch die Inwohner selbst in den Wälden viel Böck / Kitzlein vñ Geissen zu ziehlen / welche Thier sich viel ehe vnd besser in den Wälden / als auff den Wiesen lassen erziehen. Nicht fern von Heydelberg findet sich sonderlich ein grosse menge Reyger / welche in den nächsten Wälden dabey nisteln: Vnd ob wol die Reyger Wasservögel seynd / vnd in dem Wasser leben / so haben sie doch vor vielem Regen vnnd Vngewitter einen schew / vnd geben sich demnach dieselbige zu meyden / vber die Wolcken in die höhe / machen jhre Nester auff die allerhöchste Bäum / seind den Fincken / Habbichen welche jhnen stetigs nach dem Leben stehen / von Natur feind / vnd wann sie / nemblich solche Habbich vnd Reyger / einander in der hohen Lufft antreffen vnd zum Kampff gerhaten / trachtet ein jeder darnach / wie er den andern möge in der höhe vbersteigen / vnd wann der Habbich vber den Reyger gelangt / fellt er mit einer vngestüm von oben herab auff jhn dar / vnd stürtzt jhn also zu boden.

Gräntzen.

Fruchtbarkeit.

Thier.

Die Pfaltzgrafen seind vor zeiten nur Præfecti Palatiorum gewesen / vnd sonderlich in den

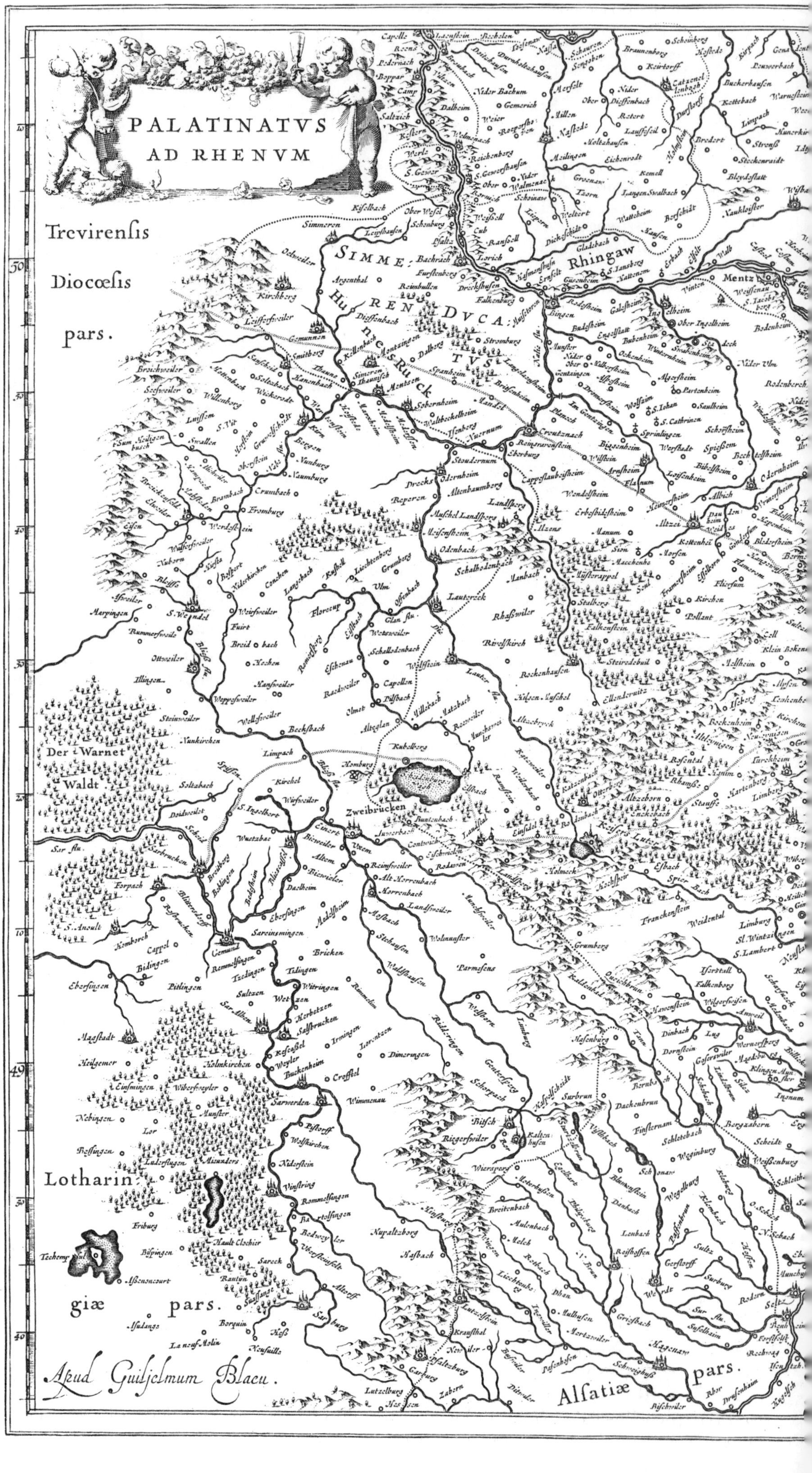
PALATINATVS
AD RHENVM
Trevirensis
Diocœsis
pars.
SIMMERN DVCATVS
Hunesruck
Rhingaw
Mentz
Der Warnet
Waldt
Lotharin
giæ pars.
Alsatiæ
pars.
Apud Guiljelmum Blaeu.

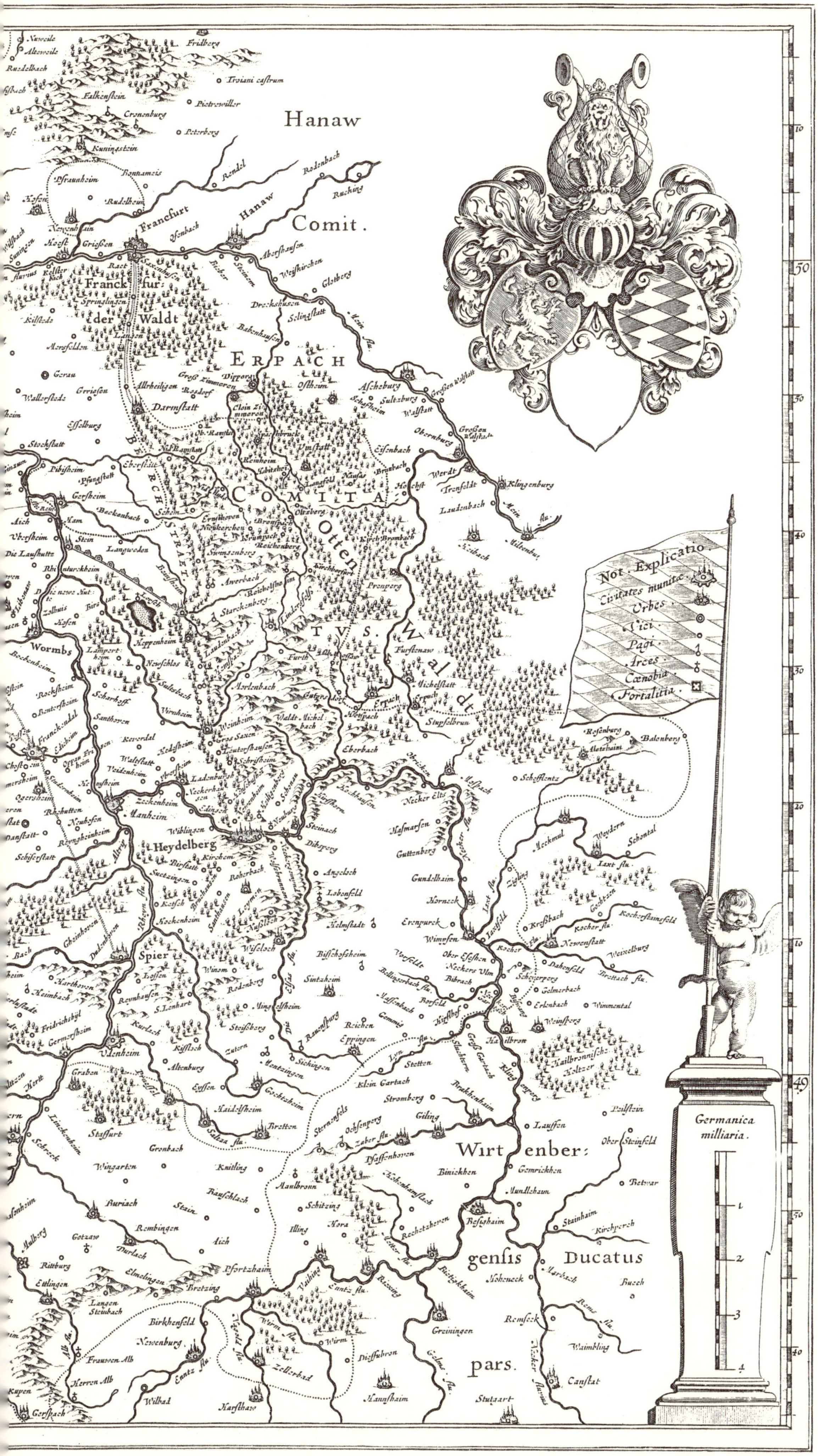
Hanaw
Comit.
Franckfurt
Franck fur: der Waldt
ERPACH
COMITATVS.
Otten Wal dt.
Not. Explicatio
Civitates munitæ
Urbes
Vici
Pagi
Arces
Cænobia
Fortalitia
Wormbs
Heydelberg
Spier
Wirt enber: gensis Ducatus pars.
Germanica milliaria.
Darmstatt
Manheim
Pfortzhaim
Stutgart
Canstat
Wimpfen
Eberbach
Haidelsheim
Bretten
Heppenheim
Weinheim
Ladenburg
Durlach
Ettlingen
50
49

Höfen der Röm. Keyser / welche die Franci vor diesem Majores Domus oder Palatii, das ist / Hoffmeister haben genant.

Herschafft.

Wañ aber die Herrschafft der Pfaltz am Rhein seye angerichtet / vnd wo sich die Palatini des Rheins vor 4 oder 500 Jahren gehalten habe ich biß daher nicht können erforschen / vñ seind die Scribenten hierinnen einer sehr vngleichen meynung / dann etliche sagen / es seyen die erste Palatini biß auff Ottonis des 3 zeit nur schlechte Edelleut gewesen / nach welchem Ottone die Churfürsten wurden erwehlt / da sie dann je mehr vnd mehr seind erhaben worden. Der erste Churfürst in der Pfaltz am Rhein ist gewesen Henricus, welcher im Jahr 1003 beneben den andern Churfürsten Henricum zu einem Röm. Keyser hat helffen erwehlen. Wo er aber seine Hoffhaltung gehabt / welchem Landt er vorgestanden sey / vnd was er vnd etliche seiner Successores für Vnderthanen gehabt / wissen weder Munsterus, wie er selbst bekent / noch auch die jtzige Churf. selbst; wiewol etliche ohn gewissen grund meinen / es habẽ solche Churfürsten vor zeiten zu Wormbs gewohnt / vnd grosse Gerechtigkeit daselbst gehabt. Dieses ist gewiß / daß Hertzog Conrad auß Francken vmb das Jahr 942 in der Stadt Worms seine Hoffhaltung gehabt. Von den Pfaltzgrafen aber wird dergleichen nicht gelesen. An diesem orth haben vor zeiten die Intuergi, Nemetes vnd Vangiones gewohnt. Die Intuergi, als Teutsche Völcker nach der meynung des Peuceri in der Pfaltz vmb Heydelberg herumb / welches Landt dann auch Capellatium vnd Pallas ist genant worden. Die Nemetes waren nach des Ptolemæi vnnd anderer zeugnuß auch Teutsche Völcker an dem Rhein / vnd haben bey Metz / Straßburg / Wormbs vnd Speyer gewohnt / welche Bischoffliche Stadt dann derohalben Augusta Neometum von dem Æthico ist genant worden. Die Vangiones aber / so gleichsals auch Teutsche gewesen / hatten jhren Sitz im Bischthumb Wormbs vnd vmb Lichtenaw herumb / dem dann zu wider Pirchaymerus, die Vangiones für Speyrer / vnd die Nemetes für Wormbser hält / welches vnterscheids vrsach nach des Irenici zeugnuß diese ist / dieweil Ptolemæus, welcher in der Beschreibung des Rheinstroms von Mittag gegen Mitternacht zu wandert / so der Vangionum am ersten / vnd folgends der Nemetum gedenckt. Sig. Gemblacensis aber / der vor 500 Jahren geschrieben / nennet Worms der Vangionum Stadt / mit welchem dann auch Ioannes Heroldus zustimpt / vnd diese Stadt auß einer alten inscription oder Vberschrifft daselbst der Vangionum Wahrt zu nennen pflegt / welches wort Lazius Vaingen interpretirt.

Städte. Heydelberg.

In der Pfaltz werden 48 Städte gezehlt / vnter welchen Heydelberg / als des Churfürsten stetige wohnung / die fürnembste ist / hat entweder jhren Namen von den Heyden / oder von den Früchten Heydelbeer genant / oder dieweil sie mit eitelen / das ist / mit vielen Bergen fast rings herumb vmbgeben ist / ligt vnter dem 49 Grad / vnd 35 Minuten in der breite: auch wird sie von etlichen Edelberg oder vmb gemelter vrsach willen Eitelberg genant / ligt an dem Necker zwischen etlichen Bergen gleichsam verschlossen / ward im jahr 1356 von Ruperto dem ältern / als Pfaltzgrafen daselbst / mit einer hohen Schul begabt / vnd ist noch wegen derselben heutiges Tags sehr berühmt. Es wird aber die gantze Pfaltz in vier Præpositeras oder ämpter nemblich das zu Heydelberg / Altzen / Newstadt vnd Moßbach getheilt.

Bretten.

Die Stadt Bretten ist in einer mittelmässigen grösse / ligt an dem Wasser Salza genant / in welcher Stadt der vberauß gelehrte Mann Philippus Melanchthon geboren ist.

Ladenburg.

Die Stadt Ladenburg ward dem alten Hertzog Ruperto im Jahr 1371 zum halben theil verpfendet / die ander hälffte aber kam dem Bischoff von Wormbs zu. In gleichen hat Sigfridus von Stralenberg jetzgemeltem Fürsten im Jahr 1357 die Stadt Schriessen sampt dem Schloß Stralenberg verkaufft / vor welchem Anno 1544 jhme durch die Arbitros auch die Stadt Weinheim zuerkent ward / welche der Bischoff von Mayntz zuvor eingehabt: Die andere Städte seind Caub / Sintzen / Luden an der Tauber / Oppenheim / Keysers lautern / Ingelheim / Löwenstein / die beyde newe Städte Franckenthal vnd Manheim: Item Brüssel in dem Brurein / vnnd viel andere Städte vnnd Schlösser mehr.

Fliessend Wässer.

Die fürnembste Wässer seind der Rhein vnd Necker / vnter welchen der letzte das gantze Land in der mitten zertheilet / einen gewaltigen vorraht an Fischen / vnd sonderlich von Barben herfür gibt / sich bey Ladenburg mit dem Rhein vermischt / vnd demnach täglich viel Bawholtz auß dem Otenwald in denselbigen flötzet. Die geringe Wässer sein die Tauber / Luther / Iaxtus vnd sonst dergleichen mehr.

Berge.

Das gantze Landt ist allenthalben voll Bergen / auff welchen am meistentheil die allergesundeste Wein zu wachsen pflegen.

Wälder

Vnter den Wälden / welche das gantze Landt mit Wildprät speiset / ist der Otenwaldt / als ein theil des Schwartzwaldts / der fürnembste / dessen breite sich von dem Necker biß an den Rhein / vnd die länge von der Bergstrassen biß an die Tauber erstreckt.

Gebäw

Belangende die Kirchen vnd Klöster / so seind deren in diesem Landt auch nit wenig / darunter das Laurissense oder Lorß / von Carolo Magno, oder / wie etliche meynen / von dem Pipino erbawet / alle andern vbertrifft / von dessen Bibliothec Munsterus meldet / es sey kein ältere an jrgend einem orth zu finden / in welcher ein Buch zu sehen / welches Virgilius nach außweisung des Titels mit eigenen Händen geschrieben / wie gleichfals auch das letzte Buch Ammiani Marcellini, so seithero getruckt worden / vnd damahls noch mit grossen Buchstaben geschrieben gewesen: Auß dieser Bibliotheck hat Ioannes Dalburgius der gelehrte Bischoff von Wormbs viel der allerbesten Bücher gehn Ladenburg transferiert vnd verwendet.

Die Graffschafft Nassaw.

NAhier thut sich die berühmte Graffschafft Nassaw herfür / ein Vatterlandt der fürtrefflichen vnd durch die gantze Welt bekanten Nassawischen Helden / denen der Niderländische Löw nächst Gott seine freyheit mag zuschreiben.

Vrsprung des Namens.

Das wort Nassaw bedeut so viel als Naßgaw / oder eine nasse/feuchte Erde/angesehen die Stadt/von welcher diese Landtschafft den Namen bekommen/vberall mit nassen feuchten Feldern vmbgeben ist. Dann in vnserer Teutschen Sprach heisset naß so viel als wässerig vnd feucht / gaw oder aw bedeutet ein Landt / oder Landtschafft. Also der Nahm Bataw bedeutet das Landt der Batavier. Durgaw/ein truckenes Landt: Rheyngaw/das Land des Rheins: Brißgaw/ein Land das man loben vnd preysen muß : Argaw / ein Landt das zu ehren ist: Ostergaw/ein Landt das gegen Morgen ligt : Westergaw / eine Landtschafft die gegen Occident sich erstrecket : Hewgaw / ein Gebiet das des Hewes voll auff hat. Diese Graffschafft hat noch mehr andere Graffschafften/die jhr angehörig seynd: als Weilburg/ Idtstein / Wißbaden / Dietz / Katzenellenbogen vnd Beilstein.

Gräntzen.

Die Graffschafften Nassaw vnd Dillenburg seind gegen Mittag mit der Graffschafft Wißbaden vnd Idtstein/gegen Auffgang mit den Graffschafften Isenburg vnd Solms / wie auch dem Fürstenthumb Hessen/gegen Mitternacht mit Westphalen vnd der Graffschafft Witgenstein / gegen Abend mit dem Hertzogthumb Bergen / vnd den Graffschafften Widda vnd Seyne benachbart. Diese Graffschafft hat vielerley ämpter/als Frewdenberg/Sigen/Niep/Frendorff/Hilchenbach/Häger/Ebersbach/Dillenburg/Dringenstein/Drydorff/Libenschidern/Beyelstein/Longersheim/Kuricheym/Burbach/Marenburg / Rotsenheim / Renneroden / Heenen / Dernerzitheim / Hohnstädten / Flachten / Dietz/ Frieckovien/Zeutzheim/vnd mehr andere. Diese Graffschafften werden vnter die freye Graffschafften des Römischen Reichs gezehlet / angesehen deroselben Herrn niemand als dem Keyser allein seind vnterworffen / vnd eben der regalien vnd prærogativen, deren sich die andere Fürsten des Reichs gebrauchen/ geniessen. Sie haben das recht / daß sie mögen Müntze schlagen/so wol auß Gold/Silber vnd Kupffer : welches noch gegenwertig auß den Müntzen zu sehen/ auff deren einer seyten stehet Moneta Sigen, vnd auff der andern seyten Iohannes Comes de Nassaw, die gedachter Graff Johan von Nassaw hat schlagen lassen. Der Landgraff von Hessen/ welcher auch den Titul der Graffschafft Katzenellebogen führet / geniesset gemelter Graffschaffe Einkommen / seithero daß Landtgraff Philips dem Grafen von Nassaw im Jahr 1556 600000 Kronen hat bezahlet/ jhm die Graffschafft Dietz vbergelassen / vnd also beyde Herrn sich mit einander vertragen / daß nichts desto weniger der Titul beyden solte gemein seyn.

Natur des Landes.

Das eine theil der Graffschafft Nassaw ist mit vielen Bergen erfüllet/ dannenhero es sehr rauh vnd wildt/ mit vielen Wäldern besetzet. Das ander theil erstrecket sich in eine ebene/ welches schöne Weinberge zeuget/wie in der Graffschafft Dietz/vnd an dem Fluß Laen zu sehen : zu geschweigen des schönen Wiesewachs / herrlichen Weyden / fruchtbaren Bodems / der allerley Getreyde vnd Hülsenfrüchte/die in grosser menge herfür kommen. So machen auch die Bergwercke diese Graffschafft nicht weniger berühmt. In der gegend Sigen wird ein schöner Eysenstein gefunden / auß welchem das Eysen wird geschmeltzet / vnd allerley sachen darauß gegossen/ als öfen/Amboß/eyserne Häfen / Kugeln / ꝛc. In : vnd ausserhalb der Stadt macht man allerhandt eyserne Instrumenten. Zu Frewdenberg wird ein statlicher Stahl gemacht/den man hernach weit vnd breit verführet. Dergleichen Bergwerck vnd Werckstädte / da man allerley Eysen verarbeitet / seind auch zu Dillenburg/ Häger vnd Burbach zu sehen / in welcher gegend man auch Kupffer vnd Bley gewinnet/ wie gleichfals zu Ebersbach/ da es auch eine Glaßhütte hat.

Wälde.

Der fürnembste Waldt ist der Westerwaldt/ ein theil von dem Sylva Hercynia : die kleinere vnd gleichsamb die Zweige dieses grossen seind Kalteich/Heygerstruth/Scheldewaldt/die Horre/ der Kamberg/ in welchen die grosse menge der wilden Thier die Jagt sehr lustig machet. Die Flüsse seind die Laen / Sigen vnd Dillen/ deren ein jeglicher bey schönen lustigen Städten fürüber rauschet. An der Sigen ligt die Stadt Sigen. An der Dille Hæger, Dillenburg/Herborn. An der Laen Dietz / Nassaw / Laenstein oder Lohnstein / an dem orth da der Laen sich mit dem Rhein vermischet. Die Embsaner Bäder seind bey den Grafen von Nassaw / Dillenburg vnd dem Landtgrafen von Hessen gemein / vnd werden von wegen jhrer wunderbahrlichen verborgenen Tugend von weiten besuchet. Zu Kodingen vnd Kamberg ist ein Sawrbrunnen/dessen Wasser man für den Stein trincket / vnd wird alle Jahr von vielen frembden Menschen / die auß allen orten heuffig sich daselbst befinden/ gebrauchet. Die Stadt Herborn ist auch mit einer hohen Schule begabet / alda alle Jahr auß Teutschlandt / Polen/ Liefflandt / Dennemarck/ vnd andern orthen die Studenten in grosser

NASSOVIA
Comitatus.
Amstelodami,
Guiljelm. Blaeuw
Excudit.
WESTPHALIAE
PARS
WIDDAN COM.
SEYN COM.
ISENBERG
Isenberg inferior
COM.
COMIT:
NASSOV.
COM:
CATZENELLEBOGH
COM: DI
WISBA
Occidens
Siega flu.
Weed flu.
Seyn flu.
Rhenus flu.
Nette flu.
Mosella flu.
Lanus flu.
Merem
Mill flu.
Aar flu.
Westerwaldt
Drolshagen
Olepe
Eckenhagen
Wenden
Wildberg
Birenstein
Odespil
Erdingen
Wildenberg
Holtzglaen
Vriesenheim
Freudenberg
Selbach
Morspach
Wisse flu.
Weise Flu.
Aldenhoven
Schelten
Windeck
Wissen
Freusberg
Mergenstatt
Mürl
Ophausen
Ham
Coverstein
Hachenborg
Newkirchen
Aldenkirchen
Merenborg
Widerstein
Emmerichenha
Hardefeltz
Dierdorff
Vreilingen
Pfeiffenstertz
Westerborg
Elles
Bergh
Wilmerod
Zur Woch
Haen
Cochem
Langen
Evarnbach
Bulingen
Weed
Braunsberg
Villach
Wellersbergh
Eisen
Rood
Nider Eer
Wirgis Berscheidt
Dalem
Heimbach
Sayn
Grentz
Ternbach
Heiligerod
Strintz
Langendorff
Engers
Grimperg
Biberich
Eschlobach
Ober Erlach
Montabaur
Holbach
Nonborn
Ober Hademar
Erenbreitstein
Kesselun
Saffich
Mullem im Thall
Lipperberg
Nid: Elbert
Nenters hausen
Nider Haden
Coblentz
Coddenbach
Arsbach
Ober Elbert
Nid: Erlach
Else
Limpurg
Londich
Paffendorff
Mullbach
Daubach
Epperod
Hurtzberg
Idellborn
Horchem
Sporckenberg
Kircheer
Bylstede
Dietz
Roodt
Nider Lanstein
Hubingen
Esten
Holtzhem
Neveren
Blumenrod
Larum
Kapella
Ober Lanstein
Embs
Winnen
Waineer
Alken
Reens
Marexberg
Frucht
Bochelen
Nassaw
Arnstein
Langescheid
Braunsberg
Schönborn
Poppaert
Braubach
Taussenaw
Scheuren
Dornholtz hausen
Singoben
Keirtorff
Klingelbach
Nider Bacheim
Gorsich
Holsels
Camp
Mirenfels
Catzenelebogen
Ob. Dieffenbach
Nid: Dieffenbach
Dalhem
Gemerich
Millen
Retert
Durstorff
Welmerach
Nasteden
Holtz hausen
Lauffeil
Meilingen
Greberode
Hohnstein
Bredert
Rheinfels
S. Gewer
Goarshausen
Eichenrodt
Gröenaw
Kemel
Langen Schwal
Ober Wesel
Tzorn
Lopern
Schonaw
Wattehain
Weltert
Dickescheid
Caub
Rudlen
Bacharah
26
30
40
50
20
10

HASSIAE PARS.
COM: DILLENBVRG.
Dillenburg
Herborn
SOL: Solms
MENSIS
M BEILSTEIN.
COM: WEIL BVRGENSIS.
Weilburg
COMITATVS.
WETTER AVGIA
HANOV IENSIS COM.
Marpurg
Kaldern
Dernbach
Offenbach
Gleiberg
Loller
Lona fl.
Konigsberg
Werdorff
Aßelar
Hermenstein
Wetzlar
Lön flu.
Gießen
Klein Rechtenbach
Groß Rechtenbach
Klee
Butzbach
Friedberg
Windeck
Falckenstein
Höhe montes.
Konigstein Com.
Kronenburg
Feldberg
Nidda flu
Notularum explicatio.
Parochia
Schola pub. seu Acad:
Arx
Cœnob.
Sed. Nobil:
Pagus
Miliaria Germanica communia.
Horæ itineris
Armothen: brucken
Simmersbach
Eigershausen
Hirtzenbach
Nantzenbach
Ibelshausen
Wißenbach
Drengenstein
Waldenfels
Ober Schelt
Nid. Schelt
Bicken
Herborn
Selbach
Ballersbach
Sindt
Dilheim
Eringshausen
Odingen
Catzenfort
Greiffenstein
Stockhausen
Overbiel
Leun
Bißkirchen
Oberndorff
Alphausen
Braunfeltz
Loneberg
Kitheboden
Aumenaw
Grefeneck
S. Niclas
Vilmar
Weyer
Munster
Oberbrechen
Ober Selters
Emmershausen
Haselbach
New Weilna
Alt Weilna
Erbach
Schweickers hausen
Camberg
Rudelbach
Donbach
Walstorff
Steinfischbach
Esch
Ober Emse
Wersdorff
Idtstein
Wisbaden
Epstein Dom
Hofem
Montes
Höhe
Efingen
Gnadenthal
Hollinckhausen
Ginsperg
Ritters-hausen
New Windelbach
Salchindorff
Ober Netphe
Ob: Raspe
Ebersbach
Steinbrucken
Nid. Raspe
Manderbach
Fronhausen
Kaldeich
Rodenbach
Hager Hutt
Dilla flu.
Felbach
Sexhelten
Steinbach
Hager Selbach
Höger
Wilde
Allendorff
Donsbach
Ockersdorff
Burg
Wugedorff
Schönbach
Dridorff
Elsoff
Beilstein
Orient
27
30
40
50
10
20

menge ankommen. Dieser Grafschafft Inwohner seind von wegen jhrer grossen Liebe zur Tugendt / wie auch jhrer standthafftigkeit / dapfferkeit / sparsamkeit / Gerechtigkeit vnd billichkeit vberal bekant / vnd werden von jederman wegen jhrer Tugend gerühmet. Von der Jugend auff werden sie in der Gottesfurcht vñ allerley Gottseeligen arbeit / vnnd nothwendigen nützlichen übungen aufferzogen. Liegen / sein wort nicht halten vnd betriegen / ist bey jhnen für eine grosse schwere Sünde geachtet: Dannenhero man auff jhren guten glauben vnd auffrichtige wort sich wol mag verlassen. Der Nassawische Adel ist ein grosser liebhaber vnd strenger beschützer der freyheit / so daß er nicht allein seine eigene / sondern auch anderer Leuth libertät zu beschirmen vnd zu verthedigen sich vnterstehet.

Dieses Landt hat auch vor zeiten einem vnglückseligen Herrn / als Keysern Adolpho von Nassaw / zum Vatterlande gedienet. Glückseliger aber ist es zu achten von wegen der trefflichen Nassawischen Helden / welche durch jhre Mannhaffte Heroische Thaten die Vereinigte Niderlanden vom Spanischen Joch geträñet vnd erlöset / vnd mit jhrem Lob vnd grossen Ruhm die gantze Welt erfüllet haben. Vnter des fürtrefflichen Helden Wilhelmi von Nassaw / Princen von Vranien Regierung / haben die Niderländer jhre freyheit erlanget: Vnter Printz Mauritio löblicher gedächtnuß / Printz Wilhelmi Sohn / seind die Vereinigte Niderlanden in ein grosses vnglaubliches auffnehmen gerahten. Wie hoch sie es aber an jetzo vnter der glückseligen Regierung seines Herrn Brudern Printz Hendrich Friderich von Vranien gebracht / das bezeugen die grosse / mächtige vnd feste Städte / die sie in kurtzem in jhre Gewalt gebracht / neben dem grossen Reichthumb / den sie jhren Feinden haben abgejagt / rc.

Martpurch.

WAs vnter dem Mayn gegen Mitnacht licht / wirt von den alten zu dem vnderen Teutschlandt gerechnet / vnd begreifft in jm zum ersten das Hessenlandt / Thüringen vñ Meissen. Daß Hessenlandt gehet in Occident biß an den Rhein / vñ gegen Auffgang stößt es an Thüringẽ vnd Sachsen / vnd gegen Mitnacht reicht es an Braunschwick / vnd auch zum theil an Westphalen. Es seind aber dises lands zwo vornembste städte / Martpurg vñ Cassel. Jenige wirt von jnen die haupstadt gesetzt / vnd vermeinen etliche sie soll vom Abgott Marte / andere aber / von Marcomiro / Marcomiri des sechs vnd zwentzigsten Frankischen Königs son / den namen haben vnnd erbawet sein. Wirt vom Ptolomeo / wie Franciscus Irenicus sagt / Amisia genãt / vñ soll / wie die historiẽ bezeugen / weiland ein Dorff gewesen sein. Die Lon fleust bey der Stadt her / ist ein trefflicher fluß / kompt auß der Graueschafft Witgenstein / entspringt an dem Horberg / vnd hat vorzeiten bey des Engellendischen Fürstens Windikindi Schloß / vorbey gelauffen / kompt auch in derselbiger Graffschafft an die stadt Lasphe / vnd darnach an Beidenkap / Martpurg / Steiffenburg / Giessen / auch an die Hessische Städte Wetzphalar vnd Limpurg: wirt darnach mit vilen Bächen gemehret / vnd felt vnter der Stadt Lonstein in den Rhein. Auff eim hohen bühel eins Bergs / ist die Fürstliche wonung mit einer Capell / von Lodouico eim Bischoff zu Münster / welcher Heinrichs des Landgrauen võ Thüringen des namens der dritte Son gewesen / erbawet. Alda ist eine hohe Schul / drin werden alle Freye Künsten gelehrt: angestifftet im jar Christi 1526. vnd von dem Fürsten Philippo widerumb im Jar 1535. ernewert.]

Cassell.

CAssell die vornembste Stadt des Hessenlands / ist so viel gesagt als ein Casteel: denn vorzeiten sagt mann soll allein ein Schloß alda gewesen sein. Hie sihet man ein güldene Lily / so durch einen Landgrauẽ von Rom bracht ist. Dise stadt nent Ptolomæus Stereontium, wie Frãciscus Irenicus schreibt: wirt von den Flüssen Fuldt / Ana / vnd Trüsell beflossen / daher die Stadt einen fruchtbarn vnd weidreichen bodem / auch viel matten / zur viehzucht dienlich hat / derhalben jhr fürnembste kauffmanschafft in Viehe / häutten vñ wolln gelegen ist. Dise waar / vornemlich die woll / versamelen sie zum theil in dem Ländlein Buuonia / welchs nahe am Thüringer Land gelegen / zum theil in jrẽ eignen vatterland / führen die darnach zu der hochberhumbter kauffmanstadt Antorff / wirt dauon gen Londen gesandt / damit die Engellender (welche wol schaaffreich seind / aber doch nit so vil woll / als sie verarbeiten / jm land haben) auß vnser eigner waar / habselig gemacht werden / vnd vns Teutschen das Gelt ablausen mügen. Denn wann vnsere woll im Land zu tuch gemacht / wirt dasselbe darnach gen Antorff / jetzt aber nach Hamburg vnnd Franckfurt am Main gebracht / vnd vmb gereid Gelt verkaufft.

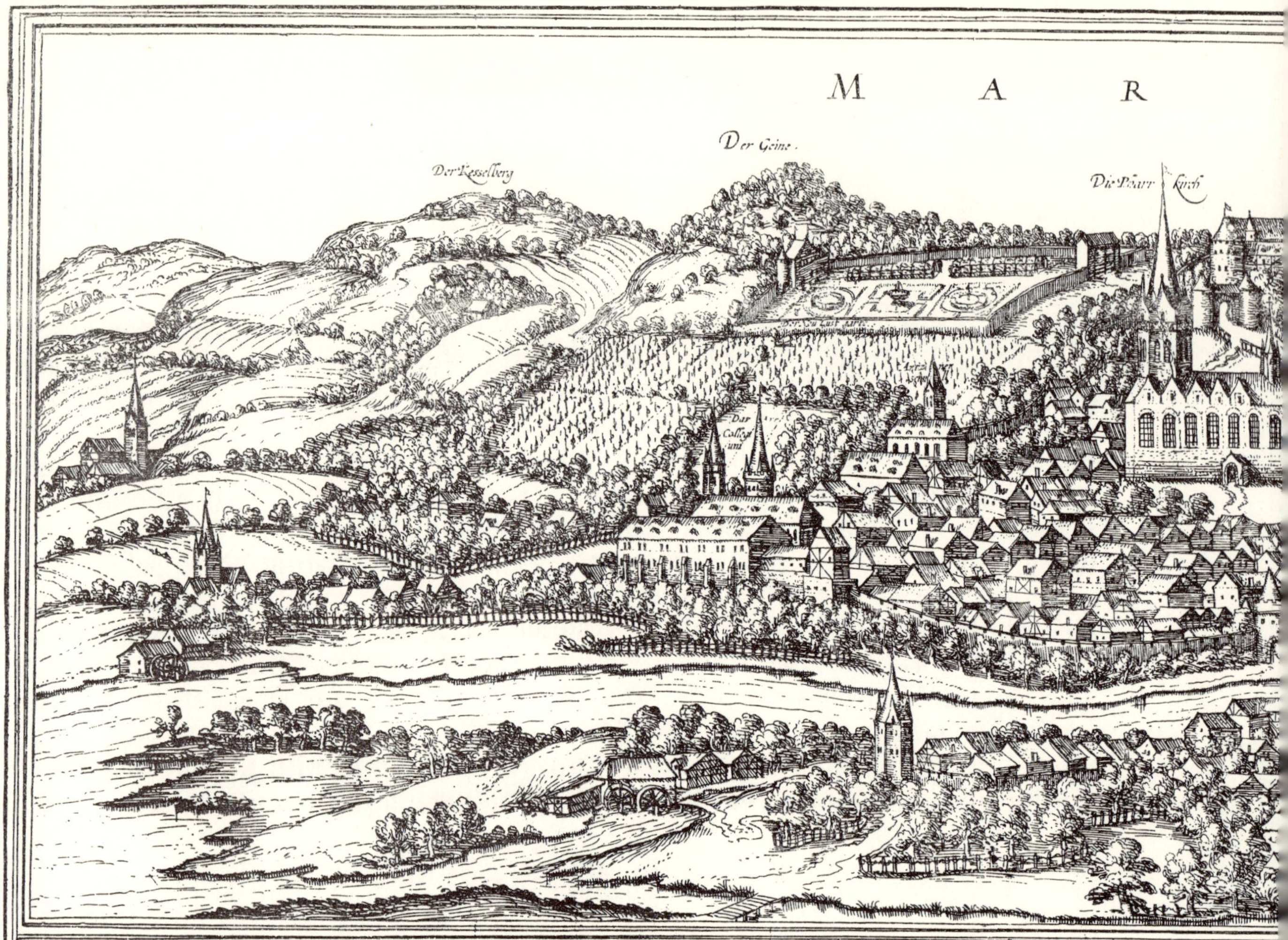
M A R
Der Geine.
Der Kesselberg
Die Pfarr kirch

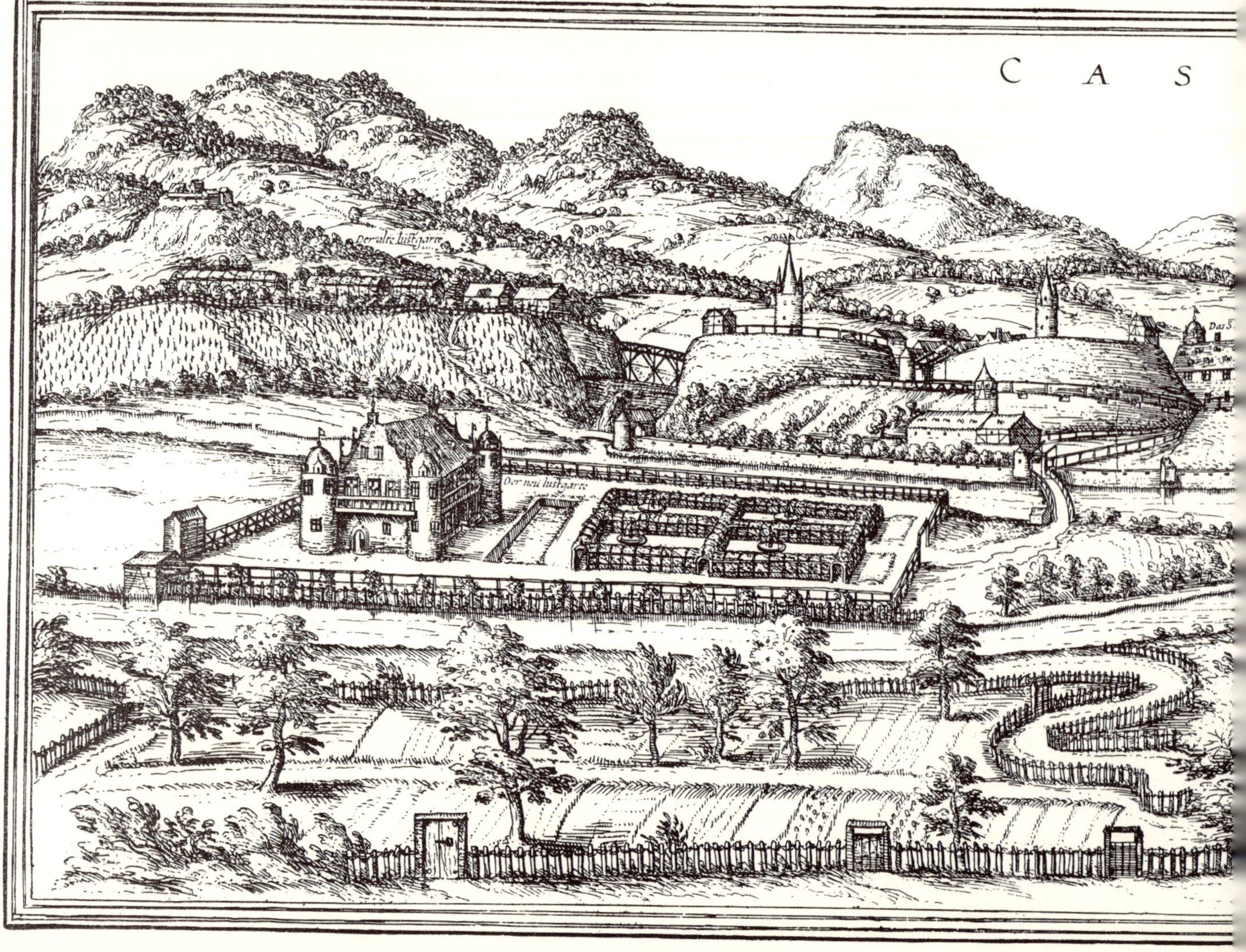
C A S
Der alte lustgarte
Der neu lustgarte

P V R G.
MARTPVRGVM VRBS
HASSIÆ METROPO-
LIS, VNIVERSITATE CLARA
Das deutsche hauß

Cum Priuilegic

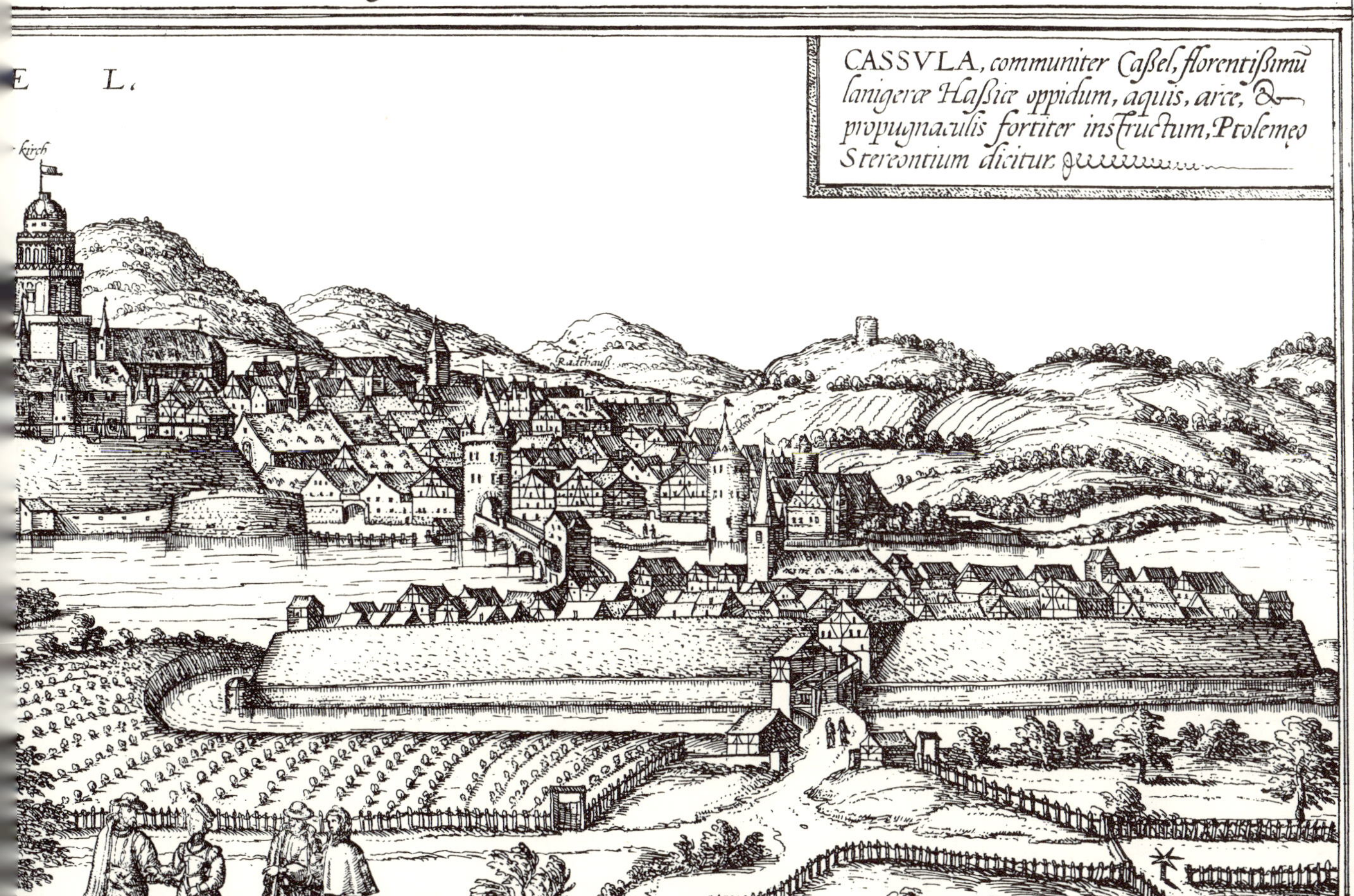

E L.
CASSVLA, communiter Caßel, florentißimu
lanigeræ Haßiæ oppidum, aquis, arce, &
propugnaculis fortiter instructum, Ptolemeo
Stereontium dicitur.

Landgrafschafft Hessen.

Vrsprung des Nahmens.

HEssen ist eine Landgrafschafft/ von dessen Namen die Scribenten fast vngleicher meinung sind/ dieweil jhn etliche entlehnen von dem Berg Heso, von welchem man doch weder in Hessen/ noch anderswo jchtes weiß/ es sey denn der jenige/ so zu Nimägen gesehen wird/ das denn der Warheit nicht zu gar entgegen scheinet/ sintemal etliche vermelden/ es habe ein Sohn des Königs der Catten (als welcher Nimmägen erweitert/ von newem gleichsam erbawt/ vnd mit mawrn vmbgeben) wiederumb einen sohn gehabt/ der da Hesus geheissen/ vnd solchen seinen Namen diesem seinem Vaterland/ als das er sehr lieb gehabt/ gegeben/ daher denn der berg noch auff den heutigen tag Hesus genennet wird. Andere aber wollen/ es werde dieses Land von den Cattis, als welche zum allerersten darinnen gewohnt/ durch verwechselung der buchstaben also genandt/ daher den noch jetzund ein besonderer ort dieses Landes Katzenelnbogen heist/ vnd die alte desselbigen volcks bezeuget. Von diesen völckern/ den Hessen/ bezeuget Beatus Rhenanus in seinem ersten Buch der teutschen Geschichte/ sie seyn aus ober Teutschland als frembdlinge an diese ort kommen/ haben die Cattos daraus vertrieben/ sich darein gesetzt/ vnd sie nach jhren Namen das Hessenlandt genennt.

Grentzen.

Es stöst aber dieses Land gegen Orient an Thüringen gegen mittag an Francken/ gegen Occident an Westphaln/ vnd gegen mitternacht an das Hertzogthumb Braunschwick das Bisthumb Minden vnd andere benachbarte Fürstenthümme mehr.

Lufft. Fruchtbarkeit.

Hat eine rauhe/ jedoch gesunde Lufft/ bringt an Getreyd/ Hülsengemüß/ vnd andern früchten ein grosse menge/ jedoch durchaus keinen Wein/ ohn wo es an den Rhein stöst.

Zahm vnd wilde Thier.

Hat einen gewaltigen vorrath an zahmen vnd wilden Thieren/ vnd sonderlich an Hirschen/ mit welchen sich die Landgrafen/ als Herrn des Lands/ zusampt jhren Edelleuten täglichen üben. Ja es bringt dieses Land hin vnd wieder Metall/ vnd sonderlichen viel Kupffer vnd schwartz Bley: vnd hat darneben auch etliche brunnen voll Saltz. Vnd wie alle scribenten/ ohne den Crantzium, bezeugen/ so ist dieses Land erstlich ein Grafschafft gewesen/ folgends zu der Hochheit einer Landgrafschafft erhoben: vnd von den Cattis bewonet worden/ welche bey dem Ptolomæo Chattæ geheissen/ vnd nachmals in die Jnsel der Holländer hinüber kommen/ deren Namen gedächtnüs in zweyen flecken/ so jhre zunamen am Meer vnd Rhein haben/ noch auff den heutigen tag behalten wird.

Vrsprung des Namens der Cattorum.

Von dem vrsprung vnd vrsach des Namens der Cattorum schreibt Hadrianus Iunius also: die Catti, als welche man so wol jetzund/ als auch zuvor Hessen nennet/ haben daher mit den Cattis oder Katzen einen gemeinen Namen/ dieweil sie sich denselbē in der grawsamkeit vergleichen/ vnd jhre Feind mit grosser vngestümme/ vnd gleichsam mit beissen vnd kratzen/ ja mit allen vieren anfallen: denn wem ist vnbewust/ wie grawsamlich sich diese Thier gegen denen/ so jhnen etwan nach der keelen greiffen/ vnd dieselbigē begehrē zu trucken/ wehren/ vnd gleich wie die Katzen die Mäuse von hinden anfallen/ vnd jhnē ehe sie sichs versehen/ mit den klawen auff den Rücken sind/ also greiffen auch die Hessen jhre Feinde mit grosser Listigkeit an/ welches der streitbaren Cattorum natur vnd gewonheit je vnd allewege gewesen ist. Hieher kan gebracht werden/ das bey den Hueldenis gebräuchliche Wort Æssi, durch welches sie anders nichts/ als ein Katz verstanden/ welche völcker/ so offt sie etwan eine Katz haben wollen andeuten/ solche einen Hessen genennet haben. Ja es sind auch alle fürtreffliche vnd tugend halben berühmte Mäñer vor dieser zeit durch diesen Namen der Cattorum von den alten angedeutet vnd verstandē worden/ als welche die Holländer noch auff den heutigen tag in jhrer sprach Cattos neñen: vñ zwar so gibt vnter allen Scribenten keiner diesem Volck seiner tugend vnd fürtreffligkeit halben besser vnd klärer Zeugnüs als Cornelius Tacitus, in dem er jhme mehr Dapfferkeit/ Kriegserfahrung vnd grosse thaten zuschreibt als allen andern teutschen in gemein/ derowegen sie denn keinen andern vnd bessern Namen hetten haben köñen/ dadurch jhre grawsamkeit oder vielmehr dapfferkeit gegen den Feind zusam̃t der fürtreffligkeit klärlicher abgemahlet würde: vnd so fern Hadrianus Iunius. Es hat aber dieses Land/ als es nemlich noch eine Graffschafft gewesen/ vnter die Herrschafft Thüringen gehört/ welches die Bücher der Thüringer bezeugen/ in denen gelesen wird/ daß im Jahr nach Christi geburt 1042 Graff Ludwig von Hessen zu Hall auff einem Thurnier gewesen/ als es aber nachmals zu einer Landgrafschafft wordē/ hab sich die Tochter über jhre Mutter erhoben. Zu diesem ist nachmals/ als sich nemlich des letzten Grafen Tochter mit Landgraff Henrich vermählet/ die Graffschafft Catzenellnbogen auch kommen. Wer aber der Landgraffen gantze Genealogiam oder Geburtsregister wissen wil/ der nehme Munsterum, als welcher dasselbe nach der länge beschreibt/ vor die hand. Die fürnehmste städte dieses Landes sind Marpurg/ Cassel/ Giessen vnd Darmbstadt.

Städte.

Marpurg.

Marpurgum oder Marpurg wird bey dem Ptolomæo Amalia vnd Amilia, vnd von etlichen Martis Burg genandt/ ist die Hauptstadt in diesem Land: war/ wie die Historien melden/ erstlich nur ein Meyerhoff/ biß es nachmals an Gebäwen allgemach zugenommen/ vnd zu einer stadt worden: liegt an dem fürnehmen wasser die Lon genandt/ hat noch vor wenig Jahren eine Fürstliche Hoffhaltung gehabt/ vnd war im jahr 1526 mit einer hohen schul begabt/ welche Ludovicus der Bischoff zu Münster hat erbawet.

Cassel.

Die Stadt Cassel wird für des Ptolomæi Stereontium gehalten/ vnd sagt man/ es sey vor der zeit nichts als ein Schloß daselbst gestanden.

Die Stadt Giessen liegt mitten zwischen Marpurg vnd Friedberg/ auff der strassen wenn man von Franckfurt nach Marpurg reisen wil/ nemlich sechs Meyl von Franckfurt/ drey von Friedberg/ vnd eben so viel von Marpurg: ist eine schöne Vestung/ welches Römische Käyserliche Majestät Rudolphus der ander auff embsiges anhalten des frommen vnd eyferigen Fürsten Landgraff Ludwigs von Darmstadt/ als dem es zuständig gewesen ist/ welchem Fürstlichen Hauß Darmstadt der allmächtige Gott langes Leben/ friedsame vnd beständige Regierung verleyhen wolle/ im Jahr 1607 mit einer hohen Schuel begabet/ welche den 6 tag Octob. jetztgemeldten Jahrs ward inauguriret/ vñ von jhrer Fürstlichen Gnaden/ mit den allerfürtrefflichsten vnd weitberühmtesten Theologen/ Juristen vnd Medicis versehen vnd bestellet worden ist.

Darmstadt.

Die stadt Darmstadt liegt zwar nicht in Hessen/ sondern in dem Gerawer Land/ jenseit des Mayns/ nach der Bergstrassen zu/ vnd drey Meylen von Franckfurt/ ist aber doch Landgraff Ludwigs vnd jhrer Fürstlichen Gnaden beyder Brüder/ nemlich Landgraff Philippi vnd Friedrichs stetige Hoffhaltung gewesen/ liegt an einem fruchtbaren Ort/ da an Wein/ Getreyd vnd allen andern Victualien eine volle Genüge ist/ des vielfältigen Wilds in den nechsten Wälden dabey/ mit welchem sich gemeldte Fürsten täglich ergetzen/ zu geschweigen.

Fuldt.

Fulda oder Fuld liegt an den beyden Wässern Ana vnd Trusula, hat rings herumb ein fruchtbar Land/ vnd schönen Wiesswachs/ zeuget derowegen sonderlich viel Schaaffe/ als von deren Woll vnd Fellen sich die Inwohner mehrentheils ernehren.

Franckenberg.

Vnfern von Marpurg liegt das schöne städtlein Franckenberg/ an einem lustigen Ort an dem Wasser die Edera genandt/ ist von wegen seiner alte sehr berühmt/ hat seinen Namen von den Francken/ welche sich daselbsten wider die Sachsen gelägert: ward im jahr Christi 520 vom König Theodorico erstlich erbawet/ nachmals aber/ als im Jahr 804 von Carolo Magno erweitert vnd grösser gemacht.

HASSIA
Landgraviatus.
DVCATVS
WESTFALIÆ
PARS.
HERSCHAFT BVREN
HEERSCHAFT WARBERGH.
WINTERBERG
ANDERLOON FORSTENDOM.
Milliaria Haßica
Mill. German. comm.

uns wicensis
ca tus.
Ampt
Bracken berg
GRVBENHAGEN
DAS EICHSFELT
Zum Stift Mentz gehörich
THVRINGIÆ
LANDGRA
VIATVS
PARS.
COMIT
HENNEN
BERG.
FVLD EN SIS
DIŒCESIS PARS.

Eschwegē.

Das städtlein Eschwegen liegt auff einem Hügel / hat rings herumb ein schön fruchtbar Feld/welches/wie gleichsfals auch das städtlein selbst mit der Werra wird benetzt/ durch welches Wassers gelegenheit das Kraut Isatis oder Wayd daselbst gewaltig wachst: dieses krauts hat das land Thuringen ein grosse menge. Es wird ein besondere Farb darauß gemacht / welche man in kleinen Bächlin biß gen Minden/folgends auff der Weser/in welcher die Werra jhr endschafft nimpt/gen Bremen/vnd endlich durch gantz Ostland verführt. Von dem anfang dieses städtleins Eschwegen findet man nirgend geschrieben / dieweil es nemlich in den Vngerischen kriegen vnd durch vielfaltigen brand fast vmb den dritten theil ist verstöret worden : Jedoch wird in der Franckenbergischen Chronick verzeichnet / daß Carolus Magnus, als er vmb das Jahr 1296 hin vnnd wieder viel Bischthümbe/ Klöster vnd Kirchen in den städten gestifftet/ auch dieses städtlin Eschwegen vnd Kauffingen nicht weit von Cassel erbawet habe. Ja es wird auch von Käyser Henrico II gantz rühmlich gemeldet daß er eben dieses städtlin/ nach dem es durch die Vngerische einfälle jämmerlich verwüstet/wiederumb auffgerichtet/ vnd mit vielen newen Gebäwen erweitert hab. Also hat es auch in dem grossen vnd hefftigen Streit/ den der Ertzbischoff Adolph von Meyntz/ vnd der Landgraff von Hessen im jahr 1387 miteinander hatten/als zu welcher zeit es auch vnter die gewalt der Landgraffen kommen/viel vngemach vnd anstösse erlitten.

Fritzlar.

Fritzlar ist auch ein fürnehme Stadt dieses Lands / vnd solte derowegen billich Friedenslär heissen / dieweil der beständige vnd jmmerwehrende Friede durch den H. Bonifacium daselbst ist auffkommen/vnd von dannen in das gantze Hessenland/Thüringen/Francken vnd Frießland deriviret vnd gebracht worden: ligt vnfern von dem Wasser die Eger genant/an einem fast lustigen ort/ist rings herumb mit einer Mawr vnd vnterschiedlichen Thürnen verwahrt/ hat zwar ein vneben vnd bergicht/ jedoch genug fruchtbar Land/ vnd an Getreyde / Hülsengemüß vnd andern gewächsen einen reichen vorrath/ jedoch keinen besondern guten Wein : Jst/ vngeacht daß es in Hessen ligt/den Churfürsten von Meyntz zuständig/hat demnach von den Landgraffen in Hessen viel erlitten/ wie gleichsfals auch von den Sachsen manche verstörung vnd brand.

Hirschfeld.

Das Stifft Hirschfeld ist nicht sehr groß / hat nur ohngefehr in die länge vnd breite 3 meylen/grentzet gegen Mittag an das Stifft Fulda, sonsten ist es in der Landgrafschafft Hessen gelegen. Es ist gleich wie das ander gantze Hessenland von den Catten vorzeiten bewohnt worden. Hat nur eine Stadt welche nach dem gantzē Stifft den nahmen führet/ist gelegen an dem Fluß Fulda, allda im Jahr Christi 738 Lullus Bischoff von Meyntz / eine Collegial-Kirche fundiret hat. Alhie hat auch der Abt Michael im Jahr 1569 eine hohe Schul auffgerichtet/vnd reichlich mit einkommen begabt. Nicht weit von dieser Abtey wird gesehen auff einem hohen Berg das Schloß Haunech. Es ist auch diese gegend voll hoher Berge vnd Klippen/auch büsche vnd bäume/als vnter andern der Hiring, vnd Pilsing, Geishof, Schwasbach, Glasewalt, der Hatun vnd Kringel, also daß es beynahe ein Wüste scheinet zu seyn.

Zu diesem Stifft gehören viel Dörffer/ Häuser vnd Schlösser/als Friling, ober vnd vnter Geisa, Vtersdorf, Kerspers-hauss, Mengs-hauss, Nidern Sula, Hattenbach, Wegfurt, Nidern Iosse, &c. Auch viel Wassermülē/darauff Kupffer vnd andere dinge geschlagen werden/ so aus den Berggruben gebracht wird. Der übrigen Städte des Lands Hessen / als deren sehr viel sind / können wir kürtze halben nicht gedencken.

Fliessende Wässer.

Die fürnehmste wässer so zum theil an dieses Land hinan stossen/zum theil aber gar hindurch fliessen/ sind der Rhein/ die Weser / als deren quell aus dem Thüringer Wald entspringt: die Lipp so in Westphalen laufft/die Adrana, Aderna, Ædera, Rhoer, oder wie es Iunius verteutscht/die Eder/ welches nach seinem/des Iunii zeugnüß/ein wasser des Lands Hessen ist / vnd in den fluß Adam laufft / wiewol er an andern orten sagt / sie nehme jhr endschafft in der Fulda, welches sich denn nach den Figuren also verhelt. Die kleinere vnd geringere wässer aber sind die Weilt, Wahl vnd die Lon/ welche vorzeiten bey dem Schloß Wedekindi des Hertzogs in Engelland hin floß, gleich wie die Fuld bey dem Städtlin Laiphe, so auch zur gemeldten Grafschafft gehört.

Berge.

Der Berge ist dieses gantze Hessenland allenthablen voll/ vnter welchen allen doch die Meliboci vnd Abnobii die fürnehmste vnd gröste sind : Die andere haben viel vnd mancherley Namen/ als der Kesselberg/Geyneberg vnd dergleichen.

Wälde.

Alle seine Wälder/als deren es denn ein grosse anzahl hat / sind samptlich portiones oder stücke des Hartz oder Schwartzwalds.

Meintz.

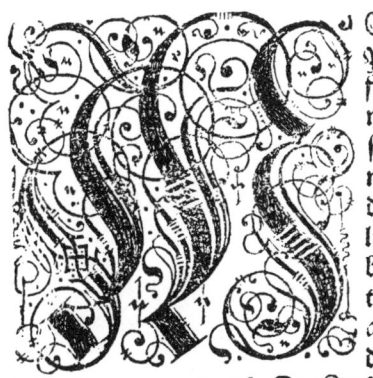

MEintz eine von den vornembsten Häuptstätten des Teutschen landes / wirt von Ptolomeo/wie Irenico behaget/Neouagus genant/bekompt den namen von dem fluß Mogano vnd Cia/wie Celtes bezeuget. Tarinus schreibt/es sol ein Troianer/ mit namen Moguntius/diese Statt gebawet haben/ vñ seind alhie da jetzt Meintz steht/der Römer vorgewehr wieder die Teutschen gewesen/ vnd ist daß alte Meintz nicht gar nahe bey dem Rhein/sonder etwas daruon gelegen/wie das noch anzeigt das alt gemewer so hinder Meintz auff der weite gesehen wirt. Sie ligt an einem lustigen ort/da der Mayn von Francken abher fleußt/vnd der Rhein von dem Oberlandt kompt. Darzu ist es auch gar fruchtbar vmb diese Statt auff beiden seitten des Rheins/gibt auch köstlichen guten Wein. Sie ist groß/fäst/vnd lang/ vnd an der seitten zum Rhein gar Volckreich/ auff der ander seitten aber ist sie nicht durchauß bewonet/ist vberauß lang/aber nicht so gar breith. Die Häuser seind nach Römischer art gar weith. Die Kirchen vnd Stiffter mit dem Bischofflichen Schloß seind herzlich vñ vberauß schön/ Es ist kein Statt am Rheinstrom darinn mehr alter dingen gefunden werden/dann zu Meintz. Ist vnder gewalt eins Ertzbischoffs/welcher auch der siben Churfürsten einer/Hatt eine Vniuersitet: dieselbe ist von Bischoff Dederich vō Isenburg/vmb daß jar Christi 1482 angestifftet/in derselben werden die freie Künsten vnd Theology fleissig gelehret. Die kunst der Truckerey ist alhie erfunden/ob dieselbe aber mehr güts oder böses außbracht habe/künte wol disputiert werden.

Wirtzburg.

WIrtzburg die Häupstatt der Orientalischen Francken/hatt den nammen von der süsser Weinwirtze/welche der vmbligender Acker gibt/diese Statt ist auff einer ebne gelegen / rings vmbher mit büheln/Weinbergen/lustigen gärten/ vnnd weiden verziert / auch mit Graben / Wällen/ Mawren/ Türnen vnd zwengern wol befestiget. Ist einwendig Volckreich / mit vilen Kirchen/ Klöstern / auch so wol mit der Geistlichen als der Bürger häwser durchbawet / wirt von den Brunnen so etwan außwendig der Erden/etwan darunder durch die Statt lauffen / vnnd alle vnfletigkeit mit sich nemen/ von aller vnreinigkeit vnnd gifftiger lufft gesaubert. Dann diese Statt hatt viel lebendige Wasserbrunnen/welche zu aller nottürfftigkeit Wassers gnüg geben. Gegen Niedergang fleußt der Mäyn für der Statt her/darüber gehet eine grosse steinen Brück auff grossen säwlen/ vber dē Mäyn auff den negsten Berg ist ein schön/vnd von natur ein starck Schloß gelegen/wirt vnser Frawen berg genant/auch ein Kirch desselbigen namens/von dem Francken Hertzog Hettano erbawet. Auff diesem Schloß ist der Bischoffliche hoffläger/Dessen würdigkeit ist am ersten von S. Bonifacio eim Engelländer / vnd ersten Ertzbischoff zu Meintz (welcher auch der Teutscher vornembster Apostel gewesen) durch hilff der Königen Pipini / vnnd seines Sohns Caroli deß Grossen/durch verwilligung des Bapst Zacharię/angestalt/vmb daß Jar Christi 1250. vnd haben dem Bischthumb eingeleibt daß Hertzogthumb des Orientalischen Franckenlandts/ Daher es kommen / das die Oberste regierer der Wirtzburgischen Kirchen nicht allein dem Geistlichen Regiment nach Bischoffe / sondern auch Franckische Hertzogen (die auch vber halß vnd bauch/ das Weltlich Schwert fuhrn) biß auff dise zeit von allen Stenden des Römischen Reichs erkant vnd declariert seind.

Sitten.

SItten die Häupstatt des Valesier Gepiets/wirt von den Teutschen Sitten / von den Wälschen aber Siun genant/denn die Bürger sich beiderley sprach gebrauchen/ Dise Statt ist schöner Häuser halben gar zierlich/vnd an einem Berg gelegen/ welcher allgemach zwischen zweien hohen bergen/so auff der ebne einen schönen Thall machen/gegen Auffgang sich erhebt / vnnd wirt in zwey steinklippige bügel zertheilt. Der bühel auff der rechten seitten / wirt mit dem Rhodano beflussen/vnd Valeria geheissen: ist vorzeitten ein fast Schloß gewesen / jetzt aber die Bischoffliche Stifftkirch/aber auff der statt lincker seitten/so von dem Bischofflichen sitz/ Meiern genant wirt/ist ein enger berg/so schwerlich auff zu steigen/auff dessen spitze stehet ein lüstiges vñ starck Schloß/welchs eine temperierte lufft hatt. Dahin begibt sich der Fürst mit seim Hoffläger/wenn die hitze im vndern schloß vberhandt nimpt. Der boden ist vmb Sitten vberauß fruchtbar/von Wein/getreid/saffran/keeß/öpffeln/ viehe/ fischen/vnnd anderer nottürfftiger ding. Die hohe vmbligende Berg machen offt fröliche Jeger/denn alda des Wilds vnnd der Vögel genügsam ist.

MOGVNTIA, Germaniæ Metropolis, ad Rheni ripas Vrbs celeberrima, mercatorum frequentiâ, dero, et Vniuersitate claret.
M E
S. Marcus Dom
S. Maria sum grade Coll.
S. Albaen Coll.
S. Ignaes
S. Mauricÿ Coll.
S. Iacobs berg.
S. Augustinē Closter
Piramis Drusi.
Zum H. Crüys Coll.
Carthusers

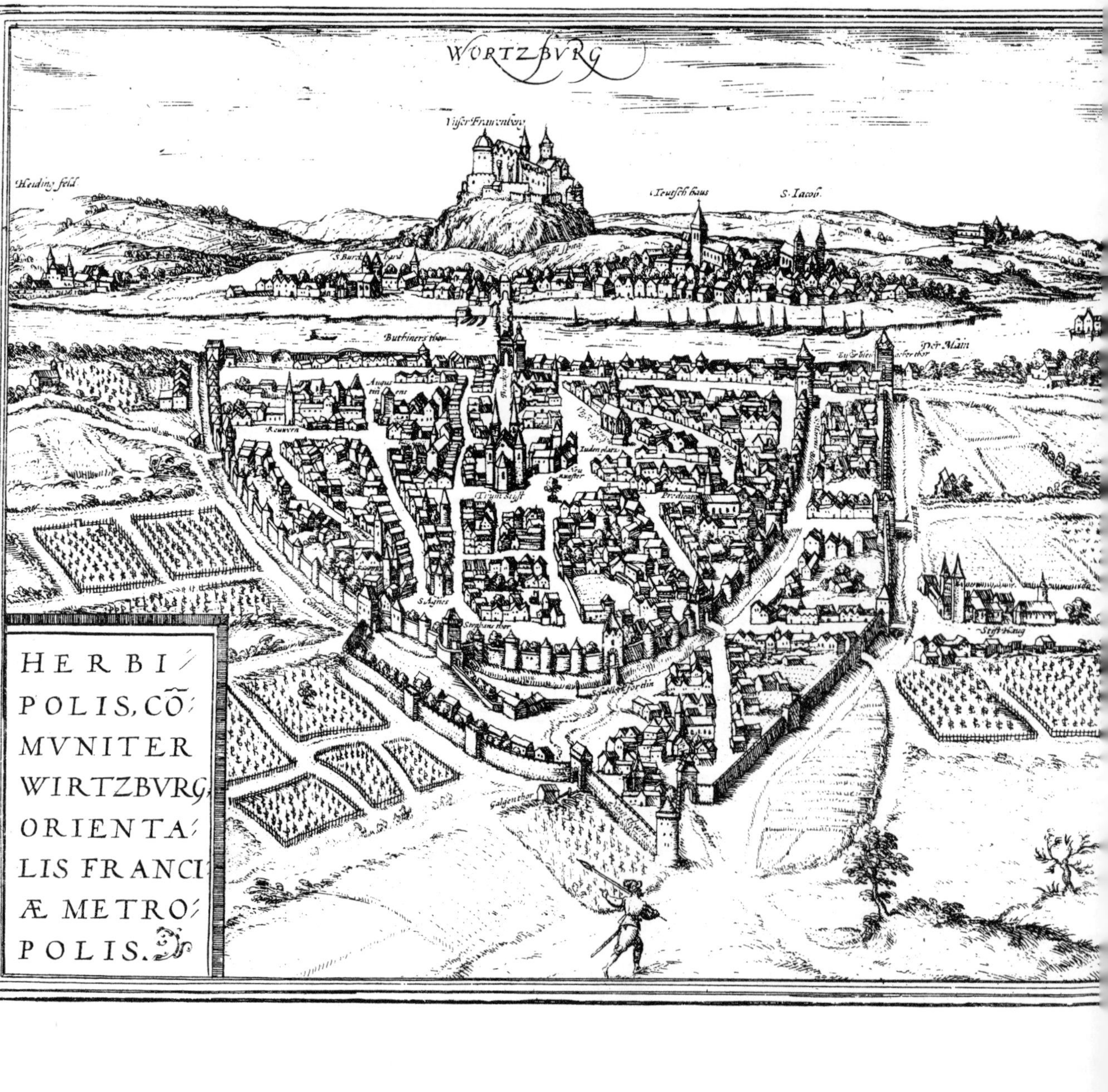
WORTZBVRG
Vnser Frauenberg
Heiding feld
Teutsch haus
S. Iacob.
S. Burckhard
Buthiners thor
Der Main
Iuden platz
Trum stifft
Predicant
S. Agnes
Stiffthaug
Galgenthor
HERBIPOLIS, CO͞MVNITER WIRTZBVRG, ORIENTALIS FRANCIÆ METROPOLIS.

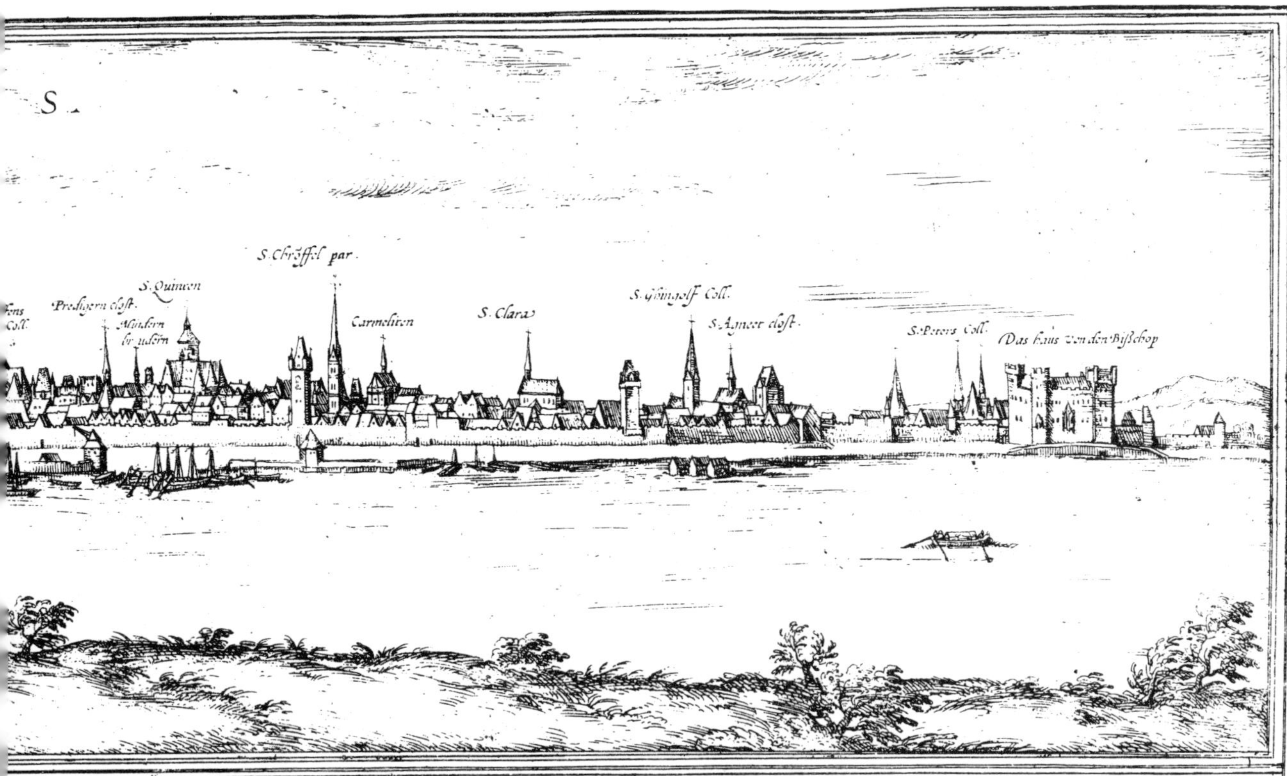
S. Chrŏffel par.
S. Quinten
Prediger closter
Carmeliten
S. Clara
S. Ghingolf Coll.
S. Agneet closter
S. Peters Coll.
Das haus von den Bisschop

Cum Priuilegio.

SITTEN.
SEDVNVM, primaria & Metropolitica Valesiæ urbs, Germanorum & Gallorum frequentatione celebris.
Furstlich Schloß
Valeri

Beschreibung
von dem Stifft
HIRSCHFELD.

DAs Stift Hirschfeldt ist nicht sehr groß / hatt nur ohngefehr in die Länge vnd Breite drey Meylen. Hatt für angrentzende Länder gegen Mittag das Stift Fulda, gegen Orient/Mitternacht / vnnd Mittag ligt es beschlossen mit der Landtgraffschafft Hessen; es ist beynahe von einer Ahrt vnnd Natur mit derselben / Wilt/ Wüste vnd Rauch vngebähnt Landt. Vorzeiten ist es bewohnet worden von den Katten / sehr alte Teutsche Völcker / gleich die reste von Hessen. Hatt nur eine Statt/nach welcher das gantze Stifft den Namen führet; ist gelegen auff den Fluß Fulda, aldar Anno Christi 738 / Lullus Bischoff von Mäintz / ein Collegiale Kirche fundiret hatt. Hier hatt auch der Abt Michael im Jahr vnsers Herrn 1569 / eine Hohe Schule auffgerichtet / vnnd reichlich mit Einkommen begabet. Nicht weit von dieser Abdye wird gesehen auff einem hohen Berg/ das Schloß Hauneh, zugehörende dem LandGrafen von Hessen. Diß Land ist voll hohe Berge vnnd Klippen / vnnd vber die masse vol Busche vnnd Bäume / alß vnter anderen der Hiring, der Pilsing, Geishoff, Schwasbach, Glasewalt, der Hatun, der Kringel vnnd andere / also daß das gantze Landt beynahe eine Wildnis scheinet zu seyn.

Grentzen.

Alte Einwohner.

Berge. Busche.

Hier sind auch gar viel von den kleinen Wässern vnnd Bächlein / die von den hohen Bergen abfallen; ohne die sind noch drey fürnehme Flüsse / alß die Fulda da die Stadt Hirschfelt an lieget / die Weist vnd die Wahl. Dieses Stifft hatt zimblich viel Dörffer / Häuser vnd Schlösser / alß Friling / Vber vnd Vnter Geisa / Vtersdorff / Kerspeshauß / Mengshauß / Nidern-Sula / Hattenbach / Wegfurt / Niedern Josse / ꝛc. Auch die mänge von Wassermühlen / wor auff Kupffer vnd andere dinge gearbeitet vnd geschlagen werden / weil sich vnterschiedliche Bergwercken begeben.

Kleine Bächlein.

Flüsse.

Dörffer. Häuser. Schlösser.

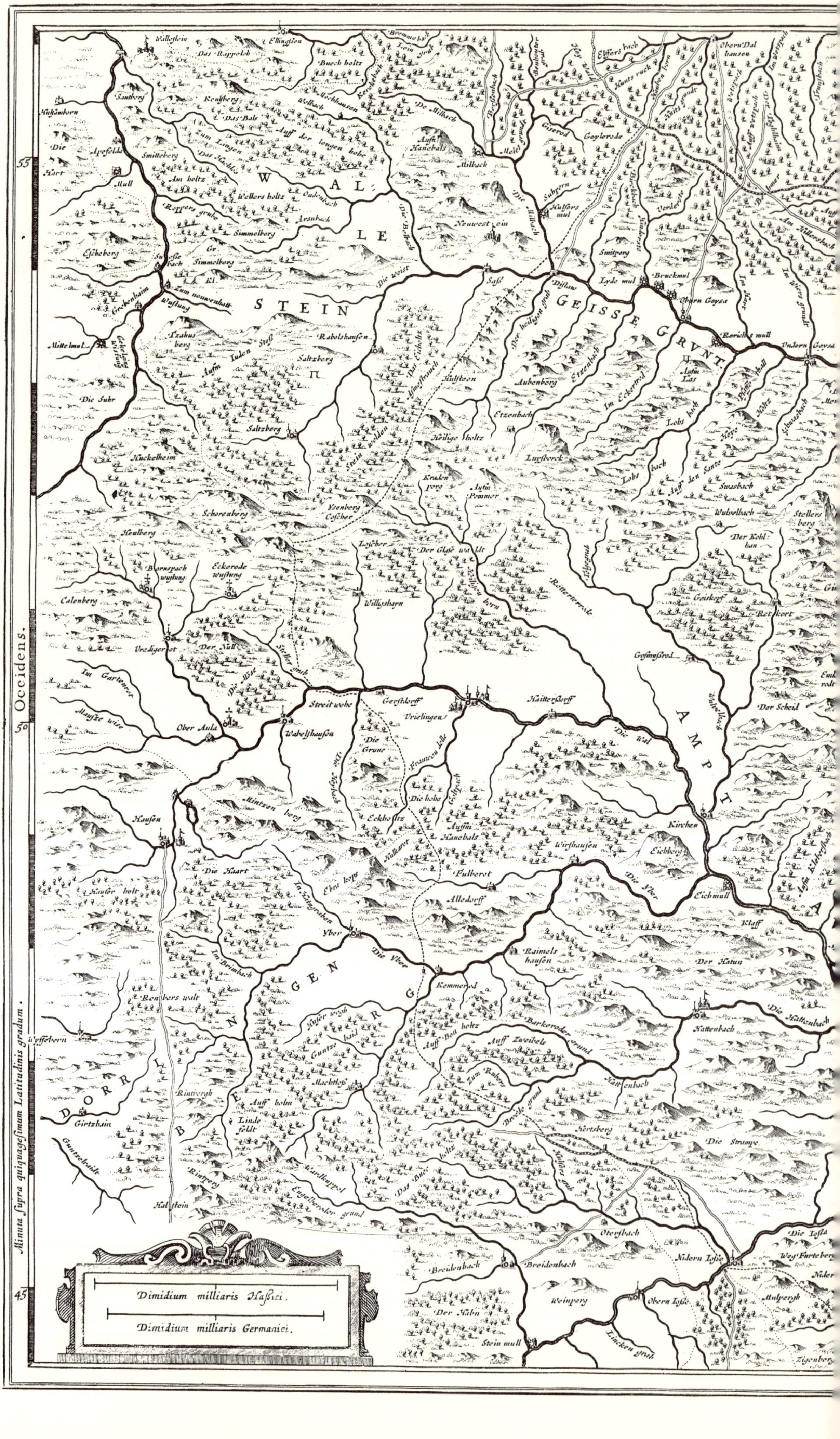
Occidens.
Minuta supra quinquagesimum Latitudinis gradum.
55
50
45
Dimidium milliaris Hassici.
Dimidium milliaris Germanici.
WAL
LE
STEIN
GEISSE
GRUNT
AMPT
DORRL
BEN
GEN
Wallestein
Das Rappolch
Ellingsen
Buech holtz
Santberg
Kulsamborn
Die Hart
Mull
Apefelde
Smitteberg
Am holtz
Wellers holtz
Simmelberg
Arsnbach
Eschberg
Grebenhaim
Mittelmul
Die Suhr
Saltzberg
Rabolshausen
Huckelheim
Schorenberg
Heulberg
Calenberg
Bornspach wustung
Eckerode wustung
Vrediger rot
Der Null
Ober Aula
Streit wohe
Wabelshausen
Gershdorff
Vrielingen
Haittersdorff
Hausen
Die Haart
Kauser holt
Yber
Die Yber
Im Brimbach
Rombers walt
Wyffeborn
Girtzhain
Guntzhain
Rintbergh
Lindefeldt
Machtlos
Halstein
Engelroder grund
Breidenbach
Weinperg
Der Habn
Stein mull
Obern Iosse
Nidern Iosse
Otersbach
Die Strampe
Kattenbach
Die Hattenbach
Kemmerod
Raimels hausen
Barkeroder grund
Eichmull
Kirchen
Eichberg
Wirshausen
Fulberot
Alledorff
Der Hatun
Klaff
Millbach
Neuwest ein
Sass
Disslaw
Bruckmul
Obern Geysa
Undern Geysa
Gozrod
Goylerode
Elffers bach
Obern Dal hausen
Aubenberg
Etzenbach
Lutsberck
Swasbach
Wulvelbach
Stellers berg
Der Kohl han
Goiskopf
Ret kert
Gosmussrod
Der Scheid
Willgshayn
Loscher
Die Grune
Eckholtz
Mintzen berg
Die Yber
Die Iossa
Mulpergh
Zigenberg

TERRITORIUM ABBATIÆ HERESFELDENSIS.
't Stift Hirsfeldt.
Apud Guiljelmum Blaeu.
GRUNT ROR BAGH.
HIRSCHFELT
Stift
Gericht.
Oriens.
55
50
45
Berterode
Mull
Möckelahr
Steinbach
Lodwichs Aw
Rorbach
Reigels
Fritels
Borndals grab
See ruck
See
Kessels grab
Gellen berg
Katers
Creytz fohrt
Webers berg
Karlsborn
Zum haines
Das hohe rott
Weneberg
Cellers grunt
Obersberg
Berroit
Nider Sultz
New Sorge
Petersbergh
Kuffer mull
Frauwenberg
Schlippetall
Meysebach
Rodenberg
Malle mull
Helffers grafft
Lombach
Das Lochs
Das Monches
Daech berg
Der Hirings
Der Pilsing
Vecher bach
Pfaffen grab
Zum rotten Zee
S. Iohans berge
Under haum
Das Lauff
Ober haum
Siechaus
Aspach
Die Aspach
Loblhausen
holtz
Zum Sukles
Erpmerode
Rassach
Hesseberg
Haunerspiegel
Beyershausen
Valcke bach
Mullbergh
Odesayen
Hilmerhausen
Kerspenhausen
Scheppach
Meysebach
Maurs
Mengs hausen
Holtzheim
Am Gringel
Renkirchen
Hageberg
Craufspis
Starcklos
Sternberg
Rhein
Litzeroode
Glasmull
Stopfelberg
2. Steine
Wetzels
Mullboltz
Die Baum

Die Grafschaft Waldeck.

Iodocus Moers von Corbach / welcher diese Taffel oder Figur zum aller ersten hat beschrieben/ gedenckt zweyer Stände der Edeln in der Grafschafft Waldeck : sintemahl etliche vnter denselben frey seynd / vnd innerhalb derselbigen Grafschafft wohnen : etliche aber wohnen so wol in: als ausserhalb derselbigen / vnd seind dem Grafen durch Lehen verpflicht. Vnd diese beyderley Edele wollen wir alhie/ als da wir anders nichts zu reden haben/ nach der ordnung beschreiben.

Nachfolgende freye Geschlechter wohnen innerhalb der Grafschafft/ als Virmund/Meissenburg/ Gogreben/ Zertzen/ Volmerichhausen/ Dalwig/ Eppe/ Rodehausen/ Reen/ Schonstadt/ Hertinghausen/ Twist/ Hanxtleden/ Geismar Roman/ Dorfelt.

Die Geschlecht der Lehenleuthe in: vnd ausser der Grafschafft seind die Witstein / Rithesel / Spiegel/Calenberg/Westfall/Canstein/Malspurg/Lebenstein/ Mengerson/Meschede/Beinenburg/ Papenheim/ Wulfft/ Volckenberg/ Vrff/ Juden.

Vrsprung des Namens.

WAldeck hat jhren Namen von der Hauptstadt derselbigen Grafschafft / vnd ist nit der geringste theil des Landts Hessen/ mit welchem es gegen Oriẽt gräntzet/ gleich wie gegen Mitternacht mit dem Stifft Paderborn / vnd gegen Occident mit dem Cöllnischen Gebiet. Jst 6 meylen lang vnd breit / hat ein fruchtbar Landt / schöne Hügel / vnd hin vnd wider fast nützliche vnd Fischreiche Wässer. Es ist an Getreyd vnd Wein gewaltig reich / wie gleichfals auch an allerley Metall / als Gold / Silber / Kupffer/ Eysen/ Bley/ Queckſilber/ Alaun vnd Saltz / welche sachen dann allesampt vmb die Stadt Weldungen vnd das Schloß Eysenburg in grosser menge werden gegraben : der vielen grossen Steinkohlen / allerley zahmen vnnd wilden Thier / welche die Jnwohner zum jagen anreitzen/ zu geschweigen.

Herrschafft.

Die Grafen dieses Landts haben jhren vrsprung von Widechindo dem Grafen in Snalenberg/welchem Carolus Magnus zu einem Advocaten des Stiffts Paderborn (als daß er/ Carolus, zum ersten gestifftet) das ist/zu einem Fürsten derselbigen Stadt gemacht / welches Ampt oder Gewalt einer auß des Grafen Nachkömlingen/nemblich Graff Widechindus von Waldeck dem Collegio oder Stifft vmb 300 Marck Silbers verkaufft / vnd mit dem Frederico Barbarossa in Asiam gezogen. Wie aber solche Grafen nach einander gefolgt / ist / so viel mir bewust / nirgend/ sondern allein von Henrico Ferreo an/als welcher die Stadt Corbach / so zuvor frey gewesen / zum ersten vnter dieser Grafen gewalt gebracht / biß auff diese vnsere zeiten verzeichnet. Dieser Henricus Ferreus hat das Schloß Laudoiam erbawet / die Stadt Corbach den 11 Tag Martii des Jahrs 1366 bezwungen / Fridericum den Hertzogen von Braunschweig vnd erwehlten Keyser im Jahr 1400 bey Frislaria erwürgt / Elisabetham von Bergen zum Weib gehabt/den sechsjährigen Krieg mit den Pattibergiis Anno 1410 angefangen/ Anno 1418 vollendet/ vnd sich Anno 1428 zum allerersten vnter der Landgrafen von Hessen Schutz vnd Schirm ergeben. Graff Wolrad von Waldeck wurde von dem Churfürsten von Mayntz zu einem Præfecto vber Frißlar vnd andere Städte / so er in Hessenlandt hat ligen/gemacht. Nach jhm folget Philippus der Erste/dieses Philippi Sohn/sein Gemahl Anna des Clevischen Hertzogs Ioannis des Andern Tochter : Wolrad der Ander / ein frommer/ gelehrter vnd freundlicher Herr/ welcher Anno 1556 ein Præses des Colloquii zu Regenspurg gewesen. Iosias im Jahr 1554 gebohren / starb im Jahr 1588. Christianus vnd Wolradus, des jetztgemelten Iosiæ Söhne. Die dignität vnd das hohe Ampt aber dieser Grafschafft / die sie nemblich in dem Reich hat / betreffend / ist sie vnter den 5 servis oder militibus des Röm. Reichs die fürnembste/ vnd werden die andere nach jhr Hirten/ Fulchen/ Arnsperg vnd Rabnaw genant. Die fürnembste Stadt dieser Grafschafft / als von welcher sie/ wie gemelt/ jhren Namen hat/ ist Waldeck/mit einem schönen Schloß gezieret/an welchem das Wasser Edera vorüber fleust. Die andere Städte seind Astinghausen/ Dudinchhausen/ Landaw mit jhrem Schloß/ Mengershausen gleichfals mit einem Schloß/der Grafen Wohnung/ligt zwo meylen von Waldeck. Jtem die Stadt Rodenum mit jhrem Schloß / in deren Gebiet es die allerbeste Jagwerck gibt. Das Schloß Wetterburg ligt an einem lustigẽ orth zwischen den Wässern Twista vnd Ahra. Die Stadt Wildungen wird so durch den newen als alten orth vnnd Namen vnterscheiden / hat nit weit darvon reiche Berggruben/welche Jährlich viel Gold / Kupffer vnd Eysen von sich herauß geben. Ja es finden sich an diesem orth auch vnterschiedliche Sawrbrunnen/welche von vielen frembden vnd gebrechlichen Leuthen werden besucht. Vnd hat diese Stadt auch ferner dieses

Städte. Waldeck.

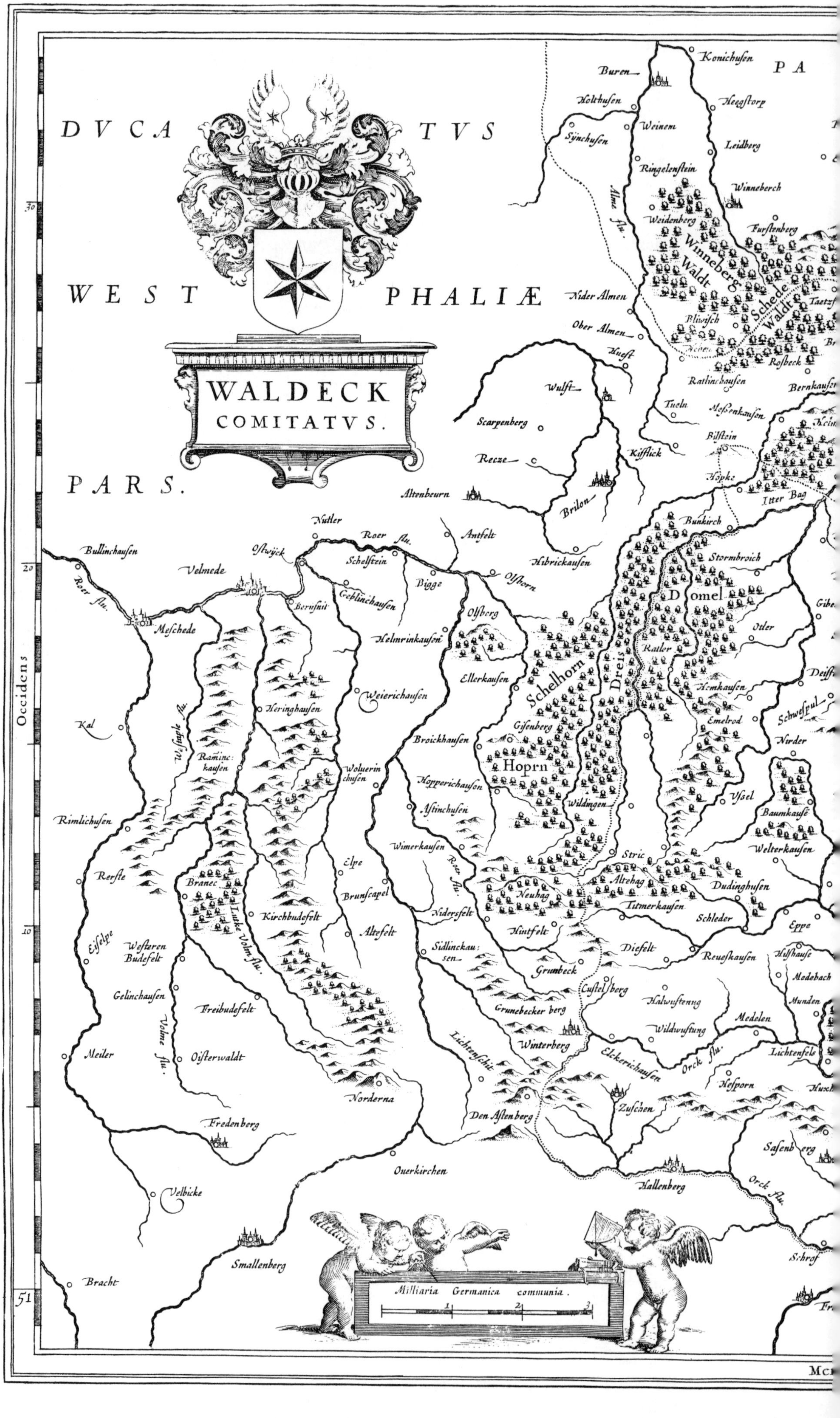
DVCATVS WESTPHALIÆ PARS.
WALDECK
COMITATVS.
Milliaria Germanica communia.
1
2
3
Occidens
30
20
10
51
PA
Buren
Konichusen
Holthusen
Weinem
Heggstorp
Synchusen
Leidberg
Ringelenstein
Winneberch
Alme flu.
Weidenberg
Furstenberg
Winneberg Waldt
Schede Waldt
Nider Almen
Bliwisch
Ober Almen
Kuest
Rosbeck
Ratlinchausen
Wulft
Scarpenberg
Tueln.
Mossenkausen
Bernkausen
Bilstein
Recze
Kisslick
Hopke
Brilon
Altenbeurn
Itter Bag
Nutler
Roer flu.
Antfelt
Bunkirch
Bullinchausen
Ostwyck
Schelstein
Hibrickausen
Stormbroich
Velmede
Olsborn
Roer flu.
Bigge
Domel
Berusnit
Geblinchausen
Olsberg
Meschede
Helmrinkausen
Otler
Ellerkausen
Schelhorn
Dreis
Ratler
Weierichausen
Heringhausen
Hemkausen
Schwefpul
Kal
Emelrod
Gisenberg
Broickhausen
Nirder
Raminc: kausen
Woluerin chusen
Hoprn
Hopperichausen
Wildingen
Vsel
Astinchusen
Baumkause
Rimlichusen
Wimerkausen
Welterkausen
Stric
Elpe
Rerste
Altehag
Branec
Brunscapel
Neuhag
Dudinghusen
Nidersfelt
Titmerkausen
Schleder
Kirchbudefelt
Eppe
Hintfelt
Altefelt
Eiselpe
Westeren Budefelt
Sidlinckau: sen
Diefelt
Reuesskausen
Medebach
Grunbeck
Custelsberg
Munden
Gelinchausen
Halwustenng
Freibudefelt
Grunebecker berg
Medelen
Wildwustung
Lichtenfels
Winterberg
Elckerichausen
Orck flu.
Meiler
Oisterwaldt
Volme flu.
Hesporn
Norderna
Zuschen
Den Astenberg
Fredenberg
Sasenberg
Ouerkirchen
Hallenberg
Orck flu.
Velbicke
Smallenberg
Schrof
Bracht

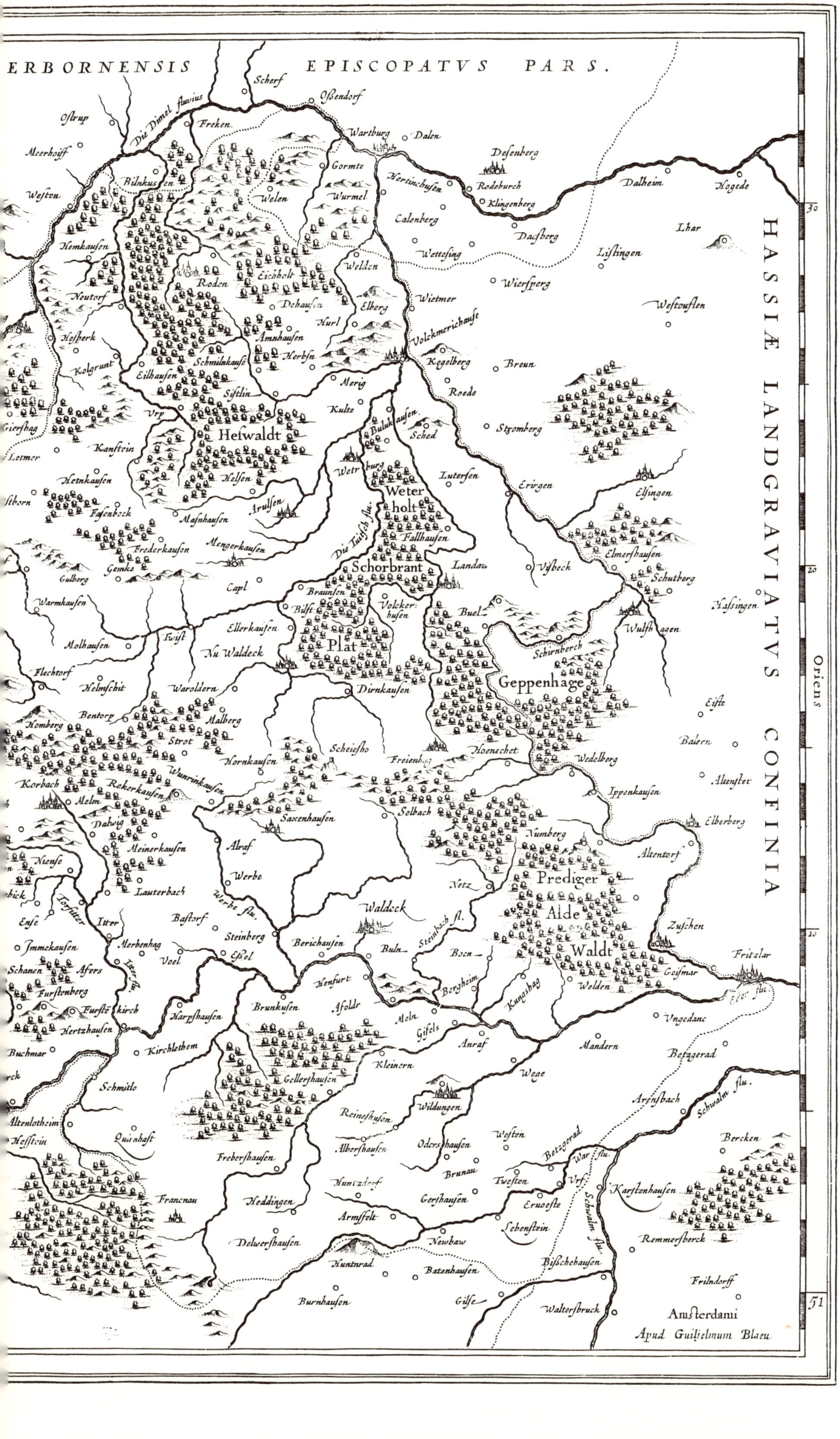
ERBORNENSIS EPISCOPATVS PARS.
HASSIÆ LANDGRAVIATVS CONFINIA
Oriens
Scherf
Oßendorf
Die Dimel fluvius
Freken
Wartburg
Dalen
Desenberg
Rodeburch
Klingenberg
Dalheim
Hogede
Meerhoiff
Westen
Bilnkusen
Gormte
Wurmel
Welen
Calenberg
Daßberg
Lhar
Listingen
Wettesing
Hemkausen
Roden
Eicholt
Welden
Wierßperg
Neutorf
Dehausen
Elberg
Wietmer
Westouflen
Hesberk
Amnhausen
Hurl
Volckmerichause
Kolgrunt
Schmilnkause
Herbsn
Kegelberg
Breun
Eilhausen
Sistlin
Merig
Roede
Vrp
Kulte
Bulukausen
Sched
Stromberg
Kanstein
Heswaldt
Wetrburg
Weter holt
Lutersen
Hetnkausen
Welsen
Arulsen
Erirgen
Elsingen
Masnhausen
Mengerkausen
Die Tuisch flu.
Fallhausen
Frederkausen
Landau
Vißbeck
Elmershausen
Schutberg
Gulberg
Gemke
Capl
Schorbrant
Braunsen
Volcker hufen
Buel
Hassingen
Warmkausen
Bilst
Wulfshagen
Ellerkausen
Twist
Molhausen
Nu Waldeck
Plat
Schirnberch
Flechtorf
Helmschit
Waroldern
Dirnkausen
Geppenhage
Eiste
Bentorp
Malberg
Homberg
Strot
Balern
Scheiesho
Hornkausen
Freienhag
Hoenschet
Wedelberg
Korbach
Rekerkausen
Wunrinkausen
Ippenkausen
Altenster
Alelm
Dalwig
Saxenhausen
Selbach
Elberberg
Nienfe
Meinerkausen
Alraf
Numberg
Altentorf
Prediger Alde Waldt
Werbe
Netz
Lauterbach
Werbe flu.
Waldeck
Steinbach fl.
Bastorf
Itter
Zuschen
Steinberg
Merbenhag
Berichausen
Buln
Boen
Fritzlar
Immekausen
Voel
Eßel
Geismar
Schanen
Afers
Furstenberg
Henfurt
Bergheim
Kungshag
Welden
Eder flu.
Furste kirch
Brunkusen
Afoldr
Harpshausen
Meln
Vngedanc
Hertzhausen
Gifels
Anraf
Mandern
Buchmar
Kirchlethem
Kleinern
Betzegerad
Wege
Gellershausen
Schmitlo
Arensbach
Schwalm flu.
Wildungen
Reineshusen
Altenlotheim
Westen
Bercken
Hesstein
Quisnhast
Odershausen
Betzgerad
Alberhausen
Warflu.
Freberßhausen
Brunau
Vrf.
Huntzdorf
Twesten
Karstenhausen
Francnau
Gershausen
Eruoeste
Heddingen
Armßfelt
Lebenstein
Remmersberck
Schwalm flu.
Delwershausen
Newbaw
Huntrad
Bißchehausen
Batenhausen
Frilndorff
Burnhausen
Gilse
Waltersbruck
30
20
10
51
Amsterdami
Apud Guiljelmum Blaeu

Die Grafschafft Waldeck.

Lob/ daß das beste Bier/deßgleichen sonsten in dem gantzen Landt nicht zu finden/ darinnen wird gemacht.

Frienhagen.

Frienhagen ist der ort/da das Carolinum judicium gehalten wird: Sachsenhausen/Sachsenberg vnd Fürstenberg seind auch Städte dieses Landts. Eysenburg ist ein Schloß/dessen Felder nächst herumb auch viel Gold/ Eysen vnd Steinkohlen von sich geben. Eilhausen ist ein schön Schloß/ welches das Wasser Vrba gleichsam theilt. Corbach ein wolbefestigte Stadt/ deren Goldgruben Albertus Magnus vor 300 Jahren hat gedacht/ mit dem vermelden/ daß dasselbige Gold/ wann es im Fewer wird probiert/ weniger abnehme vnd am Gewicht verliehre als das Böhmische/ vnd sonst ein anders zu thun pflegt: Vnd solche Goldgruben seind auff den heutigen Tag noch nicht erschöpfft/ sintemahl man nit fern von Corbach in dem gewachsenen Sandt noch jetzund Gold anzutreffen vnd zu finden pflegt. Newburg ein Schloß vnd Stadt/ Jther aber allein ein Schloß/ vnd Werba ein schön Kloster.

Fliessende Wässer.

Edera.

Der fliessenden Wässer dieses Landts seind viel vnd mancherley/ vnd vnter denselbigen die Edera das fürnembste/ welches sich dem Tago in Hispania, dem Hebro in Thracia, vnd dem Pactolo in Asia vergleicht/ Goldkörnlein wie Sandt mit führet/ mehr dann jrgend ein ander Wasser/ einen gewaltigen vorrath von Fischen von sich gibt/ diese Provintz Waldeck gleichsam in der mitten vnterscheidet/ in dem Nassawischen Gebürg entspringt/ durch die Grafschafft Witgenstein fleust/ bey Franckenberg/dem Schloß Waldeck/so auff einem jehen Felsen in einem Thal ligt/ vnd rings herumb mit den allerhöchsten Bergen ist vmbgeben/ vnd endlich bey der Hessischen Stadt Frißlar vorüber laufft/ die Swalmam in sich empfängt/ vnd sich letztlichen oberhalb Cassel in die Fuld/ vnd nachmahls auch in die Weser ergeust. Die andere fliessende Wässer seind die Dimila, Twista, Vrba, Ahra vnd Ither.

Berge.

Seine fürnembste vnd gröste Berge seind der Grünebeckerberg/ Winterberg/ Astenberg vnd andere/so in dieser Mappen werden verzeichnet.

Wälde.

Die Wälde aber/ der Aldewaldt/ Weterholtz/ Geppenhage/ Plat/ etc.

Das Hertzogthumb Franckenlandt.

Der erste Kreyß des Römischen Reichs.

1. Vnter den Geistlichen.
Der Bischoff zu Bamberg.
Der zu Würtzburg als Hertzog in Francken.
Der zu Eichstet.
Der Teutschen Ordens Meister.
Der Probst von Camberg.
Abt von St. Gilgen zu Nürnberg.

2. Vnter den Weltlichen Fürsten.
Marckgrafen von Anspach vnd Brandenburg.
Burggraf zu Nürnberg.
Grafen von Hennenberg.
Gr. von Castel.
von Wertheim.
von Reineck.
von Hohenloe.
von Erpach.
von Schwartzburg.
Sampt den Herrn von Reichelsperg vnd Limburg.

Vnter den Reichsstädten.
Nürnberg.
Rotenburg.
Winßheim.
Schweinfurt.

Vrsprung des Namens.

FRanconia oder Francia Orientalis, das ist/ Franckreich gegen Orient oder Franckenlandt/ hat seinen Namen von den Inwohnern: welches Namens vrsprung etliche von dem Franco oder Francione, als des Hectoris erdichten Sohn her entlehnen / von welchem der Frantzösische Poet Petrus Ronsardus sehr fein schreibet / er sey von den Alten Astyanacta Francus, das so viel als ein Waffenträger heist/ genant. Andere / vnd vnter denselbigen sonderlich Caguinus vnd Æneas Pius, seynd der meynung / es habe diesem Volck der Keyser Valentinianus solchen Namen darumb gegeben/ dieweil es nemlich eines dapffern/ streitbaren vnd edeln Gemüts ist / welches bey den Atticis durch das wort Francus außgesprochen wird / (dergleichen doch nirgend beschrieben) oder dieweil sie aller Zinß vnd Renten waren befreyet ; welche letzte meynung für die beste zu halten: Dann wann man genaw suchen wil / so werden die Francken oder Franci gleichsamb Frey on cy, das ist/ frey à censu, so durch das wort cy gedeutet wird/ vnd in vnserer Sprach alle Zoll/ Zinß vnd Renten begreifft/ genant: oder können auch Fry ansi oder Fransi heissen/ welches wort Ansi auß der Gothländischen Sprach entlehnet ist / vnd die jenigen bedeut / welche andere sterbliche Menschen an Glück/ Wolfahrt vnd Reichthumb vbertreffen / vnd demnach für die allerfürtrefflichste vnd halbe Götter gehalten werden/ als die in den Schrancken des Menschlichen zustands nicht seynd begriffen/ daher man dann die grosse Herrn/ denen das Glück vor andern wol wil / Ansos vnd Hansos zu nennen pflegt. Demnach als diese Völcker an Reichthumb gewaltig zugenommen / derowegen des Römischen Jochs müd worden / vnd selbst wolten eigene Herren seyn/ erdachten sie jhnen einen Namen von der Freyheit/ vnd liessen sich Francken oder freye Völcker nennen. Dieses Land gräntzt gegen Mittag an Schwaben vnd Beyern / gegen Nidergang an den Rhein / gegen Auffgang mit den Böhmen / vnd gegen Mitternacht mit Thüringen vnd Hessen zugleich. Hat eine reine vnd gesunde Lufft: Ist an dem orth/ so Norica genant wird / vnd den fliessenden Wässern am nächsten ligt/ fast sandicht / sonsten aber schier allenthalben fruchtbar gnug/ vnd sonderlich an Gersten/ Weitzen/ allerley Getreyd vnd Hülsengemüß gewaltig reich / bringt die gröste Rüben vnd Zwibeln / der gleichen an keinem andern ort zu finden seynd. Hat hin vnd wider köstliche Weinberge/ deren lieblicher Tranck in ferne Länder wird geführet: Bringt vmb Bamberg herum ein solche menge süß Holtz/ daß man gantze Wagen vnd Schiff damit zu beladen / vnd in gantz Teutschlandt zu verhandeln pflegt. Gleicher gestalt ist es auch allenthalben voll schöner lustiger Gärten / vnd an zahm vnd wildem Viehe vber die massen reich. Die wilden Thier werden von den Fürsten vnd Herrn in den Wälden gehägt/ haben grosse Ställe / vnd dieselbige mit Futterung vnd Saltz versehen / in welchen sie sich des Winters erhalten vnd für der grossen Kälte bewahren / vnd ist keiner privat Person jrgend erlaubt / auch das allergeringste davon zu fahen. Daß aber die Francken von anfang Teutschen gewesen/ vnd diesen besondern Namen gehabt haben/ ist auß vielen Scribenten / vnd sonderlich auß dem Procopio Cæsariensi augenscheinlich zu sehen. Ihr erster Hertzog ist gewesen Genebaldus, welcher solches Land 30 gantze Jahr regiert: nach jhme seynd gefolgt Marcomirus, Dagobertus, Ludovicus I, Marcomirus II, Waramundus oder Pharamundus, welcher das Königreich Franckreich anzunehmen wurde erfordert/ vnd demnach dieses Hertzogthumb seinem Bruder Marcomiro vbergab/ deme dann Prunmesser/ Genebaldus der II, Suno, Luitenarus, Hugbaldus, Helmericus, Gotefridus, Genebaldus der III, Ludovicus der III, Erebertus, Ludovicus IV, Gozpertus der II, vnd Hetavus, als der letzte Hertzog in der ordnung succediert, welcher letzte ohne Leibs Erben gestorben / vnd Witunino dem König in Franckreich/ so auch Pipinus genandt ward / das Land ex commisso verlassen / dessen Sohn Carolus Magnus es nachmahls Burchardo dem ersten infulirten Bischoff zu Würtzburg im Jahr 752 zu eigen geschenckt. Es wird aber noch jetzund ein Hertzogthumb genant / welches Titels sich der Bischoff zu Würtzburg gebraucht / wiewol jhme nicht das gantze Land zuständig ist / sondern ein theil/ als Kitzingen vnd Bristadt zu der Marckgrafschafft Anspach: Graglingen dem Bischoff zu Bamberg / Königsberg/ Ochsenfurt/ Carlstadt/ Haßfurt/ Bischoffsheim/ Alderburg / Mildeburg vnd viel andere Städte mehr dem Ertzbischoff vnd Churfürsten von Mayntz gehören : Die Stadt Choraw aber/ wie gleichfalls auch Forchheim/ Staphelstein vnd Hochstadt erkennen den von Würtzburg für jhren Herrn. Das eintzige Coburg aber stehet den Hertzogen von Sachsen zu. Die Stadt Würtzburg/ welche in Lateinischer Sprach Wiceburgum, Eribipolis, Herbipolis, Marcopolis vnd Artaunum genant wird / hat jhren Teutschen Namen von dem Most/ so nähest herumb wächst / ist dieses gantzen Landts Haupt/ eine schöne Stadt/ in welcher Bonifacius der Ertzbischoff zu Mayntz im Jahr 751 ein Bischthumb auffgerichtet hat/ ligt auff einem ebenen Feld/ rings herumb mit schönen Hügeln / lustigen Gärten vnd Wiesen vmbgeben/ mit seinen Gräben/ Wällen/ Mawren/ Thürnen vnd allen Brustwehren wol verwahret/ mit Bürgern nach aller menge versehen/ vnd mit stattlichen Häusern vnd Gebäwen gezieret: Gegen Occident fleust der Mayn nächst daran her/ ist in seine Landvesten eingefast / vnd mit einer steinern Brucken vberbawet. Jenseit des Mayns auff dem nächsten Berg ligt ein Schloß / welches zwar offt vnd viel belägert/ aber niemahls ist erstiegen vnd gewunnen worden. Vnten an dem Berg ligt das Kloster zu S. Burck-

Ansi. Hansi. Grosse Hansen. — Gräntzen. — Lufft. — Fruchtbarkeit. — Thier. — Städte. — Würtzburg.

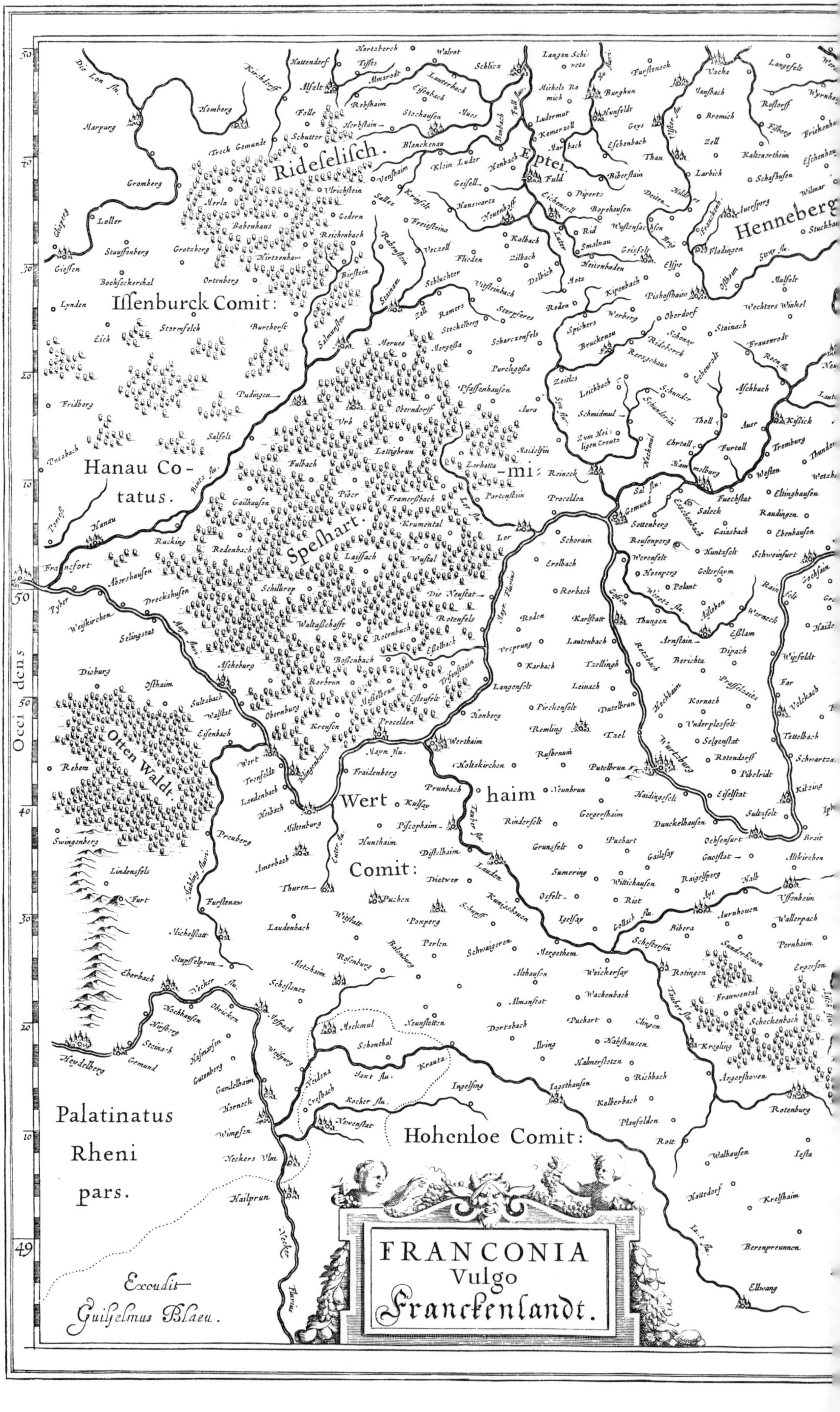
FRANCONIA
Vulgo
Franckenlandt.
Excudit
Guilielmus Blaeu.
Rideselisch.
Issenburck Comit:
Hanau Comitatus.
Spesshart.
Wert Comit: haim
Otten Waldt.
Palatinatus Rheni pars.
Hohenloe Comit:
Henneberg
Eptei
Occidens
Francfort
Hanau
Marpurg
Giessen
Fuld
Vacha
Hunfeldt
Schlicz
Alsfelt
Gemund
Sottenberg
Schweinfurt
Wertzburg
Ochsenfurt
Werthaim
Miltenburg
Amorbach
Aschaburg
Selingstat
Heydelberg
Mergethem
Rotenburg
Wimpfen
Hailprun
Ellwang
Mayn flu.
Necker flu.
Tauber flu.
Kocher flu.
Iaxt flu.

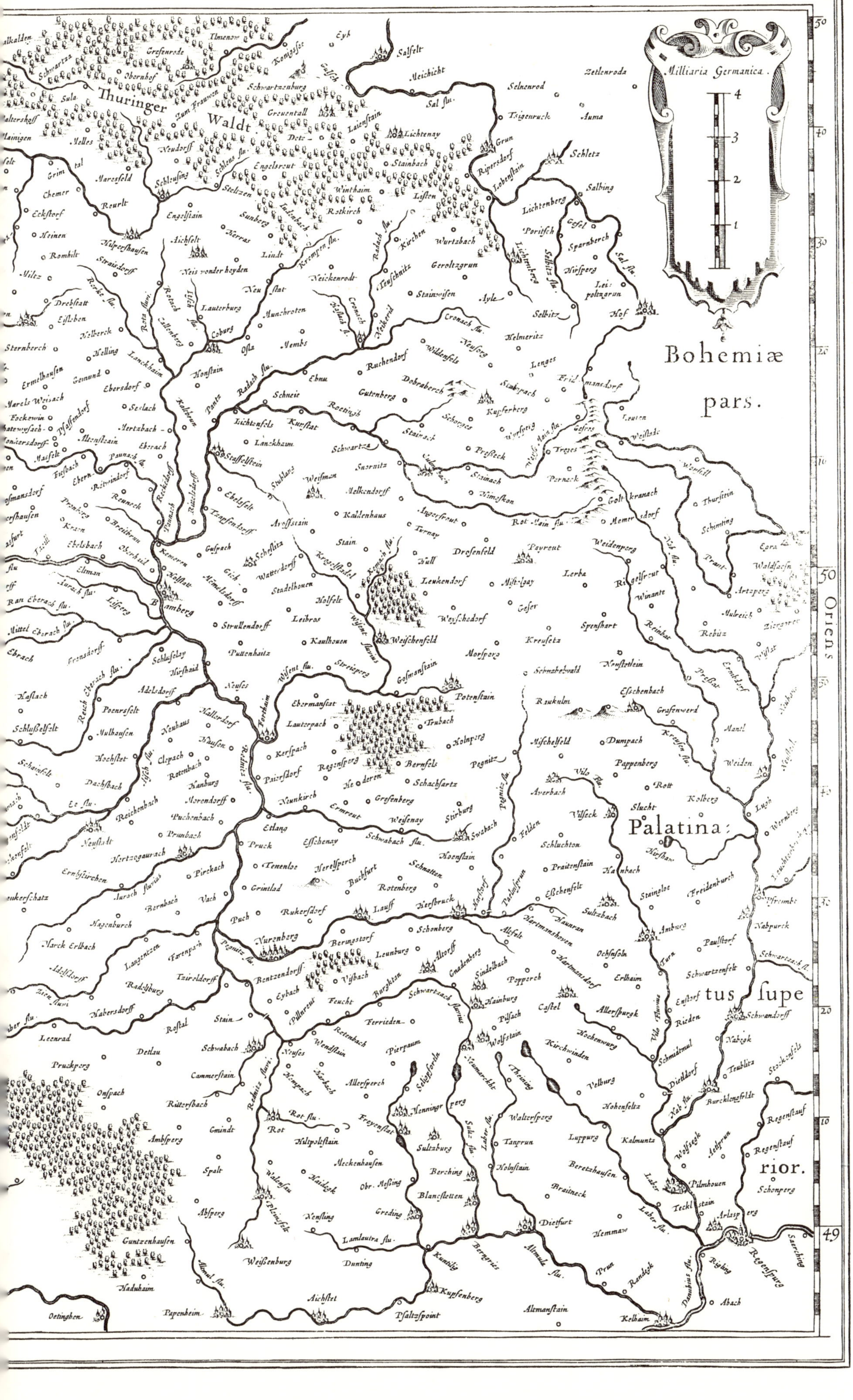

Milliaria Germanica.
Bohemiæ pars.
Palatinatus supe rior.
Thuringer Waldt.
Oriens
50
49
Bamberg
Coburg
Nurenberg
Regenspurg
Hof
Weißenburg
Aichstet
Kelhaim
Amburg
Schwandorff
Lichtenfels
Culmbach
Weischenfeld
Potenstain
Lauff
Altorff
Pilmhouen
Arlaspurg
Abach
Staffelstain
Kronach
Saalfelt
Leutenberg
Lobenstain
Sultzbach
Neuenmarckt
Hilpoltstain
Schwabach
Gunzenhausen
Oetinghen
Papenheim
Kupfenberg
Dietfurt
Berching
Beilngries
Velburg
Kalmuntz
Regenstauf
Weiden
Ilmenow
Schleusingen
Schletz
Pegnitz
Averbach
Forchaim
Erlang
Herspruck
Rot
Roth
Spalt
Stain
Lichtenberg
Wunsidl
Eger
Waldsassen
Hirschaw
Sal flu.
Radach flu.
Pegnitz flu.
Rot Main flu.
Weiß Main flu.
Nab flu.
Laber flu.
Altmul flu.
Danubius flu.
Regnitz fluvius

hard/ welches Cunibertus der König in Franckreich dem bekenner Magno zu ehren erbawet. Mit der Wahl der Bischoffen vnd Hertzogen gehet es also zu: So bald einer derselbigen todts verfället / reitet der nach jhme designirte mit einer grossen vnd ansehnlichen Gesellschafft vor die Stadt/ steigt/ wann er in dieselbige hinein gelassen/ von dem Pferd ab / legt seine köstliche Kleyder ab / wird mit entblöstem Haupt/ blossen Füssen / geringen Kleydern angethan / vnd allein mit einem Strick oder Seyl vmbgürtet/von vier OfficialGrafen/als dem von Hennenberg/ Castell/Wertheim vnd Reineck / in die Kirch zum Salvator geführt / von dem Dechand derselbigen / als der mit seiner Clerisey entgegen gehet/ gefragt / was er begehre/ gibt die antwort/ er vnwürdiger sey da / sein Ampt/ zu welchem man jhn erwehlet/ anzutretten/ vnd mit allen Trewen zu versehen: So vbergeb vnd befehle ich dir / antwortet der Dechant / im Namen Gottes des Vatters / des Sohns/vnd des heiligen Geistes/ von wegen des gantzen Capitels / dieses Hauß zum Salvator genant/mit sampt dem gantzen Hertzogthumb. Wann solches geschehen/folget er der Clerisey in der Kirchen nach/ thut Bischoffliche Kleyder an / vnd wohnet erstlich der Meß/ folgends auch der Mahlzeit im Schloß bereitet/bey. Des verstorbenen Bischoffs Cörper aber wird seines Ingeweids entlediget / erstlich in die Schloßkirch gelegt / das Hertz in ein gläsern Gefäß eingeschlossen/ den folgenden Tag hernach der Leib mit allen andern in das Kloster zu S. Jacob gebracht/ hält in der rechten Hand einen Hirtenstab / vnd in der lincken ein blosses Schwerdt: den dritten Tag aber gehet man in die Kirch zum Salvator, hält besondere Lobgesänge/Gebet vnd Vota: vnd wird endlich der Bischoff mit sampt dem Hirtenstab vnd Schwerdt daselbst begraben.

Wahl der Bischöffe zu Würtzburg.

Bamberg.

Die Stadt Bamberg / auff Lateinisch Granionarium vnd Grayonarium genant/ hieß vor zeiten Babenberg oder BabæBerg/vnd dasselbige von Baba, Hertzog Ottonis von Sachsen Tochter / vnd Graf Albrechts von Bamberg Gemahlin: andere nennen sie Pfawenberg: ist eine vberauß lustige Stadt an dem fliessenden Wasser Regnitz gelegen / hat rings herumb viel Berg vnd Hügel / viel schöne Gärten/ vnd ein gewaltig fruchtbar Landt/ darauff sonderlich viel gute Melonen/ Cucumern vnd süß Holtz in grosser menge wachsen. Sonderlich aber seynd die Melonen in dieser Stadt / wie gleichsfals auch zu Nürnberg / als dahin man sie von dannen in grosser menge verführt / in grossem werth. Es ist ein Bischofflicher Sitz/vnd gibt viel gelehrte Leuth von sich / wie solches allein auß dem fürtrefflichen vnd hochberühmten Medico Ioachimo Camerario, welcher in dieser Stadt gebohren/gnugsamb erscheinet.

Franckfurt am Mayn.

Die Stadt Franckfurt / zum vnterscheid der andern an der Oder/am Mayn genandt/heist bey dem Munstero Helenopolis, von wem sie aber solchen Namen hab/vnd wann sie denselben empfangen / gedencket er mit keinem Wort. Henricus Stephanus gibt jhr viel hertzliche vnd schöne Namen / in dem er sie nemblich eine Academiam oder hohe Schul aller Kauffleute/ die Franckfurter Athen/ der Musarum Mercurialische Meß / vnd ein Compendium oder Außzug aller Messen in der gantzen Welt zu nennen pflegt; Sie ligt an dem fürnembsten fliessenden Wasser dem Mayn / wird durch denselbigen von jhrer Vorstadt Sachsenhausen vnterscheiden / hat von jhr biß gen Sachsenhausen vber das Wasser ein schöne steinerne Bruck/ mitten auff derselbigen ein kunstreiche Mühl / dergleichen an wenig orten zu finden. Ist eine der allerfürnembsten Reichsstädte / an Bürgerschafft sehr reich / rings herumb mit Mawren / Wassergräben vnd Wällen wol verwahrt / vnd von wegen der beyden Messen in der gantzen Welt bekant / in deren die Römischen Könige von den Churfürsten werden erwehlt/vnd da etwan zween vorhanden/ die beyde nach der Ehr solcher Kron trachten / müssen sie vor dieser Stadt durch jhr geworben Kriegsvolck mit einander darumb kämpffen / vnd legt sich der jenige/so am ersten kompt / vor diese Stadt/biß jhn der ander davon vertreibt.

Mayntz.

Die Stadt Mayntz / zu Latein Moguntia, Moguntiacum, vnd bey dem Ptolomæo Neomagum genandt/hat jhren Namen von dem Mayn / welchen etliche Moganum oder Mogum nennen: Ist des Ertzbischoffs vnd Churfürsten eigene Wohnung / in deren er sich allein im Sommer in seinem fürtrefflichen Schloß auffenthelt / vnd alle Jahr gegen dem Winter gen Aschaffenburg begibt: ligt am Rhein/ hat auff beyden seyten ein fruchtbar Feld / vnd darauff beneben dem Getreyd auch den allerbesten Wein: ist an der grösse etwas geringer als Franckfurt / jedoch einer viel grössern länge/ hat viel geistliche Höfe/allenthalben enge Gassen / an dem orth gegen dem Rhein zu viel Gebäwe/ auff der andern seyten aber gegen dem Feld / desto weniger: ist/ wie gemeldt / nach der länge erbawet / vnd durch vnd durch fast schmal: hat schöne grosse Häuser auff die Römische art gebawet / gewaltige vnd prächtige Kirchen/ vnd eine berühmte hohe Schul / so von dem Bischoff Theodorico gestifftet ist: wie man sagt/ so ist die Druckerey in dieser Stadt zum allerersten angefangen. Jhre Obrigkeit ist der Ertzbischoff vnd Churfürst von Mayntz / so / wie gemeldt/ darinnen wohnt.

Königsberg. Schweinfurt.

In das Land zu Francken gehört auch die Stadt Königsberg / auff Lateinisch Mons Regius genant. Schweinfordia oder Schweinfurt ligt am Mayn vnd mitten in diesem Lande: Die andern Städte seynd Wertheim / Kitzingen/ Aschaffenburg/ in welchem der Churfürst von Mayntz zu Winters zeiten seine Hoffhaltung hat / Miltenberg / Hammelburg vnd die Reichsstadt Friedberg/ so in das kleine Ländlein die Wetteraw gerechnet wird. Der erste Römische Kreyß ist der Fränckische / zu welchem oberwehnte Herrn vnd Städte gehören/ vnd zu einem Concilio werden beruffen. Der fliessenden vnd Fischreichen Wässer ist dieses Land allenthalben voll / vnter welchen doch der Mayn vnd die Saal die fürnembsten seynd: die andere geringere aber die Sinna, Radiantia, Æstus, Tauber vnd dergleichen. Seine fürnehmbste vnd gröste Wälde seynd der Speßhart / Otenwald vnd andere mehr/so allesampt für Portiones vnd stücke des Hartz oder Schwartzwaldes zu halten. Es ist mit hohen Bergen rings herumb gleich als mit Mawren oder Wällen vmbgeben. Seine Jnwohner seynd starcke / streitbare vnd sinnreiche Leuthe/so aller Arbeit wol gewohnt/vnd keinem Menschen / er sey männlichs oder weibliches Geschlechts/den müssiggang gestatten. Der Adel aber thut es allen andern Edelleuthen weit vnd breit bevor.

Fliessende Wässer. Wälder. Berge. Sitten.

Das Gebiet der Stadt

Franckfurth am Mayn.

JN den Alten Historien liset man / daß Carolus Magnus, König auß Franckreich / als er die Sachsen bekriegte / welche offtmahlen rebelliert vnd sich an dem Mayn-strom auffgehalten / weil noch kein Bruck war / darbey man konte vber kommen / die Frantzosen vnversehens durch verborgene Wege im Wasser vbergebracht hab / vnd die Sachsen vff der andern seyten ligende / vnversehens geschlagen / vnd daß zum Gedächtnuß dessen dem orth den Namen vnd Privilegien gegeben hab. Dahin hat Ligurinus gesehen / als er in der Krönung Friderichs Barbarossæ schreibt:

Conveniunt Proceres, totius viscera regni,
Sede satis nota, rapido quæ proxima Mœno
Clara situ, populoque frequens, murisque decora est:
Sed rude nomen habet, nam Teutonus incola dixit
Francofurt, nobis liceat sermone Latino
Francorum dixisse vadum, quia Carolus illic
Saxonas indomita nimium feritate rebelles,
Oppugnans rapidi latissima flumina Mœni,
Ignoto fregisse vado, mediumque per amnem
Transmisisse suas neglecto ponte cohortes
Creditur: inde locis mansurum nomen inhæsit.

Außtheilung der Stadt. Die Stadt wird in zwey theil außgetheilt / jenseit vnd disseit des Mayns. Der grossere theil ist Franckfurth genant / der kleinere aber Sachsenhausen / als wann einer sagen wolt Saxonum domum, der Sachsen Hauß. Beyde theil aber werden von einer Obrigkeit geregiert. Diese Stadt ist deßwegen fürtrefflich vnd berühmt / weil man die Römische König aldar pflegt zu erwehlen / welches von Arnulpho I biß hieher gewehret hat / vnd endlich durch ein Gesetz von Carolo IV bestetiget ist worden / (welches man die gülden Bull nennet) also vnd der gestalt / daß / wann es sich solte zutragen / daß zween Keyser solten ernent werden / einer auff den andern mit seiner Kriegsmacht erwarten soll / vnd entweder mit jhm schlagen / oder weichen gutwilliglich. Alßdann soll der / so vberwunden hat / in die Stadt eingelassen vnd für einen Römischen König gehalten werden. Vnd solcher Streit ist gewesen zwischen Henrich dem Landtgrafen auß Thüringen / vnd Conrad dem Sohn Friderici II, deßgleichen zwischen Ludwig dem Beyerfürsten / vnnd Friederich auß Oesterreich / vnd zwischen Gunter dem Grafen von Schwartzenburg / vnd Carolum IV. Jn dieser Stadt seind Majestätische Gebäw / so wol gemeiner Bürger / als Stadtgebäw. Pipinus der König auß Franckreich hat die Kirch St. Bartholomæi erbawet / sampt dem Teutschen Hauß auff der lincken seyten / deßgleichen die Steinere Bruck / das Rahthauß / den Marck / der Carmeliten Kirch / darinnen des Dureri Apellische Kunst-taffel. Hier seind auch Jährlich zwo Messen / darhin kommen nicht allein Teutschen / sondern auch Frantzosen / Niderländer / Engelländer / Jtalianer. Von diesen Messen haben die Sarmaten wissen zu sagen: Eine von denselben Messen ist im Frühling / die andere im Herbst. Durch diese zwo Messen ist gemelte Stadt durch die gantze Welt berühmt gemacht. Albertus der Marckgraff von Brandenburg / vnd Mauritius Hertzog auß Sachsen / haben sie im Jahr 1552 belägert. Von dieser Stadt hat Iulius Scaliger diese Verß gemacht:

Multa laboratis debet Franckfordia sulcis,
Multa racemiferis vinea culta jugis.
Quid referam quanta & quæ convexere metalla?
Quæ Mars bellipotens, quæ petit alma Ceres?
Huc Italus patriis miratur partibus orbem
Advectum, stupet huc Gallia magna suum.
Hic oriens, hic terra novis comperta sub astris
Agnoscit genii semina plena sui.
Nec tamen in brutis sola hæc commercia rebus,
Hic animi æternæ sed cumulantur opes.
Quod si res paucas operosa est dicere merces,
Num magis est cunctas res operosa dare?

Jch weiß nicht was den guten Männern ist in den Sinn kommen / die da gemeint haben / diese Stadt sey vor zeiten Helenopolis genant gewesen / in welcher meynung ich sihe / daß auch Henricus Stephani gewesen / dem Munsterus auch beyfält / aber sie setzen nicht darbey / von wem / vnd wann sie so seye genant worden. Jedoch wir lernen auß den alten Historien so viel / daß sie ist berühmt gewesen schon vor den zeiten des Caroli Magni, sintemahl Pipinus König auß Franckreich / vnd Vatter gemeltes Caroli in dieser Stadt eine Kirche der Welt Heylandt zu ehren gemacht. Dieselbige Kirch hat Carolus hernach im Jahr 794 mit trefflichen Gaben vnd Wolthaten geehret / vnd ein Jahr hernach zu einer Cathedral Kirchen erhaben / dessen Gebiet ist des H. Bartholomæi Gebiet genant worden. Petrus Gregorius Tolesanus verzehlt vns in seinem Syntagmate juris, daß zun zeiten des Bapsts Zachariæ im Jahr 742 ein Concilium hier sey gehalten / darin die schwartze Kunst vnd Schwartzkünstler seind verdampt worden. Aber man weiß auß andern Lateinischen Historischreibern / daß nicht allein Carolus Magnus, sondern auch noch andere Keyser nach jhm hier gewohnt haben vnd viel Reichs-

CONSILIVM.
IVSTITIA
H.Iohan Maximilian Kellner alter Burgermeis
H.Ioh. Philips Weisz von Limburg
H.Hector Wilhelm von Gunterode
H.Thomas Dilles
H.Hans Iacob Ieckel
H.Iohan Schwindt
H.Hieronymus Stalberger
H.Iohan Maximilian Kellner
H.Iohan Cristoff Treudel Doctor
H.Hieronymus Eberhart
H.Hans Heinrich Zum Iungen
H.Iohan Treudel
H.Caspar Philips Fleischbein
H.Hieronymus Humbracht
H.Oyer Christoff Volcker
Dr. Melchior Erasmus Sindicus
Cronberg
Koenig stein
Schwalbach
Obern Heckstadt
Stierstadt
Nidern Heckstadt
Weißkirchen
Steinbach
Nider vrsel
Klettenbergk
Eschborn
Pfravnheim
Muel
Hedernem
Ginheim
Die Nidda fluß
Hausen
Rudtlom
Bockenem
Nawenhain
Sultzbach
Soden
Nider hofheim
In diff en Wegen
Obern Liederbach
Sossenem
Zeilsheim
Nider Liderbach
Nidda
Rebstock
Hellers hoff
Galgen wart
Gerichte
Hoechst
Sunlingen
Griesheim
Gutleude hoff
Mœnus fluvius
Schwanheim
Golstein
Sandthoff
Mein fluß
Kelsterbach
Furstors hauß
Niederadt
Schwan heimer bruch
Dennen waldt
Newerbron
DIE
Beyder 4 herren disch
DRIE
Diegundt hoeffe
Murfeldt
Langen
Novam Hanc TERRI
Dnn. PRÆTORI, CON
Viris prestantissimis, Human
in reverentiæ signum

CON-
-CORDIA.
PAX.
H.Iohan Maximilia. Zum Iungen, Iunger Burgerme.
H.Iohan Maximilian Zum Iungen
H.Iohan Christoff Kellner
Iacob Marquard von Glauburg
H.Philips Christian Vffsteiner
H.Hans Iacob Muller
H.Vincentz Steinmeyer
H.Iohan Porß
H.Iohan Christoff Bender I.V.Licentiat
H.Iohan Adam Vffsteiner
H.Achilles von Hynsberg
H.Hans Georg Grambz
H.Iohan Clesz
H.Philips Ludwig von Melem
Dr. Georg Hieronymus Marstaller Syndicus
Klein Carben
Dortelweil
Klein Grunaw
Dottenfeldt
Grunaw
Klein Darfeldt
Die Nidder flus
Groffen Darfeldt
Vilbell
Bergkersheim
Harem
Kilgensteden
Roßdorff
D A S
Wachenbuche
Breuns heim
Bergen
Kirchberg
Seckbach
Hochstadt
B V
Enckem
Buscheim
Großschlag
Mittel buchen
C H E R
Bornheim
Dornckheim
Kestad
Der Mein Flus
Fechenē
Hanaw
Dillsheim
Ofenbach
Birgel
Rompelheim
Mulheim
D A H E L.
Klein Steinheim
Hausen ander sonn
Biber
Obertshausen
D I E
Wilde hoff
Rindebrucken
Weiskirchen
Heuſenſtam
Heinhausen
R O E D E R
Dietzenbach
Padershausen
E I C H.
Sprenlingen
Gigesheim
Goetzenhain
M A R C K.
Nider Oden
Im haim
Vrbrich
Ober Oden
Dimidium Milliaris.
Messel
VRTENSIS Tabulam
NIS ET SENATORIBVS
Francof.
Iohan et Cornel. Blaeu.

Das Gebiet der Stadt Franckfurth am Mayn.

täge hier gehalten / daher sie billich Villa regia, eine Königliche Stadt möcht genant werden/ sintemahl dieser orth alzeit den Keysern lieb gewesen/ daher sie diese Stadt auch mit viel Privilegien vnd Freyheiten geziert haben bevor anderen Städten. Franciscus Irænicus bezeugt in seiner exegesi Germaniæ, daß er in einem Closter dieser Stadt sieben Bücher gesehen/ welche Entrandus der Kirchen=Diener von dieser Stadt geschrieben / man kan aber nicht wissen/ ob dieselbe Bücher noch vorhanden / oder wo sie zu finden seyen. Es were zwar zu wünschen/ daß wir nicht allein diese Bücher/ sondern auch noch anderer alter dingen beschreibungẽ hetten. Betreffende diesen Namen/ so heist Franckfurth so viel/ als ein vbergang der Frantzosen / welche jhm der Keyser Carolus Magnus in seinen Krieg wider die Sachsen wol hat können zu nutzen machen. Nach der Meynung Trithemii, welchen Munsterus in seiner Cosmographi anzeugt/ hat die Stadt den Namen von einem / Franc mit Namen / ein Sohn Marcomiri, welcher diese Stadt gegründet. Der andere theil gemelter Stadt jenseit des Wassers vff der lincken seytẽ/ welcher viel kleiner ist dann der andere/ wird mit dem grössern theil durch eine sehr schöne steinere Bruck dem andern beygefügt / vnd gleichsam vereiniget; zun zeiten Caroli Magni ist sie im Vmbkreyß so groß nicht gewesen / als sie heutiges Tags ist / dann sie ist algemach mit jhrem Glück auffgewachsen / seyne Ring seynd hier vnd dar außgestreckt worden: Sie ist aber innerhalb 60 Jaren an schönen Pallästen vnd anderen Gebäwen sehr groß worden; seine Landtpfahlen seind gegen Auffgang die Grafschafft Hanaw / gegen Mittag das Darmstädtische Gebiet/ welches dem Landtgrafen von Darmstadt zugehört / gegen Nidergang das Bischthumb Mayntz / vnd gegen Mitternacht die Wetteraw. Gräntzen. Im Jahr 794 hat Carolus Magnus Pipini Sohn/ der gemeinlich sich hier auffgehalten / einen Synodum der Bischöff hier außgeschrieben gegen die Ketzerey Felicis; vnd nach dem dieselbige verdampt/ hat man auch von dem gebrauch der Bildern pflegen zu handeln. Dasselbige Jahr ist Fastarda des Keysers Ehegemahl mit todt abgangen / vnd ligt nun begraben zu S. Alben bey Mayntz.

Zweytracht. Im Jahr 1240 hat sich ein Jud gegen seiner Eltern willen hier wollẽ tauffen lassen/ daher ein groß auffgeläuff vnter den Christen vnd Juden entstanden/ in welchem etliche Christen/ vnd 180 Juden todt geblieben/ theils ermordet/ vnd theils verbrandt/ welchen Brandt die Juden selber angericht/ also/ daß schier die halbe Stadt darumb abgebrandt; vnd als die Juden gesehen/ daß sie in Leibs vnd Lebens gefahr gerahten / haben sich 24 mit dem Rabbi tauffen lassen.

Franckfurt am Mäyn.

FRanckfürt nit fern vom Franckenlandt am Mäyn gelegen/ ist/ so
lang biß die Francken darein kommē/ Helenopolis/ vnnd darnach von
denselben/ oder von Franco des Königs Marcomiri son/ der dise statt
widerumb auffgericht hat/ Franckfurt genant worden. Ist von alten
zeitē her on alle mittel dem heiligen Römischen Reich vnderworffen/
vnd der erwöhlung eines Keysers zugeeygnet. Der erst König vnnd
Keyser so do erwöhlt worden/ ist Keyser Arnolff gewesen. Daß grosse vnd Schiffreich wasser der Mäyn/ welches kompt auß dem Vich-
telberg durch das Franckenland/ stößt an dise stadt vnd theilt dieselbige in zwey theil/ wirdt mit vilen bächen gemehrt/ vnnd felt gegen
Meintz in den Rhein. Diß faar vber dem Meyn/ haben die Francken zu zeiten Caroli Magni ein-
gehabt/ vnd meinen etliche/ Franckfurt sol daher den namen bekommen haben/ so doch kündig/ das
dise statt auch vor den zeiten Caroli Magni Franckfurt hat geheissen. Das gröste vnnd herrlichste
theil diser statt wirt Fräckfurt genāt. Das ander aber/ welchs auch mit mawren vñ graben vmb-
zogen/ Saxenhausen: werden alle beyd mit einer langer brucken/ so mit vilen bogen auß steinen gemacht beyein gehenckt/ vnd wirt von einem Ersamē Rhat regieret. Franckfurt ist ein gemeine kauff
statt nicht allein Teutschlands/ sonder des gantzen Europae. Denn zweymahl im jar vor Ostern
mitten in der Fasten/ vnd im Herbstmonat kommen zu den Jarmessen allerley kauffleut auß Hohem vnd Nidern Teutschland/ auß Italien/ Welschland/ Engelland/ Poland/ Ostland vnnd andern örtern der Welt/ bringen dahin allerley waar vnd gut/ verkauffen das zum theil vmb gereid
gelt/ verwechseln vnd vertauschen zum theil waar vmb waar. Pipinus K. Carls Vatter hat in diser statt einen herrlichen tempel vnd Stifft gebawet in der ehr des Seligmachers/ der doch jetz S.
Bartholomaeus heist. Dergleichē hat nachmals sein Sō Carolus Magnus auch gethā/ der auß
sonderlichem anmůt so er zu diser statt gehabt/ gemeltes Stifft herrlich begabt hat mit dörffern/
ligenden gütern/ zehenden/ gertchts zwängeu vnd dergleicher. Alhie haben die Mönch zu den Car-
melitē oberauß eine kunstreiche taffel/ darauff stehet die Hiñelfart der allerseligster Jungfrauwē
Mariae/ vnnd hat dieselbige der Hochberhůmbter Meister Albertus Dürer mit seiner hand auff
das künstreichst gemahlt. Wirt von den besten mählern/ nicht on sonderlich verwundern offt be-
sichtiget. Im jar des Herrn siben hundert drey vnnd neuntzig/ hat Carolus Magnus zu Franckfurt ein gemein Concilium gehalten/ in welchem verdampt ist worden die Ketzerey so Felicianus
wolt auff die baan bringen/ nemlich das Christus nach der Menscheit nit ein Son Gottes were/
sonder ein zugewünschter son. Es hat auch Keyser Carl der vierdt ein sonderliche lieb zu diser stadt
gehabt/ darumb er diß ort zugeeygnet hat der wall des Römischen Königs vnd Keisers/ vnnd das
bestetiget mit einer güldenen Bullen/ nemlich das do zu samen kommen sollen die siben Chürfür-
sten/ vnd erwöhlen einen könig etc. Fürhin hat man nit alleweg die wahl zu Franckfurt gehalten/
wiewol sie zum offtermahl da geschehen ist/ aber nach dem das ort sonderlich darzu ist bestimpt/ ist
der alt brauch auch bestetiget worden/ so offt zween in zweytracht erwöhlt werden/ das einer sich
mit eim grossen zeug für die statt legt/ vnnd wartet des andern anderhalb manat lang/ ob er jhn
dannen schlagen wöl. Vnd so sie an einander kommen/ vnnd einer den andern in die flucht schlegt/
wirt dem die statt geöffnet/ vnd wirt für könig gehalten der das feldt behelt. Solchs hat sich begeben zwischen Heinrich Landgrauen von Thüringeu/ vnd Conradum keyser Fridrichen des andern
Son. Iten zwischen keyser Lüdwigen dem Bäyern/ vnd Hertzog Fridrichen von Ostereich/ deßgleichen zwischen Graff Günther von Schwartzenburg vñ Carolū dem vierten. Hie ist auch weiter zu mercken das in der Franckfürter Meß die Fechtmeister zu Franckfürt gewalt haben andere
Fechtmeister zumachen/ vnd jnen den Titel zu gebē diser meisterschafft/ welche sie die Brůderschafft
von S. Marx nennen/ vnnd ist solchs den Franckfürter Bürgern für ein sonderliche freyheit von
den Römischen Königen gegeben worden/ darumb mag keiner an einem andern orth das mei-
sterthumb vberkommen vnd erlangen/ dann allein zu Franckfürt.

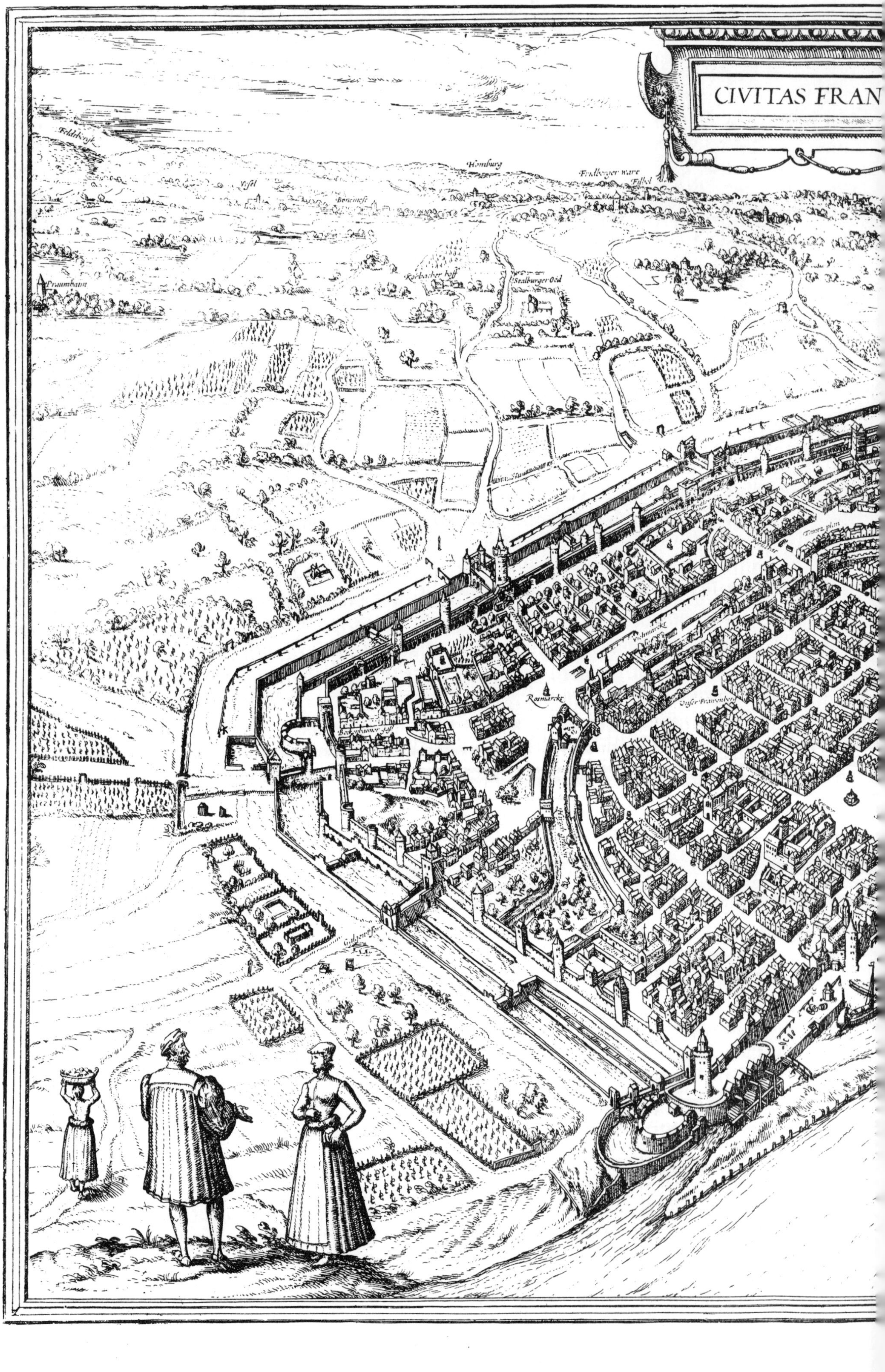
CIVITAS FRAN
Homburg

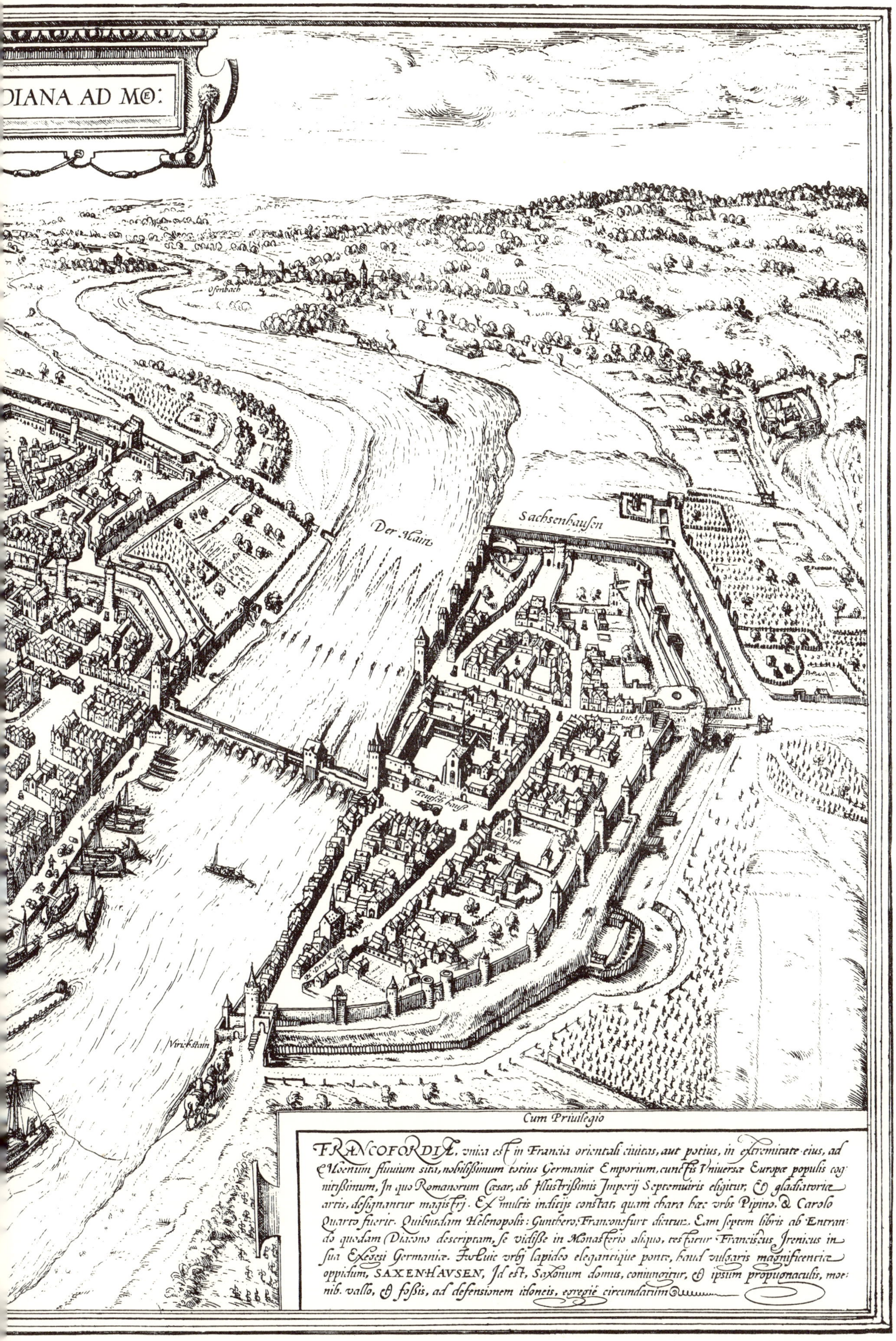
DIANA AD MŒ:
Offenbach
Der Main
Sachsenhausen
Teutsch hauss
Cum Priuilegio
FRANCOFORDIÆ, vnica est in Francia orientali ciuitas, aut potius, in extremitate eius, ad Moenum fluuium sita, nobilissimum totius Germaniæ Emporium, cunctis Vniuersæ Europæ populis cognitissimum, In quo Romanorum Cæsar, ab Illustrissimis Imperij Septemuiris eligitur, & gladiatoriæ artis, designantur magistri. Ex multis indicijs constat, quam chara hæc vrbs Pipino, & Carolo Quarto fuerit. Quibusdam Helenopolis: Gunthero, Franconefurt dicitur. Eam septem libris ab Entrando quodam Diacono descriptam, se vidisse in Monasterio aliquo, testatur Franciscus Irenicus in sua Exegesi Germaniæ. Iuxta vrbi lapideo elegantique ponte, haud vulgaris magnificentiæ oppidum, SAXENHAVSEN, Id est, Saxonum domus, coniungitur, & ipsum propugnaculis, moenib. vallo, & fossis, ad defensionem idoneis, egregiè circumdatum.

Die Graffschafft Erpach.

Gehöret zum Franckischen Kreyß.

DJE Graffschafft Erpach gehöret zum ersten Kreyß des Römischen Reichs / so man den Franckischen Kreyß nennet / in welchem nachfolgende Geistlichen seynd: Der Bischoff von Bamberg / Würtzburg / Eychstett. Der Meister des Teutschen Ordens/der Probst von Camberg / vnd Abt zu S. Gilgen in der Stadt Nürnberg. Die Weltliche seind wie folget / der Marckgraff von Brandenburg / die Grafen von Hennenberg / Castel / Wertheim / Rheineck / Hohenloe / die Herrn von Reichelsberg / Limburg / die Grafen von Erpach vnnd Schwartzenburg. Die Reichsstädte sein Nürnberg / Rottenburg / Winßheim vnd Schweinfurt. So ist nun diese Graffschafft nicht ein geringes theil vom Franckenlandt/ das seinen Namen hat genommen von der HauptstadtErpach/ vnd ist mit der Pfaltz am Rhein/der Graffschafft Hohenloe/ der Graffschafft Wertheim/ vnd vber dem Mayn mit der Graffschafft Hanaw benachbart. Der Name endiget sich auff ein Ach/ wie viel Namen in Teutschlandt / welche gleich wie A A, vnd E E das Wasser bedeutē: als Bredaa / Wydaa / Breysach/ Eberbach/ Murbach/ Landtbach / Außbach / Aperßbach / ꝛc. Diese Graffschafft wird von statlichen Flüssen befeuchtiget / vnd von dem Mayn vnd Necker beschlossen. Gegen Mitternacht fleust der Mayn / vnd gegen Mittag hat sie den Necker. Jhre Nachbarn seind Franckfurt am Mayn / Heydelberg am Necker/ vnd Wormbs an dem Rhein.

Ist ein theil des Franckenlandts.

Die Lufft ist sauber vnd sehr gesund. Das Landt trägt allerley Getreyd in grosser vberflüssigkeit / vnd die Hügel seind hin vnd wider mit sehr fruchtbaren vnd köstlichen Weinbergen bepflantzet: Wie es dann auch vberall schöne Obstgärten vnd Wiesen gibt / vnd das Landt des zahmen Viehes vnd Wildpräts voll ist. Die Jnwohner seind starck vnd Mannhafftig / vernünfftig/vnd der arbeit wol gewohnt. Ausserhalben Erpach seind noch andere Städtlein daherumb/als Hirschhorn/ Eberbach an dem Vfer des Neckers/ Beurfelden/ Michelbach vnd Michelstadt nit weit von Erpach. Jtem Fürstenau vnd Miltenberg am Mayn. Gegen dem Rhein beschleust sie die schöne Landtstraß von Heydelberg biß nach Franckfurt/ auff beyden seyten mit fruchtbaren Nüßbäumen besetzt/welche man die Bergstrasse nennet/vnd laufft gerad von Darmstadt biß nach Heydelberg/an welcher viel Dörffer vnd Städt ligen / die auff ein heym sich endigen.

Lufft.

Erde.

Städte.

GERAW
SPATIATI NATUS
RHENI
PARS
Rhyn Flu.
Rhenus Fluvius
Alt Rein
Neccar flu.
Berchstract
AMSTELODAMI
Guiljelmus Blaeuw
excudit.
Milliaria parva, mediocria, e
Arheilgen
Gresenhausen
Darmstat
Griesen
Bessingen
Eberstat
Rosdorf
Ob. Rambstat
Nid. Rambstat
Franckenstein
Maschen
Erselt
Stockstat
Pfungstat
Hain
Scheim
Balckhausen
Beckenbach
Jugenheim
Quatelbach
Staffeln
Wurtzelbach
Alspach
Bickenbach
Bedenkirch
Ernsthofen
Zwingenberg
Aurberg
Karsteuen
Brannen
Langwaden
Aurbach
Hänlein
Gernsheim
Bensheim
Schonberg
Wilmshofen
Elmshofen
Neunkirchen
Aich
Ham
Lorsch
Reichenbach
Lautern
Gadern
Grunaw
Zell
Ob. Heimbach
Hohenstein
Kl. Rorheim
Ob. Rorheim
Heppenheim
Starckenberg
Hanspach
Mutterhausen
Knoden
Reilbach
Culmbach
Somerbach
Mittelechter
Leimbach
Kirschhausen
Lortzenbach
Elmbach
Wormbs
Burstat
Lautenbach
Morlenbach
Rimpach
Farnbach
Furth
Krumpach
Birckenaw
Zotzenbach
Reussen
Krockelbach
Weinheim
Flockenbach
Lutzelsaxen
Hohensaxen
Grossaxen
Leutershausen
Rutschweyer
Schriesheim
Cantzelbach
Dossenheim
Hendschuchsheim
Cl. Nueberg
Schlirbach
Neuenheim
Heydelberg
Reinheim
Nid. Muda
Ober Muda
Bibra
Rorbach
Roden
Webern
Liechtenberg
Rotenstein
Lauden Vndern
Baumen
Laudenaw
Winderkassan
Lindenfels
Kl. Gumpen
Dipperg
Gross Zimern
Clein Zimern
Semen
Spachbruck
Iltzhofen
Vberaw
Habitzheim
Nid. Klingen
Ob. Klingen
Wersaw
Bronspach
Ob. hausen
Eberbach
Krumpach
Reichenberg
Reicholsheim
Fronhofen
Under Ostern
Gross Gumpen
Ob. Ostern
Weschnitz
Hammelbach
Olsen
Asholderbach
Wald Michelbach
Fückenbach
Ob. Schimmetenwagh
Vn. Schimmetenwag
Igelspach
Rodenberg
Hedespach
Hirschhorn
Lengfelt
Kering
Hassenrod
Homertzrod
49 gr.
40
50
27
30
20

ERPACH
COMITATVS.
HANOVI:
ENSIS
COMIT
ATVS
WERTHAIM
Mayn flu.
Neccar flu.
Aschaffenburg
Liedenheim
Nilcken
Kurtzhofen
Hawenstein
Wonrod
Aurach
Bessebach
Niderburg
Bobenhausen
Ostheim
Leiterspach
Dornheim
Sudaw
Heselnthal
Langstat
Schafheim
Grossen Walstat
Folckersbrun
Schlirbach
Mumbling
Walstat
Hofheimaden
Neudorf
Mospelbron
Winterspach
Obernburg
Eisenbach
Heinstat
Rospach
Hembuchenthal
Mul
Rosenbach
Arnheid
Breuberg
Neustat
Hausen
Hopach
Und. Aulbach
Krausenbach
Santbach
Reybach
Hoffstetten
Eichelspach
Elsenfeld
Sommeraw
Ob. Aulbach
Höchst
Dusenbach
Mulhausen
Schippach
Ruck
Krumpach
Breienbrun
Erlinbach
Himelthal
Eschig
Schloss Wildenstein
Lutzelbach
Klingenberg
Dorff Wildenstein
Wibelsbach
Werdt
Schmachtenberg
Breitenbrunn
Fürstengrund
Seckmaur
Rolpach
Rollfeld
Trenfeld
Grubingen
Menchwer
Kunnich
Heungrund
Hengmantel
Klotzhof
Gross Heibach
Krocumul
Kimpach
Brunthal
Lautenbach
Engelberg
Fulbron
Rudenaw
Clein Heibach
Reistenhausen
Fechenbach
Weidengeses
Hagenmul
Kirschfurt
Asselbron
Mainbullaw
Miltenberg
Bursstat
Fursstenaw
Lautzenhof
Wisenthal
Breitendil
Freudenberg
Collenberg
Gentz
Durhof
Eulbach
Michelstatt
Bokbrun
Weckbach
Lauch-hof
Dorferbach
Niedhof
Weilbach
Eichenbuhl
Emsbach
Boxel
Erpach
Wirtzberg
Heinsterm
Otterbach
Tramhof
Erlenbach
Pfolbach
Schragmuhl
Watterbach
Kirchzell
Schonnen
Euter muhl
Amorbach
Bullaw
Dornbach
Hoenberg
Brensen
Ottenzell
Hesselbach
Britenbach
Schellerbach
Neunbronn
Threnbach
Kailbach
Schlossig
Mudach
Gailnbach
Aurbach
Langenelts
Neundorf
Mulbach
Limpach
Eberbach
Hochhausen

Das Nürenberger Gebiet.

Von den Noricis.

AUff der rechten seyten der Donaw haben vorzeiten die Norici gewohnt / vnd seynd durch den Lech von den Vindelicis vnterscheiden worden. Zu welcher zeit sie sich aber über die Donaw weiter hinein in Teutschlandt haben begeben/ vnd das Noricum disseit der Donaw gemacht/ vnd das alte Noricum jenseit der Donaw verlassen haben/ ist vngewiß. Sonsten die jenigen/die darfür halten/ daß Tiberius oder Drusus in diesen örthern die Noricos habe überwunden vnd ein Schloß gebawet / vnd daß dannenhero die Stadt Nürnberg mit dem vmbliegenden Lande jhren Namē habe genommen/jrzen höchlich/vnd seynd in der Geographia ziemblich vnerfahren: dann die Norici haben jhnen hierumb einen Sitz vnd bleibende stelle erwehlet/ angesehen sie befunden / daß in diesem theil des Waldes Herciniæ sie vor der Hunnorum Vberfall vnd streiffen am besten könten versichert seyn.

Der vrsprung.

Darumb sie von wegen guter gelegenheit der beyden Flüsse der Pegnitz vnnd Regnitz / ein sehr schlecht Castel auffgebawet / vnd an der Pegnitz jhre Eysenhütten vnd Hämmer(dann sie im Eysen arbeiten wol erfahren waren) vmb das Eysen zu schmieden vnd zu schmeltzen auffgerichtet haben/wie auch die Mühlen gemacht/vmb die Hämmer zu treiben. Hernach hat sich jhr Geschlecht vermehret/ vnd seynd die Hirten im Waldt Hercynia , wie auch andere/ die theils der Feinde / so gantz Teutschlandt verhergten/ überfall fürchteten / theils auch jhres Lebens bey einer solchen Zusammenkunfft der Menschen suchten/ in jhre Gesellschafft getreten / vnd haben mit gesampter hülff Stein vnd Bäume zusammen getragen / Gräben gegraben / vnnd den anfang einer Stadt gemacht. So haben sich auch etliche gefunden/die auß diesem orth überall die Strassen haben überfället vñ vnsicher gemacht/dannenhero die Keyser Conradus vnd Henricus das Castel etlich mahl eingenommen vnd zerstöret / wie dann auch das Rauben kein end genommen/ biß endlich der Keyser den orth wiederumb belägert/ eingenommen/ vnd die Coloniam der Veteranorum dahin gelegt hat/ welche das Schloß befestiget/ vnd die herumbliegende örther von der Strassenräuberey befreyet haben / sintemahl durch einen Burggrafen allezeit fleissig ist verhütet worden/ damit die Norici niemandt schaden theten / vnd daß jhnen auch kein Leydt geschehe. Vnd es ist noch heut zu Tage im gebrauch / vnd hält die Stadt Nürnberg zu dem ende jhre Reuter/ die täglichs auff den Strassen reiten / die Wälde überall durchsuchen/vnd die Wandersleuthe für den Strassenräubern befreyen. Diß ist gewiß/ daß diß Schloß zu Caroli Magni zeiten ist gewesen / sintemahl die Historien bezeugen / daß Carolus , als er Tassilonem den Hertzog in Beyern habe wollen angreiffen / sein Kriegsvolck in drey theil getheilet / vnnd daß die eine Armee jhr Läger bey Nürnberg habe geschlagen / die ander an der Donaw / die dritte habe sich an dem Tridentinischen Gebürge nidergelassen.

Regiment.

Das Regiment hat vorzeiten das gemeine Volck verwaltet / vnd ist eine Democratia gewesen / hernach ist es in eine Aristocratiam verwandelt worden durch eine Auffruhr/so zu Keyser Caroli IV zeiten in der stadt sich erhube/ nach welcher zeit es an die Patritios kommen ist/ die es biß anhero so weißlich haben versehen/ daß man keines gedenckwürdigen oder schädlichen Aufflauffs vnter so vielen gemeinen Leuthen vnd vnterschiedlichen Nationen sich weiß zu erinnern.

Drey Orden in der Stadt.

In der Stadt seynd dreyerley Orden/ die Patritii , Kauff: vnd Handwercksleuthe / oder das gemeine Volck. Der alten Geschlechter seind 28/auß welchen der Rhat oder das Collegium der Patritiorum erwehlet wird / vnd diß bestehet auff 26 Personen / auß welchen der halbe theil Bürgermeister genennet werden / die der stadt vnd dem gemeinen Wesen fürstehen / die andern 13 werden Schöpffen genennet/ für welchen neben drey Rechtsgelehrten/die zu dem ende von der stadt vnterhalten werden / alle Rechtssachen werden abgehandelt ; durch die alten Gesetz der stadt wird kein Rechtsgelehrter oder Doctor im Rechten zum Regiment zugelassen. Die Bürgermeister werden alle Monat ernewert/ so daß allezeit einer auß beyden obgesagten theilen mit des Magistrats gewöhnlichen Habit vnd insignibus sich sehen lässet. Fünff auß dem Raht verwalten das peinliche Gericht. examiniren vnd verurtheilen die den Todt verwirckt haben. Zu Rentmeistern werden alle Jahr zwo Personen erwehlet/ die alters / Trew vnd Frömmigkeit halben berühmt seynd/ welche die Zöll/ Einkommen vnd Außgaben der Stadt verrechnē: so haben sie auch einē Schultheissen/welcher über die Dörffer vnd Bawren/so der stadt vnterworffen seynd/zu gebieten hat. Alle diese gedachte Obrigkeiten/wie auch alle andere/ die einige Gewalt haben/ werden auß dem Raht vnnd auß den Patritiis oder Adelichen Geschlechtern in der stadt erwehlet / vnnd alle Jahr werden auß diesen dreyen Orden 200 benennet/ die ein mahl im Jahr zusammen kommen/ vnd von schweren wichtigen dingen/ auff begehren des Magistrats sich berahtschlagen. Der Orden der Kauffleuthe ist von den gemeinen Aufflagen befreyet / vnnd hat sehr viel vnd grosse privilegia, vnd versamblet durch seinen grossen Handel nicht allein auß Europa , sondern auch auß den eussersten Ländern vñ Inseln/gleichsam als in eine reiche schewr ein vnsägliches Gut. Den Handwercksleuthen vnd dem gemeinen Mann werden in der stadt keine zusammenkunfften zugelassen/so wol offentlich als heimblich/wie dann auch keine offentliche Mahlzeiten vieler gemeinen Leuthe / es sey dann von wegen einer Begräbnuß oder einiges Gottesdiensts/ sintemahl sie darfür halten/ daß auß solchen zusammenkunfften vieler gemeinen Leuth offtermahls grosse Meutereyen entstehen / vnd darumb dieselben einer Republick sehr schädlich seynd. So jrgend einiger Zanck zwischen den Handwercksleuthen oder gemeinen Mann entstehet / so stehet es nit in der Zunfftmeister macht die sachen beyzulegen/sondern der Magistrat benennet hierzu zween Schiedsmänner/ so die sache erörtern / vnd sich bemühen die Partheyen zu vergleichen : Wann es aber nicht durch sie kan zu wegen gebracht werden / so bringet man die Sache für den Rhat/ der ein Vrtheil spricht/die Partheyen straffet vnd sie vergleichet. Wann jemand auß dem gemeinen Mann vnrecht ist geschehen / item allen Hader/ Zanck vnnd Gewalt straffen sie ernstlich/ also / daß man wol möchte sagen / der fünff Männer seye des Minois vnd Rhadamanti Gericht. Man sagt / als Keyser Fridericus III wiederumb auß Italien nach Nürnberg kommen / vnd jhm eine so grosse menge Volcks überall entgegen kam/ daß er sich höchlich habe verwundert/vnd einen auß dem Rhat/der bey jhm ritt/gefragt/ wie sie eine solche grosse menge Volcks ohne Auffruhr könten regieren ? hab gedachter Rhatsherr geantwortet : Mit worten vnd schlägen : gab damit zu verstehen/daß die frommen mit Worten / vnd die bösen mit ernstlichen Straffen müssen zu rück gehalten werden.

Grösse der Stadt vñ jhre form.

Die stadt selbsten ist mit der zeit in ein solch auffnehmen gerahten / daß sie an jtzo in die 8000 schritt begreifft/vnd ist mit einer dreyfachen Mawr vnd einem Graben befestiget. Inwendig sihet man der alten Stadt Gräben vnd Wahrzeichen / gegen Mittag ist sie breiter/ vnd gegen Mitternacht etwas enger /auch nicht gar rundt/sondern eckicht/ auff daß man sie desto schwerlicher möchte bestürmen. Die nächsten Hügel vnd herumbliegende Steingruben geben die Stein zu den Mawren / Kirchen/ gemeinen vnd Privatgebäwen in grosser menge. Der Stein hat diese Natur/ wann er in der Erden liegt/daß er weich ist vnd leichtlich kan außgehawen werden / wann er aber in der Lufft vnd an der Sonnen eine zeitlang bleibet/ so wird er so hart als ein Marmelstein. Der Stadtgraben ist 20 Elen tieff vnd breit : Zwischen zwey Mawren die nach der Bleywag seynd auffgebawet/ laufft ein Bächlein/vnd an beyden

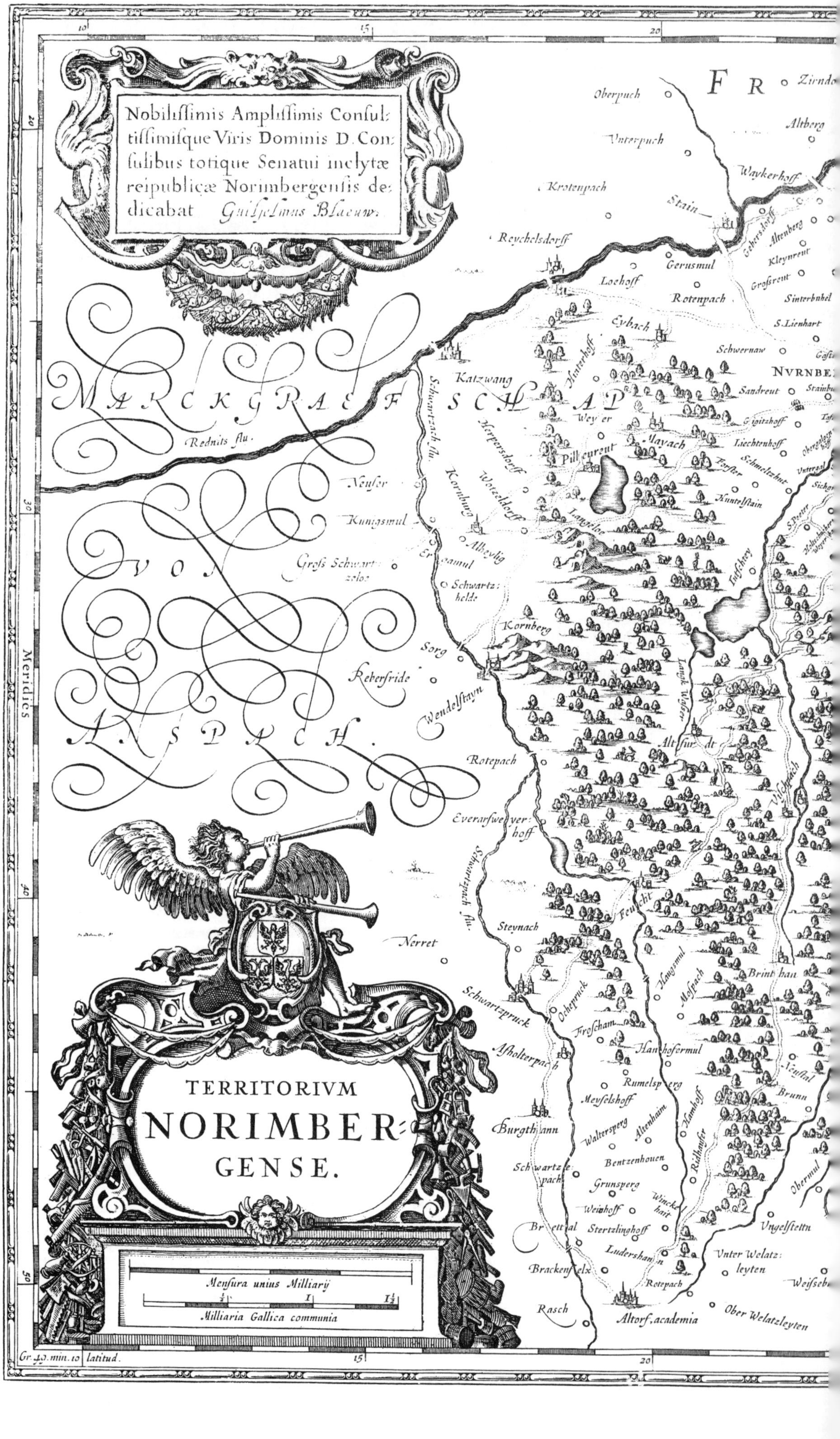
Nobilissimis Amplissimis Consultissimisque Viris Dominis D. Consulibus totique Senatui inclytæ reipublicæ Norimbergensis dedicabat Guilielmus Blaeuw.
TERRITORIUM NORIMBERGENSE.
Mensura unius Milliarij
Milliaria Gallica communia
MARCKGRAAFSCHAP VON ANSPACH.
NURNBE
Rednits flu.
Schwartzach flu.
Katzwang
Kornberg
Sorg
Wendelstayn
Rotepach
Steynach
Schwartzpruck
Feucht
Burgthann
Altorf, academia
Rasch
Meridies
Gr. 49. min. 10 latitud.

CONI
AE
PARS.
Am. supra 29 longit. gradum.
Septentrio
Rednits flu.
Fach
Konigsmul
Pruck
Kleyn Grindlach
Furt
Kronach
Praunspach
Herboltzhoff
Vnter mule
Eltersdorff
Erlange
Ronhoff
Zum Sackh
Staynach
Ober mule
Grindlach
Haselhoff
Poppenreut
Pisloe
Reutlems
Zu Lay.
Schurgling
Zum Hoefles
Pocksdorff
Tennelde
Wetzendorff
Schnepfenreut
S. Felitz
Kraftshoff
Neunhoff
Buckenhoff
Malmhoff
Puech
Kleynreut
Gansstain
Uttenreut
Swabach flu.
Grindlach flu.
Wolfselt
Dormetz
Exlasstegen
Stettenberg
Kalckreut
Reckenhoff
Heroltzberg
Keswaßer
Stainpach
Ohergeschaid
Brantemule
Am Schmaltzperg.
Zum Brantt
Berpach
Odenperg
Daucherfreut
Eschernaw
Ruckersdorff
Neunhoff
Guntersphuel
Eckenbach flu.
Nuschelperg
Eckenmule
Eckenhaid
Rotepach flu.
Rotpach
Strengepergk
Kotzenhoff
Wetzendorff
Rudolfshoff
Lauff
Leiblingshoff
Letten
Kunhoff
Hymelgarten
Diepelsdorff
Delnperg
Heuchling
Haymelsdorff
Neßelpach flu.
S. Mauritz
Schonperg
Neunkirchen
Weyersperg
Pegnitz flu.
Reichelschwand
Engeltal
Alt Sippenbach
Geroltzperg
Otensos
Herspruck
Amstelodami Exc. Guiljelm. Blaeuw.
LITTERARVM et NVMERORVM explicatio.
a Nuw Bouw
b Augustiner Clooster
c Vrouwe Kerck
d S.Sebalde Kerck
e Prediker Clooster
f t Stadthuys
g De Marckt
h Vrouwe Kerck
i Kirstener haus
k Zum heilge geest
l Hospitael
m Weise thorn
n Thuch hoff
o S.Iacobs Kerck
p Iser brugh
q S.Laurents Kerck
r S.Clara
s S.Marten
t De geint
u t Schiet
x S.Egidien Kerck
1 De Vesten
2 Lucus landt
3 Laffer thor
4 Werder thurlin
5 Vrouwen thor
6 Water thor
7 Tafel hoff
8 Karten hoff
9 Spitaler thor
10 Haller thurlin
11 Nuw thor
12 Thur Gaertner thor
NVRNBERG.
Schupperhoff
25
30
35
20
30
40
50

seyten ist ein grüner Wasem/ auff welchem die Hirsche vnd Hinden gehen weyden. Zwey hundert Thürne an der innersten Mawr / die höher ist als die ander / stehen recht in viereckichter Form eben weit von einander / auff welchen die Wächter des Nachts die stunden außruffen. Auff der eusserften Mawr seynd bey nahe eben so viel Thürne / aber etwas kleiner / vnd wo es die krümbte der Mawren erfordert/ in die runde gezogen / wie auch ein jeglicher mit Stücken versehen. Die Mawren seynd oben mit Ziegeln gedeckt: Der Pforten / die sich nach vnterschiedlichen orthen in Teutschlandt ziehen/ seynd 6 / die mit sehr hohen starcken Thürnen vnd Rundelen befestiget seynd. Da die Pegnitz gegen Orient vnter grossen gewölbten Brücken in die stadt fleust / machet sie zwo Inseln/ die eine ist eng/ die andere aber sehr bequäm zum waschen/ vnd das Leinwath an die Sonn zu legen/ darbey die warmen Bäder seynd. Nach dem der Fluß vnter 12 Brücken durch die Stadt sich hinauß begibt/ befeuchtiget er den gemeinen Platz/ auff welchem die Nürnbergische Jugend / gleich wie die Spartaner an dem Fluß Eurota, alle Feyertage mit allerley ehrlichen übungen/ als schiessen/ werffen/ ringen/ springen/ ꝛc. sich belustiget.

An dem Fluß ligen vnzehlich viel Werckstädte/ Korn: vnd Papiermühlen/ Eysen: vnd Kupfferhämmer/ da werden Degen/ Pantzer/ Sturmhüte/ Messer/ Kessel/ vnnd allerley Instrumenten geschlagen/ auch allerhand Drath auß den Metallen zugerichtet. Die Gassen vnd Strassen seynd groß/ sauber/ hell/ vnd mit sehr harten Steinen gepflastert. Der gemeinen Brunnen seynd 120 / 20 Canalen vnnd Wasserleytungen/ 2 sehr künstliche Springbrunnen. Viel Märcke/ der Ochsenmarck / Krautmarck / Fischmarck / Säwmarck / Weinmarck/ Kornmarck. Der gröste ist / auff welchem die Kauffleuthe jhren Handel treiben / hat einen Springbrunnen von gehawenen Steinen / mit schönen vergüldeten Bildern / vnd neben dem Marck sihet man die Kirch der H. Marien/ von Keyser Carolo IV erbawet. Die Bürgershäuser seynd weit vnd groß: den Hügel hinauff zieren überall der Stadt schöne vnd köstliche Häuser/ neben den statlichen Wirtshäusern/ in welchen man auch möchte einen Keyser losieren. Auff dem Hügel stehen zwey Schlösser / das grössere/ zu dem man auß der Stadt durch einen gehawenen Stein gehen kan / hat schöne Königliche Säle. Diß ist der Röm. Könige/ im fall sie allda sich wollen auffhalten/ Residentz. Das ander Schloß war der Burggrafen jhre Wohnung/ ist aber gegenwertig ein gemeine Schewer. Auff dem Hügel seynd 3 Kirchen/ die eine im Keyserlichen Schloß/ in welcher der Keyser seinem Gottesdienst abwartet/ die andern zwo seynd gemein/ als S. Margarethen vnd S. Walpurgs Kirche. Des Schlosses Mawren hat der Rhat im Jahr 1531 wiederumb ernewern vnd mit starcken Rundelen befestigen lassen. Diese stadt ligt nicht allein mitten in Teutschlandt/ sondern ist auch das centrum in gantz Europa, angesehen sie vom Septentrionalischen Meer oder Sino Codano, vnd dem Venedischen Meerbusem eben weit ist gelegen/ ebener massen auch vom grossen Meer vnd dem Fluß Tanais. Die Bürger von wegen der vmbliegenden Nationen gebrauchen sich vielerley Sprachen/ als der Schwäbischen/ Franckischen/ Beyerischen/ ꝛc. In der stadt seynd zwo schöne Kirchen/ S. Petri vnd S. Laurentii. Vier Spitäl vnd vier Kranckenhäuser / wie auch ein über die massen wol versehenes Zeughauß/ von welchem Iulius Scaliger folgendes Carmen gemacht hat:

Märcke.

Schlösser.

> Hunc sibi corruptas terrâs Astræa relinquens
> Fatali statuit sede tenere locum.
> Quis putet horrifico sociatas Marte Camœnas?
> Sacra tamen duplex tempora laurus obit.
> Martis habe, & Phœbi felicia tempora, laure,
> Sanctaque sit valido fœdere juncta fides.
> Als Astræa verließ die Erd/
> Behielt diesen orth zum Sitz werth/
> Mars zu den Musis sich gesellt/
> Beyden der Lorberzweyg gefellt.
> Der sey Martis vnd Phœbi Kron/
> Die Trew bestetige diß Bandt schon.

Wann man der Nürnberger Gebiet gegen Orient/ Mitternacht vnd Mittag ansihet / so möchte man es wol einen Waldt nennen / durch welchen die Schwartzbach / Pegnitz/ Grindlach vnd Schwabach lauffen. Zu Altorff / das der stadt Nürnberg zugehöret/ hat der Rhat im Jahr 1579 den 29 Junij ein Schul auffgerichtet / deren erster Rector Valentinus Erythræus gewesen: so war auch für diesem die Nürnbergische Schul sehr berühmt / zu deren anordnung viel geholffen haben / Philippus Melanchthon, Bilibaldus, Pirchainerus, Vitus Theodorus, Eobanus Hessus. Im Jahr 1588 ist durch den Rhat zu Nürnberg nach Altorff beruffen worden Hugo Donellus, vnd nach jhm Obertus Giphanius, Scipio Gentilis, Conradus Rittershusius, welche Leuthe in der gantzen Welt berühmt seynd.

Donawstrom.

Vrsprung des Namens.

AVs den berühmtesten fürnehmsten vnd schiffreichesten Wässern in gantz Europa, ist die Donaw eine/ welche Teutschlandt vnd Vngern in zwey Theil schneidet/ vnd von dannen mit grosser vngestüm in den Pontum Euxinum oder Mare Maggiore (das schwartze Meer) sich stürtzet/ nimpt jhren vrsprung auß einem Brunnen auff dem Berge Abnau. Beatus Rhenanus hält es dafür/ daß der Name Donaw so viel zu sagen sey als die Abnau. Bertius saget/ daß er zusammen gesetzet sey auß den wörtern Thon vnd Au, welches Wasser heisset/ vnd solte diß wort Thonau so viel bedeuten / als das wasser der Thon. Fürzeiten endigte sich Teutschlandt in diesem Fluß.

Was für flüsse in die Donaw fliessen.

In diesem fluß ergiessen sich noch andere fürnehme flüsse in Teutschlandt: Die Iler/ Wernitz/ der Lech/ die nicht weit von Augspurg bey Leschmund/ nachdem sie viel andere wässer verschlungen/ mit der Donaw sich vermischt. Die Almenaw wird nah bey Kelln von der Donaw auffgenommen/ wie auch die Nab bey Regenspurg/ vñ der Regen. Die Jser/ welche von andern flüssen vnd bächen hin vnd wider wird vermehrt/ vereiniget sich mit der Donaw bey Filßhofen. Der grosse Fluß Jhn reisset vnter wegen viel flüsse mit sich hinweg vñ lauffet bey Passaw mit solcher vngestüm in die Donaw/ daß er seinen lauff ziemlich weit erhelt/ noch sein Wasser mit der Donaw vermischet/ wie auß beyder wässer farben zu sehē ist. Weiter empfengt die Donaw die Iltz/ Traun/ Emß/ Igel/ Leyta/ Marck/ Rab/ Wag/ Gran/ Drab oder Trab/ zwischen welcher vnd der Donaw der Türckische Keyser Ladislaum den König in Vngern hat geschlagen. Die grosse Flüsse der Teyß vnd die Saw kommen auch in die Donaw/ sonderlich die Saw bey Griechisch Weissenburg: vnd über diese auch Moschus, Rhabosus, Ciabrius, Alutas, Alt, oder vielleicht Barlat, Seretius vnd der fluß Pruth.

Städte an der Donaw. Ofen.

Nun wollen wir nach einander die städte die an der Donaw liegen/ besehen. Ofen (Buda) in dem Königreich Vngern auff der rechten handt der Donaw / die Solimannus der Türckische Keyser den 19 Augusti 1519 (nachdem er eylffmahl die Stadt mit solcher Gewalt hatte bestürmet/ daß man nicht nur der Stadt ruin befürchte / sondern auch meynete die Welt würde vntergehen) hat eingenommen vnd den Christen entzogen: sie liegt in gedachtem Königreich/ dessen Hauptstadt sie war/ vnd eine königliche Residentz an einem sehr lustigen angenehmen ort. König Sigismundus hat über die massen schöne Gebäwe in dieser Stadt lassen auffrichten/ nemblich im Schloß einen Pallast auff die Römische manier / vmb das Schloß hat er eine Mawer führen/ vnd schöne Gallereyen vnd spatziergänge machen lassen / in der mitten ließ er einen viereckichten Thurn von Quaderstücken setzē/ vnd das gantze schloß mit schönen Gärten vnd bädern/ so wol zur gesundheit als zur Lust/ zierē. Die stadt ist gelegen theils auff einem berge/ theils auff einer ebene/ vnd hat starcke mawern/ grosse bollwercken/ schöne Häuser/ so daß in Vngern keine stadt noch kein ort an schönheit/ stärcke vnd lust / diesem kan fürgezogen werden/ ist auch mit allem dem jenigen/ das nit allein zur nothturfft/ sondern auch zur pomp vnd Wollust erfordert wird/ überflüssig versehen.

Raab.

Taurinum, Raab ein altes bollwerck der Hunnorum gegen die Gallier / liegt zwischen der Donaw vnd der Raab. Das gantze Land ward von den Türcken geruinirt/ vnd alle Klöster geplündert. Sie ist gelegen an der rechten seiten der Donaw vnd des andern flusses/ der von wegen seiner schwärtze die Raab genennet wird/ welchen namen die stadt auch hat behalten. Sie ist mit einem Bisthumb begabet/ vnd hat von wegen jhrer guten gelegenheit einen zimlichen handel: dann die stadt von natur sehr starck ist/ ligt meistentheils in sümpffen vnd Moraß von wegen der zweygedachten Wässer: sie ist alt vnd wolbekant/ deren sich die Römer gebrauchten zu jhrem Winterquartier/ wie abzunehmen auß den reliquien/ überschrifften vnd Bildern mit langen röcken / die in den Mawern der Kirchen sind. Die Keyser Maximilianus vnd Ferdinandus haben sie so über die massen mit Bollwercken versehen/ daß sie scheinet vnüberwindlich zu seyn/ dannenhero auch ohn vnterlaß sich allda zwo starcke besatzungen auffgehalten / die eine besteht auff Vngerischen zu pferdt / vnd die ander auß Teutschen Fußknechen / die jmmerdar gegen die Türcken auff der hut seyn. Im Jahr 1594 den 13 Septembr. hat der Sinan Bassa diese Stadt in seine gewalt gebracht / als sie vnter des Grafen von Hardeck verwaltung stunde. Hergegen im Jahr 1597 hat sie der Graff von Schwartzenburg wiederumb überrumpelt vnd eingenommen/ der aus der vrsachen zum Grafen ist gemacht worden: 1500 Türcken defendierten die stadt/ von welchen 1300 auff dem platz blieben: 700 Pferdt hat man auch bekommen/ vnd eine überauß grosse anzahl an Proviant/ munition vnd andern dingen: sieben Keller voll Meel/ vnd so viel gemüntztes Gold/ daß sich die summa hat belauffen über die 300000 Ducaten. Man hat 100 grosse Stücken Geschütz vnd 24 kleine/ auch viel Pulver vnd Waffen gefunden. Weil nun gesagter Ort ein rechtschaffenes Bollwerck wider die Türcken ist/ vnd Vngern/ Oesterreich vnd Teutschland für jhren einfall versichert/ so wird er mit grösserer sorgfältigkeit in acht genommen.

Lintz.

Lintz ist eine lustige Stadt in Ober Oesterreich/ an der rechten seiten der Donaw / da sie die Draun verschlinget/ sechs meylen oberhalb Arlapen. Dar ist schier kein lustiger Ort in gantz Oesterreich als dieser/ dannenhero sie auch mit einer grossen menge Schlösser/ Castellen vnnd Lusthäuser der Edelleute ist vmbgeben/ weil der platz vnd das Landt zur Jagt/ Fischerey vnd dem Vogelfang sehr wol gelegen. Das Landt ist des Getreydes voll. In der Stadt sihet man eine schöne Kirche/ herrlich Rhathauß/ neben einem Schloß auff einem Hügel / vmb die Stadt mit bequemer Guarnison zu besetzen. Da ist auch eine Brücke über die Donaw/ vnd jhre beyde Vfer sind mit Adelichen vnd Bawernhäusern überall besetzt / welches sehr lieblich vnd lustig ist anzuschawen / sonderlich wenn man fürüber fähret. In dieser Stadt ist der Accord gemacht worden zwischen Ferdinando von Oesterreich Keyser Carl des fünfften Bruder/ vnd Mauritio dem Churfürsten zu Sachsen/ wegen erlösung vnnd freylassung Iohannis Frederici des Hertzogen von Sachsen vnd des Landtgrafen von Hessen.

Passaw

Passaw an der rechten seyten der Donaw in vnter Beyern bey dem Außfluß der Jhn/ der an der rechten hand ist/ wird durch solche Flüsse in drey theil getheilet/ denn die gelegenheit des Orts vnd der Wässer Lauff hat gemacht / daß die stedte gleichsam in eine stadt sind versamblet worden: der einen Name ist Jhnstadt/ auß welcher man über eine höltzerne brücken über die Jhn in Passaw kom̃en kan / welche Stadt lieget auff einem Vorgebürge einer halben Insel: darnach folget die Donaw / über welche eine brücke geleget/ die das Vfer gegen über/ das mit schönen häusern vnd Thürnen ist gezieret/ daran füget. Auff S. Jörgen Berg ist das Castel vnd bischofflicher Sitz Oberhauß/ vnter welchem liget Jhlstadt von dem Castell des bischoffs durch den fluß Iltz gescheiden. So versamblen sich denn allhier drey flüsse / die Donaw/ Jhn vnd Iltz. In der mitten zwischen beydē seiten/ verschlingt die Donaw auff der rechten seyten die Jhn/ welche auß den Vindelicis kompt/ vnd denn auff der lincken seiten die Ilse oder Iltz: das flüßlein Bojetra laufft zwischen der pforten vnd der Kirchen S. Severin in Innstadt/ vnd also in die Inn. Es lässet sich ansehen/ als wann die Häuser in Innstadt älter weren/ als die in Passau / dannenhero man

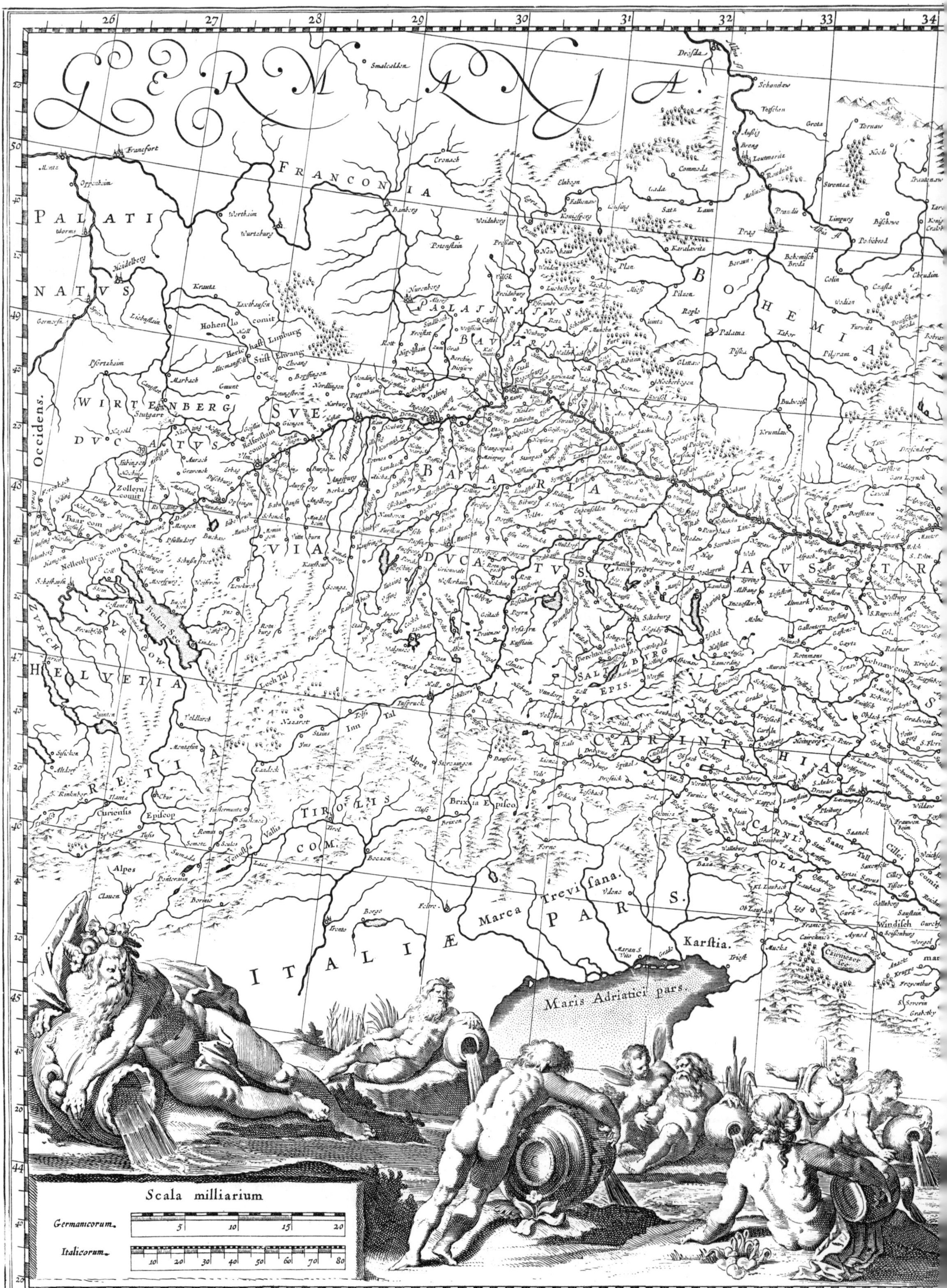
GERMANIA.
FRANCONIA
PALATINATVS
BOHEMIA
SVEVIA
WIRTENBERG DVCATVS
BAVARIA DVCATVS
AVSTR
SALTZBURG EPIS.
CARINTHIA
CARNIOLA
HELVETIA
ZVRICH GOW
RETIA
Curiensis Episcop
TIROLIS COM.
Brixia Episco
Alpes
Marca Trevisana.
ITALIÆ PARS.
Karstia.
Maris Adriatici pars.
Occidens.
Francfort
Heidelberg
Nurenberg
Bamberg
Wurtzburg
Regenspurg
Ingolstat
Augspurg
Munchen
Ulm
Stutgart
Boden See
Inspruck
Saltzburg
Prag
Drosda
Scala milliarium
Germanicorum
Italicorum

leichtlich kan abnehmen/ daß sie ehe dann Passaw ist auffgebawet/ vnd vorzeiten Bojodurum genennet worden. Darinnen sihet man noch die Kirche zu S. Gertrud: in Passaw aber seynd mehr Kirchen: als S. Stephan/ die Hauptkirche/ neben welcher des Bischoffs Hoff/ vnd des Capitels/ Item S. Paul / S. Michael/ vnd zum H. Creutz/ gegen Occident ist das Kloster zu S. Nicolaus: vnd ist diese statt nunmehr ein Bischofflicher Sitz. Zwölff Meylen von Passaw/ an der Enß außfluß in der Stadt Enß haben sich vorzeiten die Bischöffe auffgehalten: allda der erste Bischoff Laurentius ist gewesen / den der Apostel Petrus hat dahin geschickt. Der neundte ist Bischoff zu Passaw worden/ vnd vmb das Jahr 634 sind beyde Bischthümber zusammen gefügt worden. Vnter Keyser Heraclio hat Theodoricus III Hertzog in Beyern Passaw dem Bischoff geschencket/ wie dann auch Keyser Arnulphus deßgleichen dem Bischoff die Stadt mit allen Einkommen hat übergeben. Im Jahr 1399 ist Passaw zur Hauptstadt gemacht worden / nach dem das Enß (Laureacum) von den Hunnis vnd Avaris ist zerstöret worden.

Preßburg. Preßburg eine Stadt in Vngern auff der lincken seyten der Donaw 10 Meylen vnter Wien/ gibt anderen an schönheit/ wolgelegenem platz / vnd gesunder sauberer Lufft nicht viel nach. Die nechstgelegene Berge sind mit schönen Weinstöcken gezieret/ an dem Vfer des wassers sind schöne Gärten/ Wiesen/ Büsche/ Baumgärten vnd Acker zu sehen.

Regenspurg. Regenspurg eine Stadt in Beyern/ an beyden seyten mit der Donaw vmbgeben/ viel schöner Felder habend/ allda das Getreyde in grosser menge wächset. Die starcken Bollwercke/ vnd tieffe Graben machen sie starck vnd fast/ wie sie dañ auch schön vnd groß/ vnd nach gemeinem sagen so viel Kirchen vnd Capellen hat / als Tage im Jahr seynd. Das eine theil der Stadt ist älter/ vnd hat den Nahmen gezogen von dem Fluß Regen/ welcher Nahm auch der andern statt auff der andern seyten ist gegeben worden. Der steinern Brücken dieser Stadt sind zwo / die eine über den Regen/ vnd die ander über die Donaw. von welchen jene die älteste/ vnd diese die schönste vnd herrlichste ist / wie auch die stärckste vnter allen Brücken über den Rhein vnd die Donaw/ vnd kleiner dann die Brücke zu Dreßden über die Elbe/ die 800 schritt lang ist/ vnd diese nur 470. Man sagt daß Henrich der Hertzog von Sachsen vnd Beyern diese Brücke habe gemacht mit hülff der Bürger vnd des Bischoffs / im jahr 1135. Marcus S. Pauli Mitgesell hat erstlich die Christliche Religion in diese Stadt gebracht. Albertus Magnus hat dieser Stadt Bischthumb auch verwaltet. Es ist eine Reichsstatt/ in welcher viele Reichstäge sind gehalten worden/ vnter welchen gedenckwürdig ist der jenige / so im jahr 1541 auff befehl Keysers Caroli V ist celebriret worden/ dessen Præsidenten waren/ Printz Friederich/ vnd Granvellanus, in welcher gegenwertigkeit Melanthon vnd Eccius von der Religion haben mit einander disputiret.

Wien. Wien ist die fürnehmbste Stadt des gantzen Ertzhertzogthumbs Oesterreich/ sie liegt auff der rechten seyten der Donaw/ vnd ist seithero dem jahr 1529/ in welchem sie von dem Türcken belägert war/ auff des gantzen Reichs vnkosten mit solchen Bollwercken/ gewaltigen Mawren/ vnd tieffen wassergraben befestigt worden / daß kein statt in Teutschland mit jhr ist zu vergleichen. Sie ist sehr Volckreich/ vnd von allerhand Kauffleuten vnnd Handwercksleuten in grosser menge bewohnet/ die sie durchauß mit schönen Häusern haben besetzet. Vnter den Kirchen thut sich für andern herfür die Kirche zu S. Stephan / neben einem überauß grossen/ schönen vnd hohen Glockenthurn/ den man im Jahr 1340 hat angefangen/ vnd Anno 1400 vollendet. Die höhe ist 480 schuh/ vnd also 16 Schuh niedriger/ dann der Straßburger Thurn/ oder wie Munsterus wil/ vmb 94 schuh. Carolomannus hat S. Peter zu ehren eine Kirche in dieser Stadt gebawet. Vmb das Jahr 1158 hat Heinrich Hertzog von Oesterreich eine Abtey/ Scotica genant/ S. Gregorio zu ehren gestifftet. Anno 1203 ist Richard König von Engelland/ als er aus Asia wider vmbkehrete/ vnd in dieser statt einkehrte/ von Leopoldo Hertzogen von Oesterreich gefangen worden/ der die Mawren auff seinen vnkosten hat auffgeführet. Anno 1236 ist sie zu einer Reichsstatt worden/ vnd hat einen gülden Adler mit zween Köpffen vnd Cronen in einem schwartzen Felde bekoñen/ wie dann auch die Academia allhier nach deren zu Pariß auffgerichtet in gedachtem jahr jhren anfang genommen. Vier jahr hernach ist sie vnter das Gebiet der Hertzogen von Oesterreich kommen. Hat ein schön Schloß. Die Teutschen/ Italianer/ Vngern/ Böhmen/ Polen vnd Sclavonier habẽ jhre auffenthaltung alda. Im jahr 1529 ward sie vom Türckischen Keyser Solymanno mit einem Läger von 300000 Mannen vmbgeben/ der zwantzig sturm darauff gethan/ vñ viel Mynen gesprenget. Dieweil aber die Bürger/ vnd darin liegende Soldaten sich überauß manlich defendireten vom 26 Septemb. biß auff den 15 Octob. so ist der Feind nach empfangenem grossen schaden vnd verlust gezwungen worden auffzubrechen. Es ist eine Bischoffliche Stadt / vnd hat ausserhalb nächst an der Mawren das Münchenkloster S. Severini.

Vlm. Vlm eine Reichsstat in Schwaben ligt an dem außfluß der Iler/ vnd des Blavi in die Donaw: Jener entspringt im Algaw/ vnd dieser im Würtenbergerland. Sie wird vnter die vier städte des Reichs gerechnet/ vnd ist jhr von wegẽ der grossen menge der Vlmenbäum/ die in dieser gegend wachsen/ dieser Name zugelegt. Anno 1300 hat man sie angefangen mit einem Graben zu befestigen/ ist aber anjetzo sehr fast/ reich/ vnd mit allen nothwendigen dingen zur Menschlichen vnterhaltung überflüssiglich versehen. Der Kirchen anzahl ist nicht klein / vnter denen eine nicht allein den andern/ sondern auch allen Kirchen in Teutschland/ den Straßburger Thurn außgenommen/ in Herrligkeit/ kunstreichen Seulen vnd Gebäwden / grossen ansehnlichen künstlichen Wercken fürgehet. Hat einen hohen Thurn/ auff welchen Keyser Maximilianus gestiegen/ das gantze vmbligende Land zu besehen. In der statt seynd zween grosse Märckte/ vnd 2 wol versehene Zeughäuser: vnnd erstreckt sich jhr Gebiet ziemblich weit vmb die stadt herumb/ vnd wird billich für eine von den fürnehmsten städten in gantz Teutschland gehalten. Sie ist gebawet am lustigẽ ort/ etwas langer als breiter/ in form eines Ovals/ vñ begreifft im vmbkreiß 6400 schritt. Die Donaw fängt bey der Stadt an Schiffreich zu werden. Ausserhalb S. Michelsberg/ der sehr fruchtbar/ vnd der belägerten Statt keinen schaden bringen kan/ sihet man daherumb keine berge. Die Mawren sind sehr dick vnd starck/ wie auch die Graben überauß tieff. Der Hauptkirchen fundament hat man gelegt im jahr 1464/ vnd ist im jahr 1483 vollendet worden/ die vnkosten belieffen sich auff die 900000 Cronen/ angesehen es die längste vnd breiteste Kirch in gantz Teutschland war/ vnd man jhre länge vom Chor biß an das ende der Kirchen auff die 304 schritt rechnet.

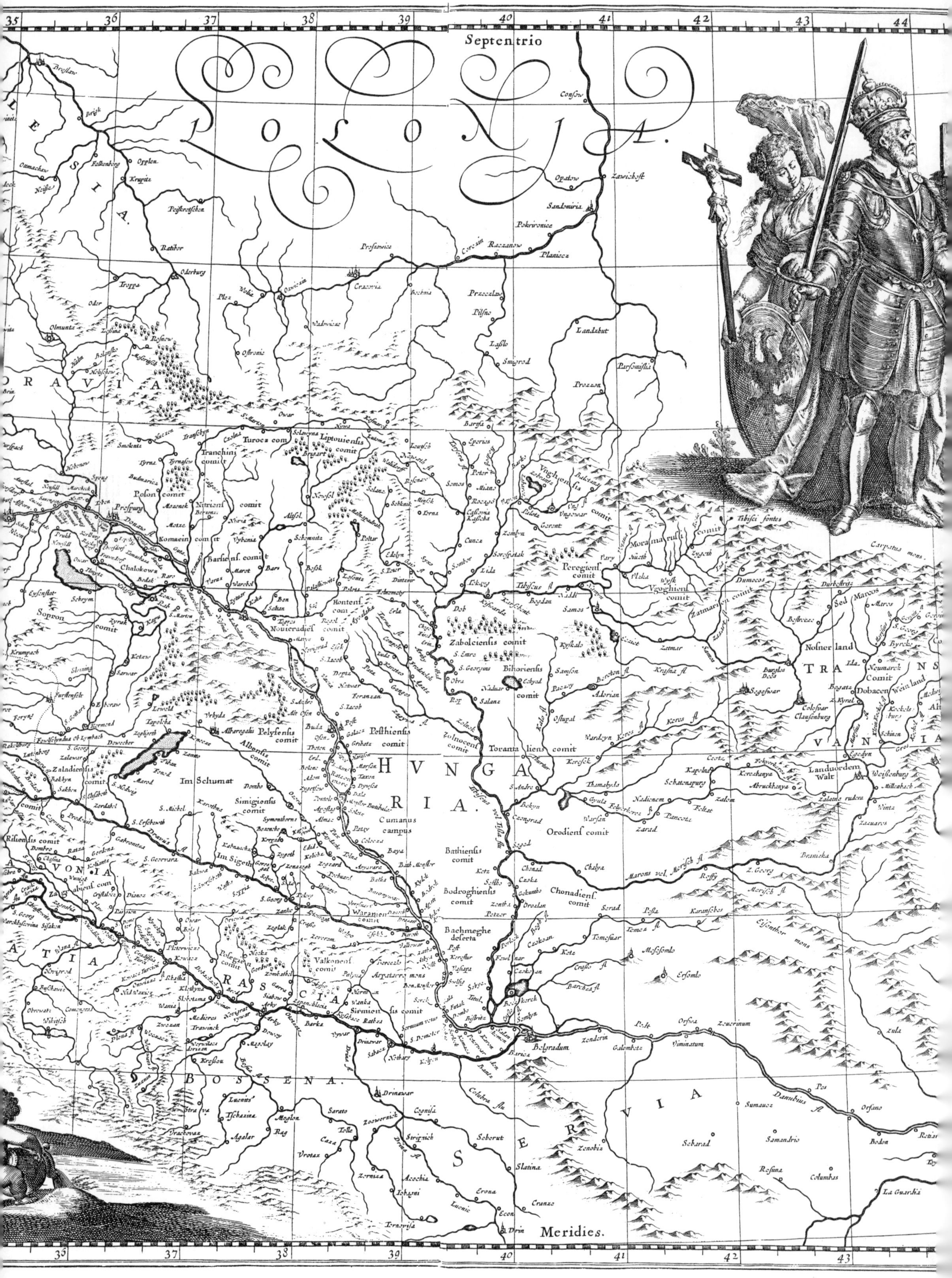
Septentrio
POLONIA.
SILESIA.
MORAVIA.
HUNGARIA.
RASCIA.
BOSSENA.
SERVIA
TRANSSYLVANIA
Meridies.
Brigk
Opplen
Neisse
Ratibor
Oderburg
Troppa
Olmuntz
Crocovia
Ozwiecim
Sandomiria
Zawichost
Opatow
Pokrzywnice
Raczanow
Planiecz
Landzhut
Prozzon
Bartfa
Eperies
Poson
Presburg
Donaw fl.
Komarom
Sopron
Turocz com
Liptouiensis comit
Tranchini comit
Nitriensis comit
Barsiensis comit
Hontensis comit
Nouigradiensis comit
Zabolciensis comit
Bihoriensis comit
Peregiensis comit
Vgoghiensis comit
Zatmariensis comit
Tibiscus fl.
Buda
Pest
Pesthiensis comit
Albensis comit
Pelysensis comit
Simigionsis comit
Im Schumat
Im Sigeth
Bachmeghe deserta
Cumanus campus
Bathiensis comit
Bodroghiensis comit
Chonadiensis comit
Orodiensis comit
Toranta liensis comit
Zolnocensis comit
Segedin
Czongrad
Kolocza
Baya
Waradin
Temesuar
Lippa
Marons vel Merisch fl.
Colosuar Clausenburg
Landuordem Walt
Weissenburg
Segeswar
Nosnerland
Carpatus mons
Tibisci fontes
Belgradum
Zenderin
Viminatum
Orsova
Danubius fl.
Semlyn
Sirmiensis comit
Valkonensis comit
Polegiensis comit
Sabacz
Nothary
S. Demetor
Drinawar
Zoczwernik
Colubra flu
Slatina
Drin
Econ
Crona
Lucnic
Ternowisa
Samandrio
Sumauoz
Columbas
La Guardia
Bodon
Orsano
Pos
Zula
Mesjomlo
Ersomlo
Karansebes
Lugos
Bramizka
Im Schumat
Zaladiensis comit
Rikiensis comit
Dombo
S. Georg
Plaus
Agalar
Tschazina
Luenits
Vrotaz
Caza
Saratz
Rag
Moglon

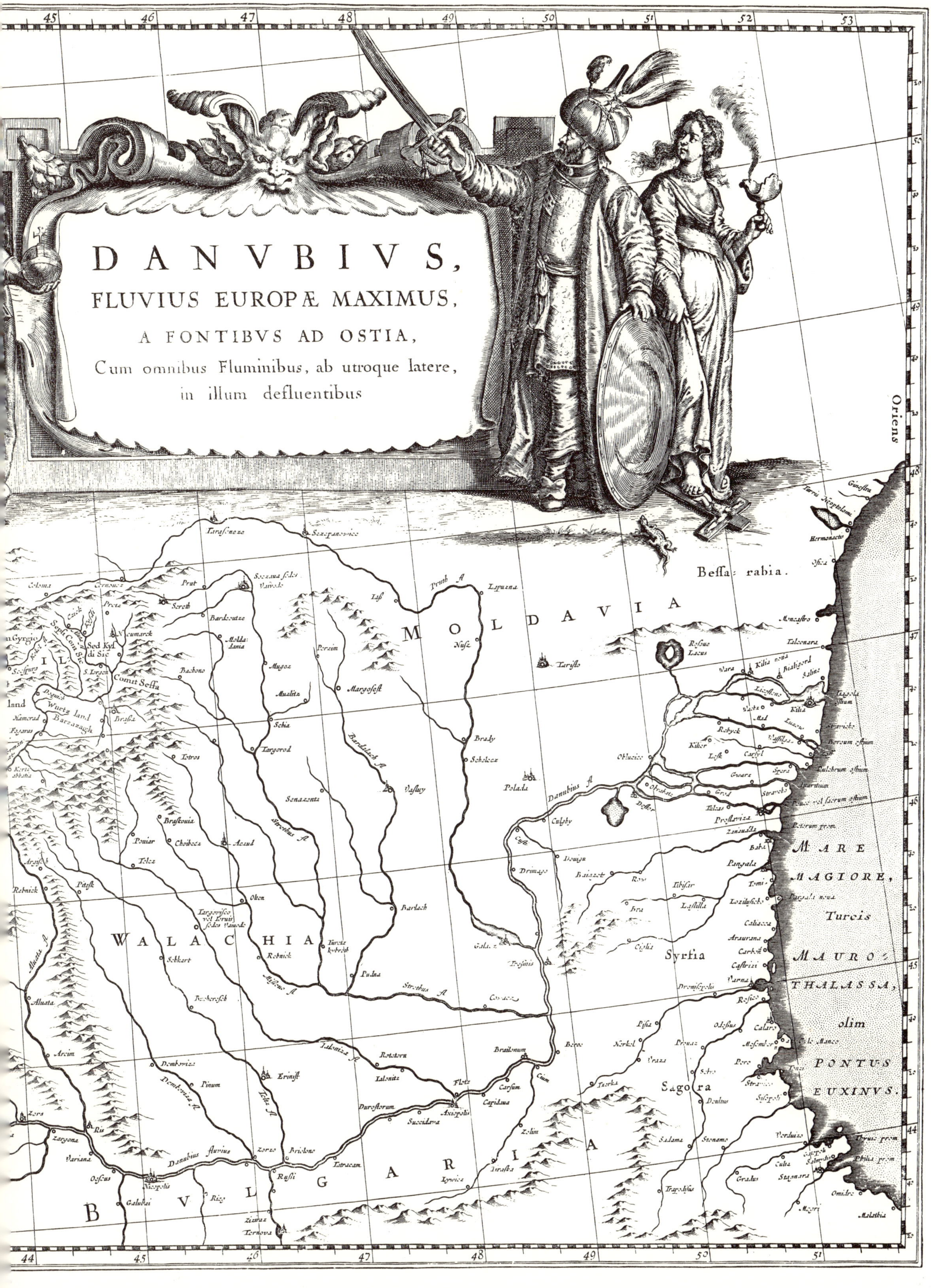
DANVBIVS,
FLUVIUS EUROPÆ MAXIMUS,
A FONTIBVS AD OSTIA,
Cum omnibus Fluminibus, ab utroque latere,
in illum defluentibus
Oriens
MOLDAVIA
Bessarabia.
WALACHIA
BVLGARIA
Syrfia
Sagora
MARE MAGIORE,
Turcis
MAURO THALASSA,
olim
PONTUS EUXINUS.
Danubius fluvius
Danubius fl.
Nicopolis
Rusi
Ternova
Axiopolis
Brailonum
Kilia
Varna
Braßa
Galatz
Vaßluy
Barlach
Targorod
Pruth fl.
Lapuzna
Tarisko
Prut
Sereth
Bardalach fl.
Strethus fl.
Ialomiza fl.
Erinist
Rebnick
Aluata
Pitesk
Zors
Oescus
Varinna
Galubai
Rigo
Sofia
Pangala
Constanzi
Calatis
Mesembria
Sisopoli
Tomi

Schwabenlandt.

Der vierdte Kreyß des Römischen Reichs ist Schwaben.

1. Der Geistliche Standt/ darunter seynd die Bischöffe/ Chur/ Costnitz/ Augspurg.

Die äbte/ Kämpten/ Reichenaw/S. Gall im Schweitzerlandt/ Salmansweyler/ Weingarten/ Weissenaw/ S. Blasi/ S. Peter/ Maulbrunn/ Schaffhausen/ Stein am Rhein/ Kreutzlingen/ Petershausen streckt sich nach Costnitz vnd dem Rhein gegen Mitternacht hinauß/ Einsidel/ Pfeffers oder Pfefficon/ S. Johann im Thurthal/ Schussenried/ Rockemburg/ Ochsenhausen/ Königsbrunn/ Marchthal/ Elchlingen/ Ysne/ Münchrod/ Aursper/ Yrsee/ Gengembach/ Schuttern/ Desidisen.

Die Abtissinnen/ als Lindaw/ Rottenmünster/ Buchaw/ Guttenseel/ Beund/ Heppach/ Teutsch Ordensmeister über Elsaß vnd Burgund.

2. Der Fürsten vnd Freyherzn Standt: als da seynd/ der Hertzog von Würtenberg/ der Marckgraff von Baden/ der Graff von Helffenstein/ vom Weissensteig/ Otingen/ Lauffen/ Montfort/ Fürstenberg/ der Marckgraff von Eberstein/ der Graff von Zollern/ von Bulitz/ Löbenstein/ Tübingen/ Richberg/ Tengen oder Dongen/ der Freyherz von Gündelfingen/ der Herz von Stutgart/ der Herz von Tussen/ der Freyherz von Waldpurg/ der Herz von Tonnenberg/ der Fr. von Stoffen/ der Herz von Falckenstein/ von Kunseck/ von Kunseckerberg/ der Fr. von Geroltzeck/ der von Ober Helwen.

3. Der Freystädte Standt/ Augspurg/ Kauffbeurn/ Vlm/ Memmingen/ Kempten/ Bibrach/ Leukirch/ Ysne/ Wangen/ Lindaw/ Ravensberg/ Buchhorn/ Vberlingen/ Costnitz/ Pfüllendorff/ S. Gall/ Schaffhausen/ Reußlingen/ Eßlingen/ Gmund/ Weil/ Hailbrunn/ Wimpffen/ Hall in Schwaben/ Dinckelspiel/ Bopfingen/ Gengen/ Alen/ Nördlingen/ Donawerth/ Buchaw/ Offenburg/ Gengembach/ Zell im Hamerspach/ Rothweyl.

Vrsprung des Namens.

Die Historien bezeugen/ daß das Schwabenland/ welches nunmehr zu einem Hertzogthumb ist gemacht/ vorzeiten ein Königreich ist gewesen/ wiewol sich kein Fürst im Röm. Reich des Titels eines Hertzogen in Schwaben gebrauchet/ angesehen das gantze Landt vnter vnterschiedliche Herzen außgetheilet ist. Ein theil gehöret dem Hauß von Oesterzeich erblich zu. Das meiste theil hat der Hertzog von Würtenberg in seiner possession: wie dann auch nicht wenig Reichsstädte im Landt hin vnd wider liegen/ die jhre eigene Iurisdiction haben: Die andern seynd den Hertzogen in Beyern vnterworffen. Dieses sehr alten vnd weitberühmten Volcks wird überall in den alten Historien gedacht. Es hat/ wie auß dem Ptolemæo, Strabone vnd andern zu sehen/ an der Elbe vnnd an dem Fluß Suevo dieses Volck seine Wohnung gehabt.

Grentzen.

Zu dieser gegenwertigen zeit aber ist das Landt viel enger eingezogen/ vnd weil es ein theil ist des ober Teutschlandts/ ist es mit seinen Grentzen also beschaffen: Gegen Mitternacht hat es zu Nachbarn die ober Pfältzer: gegen Orient stöst es an das Hertzogthumb Beyern: vnd gegen Mittag ist es mit dem Schweitzerlandt benachbart/ vnd gegen Nidergang mit dem Elsaß. Etliche meynen/ daß man vorzeiten dieses Landt nach dem See Lemano Alemanniam habe genennet.

Natur vnd eigenschafft des Landts.

Es ist eine Landschafft (wie sie Iohannes Aubanus in seinem Büchlein von den Sitten der Völcker gar schön beschreibet) zum theil eben/ zum theil bergachtig. Die Erde ist so fruchtbar/ daß kein platz ist/ der nit bewohnet werde. Das Landt ist der Wälden vnd Büsche voll/ so daß die Inwohner sonderliche bequämheit haben/ sich mit jagen vnd hetzen/ auch allerley Vogelfang zu erlustigen. Allerley Getreyd vnd Viehe findet man allda in grosser menge/ wie dann auch das gantze Landt einer gesunden saubern Lufft sich erfrewet/ vnd derowegen mit schönen Städten/ Schlössern/ Marckflecken vnd Dörffern erfüllet ist. Auß den Bergen holet man Eysen/ Silber/ vnd andere Metallen. Die Inwohner seynd kühn vnd streitbar/ so Plutarchus allen andern Völckern hat fürgezogen: Dannenhero jhre Macht vnd Herzligkeit so hoch gestiegen/ daß sie durch jhre Tugend vnnd Waffen das Regiment über das gantze Röm. Reich erlanget/ vnd lange zeit erhalten haben. Es gehöret diese Landschafft vnter den 4 Kreyß des Röm. Reichs/ vnd wird der Schwäbische Kreyß genant: Vnd bestehet auß dreyen Ständen/ dem Geistlichen/ Fürsten vnd Städten/ vnter welchen Augspurg/ Vlm vnd Costnitz den vorzug haben/ die wir etwas weitläufftiger wollen beschreiben.

Augspurg.

Augspurg wird bißweilen Augusta Rhætorum, bißweilen Augusta Vindelicorum genant/ angesehen Rhætia in sich begreifft Rhætiam singularem, vnd Vindeliciam, welche die Lech von einander scheidet. Tacitus nennet Augspurg die fürtrefflichste Coloniam der Rhetischen Provintz. Demnach es aber der warheit ähnlich ist/ daß die Vindelici auch jenseyt des Flusses etwas Landts haben eingehabt/ so ist es kein wunder/ ob schon die Stadt eigentlich den Rhætis hat zugehöret/ daß sie dannoch auch Vindelicorum Augusta seye genennet worden/ weil die andern/ so jenseyt des Flusses gewohnet/ nichts desto weniger den Namen Vindelicorum behalten haben. Dann Vindus ergeust sich in Rhætia in die Lech/ vnd weil beyde Flüsse bey der Stadt Augspurg sich vereinigen/ so wird die Stadt Augusta Vindelicorum genant. Es ist aber diese Stadt sehr alt/ vnd ehe noch das Röm. Reich hat angefangen/ albereit zu den zeiten der Rhætorum vnd Germanorum berühmt gewesen. Den Namen Augusta hat sie bekommen von dem Keyser Augusto, der ein Coloniam dahin hat geschickt: wie dann auch viel andere Städte ebener massen nach dem gedachten Keyser also seind geheissen worden: Als Augusta Aciliæ an der Donaw. Augusta Ausciorum in Franckreich. Augusta Bracarum in Spanien. Augusta Emerita im Königreich Portugal. Augusta Euphratesia in Comagena. Augusta Rauracorum am Rhein/ etc. Vnd lässet sich ansehen/ daß man Volck zu wohnen in diese Stadt habe geschickt/ zu den zeiten der beyden Neronum des Tiberii vnd Drusi, welche Rhætiam vnd Vindeliciam vnter das Röm. Joch haben gebracht. Von dem wort Augusta ist genommen der Name Auspurg/ durch zusatz des wörtleins πύργον oder burgum: als wañ man sagt Ausburgum, des Augusti Burg oder Stadt. Sie wird nunmehr vnter Schwabenland gerechnet/ seythero daß die Mañhafftige Schwaben sich über die Donaw begeben/ vnd die daherumb gelegene örther eingenommen haben. Nach dem schrecklichen streiff des Attilæ hat die Stadt wiederumb angefangen sich zu erholen/ vnd ist vnter der Regierung Theodorici der Ostrogothen König in auffnehmen gerahten. Hernachmahls haben sich die Schwaben über die Donaw vnd über des Röm. Reichs Grentzen begeben/ die Römer auß diesen Landen gejagt/ sich des gantzen Landts Rhætiæ bemächtiget/ vnd sich endlich mit den Alemannis wider die Francken verbunden/ von welchen sie bey Tolbiaco seynd geschlagen vnd überwunden worden/ nach welcher zeit die Augustani den Oesterzeichischen Königen biß auff Carolum

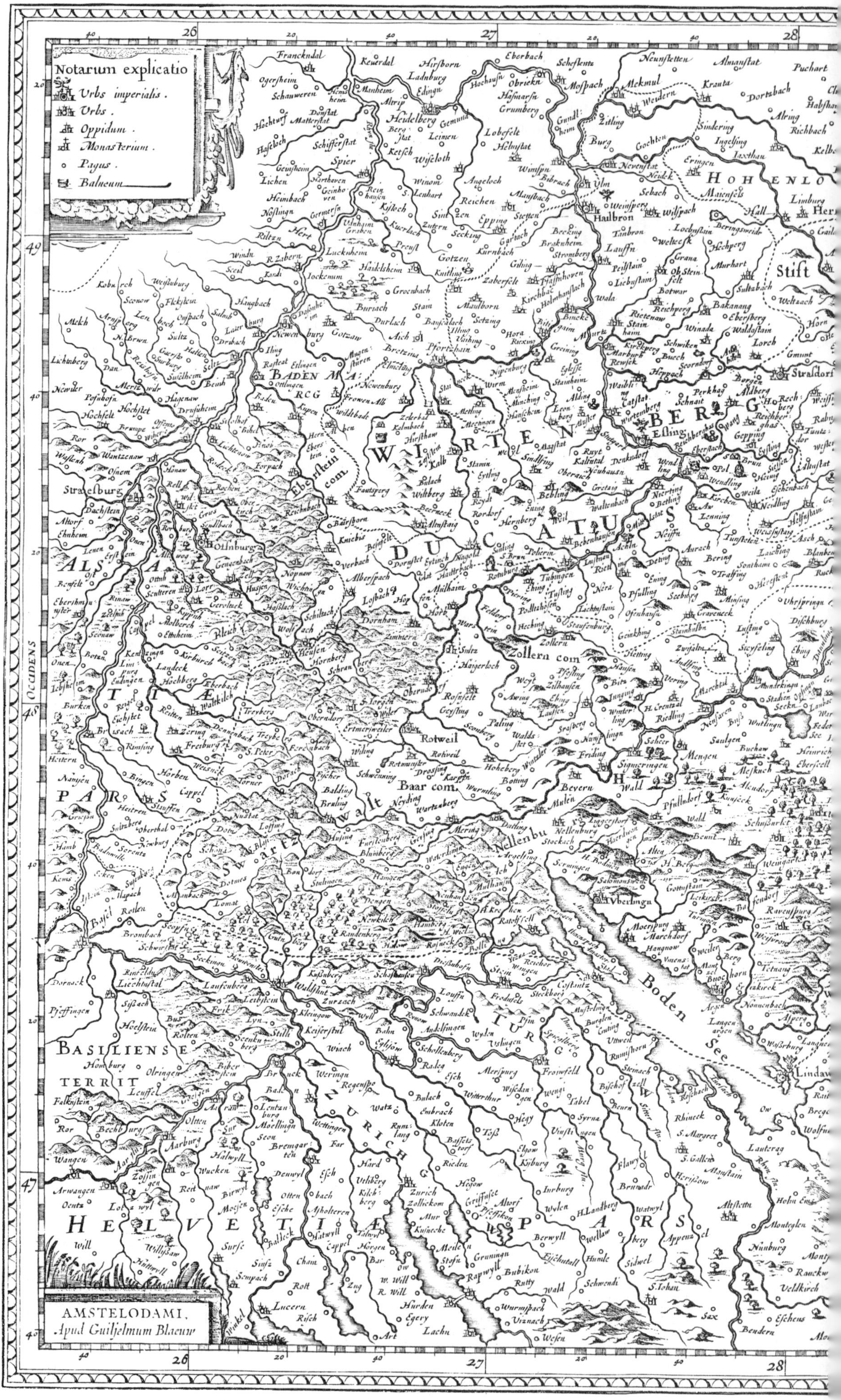
Notarium explicatio
Urbs imperialis.
Urbs.
Oppidum.
Monasterium.
Pagus.
Balneum
AMSTELODAMI,
Apud Guiljelmum Blaeuw
OCCIDENS
ALSATIÆ PARS
BASILIENSE TERRIT
HELVETIÆ
WIRTENBERG DUCATUS
TURGOW
ZURICH
Boden See
HOHENLO
BADEN MA.
Swartz Walt
Zollern com
Baar com.
Nellenbu
Strasburg
Basel
Zurich
Lucern
Lindaw
Tübingen
Hailbron
Hedelberg
Spier
Schafhausen
Costantz

SVEVIÆ
NOVA
TABVLA.
Miliaria Germanica communia.
1 2 3 4 5 6 7 8
1 2 3 4 5 6 7 8 9 10
Miliaria Gallica communia.
PTENTRIO
RIDIES
ORIENS
29
30
31
49
48
47
PALATINATVS
BAVARIÆ PARS
BAVARIÆ
DVCATVS PARS
VE
IA
Augsburg
Ingolstat
Dunawert
Nordlingen
Munchn
Landshut
Kaufbeurn
Kempten
Regenspurg
Danubius flu.
Lech flu.
Isar flu.
Amber flu.
In vel Aenus flu.

Martellum gehorsam geleistet. Im Jahr 1051 hat Henricus Niger im Februario in dieser Stadt einen Reichstag gehalten. Dergleichen hat gethan Rudolphus Hertzog in Schwaben / der auß anstifften Bapsts Hildebrandi wider Henricum IV zum Röm. Keyser ist erwehlet worden / welchem Reichstage zu Augspurg im Jahr 1077 auch ein Bäpstlicher Gesanter hat beygewohnet. Vnter Keyser Sigismundo hat sie grosse Freyheiten vnd privilegia erlanget. Im Jahr 1496 hat Maximilianus von Oesterreich neben seinem Sohn Philippo Ertzhertzogen / seine Festage in dieser Stadt gehalten / wie dann auch gesagter Maximilianus viel Reichstäge allda gehalten. Im Jahr 1518 ist Lutherus von Keyser Carolo V auff den Reichstag in diese Stadt citirt worden / allda er auch seines Glaubens rechenschafft hat gegeben. So haben auch die Reichsstände auff dem Reichstag im Jahr 1530 jhres Glaubens bekäntnuß dem Keyser überliefert / die man nach dieser Stadt die Augspurgische Confession hat genennet. Fünfftzehen Jahr darnach ist in dieser Stadt das Interim von Iulio Pflug / Michaële Heldo vnd Iohanne Islebio geschmiedet worden: welches / als es 2 Jahr gewehret / hat der Keyser endlich wiederumb auff ein Concilium gedrungen / vnd also das Concilium Tridentinum erhalten. Vnter Ferdinandi Regierung ist der Augspurgische Friede bestetiget worden. Damit wir aber auch der alten Kirchenhistorien nicht vergessen / so sagt man / daß einer / mit Namen Lucius, vmb das Jahr Christi 190 das Evangelium zu Augspurg habe geprediget / vnd einen Feldthauptman zum Christlichen Glauben bekehret / welches wir in seinem werth lassen verbleiben / angesehen es auß keinem glaubwürdigen Historico kan bewiesen werden. Diß ist aber der warheit ähnlicher / daß vnter Diocletiano Narcissus Gerundensis alda gelehret vnd Dionysium Cretensem, welcher neben Afra, Digna, Eunomia, Euprepia vnd andern heiligen Märtyrern von Cajo des Diocletiani Obristen vmbs Leben ist gebracht worden / zum ersten Bischoff habe eingesetzt. Im Jahr 400 hat Ambrosius der Bischoff zu Meylandt Albanum vnd Theomnestum nach Augspurg geschicket / vmb die Kirche allda von der Arrianischen Ketzerey zu reinigen. Anno 618 ist Sozymus der Augspurgischen Kirchen fürgesetzet worden / den man für den ersten Bischoff rechnet. In dieser Stadt seynd zu sehen zwey fürtreffliche vnd über die massen wol versehene Zeughäuser / die köstliche Fuggerische Palläst / das gemeine Wasserwerck / das Rhathauß / so vorzeiten / wie man darfür hält / der Cybeles Tempel ist gewesen / eine reiche Bibliotheck / sehr viel schöne vnd ansehnliche Kirchen. Sie ligt in einer lustigen vnd fruchtbaren ebene an dem Lech / ist sehr Volckreich vnd mit aller nohtwendigkeit zum Menschlichen Leben reichlich versehen / vnd wegen der allda gehaltenen Reichstägen sehr berühmt.

Vlm. Vlm ist nicht weniger eine fürtreffliche Reichsstadt / gelegen an dem Außfluß der Iler vnd des Blavi, von welchen jener auß dem Algaw / vnd dieser im Hertzogthumb Würtenberg entspringet / vnd sich beyde bey der Stadt Vlm mit der Donaw vereinigen. Sie hat den Namen von den Vlmenbäumen die allda in grosser menge wachsen. Es war vorzeiten nur ein Dorff biß auff das Jahr 1300 / in welchem es zu einer Stadt gemacht / vnd mit Mawren vnd Gräben vmbgeben worden. An jetzo ist sie eine mächtige feste vnd reiche Stadt / mit allerley Leibsnothturfft reichlich versehen / hat viel schöner Kirchen / vnd sonderlich eine / welche in ansehung der schönen Seulen / kunstreichen Gebäwen / anschnlichen vnd herzlichen Wercken keiner Kirchen in gantz Teutschland (die Straßburgische außgenommen) nicht das geringste bevor gibt. Der Kirchthurn ist sehr hoch / auff welchen vorzeiten / ehe er noch mit einer Zinnen vmbgeben war / Keyser Maximilianus ist gestiegen / vmb die herumb liegende lustige örther zu übersehen. Man sagt / daß er auff den eussersten Steinen mit der einen halben Fußsohlen allein seye gestanden / vnd den andern Fuß in die Lufft bewegt habe / wie dann noch heutiges tags der platz alda neben seinem Namen wird gezeiget: da seyn auch zwen grosse Märcke / vnd über die massen wol versehene Zeughäuser zu sehen. Die Donaw fleust fürbey / welche bey der Stadt anfängt Schiffreich zu werden. Vmb die Stadt herumb seynd keine Berge / ausserhalb S. Michaelsberg / der gegen Mittag liegt. Jhre Regierung ist Aristocratisch / vnd wird von den besten vnd ansehnlichsten Bürgern verwaltet. Sie haben 72 Rahtsherren / die auß den Patritiis vnd gemeinen Bürgern erwehlet werden / vnd alles so wol in der Stadt als ausserhalb derselben durch jhre fürsichtigkeit regieren / vnd hat ein jeder sein eigen Ampt zu versehen. Die fürnembste Kirch oder Hauptkirch ist zu vnser lieben Frawen / welcher Fundament ist geleget im jahr 1464 / vnd im Jahr 1488 außgebawet worden. Man hält darfür / daß kein grösser / höher vnd weitere Kirch in gantz Teutschlandt zu finden sey.

Costnitz. Die Stadt Costnitz (Constantia) liegt an dem Bodensee / in welchen sich der Rhein ergeust / vnd nicht weit von der Stadt wiederumb seinen Außfluß nimpt. Der Nahm gibt jhre Antiquität gnugsam zu erkennen / wiewol jhrer in den alten Historien nicht gedacht wird. Dann die Castra Constantiæ liegen in Franckreich an dem Außfluß der Seine oder Sequana. Die Stadt ist gelegen zwischen dem Bodensee / vom Castel Podmen also genennet / vnd dem Cellachersee / welcher vom Dorff Cella Rudolphi (Rudolff Cell) seinen Namen hat bekommen. Jener (der Lacus Acronius) ist grösser / vnd dieser (Lacus Venetus) ist kleiner. Das Landt ist fruchtbar an Wein / Getreyde / Obst vnd allerley Kuchenkräuter / vnd ist von Natur mit allerhandt Leibs nothturfft reichlich begabet. Die Kirch zu S. Stephan ist die Hauptkirch. Der erste Bischoff zu Costnitz hat geheissen Maximinus, welcher auß Vindonissa mit dem Bischthumb nach Costnitz ist versetzt worden. Die Stadt ist auch berühmt von wegen des Concilii, das vnter Keyser Sigismudo gehalten worden / zu welcher zeit Otto der Dritte dieses Namens Bischoff allda war. Die andern Städte seynd Nörtlingen / Memmingen / Füssen / Rotweil.

Alemannia oder Ober Schwaben.

ALemannia, Suevia superior, oder Ober Schwabenlandt begreifft meistentheils all das jenige/ was die Rhetier vnd Vindelici vorzeiten in jhrer possession gehabt haben / vnd wird gegen dem Septentrion von der Donaw/ gegen Orient aber von dem Fluß Lech beschlossen; gegen Mittag stöst es an das Schneegebürg / vnd gegen Nidergang an den Bodensee/ welcher in gegenwertiger Mappen gegen Occident zu sehen: Er wird auff Latein Lacus Acronius, Lacus Brigantinus oder Bodamicus geheissen/ ist ein grosser See / welcher das Schwabenlandt von dem Schweitzerlandt scheidet / dessen länge sich auff die 6 oder 7 Teutsche Meylen / vnd die breite vngefehr auff 2 Meylen belaufft. Zwischen Roschach vnd Buchorn ist er 3 Meylen breit/ vnd bey Merßburg vngefehr 300 Klaffter tieff. Er ist aber zweyerley/ der ober vnd vntere: der ober fängt sich bey Lindaw an/ vnd erstreckt sich an das Schloß Podmen / von deme er den Namen Podamicus sol bekommen haben/ als ob man sagen wolte der Podmensee / welcher Name hernach ist gecorrumpiret vnd auß Podmensee/ Bodensee gemacht worden. Andere heissen jhn wegen seiner grundlosen tieffe den Bodensee. Der vnter See/ so bey Costnitz gantz klein anfängt/ wird auch von Cell/ dem fürnehmen Flecken daran/ der Cellersee genant. Die Alten haben jhn Lacum Venetum geheissen. Der Rhein laufft mitten durch beyde Seen/ vñ ergiessen sich noch über diß in den Bodensee die Bregentz/ welche auß dem hinter Bregentzerwaldt herfür kommet; item die Arg/ Liblach/ Schuß/ Roschach/ Steinach/ vnd andere kleine Flüßlein / auß welchen der See zu Sommerszeiten bey nahe zwey Klaffter höher wird. Er bleibt gleichwol allezeit schön/ hell vnd lauter/ ist auch nicht trüb wegen seiner grossen tieffe. Das gantze Landt ist überall mit schönen Schlössern / Städten vnd Flecken besetzet / vnd liegen vier Reichstädte an demselbigen / als Costnitz / Vberlingen/ Lindaw vnd Buchhorn; Item die Stadt vnd Grafschafft Bregentz / dannenhero der See Lacus Brigantinus ist genennet worden. Lindaw liegt oben im Bodensee/ wie ein Insel mit dem Wasser vmbgeben / vnd wird allein mit einer gemawrten Brücken von 290 schritten an das Landt gehenget. Der orth ist sehr lustig vnd eines gesunden Luffts / daselbst alles gut kauffs vnd sehr wolfeil zu zehren: das Landt hinter jhr bringt viel Wein. Buchhorn ist klein/ aber ein wolhäbige Stadt/ deren noch andere vmbliegende Städtlein vnd Dörffer seynd vnterworffen: Sie hat den Namen von dem Buchwaldt/ der sich vorzeiten biß an den See erstreckt hat. Gegen Buchhorn über liegt Arbon, Arbor felix von den Latinis geheissen/ allda die Römer jhre Lägerstadt gehabt haben/ als sie mit den Alemanniern gekrieget. Nicht weit darvon ist Romishorn ein alter Flecken/ daselbst sich gleichsamb als ein Horn das Landt in den See erstrecket/ vnd wird also genant/ als wolte man sagen/ Römischhorn. Vberlingen liegt vnten am Bodensee/ vnd hat viel Weinwachs/ auch sonst gute nahrung: wie sie dann eine schöne herumb liegende Landschafft vnter jhrer Iurisdiction hat. Es ist dieser See allen nechstgelegenen Städten / Dörffern vnd Flecken bequem vmb einen starcken Handel vnter sich zu treiben / sintemahl sie zu Schiff hin vnd wieder auff dem See mit der allerbesten gelegenheit jhre Güter vnd Wahren verführen können. Daher alle Samstag die Inwohner auß 28 oder mehr nahe liegenden Städten vnd Flecken/ theils zu Schiff/ theils auff Wagen gehn Lindaw auff den Wochenmarck allerley Güter bringen. Auß Schwaben vnnd Beyern kompt ein grosse menge Getreyde / Kupffer / Saltz/ Eysen / das von dannen widerumb in das Oberlandt vnd Schweitzerlandt verführet wird. Auß dem Vntersee / Turgaw vnd Hogaw kompt wochentlich zu Wasser/ ohne den Haber vnd Korn / eine merckliche quantitet Weins dahin/ so widerumb in das Algaw/ Schwaben: vnd Beyerlandt geschickt wird. Auß dem Bregentzerwalde/ Murenfurn/ Appezell/ Thurthal vnd Oberlandt kompt viel Käß vnd Butter an: Die benachbarten örther bringen allerley Obst/ Garn vnnd Gespinsel zu Marck; der vielerley Kauffmanschafften/ so sie mit andern grossen Städten in Teutschlandt vnd Welschlandt treibet/ zu geschweigen. Dannenhero sie nit vnbillich das Teutsche oder Schwäbische Venedig geheissen wird.

Bodensee.

Algaw.

Das Algaw / welches in dieser Mappen eigentlich vor Augen gestellet wird/ stösset gegen Auffgang an Gelach/ gegen Septentrion an die Donaw / gegen Nidergang an den Bodensee/ vnd gegen Mittag an das Schneegebürg. Es ist ein rauh Winterig Landt/ hat aber schöne vnd starcke Leuth/ so Weiber als Männer / die alle wol spinnen können/ vnd wird das spinnen auff den Dörffern den Männern für keine schand geachtet. In gleichem hat es eine statliche Viehezucht/ auch Kühe vnd Pferde/ vnd zeugt insonderheit schöne junge Füllen: Vber dieses bringt das Landt ein schönes Getreyde herfür/ wie auch gute Gersten / vnd ist mit vielen Dännen Wäldern besetzet / auch mit vielen Bächen / Flüssen/ Seen vnd dergleichen Wässern durchflossen. Der fürnembste Fluß ist die Iler/ welcher Fisch: vnd Flötzreich vier Meylen oberhalb Kempten auß den Alpen durch das Ilerthal herfür kompt/ durch Kempten fleust/ vnd sich bey Vlm mit der Donaw vermischet. Die ober vnd vnter Arg entspringen nicht fern von der Iler / vnd begeben sich in die Donaw. Die Städte im Algaw seynd Ilmenstadt/ Kempten/ Ysne/ Wangen / Vetnang / Lütkirch / Ravenspurg/ Waldsee / Memmingen / Biberach / Wurzach / Füssen/ Mündelheim/ ꝛc. Die Berge seynd der Rücksteig/ Thenheim im Loch/ der Grenten/ die Gach/ der Pyler/ ꝛc. Dieses Landt kompt theils den Hertzogen von Oesterreich / theils dem Bischoff von Augspurg / dem Abt von Kempten vnd Grafen von Montfort zu. Die Reichsstädte haben jhre portion gleichfals darinnen. Nicht fern vom Bodensee am Wasser Schuß liegt die Reichsstadt Ravenspurg / dessen rechter Nahm sol Gravenspurg gewesen seyn / daselbsten viel alte Geschlechter vnd Kauffleuth: Nähest daran liegt ein altes Schloß / von einem Hertzog auß Schwaben erbawet/ wird nunmehr S. Veitsberg geheissen. Der Burgstall nicht fern davon im Haßloch sol des Keysers Barbarossæ Geburtsplatz gewesen seyn. Vngefehr ein halbe Meyl davon ist das Kloster Weingarten zu sehen/ welches die Guelffen / so Grafen von Altorff gewesen/ gestifftet haben. An dem Fluß Oberarg ist die Reichsstadt Wangen/ allda mit Sensen vnd Leinwath ein grosser Handel getrieben wird. Die Sensen werden in Schweitzerlandt / Lothringen vnd andere örther verführet. Ein Meyl wegs hinter Ravenspurg liegt das Schloß Walpurg auff einer höhe/ von welchem die Truchsassen von Waldpurg entspringen / so das gantze herumb liegende Landt vorzeiten genossen. Sie seynd sehr fürnehme treffliche Herren/ die im Römischen Reich trefflich bekant gewesen / vnd sich jederzeit wol gehalten. Die Stadt Ysne hat jhren Namen vom Wasser Ysne / so bey der Stadt fürüber fleust/ sie war erstlich den Truchsassen von Waldpurg vnterworffen / von denen sie sich loß gekaufft / vnd zu einer Reichsstadt worden ist. Ihr meister Handel bestehet in der Leinwath / wiewol das Landt daherumb sehr rauh ist. Henrich Gürtelknopff ein Barfüsser Münch / vnd Bischoff zu Basel / auch endlich ein Bischoff zu Mayntz / war zu Keyser Rudolphen von Habsburg zeiten auß dieser Stadt bürtig. An der Iler besser hinauff gegen Auffgang liegt die alte

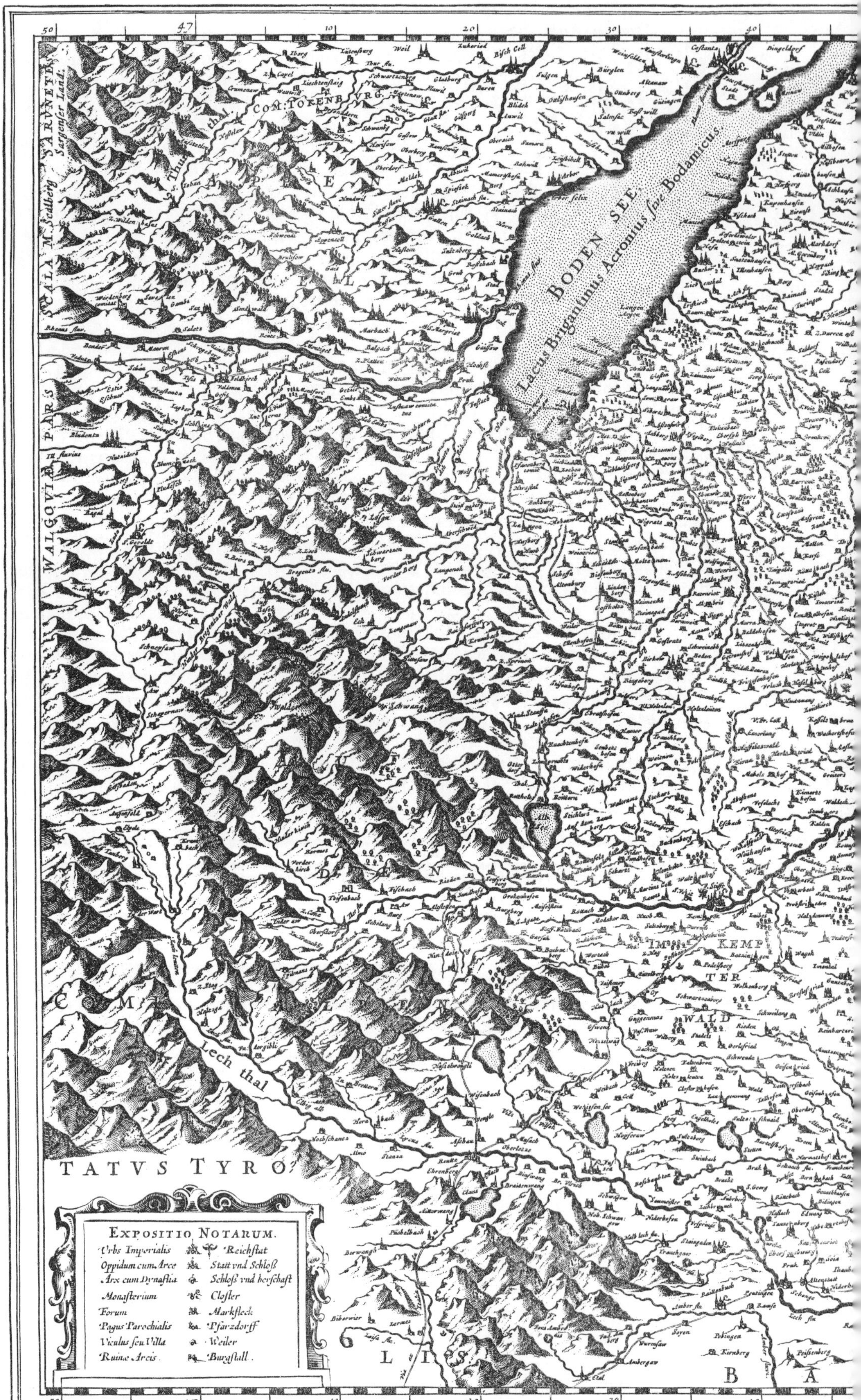
SCALA M. Scellberg
SARVNETES Sargenser Land.
WALGOVIÆ PARS
COM: TOKENBURG.
Thur fl.
Lacus Brigantinus, Acronius sive Bodamicus.
BODEN SEE.
Costantz
Lech thal
TATVS TYRO
Expositio Notarum.
Urbs Imperialis — Reichstat
Oppidum cum Arce — Statt vnd Schloß
Arx cum Dynastia — Schloß vnd herschaft
Monasterium — Closter
Forum — Marckfleck
Pagus Parochialis — Pfarzdorff
Viculus seu Villa — Weiler
Ruinæ Arcis — Burgstall
IMP. KEMP TER WALD
50
47
10
20
30
40

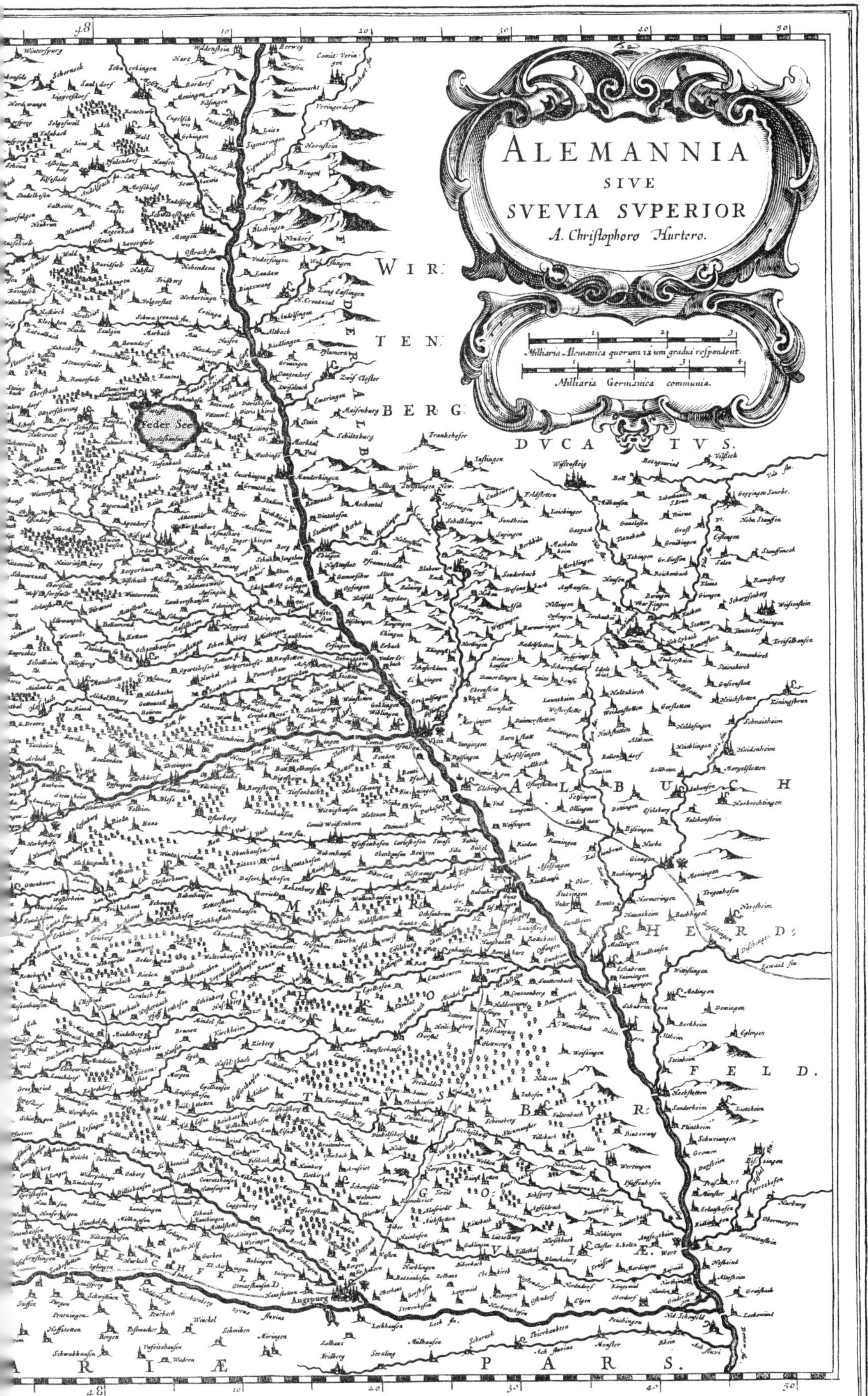
ALEMANNIA
SIVE
SVEVIA SVPERIOR
A. Christophoro Hurtero.
Milliaria Alemanica quorum 12 um gradui respondent.
Milliaria Germanica communia.
WIR TEN BERG DVCATVS.
Feder See
Vlm
Augspurg
FELD.
PARS.

Stadt Kempten / die Capidunum vorzeiten sol geheissen haben. Sie hat einen lustigen prospect, vnnd eine reiche Abtey/ welche Hildegardis, Keyser Caroli Magni Gemahl gestifftet/ vnd mit der Grafschafft Hillarmont begabet hat. Diese Stadt ist newlich von den Keyserischen / nach dem sie die Schwedischen eine zeitlang besessen/ wieder mit stürmender handt eingenommen/ vnd jämmerlich verderbet worden. Jetztgemelter Keyserin Hildegardis Schwester / mit Namen Adelinde, hat Graff Otto von Kesselberg im Blanckenthal bey Biberach zur Ehe genommen / die nach seinem todt das Jungfrawenkloster Buchaw / so am Buchawer: oder Federsee/ eine Meyl oberhalb Biberach liegt/ gestifftet. Memmingen eine Reichsstadt / ist schön vnd fest / vnd hat vorzeiten zum Grienenwerth geheissen/ wird von wolhabenden Bürgern vnd Kauffleuthen bewohnet/ vnd fleust dadurch ein schöne/ helle/ klare vnd lautere Bach / die nimmer gefrieret. Die Stadt ist mit schönen lustigen Spatziergängen vmbgeben / vnd auff der einen seyten von einem Moraß wol befestiget / treibet einen grossen Barchet vnd Leinwathandel. Auff 1 oder 2 meylen wegs herum̃ ligen viel Schlösser vnd Klöster/ als Ottenbeuren / Munchrot/ Ochsenhausen/ Wyblingen/ Buchsheim; item die Schlösser im Jlerthal/ als Kronburg/ Marstetten/ Lautrack/ Eroltzheim/ Kelmüntz / Dietenheim/ Bellenberg/ Wertingen/ Zelb/ Kirchberg an der Jler/ ꝛc. Mündelheim / am Wasser Mindel/ ist ein schönes wolerbawtes städtlein/ vnd darauff ein Fürstlich Schloß / den Freyherꝛn von Frundsberg zugehörig. Was für dapffere Helden aber die Herꝛen von Frundsberg / Georg vnd Caspar / als Vatter vnd Sohn gewesen/ vnd wie trewlich sie Keyser Carolo V in Jtalien gedienet/ erweisen die Historien gnugsamb. Die gantze Marckgrafschafft hat den Namen von Burgaw / vnterhalb welcher die Mindel sich in die Donaw ergeust. Es ist aber das Geschlecht der Marckgrafen von Burgaw vorzeiten ein Fürstliches Geschlecht gewesen / vnd hat gedachte Marckgrafschafft/ so acht Meylen weit vnd breit ist/ besessen/ welche nunmehr den Ertzhertzogen von Osterꝛeich ist vnterworffen. Jn dieser Marckgrafschafft liegen viel Flecken vnnd Klöster/ als Wetenhausen/ Knöringen/ Jetingen/ Reisenspurg/ Frisach/ Ziematzhausen/ Zußmarshausen/ Seifersberg/ Wallerhausen/ Thierdorff / Gesterhausen / Rautenbach/ Schönfeldt/ Vsterbach/ Aurbach/ ꝛc.

Das Donawer Thal. Das Donawerthal erstreckt sich von dem vrsprung der Donaw biß an den Lech hinunter / vnd ist trefflich wol mit Dörffern/ Schlössern vnd Städten besetzt/ liegende zu beyden seyten an der Donaw hinunter/ die haben alle Nothturfft an Korn/ Habern/ Fische / Vögel/ Wildprät/ Obst/ Weyde/ Viehe/ Ackerbaw/ Holtz/ Feldt/ den eintzigen Weinwachs außgenommen/ so jhnen gleichwol von andern orthen gnugsamb zugeführet wird. Simringen ein Städtlein der Grafen von Hohenzollern: Scherꝛ ein Schloß vnd Städtlein/ vnd Mengen ein Städtlein / gehören beyde den Freyherꝛen von Waldpurg zu. Riedlingen/ Sulgen vnd Munderbingen seynd den Erbtruchsessen durch die Hertzogen von Oesterꝛeich verpfändet. Der Busch ein hohes Bergschloß/ gehöret gedachten Erbtruchsessen von Waldpurg zu. Ehingen eine Stadt / allda ein Adelich Frawenkloster / worauff die Keyserliche freye Reichsstadt Vlm folget / item Lipheim/ welches der Stadt von Vlm zukompt. Lavingen eine Stadt vnd Schloß/ ist der Hertzogen in Beyern / von dannen Albertus Magnus bürtig war/ der zum Bischoff zu Regenspurg erhaben worden/ welches er hernach verlassen/ vnd sich auff die hohe Schul nach Cölln begeben/ allda er gestorben. Man sagt/ daß alda auff eine zeit der gelehrteste Mann/ die schönste Fraw/ vnd das gröste Pferdt gewesen seye. Darauff folgen Gundelfingen ein Städtlein vnd Schloß/ Dillingen ein Städtlein vnd Schloß/ dem Bischoff von Augsburg zugehörig / mit welchem Bischoff Hartman der letzte Graff von Dillingen das Bischthumb begabet hat. Hochstädten ein Städtlein vnd Schloß / seind alle beyde des Beyerfürsten. Werth ist eine Reichsstadt / allda man die guten Creutzkäse machet.

Donaw. Jenseit der Donaw seynd noch etliche Gegenden / so in der Taffel gemelt/ als die Alb/ ein bergichtes/ steinichtes vnd rauhes Landt/ dessen Feldt so hart ist/ daß man bißweilen 12 oder 14 Ochsen neben zwey Pferden in den Pflug spannen muß/ vnd zeuget viel Korn/ Haber vnd Gersten/ hat auch gute Viehezucht/ Weyden/ Schäffereyen; Holtz vnd Wildprät ebener massen. **Albuch.** An diese Gegend stöst das Albuch/ welches ein bergachtig/ rauh Landt ist / vnd viel Heyden vnnd Wälde hat/ wie auch Holtz/ Viehe/ Weyde/ Schäffereyen/ Vögel/ Wildprät / aber wenig Korn vnd Habern. Die **Hertfeldt.** Brantz scheidet es von dem Hertfeldt/ welches eben derselbigen art ist als die andern.

Augspurg. Nun wollen wir vns nach dem Lech kehren / vnd die freye Keyserliche Reichsstadt Augspurg beschreiben / so Augusta Vindelicorum, bißweilen Rhætorum genennet. Sie ist eine sehr alte vnd wolbekante Stadt / die auch allbereit für der Römer Regierung in gedachten Ländern vnter den Rhætis vnd Vindelicis ist bekant gewesen. Dieweil aber Keyser Augustus ein Coloniam dahin gebracht / so ist sie Augusta geheissen worden. Sie liegt zwischen den zwey Fischreichen Wässern/ dem Lech vnd der Wertha/ sonst Vinda genant/ auff einem lustigen Hügel / hat gegen dem Auffgang über dem Lech das Beyerische Städtlein Friedberg/ gegẽ Mittag die Algäwischẽ Alpen vnd das Städtlein Landsberg/ gegen Nidergang die Marckgrafschafft Burgon. Jhre Lufft ist sehr angenehm/ das Landt herumb nach seiner art ziemblich fruchtbar. Die Stadt ist mit schönen köstlichen Häusern vnd breiten saubern Gassen gezieret/ wie auch mit sehr festen Bollwercken vnd tieffen Gräben befestiget / sie treibet einen starcken Handel durch gantz Europam, sintemahl daselbsten ein grosse Niderlag ist von allerley Gütern / die von allen orthen dahin geführet werden. Die vnterschiedliche Reichstäge/ so von vielen Keysern allda gehalten worden/ haben sie auch berühmt gemacht. Henricus Niger hat Anno 1051 einen Reichstag allda gehalten : deßgleichen Rudolphus Rheinfeldensis Hertzog in Schwaben im Jahr 1077/ hierumb sie sehr viel außgestanden. Anno 1274 hat Rudolphus Habspurgensis auch allda einen Reichstag gehalten. Anno 1530 haben die Protestirende Fürsten auff dem Reichstag zu Augspurg jhre Glaubens bekäntnuß Keyser Carolo V überantwortet/ welche darnach Confessio Augustana ist genant worden. Der andern Reichstägẽ/ welche Carolus V allda gehalten/ zu geschweigen/ sonderlich dessen 1518 / auff welchen Lutherus ist erschienen/ vnd seines Glaubens rechenschafft gegeben/ demnach er vom Keyser dahin citirt ward. Zu Keyser Ferdinandi zeiten ist der Friede allda auffgerichtet / vnd darum̃ Pax Augustana genennet worden. Vnter Keyser Rudolpho war Anno 1582 auch allda ein Reichstag gehalten/ da man gehandelt von der verbesserung des Calenders nach dem stylo Gregoriano , welches Churfürst Augustus von Sachsen widerꝛahten/ dannenhero im Jahr 1584 ein grosser Tumult allda entstanden. Anno 955 hat Keyser Otto der Grosse die Vngern / welche in die 50 Jahr gantz Teutschlandt jämmerlich hatten verherget / bey Augspurg auff das Häupt geschlagen. Vom ersten Bischoff Sozymo , der im Jahr sechs hundert vnd achtzehen dem Bischthumb fürgesetzet worden/ biß auff Marquardum, der im Jahr 1576 zum Bischoff ist erwehlet worden/ rechnet man inclusive sechtzig Bischoffe.

Das Hertzogthumb Würtenberg.

Vrsprunz des Namens.

ES hat das Würtenberger Hertzogthumb seinen Namen von Würtenberg dem alten Schloß / so in der mitten / vnd gleichsam in dem Marck dieses Landts / auff einem hohen Hügel / vnd nicht fern võ der Reichsstadt Eßlingen ligt: wiewol etliche seinen Namen anderswo her entlehnen.

Gräntzen.

Es ligt aber das Würtenberger Landt fast am anfang des ober Teutschlands / begreifft beynahe das gantze Schwabenlandt in sich: Stöst gegen Auffgang an das vbrige theil des Landts Schwaben Algow vnd Beyern: Gegen Nidergang an die Pfaltz am Rhein vnd die Marckgrafschafft Baden vnd begreifft daselbsten auch die höhe des Schwartzwaldts in sich: Gegen Mittag an das Gebürg Arbonæ vnd Schwaben / vnd gegen Mitternacht an das Franckenlandt / vnd beynahe auch an den Odenwald.

Lufft.

Hat einen vberauß gesunden Lufft / so im Sommer fast bequäm vnd im Winter fein gemässigt ist. Gibt / belangend seine fruchtbarkeit / auch den allerbesten orthen in gantz Teutschland nichts bevor / hat an Hülsengemüß / Wein / Getreyd vnd allerley Gewächsen einen vnglaublichen vorraht: Vnd ist jedoch jhme selbst nit allenthalben gleich / sondern bey dem vrsprung des Neckers / an den Gräntzen des Schwartzwaldts / vnd an den Alpen gegen Schwabenlandt / zwischen dem Necker vnd der Donaw / etwas rauh / ohne Reben / vñ jedoch zur Viehzucht sehr bequäm. Das Feld auff den Alpen ist zwar steinicht / vnd bringt viel Getreyd: wie gleichfals auch der rohte sandichte Boden auff des Schwartzwalds oberstẽ Güpfeln: Da sich aber der Necker auff dem flachen Feldt außbreitet / ist es zur fruchtbarkeit allenthalben geneigt / mit erhobenen Weinbergen / schönen grünen Wiesen / fruchtbaren äckern geziert / vnd derowegen an Wein / Getreyd vnd allerley Obs / wie gleichfals auch nit fern von Wildberg an Silbergruben / vnd bey der Stadt Puclach an Kupffer vnnd Eysen vber die massen Reich: Bey welchen Metallen man auch viel schöne Stein von allerley Farben / vnd sonderlich mit blawen flecklein gezeichnet zu finden pflegt / dannenhero es dann das ansehen hat / als habe sich die Natur vnterstanden an diesem orth auch Edele gestein zu bereiten.

Zahm vnd wild viehe.

Der zahmen vnd wilden thier ist das gantze Landt allenthalben voll / vnd hat den Namen eines Hertzogthumbs im Jahr 1495 auff dem Reichstag zu Wormbs von dem Keyser Maximiliano empfangen / als nemblich derselbige Eberhardum den Grafen von Würtenberg daselbst zu einem Hertzogen gemacht.

Herrschafft.

Eberhardus der ander blieb nit vber zwey Jahr in diesem Landt / sondern flohe mit allen seinen güldenen vnd silbernen Gefässen erstlich gehn Vlm / folgends zu dem Fürsten in der Pfaltz / biß er endlich vnter den frembden ohne Leibserben starb. Derowegen dann ehegemelter Keyser Maximilianus Vlricum des Eberhardi Enckel zu einem Hertzogen dieses Landts creirt / welchen die Schwäbische Bundsgenossen / dieweil er die Reichsstadt Reutlingen / so mit jhnen im Bund war / eingenommen / im Jahr 1519 auß seinem Landt vertrieben. Diesem Vlrico succediert sein Sohn Christophorus, dem Christophoro widerumb sein Sohn Ludovicus, vnd dem Ludovico Fridericus Graff Georgii von Mumpelgart Sohn. Diese Hertzogen haben vor zeiten zu Intuergi, welchen orth etliche Withungi vnd Tectosages genant / gewohnt. Das gantze Landt ligt gleichsamb in einem Zirckel / vnd begreifft viel fürnehme Städte in sich / vnter welchen Tübingen an dem Necker ligt / ist ein schöne Stadt / jedoch nit groß / mit Weinwachs vnd allerley Getreyd vberflüssig versehen / hat auff dem Berg / daran ein schön Schloß / ein gantz Collegium voll Stipendiaten, welche der Hertzog auff seinen Kosten erhält / vnd ein berühmte hohe Schul / auß welcher beneben andern gelehrten vnd fürtrefflichen Leuthen auch Egidius Hunnius, Ioannes Stoflerus, Schnepfius, Leonhardus Fuchsius, als der erste reformator der edlen vnd heylsamen Kunst der Artzney / Andreas Planerus, Martinus Crusius vnd viel andere mehr entsprungen. Vnd diese hohe Schul hat Graff Eberhard von Würtenberg / welchen / wie vorgemelt / Keyser Maximilian zu einem Hertzogen gemacht / im Jahr 1477 gestifftet. Von dem Caracalla schreibt Ioannes Heroldus in seinem Buch von den Antiquitäten des ersten Teutschlandts / er habe seine Wohnung zu Tübingen gehabt. Stutgart ist die Hauptstadt vnd Fürstliche Hoffhaltung / ligt auch nicht fern von dem Necker / gibt der Grafschafft Stutgart jhren Namen / ward von den Wenden zum ersten erbawet / nachmahls von Marckgraff Hansen dem ersten Churfürsten zu Brandenburg / vnd Ottone dem Dritten restauriret, vnd im Jahr 1290 von Marckgraff Albrechten dieses Namens dem vierten von Brandenburg / Hertzogen von Anhalt / vnd Ottonis des Vierten Sohn / seiner Tochter Beatrici, als er sie Henrico Leoni dem Wenden vermählet / zu einem Heyrahtgut mit gegeben. Der gantze Bezirck vmb diese Stadt herumb ist mit einem vberauß fruchtbaren Feldt vmbgeben vnd hat in demselbigen einen solchen Weinwachs / daß es schwerlich zu glauben / vnd mit mühe außgesprochen werden kan. Diesen orth hat Iohannes

PALA TINATVS
PARS
ALSATIÆ
INFERIO
PARS
BADEN Comit
EBERSTAIN Comit
Wiltbader Vorst
Stromberger Vorst
Leonberger Vorst
Beblinger Vorst
Nagolter Vorst
Hagen Schies
Kintzker tall
SCHWARTZ
WALDT
BRISGOW
BAAR Comit
HOHENBERG
Herschaft
ZOLLERN Comit
NELLENBURG
Heidelberg
Spier
Baden
Pforzheim
Stutgar
Tubingen
Rotenburg
Nagold
Rotweil
Villing
Freiburg
Offenburg
Wimpfen
Rhenus fl.
Danubius fl.

WIRTENBERG DVCATVS.
Milliaria Germanica communia.
HOHENLOE Comit
LIMBVRG Herschaft
STIFT ELLWANG
HELLENSTAIN Hersch
HELFFENSTAIN Comit
Haidenhaimer Vorst
Die Rauch Alb
Schorndorffer Vorst
Kirchamer Vorst
Auracher Vorst
Zwifalter Vorst
Reichenperger Vorst
Neuenstatter Vorst
Heyser Waldt
Remms tall
SVEVIÆ PARS.
Ellwang
Vlm
Riedling
Feder See
Sigmeringen
Pfullendorff
Schussenried
Lauingen
Gundelfingen
Dillingen

Das Hertzogthumb Würtenberg.

Reuchlinus der gewaltige Jurist/ welcher die Hebræische Sprach in der gantzen Christenheit am allerersten gelehret/ fast berühmt gemacht. Die Stadt Reutlingen ligt auch an dem Necker/ ward Anno 1240 von Keyser Friderico dem andern/ oder wie andere wollen/ im Jahr 1282 zu einer Stadt gemacht/ vnd ist wegen der Papyrmühlen sehr berühmt. Die andere Städte/ so wegen jhres lustigen orths/ Schlösser vnd dergleichen einen Namen haben/ seind Vracum an der Amer/ Nürtingen/ Kirchheym/ Heylbrunn/ Lauffen/ Pinigsheym/ das Schloß Asperg/ Grüningen/ Marbach/ Constadt/ Waiblingen/ Schorndorff/ Göppingen/ Fiessen/ Heydenheim vnd Wildberg des berühmtẽ Cosmographi Danielis Cellarii Vatterlandt/ an dem Fluß Negolta gelegen: Jtem Herrenberg/ Kalw/ Rotenburg/ Hechingen der Juden auffenthalt vñ Freystadt/ Balingen vnd viel andere mehr/ deren Namen vnd orth diese Figur vnterschiedlich demonstrirt vnd weist. Es ist aber dieses Hertzogthumb Würtenberg des Schwäbischen Circkels fürnembstes stück/ welches/ dieweil wir es bey Georgio Gardnero vnd David Seltzlin auff das allerfleissigst beschrieben finden/ wollen wir dasselbige in seine stände abgetheilt vnd vnterschieden alhie vorstellen.

Schwäbischen Kreyses Stände. Geistliche.

Vnd begreifft demnach solcher Schwäbische Kreyß/ als vnter allen der vierte/ drey Ordines oder Stände/ als nemblich die Geistlichkeit/ den Standt der Fürsten vñ Herrn/ vnd dann zum dritten die darzu gehörige Städte in sich. Die Geistliche seind die Bischoffe zu Chur/ Costnitz vnd Augspurg: Die äbte von Kempten/ Reichenow/ zu S. Gall im Schweitzerlandt/ Salmañsweyler/ Weingarten/ Weissenaw/ zu S. Blasii/ zu S. Peter/ Maulbrunn/ Schafhausen/ Stain am Rhein/ Kreutzlingen/ Petershausen/ (ligt bey Costnitz an dem theil des Rheins gegen Mitternacht) Einsideln/ Pfeffers oder Pfefficon/ zu S. Johann im Thurthal/ Schussenriedt/ Rockenburg/ Ochsenhausen/ Königsbrunn/ Marchthal/ Elchingen/ Ysne/ Münchrot/ Aursperg/ Yrsee/ Gengenbach/ Schuttern vnd Disidisen: Die äbtissinne von Lindaw/ Rotenmünster/ Buchaw/ Guttenzell/ Beynd vnd Heppach/ vnd des Teutschen Ordens Meister im Elsas vnd Burgund.

Fürsten/ Grafen vñ Herrn.

In dem andern Stand seind der Hertzog von Würtenberg/ der Marckgraff von Baden/ Marckgraff von Eberstein/ die Grafen von Helffenstein/ Wisensteg/ Oettingen/ Lauffen/ Montfort/ Fürstenberg/ Tollern oder Zollern/ Bultz/ Löwenstein/ Tübingen/ Kirchberg/ Tengen oder Dungen: Freyherrn von Gundelfingen/ Waldburg/ Geroltzeck vnd Oberhelben: Herrn von Stutgart/ Tussen/ Sonnenberg/ Falckenstein/ Künseck vnd Künseckserberg.

Städte.

Die Städte so zu dem dritten Stand gehören/ seind Augspurg/ Vlm/ Kauffbeurn/ Memmingen/ Kempten/ Bibrach/ Leukirch/ Ysne/ Wangen/ Lindow/ Ravenspurg/ Buchhorn/ Vberlingen/ Costentz/ Pfullendorff/ S. Gall, Schafhausen/ Reutlingen/ Eßlingen/ S. Gemund/ Weil/ Heylbrunn/ Wümpffen/ Hall in Schwaben/ Dinckelspiel/ Bopfingen/ Gengen/ Alen/ Nörtlingen/ Donawerth/ Buchaw/ Offenburg/ Gengenbach/ Zell in Hamersbach vnd Rotweil.

Seen. Fliessende Wässer.

Aber widerumb zu vnserm Hertzogthumb zu kommen/ so ist dasselbige hin vnd wider mit lustigen Fischreichen Seen vnnd fliessenden Wässern versehen/ vnter welchen die Brentz/ als die auch in dem allerkältesten Winter nicht zu zufrieren pflegt/ das fürnembste ist. Der Necker fleust mitten durch das Landt hindurch/ nimpt viel andere fliessende Wässer in sich/ vnter welchen die Nagolta, Entz/ Remß/ Kocher/ Jagst vnd Filst die fürnembste seynd/ vnd stürtzt sich endlich selbsten in den Rhein/ da sich hergegen die Brentz mit der Donaw vermischt.

Berge.

Die Berge dieses Hertzogthumbs seind die Alpen/ welche von jhrer weissen Farb also werden geneñet/ dieweil sie nemblich wegen jhrer weissen Wacken vnd Kieselsteine einen fernen vñ weiten Weg werden gesehen/ vnd bekommen auch etwan newe Namen/ als daß man sie die Scher, Albuchum, Hanefeldt/ Hertfeldt vnnd dergleichen zu nennen pflegt.

Wälder.

Der Schwartzwaldt durchstreifft dieses Landt an vielen orten/ vnd hat fast an einem jeden seinen besondern Namen/ als der Albucherwaldt/ Stubenthalerwaldt/ Schwartzwaldt/ Odenwaldt/ vnd dergleichen.

Die Jnwohner dieses Hertzogthumbs seind wegen jhrer dapfferkeit in Kriegen/ freundlichkeit vnnd standhafftigkeit in der Religion sehr berühmt.

Elsaß.

Der fünffte Kreyß des Römischen Reichs ist der Rheinische.

1. Der Geistliche Standt/ als da seind die Bischöffe von Wormbs/ Speyer/ Straßburg/ Basel/ Besançon in der Graffschafft Burgund/ dann auch der zu Sitten/ welches die Hauptstadt in der Provintz Wallis ist/ der zu Genff/ Losannen/ Metz/ Toul/ Verdun.

Die äbte/ der zu Fulda/ Hirschfeld/ Morbach/ S. Gregoris Münster.

2. Der Weltliche Standt. Die Fürsten/ Grafen vnd Herrn/ der Hertzog in Lothringen/ der Hertzog von Saphoyen/ der Hertzog vnd Graff von Spanheim/ der Marckgraff von Baden/ Hertzog von Zweybrücken/ Graff von Veldentz/ Landgraff von Hessen/ Fürst von Calim/ Graff von Nassaw zu Sarbrücken/ die Rheingrafen/ die Herrn von Rapoltzkirchen bey Rapoltstein/ Graff von Bitsch/ Graff von Salm/ Graff von Hanaw vnd Lichtenberg/ Graff von Leiningen/ Graff von Falckenstein/ Herr von Mörsburg vnd Befort/ die Herrschafften Bolweyler/ Landsberg/ Hohen Hatstadt/ Hohenack/ vnnd Rapoltstein/ zu welcher Rapoltzweyler/ Gemor vnnd die Stadt Cellenberg sampt dem Schloß gehören/ der Herr von hohen Rechberg/ von Blanckenberg/ Blammont in Lothringen/ Graff von Wießbaden vnd Itzstein/ Graff von Königstein/ Herr von Eppenstein/ Graff von Isenburg/ Solms/ Graff von Nassaw in Weilburg/ von Senwigen/ Havare/ Müntzenburg/ Westerburg/ Witgenstein/ Waldeck/ vnd der von Plesse. Im Ober Elsaß Horburg/ Egisheim vnd Sultz.

3. Der freyen Städte Standt. Mülhausen im Sundgaw/ im ober Elsaß Basel/ Colmar/ Keysersberg/ Turckheim/ S. Gregoris Münster/ ober Ehenheim/ Straßburg/ Resenheim/ Schletstadt/ Hagenaw/ Weissenburg/ Landaw/ Speyer/ Wormbs/ Franckfort/ Friedberg in der Wetteraw/ Wetzlar/ Metz/ Toul/ Verdun/ Kauffmans Sarbrück/ Besançon, das Schloß Friedberg/ das Schloß Gleichhausen.

Vrsprung des Namens.

Wegen güte vnnd fürtreflichkeit des Elsaß/ wird dasselbige von etlichẽ der Edelsaß genant/ vnd hat seinen Namen nach etlicher meynung von dem Wasser der Ill/ da allein der Buchstabe E in I verwandelt wird/ vnd also ein Sessio oder Sitz an der Ill/ oder mit einem wort Illsaß heissen solte. Es hat an dem gantzẽ Rheinstrom kein Landt/ das sich jhm an der güte möchte vergleichen.

Gräntzen.

Gegen Orient stößt es an die Marckgrafschafft Baden/ vnd wird durch den Rhein von derselbigen vnterscheiden/ gegen Occident an Lothringen/ gegen Mittag an einen theil des Schweitzerlandts vnd Burgund/ vnd gegen Mitternacht an das Würtenberger Landt.

Grösse.

Die gantze länge ist 9 Teutsche meylen/ vnd die breite von dem Rhein biß an das Gebürg 3/ jedoch bey Hagenaw etwas mehr/ als da die Berge je mehr vnd mehr von dem Rhein hinweg weichen. Wie fruchtbar nun dieses Land sey/ kan man leichtlich darauß abnehmen/ daß in dem engen begriff alle Jahr ein solcher vberfluß an Wein vnd Korn gezeuget wird/ daß nicht allein seine Inwohner/ deren eine vberauß grosse zahl sich darinnen befindet/ reichlich davon leben mögen/ sondern man führet auch darauß mit Schiffen vnnd Wagen den edeln Elsasser Wein in viel andere vñ frembde Landschafften/ als Schweitzerlandt/ Schwaben/ Beyern/ Niderlandt/ ja auch in Engellandt. Gleichfals ist der anwachs des Getreydes alda so groß/ daß Lothringen/ Burgund vnd Schweitzerlandt des reichen segens mit geniessen. An den Bergen kochet sich der gute Wein/ vnd auff der ebene das Getreyde neben viel schönen Oelbäwmen/ auch gleichfals schöne Castanienbäwme/ deren gantze Wälde voll gefunden werden. Vnd daß man es mit kurtzen worten sage/ so ist in gantz Teutschlandt keine Gegend/ die diesem kleinen Lande möchte verglichen werdẽ. Es seind zwar in Teutschlandt auch noch andere Länder zu finden/ deren Weinwachs dem Elsasser nichts nachgibt/ sie haben aber nit solchen vollen Brotkasten vnd schöne fruchtbare Obstgärten/ wie das Elsaß/ derowegen es dañ von Iacobo Wimpheling nit vnbillich ein Speißkammer/ Weinkeller/ Kornschewr vnd Ernehrerin eines grossen theils Teutschlandts genant wird.

In diesem Landt ist an dem Gebürge nit ein einiger orth zu sehen/ der nit mit schönen Flecken besetzt/ vnd mit Weinstöcken bepflantzet/ oder mit einem vber die massen köstlichen Feldbaw solte versehen seyn. An dem Rhein ist es an vielen orthen sümpffig/ dannenhero sich das Viehe auch eines schönen Wiesenwachs höchlich hat zu erfrewen/ vnd es an einer herrlichen nutzlichen Viehezucht alda auch nicht thut ermangeln. Auß welcher vrsachen etliche jhren Namen deriviren von dem wort Edelsaß/ als wolten sie sagen/ Elsaß heisse so viel als Edelsaß/ das ist/ ein Edeler Sitz. Darumb ist auch das gantze Landt vber die massen wol besetzet/ vnd mit Dörffern vnd Städten lustig erfüllet/ wie es dann auch ein grosse vnglaubliche menge allerley Völcker vnd Nationen dahin locket/ die sich aldar häußlichen

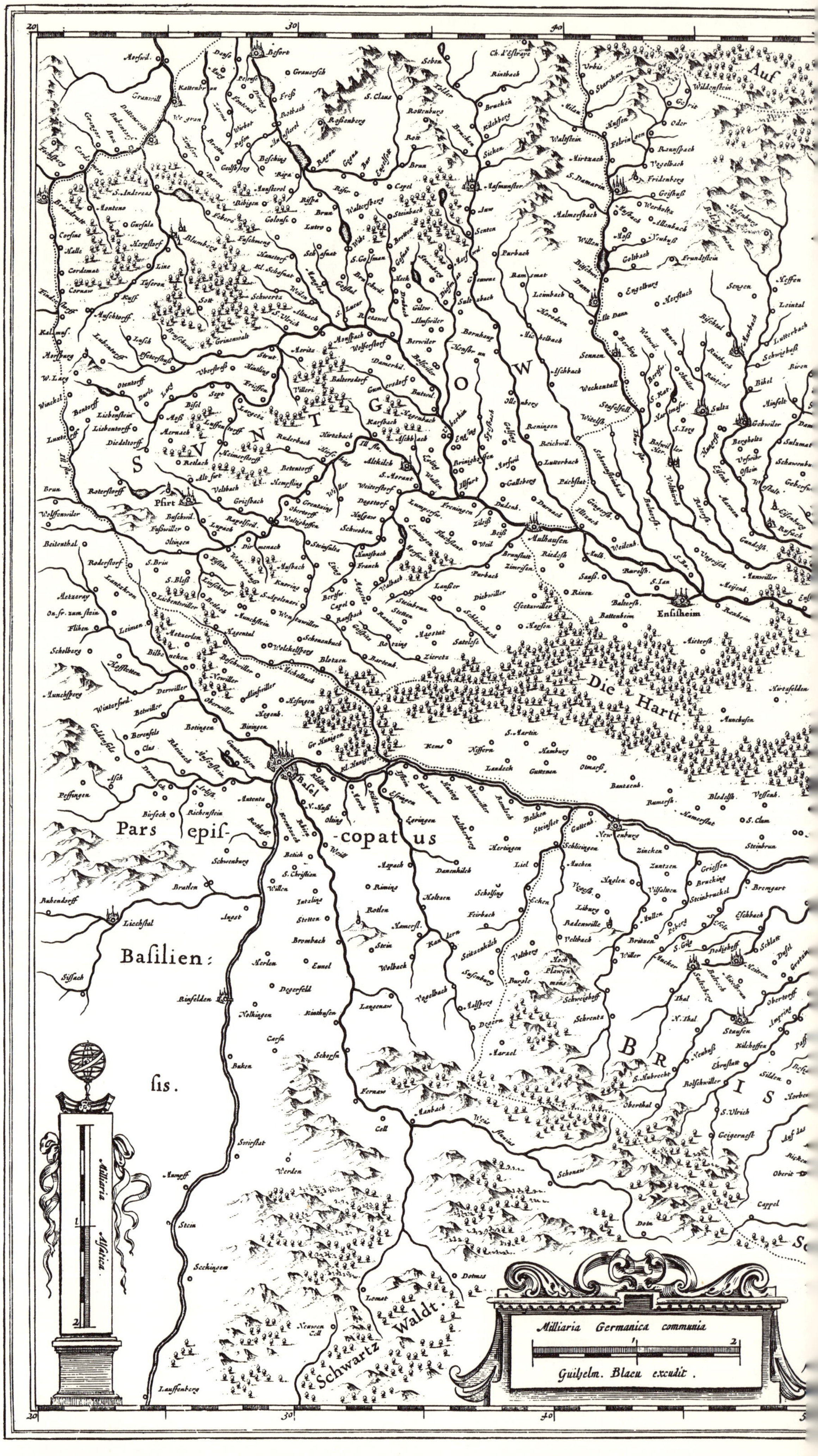

Milliaria Germanica communia
Guiljelm. Blaeu excudit.
Milliaria Alsatica
SVNTGOW
Die Hartt
Pars epis-copatus
Basilien:sis.
Schwartz Waldt.
BRIS
Auf
Basel
Ensisheim
Mulhausen
Pfirt
Bisfort
Rinfelden
Liechstal
Newenburg
Gebwiler
Sultz
Blumberg
Altkilch
Schwoben
Sissach
Seckingen
Lauffenberg
Cappel
Staufen
Schonau
Stein
Bromback
Dotmos
Lomat
Newwen Coll
20
30
40

dem er den Zustand seiner zeit / vnd den vnaußsprechlichen schaden so diese Stadt gelitten / ansihet / nennet sie in seinem Carmine Mosella ein Dorff / in welchem er seine Reyß von Straßburg nach Trier mit folgenden Worten beschreibet:

Transieram celerem nebuloso flumine Navam,
Addita miratus veteri nova mœnia vico,
Æquavit Latias ubi quondam Gallia Cannas,
Infletæque jacent inopes super arva catervæ.

Dann der von Straßburg nach Trier wil ziehen / muß über den Fluß Nave passiren. Es war aber dieser Ausonius vnter Keyser Valentiniano ein Præfectus des Prætorii Galliarum. Munsterus saget/daß etliche wollen/daß sie anfänglich mit Trier sey erbawet / vnd von jhrem ersten Hertzog oder Stiffter Trebeta, Trebesburg oder auch Tyrasburg/ vnd also durch versetzung etlicher Buchstaben Straßburg/ gleich wie dann Treveris oder Trier von demselbigen Trebeta genennet worden. Daß sie aber Argentina oder Argentoratum seye genant von wegen des Geldts / das den Römischen Soldaten sol außgezehlt seyn worden / muß falsch seyn / angesehen der Römische Zahlmeister oder Thesaurarius Galliæ Belgicæ sich zu Trier hat auffgehalten. Zu der zeit als die Alemanni mit den Francis vmb die Regierung sich zanckten / haben sie überall die Römische Besatzung auß dem Landt geschlagen / vnnd sonderlich dieser Stadt keinen kleinen schaden zugefügt/ wie Sidonius Apollinaris mit folgendem Carmine bezeuget:

Francus, Germanum primum, Belgamq; secundum
Sternebat, Rhenumque ferox Alemanne bibebas
Romanis ripis, & utroque superbus in agro
Vel civis, vel Victor eras. —

Darauff sihet auch Hieronymus in seiner 11 Epistel / in dem er über die Quados, Vandalos, Sarmatas, Alanos, Herulos, Saxones, Burgundiones, Alemannos vnd Pannones klaget. Moguntiacum oder Mayntz / sagt er / ist von jhnen eingenommen/geschleiffet/ vnd viel tausend gläubiger Menschen vmb das Leben gebracht worden. Die Vangiones oder Wormbser seynd durch eine lange Belägerung außgetilget. Die Nemetes oder Speyrer/vnd Argentoratum Straßburg seynd in Teutschland versetzt. Man hält darfür / daß Attila das übrige / so er noch gefunden / zu den zeiten Valentiniani, der Theodosio Iuniori nachgefolget/ habe zu nit gemacht vnd zerstöret. Demnach aber die Germani dahin waren kommen / hat sie sich sehr schwerlich wider erholet. Erstlich ward zwischen den alten verfallenen Mawren der orth / den man an jetzo Königshofen nennet / bewohnet / wie auch das Kloster / nach dem allerley Handwercksleuthe sich allda anfiengen nider zu setzen/wider einen vnversehenen Vberfall befestiget vnd befreyet. Darnach begab sich mit der zeit das Volck je länger je häuffiger dahin / biß endlich das befestigte Kloster zu einer solchen grossen/mächtigen vnd weitberühmten Stadt ist gemacht: Sie liegt aber auff der lincken seyten des Rheins nicht weit von dem Fluß/ in Ripa Gallica oder dem Frantzösischen Vfer (dann das Vfer auff der lincken seyten nennet man zu der Römer zeiten Ripam Gallicam, vnd das ander Vfer auff der rechten seyten Ripam Germanicam) in einer sehr lustigen / anmühtigen vnd lieblichen Gegend. Durch die Stadt fliessen neben einem Arm des Rheins noch zwey andere Wässer/ die Jll vnd die Breusch oder Brenta, welche in jhre besondere Canäl eingefaßt/ vnd hin vnd wider mit vielen Brücken überbawet seyn. Das Münster zu Straßburg war erstlich zu den zeiten Clodovei im Jahr 600 eine Höltzerne Kirche vnser lieben Frawen zugeeignet. Darnach hat sie Dagobertus zur Hauptkirchen verordnet: Nunmehr ist es die schönste Kirch in gantz Teutschland/welche alle andere in schönheit/Kunst/ grösse vnd Herrligkeit weit übertrifft. Dieser Dagobertus hat auch das Bischthumb allda gestifftet / vnnd Amandum Bischoff von Vtrecht zum ersten Bischoff eingesetzt/der im Jahr 640 das Bischthumb quittiert/ vnd in ein Kloster sich hat begeben. Von diesem Bischoff biß auff den letzten Iohannem von Manderscheid werden 79 Bischoffe gezehlet. Als dieser mit todt abgangen/ haben die Bäpstlichen Canonici Carolum den Hertzog von Lothringen vnd Bischoff zu Metz angenommen / die Evangelischen Canonici aber den Marckgraff Georgen von Brandenburg zum Administratore erwehlet / dannenhero ein harter Krieg zwischen beyden ist entstanden / vnd das Bischthuñ Straßburg nicht geringen schaden gelitten. Diesen beyden ist endlich Ertzhertzog Leopoldus in der Regierung nachgefolget / welcher in vergangenem Jahr 1632 mit todt ist abgangen. Das Landt vmb die Stadt herumb ist ein gar edles / lustiges/ fruchtbares Landt an Wein/ Getreyd / vnnd sonderlich an allerley Früchten vnd Gärten/dannenhero in die 500 Bürger gezehlet werden/ die sich allein von der Gärtnerey erhalten / vnnd mit Rüben/ Rättich/ Zwibeln/ Kraut vnd dergleichen jhren Gewiñ suchen. Jnwendig ist sie mit überauß schönen Häusern vnd Gebäwen gezieret/ vnd ist für allen andern über die massen berühmt der überauß hohe/ schöne/zierliche vñ kunstreiche Thurn am Münster / welcher Kirchen Fundamenta Anno Christi 1015 seynd geleget worden: Den Thurn aber hat man vnter des Bischoffs Conradi von Lichtenberg Regierung im Jahr 1277 angefangen zu bawen/der durch den Bawmeister Eyckuinum von Steinbach in 28 Jahren ist vollführet worden. Jch glaub nicht/daß deßgleichen Werck jrgends an einem orth in Teutschlandt / Franckreich oder Italien ist zu sehen. Die höhe wird auff 574 Geometrische Schuh gerechnet. Der gantze Baw bestehet auß Quaderstücken/ ist allenthalben durchsichtig / überall hangen schöne außgehawene steine herauß/ an welchen bißweilen die Waghälse ausserhalb des Thurns biß an den Knopff hinauff klettern/ welcher / wie man sagt/ wol sechs Männer kan fassen/da er doch von vnten zu sehen/nicht viel grösser dann ein Teller scheinet zu seyn. Fünff dinge seynd / welche dieser Stadt ein grosses ansehen machen / vnd jhren Namen überall in der Welt außbreiten/ als erstlich der Thurn/ zum andern das Zeughauß / welches mit allerley Kriegsrüstung über die massen wol versehen ist/vnd sonderlich mit den grossen Stücken / von welchen zu vnserer Vorfahren zeiten ein Sprichwort entstanden: Nürnberger Witz / Straßburger Geschütz/ Vlmer Geld/ zwingt die gantze Welt: Es wird aber nicht jederman gezeiget. Zum dritten/ das grosse Einhorn/welches alda ist zu sehen. Zum vierten die löbliche Academia, in welcher der berühmte Mañ Sturmius hat gelebet. Zum fünfften das lobwürdige / weise vnd wolbestelte Regiment/welches auß dem grossen vnd kleinen Rhat bestehet. Des grossen Rhats dritte theil wird auß den Edelleuthen bestellet/ vnd die andern zwey dritte theilen auß den Patritiis vnd Bürgern erwehlet. Die gantze Bürgerey ist in zwantzig Zunfften / deren jede einen Zunfftmeister hat / neben vierzehen Schöpffen getheilet: Vber diß seynd die Fünffzehener vñ Dreyzehener/wie auch der kleine Rhat. Es ist auch noch ein anderer Rhat/auß 300 Rhatsherren bestehende/der nicht als nur zu gefährlichen zeiten zusammen geruffen wird.

Städte so vnter das Bischoffthumb gehörig.

Vnter dieses Bischthumb gehören die Städte Moltzheim/Dachstein/ Mutzig vnd das Kloster Andlow/von welches Vrsprung Munsterus diese Histori erzehlt. Carolus Crassus der Keyser / auß Caroli Magni Geschlecht entsprossen/ hatte zum Gemahl Richardum eines Königs Tochter auß Schotlandt / auff welche er von wegen des Bischoffs von Verell einen Argwohn fassete/ als wañ sie mit demselben in vnbehörlicher Liebe sich vermischte / dannenhero er sie beschuldigte/ vnd auch höchlich schwur/daß er sie niemahlen berühret/noch der Ehelichen wercken mit jhr gepfleget hatte. Welches die fromme vnschuldige Frawe so höchlich bewegte/demnach sie es so lange hatte verschwiegen/vnd er es selbst vnbesonnener weise an Tag gebracht/daß er kein Mann were/daß sie begehrte/man solte etliche Hebammen vnd andere ehrliche Frawen bringen/ die sie besehen/ vnd von jhrer Reinigkeit vnd Jungfrawschafft möchten zeugnuß geben: sagte auch darauff: bey diesem Mann wil ich nicht mehr wohnen/ vnd ließ sich von jhm scheiden/ nahm auch jhr Gut / vnnd bawete das Kloster Andlou / daselbsten sie dann begraben liegt.

Lotha
ringiæ
der
furst
Auf
der
furst
Brisach
Freiburg
Strasburg
Rhenus flu.
GOW.
Waldt.
Colmar
Endingen
Offenburg
Gengenba.
Schutteren
Renchen

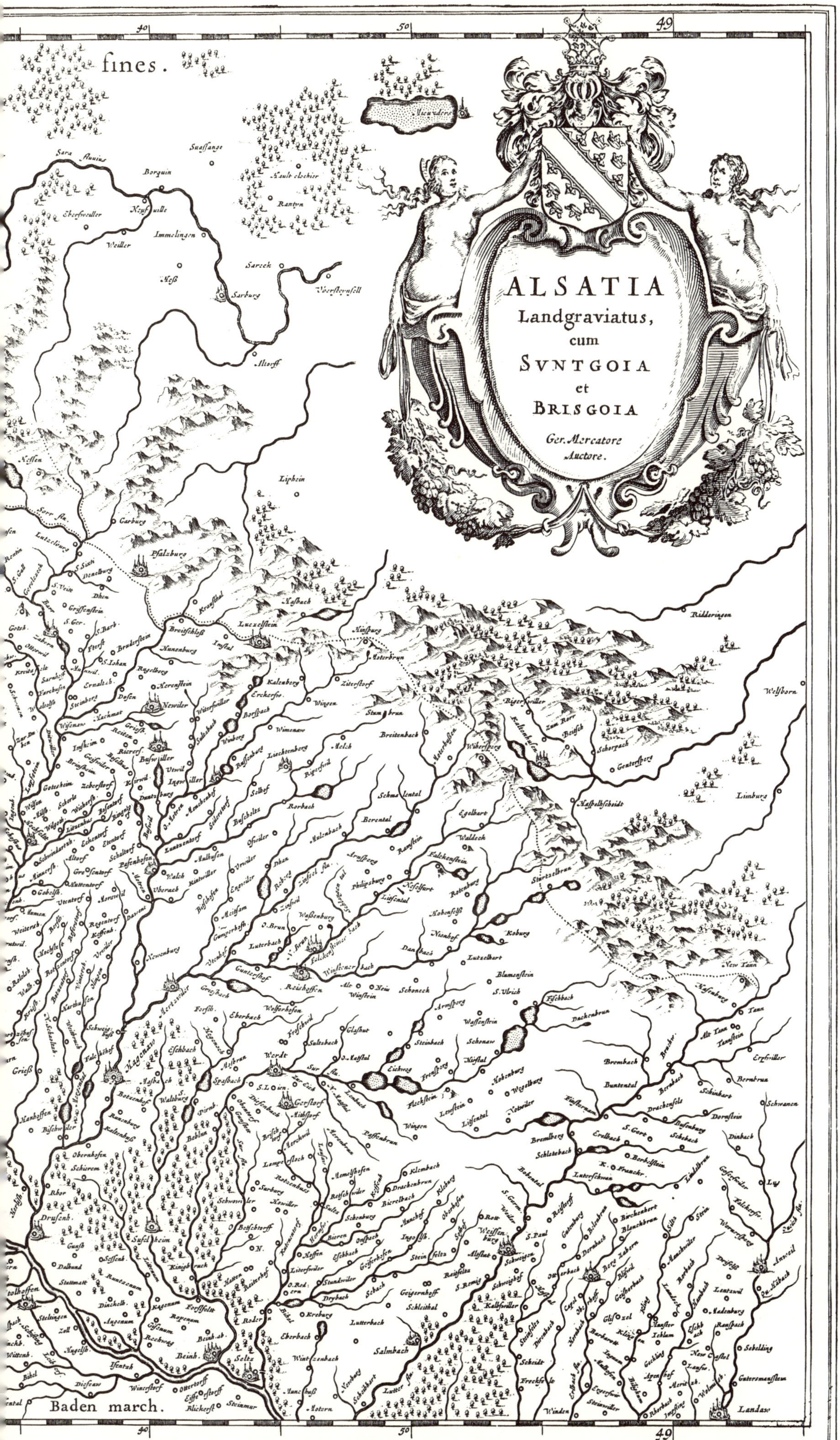
ALSATIA
Landgraviatus,
cum
SVNTGOIA
et
BRISGOIA
Ger. Mercatore
Auctore.
fines.
Baden march.
40
50
49

niderlassen / angesehen auß Schwaben / Burgundt vnd Lothringen eine grosse menge Menschen sich in diese Landtschafften begeben haben / welche sie nunmehr sehr vngern quittiren / dieweil sie einmahl der grossen fruchtbarkeit vnnd lieblichen anmühtigkeit der Landtschafft seind gewahr worden. Wiewol das Landt vber die massen fruchtbar ist / so ist doch das arbeitsame Volck vnd der Landman gemeinlich mit armuth geschlagen / als welcher das seine pflegt zu verprassen vnd zu verzechen / dannenhero er / wann ein böses vnfruchtbares Jahr einfält / vnd die Früchte durch den Reiff vnd Kälte / oder auch sonsten durch Krieg verdorben seynd / hunger vnd Noth leyden muß / vnnd entstehet dann ein grosse Thewrung / dieweil sie nichts sparen noch hinter sich legen. Doch hilfft vnd springt man jhnen bey / angesehen zu solchem ende hin vnnd wider statliche gemeine Kornhäuser seind auffgerichtet / auß welchen man jhnen Korn vnd andere nothturfft lieffert / damit sie nit von dem Hunger verderben / sondern das Landt widerumb bawen mögen / welches sie dañ in wolfeyhlen zeiten widerumb bezahlen.

Fliessende Wässer.

Es mangelt auch dieser Landtschafft an Flüssen vnd Bächen nit / welche dieselbige allenthalben befeuchtigen vnd sich in den Rhein stürtzen. Die Jll ist wol das fürnembste Wasser / welches seinen vrsprung bey Altkirchen in dem Sundgaw nimpt / vnd laufft alzeit an der lincken seyten des Rheins hinunter auff Müllhausen / Enßheimb / Colmar / Seelenstadt / Benfeld / vnd so gerades wegs durch Straßburg / vnter welcher Stadt sie sich bey Wantzenaw in den Rhein begibt. Vnter wegens aber nimpt sie all die Flüß vnd Bäche / welche auß dem Vogeso sich herauß begebē / mit jhr: als die Scher / Andlaw / Ergers / Breusch vnd Sevel / welche alle miteinander sehr Fischreich seynd / vnd nicht allein allerley Fischen / sondern fürnemblich sehr trefflicher Forellen vnd wolschmeckender Krebsen voll seynd. So gibt der Rhein auch seinen statlichen Lachs oder Salm darzu / so daß diß Landt der guten bißlein einen vnglaublichen vberfluß hat. Weiter hinunter vermischen sich die Newgrab vnter die Roerbach mit dem Rhein. Auf der rechtē seiten des Rheins gegen Auffgang kommen auß dem Schwartzwaldt die Schütter / vnd Kintzing / auff welcher viel Baw: vnd Breñholtz hinunter nach Straßburg wird geflötzet. Das gantze Landt ist zum theil eben / zum theil aber mit Bergen erhaben / hin vnd wider mit Wälden bekleydet / in welchen ein zimblicher vorraht an Castanien / Mandeln

Wälder.

vnd Nüssen zu finden. Auf der rechten seyten des Rheins gegen Orient ligen die Wälde Ortenaw / Gottswaldt vnd der Bischerwaldt / in welchem / wie auch vberall das Wildprät mit hauffen sich zeuget. Jst also diß Land nicht allein mit der täglichen Nahrung auf das höchste versehen vnd gesegnet / sondern es kan auch zu vberflüssiger Ergetzung die Taffel mit köstlichem Wein vnd Brodt / wie auch köstlichen Leckerbißlein von Fischen / Vögeln vnd Wildprät versehen werden / welche endlich mit dem Schreckengast / den lieblichen Münsterkäsen / die man zu Münsterthal macht / beschlossen werden.

Herrschafft.

Dieses Landes Herrschafft belangend / ist es vor zeiten vnter der Kron Franckreich gewesen / ein theil des Oesterreichischen Königreichs / vnd jedoch auf 500 Jahr vnter dem Gewalt der Römer. Ward Anno 684 von Hilderico dem König in Franckreich seinem Schwager Eticoni gegeben / vnnd zu einem Hertzogthumb gemacht / welchem Eticoni sein Sohn Adelprechtus succedirt, so hernach mit einem Bogen erschossen ward / vnd zween Söhne / nemblich den Linfridum vnd Eberhardum hinterließ / welche dem Elsaß nach solchem jhres Vatters ableben beyde vorgestanden / biß Carolus Martellus, ein Palatinus vnnd Hoffmeister des Königs in Franckreich / jhr gantz Geschlecht auß dem Landt vertrieb / darauff dann zu den zeiten Ottonis des Ersten die Grafen von Kyburg / als des gemelten Keysers Ottonis nahe Blutsfreunde / die Herrschafft dieses Elsaß bekamen: Von welchen etliche sagen / sie seyen zu Landgrafen dieses Lands gemacht worden; vnd widerumb andere / es seye das gantze Elsaß allererst von Ottone dem Dritten zu zwey vnterschiedlichen Landgrafschafften erhaben: Vnter welchen die ober Landgrafschafft die Stadt Enßheim mit allen vmbligenden orthen begreifft / vnd endlich an die Grafen von Habsburg kommen vnd gerahten ist: gleich wie die andere / als die vntere / von den Grafen von Oetingen / als auf welche sie Henricus jhr Landgraff / so ohne Erben starb / gebracht / dem Bischoff von Straßburg ward verkaufft / welchen sie annoch jetzund für jhren Herrn erkennet. Vnd ob es wol im begriff fast klein / so ist es doch vber die massen wol erbawet / vnd begreifft 46 grosse vnd kleine Städtlein / so allesampt mit Mawren vmbgeben / 50 Schlösser auff Bergen vnd ebenen Feldern gelegen / vnd ein vnzähliche menge Flecken / Dörffer vnd Höfe in sich. Diese beyde Elsas / nemblich das obere vnd vntere / haben vor zeiten die Völcker Triboci eingehabt.

Straßburg.

Die fürnembste Stadt dieser gantzen Gegend ist die edle vnd vberauß schöne Keyserliche Reichsstadt Straßburg / welche zwar allezeit in grossem ansehen gewesen / aber zu vnserer Vorfahren vnnd vnsern zeiten erst in ein solch auffnehmen gerahten. Den Namen Straßburg hat sie von den vielen Strassen vnd Gassen / die in der Stadt seynd. Ammianus Marcellinus gedenckt jhr / in dem er saget / daß in den Campis Argentinensibus, das ist / den Straßburgischen Feldern / viel tausend Teutschen von dem Iulio Cæsare seind geschlagen / vnd Chonodomarius jhr König gefangen worden. Der Name Argentina ist auß vnwissenheit der Lateinischen Sprach / wie auch viel dergleichen Namen / als Moguntia für Moguntiacum, Confluentia für Confluentibus, verkehrt worden. Die Alten haben sie Argentoratum genant. Ausonius, in

Straßburg.

STraßburg eine vralte vñ herrliche Stadt/Argentaria genandt/ist bey den Schweitzern am Rhein gelegen. Als Trier die hauptstadt der Prouintz Belgae oder Obern Teutschlands zu zeitē Abrahe erbawet/ vñ darnach an Gewalt zunam/ist dise Stadt dē Trierern vnderworffen gewesen. Darnach als Keyser Julius vber den Rhein zog/hat er die Schweitzer/Burgundier vnd auch dise Stadt vnder seine gewaldt bracht/hat deren einen Bürgermeister vnd Rentmeister zur Oberkeit vorgestalt/dieselbige haben zu Straßburg ein Geltkamer/für der Römer zinß/auffgericht: vnd ist daher die Stadt Argentina/das ist/Silberstadt oder Silberburg genent/ vnd seind dise biß zu abnemung des Römischen Reichs verpliben. Welche meinung doch/ wie Münsterus anzeigt/vilen nicht behagt. Als aber der Hünnen König Attila auß Westphalen kam/hat er ersten die Illirischen angegriffen/ darnach beynahe gantz Teutschlandt durchzogen/alle Städte vñ Kiegsheer/welche er angetroffen/ verdorben: ist zu letst in der Constãtiae Reich gefallen/alda jm der König Sigismundus/des Lands ein Fürst/bey Basell mit einem gewaltigen Kriegsheer vnder augen gezogen: ist aber von dem Attila mit allem kriegszeug geschlagen/vnd hat jn derselbige mit seim gantzen gepiett/ vnder seine gewalt bracht. Dauon dann ist der Attila gezogen/hat die allerfeste Stadt Straßburg (welche kein Römischer Keyser jemals hat können gewinnen) belägert / mit gewaltiger hand erobert / die mawren hinn vnnd wider abgeworffen / das ein jeglicher ein freyen zu gang vnnd offne straß / ohn verhindernuß darzu hatte: auch ernstlich beuelhend/das die tag seins Lebens die mawren nit solten auffgericht vnd widerumb gebawet werden/ vnd ist daher die Stadt nit mehr Argentina/ sonder der vile strassen halben so er gleich wie ein dorff durch die Mawer gemacht / Straßburg genandt worden: Bißher der Straßburger Chronick. Dise stadt schreibt Münsterus/ist dem Reich eingeleibt/ vnnd wirt die erste gezelt vnder den Freyen Reichstätten. Aller ding werden vberflüssig in diser Stadt gefunden/ vñ übersteigt an reichthumb alle stätte des gãtzen Rheinstroms: Hat gewaltig vil Weins vnd getreids / denn sie ligt in eim ädlen lande. Doch ist jr bodem geschlachter zur frucht vnnd zun Gärten denn zum Wein. Da werden etlich hündert gärten gefunden/die grosse nützung bringē von Rüben/Rätich/Zwibeln vnd kraut: das mit solchem vberfluß da wächst/das man seins gleichen nit findt im Teutschenlandt. Dise Stadt hat ohn den Rhein viel wasser die zu jr fliessen. Von Orient auß dem Schwartzwald kompt die Kitzing/dadurch alle jar groß gut von bawhültzern herzu geflötzt werden. Ober abher auß dem Sünggöw kompt die Jll/vnd von Occident fleust herzu die Brüsch/ vnd theilt die Stadt in zwey (doch vngleiche) theil. In diser Städt wirdt ein werck gefunden/ des gleichen man nit findet in gantzem Teutschland/od' auch in beiden Welschen ländern/das ist der wunder schon vnd hoch Thurn/der Anno Christi 1277. angefangen/ vnnd in 28. jaren biß zum Helm auffgefürdt. Er ist von grund auff biß zů obersten krantz mit hübsch außgehawen vnd gebildeten steinen auffgefürt. Eruinus oder Erwin von Steinbach hat den grund gelägt/die visierung gestelt vñ auffgebawen. Er ist allenhalben durchsichtig/vnd hat vier schnecken biß zum helm/darnach duplieren sich die schnecken oder krümme vbersich biß zum knopff/ der ist so groß das er fünff oder sechs Personen fassen mag. Sein höhe wirt geschetzt auff 575. werckschůch. Er möcht wol zu den siben Wunderwercken der Welt für das achtest gesetzt werden. Dise gewaltige Stadt ist von dem H. Matern (eim discipel des Apostels Petri) vnd seinen mitgesellen Valerio vñ Euchario zu dem Christen glauben bracht/darnach aber vmb das Jar Christi CCC.XXX. mit des Arrij Ketzerey/wie auch andere stätte am Rhein/ vergifftet: vnd zu letst von den Bischoffen zu Metz/ auff denn alten weg der warheit widerumb gebracht/ vnd auch darbey bliben. Es ist auch durch König Clodoueum vmb das Jar Christi 508. zu Straßburg gebawen worden die erste Kirch das Münster. Vnd ist Straßburg (so vil die Geistliche Jurisdiction betrifft) gewesen vnder dem Metzischē Bischthumb/ vnd zu letst von K. Carl dem Grossen dem Meintzischen Bischoff vnderworffen. Ist aber erstlich von dem Großmächtigen der Gallier König Dagoberto angestifftet.

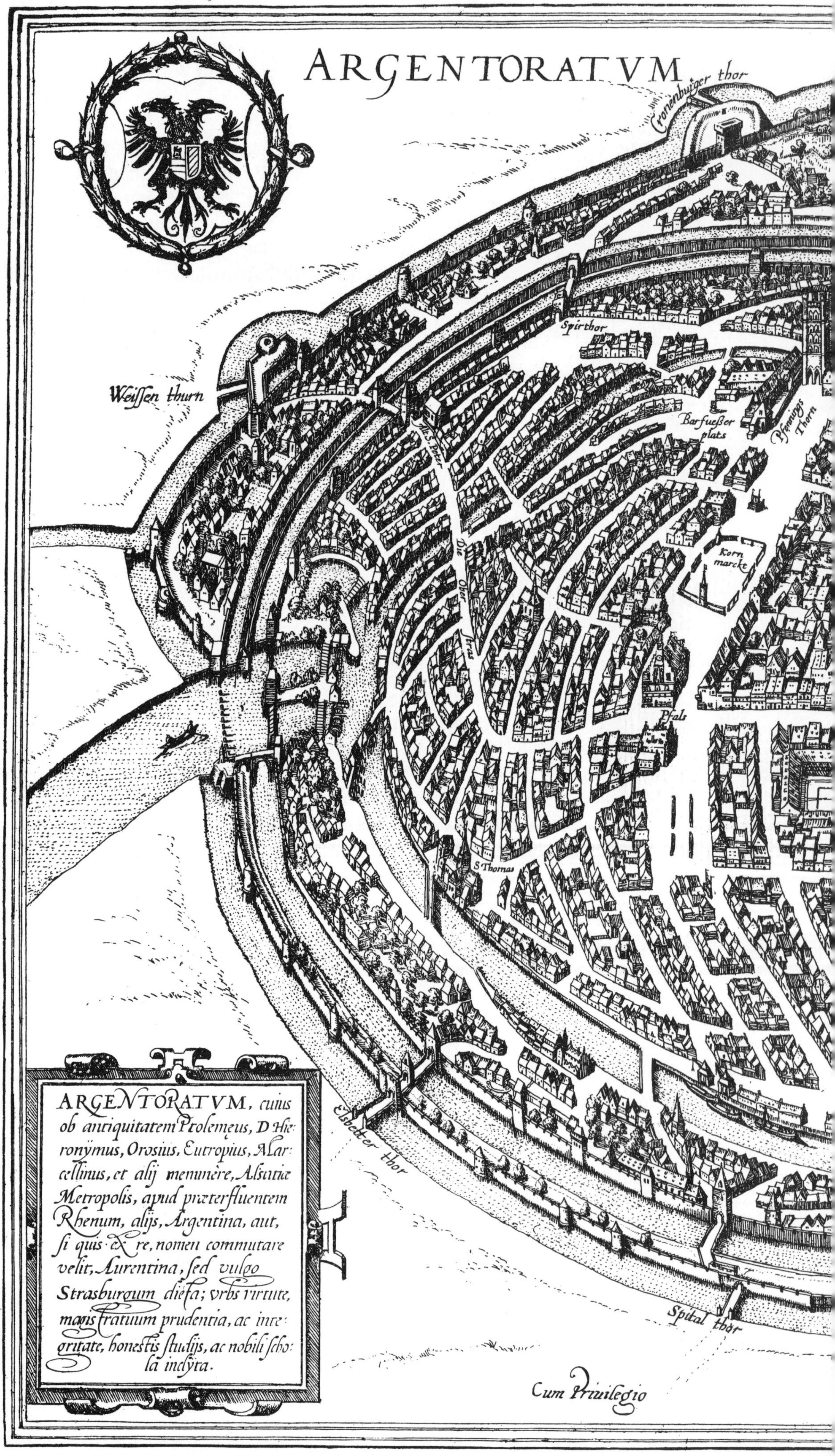
ARGENTORATVM
Cronenburger thor
Weissen thurn
Spirthor
Barfueßer plats
Pfennings Thorn
Korn marckt
Pfals
S.Thomas
Elsbetter thor
Spital thor
ARGENTORATVM, cuius ob antiquitatem Ptolemeus, D Hieronymus, Orosius, Eutropius, Marcellinus, et alij meminere, Alsatiæ Metropolis, apud præterfluentem Rhenum, alijs, Argentina, aut, si quis ex re, nomen commutare velit, Aurentina, sed vulgo Strasburgum dicta; vrbs virtute, magistratuum prudentia, ac integritate, honestis studijs, ac nobili schola inclyta.
Cum Privilegio

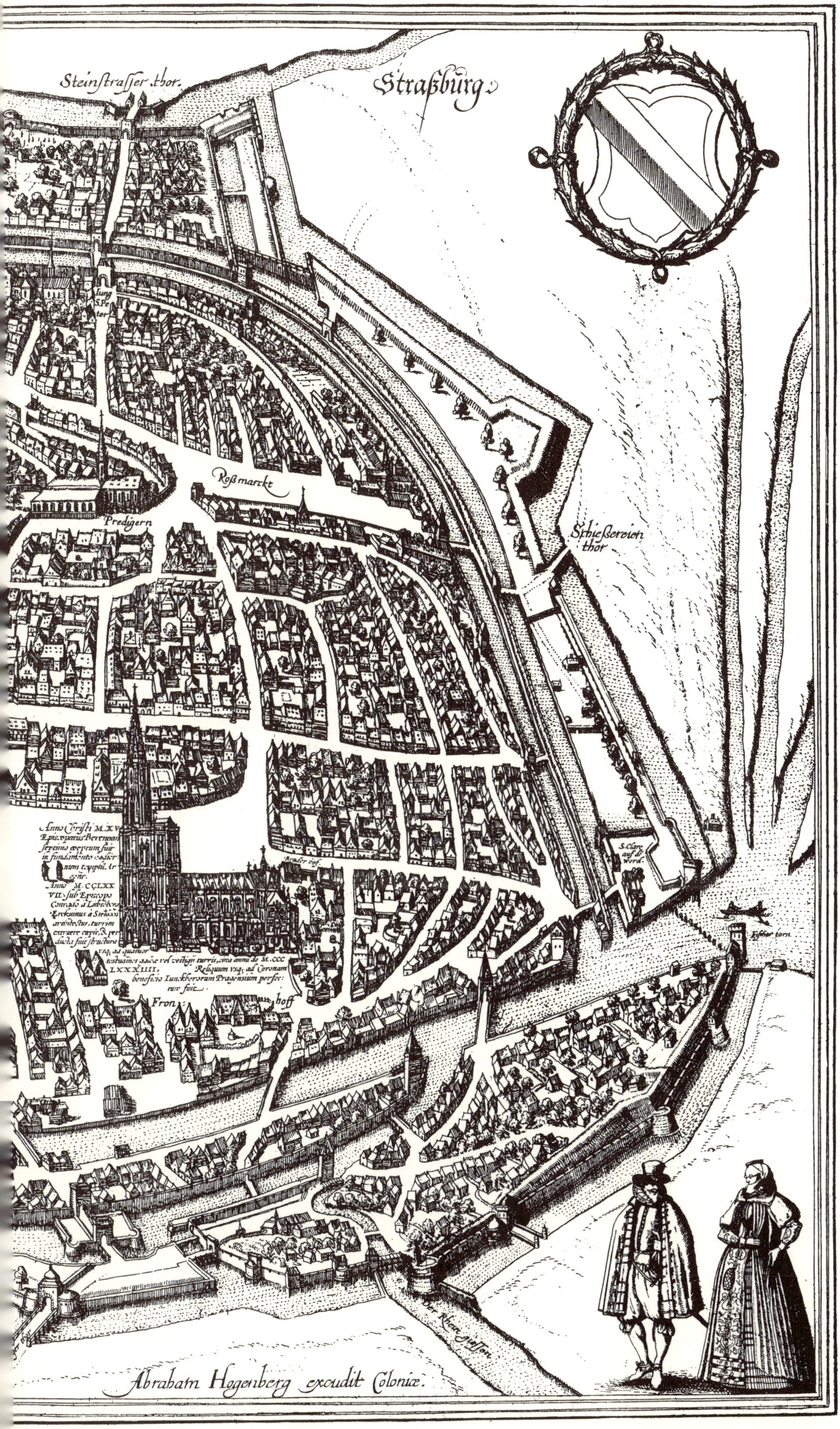
Steinstrasser thor.
Straßburg.
Roßmarckt
Predigern
Schießerein thor
Anno Christi M.XV
Anno M.CCLXX
VII. sub Episcopo
LXXXIIII.
Reliquum usq; ad Coronam
beneficio Iunckherorum Pragensium perfec:
Fron hoff
Fischer torn
Abraham Hogenberg excudit Coloniæ.

NACHWORT

Schon am Ausgang des Mittelalters hatten sich in Deutschland wissenschaftliche und künstlerische Tätigkeit durch die Erfindung der Buchdruckkunst und die Verbreitung graphischer Kunstwerke durch Holzschnitt und Kupferstich durchgesetzt. Vor allem der Holzschnitt wurde hier frühzeitig zur Vermittlung historischer und geographischer Kenntnisse benutzt: Der *Liber Cronicarum* von Hartmann Schedel, der 1493 in Nürnberg erschien und mit fast 2000 Holzschnitten der Meister Wohlgemuth und Pleydenwurff geschmückt war, ist ein einmaliges Zeugnis spätgotischer Kosmographie. Die Abbildungen von Fürsten und Päpsten, die Stadtansichten und Landkarten in diesem Werk gaben aber keine genaue Darstellung der Objekte; vielmehr versuchten sie, dem Leser eine Stadt oder eine Landschaft anschaulich zu machen, ohne sich darum zu kümmern, ob die Darstellung der Wirklichkeit entsprach.
Etwa 1550 baute Sebastian Münster auf dieser Tradition weiter auf. In seiner *Cosmographia*, die die Erde und ihre Erscheinungen zu beschreiben versuchte, sind viele Städte und Länder im Holzschnitt wiedergegeben. Diese entsprachen schon eher der Wirklichkeit, aber es ist anzunehmen, daß manche dieser Holzschnittansichten nicht auf Grund eigener Anschauung, sondern nach schriftlichen Angaben hergestellt wurden.
Peter Apian lieferte mit seiner »Landtafel« von Bayern einen besonders wichtigen kartographischen Beitrag, da es sich dabei um die erste topographische Beschreibung dieses Landes handelte. Erhard Etzlaub entwickelte um 1500 eine Straßenkarte für Pilger nach Rom (»Das ist der Rom-Weg«). Auf weitere deutsche kartographische Tätigkeit trifft man in den Ptolemäusausgaben von 1513, 1522 und 1525, die mit neuen Landkarten versehen waren.

Allmählich aber verlagerte sich die Produktion von Landkarten nach Italien, wo bis Mitte des 16. Jahrhunderts neue geographische Erkenntnisse in Landkarten ihrer kartographischen Niederschlag gefunden haben. Bis 1570 erschienen folgende Einzelkarten deutscher Länder in Italien: Bayern (Forlani, 1566), Böhmen (Zalterius, um 1548), Friesland (Tramezini, 1558), Gelderland und Kleve (Tramezini, 1556), Österreich (Bertelli, 1559), Transsylvanien (Siebenbürgen) (Zeno, ohne Jahreszahl) sowie Einzeldarstellungen von Frankfurt, Wien und Raab.
Verhältnismäßig plötzlich fiel an die Niederlande die kartographische Vorherrschaft, die sie bis Anfang des 18. Jahrhunderts behalten sollten. In diese Zeitspanne fällt die kartographische Tätigkeit der berühmten Geschlechter Mercator, Hondius, Blaeu, de Wit u.a., durch die die niederländische Kartographie Weltruf erlangte.
Es blieb Abraham Ortelius aus Antwerpen vorbehalten, 1570 den ersten Weltatlas zu veröffentlichen, der bis 1612 etwa fünfzigmal neu verlegt und erweitert wurde. In der ersten Ausgabe von Ortelius' Atlas – er nannte ihn *Theatrum Orbis Terrarum*, d.h. »Schauplatz der Welt« – war Deutschland auf 18 Karten wiedergegeben, in späteren Ausgaben auf 34 Karten.
Die Veröffentlichung von Ortelius' Atlas und dessen Erfolg waren Ansporn für andere Geographen und Künstler. So erschienen fast gleichzeitig das *Speculum Orbis Terrarum* von Gerard de Jode und 1595 die erste Ausgabe des berühmten Atlasses von Gerhard Mercator. Auch Georg Braun, ein Kölner Domprobst, ließ sich von Ortelius' Erfolg anregen. Er plante als Ergänzung zu dessen Kartenwerk ein ähnliches weltumfassendes Werk mit Stadtansichten und versicherte sich der Mitarbeit von Franz Hogenberg und Joris Hoefnagel. Der erste Band dieser Stadtansichten erschien 1572; er wurde durch weitere Bände ergänzt, und erst 1618 erreichte das Werk seine Vollständigkeit mit sechs Bänden. Sämtliche Ansichten in diesem Riesenwerk sind nach der Natur dargestellt; man kann häufig heute noch Straßen wiedererkennen, die vor fast vier Jahrhunderten gezeichnet wurden, ja sogar markante und auffallende Bauten sind nach der alten Wiedergabe jetzt noch nachweisbar.

In diesem Buch sind 20 Tafeln aus dem ersten Band der *Civitates Orbis Terrarum* mit Ansichten von insgesamt 50 Städten reproduziert. Es ist dem Kartenkenner R. A. Skelton gelungen, die Autoren der meisten Abbildungen festzustellen:

Aachen	(unbekannter Künstler)
Augsburg	Hans Rogel, 1563
Braunschweig	Peter Spitzer, 1547
Bremen	M(artin) W(eigel) (?), um 1560
Dresden	(unbekannter Künstler)
Eger	Sebastian Münster (1550)
Erfurt	Sebastian Münster (1550)
Frankfurt a.M.	Conrad Faber, 1552
Frankfurt / O.	Sebastian Münster, 1550
Freising	Sebastian Münster, 1550
Fulda	Sebastian Münster, 1550
Gotha	Hans Adelhauser, 1568
Hamburg	(unbekannter Künstler)
Heidelberg	Sebastian Münster, 1550
Ingolstadt	Hans Mülich, 1546
Jena	(unbekannter Künstler)
Kassel	(unbekannter Künstler)
Koblenz	Sebastian Münster, 1550
Köln	Arnold Mercator, um 1571
Leipzig	Conrad Knobloch
Lindau	Sebastian Münster
Lübeck	Elias Diebel, um 1550
Lüneburg	Sebastian Münster
Magdeburg	(unbekannter Künstler)
Mainz	(unbekannter Künstler)
Marburg	Sebastian Münster
München	(unbekannter Künstler)
Münster i.W.	Remigius Hogenberg, 1570
Nördlingen	Sebastian Münster, 1550
Nürnberg	Hans Weigel (?), um 1570
Oldenburg	(unbekannter Künstler)
Osnabrück	(unbekannter Künstler)
Prag	Johannes Caper und Michael Perle, 1562
Regensburg	Michael Ostendorfer, 1552
Rostock	Hans Weigel, 1560
Rothenburg	(unbekannter Künstler)
Salzburg	Marcus Secznagel
Sitten	Sebastian Münster, 1550
Speyer	Sebastian Münster, 1550
Straßburg	Sebastian Münster, 1550
Straubing	(M)artin (W)eigel (?), um 1560
Trier	Sebastian Münster, 1550
Ulm	(unbekannter Künstler)
Weimar	(unbekannter Künstler)
Wesel	(unbekannter Künstler)
Wien	Augustin Hirsvogel, 1547
Wismar	M(artin) W(eigel) (?), um 1560
Wittenberg a.d. Elbe	Stefan Hamer, 1547
Worms	Sebastian Münster, 1550
Würzburg	Sebastian Münster, 1550

Beim Stechen der Kupferplatten unterlief dem Stecher ein Irrtum: Die Namen von Rostock und Wismar wurden verwechselt. Die Mehrzahl der Städte wurde aus der Vogelschau abgebildet, nur einige sind als Panorama wiedergegeben. Die Künstler waren bestrebt, nicht nur die betreffende Stadt und ihr Wappen, sondern auch ihre Umgebung und häufig ihre Trachten oder die Produkte ihrer Handwerker abzubilden.

Inzwischen hatte sich in Amsterdam der Stammvater der Familie Blaeu seßhaft gemacht: WILLEM JANSZOON (1573-1638), der sich in frühen Ausgaben als Guilielmus Janssonius oder Caesius, später als Guilielmus Blaeu bezeichnete. Er war Schüler des berühmten dänischen Astronomen Tycho Brahe und gründete im Jahre 1604 einen Verlag für Land- und Seekarten. Amsterdam war damals ein Handelszentrum, in dem Reisende und Gelehrte aus der ganzen Welt zusammentrafen; und hier faßte Willem Blaeu auch den kühnen Plan, einen Weltatlas herauszubringen, in dem jedes Land, jedes Meer und jede Insel in größter Genauigkeit wiedergegeben werden sollten, ergänzt durch historische, geographische und statistische Beschreibungen.

Den ersten Schritt zur Verwirklichung seines Planes stellte die Ausgabe des *Atlantis Appendix* von 1630 dar, der als Fortsetzung und Erweiterung der Atlanten Mercators und Hondius' gedacht und mit insgesamt 60 Karten versehen war. Von diesen Karten stammten nur 13 von Blaeu, die restlichen waren von Jodocus Hondius d.J. übernommen. »Das Heilige Römische Reich teutscher Nation« war in dieser Kartensammlung durch nicht weniger als 26 Karten (also mit 40% des Inhalts) vertreten. Im *Novus Atlas* (1635) waren bereits 43 Karten Deutschland gewidmet; 1638 waren es 52, darunter die berühmte Karte von Frankfurt am Main. Blaeu war nicht nur Gelehrter und Kaufmann, er gründete auch die größte Druckereiwerkstatt seiner Zeit mit eigener Schriftgießerei, eigenen Buchdruck- und Kupferplattendruckpressen. Nach seinem Tode 1638 wurde der Betrieb von seinen Söhnen Cornelius und Joan weitergeführt; nach dem frühen Tode von Cornelius dehnte Joan Blaeu die verlegerische Tätigkeit noch weiter aus: Er gründete eine zweite Werkstatt und erweiterte seinen Atlas bei jeder neuen Ausgabe: 1640 umfaßte das Werk drei Bände mit 275 Karten (davon 52 von Deutschland), 1645 erschien ein vierter Band (England) und 1654 ein fünfter (Schottland); der sechste Band (China) ergänzte den *Atlas Novus* auf insgesamt 434 Karten.
Unter dem Motto »indefessus agendo« arbeitete Joan Blaeu weiter und krönte seine Arbeit 1662 mit der Ausgabe des *Atlas Major*, auch *Geographia Blaviana* genannt, der mit über 600 Landkarten in fünf europäischen Sprachen aufgelegt wurde. Dieser Atlas ist bis heute noch nicht im Umfang oder in der Anzahl der Karten übertroffen worden. Es erschienen Ausgaben in neun, zehn, elf und sogar zwölf Bänden. Daß auch damals schon die Arbeit von Blaeu in Deutschland geschätzt wurde, ist daraus ersichtlich, daß Ausgaben mit deutschem Text in den Jahren 1635, 1640, 1645, 1654, 1658 und 1662 veröffentlicht wurden.
Der dritte Band des Werkes ist Deutschland gewidmet und umfaßt 96 Karten, von denen in diesem Buch in Auswahl die schönsten wiedergegeben sind, und zwar in der gleichen Reihenfolge wie in der Originalausgabe. Die Kenntnisse, die für die Herstellung dieser Karten und den begleitenden Text notwendig waren, erhielt Joan Blaeu durch ausführlichen Briefwechsel mit den Gelehrten seiner Zeit. Auf 54 Karten der deutschen Länder werden insgesamt 26 Autoren erwähnt: J. A. Comenius, Caspar Dauthendey, Ubbo Emmius, Adolarius Erichius, Joh. Gigas, Joh. Gorries, O. J. Gothus, Mart-Helwigius, A. Holtzworm, Chr. Hurter, F. Kuhnovius, J. Lauremberg, W. Lazius, E. Lubinus, J. Mejer, G. Mercator, J. Mellinger, Chr. Mollerus, Matth. Peters, Joh. Andreas Rauhen, N. Ruttershusius, B. Scultetus, J. Scultetus, T. Stella, G. Vechner und Joh. Westenberg. Fünf von den genannten Autoren waren schon für Ortelius als Verfasser von Landkarten tätig gewesen; fünf Karten hat Blaeu nach Vorlagen seines Rivalen Joannes Janssonius umgestaltet.
Der barocke Stil der Blaeuschen Karten hat sich durch die Jahrhunderte erhalten. Die Blätter wurden zum Teil von namhaften Künstlern gestochen, und die Dekorationen und symbolischen Darstellungen geben, wie R. V. Tooley feststellt[1], Eigenarten der beschriebenen Länder wieder: So sieht man auf der Karte von Nürnberg Werkzeuge aus Kupfer und Eisen; die Kartusche des Blattes von Ostfriesland ist mit Werkzeugen für Käsezubereitung geziert; die Jagd soll in Hessen wichtig gewesen sein; eine Getreideernte wird in Pommern dargestellt, bei Braunschweig taucht sogar ein Kaninchen in der Kartusche auf. So behalten diese Karten einen zeitlosen Reiz, und man kann auf diese Weise mit einiger Phantasie die geliebte Landschaft durchwandern. Schon 1648 schrieb der englische Dichter Robert Herrich:

»But thou at home without or tyde or gale
Canst in thy Map securely saile
Seeing those painted Countries . . .
And from thy Compass taking small advice,
Buy'st Travell at the lowest price.«[2]

Es hat sich in den letzten Jahrhunderten vieles geändert, aber die Vorliebe für diese alten Karten ist geblieben. Der Kartenkenner Leo Bagrow hat den psychologischen Hintergrund dieser Liebe für schöne alte Karten folgendermaßen beschrieben:
»Kein Wunder, daß diese Karten sich oft in einen Zimmerschmuck verwandeln und unter Glas und Rahmen an Stelle von Bildern an die Wand gehängt werden. Und das wird bis in unsere Zeit durchgeführt, oder vielmehr es hat in unseren Tagen wieder begonnen, nachdem zum künstlerischen Wert der Karte noch das kulturhistorische Interesse hinzugetreten ist, als an einem Abbild weit zurückliegender Vergangenheit . . . Und das Alte – das Erbteil der Jahrhunderte – bereichert den Menschen, veredelt ihn, zwingt ihn, in seine eigene Tiefe und in die Tiefe der menschlichen Vergangenheit zu blicken: Ich bin das Bindeglied zwischen Vergangenheit und Zukunft. Gibt es keine Vergangenheit, so gibt es auch keine Zukunft, – und ich bin Nichts«.[3]

Amsterdam, im Oktober 1970 C. BROEKEMA

1. Einführung zu *Blaeu's Maps of England, Scotland and Ireland* (1970).
2. »Zu Hause, ohne Ebb' und Flut und Stürme,
   Kannst Du auf Deiner Karte segeln
   Und diese buntbemalten Länder betrachten.
   Du brauchst nicht Deinen Kompaß beachten,
   Doch kannst billig Dir eine Reise kaufen.«
3. *Geschichte der Kartographie* (1951), S. 200 und 204.

LITERATURNACHWEIS

C. Koeman, *Joan Blaeu and his Grand Atlas* (Amsterdam, 1970).
R. A. Skelton, Einführung zu *Civitates Orbis Terrarum* von Braun & Hogenberg (Kassel und Amsterdam, 1965).
L. Bagrow, *Die Geschichte der Kartographie* (Berlin, 1951; erweitert zu *Meister der Kartographie* von R. A. Skelton, London 1964).
R. V. Tooley, *Maps and Map Makers* (4. Ausgabe, London 1970).

INDEX